La Suite des temps

La Gloire de l'Empire

FRANÇOIS DOSSE

LA SAGA
DES INTELLECTUELS
FRANÇAIS

I. À L'ÉPREUVE DE L'HISTOIRE
(1944-1968)

nrf

GALLIMARD

Pour Florence, mon épouse et styliste,
à qui ce livre doit tant

INTRODUCTION

VIE ET MORT
DE L'INTELLECTUEL PROPHÉTIQUE

Les références complètes des ouvrages mentionnés en note sont données dans les sources citées situées en fin de volume, p. 565.

Deux dates, 1944-1989, et un immense contraste bornent cette étude : d'un côté, le sentiment d'être porté par le souffle de l'histoire dans le climat de sortie de la barbarie nazie ; de l'autre, l'impression d'affaissement de l'expérience historique ressentie au moment de l'effondrement du communisme, l'autre totalitarisme, en 1989. Dans l'intervalle, c'est la croyance même dans le cours de l'histoire, censé porter l'advenue d'un monde meilleur, qui s'est trouvée ébranlée. L'idée d'un futur vers lequel aurait conduit inexorablement la marche du monde — avec les intellectuels pour guides — disparaissait pour laisser place à un « présentisme » sans détermination. Comme le dit Jorge Semprún à l'occasion d'une « Radioscopie » de Jacques Chancel : « Notre génération n'est pas prête à se remettre de l'échec de l'URSS[1]. » Cet ébranlement a été durement et durablement ressenti par les intellectuels de gauche — bien au-delà leur composante communiste —, qui se sont retrouvés, au fil du XXe siècle, orphelins d'un projet de société.

Alors que le moteur des mouvements émancipateurs du XIXe siècle, qualifié de « siècle de l'histoire », avait été la marche vers une société plus égalitaire, voilà que la société perdait ce qui lui donnait sens. Les intellectuels de gauche ne furent pas les seuls à devoir faire leur deuil du futur au cours du tragique XXe siècle : ceux de droite ont dû abandonner leurs propres illusions d'un retour à la tradition porté par le maurrassisme d'avant guerre et compo-

---

1. Semprún [1976], 1977, p. 22.

ser avec un régime républicain longtemps honni. Pour couronner cette crise d'historicité, la croyance largement partagée, à droite comme à gauche, en un progrès indéfini des forces productives est venue buter sur une réalité plus complexe, avec la fin des Trente Glorieuses et la prise de conscience des dangers encourus par l'écosystème planétaire. Cette crise d'historicité, phénomène touchant tous les pays, du Nord comme du Sud, a pris en France un caractère paroxystique, sans doute lié à un rapport à l'histoire particulièrement intense depuis la Révolution française.

Si ce sont surtout les philosophes allemands — Kant, Hegel, Marx — qui ont attribué un sens finalisé à l'histoire au cours du XIXᵉ siècle, les spéculations visant à diviniser sa marche s'enracinent toutes dans une réflexion sur la dimension universelle de la Grande Révolution et de ses valeurs. Avec pour conséquence que la nation française se trouve par essence dépositaire de la capacité à incarner l'histoire. Que l'on songe à Michelet, voyant dans le peuple de France la pierre philosophale donnant sens au passé et préparant l'avenir, ou à Ernest Lavisse, pour lequel la patrie française est porteuse d'une mission universelle. Cette conviction à l'œuvre chez nombre d'historiens français du XIXᵉ siècle s'est perpétuée au siècle suivant dans ce que le général de Gaulle a appelé « une certaine idée de la France ».

Au fil de la seconde moitié du XXᵉ siècle, cette vision de la France comme « fille aînée de l'histoire » s'est délitée par étapes. Traumatisé par le désastre de 1940, affaibli par quatre années d'Occupation et la perte de son indépendance économique, puis perdant son empire, le pays dégringole au rang de modeste nation peu ou prou réduite à l'Hexagone et ne jouant plus qu'une partition mineure dans le concert des nations, durablement dominé par l'affrontement des deux superpuissances. Il n'est guère étonnant que cet effondrement ait affecté en premier lieu les intellectuels, dans « ce pays qui aime les idées », comme le qualifie Sudhir Hazareesingh[1]. Le renoncement de la France à sa grandeur d'antan y a certainement exacerbé la crise d'historicité générale de la seconde moitié du XXᵉ siècle et aiguillonné un rapport intense à l'histoire, fût-ce au prix du déni des faits.

---

1. HAZAREESINGH, 2015.

✧

Le parcours ici retracé s'inscrit entre deux moments : l'irruption puis la disparition de l'intellectuel prophétique. Apparue dans l'immédiat après-guerre, cette figure est portée par la génération qui a traversé la tragédie et espère réenchanter l'histoire. Comme le souligne René Char dans un aphorisme célèbre : « Notre héritage n'est précédé d'aucun testament[1]. » Le poète résistant signifie qu'au sortir de la guerre, le legs ayant perdu toute lisibilité, il a fallu se tourner vers la construction de l'avenir. Qu'ils soient gaullistes, communistes ou progressistes chrétiens, tous ont la conviction d'accomplir des idéaux universalisables. À l'autre extrémité du parcours, en 1989, cette figure du penseur avisé, capable de donner un point de vue sur tout, disparaît. On parle de « tombeau des intellectuels ».

C'est l'histoire de cet effacement que l'on retrace ici. Non tant celui du métier d'intellectuel, que d'une certaine intellectualité de surplomb. Il est significatif qu'au moment même où cette figure disparaît, dans les années 1980, on assiste à la naissance de l'histoire des intellectuels pris pour objet[2]. Michel de Certeau n'observe-t-il pas que c'est au moment où la culture populaire disparaît que l'on entreprend de la recenser et de l'historiciser, pour faire valoir toute « la beauté du mort[3] ».

La seconde grande mutation qui marque cette période est la disparition du rêve né dans l'après-guerre d'un système global d'intelligibilité des sociétés humaines. Ce rêve connaît son temps fort avec ce que l'on a baptisé l'« âge d'or des sciences humaines », dans les années 1960-1970, quand domine sans partage le structuralisme. Pris dans un sens large, le terme *structure* fonctionne alors comme mot-valise pour une grande partie des sciences humaines. Son triomphe est à ce point spectaculaire qu'il en vient à s'identifier à toute vie intellectuelle, voire bien au-delà. À la question de savoir comment l'équipe de France de football peut améliorer ses

---

1. CHAR [1946], 2007, § 62.
2. ORY et SIRINELLI [1986], 2004.
3. CERTEAU, JULIA et REVEL, Jacques [1970], 1993.

performances, l'entraîneur répond qu'il va réorganiser son jeu de manière... « structuraliste ».

Temps fort de la pensée critique, expression d'une volonté émancipatrice des jeunes sciences sociales en quête de légitimation savante et institutionnelle, le structuralisme aura suscité l'enthousiasme collectif de l'intelligentsia pendant au moins deux décennies. Jusqu'à ce que, soudainement, à l'orée des années 1980, l'édifice s'écroule : la plupart des héros français de cette aventure intellectuelle disparaissent en quelques années. Dans la foulée, c'est leur œuvre que l'ère nouvelle s'empresse d'enterrer, faisant l'économie du travail de deuil nécessaire pour rendre justice à ce qui aura été une des périodes les plus fécondes de l'histoire intellectuelle française. Miracle ou mirage ?

Jouant un rôle de passeur de frontières au service d'un programme unitaire, le structuralisme a rassemblé très largement autour de sa bannière. Pour Michel Foucault, « il n'est pas une méthode nouvelle, il est la conscience éveillée et inquiète du savoir moderne ». Selon Jacques Derrida, c'est une « aventure du regard ». Roland Barthes le considère comme le passage de la conscience symbolique à la conscience paradigmatique, soit l'avènement de la conscience du paradoxe. Il est ici question d'un mouvement de la pensée et d'un rapport au monde beaucoup plus amples qu'une simple méthodologie appliquée à tel ou tel champ d'investigation. Le structuralisme s'offre comme une grille de lecture privilégiant le signe aux dépens du sens, l'espace aux dépens du temps, l'objet aux dépens du sujet, la relation aux dépens du contenu, la culture aux dépens de la nature.

En premier lieu, il fonctionne comme le paradigme d'une philosophie du soupçon et du dévoilement visant à démystifier la *doxa*, à révéler, derrière le dire, l'expression de la mauvaise foi. Cette stratégie du dévoilement s'inscrit en droite ligne avec la tradition épistémologique française, qui postule une coupure entre compétence scientifique et sens commun. Sous le discours libérateur des Lumières se révèle la mise au pas des corps et l'enfermement du corps social dans la logique infernale du savoir et du pouvoir. Roland Barthes déclare : « Je refuse profondément ma civilisation, jusqu'à la nausée. » *L'Homme nu* de Claude Lévi-Strauss s'achève par le mot « RIEN », écrit en majuscules, en guise de requiem.

✧

En ces années 1950-1960, les intellectuels français renoncent à l'occidentalocentrisme, découvrant avec passion les sociétés amérindiennes grâce à Claude Lévi-Strauss. L'irruption de la pensée sauvage au cœur de l'Occident contribue à l'abandon de la conception étroitement évolutionniste du modèle de société occidental. Lévi-Strauss rompt avec cette vision dans *Race et histoire*, publié en 1952[1], ouvrant à une conscience plus spatiale que temporelle de la marche de l'humanité. La mondialisation, avec ses effets de déterritorialisation accentuera encore ce basculement vers la spatialité et le présent, débouchant sur un temps mondial « moins dépendant de l'obsession des origines, plus marqué par la transversalité, et donc plus orienté vers les périodes récentes[2] ».

Dans le même temps, la France traverse entre 1954 et 1962 une guerre qui ne dit pas son nom, la guerre d'Algérie, qui va prendre des allures de bataille de l'écrit du côté de la métropole coloniale, où les prises de position des intellectuels sont d'autant plus sollicitées que le conflit adopte, dès 1957, le caractère d'un scandale moral avec la découverte de la pratique, au nom de la France, de la torture. Désormais, l'affrontement se joue clairement sur deux fronts, militaire sur le terrain algérien, et intellectuel sur celui de l'écrit à caractère moral dans la métropole.

Une seconde dimension du paradigme structuraliste tient à la mainmise opérée par la philosophie sur les trois grandes sciences humaines ayant en partage la valorisation de l'inconscient comme lieu du vrai, à savoir la linguistique générale, incarnée par Roland Barthes, l'anthropologie, avec Claude Lévi-Strauss, et la psychanalyse, avec Jacques Lacan. Le structuralisme se pose en tiers discours, entre science et littérature, cherchant à s'institutionnaliser en se socialisant et contournant le pôle de la vieille Sorbonne par toutes sortes de moyens, depuis les universités périphériques, l'édition et la presse jusqu'à une institution aussi vénérable que le Collège de France, qui sert dès lors de lieu de refuge à la recherche de pointe.

---

1. LÉVI-STRAUSS [1952], 1973.
2. ROUSSO, 2012, p. 198.

Ces années sont les témoins d'une furieuse bataille des Anciens et des Modernes, au cours de laquelle des ruptures s'opèrent à plusieurs niveaux. Les sciences sociales cherchent à rompre le cordon ombilical qui les rattache à la philosophie en érigeant l'efficace d'une méthode scientifique. En contrepartie, certains philosophes, comprenant l'importance de ces travaux, tentent de les capter à leur profit en redéfinissant la fonction de la philosophie comme lieu même du concept. Une des spécificités de ce moment réside dans l'intensité de la circulation interdisciplinaire entre champs du savoir et entre auteurs. Toute une économie d'échanges intellectuels, faite d'emprunts, de traductions, de transformations des opérateurs conceptuels se met en branle. L'espoir d'un savoir unitaire sur l'homme engendre de nombreuses découvertes qui portent au plus haut la foi dans la capacité des intellectuels à éclairer le fonctionnement du lien social en tout point du globe. Il faudra cependant déchanter et déconstruire peu à peu un programme dont le scientisme a largement mis hors jeu le sujet humain singulier.

✧

La troisième grande mutation qui affecte la place des intellectuels dans la société française entre 1945 et 1989 a pour origine la massification de leurs publics et leur médiatisation de plus en plus poussée. Une âpre concurrence met aux prises les acteurs de ce marché grandissant, qui voit le nombre des étudiants croître de façon exponentielle, grossissant d'un même élan un lectorat désormais friand d'actualité littéraire et politique. Les effectifs étudiants passent de cent vingt-trois mille en 1945 à deux cent quarante-cinq mille en 1961, puis à cinq cent dix mille en 1967 et huit cent onze mille en 1975. Accompagnant ce mouvement, le nombre d'enseignants à l'université est multiplié par quatre entre 1960 et 1973. Comme l'écrit Rémy Rieffel deux décennies plus tard, « l'accroissement de la demande conduit tout naturellement les éditeurs à proposer à ce public avide de connaissances, des ouvrages à bas prix et facilement accessibles[1] ». L'entrée en scène du livre de

---

1. Rieffel, 1998, p. 95.

poche traduit bien cette révolution du marché éditorial, qui fait les beaux jours des sciences humaines.

Cet âge d'or vaut aussi pour la presse, à un moment où *Le Monde* fait fonction de voix de la France dans les milieux diplomatiques et où les hebdomadaires façonnent l'opinion, comme *Le Nouvel Observateur* de Jean Daniel ou *L'Express* de Jean-Jacques Servan-Schreiber et Françoise Giroud. Dans ce contexte d'élargissement du public et d'interpénétration croissante des sphères publique et intellectuelle, la montée en puissance des médias modifie radicalement le mode d'intervention des intellectuels, reléguant le travail d'élucidation des mécanismes sociaux aux cénacles savants et lui substituant des tribunes qui privilégient une pensée simple et mieux audible. Le développement de la culture et des médias de masse modifie profondément le rapport au temps, donnant le primat à l'instantané et contribuant à refouler l'épaisseur temporelle. Certains intellectuels n'hésitent pas à quitter la quiétude de la chaire et des bibliothèques pour s'afficher sous les feux de la rampe. Il en résulte une figure nouvelle sous le nom d'« intellectuel médiatique », dont les « nouveaux philosophes » sont, à la fin des années 1970, l'expression la plus spectaculaire.

Ce règne de l'éphémère et souvent de l'insignifiance est dénoncé par certains intellectuels qui entendent préserver l'esprit critique auquel ils doivent leur fonction. Ainsi Cornelius Castoriadis s'en prend-il à ceux qu'il qualifie de « divertisseurs » et à la succession de plus en plus rapide de modes qui constituent désormais le biotope de la vie intellectuelle : « La succession des modes n'est pas une mode : c'est *le* mode sous lequel l'époque, en particulier en France, vit son rapport aux "idées"[1]. »

✧

Le basculement du régime d'historicité qui s'opère au cours de la seconde moitié du XXe siècle est marqué par la forclusion de l'avenir, l'évanouissement des projets collectifs et le repli sur un présent devenu étale, marqué par la tyrannie de la mémoire et le ressassement du passé. Un temps désorienté s'est substitué à un temps fléché.

---

1. Castoriadis [1977], 2013, p. 617.

Nous l'avons vu, les dates qui encadrent notre parcours délimitent l'effondrement des deux grands totalitarismes du siècle : le nazisme en 1944-1945 et le communisme en 1989. Le contraste est frappant entre le souffle prophétique qui emporte l'engagement passionné des intellectuels dans l'immédiat après-guerre, le sens aigu de la responsabilité qui leur incombe et la désillusion généralisée qui s'empare d'eux. Déjà fortement ébranlés en 1956, ils sont emportés par le scepticisme en 1989, une année vécue comme un deuil impossible par les uns et comme un dégel libérateur par les autres. Entre ces deux moments, les ruptures sont nombreuses qui, comme autant de scansions, aboutissent à opacifier l'horizon d'attente. Selon les diverses générations qui se succèdent et la singularité des parcours de chacun, certains événements plus que d'autres constituent des ruptures instauratrices qui alimentent peu à peu l'affaissement de l'historicité, conduisant à l'anomie sociale et, parfois, à l'aphasie intellectuelle — 1956, 1968 et 1974 en sont quelques balises qui permettent de mieux comprendre comment s'est opéré ce retrait.

Pour en saisir l'évolution, il convient de se garder de toute réécriture de l'histoire à la lumière de ce que l'on sait du futur, faisant l'impasse sur l'indétermination des acteurs, et d'éviter la tentation de faire fonctionner les catégories présentes comme grilles de lecture du passé. L'historien britannique Tony Judt néglige ces précautions lorsqu'il stigmatise les errements répétés des intellectuels français à partir d'une lecture téléologique de leurs engagements entre 1944 et 1956[1]. Il est en effet trop facile de relire ce second XXᵉ siècle à l'aune du clivage qui s'est peu à peu imposé entre les défenseurs de la démocratie et les partisans d'un régime dont on a découvert peu à peu le caractère totalitaire. Sans chercher aucunement à excuser les dérives et erreurs des intellectuels de cette époque, nous ne nous interdirons pas pour autant de chercher à en comprendre les raisons. Judt, pour sa part, récuse toute forme d'explication contextuelle visant à comprendre cet engouement français pour le communisme après guerre et ne veut y voir qu'une adhésion globale à une perversion totalitaire. Disqualifiant de surcroît comme historiciste et insuffisante toute approche mettant en avant

1. JUDT, 1992.

la situation de la Libération pour éclairer le comportement et les pratiques, il croit trouver dans cette période les « germes de notre situation présente[1] ». À l'en croire, le contexte n'est qu'un simple décor réduit à l'insignifiance. Judt rejoint ainsi les thèses d'un Zeev Sternhell qualifiant de fasciste toute recherche d'une troisième voie entre capitalisme et bolchevisme dans les années d'avant guerre[2].

On a parfois invoqué une singularité de la vie intellectuelle française par sa propension à la violence, à la démesure, et donc à l'erreur. Une telle analyse se condamne à passer à côté du déni de réalité de beaucoup d'intellectuels durant cette longue période. L'aveuglement, parfois volontaire, nous semble avoir pour ressort essentiel le refus de faire le deuil de l'eschatologie dans un monde moderne devenu postreligieux par une sorte de transfert de religiosité sur l'histoire, censée promettre, à défaut de salut individuel, un salut collectif. Pour appréhender ces évitements du réel, il faut prendre les acteurs au sérieux et porter une attention vigilante au contexte de leurs énonciations.

La notion de « moment intellectuel » nous semble ici essentielle. Elle l'est d'autant plus dans l'époque actuelle marquée par l'effacement de l'expérience historique. Dans une situation où le passé nous paraît tragique et le futur opaque, l'utopie de la transparence de la communication fait du présent la seule entrée possible dans l'histoire. Depuis les années 1980, la crise qui en résulte affecte tous les domaines du savoir et de la création. Selon Olivier Mongin, directeur de la revue *Esprit*, celle-ci est à l'œuvre dans la déréliction du politique, le repli identitaire, le manque d'inspiration de la fiction romanesque, la substitution du visuel à l'image ou encore l'effacement de l'information au profit de la communication.

Progressivement, les intellectuels se réconcilient avec les valeurs démocratiques occidentales, considérées jusque-là comme mystificatrices et purement idéologiques. L'ironie à l'égard de ces valeurs devient plus difficile, si bien que la déconstruction des appareils démocratiques doit être reconsidérée au regard de leur positivité. Privilégier des moments différents exige de faire retour sur les

1. *Ibid.*, p. 16.
2. Sternhell, 1983.

contextes précis des prises de position et des controverses. L'approche chronologique se révèle pertinente pour donner à certains « mots-moments » incarnant l'esprit du temps leur couleur spécifique. Ainsi passerons-nous successivement, au tome I, de la pensée existentialiste initiale à la triade Marx, Nietzsche, Freud qui inaugure l'ère du soupçon, puis, au tome II, à la triade Montesquieu, Tocqueville, Aron, qui inspire le moment libéral, et enfin à la triade Benjamin, Levinas, Ricœur, qui marque la pensée du mal.

PREMIÈRE PARTIE

LE SOUFFLE DE L'HISTOIRE

La sortie du cauchemar nazi marque toute une génération d'intellectuels français de manière traumatique. La commune expérience tragique de la victoire de la barbarie au cœur de la culture occidentale a fait basculer bien des certitudes. Après la longue période d'Occupation allemande et le combat de la Résistance, on veut encore croire, malgré Auschwitz, en la capacité émancipatrice de l'histoire. L'heure est à son réenchantement, après la terrifiante parenthèse. Certains intellectuels ont combattu pendant la guerre. Pour ceux dont la résistance à la barbarie a été différée, l'engagement peut être perçu comme un effet décalé du séisme nazi. Le traumatisme oblige à penser autrement et à reprendre à nouveaux frais les tâches de la pensée.

Comme le signifie Theodor Adorno, on ne peut plus penser après Auschwitz comme avant, ce qui ne veut pas dire que les intellectuels soient désarmés et doivent renoncer à leur fonction : « Il n'y a pas lieu de croire que nous ne pouvons plus penser après Auschwitz, et que nous sommes tous responsables du nazisme[1]. » Mais il est un sentiment que porte avec incandescence Primo Levi — « la honte d'être un homme » —, selon lequel même les survivants ont dû composer avec la barbarie. Chacun se sent non pas responsable, mais souillé par le nazisme : « Il y a bien catastrophe, mais la catastrophe consiste en ceci que la société des frères ou des amis est passée par une telle épreuve qu'ils ne peuvent plus

---

1. DELEUZE et GUATTARI, 1991, p. 102.

se regarder l'un l'autre, ou chacun soi-même, sans une "fatigue", peut-être une méfiance[1]. »

L'heure n'est pourtant pas encore à des remises en question radicales d'une espérance historique porteuse de davantage d'humanité. Après la tragédie, les intellectuels veulent croire aux vertus d'une histoire qui reprendrait son parcours triomphal vers un bonheur accru, simplement interrompu par les deux guerres mondiales. Les intellectuels communistes voient dans l'accession de l'URSS au rang de superpuissance le signe de l'avènement proche de la société sans classes de leur rêve. De leur côté, les gaullistes entendent incarner la voix de la France éternelle qui ne renoncera jamais à son rôle de grande puissance ni à son message à vocation universelle. Quant aux chrétiens progressistes, ils reprennent à leur compte l'idée personnaliste des années 1930 d'une troisième voie entre les deux blocs et sont tout aussi confiants envers l'avenir. Pour tous, il faut être digne de l'événement traversé, de la situation et de ses enjeux. C'est le grand moment de l'engagement, dans un contexte qui n'a rien de pacifié puisque ce que l'on a appelé la guerre froide, et qui va diviser si profondément le monde intellectuel français, a bien failli se transformer en guerre chaude.

1. *Ibid.*, p. 102.

1

Le prophétisme existentiel de la Libération

À l'heure de la montée des périls, en 1938, puis en pleine bourrasque de la tragédie, en 1942, paraissent deux romans révélateurs d'une crise d'historicité, *La Nausée*, de Jean-Paul Sartre, et *L'Étranger*, d'Albert Camus. Ils révèlent une philosophie du néant pour le premier et de l'absurde pour le second. Sartre et Camus expriment leur angoisse devant la marche du monde et l'impuissance de l'homme face aux forces mortifères, qu'elles proviennent de la finitude de la condition humaine ou qu'elles émanent du destin tragique des nations. Ces deux joyaux littéraires formulent de la façon la plus sensible la remise en question du mythe du progrès indéfini de l'humanité. Le personnage de *La Nausée*, Roquentin, se sent en situation d'extériorité par rapport à lui-même, étranger à son temps. Brian T. Fitch le formule ainsi : « Le passé et le futur ne peuvent pas exister pour Roquentin ; pour les envisager, il lui faudrait détourner son regard, momentanément du moins, de ce qu'il éprouve[1]. » L'avenir est clos et l'espérance en un futur n'est plus de saison. Roquentin le ressent par le fait de devoir vivre englué dans un présent étale, dont il s'estime prisonnier, avec la vive impression qu'il va s'y trouver englouti. *La Nausée* :

> Mais le temps est trop large, il ne se laisse pas remplir. Tout ce qu'on y plonge s'amollit et s'étire [...]. Je ne distingue plus le présent du futur et pourtant ça dure, ça se réalise peu à peu [...] c'est

1. FITCH, 1964, p. 113.

ça le temps, le temps tout nu, ça vient lentement à l'existence, ça se fait attendre et quand ça vient, on est écœuré parce qu'on s'aperçoit que c'était déjà là depuis longtemps[1].

LE MOMENT SARTRE

Comment sortir de cette nasse ? Roquentin trouve une solution provisoire en enchaînant des moments d'aventure, qui l'obligent à se détacher de l'expérience vive. Mais il n'y trouve que des dérivations éphémères et dérisoires, et « le temps reprend sa mollesse quotidienne[2] ». Toujours rattrapé par le présent, il refuse de passer à côté de son existence, et si le choix se pose entre vivre et raconter, il choisira de vivre, les jours s'ajoutant aux jours sans délivrance d'aucun sens. C'est alors la confrontation avec la nausée : « Je m'ennuie, c'est tout […]. C'est un ennui profond, le cœur profond de l'existence, la matière même dont je suis fait[3]. »

Roquentin métabolise, en tant que personnage littéraire, le coup d'arrêt du temps que vivent les démocraties occidentales confrontées au nazisme montant, ainsi qu'à leur impuissance et à leur attentisme révélés avec éclat en cette année 1938 par les accords de Munich. « *La Nausée*, écrit Alain-Gérard Slama, a poussé jusqu'à ses ultimes conséquences l'absurde de l'immédiateté. Puisque le temps est la dimension de la causalité, l'espace de la conscience, le ciment de l'univers, l'investissement absolu de l'être dans le présent est l'expression la plus catégorique de l'absurde[4]. » Cette crise collective de l'historicité, cette catastrophe à venir qui semblent inévitables ont manifestement affecté Sartre, conscient d'exprimer l'expérience de sa génération : « On a vu les générations nouvelles, vers 1938, soucieuses des événements internationaux qui se préparaient, éclairer brusquement la période 1918-1938 d'un

1. SARTRE, 1938, pp. 36 et 50.
2. *Ibid.*, p. 59.
3. *Ibid.*, pp. 221-222.
4. SLAMA, 1980, p. 303.

jour nouveau et la nommer, avant même que la guerre de 1939 eût éclaté, l'entre-deux-guerres[1]. »

Quelques années plus tard, en 1942, le monstre nazi est au faîte de sa domination. C'est à cette date que paraît *L'Étranger*, qui devient vite un best-seller. Camus radicalise ce sentiment d'étrangeté. Avec Meursault, « l'homme est étranger à lui-même en un autre sens : il ne se reconnaît pas dans l'image qu'il présente aux autres[2] ». Le thème de la mort, omniprésent, trouve son expression par l'absurde. De la même manière que Roquentin, Meursault vit dans un présent éternel qui abolit passé et futur. Ses actes ne recèlent pas vraiment de sens, et le meurtre qu'il commet reste inexpliqué. Il ne suscite aucun remords puisqu'il ne peut se projeter dans le passé : Meursault explique au juge qu'il n'a jamais pu regretter quoi que ce soit. Le règne de l'absurde engendre l'acte criminel sans nécessité. Percevant le monde extérieur comme devenu dangereux, Meursault craint autrui, ressent un constant malaise à son contact, et la peur de l'autre se dénouera par le meurtre, conséquence de son infinie solitude : « L'homme de Camus se trouve seul dans le noir sur le palier de la vie[3] », écrit Fitch.

Radicalement autre, le climat de la Libération est à toutes les espérances. Il n'est plus minuit dans le siècle. Ce moment rouvre l'horizon d'attente et, avec lui, l'avenir semble pouvoir se nourrir des espoirs des résistants. Sartre comme Camus ont exprimé le désarroi d'une génération confrontée à l'impuissance ; ils se retrouvent à la Libération pour exalter l'existence, la liberté, le sujet et l'engagement. Concernant le premier, une symbiose exceptionnelle s'opère entre le climat de l'époque, la liberté retrouvée et la pensée existentialiste. Sartre parvient à faire descendre la philosophie dans la rue, les cafés, les boîtes de jazz. L'existentialisme devient l'expression de la soif de vivre. Dans sa présentation des *Temps modernes*, sa nouvelle revue, il engage l'écrivain à embrasser son époque, à ne rien manquer de son temps, à rester en situation. Sans renoncer à sa fonction, il doit rester conscient qu'il est responsable du temps qui est le sien et de ses enjeux.

---

1. SARTRE, 1943, p. 582.
2. FITCH, 1964, p. 185.
3. *Ibid.*, p. 213.

En 1945, à en croire Simone de Beauvoir, l'existentialisme est sur toutes les lèvres. La simple annonce de la conférence de Sartre, organisée par le club Maintenant et intitulée « L'existentialisme est un humanisme », le 29 octobre 1945, déclenche une quasi-émeute. Le guichet est submergé par une foule compacte qui se bouscule pour prendre place. Sartre arrive seul par le métro et croit à une manifestation d'hostilité des communistes : le « parti des soixante-quinze mille fusillés » n'apprécie guère ses orientations philosophiques « bourgeoises » et le traîne quotidiennement dans la boue. Le début de la conférence est destiné à leur répondre :

> Je voudrais ici défendre l'existentialisme contre un certain nombre de reproches qu'on lui a adressés. On lui a d'abord reproché d'inviter les gens à demeurer dans un quiétisme du désespoir, parce que, toutes les solutions étant fermées, il faudrait considérer que l'action dans ce monde est totalement impossible, et d'aboutir finalement à une philosophie contemplative, ce qui d'ailleurs, car la contemplation est un luxe, nous ramène à une philosophie bourgeoise. Ce sont là les reproches des communistes[1].

Sartre se trompe. Ce sont ses admirateurs qui sont venus fêter le nouveau gourou des temps modernes, avides d'apprendre de sa bouche ce qu'est l'existentialisme : un mode de vie ? une philosophie ? la dernière mode de Saint-Germain-des-Prés ?

La presse se fait l'écho amplifié de l'événement sans précédent qui voit un philosophe provoquer à Paris « quinze évanouissements » et « trente sièges défoncés ». Une étoile est née. Comme l'écrit Annie Cohen-Solal, « la conférence du club Maintenant devint rétrospectivement le *must* suprême de l'année 1945[2] ». Ce *must* est immortalisé en 1947 par Boris Vian dans *L'Écume des jours* où « Jean-Sol Partre, ouvrant la route à coups de hache », progresse lentement vers l'estrade. Sartre incarne le désir de coupure avec l'avant-guerre et ses compromissions comme avec les horreurs de la guerre, et il devient le maître à penser d'une France livrée à elle-même. Comme l'écrit Paul Thibaud, « Sartre, qui n'a (malgré son désir) été ni l'homme de la Résistance ni celui de la

---

1. SARTRE [1946], 2008, p. 21.
2. COHEN-SOLAL, 1985, p. 331.

Libération est l'homme de la fin de la guerre[1] ». Non sans humour, Maurice Nadeau écrit de son côté dans *Combat* : « Une angoisse qui n'est pas existentielle saisit alors les assistants. Nous allons périr étouffés[2]. » Ce que Sartre exprime est le besoin radical de renaissance d'une France qui veut rompre avec son passé : « Dieu est mort, écrit-il en 1949, les droits imprescriptibles et sacrés sont morts, la guerre est morte, avec elle ont disparu les justifications et les alibis qu'elle offrait aux âmes faibles[3]. »

La rumeur se répand vite qu'avec l'existentialisme un phénomène est né. Certains exégètes en proposent une version commerciale pour achever de convaincre un public séduit d'avance. En 1948, Christine Cronan fait paraître un livre de vulgarisation des thèses de Sartre qui transforme sa philosophie en une nouvelle religion[4]. L'engouement n'est pas unanime, et quelques voix s'élèvent avec une particulière violence, comme l'évoque Sartre lui-même :

> Lisez par exemple un article paru dans *France au combat* et vous y apprendrez que « Les existentialistes sont des veules. L'existentialisme est le triomphe de la veulerie, de la saleté. C'est l'excrémentialisme. » Et l'échotier, expert en jeux de mots, ajoute : « Nous avions le mouvement dada, voici maintenant le mouvement "caca"[5]. »

Sartre reçoit des lettres d'injure : « Monsieur Paul Sartre, vous êtes un ignoble individu. Je ne comprends pas qu'un type de votre acabit ne soit pas encore lapidé [...]. Vous êtes un loufoque, un dégueulasse » ; « Monsieur Sartre, vous êtes un ignoble individu. Si les fours crématoires d'Allemagne ne sont pas encore démolis, il serait bon qu'ils servent à nous débarrasser des individus de votre espèce[6]. »

La presse à grand tirage se fait l'écho de rumeurs de débauche de la tribu existentialiste. Fort de près d'un demi-million de lecteurs, l'hebdomadaire *Samedi-Soir* publie un compte rendu de la vie noc-

---

1. THIBAUD [1980], 1988, p. 163.
2. NADEAU, 1945 (b).
3. SARTRE [1949], 1988, p. 164.
4. CRONAN, 1948.
5. SARTRE, 1948, p. 187.
6. Lettres envoyées à Sartre, citées dans AUDRY (dir.), 1948, pp. 182-185.

turne au Quartier latin. Tous les fêtards qui errent de cabaret en cabaret jusqu'à l'aube y sont présentés comme des existentialistes, ce qui vaudra ce commentaire de Sartre : « Mais ceux qui lurent dans *Samedi-Soir* l'intéressant témoignage d'une pucelle que j'attirai, paraît-il, dans ma chambre pour lui montrer un camembert, ceux-là ne lisaient pas *Les Temps modernes*[1]. » Et voilà comment *France Dimanche*, qui tire alors à plus d'un million d'exemplaires, décrit Sartre entrant au Café de Flore :

> De son petit pas court, la tête enfoncée dans le mouton sale d'une canadienne pisseuse, les poches éclatées de livres et de journaux, un Balzac pris à la bibliothèque municipale sous le bras [... pour s'asseoir à une table], promener autour de lui un regard humide, écarter les lainages de son cou, et [...] remonté par quelques cognacs, la pipe courte rougeoyant le tabac gris au bout de ses lèvres sensuelles [...] sortir de sa serviette un porte-plume de deux sous, et [...] écrire quelque quarante pages[2].

Du côté des marxistes révolutionnaires, à la gauche du PCF, Sartre fait aussi l'objet de vives critiques, notamment de Pierre Naville, compagnon de Trotski, qui avait contribué activement avant guerre à la création de la IVe Internationale et animait à présent *La Revue internationale*[3]. Son point de vue est publié par les éditions Nagel à la suite de la conférence de Sartre. « Naville était assez dur avec Sartre, écrit l'historien marxiste anglais Ian Birchall, accusant sa philosophie d'être "la résurrection du radical-socialisme", adaptée aux temps nouveaux[4]. » Naville défend l'idée de lois qui président à l'action et qui sont constitutives de la nature humaine, mais l'un et l'autre reconnaissent que la question de l'individu n'est pas résolue par la théorie marxiste.

Le noyau de l'existentialisme sartrien est que « l'existence précède l'essence ». Tout le monde connaît la célèbre anecdote qui illustre ce postulat philosophique d'un garçon de café au geste vif,

---

1. Jean-Paul Sartre, cité dans LOTTMAN, 1981, p. 314.
2. *France Dimanche*, cité dans *ibid.*
3. Le comité de rédaction de *La Revue internationale* est composé de Pierre Naville, Charles Bettelheim, Gilles Martinet, Maurice Nadeau puis David Rousset et Gérard Rosenthal.
4. BIRCHALL, 2011, pp. 104-105.

incliné avec sollicitude vers la table de consommateurs. « À quoi joue-t-il ? », se demande Sartre. Il joue au garçon de café dans ce lieu de passage. Son être échappe à son état, et cette inadéquation le contraint plus encore à correspondre à sa fonction. Il est en représentation sous le regard d'autrui, jouant son rôle social avec affectation. Le garçon de café va très vite devenir la figure éponyme de la mauvaise foi qui est au cœur de la philosophie de Sartre. Il produit en effet de la méconnaissance sur ce qu'il est vraiment sous la facticité surjouée de son rôle. En même temps, il reste libre, car il ne peut être réduit à cette facticité. La liberté selon Sartre ne peut s'exercer qu'en situation, à partir d'un vécu singulier d'où peut émerger un projet à être[1]. Cette histoire est relatée dans *L'Être et le Néant*, publié en 1943, ouvrage qui devient un best-seller en 1945 dans le climat de la Libération. Ce qu'affirme Sartre c'est qu'il n'y a pas de nature humaine, que le propre de l'homme est, *a contrario* des objets comme le coupe-papier, de n'en pas avoir : « L'homme n'est rien d'autre que ce qu'il se fait. Tel est le premier principe de l'existentialisme[2]. » À partir de ce postulat, l'homme devient pleinement responsable de ce qu'il est.

L'ontologie sartrienne oppose deux régions de l'être : l'être-pour-soi de la conscience et l'être-en-soi, opaque à lui-même, du « pratico-inerte ». La tragédie de l'homme est dans sa tentation permanente de réduire l'être-pour-soi à l'être-en-soi. Il faut donc l'inviter à échapper à cette tentation, ce qui nécessite un arrachement qui lui est possible grâce au néant : « Cette possibilité pour la réalité humaine de sécréter un néant qui l'isole, Descartes après les stoïciens lui a donné un nom : c'est la liberté[3]. » C'est donc une philosophie de la liberté : « Si, en effet, l'existence précède l'essence, on ne pourra jamais l'expliquer par référence à une nature humaine donnée et figée ; autrement dit, il n'y a pas de déterminisme, l'homme est libre, l'homme est liberté[4]. » Sartre explique le faible usage que l'homme fait de cette liberté par l'emprise de la mauvaise foi, qui le conduit à renoncer à son être-pour-soi. Tous

---

1. Voir MOUILLIÉ, 2000.
2. SARTRE [1946], 2008, p. 30.
3. ID., 1943, p. 59.
4. ID. [1946], 2008, p. 39.

les hommes n'ont pas le courage de s'arracher à la fonctionnalité et au rôle que l'on veut leur faire jouer. Selon Sartre, l'existentialisme est un humanisme dans la mesure où il donne pour ambition à l'homme de retrouver non pas sa véritable nature, il n'en a pas, mais sa liberté, au lieu de rester aliéné et extérieur à lui-même. Il lui faut se projeter hors de lui-même pour rejoindre un univers humain.

Avec ses thèses existentialistes, Sartre se fait un des introducteurs en France du programme phénoménologique d'Edmund Husserl, dont il a découvert l'œuvre en 1933 à Berlin. À partir de 1939, il ajoute aux thèses husserliennes, comme l'attestent les *Carnets de la drôle de guerre*, celles de Martin Heidegger, dont il dit que l'influence sur lui fut providentielle. Le philosophe allemand ne reconnaîtra cependant pas en Sartre un disciple. Dès 1946, Heidegger envoie à Jean Beaufret sa *Lettre sur l'humanisme*, dans laquelle il récuse l'interprétation humaniste de sa pensée, soulignant un profond désaccord entre les deux projets philosophiques. Sartre se refuse en effet à déporter les questions de l'« origine du néant » hors de la réalité humaine. D'un côté, Heidegger s'efforce de penser l'homme non plus comme sujet, mais comme *Dasein*[1], ou « être-là », de construire une archéologie du *cogito* dans laquelle l'homme se trouve décentré, assujetti à une histoire dont il n'est plus le sujet. De l'autre, Sartre poursuit le projet cartésien de penser à partir du *cogito* en remodelant la conception de la conscience dans un sens qui approfondit la thématique de la liberté du côté du sujet pratique.

À l'impuissance ressentie et exprimée en 1938 dans *La Nausée* se substitue un sentiment de toute-puissance du sujet pleinement responsable de conduire sa vie selon ses potentialités : « Si vraiment l'existence précède l'essence, l'homme est responsable de ce qu'il est. Ainsi, la première démarche de l'existentialisme est de mettre tout homme en possession de ce qu'il est et de faire reposer sur lui la responsabilité totale de son existence[2]. » Sartre rouvre

---

1. Avant Heidegger, on traduisait cette notion par « existence » en l'opposant à « nécessité » ou « possibilité ». Avec Heidegger, elle en vient à signifier le moment d'ouverture constitutif de l'homme dans son rapport immédiat aux choses, évoquant une rupture avec l'idée métaphysique d'une opposition entre un sujet (la conscience) et un objet (le monde).

2. SARTRE [1946], 2008, p. 31.

en fait ainsi la marche de l'histoire, car cette responsabilité ne se limite pas à l'individu, mais engage ce dernier devant l'humanité entière. Dans le climat de la Libération, la construction d'un avenir meilleur redevient d'actualité, et cette confiance dans le futur est largement partagée. La qualification de « quiétisme » dont l'affublent les communistes paraît donc incongrue, et l'on pourrait plutôt lui reprocher son ultra-volontarisme. Sartre récuse ces accusations. « La doctrine que je vous présente, écrit-il, est justement à l'opposé du quiétisme, puisqu'elle déclare : il n'y a de réalité que dans l'action ; elle va plus loin d'ailleurs, puisqu'elle ajoute : l'homme n'est rien d'autre que son projet, il n'existe que dans la mesure où il se réalise[1]. » La doctrine de Sartre pourrait être, et le sera un peu plus tard, critiquée pour avoir jeté par-dessus bord toutes les formes de contraintes sociales au profit de la seule capacité du sujet : « Il n'y a pas de doctrine plus optimiste, puisque le destin de l'homme est en lui-même[2]. »

Cette philosophie est portée par un milieu qui va devenir mythique, lieu de mémoire sacralisé de l'intelligentsia, le Quartier latin, et notamment Saint-Germain-des-Prés. Sartre est domicilié rue Bonaparte, dans un appartement donnant sur le carrefour Saint-Germain. Trop connu au Café de Flore, où il a travaillé avec Simone de Beauvoir durant toute la guerre, il se réfugie pour écrire plus tranquillement près de chez Gallimard, à l'hôtel Pont-Royal. Et puis, il y a les lieux de la nuit, les caves où l'on peut se retrouver entre amis, écouter du jazz, que Sartre et Simone de Beauvoir fréquentent : le Méphisto, boulevard Saint-Germain, mais aussi le nouveau Tabou, rue Dauphine, où Sartre aime venir entendre Boris Vian. La France est alors la terre d'élection du jazz, au point que nombreux sont les *jazzmen* qui s'établissent dans l'Hexagone[3]. Parmi les cinq cents qui ont fait le voyage pour des tournées sur le sol français, l'un d'eux va donner naissance à un jazz français, le batteur Kenny Clarke, dont la première

1. *Ibid.*, p. 51.
2. *Ibid.*, p. 56.
3. « Onze d'entre eux au moins s'installeront en France à titre permanent : Sidney Bechet, Aaron Bridgers, Arthur Briggs, Kenny Clarke, Bill Coleman, Harry Cooper, Fats Edwards, Jimmy Gourley, Mezz Mezzrow, Art Simmons et Bill Tamper » (TOURNÈS, 1999, p. 224).

tournée remonte à octobre 1945. En février 1948, il est un des introducteurs majeurs du be-bop lorsqu'il revient en France en compagnie du grand orchestre de Dizzy Gillespie, dont l'audition devait constituer un événement fondateur pour de nombreux amateurs de jazz[1].

La doctrine existentialiste s'ouvre sur l'engagement. Dans *La Nausée*, Sartre présentait un personnage solitaire, livré à lui-même. Le philosophe, écrivain et dramaturge découvre à présent le sens de l'action collective, les enjeux de l'histoire. En 1945, il se lance dans l'arène politique en créant une revue :

> Nous cherchâmes un titre. Leiris, qui avait gardé de sa jeunesse surréaliste le goût du scandale, proposa un nom fracassant : le *Grabuge* ; on ne l'adopta pas parce que nous voulions certes déranger, mais aussi le contraire. Le titre devait indiquer que nous étions positivement engagés dans l'actualité [...] on se rallia à *Temps modernes* ; c'était terne, mais le rappel du film de Charlot nous plaisait[2].

Les Temps modernes se présentent comme la revue de l'intellectuel engagé. Le comité de rédaction constitué autour de Sartre est composé de Simone de Beauvoir, Maurice Merleau-Ponty, Raymond Aron, Jean Paulhan, Albert Ollivier et Michel Leiris. Ce dernier, qui a déjà l'âge de la maturité, quarante-cinq ans, tout en étant, comme l'indique Ariette Armel, une « figure de référence incontestée dans des domaines aussi variés que l'ethnographie, la politique, la critique d'art et de littérature [...] apparaît rarement sur le devant de la scène[3] ». En 1939, il a déjà publié son autobiographie[4], et son journal de route en Afrique jouit d'une grande notoriété[5]. L'expérience de la guerre et celle de l'Afrique lui ont fait ressentir l'urgence de l'action. Pour lui comme pour Sartre, « l'écriture devient un engagement dont l'enjeu est proclamé publiquement[6] ». Collaborateur de la première heure des *Temps*

1. *Ibid.*, p. 225.
2. BEAUVOIR, 1963, pp. 24-25.
3. ARMEL, 1997, p. 9.
4. LEIRIS, 1939.
5. ID., 1934.
6. ARMEL, 1997, p. 449.

modernes, il est aussi friand que le couple Sartre-Beauvoir des caves de Saint-Germain-des-Prés :

> La grande période des caves dura peu : inauguré en 1947, le premier Tabou tient à peine plus d'un an, et le Club Saint-Germain de l'été 1948 à l'été 1949. Leiris a toujours été fasciné par le jazz et la vie nocturne. Il fréquente donc tous ces lieux de rencontres, mais aussi de *jam-sessions* exceptionnelles avec Charlie Parker et Max Roach[1].

Leiris publie dans *Les Temps modernes* « Dimanche », un texte qui fait figure de bilan existentiel et reste la contribution majeure de son livre *Biffures* (*La Règle du jeu*, I), en 1948, une des expressions de cet existentialisme d'après-guerre qui pratique le mélange des genres entre poésie et travail de mémoire. Leiris s'éloigne pourtant assez vite de la revue, à laquelle il reproche de ne pas accueillir assez volontiers les innovations littéraires :

> La nature de l'engagement artistique est en effet source de désaccords entre Leiris et Sartre. Dans « De la littérature comme une tauromachie », première chronique de Michel Leiris pour *Les Temps modernes*, l'affirmation que la littérature est une « praxis », un acte par rapport à soi-même et par rapport à autrui, est en harmonie avec les idées de Sartre. Mais la position de Leiris est déviante dans la mesure où il s'agit moins pour lui de produire de l'action directement utilisable politiquement que de s'engager soi-même, totalement, dans cet acte littéraire[2].

Au petit cénacle de la revue s'ajoute un cercle plus large d'intimes et de collaborateurs réguliers, la fabrication de la revue elle-même étant surtout le fait d'un trio composé de Sartre, Merleau-Ponty et Beauvoir. Selon cette dernière, c'est au cours de la guerre que Sartre a ressenti la nécessité de l'engagement, regrettant de n'avoir pas pris une plus large part aux combats qui ont permis de vaincre le nazisme : « La guerre avait opéré en lui une décisive conversion. D'abord elle lui avait découvert son historicité [...]. Il comprit que vivant non dans l'absolu, mais dans le transitoire, il devait renoncer

1. *Ibid.*, p. 453.
2. *Ibid.*, p. 456.

à *être* et décider de *faire*[1]. » La revue est dès lors conçue comme un instrument du dévoilement en vue de contribuer à la construction d'un monde meilleur. L'impératif se trouve dans l'actualité, dont la compréhension des enjeux est appelée à guider l'action. L'écrivain doit sortir de sa tour d'ivoire et plonger dans la mêlée. Comme le dit Sartre lui-même : « L'écrivain n'est ni Vestale, ni Ariel, il est "dans le coup", quoi qu'il fasse, marqué, compromis, jusque dans sa plus lointaine retraite[2]. »

C'est en 1948 que Sartre définit, dans *Qu'est-ce que la littérature ?*, ce qu'il entend par l'engagement de l'écrivain : « L'écrivain "engagé" sait que la parole est action : il sait que dévoiler c'est changer et qu'on ne peut dévoiler qu'en projetant de changer[3]. » Michel-Antoine Burnier a bien mis en valeur cette inscription politique de l'existentialisme sartrien : « L'affirmation centrale de *Qu'est-ce que la littérature ?*, c'est cette définition de l'écriture comme acte, acte pluridimensionnel, certes, mais dont l'aspect politique n'est pas le moindre[4]. » Sartre ressent intensément alors ce qu'il a manqué en 1933 en Allemagne, le souffle de l'histoire, son injonction à y prendre sa place et à y défendre ses valeurs : « L'historicité reflua sur nous [...]. Nous découvrions comme un goût d'histoire[5]. » Il se montre en outre autocritique sur la façon dont il envisageait, avant guerre, la littérature comme atemporelle, dégagée des enjeux de l'actualité. Il défend à présent une littérature à l'épreuve du concret, sans pour autant se rallier à quelque réalisme socialiste. Comme le note Étienne Barilier, « *Qu'est-ce que la littérature ?* marque le début d'une longue pénitence, qui ne finira qu'avec la vie du flagellant[6] ».

Certains sont plus circonspects sur cette notion d'engagement. En octobre 1946, Étiemble publie ainsi dans *Valeurs*, au moment même où il commence sa collaboration aux *Temps modernes*, un article intitulé « De l'engagement » :

1. Beauvoir [1963], 1982, p. 15.
2. Sartre [1945], 1948, pp. 12-13.
3. Id. [1948], p. 73, 1964.
4. Burnier, 1966, p. 29.
5. Sartre [1948], 1964 et 1986, p. 258.
6. Barilier, 1987, pp. 74-75.

L'engagement, s'il témoigne pour celui qui le contracte, ne saurait [...] se substituer à l'élaboration et au choix des valeurs. Tant vaut ce à quoi l'on se voue, tant vaudra l'engagement. Alors ? Alors, « le mot d'engagement est très vague. Il faudrait bien nous en dégager de ce mot » (Jean Wahl)[1].

La conversion du mal-être à l'engagement est commune à Sartre et à Camus. Même si ce dernier a été membre du parti communiste avant guerre, ses démonstrations sur l'absurde, son *Mythe de Sisyphe*, publié en 1942, la même année que *L'Étranger*, le tiennent fondamentalement éloigné de toute téléologie marxiste. Le rapprochement avec Sartre dans l'après-guerre, redoublé d'un fort sentiment mutuel d'amitié, a pour effet que l'on prend Camus pour un adepte de l'existentialisme. Pour lever l'équivoque sur ce qu'il estime une confusion inappropriée, Camus multiplie les occasions de s'en distancer :

> Non, je ne suis pas existentialiste. Sartre et moi nous nous étonnons toujours de voir nos deux noms associés [...]. Car enfin, c'est une plaisanterie. Sartre et moi avons publié tous nos livres, sans exception, avant de nous connaître. Quand nous nous sommes connus, ce fut pour constater nos différences. Sartre est existentialiste, et le seul livre d'idée que j'ai publié : *Le Mythe de Sisyphe*, était dirigé contre les philosophes dits existentialistes[2].

Malgré ces mises au point, lorsque Camus se rend en 1946 aux États-Unis, il peut constater qu'il est unanimement consacré comme un grand écrivain, mais ne peut s'empêcher de montrer quelques signes d'exaspération lorsque, de manière répétée, on lui demande s'il est vraiment existentialiste : « On ne peut rien expliquer par des principes ou des idéologies », répond-il à ses interlocuteurs[3]. Comme l'attestent ses articles de *Combat*, Camus exprime fondamentalement au quotidien le souffle nouveau de l'historicité et parle de renaissance, de révolution, de maintien de l'esprit de Résistance dans un engagement de tous les instants. Il

1. ÉTIEMBLE [1946] 1955, p. 19.
2. CAMUS [1945], 2006, p. 656.
3. LOTTMAN, 2013, p. 624.

se tient néanmoins à distance de toute divinisation de l'histoire, et c'est sur ce point que la rupture intervient avec Sartre au moment de la publication de *L'Homme révolté*. Dès 1945, il explique dans un entretien son refus de se voir assimilé aux thèses existentialistes, qui revêtent selon lui deux formes :

> L'une avec Kierkegaard et Jaspers débouche dans la divinité par la critique de la raison, l'autre, que j'appellerai l'existentialisme athée, avec Husserl, Heidegger et bientôt Sartre, se termine aussi par une divinisation, mais qui est simplement celle de l'histoire, considérée comme le seul absolu. On ne croit plus en Dieu, mais on croit à l'Histoire […]. Je comprends bien l'intérêt de la solution religieuse, et je perçois très particulièrement l'importance de l'histoire, mais je ne crois ni à l'une ni à l'autre au sens absolu[1].

Camus se sent plus attiré par le positionnement de son ami René Char, avec lequel il s'unit sur le projet de la Grèce antique, qui exprime pour eux deux la réussite de l'harmonie esthétique et de la réflexion philosophique. En 1949, ils lancent ensemble une revue au titre évocateur de cette Grèce de leurs rêves, *Empédocle*, dont le comité de rédaction très restreint ne comprend qu'Albert Béguin, Guido Meister et Jean Vagne. Ainsi que l'indique Laurent Greilsamer, la « revue s'ouvre sur un hommage au romancier américain Herman Melville, l'auteur de *Moby Dick* et de *Billy Bud, marin*, l'une des passions communes à Char et à Camus[2] ». C'est dans cette revue éphémère, qui durera moins d'une année, que Julien Gracq publiera son célèbre pamphlet « La littérature à l'estomac » en 1950.

Cette époque est aussi celle où le surréalisme commence à s'assimiler dans toutes ses composantes. Maurice Nadeau en publie l'histoire en 1945[3], l'année même où paraît l'*Anthologie de l'humour noir* d'André Breton. Les marginaux novateurs de la littérature française ne tardent pas à devenir des valeurs sûres, tel Antonin Artaud, qui reçoit le prix Sainte-Beuve en 1948. Dans le domaine des arts plastiques, la tendance dominante est également à

---

1. CAMUS [1945], 1985.
2. GREILSAMER, 2004, p. 261.
3. NADEAU, 1945 (a).

la quête de l'avant-garde. On consacre alors les boutefeux célèbres depuis l'entre-deux-guerres : Pablo Picasso, Henri Matisse, Marc Chagall, Vassily Kandinsky ou Pierre Bonnard. De nouveaux courants apparaissent qui s'engagent dans la voie de l'abstraction avec les artistes de l'école de Paris (Jean Bazaine, Alfred Manessier, Pierre Tal-Coat, etc.), dont les premières expositions personnelles s'échelonnent de 1947 à 1949. Dans son *Aventure culturelle française*, Pascal Ory écrit :

> Du coup, l'abstraction se diversifie, les géométriques voient se dresser à leurs côtés les premiers « abstraits lyriques » (Georges Mathieu), les premiers « informels » (exposition *Véhémences confrontées*, organisée par Mathieu et Michel Tapié) et autres inclassables, c'est-à-dire inclassés (premières expositions Hans Hartung et Pierre Soulages, chez Lydia Conti)[1].

En juin 1947, tous ces peintres bénéficient d'un lieu d'exposition avec l'ouverture du musée d'Art moderne, sous la direction de Jean Cassou. Le Salon des réalités nouvelles avait déjà montré à Paris, en 1946, un millier de toiles non figuratives :

> Certains s'orientent vers la recherche de la couleur et de l'expression (Gruber, Marchand, Pignon). Une autre tendance est représentée par les peintres « subjectifs », pour lesquels il ne reste du réel que l'exploration d'un rêve intérieur[2].

LA RÉVOLUTION SANS LA RÉVOLUTION

L'immédiat après-guerre représente le temps fort de l'hégémonie conquise par le PCF, qui jouit d'une double légitimité : la résistance intérieure, grâce à l'efficacité de son organisation armée, les FTP (Francs-tireurs et partisans français), et le capital de sympathie pour l'URSS, la mère patrie, qui a payé le prix fort de la victoire contre le nazisme. Stalingrad représente le sacrifice suprême d'une

1. ORY, 1989, pp. 135-136.
2. RIOUX et SIRINELLI (dir.), 1998, p. 219.

Armée rouge qui a réussi à délivrer Berlin : « Stalingrad, écrit Edgar Morin, balayait, pour moi et sans doute pour des milliers comme moi, critiques, doutes, réticences. Stalingrad lavait tous les crimes du passé quand il ne les justifiait pas[1]. » Un sondage de l'IFOP confirme ce sentiment : les Parisiens interrogés sur qui a le plus contribué à la défaite allemande penchent à 61 % pour l'URSS et à 29 % seulement pour les États-Unis. En novembre 1946, le PCF compte huit cent mille adhérents, contre deux cent huit mille en 1937, et recueille quelque 28,89 % des suffrages exprimés aux élections de novembre 1946.

Le prestige de la puissance soviétique ajouté au lourd tribut qu'elle a payé lors de la guerre (vingt-trois millions de morts dans ses frontières de 1939, dont huit à dix millions de militaires et douze à quatorze millions de civils) rejaillissent sur les partis frères. Pour la première fois de son histoire, le PCF possède des ministres au gouvernement et pèse sur la politique française. Les communistes incarnent non seulement la volonté de maintenir un esprit résistant, mais l'espoir révolutionnaire. Cependant, dans le contexte du partage de Yalta, la France fait partie du camp occidental, et il n'est donc pas question d'y tenter une révolution communiste. La situation est paradoxale : le parti de la révolution a pour consigne de ne pas l'entreprendre. Le PCF donne l'illusion que le renouveau passe par lui et qu'il va construire en France une société de justice et d'émancipation sociales. Pour lui, l'avenir ne fait aucun doute et va dans le sens de l'histoire. La philosophie marxiste qui porte le projet communiste déploie une téléologie conduisant, par dépassements dialectiques, à une société sans classes. Les intellectuels du parti vivent intensément l'envoûtement de l'histoire. L'historienne Annie Kriegel (née Becker et qui s'appelle alors Besse, du nom de son mari Guy Besse) adhère en 1945 avec le sentiment de vivre « une étape historique qui marquerait dans l'évolution des civilisations humaines un tournant aussi important que l'avait été le christianisme[2] ». Elle ajoute : « On tient là l'un des maillons de la chaîne de conduites et de raisons qui devaient bientôt mener à la glaciation raisonnée du stalinisme[3]. »

---

1. MORIN, 1975, p. 47.
2. KRIEGEL, Annie, 1991 (a), p. 322.
3. *Ibid.*

La plupart des intellectuels subissent de plein fouet le pouvoir d'attraction communiste. Pour certains, engagés dans des organisations du parti au sein de la Résistance, il s'agit d'un même combat par des moyens différents. D'autres adhèrent avec ferveur, pensant ainsi rejoindre la grande histoire collective[1]. Rallier les rangs du PCF constitue pour beaucoup une rupture sociale, qui leur fait espérer embrasser la cause de cette classe ouvrière dont la mission historique est de libérer le monde de toute forme d'exploitation. Comme le rappelle Dominique Desanti, qui connut, comme beaucoup, sa phase d'hyperstalinisme : « Le prolétariat, classe montante, s'auréolait d'un halo sacré[2]. » La classe ouvrière bénéficie d'un transfert de sacralité ; c'est par elle que doivent venir la rédemption de l'humanité et l'avènement d'une société enfin transparente à elle-même : « Les ouvriers sont au cœur du juste combat pour la paix qui porte en lui l'avenir du monde », écrit une autre fervente stalinienne, Annie Kriegel[3].

Certains de ces intellectuels sont attirés par le PCF comme ils auraient pu l'être par une lumière mystique provenant d'un mystérieux appel à rejoindre les rangs des élus. Ce qu'a bien perçu Claude Roy, un intellectuel passé brutalement en 1942 de l'engagement à l'extrême droite (il a collaboré à *Je suis partout*) à l'adhésion au PCF dans l'espoir d'y trouver une Église et une foi :

> J'avais été au parti comme on va à la rencontre de la Grande
> Famille. Une vraie Sainte Trinité : le Père, calme et réfléchi, sévère,
> mais bon, riche d'expériences et de savoir exemplaire. Le Frère, à
> mille têtes, le grand réseau sauveur de la fraternité. Et le Saint-Esprit
> d'un penseur, collectif, d'un philosophe collégial de la praxis[4].

---

1. On peut juger de l'influence du PCF sur les intellectuels par la composition de la cellule communiste de Saint-Germain-des-Prés, qui comprend, outre deux ou trois ouvriers et quelques concierges égarés, Robert Antelme, Jorge Semprún, Marguerite Duras, Simone Tery, Loleh Bellon, Steph Simon, Dionys Mascolo, Édith Thomas, Andrée Viollis, Claude Roy, Henri Lefebvre, Jean-Toussaint Desanti, Dominique Desanti, Edgar Morin, Jean-Pierre Vernant, Jean Baby, Clara Malraux, Victor Leduc et Jacques-Francis Rolland (liste reprise de ROY, Claude, 1972, p. 467).

2. DESANTI, Dominique, 1975, p. 19.

3. KRIEGEL, Annie (sous le nom d'Annie Besse), 1945.

4. ROY, Claude [1969], p. 434, 1999, p. 14.

Roy évoque la dimension essentielle du combat communiste, qui ne se limite pas à un acte politique, mais implique tout leur être dans ce qui est vécu comme une nouvelle famille d'appartenance, avec ses contraintes et ses joies, sa sociabilité singulière, ses rites. Milieu privilégié de rencontres entre élus, le parti, auquel se dévouent corps et âme ses militants, offre en contrepartie un statut privilégié à ses « intellectuels organiques ». Alors que l'intellectuel isolé n'a pour seule ressource que son expérience et sa culture personnelles, l'intellectuel organique, à la manière dont Gramsci le définit comme issu des classes populaires ou les incarnant, tel Pierre Daix, fils d'une institutrice et d'un gendarme d'Ivry, bénéficie de l'expérience collective du parti et de l'héritage de la déjà longue histoire du mouvement internationaliste. Il en résulte un sentiment de fraternité en acte avec des camarades prêts à se sacrifier pour un idéal commun.

École de formation pour beaucoup, le parti offre aussi à ses militants de possibles promotions. Cela vaut pour les classes modestes, qui peuvent y trouver un levier d'ascension sociale, mais aussi pour les intellectuels occupant des positions de pouvoir et profitant d'avantages substantiels grâce à un vaste lectorat captif et à de luxueux voyages pris en charge par les partis frères. Il y a là toute une panoplie d'opportunités pour l'intellectuel stalinien en ce moment béni de l'après-guerre. Cependant, les intellectuels étant considérés comme inférieurs aux ouvriers, qui portent par essence le poids de la révolution en marche, ils doivent souscrire à une stricte discipline et ne pas s'écarter de la ligne définie par le parti, sous peine de se voir renvoyer dans leur foyer et d'être dénoncés comme parasites, traîtres, renégats. Quels que soient leurs efforts, ils suscitent toujours la défiance de la direction et ne seront jamais dignes de la classe élue. Même pour les plus fidèles, un soupçon de trahison plane irrépressiblement.

En échange de leur servilité, les intellectuels organiques peuvent bénéficier d'un certain nombre de gratifications réparties en fonction de leur mérite. La première d'entre elles, que l'on n'accorde qu'à ceux en qui l'on a toute confiance, est le voyage en URSS, qui fait figure d'exploration du paradis terrestre. Grâce à des passe-droits, quelques « privilégiés » peuvent visiter les démocraties populaires, fermées au monde entier. En 1950, Pierre Daix se rend ainsi à Moscou et en revient ébloui : « On m'offrit la vie de palace, les mets les plus rares à gogo, caviar, esturgeon, saumon, gibier, vins fins de Géorgie[1]. » C'est mieux encore que la société d'abondance. Qui oserait après cela remettre en cause le développement des forces productives en URSS ? Ces voyageurs de l'impériale ont l'impression de pénétrer en Terre sainte. Paul Eluard, qui parcourt toute l'Europe centrale et l'URSS, s'émerveille et écrit : « L'homme en terre fait place à l'homme sur terre[2]. » Au-delà des avantages matériels, c'est en termes symboliques que les intellectuels acquis à la cause jouissent d'une notoriété considérable, légitimée par la patrie du communisme.

Aragon trône sans conteste parmi ces très nombreux intellectuels communistes et forme avec son épouse Elsa Triolet un « couple royal » incontesté et incontestable. « Le communisme comptait alors, écrit Claude Roy, trois forces en France : un idéal, une machinerie et Aragon[3]. » Ce dernier a fait de son talent de plume une arme de la Résistance. On a déclamé ses vers pour mener le combat contre le nazisme avant de les fredonner, plus tard, avec Léo Ferré. Le succès remporté par son recueil *Le Crève-cœur* est à ce point considérable qu'il doit être réimprimé en urgence au début de 1942. Aragon vise l'efficacité : « Il s'agissait de s'adresser à tout le monde, qu'on puisse facilement entrer dans cette poésie, qu'elle touche le cœur des gens et le retourne, quels que soient ces gens[4]. » Tout au long de la guerre, ses poèmes ont été diffusés dans des revues, des journaux, des tracts, confortant l'esprit de la Résistance. « Jusqu'à Londres et à Alger, écrit son biographe Philippe Forest, et même dans les rangs de la France libre, dès 1943, Aragon a acquis un statut de poète national[5]. »

Aragon est aussi devenu un héros de la Résistance en acte, avec le vaste réseau d'intellectuels placé sous sa responsabilité dans la zone sud, qui a réuni quelque cinquante mille personnes. Il entend capitaliser cette influence au terme de la guerre avec le projet d'une « Union française des intellectuels ». Paris libéré, il retrouve

1. DAIX, 1976, p. 245.
2. ELUARD, 1948, p. 52.
3. ROY, Claude, 1972, p. 452.
4. ARAGON [1969], 2013, p. 152.
5. FOREST, 2015, p. 517.

avec sa femme le domicile parisien et connaît le triomphe. Pierre Juquin les évoquera ainsi : « Le couple Elsa Louis passe au milieu des officiels, on s'écarte devant eux. Pierre Daix me dit avoir été médusé, à son retour des camps : "le roi et la reine", a-t-il pensé[1]. » Aragon exerce un énorme pouvoir à lui tout seul. Il contrôle le quotidien communiste *Ce soir*, le prestigieux hebdomadaire culturel *Les Lettres françaises* et le mensuel *Europe* ; il dirige deux maisons d'édition du parti ; il est par ailleurs entré chez Gallimard et peut bien sûr écrire quand il le souhaite dans *L'Humanité*. Quant à Elsa, elle reçoit en 1944 le prix Goncourt pour *Le Premier Accroc* et devient la première femme lauréate de cette distinction. S'ajoute à ce magistère l'insistance d'Aragon sur le caractère national de la Résistance et du programme de reconstruction du pays. L'écrivain est à l'unisson avec la politique incarnée par le secrétaire général du PCF revenu de Moscou, Maurice Thorez, laquelle va prévaloir jusqu'en 1947.

Du 5 décembre 1944 au 2 janvier 1945, Aragon signe un billet quotidien dans *Ce soir*, sous la rubrique « Parlons français ». Dénonçant les quatre « anti » (antisémitisme, anticléricalisme, antimilitarisme et anticommunisme), qui, selon lui, minent la nation, il prêche l'union de tous autour de l'étendard du parti. Aragon n'est pas pour autant coopté au Comité central. Cette mise à distance est significative de la peur qu'il suscite au sommet de l'appareil. Pas tant par la crainte d'une quelconque dissidence de sa part, que par le constat que sa notoriété ne doit rien à la direction du parti. L'appareil stalinien reste discret sur les actes de résistance d'Aragon afin de ne pas en faire un héros potentiellement incontrôlable. Si de telles figures sont généralement magnifiées par le PCF, c'est de préférence après leur mort, si possible en martyr, comme Gabriel Péri. Aragon fait d'ailleurs lui-même de ce dernier l'incarnation de la nouvelle espèce d'homme produite par le communisme[2].

On ne plaisante pas avec la ligne et sa valeur sacrée, le grand frère soviétique. Ceux qui défendent des positions indépendantes à l'égard du parti s'exposent à des volées d'insultes visant à les disqualifier. En cette année 1945, la grande confrontation se joue entre

1. JUQUIN, 2013, p. 229.
2. ARAGON, 1946, p. 49.

l'appareil communiste et Sartre, dont l'existentialisme incarne une tout autre vision du monde. Roger Garaudy voit en lui un « faux prophète » et, dans son œuvre, une littérature de « fossoyeurs », une « pathologie métaphysique » : « Cette maladie s'appelle aujourd'hui l'existentialisme, et [...] la grande bourgeoisie se délecte avec les fornications intellectuelles de Jean-Paul Sartre[1]. » Jean Kanapa, ancien élève de Sartre, en rajoute en publiant un brûlot pour dénoncer la nouvelle vogue : « L'animal est dangereux, il s'est engagé à la légère dans le flirt marxiste [...], mais il n'a pas lu Marx, s'il sait, en gros, ce qu'est le marxisme[2]. » Quant au groupe sartrien des *Temps modernes*, il ne s'agit que d'« une clique de bourgeois désemparés, l'œil amer, la plume abondante, les bras mous, désespérément, lamentablement mous[3] ». Henri Lefebvre, « le » philosophe du parti du moment, est envoyé en première ligne. Dès le 8 juin 1945, celui-ci écrit dans *Action* un article au vitriol intitulé « Marxisme et existentialisme : réponse à une mise au point ».

L'heure est à l'ode à Staline, le petit père des peuples, que l'on célèbre et chante avec passion. André Stil écrit : « C'est vrai, pensent-ils, on le sait bien qu'on a tous un peu Staline au fond de soi, qui nous regarde du dedans, souriant et sérieux, qui donne confiance. C'est notre conscience à nous, communistes, cette présence intérieure de Staline[4]. » Le fait est que le qualificatif de stalinien était à l'époque élogieux. « Le stalinisme est notre philosophie[5] », écrit de son côté André Wurmser.

Sartre s'était élevé sans tarder contre les calomnies déversées par le PCF contre son ami Paul Nizan, mort près de Dunkerque le 23 mai 1940. Militant du PCF, Nizan venait de rompre à la suite de la signature du pacte germano-soviétique. Il devenait ainsi non seulement un « traître », mais un « chien pourri émargeant au ministère de l'Intérieur », selon le secrétaire général du PC en personne Maurice Thorez[6]. Sartre, entré dans la famille Nizan en devenant le tuteur des deux enfants d'Henriette, la veuve du phi-

---

1. GARAUDY [1945], 1985, p. 381.
2. KANAPA, 1947.
3. *Ibid.*, p. 61.
4. STIL, 1950, p. 112.
5. WURMSER, 1949, p. 9.
6. Maurice Thorez, cité dans CHEBEL D'APPOLLONIA, 1991, p. 165.

losophe, ne peut laisser dire et faire. Dans l'après-guerre, le nom de Nizan est imprononçable, tant il est devenu infamant. Aragon fait retirer ses livres d'une vente organisée par le CNE (Comité national des écrivains) afin d'honorer les écrivains « morts pour la France ». Il le peindra plus tard dans *Les Communistes* sous les traits d'un « poltron », avec son personnage de Patrice Orfila. Henri Lefebvre participe lui aussi à la campagne de calomnies en évoquant Nizan dans son ouvrage *L'Existentialisme*, prétendant que l'esprit de trahison a inspiré tous ses livres[1]. Lorsqu'il réitère ses accusations en 1947, Sartre décide de sortir du bois en prenant la tête d'un mouvement d'intellectuels exigeant d'en finir avec ce climat diffamatoire. Il publie un communiqué de presse sommant le PCF d'étayer ses accusations :

> On nous rappelle de temps en temps que Jacques Decour, que Jean Prévost sont morts pour nous [...]. Mais sur le nom de Nizan, un des écrivains les plus brillants de sa génération [...] on fait le silence [...] on chuchote qu'il était un traître [...]. En ce cas, prouvez-le. Si nous restons sans réponse ou si nous ne recevons pas les preuves demandées [...] nous publierons un deuxième communiqué confirmant l'innocence de Nizan[2].

Le PCF répond dans *L'Humanité* sous la plume de Guy Leclerc, qui s'en prend à certains signataires du communiqué de presse et réitère ses accusations sans preuve, qualifiant Nizan de « traître à la France », « traître à son parti », ayant « aidé les agents de la cinquième colonne à mener leur politique criminelle »[3]. Le CNE, contrôlé par les communistes, publie à son tour une déclaration qui, sans prendre parti sur le fond, stigmatise les signataires du texte

---

1. LEFEBVRE, 1946.
2. *Le Figaro littéraire*, 29 mars 1947, et *Combat*, 4 avril 1947. Ce texte est signé par Raymond Aron, Georges Adam, Simone de Beauvoir, Jacques-Laurent Bost, André Billy, André Breton, Julien Benda, Pierre Brisson, Pierre Bost, Roger Caillois, Albert Camus, Maurice Fombeure, Jean Guéhenno, Henri Jeanson, Michel Leiris, Jacques Lemarchand, Jean Lescure, René Maheu, François Mauriac, Maurice Merleau-Ponty, Jean Paulhan, Brice Parain, Jean-Paul Sartre, Jean Schlumberger, Philippe Soupault et Jacques Texier.
3. LECLERC, 1947.

de Sartre : « Agissant comme ils le font, lesdits signataires commettent expressément ce délit même contre lequel ils prétendent vouloir s'élever[1]. »

André Gide, autre bête noire du PCF depuis la publication de son *Retour de l'URSS* en 1936, n'avait pourtant nullement cru écrire un brûlot antisoviétique. Comme l'explique son biographe Frank Lestringant, ses points d'interrogation et ses critiques avaient suffi à le faire considérer comme tel :

> Il disait son amour intact pour le peuple russe et son espoir d'un socialisme encore à venir, mais il ne cachait pas sa déception : l'uniformisation des habits et des consciences, la laideur des objets manufacturés, la pénurie des denrées, l'inégalité restaurée et accentuée, la nullité de l'art et surtout la disparition de la liberté[2].

L'ouvrage, publié chez Gallimard, avait immédiatement connu un large succès, avec cent quarante-six mille exemplaires écoulés en dix mois, après neuf tirages. Figure de proue de la gauche intellectuelle et ancien compagnon de route des communistes, Gide était à présent considéré par le PCF comme un ennemi des plus redoutables. « Le parti comptait sur Gide, et voici que Gide le trahissait », écrit Lestringant[3]. Lorsqu'il reçoit le prix Nobel, en 1947, il se voit reprocher par Jean Kanapa de s'être détourné des bolcheviks parce qu'ils n'étaient pas pédérastes !

En ces années d'immédiat après-guerre, Gide connaît l'apogée de sa carrière d'écrivain : « Gide retrouva Paris, et Paris lui fit fête. Son œuvre était partout célébrée, après avoir été interdite dans les derniers mois de l'Occupation[4]. » Sollicité de maint côté comme émissaire de la culture française, il défend à Beyrouth une littérature non engagée et, prenant Mallarmé pour modèle, invite à fuir toute forme d'inféodation. Il ne cesse de répéter que le monde ne sera sauvé que par quelques-uns. Trop âgé pour aller à Stockholm recevoir son prix, il écrit une lettre à l'Académie suédoise, qui sera lue par l'ambassadeur de France lors de la

---

1. Déclaration du CNE, publiée dans *Les Lettres françaises* le 11 avril 1947, citée dans Sirinelli, 1990, p. 257.
2. Lestringant, 2012, p. 763.
3. *Ibid.*, p. 774.
4. *Ibid.*, p. 1087.

cérémonie. Il y affirme son attachement à la liberté et son rejet du totalitarisme :

> Si vraiment j'ai représenté quelque chose, je crois que c'est l'esprit de libre examen, d'indépendance et même d'insubordination, de protestation contre ce que le cœur et la raison se refusent à approuver. Je crois fermement que cet esprit d'examen est à l'origine de notre culture. C'est cet esprit que tentent de réduire et de bâillonner aujourd'hui les régimes totalitaires[1].

En ce début de guerre froide, la déclaration de Gide, stigmatisant ceux qui s'emploient à museler l'expression littéraire et artistique, suscite une forte résonance. Les communistes ne s'y trompent pas et passent quasiment sous silence l'événement dans *L'Humanité*, ne le signalant qu'en troisième page par une notule intitulée significativement « Le prix Nobel de la servilité ». Dans *Les Lettres françaises*, c'est Jean Kanapa qui détourne le titre d'un roman de Gide pour le renvoyer à son auteur en le qualifiant de « faux-monnayeur de la culture ».

Le parti soigne ses grands intellectuels, à condition qu'ils ne lui fassent pas ombrage. Pour se préserver de leurs velléités d'indépendance, il prend toujours soin de constituer un cordon sanitaire autour de lui : « La direction, commente Jeannine Verdès-Leroux, a trouvé un appui à peu près sans faille parmi les intellectuels-du-parti. Elle a su exploiter avec habileté la vieille opposition entre les "créateurs" et les "professeurs"[2]. » Si le parti a besoin de grands intellectuels pour accroître son influence à l'extérieur de ses rangs, il entend contenir leur ambition en s'appuyant sur la masse de ces « intellectuels-du-parti », ou « intellectuels prolétaroïdes », comme les appelle Jeannine Verdès-Leroux, reprenant un mot de Max Weber : « Les agents de l'intellectualisme prolétaroïde vivent aux confins du minimum vital, ce sont [...] les petits prébendiers de tous les temps, qui sont munis d'une éducation considérée, le plus souvent, comme inférieure[3]. » Cette

---

1. André Gide, lettre citée dans *ibid.*, p. 1143.
2. VERDÈS-LEROUX, 1983, p. 20.
3. WEBER, 1971, p. 525.

catégorie sociale se compose de journalistes et d'écrivains au statut précaire. Le parti peut compter sur la fidélité inébranlable de ceux qui, issus d'une condition sociale modeste, ont acquis grâce à lui une certaine formation intellectuelle et sont devenus des permanents : « Ces deux catégories ont constitué une masse considérable, dynamique et ambitieuse (dans l'ambiguïté et l'inconscience), qui a donné le ton à cette époque de l'histoire du PCF[1]. » Ces bataillons de fidèles isolent vite les éventuels frondeurs, francs-tireurs de l'intelligentsia lorsque celle-ci en vient à réclamer une autonomie critique, en lui rappelant l'autorité des maîtres du communisme.

Parmi ceux qui se sentent plus indépendants, Jean Duvignaud distingue les matrices de ce qu'il appelle les « incasables ». Il y a d'abord ceux qui gravitent autour de l'hebdomadaire *Action*, dont le premier numéro paraît le 9 septembre 1944[2]. C'est à l'époque une équipe de durs, très politique : « Nous voulons faire un journal qui ne s'écarte pas de la ligne suivie durant la Résistance[3]. » Tout entiers dédiés à la réalisation du journal, ils cultivent une sociabilité qui peut se poursuivre tard dans la nuit : « La Révolution était à l'ordre du jour des nuits et des paroles, jusqu'à la fermeture des derniers bistrots[4]. » *Action* rayonne vite au-delà des cercles communistes et accueille de prestigieuses signatures[5]. Leur autorité et leur autonomie par rapport à l'appareil en font un organe de presse qui ne se limite pas à relayer la parole du parti. Ainsi est-ce dans *Action* que Sartre répond à ses critiques, y compris communistes, par une « mise au point » qui paraît le 29 décembre 1944. Comme l'écrit l'ancien communiste Victor Leduc dans son autobiographie : « *Action* intervient sur tous les points sensibles. » Il mène sans cesse le combat contre la division de la Résistance, et des forces ouvrières, contre la dérive

---

1. VERDÈS-LEROUX, 1983, p. 102.
2. On y trouve Maurice Kriegel-Valrimont, directeur, Pierre Courtade, rédacteur en chef, Pierre Hervé, Roger Vailland, Francis Ponge, Victor Leduc, Claude Roy, Jean Pronteau, Jacques-Francis Rolland et Robert Scipion.
3. LEDUC, 1985, p. 74.
4. ROY, Claude, 1972, p. 119.
5. Parmi lesquelles Pierre Emmanuel, Alexandre Astruc, Roger Stéphane, Gaëtan Picon, Jean Duché, Jean Dutourd, Pierre Dumayet, Pierre Desgraupes et Irène Allier.

"humaniste" du socialisme blumiste. C'est l'une de mes thèses d'élection[1]. »

Un autre groupe[2] anime une petite maison d'édition à l'existence éphémère et s'agrège tout un réseau d'intellectuels. Ils se retrouvent à l'appartement de Marguerite Duras, rue Saint-Benoît, qui leur est toujours ouvert, comme se le rappelle Claude Roy, un des habitués du lieu :

> Dès la Libération, « la rue Saint-Benoît » devint une de ces maisons comme il y en a dans les romans russes des temps de l'*intelligentsia*, où entrent et sortent à chaque instant trois idées, cinq amis, vingt journaux, trois indignations, deux plaisanteries, dix livres et un samovar d'eau bouillante [...]. De cette ruche exaltée, janséniste et fantasque, bouillonnante et inquiète, Marguerite était la reine[3].

Duras est alors une militante active et irréprochable du parti, passant ses dimanches matin à vendre *L'Humanité* sur les marchés, collant les affiches et distribuant les tracts. Elle ne supporte pas que l'on dise du mal du parti. Récompensée de ses efforts et de sa discipline, elle est promue secrétaire de cellule. La maison d'édition qu'elle crée avec Dionys Mascolo n'éditera que trois ouvrages, dont le premier, en 1946, signé Edgar Morin, s'intitule *L'An zéro de l'Allemagne*. L'appartement ne désemplit pas, écrit Laure Adler dans sa biographie de Marguerite Duras : « Sa réputation de cuisinière commence à grandir chez les intellectuels du Quartier latin. Elle aime recevoir. Queneau, Merleau-Ponty, Audiberti viennent de temps en temps [...]. On boit beaucoup. On danse quelquefois. Edgar est toujours là, Robert et Dionys aussi[4]. »

En 1948, un autre aréopage, plus petit, fait son apparition : le groupe « Mortier ». Constitué par Jean Duvignaud et Suzanne et Jacques Gaucheron, il se réunit tous les jeudis et entend susciter une vision globalisée du monde qui n'exclue pas les dimensions

---

1. Leduc, 1985, p. 86.
2. Composé de Violette et Edgar Morin, Marguerite Duras, Robert Antelme et Dionys Mascolo.
3. Roy, Claude, 1972, p. 120.
4. Adler, 1998, p. 241.

éthiques, esthétiques et politiques. Si tous ces intellectuels voleront bientôt de leurs propres ailes, ce n'est pas encore le cas dans le climat de la Libération. Le souvenir que relate Duvignaud, alors secrétaire de cellule, est hautement significatif des limites imposées à l'expression. Dans sa cellule, un solide ouvrier de chez Renault, à la fois généreux et râleur, lance une discussion sur les contradictions du PCF, lequel participe à un gouvernement qui mène une guerre coloniale en Indochine et se trouve donc complice des massacres perpétrés en Asie. Duvignaud est chargé de faire remonter la discussion à un responsable plus haut placé dans les instances du parti :

> Ce dernier rêvasse : « Il faut réfléchir. » Revenir le lendemain, c'est découvrir plusieurs hommes inconnus dans ce bureau. « Qui est ce type ? D'où vient-il ? Est-il trotskiste ? » Je n'en sais rien. « Il faut faire une enquête, savoir, revenir avec des données certaines. » […] Je reviens : je n'ai rien su. « Nous, on sait », dit le responsable. « C'est un provocateur, et tu dois l'exclure. » Exclure ? mais sur quelles bases ? « Celles de sa provocation »[1].

À LA GAUCHE DU CHRIST

Chez les chrétiens, la Libération entraîne à croire que le monde terrestre va pouvoir se rapprocher des principes de justice enseignés par l'Église, qu'elle soit catholique ou protestante. La vogue existentialiste y est également vécue de façon intense, mais dans une filiation quelque peu décalée par rapport à celle de Sartre, qui ne fait aucun cas de la pluralité des philosophies se réclamant de l'existence[2]. La revue *Esprit* est partie prenante de ce courant de pensée, et Emmanuel Mounier, son directeur, publie en 1946 un livre au titre sans équivoque : *Introduction aux existentialismes*[3]. Maurice de Gandillac se souviendra de ce climat d'engouement et

1. Duvignaud, 1976, pp. 34-35.
2. Voir Gilson, 1948.
3. Mounier, 1946.

d'intérêt pour Søren Kierkegaard, Karl Jaspers, Gabriel Marcel ou Jean Wahl.

Selon Paul Ricœur, la philosophie de Gabriel Marcel illustre la liaison entre la dimension transcendantale de la croyance chrétienne et la traversée de l'expérience concrète : « Cette aimantation par la Révélation est même si discrète qu'elle a précédé chez le philosophe français sa conversion au christianisme[1]. » Philosophie existentielle et foi chrétienne se retrouvent dans une commune aspiration à l'universalité de l'homme, comme s'il s'agissait d'une vocation, d'une tâche à réaliser, et non d'un donné objectivé. La manière dont peut se réaliser cette promesse doit respecter les seuils, les discontinuités entre les deux registres, mais prolonger l'impulsion de la prédication « dans les régions où l'existence transcende l'objectivité[2] ». Au distinguo sartrien entre existentialisme chrétien et athée, Ricœur oppose une même source d'inspiration chrétienne des diverses modalités de l'existentialisme : « Il est difficile de ne pas voir que tous les existentialismes se tiennent sur le terrain d'une problématique religieuse[3]. »

Selon Karl Jaspers, l'existentialisme doit tenir ensemble la double attraction de la méthode dialectique et de la traversée de l'expérience : « Aucun ne constitue un point de repos[4] », insiste Ricœur. La philosophie existentielle doit rester en tension entre l'accueil de tous les grands thèmes de la littérature, au risque de s'y perdre, et la résistance à cette tentation grâce à une démarche dialectique, sans se fossiliser dans la construction d'un système. Ce caractère inabouti ne révèle aucun désespoir, mais exprime au contraire la conviction d'une ultime lumière derrière le crépuscule de la vie de chacun : « L'échec de toutes choses visibles et de l'existence est le manteau protecteur de la divinité cachée[5]. » Ce cheminement exigeant vers l'échec est tourné du côté de l'action, de l'histoire, de la passion de l'engagement, et ouvre sur l'indi-

1. RICŒUR, 1949, p. 54.
2. *Ibid.*, p. 58.
3. *Ibid.*, p. 150.
4. *Ibid.*, p. 341.
5. RICŒUR, 1947 (a), p. 430.

cible : « Seul le silence demeure possible face au silence qui est dans le monde[1] », écrit Jaspers.

Dans l'après-guerre, tout un courant d'intellectuels catholiques progressistes accompagne l'engagement des prêtres-ouvriers. En 1954, ils sont une centaine à tenter de réinventer la relation entre l'Église et la classe ouvrière, mais Rome met brutalement fin à leur expérience. Ce courant chrétien, proche des communistes, s'engage alors dans les organisations syndicales. L'UCP (Union des chrétiens progressistes), constituée en 1947 par des intellectuels catholiques, parmi lesquels André Mandouze, Marcel Moiroud et Jean Verlhac, partage les espérances du PCF et entend combattre à ses côtés la dérive droitière du MRP (Mouvement républicain populaire), fondé en 1944. Ils deviendront des compagnons de route du PCF, et certains d'entre eux, comme Maurice Caveing, adhéreront même au parti : « Leur bulletin, *Des chrétiens prennent position*, bientôt devenu *Positions*, s'aligne pour l'essentiel sur le PCF[2]. »

En 1944, le père Pierre Chaillet, jésuite, donne carte blanche à André Mandouze pour assurer la poursuite de *Témoignage chrétien*, qui est, avec *L'Humanité* et *Combat*, le premier quotidien vendu sur les barricades à travers Paris en train de se libérer. À la sortie de la clandestinité, le numéro initial s'ouvre par un éditorial de son directeur proclamant : « Peuple, te voilà libre ! » Mandouze s'entoure de compagnons de la Résistance, souvent responsables de la Jec (Jeunesse étudiante chrétienne)[3]. *Témoignage chrétien* entend poursuivre l'esprit de la Résistance, et Mandouze veut donner une tout autre image de l'institution chrétienne que celle qui prévaut à la Libération, à savoir une Église compromise par la collaboration de certains de ses membres avec le pétainisme. La ferveur de ses éditoriaux témoigne d'un changement de cap radical : « Pour un christianisme dans la rue », « Vive la Russie soviétique ! », « Le christianisme a-t-il dévirilisé l'homme ? ». Dans ses Mémoires, Mandouze écrit : « Comment aurais-je pu laisser croire que, étant donné l'attitude de trop d'entre eux, les chrétiens étaient par nature des résignés[4] ? »

---

1. JASPERS, 1956, p. 233.
2. PELLETIER et SCHLEGEL, 2012, p. 32.
3. Tels Jean-Pierre Dubois-Dumée, Jean Baboulène, Françoise Chavet, Robert d'Harcourt ou Jean-Pierre Blum (neveu de Léon Blum).
4. MANDOUZE, 1998, p. 148.

Des théologiens renommés, comme les pères Marie-Dominique Chenu et Maurice Montuclard, tous deux dominicains, ou le jésuite Jacques Sommet, s'engagent dans un dialogue philosophique avec le marxisme. Celui-ci trouve son prolongement dans des revues telles que *Économie et humanisme*, dirigée par le dominicain Henri-Charles Desroches, *Esprit*, avec le philosophe Jean Lacroix, mais aussi *Cahiers de jeunesse de l'Église*, *Idées et forces* ou *Masses ouvrières*. Marx y est considéré comme un penseur humaniste proche de l'espérance chrétienne par sa dénonciation de toutes les formes d'aliénation et son appel au réveil des consciences. En ces années de la Libération, le prophétisme chrétien cherche sa voie entre critique de l'économie, à partir d'une grille d'analyse marxiste, et retour à la pureté du message évangélique. Comme le dit Frédéric Gugelot :

> Le moment d'utopie, d'espérance quasi millénariste de la Libération permet une « prise de parole » novatrice des laïcs et, malgré les menaces vaticanes, de clercs. Nostalgiques d'un monde où le religieux était perçu comme englobant la part profane parce que le corps social recevait son sens dernier de la religion, les intellectuels chrétiens constatent que les institutions religieuses ne contrôlent plus l'ensemble de l'univers symbolique[1].

Des dialogues se nouent entre chrétiens et communistes. À Sèvres, chez les jésuites, le père Jean Daniélou entre en débat public avec Roger Garaudy. La controverse est très attendue par les étudiants communistes de la rue d'Ulm, comme l'atteste le journal tenu à l'époque par Annie Kriegel :

> L'École est fiévreuse ce matin. Le père s'est assez mal défendu en ce sens qu'il a voulu attaquer dans le domaine où nous sommes rois, le côté social de l'homme [...]. Garaudy a défini l'homme communiste par le sens de l'infinitude : un communiste ne pose pas de limites à la puissance et aux possibilités humaines [...] le père a fait un bref exposé, mais, au moment de la contradiction, la scène a été accaparée par Garaudy[2].

---

1. GUGELOT, 2012, p. 215.
2. KRIEGEL, Annie, 1991 (a), p. 324.

Dix jours plus tard, au même endroit, la confrontation oppose André Mandouze au communiste Pierre Hervé. « Grosse affluence, commente Kriegel : cinq cents à six cents auditeurs. La rue d'Ulm était tout entière descendue[1]. »

Georges Montaron, une autre figure du progressisme et du prophétisme chrétien d'après-guerre, vient d'une famille populaire expulsée en 1930 de son logement dans un des bastions militaires des fortifications, en plein XVIe arrondissement : « J'ai été chassé par la classe dirigeante, voilà[2] ! » Engagé dans la Joc (Jeunesse ouvrière chrétienne), il en devient un des responsables et organise en décembre 1944 un grand meeting parisien qui rassemble vingt mille jeunes. Le MRP aimerait bénéficier de ses qualités d'organisateur et faire de lui un permanent. Il y assume un poste de secrétaire pendant six mois, puis rompt avec le parti parce qu'il défend des positions colonialistes et rejoint *Témoignage chrétien* à la demande du père Chaillet, qui vient le recruter au siège même du MRP.

En cet après-guerre, le mouvement missionnaire, particulièrement actif, associe des laïcs à quelques prêtres-ouvriers. La mission la plus active se trouve à Paris, dans le XIIIe arrondissement, qui est alors un quartier industriel, avec les usines Panhard, la Snecma et la sucrerie Say. Denis Pelletier et Jean-Louis Schlegel, dans leur histoire des chrétiens de gauche, l'évoquent de la façon suivante :

> La présence de prêtres-ouvriers (dominicains et jésuites), des prêtres de la Mission de France sur la paroisse Saint-Hippolyte, des militants de *La Vie nouvelle*, du MPF (Mouvement populaire des familles) ou encore de l'UCP (Union des chrétiens progressistes) a été à l'origine de multiples échanges et rencontres dans cet arrondissement[3].

Montreuil n'est pas en reste, où la personnalité du père André Depierre[4] rayonne, dans son petit deux-pièces, sur toute une communauté de nouveaux chrétiens ouvriers fraîchement convertis.

---

1. *Ibid.*, p. 325.
2. Georges Montaron, cité dans HAMY, 1996, p. 9.
3. PELLETIER et SCHLEGEL (dir.), 2012, p. 125.
4. Voir *ibid.*, pp. 122-124.

Chez les protestants, l'esprit de la Résistance et son relais dans un prophétisme politique restent également bien aiguisés, et le prestige de Karl Barth, qui a montré la voie du refus de la barbarie nazie, est à son apogée. Si celui-ci avait déjà gagné quelques adeptes en France dans les années 1930, sa notoriété n'est vraiment conquise qu'à partir de 1945, notamment chez les protestants de gauche, pour lesquels il incarne le combat contre le nazisme au nom du christianisme. Pour Barth, la dialectisation du prophétique et du politique passe par l'idée du Mal. Elle relève donc non de la seule morale individuelle, mais aussi d'institutions et appelle une vigilance collective. Repenser le politique et l'économique implique en outre, dans la pensée barthienne, la reconstitution du vivre-ensemble. C'est avec le barthisme que le terme paroisse va prendre toute son extension. L'idée de paroisse suppose une conception du vivre-ensemble signifiant à la fois le lieu où l'on habite et où l'on pratique le culte, et ce dans une même perspective transformatrice englobant toute la population du territoire, et non pas seulement la communauté religieuse. Dans le barthisme, la paroisse exprime la volonté d'engagement dans le monde.

Paul Ricœur, comme la plupart des protestants de sa génération, est fortement marqué par ces thèses. L'intervention qu'il fait en 1948 au nom d'un « christianisme prophétique » est révélatrice de cette influence[1]. Définissant la place du chrétien dans la politique, il fait sien le double mouvement d'engagement barthien et de rupture entre les deux ordres du monde : « D'une part, la foi chrétienne *implique* une insertion dans le monde et un projet politique. D'autre part, il n'y a pas entre la foi chrétienne et une politique *déterminée* de lien nécessaire, mais un certain hiatus[2]. » Cet engagement présuppose une critique de la religion. Le travail de décapage mené par Barth avec une particulière véhémence est repris à son compte par Ricœur lorsqu'il évoque une vie religieuse qui fait souvent office d'évasion par le haut. D'un autre côté, résistant à l'innocence, il ne trace pas de ligne de continuité entre théologie et politique : « Il n'y a pas de politique chrétienne[3]. »

---

1. Ricœur, 1948.
2. *Ibid.*, p. 82 (souligné par l'auteur).
3. *Ibid.*, p. 85.

En 1950, Pierre Maury, introducteur de Barth en France, succède à Marc Boegner à la présidence du conseil de l'Église réformée de France. Les étudiants de la « Fédé », comme on appelle la FFACE (Fédération française des associations chrétiennes d'étudiants), adhèrent massivement aux thèses de Barth. C'est le cas des futurs pasteurs André Dumas, né en 1918, et Georges Casalis, né en 1917. Leur aîné Roger Mehl, qui a entendu Barth dès 1934, lui attribue son passage de la philosophie à la théologie. La Fédé et son journal, *Le Semeur*, se réclament eux aussi de Karl Barth. Il en va de même d'Albert Finet, fondateur de l'hebdomadaire *Réforme*. Le christianisme social est le second courant de pensée à nourrir les espérances sociales et politiques des intellectuels protestants, souvent conjuguées dans l'après-guerre avec le barthisme. Il s'est doté d'une organisation et de publications : *Revue du christianisme social, Parole et société, Autres temps*. « Leur but, explique l'historien Patrick Cabanel, consistait à rayonner dans le milieu ouvrier et à partir à sa reconquête[1]. » Ajoutons que le courant protestant, très minoritaire en France, s'honore de n'avoir pactisé ni avec l'occupant ni avec le pétainisme. La protection des enfants juifs du Chambon-sur-Lignon par les pasteurs André Trocmé et Édouard Theis est significative de la résistance en acte des protestants pendant la guerre.

Dans le prolongement de la Résistance, la revue *Esprit* regroupe nombre de chrétiens progressistes autour de son fondateur Emmanuel Mounier. Celui-ci, après avoir subi l'attraction de certains thèmes de la révolution nationale au début de la guerre, se retrouve à la Libération en situation de grande proximité avec les communistes. Entendant « greffer l'espérance chrétienne sur les zones vives de l'espérance communiste[2] », Mounier raffermit ses convictions de philosophe personnaliste en les amarrant au marxisme et multiplie les prises de position philocommunistes.

Un accord décisif est conclu entre les Éditions du Seuil et *Esprit*. La symbiose entre les deux équipes est totale : christianisme laïque, volonté farouche de préserver leur indépendance, ouverture aux autres, désir de peser sur la vie de la cité et de participer aux grands

---

1. Cabanel, 2012, p. 182.
2. Mounier, 1947.

débats. Pourtant, si Emmanuel Mounier vient s'installer au 27, rue Jacob, c'est au terme d'un accord revu à la baisse par Paul Flamand : « Mounier me présenta avec bonne humeur un plan de onze collections, sous le sigle d'*Esprit* — de quoi courber un éditeur dans la force de l'âge. Nous nous accordâmes sur quatre[1]. » Il n'est pas non plus question pour Flamand de restreindre l'orientation éditoriale du Seuil au seul personnalisme revendiqué par la revue, même s'il en partage les orientations essentielles. Au terme de l'accord, Mounier intègre l'organigramme de la maison d'édition (dont une partie importante de l'activité éditoriale lui est réservée), et Flamand puis Jean Bardet siègent au conseil d'administration de la revue.

Compagnons de route des communistes, les personnalistes se présentent, dans ces années 1945-1947, comme porteurs d'une révolution émancipatrice. Cette espérance révolutionnaire se fonde d'abord, comme le souligne Goulven Boudic, sur la certitude de vivre une « situation objectivement révolutionnaire[2] ». À *Esprit*, on pense que l'histoire a un sens et qu'il convient de prendre place dans sa marche vers des lendemains qui chantent : « Le bon sens historique commande non pas d'arrêter les fleuves, mais de les aménager », écrit Mounier[3]. Cela passe par la liquidation de tout ce qui a conduit au désastre, à commencer par la bourgeoisie en tant que classe dominante, et la remise en cause de l'économie capitaliste. Le réformisme étant assimilé à l'impuissance de la démocratie parlementaire sous la IIIe République, les animateurs d'*Esprit* estiment devoir lui substituer une démarche révolutionnaire. Pour la nouvelle équipe de rédaction d'après-guerre, les valeurs d'égalité priment sur le respect des libertés. Jean Lacroix, le philosophe du groupe, considère que la critique marxiste de la démocratie formelle est « décisive[4] ».

De telles positions, toutes proches de celles du PCF, conduisent *Esprit* à adopter une attitude de soutien à l'Union soviétique et à

1. Paul Flamand, cité dans LACOUTURE, 2010, p. 71. La revue publiera sous son sigle les collections « La condition humaine » (études générales), « La cité prochaine » (politique), « Frontière ouverte » (problèmes internationaux) et « La vie neuve » (pédagogie).
2. BOUDIC, 2005, p. 52.
3. MOUNIER, 1944.
4. LACROIX, 1945 (b).

dénoncer toutes les variantes de l'antisoviétisme : « À cette Europe desséchée, seule la Russie réapprendra, par contagion, les voies de l'amour derrière le paradoxe de ses premières violences[1]. » Assez vite, des opinions discordantes s'élèvent contre ce compagnonnage. C'est le cas du politiste François Goguel, qui, à l'été de 1946, exprime ses désaccords avec la bienveillance de la revue envers le PCF. C'est le cas aussi de Jean Laloy, qui la quitte parce qu'il la juge trop prosoviétique. Emmanuel Mounier parvient à échapper aux mises en cause frontales en arguant de la nécessité de penser ensemble les deux pôles d'une tension, un propos dans lequel chacun peut se reconnaître. Ainsi que l'écrit Boudic : « De cette position médiane se refusant à rompre totalement et brutalement les tensions fondatrices, il offre à chacun la possibilité d'occuper une place dans la revue[2]. »

L'ATTRACTION GAULLIENNE

Le général de Gaulle, qui avait incarné pendant toute la guerre la figure du rebelle, de la France libre qui refuse la soumission, constitue l'autre pôle d'attraction des intellectuels à la Libération. L'homme de l'Appel à la Résistance, au terme d'un volontarisme qui a d'abord semblé insensé à beaucoup, a vu sa prophétie du 18 juin se réaliser, la guerre se mondialiser, le pays se libérer et l'ennemi perdre le combat. Avec des forces dérisoires, et une forte dose d'héroïsme, la légitimité du pouvoir se trouvant à Vichy, il est parvenu à retourner la situation à son avantage et à s'imposer aux grandes puissances alliées. Lorsqu'il prend la tête du gouvernement dans Paris libéré, il jouit d'une popularité sans faille.

De Gaulle ne peut que susciter la fascination d'un intellectuel comme André Malraux, qui a couru toutes les aventures politiques depuis son expérience indochinoise des années 1920 et sa participation à la guerre civile espagnole dans les années 1930. En tant

1. Mounier, 1945.
2. Boudic, 2005, p. 67.

qu'aviateur ayant créé et commandé une escadrille en Espagne, il avait tenté de faire parvenir à Londres une offre de service qui ne parvint jamais à son destinataire. Sans réponse, il crut que de Gaulle l'avait écarté en raison de ses engagements communisants passés. Il apprendra plus tard que son émissaire, arrêtée, avait eu la présence d'esprit d'avaler le message. Malraux se replia alors sur l'écriture dans sa villa de Saint-Jean-Cap-Ferrat et ne répondit qu'évasivement aux sollicitations de Sartre, Emmanuel d'Astier de La Vigerie ou Claude Bourdet. Ce n'est qu'au début de 1944 qu'il prit part au combat. Il trouva alors dans la Résistance quinze mille hommes en armes dispersés en un grand nombre d'organisations qu'il rêvait de pouvoir fédérer. Le 22 juillet 1944, dans une vieille Traction pleine de résistants arborant les insignes de la « France libre », il croise une colonne motorisée allemande. La fusillade éclate, et la voiture bascule dans le fossé. Malraux en réchappe, mais est fait prisonnier. Le 9 août, une somme de quatre millions de francs (environ 700 000 euros actuels) est versée pour sauver le « colonel Berger »[1]. Après sa libération, on le retrouve dans les Vosges, « aux abords des crêtes qui commandent l'entrée en Alsace », écrit Jean Lacouture, qui ajoute : « Malraux n'aime rien tant que de se montrer sur une hauteur au moment du feu le plus nourri[2]. » Sa brigade, traversant le Bade-Wurtemberg, avance d'un bon pas et se retrouve à Stuttgart en mars 1945. La conclusion revient à Olivier Todd : « Les comptes faits, la brigade n'a pas eu de pertes excessives, soixante-trois tués, environ deux cent vingt-cinq blessés et une soixantaine de prisonniers[3]. »

Auréolé de ces actes de bravoure et des combats réels ou imaginaires de son passé, Malraux joue un rôle essentiel dans le rassemblement par le MLN (Mouvement de libération nationale), à la Mutualité, le 26 janvier 1945, des forces de la Résistance non communiste. Il avait eu un avant-goût en Espagne, dans les années 1930, des stratégies de noyautage des staliniens. Fort de cette expérience, il s'oppose fermement à la fusion du MLN et du Front national créé pendant la guerre par le PCF et contrôlé

---

1. *Journal officiel*, 18 décembre 1952, cité dans Lacouture [1976], 1996, p. 291.
2. Lacouture [1976], 1996, pp. 297-298.
3. Todd [2001], 2002, p. 520.

par lui. Devant deux mille délégués, représentant un million d'adhérents, les deux tendances s'affrontent. Dans le climat euphorique de la Libération, les partisans de l'unité ont des chances de l'emporter, mais c'est sans compter sur les qualités d'orateur de Malraux, qui monte à la tribune, tempête, la mèche en bataille, et lance d'une voix tonitruante que s'il accepte de s'allier, il ne veut pas « se laisser cambrioler ». Il en appelle alors à une nouvelle Résistance. Contre quel adversaire ? Il ne le dit pas, mais beaucoup comprennent qu'il s'agit de l'emprise communiste. Très applaudie, la motion de refus de la fusion proposée par Philippe Viannay, Eugène Claudius-Petit et Jacques Baumel et soutenue par Malraux l'emporte par deux cent cinquante voix contre cent dix-neuf.

La rencontre au sommet entre de Gaulle et Malraux, compagnon de la Libération et médaillé de la Résistance, a lieu au début d'août 1945. Le premier écoute avec attention le second évoquer la force historique des nations, Hoche, Mirabeau, Marx, Nietzsche, les brigades internationales, etc., et les intellectuels, dont il dit, non sans ironie : « À l'heure actuelle, ils ne vous *entendent* pas[1]. » Lui, Malraux, non seulement entend le Général, mais le comprend. « Les deux hommes, écrit Todd, se trouvent réciproquement à leur goût. Ils ont des pensées et des arrière-pensées : sans cela seraient-ils de Gaulle et Malraux[2] ? » Lorsque de Gaulle constitue son gouvernement tripartite, au mois de novembre, il appelle Malraux au ministère de l'Information. Et voilà l'intellectuel en rupture, toujours en révolte, l'aventurier de toutes les causes, le révolutionnaire, le maquisard, en position d'occuper un lieu de pouvoir essentiel, celui de la parole. Le ministre partage avec le président l'idée que le souffle de l'histoire doit animer l'action humaine. Pour le seconder dans ses fonctions, Malraux nomme Raymond Aron chef de cabinet et Jacques Chaban-Delmas secrétaire général. Il conçoit son ministère comme un organe de propagande au service du Général. S'il doit remettre de l'ordre dans la presse après la phase collaborationniste, il entend aussi contrôler l'instrument moderne de diffusion de l'information qu'est la radio : « Je devenais ministre de

---

1. André Malraux, cité dans LACOUTURE [1976], 1996, p. 323 (souligné par l'auteur).
2. TODD [2001], 2002, p. 539.

l'Information. Tâche instructive : il s'agissait surtout d'empêcher chaque parti de tirer la couverture à lui[1]. »

Raymond Aron s'était embarqué pour Londres dès le 24 juin 1940. Comme l'explique Nicolas Baverez, « il se savait exposé du fait de sa judéité et de ses prises de position sans équivoque sur la menace allemande[2] ». De ses séjours à Cologne puis Berlin, il avait tôt pris conscience de la montée des périls et du danger que représentait Hitler. Abandonnant peu à peu ses convictions pacifistes, largement inspirées par la philosophie d'Alain, il avait écrit dans un article de février 1933 évoqué dans ses Mémoires que « le problème politique n'est pas un problème moral[3] ». Sans aller jusqu'à pressentir la « Solution finale », dont il ne découvrira l'ampleur qu'en 1945, ce qu'il se reprochera plus tard, Aron dénonçait déjà la logique antisémite de l'hitlérisme. Avant même l'arrivée d'Hitler au pouvoir, il posait comme évident que le nouveau régime totalitaire ne laisserait aucune place aux juifs dans la société allemande : « Après le 31 janvier et plus encore après l'incendie du Reichstag, j'éprouvai le sentiment d'une fatalité, d'un mouvement historique, à court terme irrésistible[4]. »

Rentré en France, Aron multiplia dans ses conférences les mises en garde sur la dangerosité du régime nazi. Parvenu à Londres après la déroute de la campagne de France, il s'était retrouvé à l'Olympia Hall avec la volonté de servir la résistance armée. Alors qu'il s'apprêtait à s'embarquer pour Dakar, il fut invité à se rendre au quartier général des Forces françaises libres par André Labarthe, qui lui fit prendre un tout autre chemin. Lié au général de Gaulle, Labarthe était chargé de préparer la publication d'un mensuel, et il s'employa à démontrer à Aron qu'il y serait plus utile que dans une expédition militaire. Aron hésita, mais finit par se laisser convaincre.

C'est ainsi que naquit *La France libre* réalisée par un carré de permanents, dont Aron. Créée à l'instigation de De Gaulle, la publication n'était pourtant pas gaulliste : « Le premier numéro,

1. MALRAUX, 1967, p. 136.
2. BAVEREZ, 2006, p. 203.
3. ARON, Raymond, 2010, p. 90.
4. *Ibid.*, p. 113.

écrit Aron, déçut et peut-être irrita quelque peu le Général, parce que son nom n'y figurait qu'une seule fois, dans une parenthèse. Il le fit remarquer à Labarthe, en souriant[1]. » Aron était en accord sur l'essentiel avec de Gaulle, mais conservait un regard critique, considérant que le chef de la France libre aurait pu adopter un ton plus modéré dans ses dénonciations de Vichy. Selon Baverez, « Aron se distinguait par le refus de jeter l'anathème sur Vichy[2] ». Deux de ses articles de 1943, « L'ombre des Bonaparte » et « Vive la République », firent même scandale chez les gaullistes. Il y mettait en parallèle bonapartisme, boulangisme et fascisme, et filait l'analogie entre la posture des Bonaparte et celle de De Gaulle. Cette comparaison implicite fit d'autant plus scandale qu'elle était publiée en plein conflit de légitimité avec Henri Giraud, lui aussi général. Les articles furent évidemment utilisés par les adversaires de De Gaulle. Devenu rédacteur en chef de *La France libre*, Aron publia des textes de plumes importantes, Français en exil comme personnalités de la Résistance intérieure[3]. La revue connut un franc succès : le premier tirage de huit mille exemplaires fut vite épuisé et un tirage en urgence de dix mille exemplaires trouva à s'écouler. Sa diffusion ne cessera de progresser pour atteindre soixante-seize mille abonnés à la fin de la guerre.

Au sortir du conflit, Aron fait le constat amer que l'enthousiasme, la liesse populaire, l'unité nationale, dont il avait été le témoin à l'âge de treize ans, au lendemain du 11 novembre 1918, ne sont plus au rendez-vous. L'unité de la Résistance lui apparaît comme un leurre, et le mot de révolution, que tout le monde invoque, jusqu'à Georges Bidault proclamant la « révolution par la loi », lui semble plus que suspect. Convaincu que les anciens partis politiques reprendront du service aux dépens des organisa-

---

1. *Ibid.*, p. 243.
2. BAVEREZ, 2006, p. 211.
3. « Les écrivains Georges Bernanos, Jules Romains, Romain Gary, Jules Roy, Albert Cohen, les poètes Louis Aragon, Paul Eluard et Pierre Emmanuel, l'humoriste Pierre Dac, le philosophe Jacques Maritain, les linguistes Étiemble et Edmond Vermeil — qui avait été membre du jury de thèse d'Aron —, l'historien d'art Henri Focillon, le juriste René Cassin, l'économiste Hervé Alphand fournirent des articles » (BAVEREZ, 2006, p. 220).

tions issues de la Résistance et ayant pris le virus de la politique et du commentaire de l'actualité, il écarte la proposition d'un poste universitaire pour se lancer dans le journalisme à *Combat*, mais aussi, parce qu'il faut bien vivre, à *Point de vue*, et se démarque une nouvelle fois du gaullisme en mettant en garde contre tout esprit de revanche. Il juge déjà, à contre-courant de l'époque, que l'Europe ne pourra se construire sans une alliance forte avec la partie occidentale de l'Allemagne.

Alors que la plupart des intellectuels français sont tout amourachés de l'Union soviétique, Raymond Aron porte son regard vers une nécessaire amitié avec les États-Unis, qui ont la possibilité de contribuer au relèvement des pays européens : « En ce sens, disais-je, l'amitié américaine est pour nous décisive. Déjà, dans la France ravagée, la propagande contre l'"invasion" américaine se déchaînait[1]. » Il n'en reste pas moins que, dans l'après-guerre, la France subit un processus d'américanisation accéléré, sans commune mesure avec les influences venues de l'Est. Ainsi, au plan de la distribution des films, une clause annexe de l'accord Blum-Byrnes, signé le 28 mai 1946 par Léon Blum et le secrétaire d'État américain James L. Byrnes, facilite la diffusion des films hollywoodiens en France. Cependant, selon Jean-Pierre Rioux et Jean-François Sirinelli, après Patricia Hubert-Lacombe, « les phénomènes d'acculturation n'ont pas été aussi massifs qu'on l'a dit sur le moment[2] ». Devenu éditorialiste en vue de *Combat*, en alternance avec Albert Ollivier, Aron appelle à voter « non » au premier projet de Constitution soumis aux Français par l'Assemblée constituante, avant de suggérer un « oui » de résignation au second projet, pourtant éloigné de la ligne du discours de Bayeux du Général qui dénonce l'institution d'un régime parlementaire avec un exécutif faible.

François Mauriac, écrivain de prédilection de De Gaulle, qui, comme lui, venait d'un milieu catholique pratiquant et traditionaliste, avait rompu avec sa famille politique d'origine et fait le choix de la Résistance. Sans avoir entendu l'appel du 18 juin, il en avait appelé, en juin 1940, au reste de fierté des Français pour

---

1. *Ibid.*, p. 275.
2. RIOUX, et SIRINELLI (dir.), 1998, p. 223.

affronter la « horde des envahisseurs[1] ». Ses premières réactions furent toutefois ambivalentes, à l'image de celles de la population française en général. Sensible aux premiers discours de Pétain de l'été 1940, qui furent pour lui comme l'« appel de la grande nation humiliée[2] », il s'éleva avec véhémence contre Churchill lors de la destruction de la flotte française à Mers el-Kébir. En juillet, il se ressaisit et écrivit qu'il ne fallait pas se renier et préserver l'amour de la liberté : « À la bonne heure ! écrit Lacouture. Revoilà Mauriac. Son désarroi psycho-politique n'aura duré qu'un mois[3]. »

Appelé en août 1940 par son ami Maurice Schumann, sur les ondes de « Radio Londres », à rejoindre le camp de la France libre, Mauriac fut vite la cible de l'extrême droite collaborationniste qui accusa ses romans de dépravation, notamment son grand succès *Thérèse Desqueyroux* (1927). Lucien Rebatet, intellectuel qui avait fait allégeance au nazisme, le dépeint ainsi :

> L'homme à l'habit vert, le bourgeois riche avec sa torve gueule de faux Greco, ses décorations de Paul Bourget macérées dans le foutre rance de l'eau bénite, ces oscillations entre l'eucharistie et le bordel pédéraste qui forment l'unique drame de sa prose aussi bien que de sa conscience, est l'un des plus obscènes coquins qui aient poussé dans les fumiers chrétiens de notre époque[4].

Devenu, comme il le dirait lui-même, la tête de Turc des collaborateurs, il ne pouvait que choisir le camp opposé, celui de la Résistance : « [C]ette servilité vis-à-vis des vainqueurs, cet empressement à tout renier, et puis ces mesures bientôt racistes [...] tout cela fut atroce[5]. »

Non seulement Mauriac résista à l'occupant en mettant sa plume au service de la Résistance, mais il le fit aux côtés des communistes. Collaborant aux *Lettres françaises* dès le premier numéro, au début de 1942, il signa le manifeste par lequel se constitua le Front national des écrivains, en septembre. Il écrivit surtout,

---

1. MAURIAC, 1940 (a).
2. MAURIAC, 1940 (b).
3. LACOUTURE [1980], 1990, p. 117.
4. REBATET, 1942, pp. 49-50.
5. François Mauriac, cité dans DEBÛ-BRIDEL, 1970, p. 97.

sous le pseudonyme de Forez, un petit livre publié par les Éditions de Minuit en août 1943 qui circula clandestinement sous le titre *Le Cahier noir* : « Hauteur du ton, vibration de la passion, simple chaleur de l'éloquence : hormis un ou deux textes d'Eluard et le poème de Jean Tardieu sur Oradour, la Résistance française n'a guère trouvé de meilleure expression. *Le Cahier noir* est une œuvre irremplaçable, nécessaire, exacte[1] », commente Lacouture.

À la Libération, alors même qu'il n'avait guère évoqué le général de Gaulle dans ses écrits jusqu'alors, il est immédiatement appelé par ce dernier pour se tenir à ses côtés. Le 30 août 1944, jour de fuite des occupants allemands de Vémars, le havre du Val-d'Oise où Mauriac a passé les années de guerre, une voiture de la présidence vient l'y chercher pour le conduire à Paris avec ses deux fils. Le lendemain, 1er septembre, le nouveau chef du gouvernement l'invite à déjeuner pour un tête-à-tête au terme duquel se noue une relation d'une rare puissance. L'aide de camp du général, Claude Guy, décrira ainsi l'écrivain devant le Général : « Il avait l'air de quelqu'un qui tombe sur le Bon Dieu en chair et en os[2]. » De Gaulle choisit son fils, Claude Mauriac, comme secrétaire particulier, et François est invité à toutes les grandes célébrations de la Résistance, notamment celle, fastueuse, du palais de Chaillot, le 12 septembre 1944, répercutée par haut-parleurs sur toutes les places de Paris. Mauriac écrit le lendemain, fasciné : « Cet homme, je suis si occupé à le regarder qu'il m'est d'abord impossible d'attacher ma pensée aux paroles qu'il prononce. Ce qu'il est déborde ce qu'il dit[3]. »

François Mauriac, invité à déjeuner à Marly par de Gaulle peu après sa démission, apprend qu'il a choisi de quitter ses fonctions parce que le jeu des partis politiques rend le gouvernement impuissant. Dans l'antichambre, Mauriac fils ne capte que des bribes de la conversation, mais il en recueillera vite le compte rendu par son père : « Devant lui [...], on se sent devenir complètement idiot [...]. Il ne vous voit pas. On n'existe pas à ses yeux en tant que personne distincte. Il juge *in abstracto* ce qu'on lui dit sans le

1. LACOUTURE [1980], 1990, p. 159.
2. Claude Guy, cité dans *ibid.*, p. 172.
3. François Mauriac, cité dans *ibid.*, p. 175.

rattacher à ce que l'on est, à ce que l'on sait[1]. » Claude Mauriac, qui travaille depuis le 27 août 1944 pour le Général, dépouille le courrier quotidien de celui-ci afin de répondre à sa question obsédante « Qu'est-ce qu'on dit ? » :

> J'ai compris l'importance que pouvait avoir ce bref compte rendu de l'opinion publique, cette ouverture autre que de Gaulle avait ainsi, grâce à moi, par moi. Le barrage est tel entre lui et la France. Je ne suis rien. Mais je lis les milliers de lettres que des inconnus lui adressent[2].

Avec Mauriac, avec Malraux, de Gaulle honore ceux qui incarnent la grandeur de la littérature française. Par-delà les péripéties de la politique au quotidien, il voit avec satisfaction son action et sa légitimité soutenues par deux d'entre eux parmi les plus grands.

1. Propos rapportés dans MAURIAC, Claude, 1993, p. 124.
2. *Ibid.*, p. 117.

L'épuration, ou l'impossible voie du juste

Au sortir du cauchemar de la guerre, les Français sont livrés à eux-mêmes. Libérés de l'occupant, ils recouvrent une liberté difficilement reconquise. Doit-on liquider le passé récent au nom de la nécessaire réconciliation nationale ou bien les forces vives de la libération doivent-elles se faire justice en frappant ceux qui ont collaboré avec la barbarie nazie ? Ce dilemme se pose à chaque citoyen, y compris aux intellectuels, qui prennent la plume et engagent le fer dans une de ces nombreuses querelles qui scandent la vie des idées en France depuis au moins l'affaire Dreyfus, un demi-siècle plus tôt.

Certains, prenant acte de leur échec, se soustraient à la justice des vainqueurs en mettant fin à leurs jours. Tel est le cas de Pierre Drieu la Rochelle, éminent écrivain et directeur de *La Nouvelle Revue française* (*NRF*) aux Éditions Gallimard de 1940 à 1943, dont l'adhésion au fascisme a été sans faille durant toute la guerre : « Je me tue : cela n'est défendu par aucune loi supérieure, bien au contraire. Ma mort est un sacrifice librement consenti, qui m'évitera certaines salissures, certaines faiblesses[1]. » Bien qu'ayant absorbé une forte dose de Luminal, il est sauvé par sa gouvernante et trouve à son réveil à l'hôpital des papiers lui permettant de rejoindre l'Espagne ou la Suisse[2]. Procurés par le lieutenant

---

1. Pierre Drieu la Rochelle, lettre à son frère, citée dans ANDREU et GROVER, 1979, p. 545.
2. Cf. ASSOULINE, 1990, p. 25.

Gerhard Heller, son ami de la *Propagandastaffel*, ils lui offrent la possibilité de s'échapper. Il n'en fait rien et tente même, peu après avoir recouvré ses esprits, de s'ouvrir les veines, mais est sauvé une seconde fois par une infirmière.

DRIEU, CÉLINE, BRASILLACH

Drieu la Rochelle bénéficie de soutiens au plus haut niveau de la Résistance. Emmanuel d'Astier de La Vigerie, ministre de l'Intérieur du gouvernement provisoire, lui organise à son tour un départ vers la Suisse. Emmanuel Berl, bien que rayé du carnet de Drieu en raison de sa judéité, envisage d'organiser un réseau de cachettes en Corrèze pour celui qui avait été son ami. Mais celui-ci se refuse à fuir comme à s'expliquer, au risque du reniement :

> Je veux surtout me délivrer de cette trivialité de la politique dont je me suis affublé et qui m'offusquerait tant au moment américain : injures, pattes des policiers ou de leurs miliciens, procès. Ou alors me cacher, être à la merci de tel ou telle : je crains leur « indulgence » autant que leur « sévérité ». Tous ces agents veulent punir un agent : comédie insupportable[1].

L'auteur de *Gilles* réussit sa troisième tentative le 15 mars 1945 en s'asphyxiant au gaz dans la cuisine de son appartement du XVIIe arrondissement de Paris. Il échappe ainsi à la justice des hommes et épargne bien des cas de conscience à ses admirateurs. Certains d'entre eux, comme Jean Paulhan ou Brice Parain, seront néanmoins présents lors de son inhumation à l'ancien cimetière de Neuilly, alors qu'ils avaient clairement choisi le camp de la Résistance pendant la guerre. Drieu savait que, quoique caché sous une fausse identité, il n'aurait pas échappé au peloton d'exécution en cas d'arrestation : « Oui, je suis un traître. Oui, j'ai été d'intel-

---

1. Pierre Drieu la Rochelle, lettre à son frère, citée dans ANDREU et GROVER, 1979, p. 542.

ligence avec l'ennemi. J'ai apporté l'intelligence française à l'ennemi. Ce n'est pas ma faute si cet ennemi n'a pas été intelligent », écrit-il dans un « Exorde » qui sera publié à titre posthume[1].

Que faire de tous ceux qui, sans avoir pris les armes au service de la collaboration avec l'occupant nazi, ont utilisé leur plume et leur talent pour se mettre à son service, que ce soit dans la presse ou dans leurs ouvrages ? Les écrivains résistants des deux zones se réunissent le 6 septembre 1944 pour décider d'un dispositif visant à écarter les brebis galeuses. Ils établissent une première « liste noire » d'une dizaine d'auteurs particulièrement compromis[2]. Quelques jours plus tard, le CNE, qui apparaît comme le tribunal des lettres, énonce les principes d'épuration qu'il compte suivre et établit le nombre des auteurs proscrits à quarante-quatre[3]. Comme l'écrit Robert Aron :

> Le Comité national des écrivains avait établi le principe que ses membres s'engageaient à refuser toute collaboration aux journaux, revues, recueils, collections, etc., qui publieraient un texte signé par un écrivain dont l'attitude ou les écrits pendant l'Occupation ont apporté une aide morale ou matérielle à l'oppresseur[4].

Le 21 octobre, le CNE publie une liste définitive de cent soixante-quinze auteurs proscrits. Des comités d'épuration se mettent en place et procèdent aux arrestations. Jacques Chardonne, qui avait été du voyage en Allemagne de la délégation des écrivains français, est arrêté à Cognac, puis placé en résidence surveillée en attendant son procès.

En avril 1945, un mandat d'arrêt est lancé contre Louis-Ferdinand Céline, qui a suivi les plus ultras jusqu'à Sigmaringen et est parvenu

---

1. Pierre Drieu la Rochelle, cité dans LOTTMAN, 1981, p. 304.

2. Il s'agit de Robert Brasillach, Louis-Ferdinand Céline, Alphonse de Châteaubriant, Jacques Chardonne, Pierre Drieu la Rochelle, Jean Giono, Charles Maurras, Henry de Montherlant, Armand Petitjean et André Thérive.

3. La liste comprend, entre autres, René Benjamin, Jacques Benoist-Méchin, Henri Béraud, Georges Blond, Abel Bonnard, Robert Brasillach, André Castelot, Louis-Ferdinand Céline, Alphonse de Châteaubriant, Drieu la Rochelle, Alfred Fabre-Luce, Bernard Faÿ, Sacha Guitry, Abel Hermant, Maurice Martin du Gard, Charles Maurras, Henry de Montherlant et Georges Suarez.

4. ARON, Robert, 1975, p. 240.

à se réfugier au Danemark. Arrêté et incarcéré à Copenhague pendant un an, il décide à sa sortie de prison de rester en exil. « Je sais bien pour mon compte, écrit-il à Mᵉ Jacques Isorni, que si j'étais demeuré à Paris, j'aurais été assassiné de toute façon[1]. » En définitive, il n'est pas accusé d'intelligence avec l'ennemi, mais simplement d'actes pouvant nuire à la défense nationale. Grâce à ce chef d'inculpation diminué et à un jugement tardif par contumace, en février 1950, il n'est condamné qu'à un an de prison, à la confiscation de la moitié de ses biens et à la dégradation nationale à vie. Autant de décisions qui n'auront aucun effet ; dès 1951, Céline, amnistié, rentre en France et déclare avec morgue à un ami : « [L]e premier que je prends aux *allusions*, je lui fous un procès et c'est tout[2]. »

Robert Brasillach, écrivain et directeur de *Je suis partout* jusqu'en 1943, est incarcéré à Fresnes. Poursuivi pour crime de trahison en raison des deux voyages qu'il a effectués en Allemagne pour participer au Congrès international des écrivains, il passe en jugement en janvier 1945. Son cas cristallise les passions : « Bien que cette collaboration-là fût marginale, elle a contribué à durcir les débats autour de l'épuration, les engagements intellectuels recelant par tradition en France une forte charge symbolique[3]. » Le procès oppose l'avocat de Brasillach, Mᵉ Isorni, au commissaire du gouvernement Marcel Reboul, qui précise :

> La trahison de Brasillach est avant tout une trahison d'intellec-
> tuel. C'est une trahison d'orgueil. Cet homme s'est lassé de la joute
> dans le tournoi paisible des lettres pures [...] et il est allé pour cela
> jusqu'aux plus extrêmes limites de l'intelligence avec l'ennemi[4].

Brasillach est condamné à mort et exécuté le 6 février 1945. Son exécution frappe le monde des lettres de stupeur et suscite doutes et divisions. Vercors écrit : « L'exécution du seul Brasillach nous a vivement heurtés. Non qu'il ne fût pas le plus coupable ; mais parce qu'il payait pour tous les autres[5]. »

---

1. LOTTMAN, 1986, p. 411.
2. Céline, cité dans *ibid.* (souligné par l'auteur).
3. ROUSSO, 1992, p. 79.
4. Marcel Reboul, réquisitoire contre Brasillach, cité dans ASSOULINE, 1990, p. 53.
5. VERCORS [1984], p. 66, 1999, p. 612.

REMUE-MÉNAGE DANS LA PRESSE
ET L'ÉDITION

Parmi les gens de lettres en vue, les journalistes sont les plus connus de l'opinion publique, et donc aussi les plus haïs. Leur cas ne suscite aucune contestation puisqu'ils signaient leurs articles. Comme l'écrit l'historien américain Peter Novick, « à Paris, ce furent les journalistes et les propagandistes qui formèrent une bonne part de la première charrette[1] ». Marcel Cachin dénonce dans *L'Humanité* la collusion de la presse collaborationniste avec les milieux d'affaires :

> Faut-il citer des exemples ? Le Comité des forges contrôlait *Le Temps*. Le trust des grains possédait *L'Intransigeant*. Le trust des sucres avait *Paris-Soir* ; les pétroliers *Le Matin*, le plus vénal de tous [...]. L'argent remplaçait la conscience pour tout un monde interlope de journalistes prostitués. C'était le régime éhonté de la finance[2].

En province, cent sept quotidiens doivent disparaître. En matière de presse, les règles de l'épuration sont fixées par une ordonnance du 30 septembre 1944. En son article premier, elle prévoit l'interdiction de tout périodique

> né des circonstances consécutives à la défaite, ou ayant paru en territoire occupé, c'est-à-dire, d'une part, tous les périodiques créés après le 25 juin 1940, d'autre part, tous ceux qui ont paru plus de quinze jours après l'armistice pour la zone nord, plus de quinze jours après le 11 novembre 1942, date de l'occupation totale du territoire, pour la zone sud[3].

1. Novick [1985], 1991, p. 259.
2. Cachin, 1944.
3. Aron, Robert, 1975, p. 142.

L'ordonnance précise que tous les journalistes de ces organes de presse se verront interdire le droit d'exercer leur profession dans n'importe quelle publication, sur les ondes de la radio et dans les agences de presse, à moins de présenter une nouvelle carte d'identité professionnelle octroyée par une commission d'épuration. Certains sont arrêtés et jugés, comme le polémiste antisémite Henri Béraud, chroniqueur dans *Gringoire*, déjà bien connu avant même l'arrivée des Allemands pour avoir accueilli la victoire du Front populaire de Léon Blum par un « La France sous le Juif ». Arrêté par les FFI (Forces françaises de l'intérieur) dans son hôtel particulier de l'avenue de Wagram, il est condamné à mort le 30 décembre 1944, mais réchappe à l'exécution grâce à François Mauriac, qui s'élève contre un verdict tombant sur un homme, certes antisémite et anglophobe, mais qui n'a jamais eu de contact avec les Allemands :

> Béraud n'a pas besoin de protester qu'il est innocent du crime d'intelligence avec l'ennemi. Les débats l'ont prouvé avec évidence [...]. Mais le jugement est le fruit empoisonné de ces deux années [...] où il a obéi à ce démon frénétique dont il est possédé, de polémiste-né[1].

L'intervention de l'immortel sauve la tête du journaliste, qui obtient la grâce du général de Gaulle.

Georges Suarez, ancien PPF (parti populaire français), ayant assumé, à partir de la fin de 1940, la rédaction en chef d'*Aujourd'hui*, journal directement financé par les Allemands, passe en jugement pour sa centaine d'articles proallemands attestant qu'il a bien été, comme l'écrit l'hebdomadaire *Carrefour*, « embauché et emboché au service du Reich[2] ». À ce titre, il a appelé à l'intensification des exécutions de juifs et de communistes, et a considéré comme un devoir sacré de dénoncer toute activité de résistance. Condamné à mort, il est le premier journaliste de la collaboration à être exécuté.

Le commandant Paul Chack, un journaliste collaborationniste

1. MAURIAC, François, 1945 (a).
2. LONDON [1944], 1990, p. 35.

qui est allé jusqu'à donner l'ordre à des Français de s'enrôler dans l'armée allemande, est lui aussi condamné à mort et exécuté. D'autres publicistes bien connus sont lourdement condamnés : Lucien Combelle, qui, à trente et un ans, était le plus jeune directeur d'un journal, est accusé d'intelligence avec l'ennemi. Bien que le commissaire du gouvernement réclame la peine de mort, il obtient des circonstances atténuantes et est condamné à quinze ans de travaux forcés. À la fin de 1944, Stéphane Lauzanne, rédacteur en chef du *Matin* de 1901 à 1944, prend place dans le box des accusés. Pendant l'Occupation, c'est lui qui signait les éditoriaux du journal, tous favorables à la puissance occupante. Grâce à son avocat Robert Moureaux, qui reporte la responsabilité de ses écrits sur le compte de son patron, Maurice Bunau-Varilla, il n'écope que de quelques années de prison à la maison d'arrêt de l'île de Ré. Charles Tardieu, directeur du *Grand Écho du Nord*, est lui lourdement condamné.

En 1946 se tient le procès de Jean Luchaire, homme de presse bien connu, qui avait lancé *Les Nouveaux Temps* à la fin de 1940. À la Libération, il fuit avec le premier carré des collaborationnistes à Sigmaringen, où il est nommé commissaire à l'information et anime le journal *La France*. Arrêté dans sa fuite vers l'Italie, il est condamné à mort et exécuté le 22 février 1946.

Certains commencent à considérer que tous ces chroniqueurs et éditorialistes payent un trop lourd tribut, ainsi que l'exprime Jean Galtier-Boissière :

> Dans l'épuration, c'est le journaliste, ce pelé, ce galeux, qui sert de bouc émissaire. On oublie que certains n'avaient que leur plume pour nourrir leur famille et n'ont écrit que des chroniques anodines. Reproche-t-on aux ouvriers de Renault d'avoir fait des tanks pour la Wehrmacht ? Un tank n'était-il pas plus utile aux Fritz qu'un écho du *Petit Parisien*[1] ?

Néanmoins, si les journalistes sont ainsi en première ligne, on a eu tendance à exagérer la sévérité qui les a touchés. Ils ont fait la une au moment de leur procès et l'on a focalisé l'attention sur eux,

---

1. Galtier-Boissière, 1945, p. 129.

d'autant que le manque de papier et les faibles paginations obligeaient à des choix drastiques qui laissaient dans l'ombre nombre de poursuites affectant d'autres milieux et d'autres personnes de moindre notoriété. Comme le fait remarquer Peter Novick : « Même à Paris, sur les quatre-vingt-quinze personnes qui furent exécutées après leur condamnation par la Cour de justice, il n'y avait qu'une poignée de journalistes[1]. »

« Combat » et la presse de la Résistance

L'effacement de la presse collaborationniste fait place nette pour les nouveaux journaux issus de la Résistance, comme *Combat*, *Action*, *Témoignage chrétien*, *Franc-Tireur* ou *Libération*. Celui qui en incarne au plus haut l'esprit est sans conteste *Combat*, sorti de la clandestinité alors que les combats contre l'occupant se poursuivaient dans les rues de Paris. Dès le 19 août 1944, l'équipe emménage dans ses nouveaux locaux de la rue Réaumur, aux côtés de *Franc-Tireur* et de *Défense de la France*[2]. Elle est animée par le tandem que constituent Pascal Pia et son ami Albert Camus. Autodidacte, Pia est un passionné de littérature, talentueux auteur de pastiches des plus grands poètes. Il a même réussi à abuser Gaston Gallimard qui les a pris pour des inédits authentiques. Daté du 21 août, le premier numéro non clandestin ne comporte qu'une page *recto verso*. Il s'en vend plus de cent quatre-vingt mille exemplaires en quelques heures. Sous le titre « De la Résistance à la révolution », l'éditorial annonce l'avènement d'un monde nouveau et réclame une démocratie populaire et ouvrière ainsi que la promulgation d'une nouvelle Constitution dès ce mois d'août 1944.

Camus fait vibrer l'enthousiasme qui émane de la victoire en cours dans les rues de Paris :

> Paris fait feu de toutes ses balles dans la nuit d'août. Dans cet immense décor de pierre et d'eau, tout autour de ce fleuve aux

---

1. NOVICK [1985], 1991, pp. 260-261.
2. Il y a là, autour de Pascal Pia et Albert Camus, Marcel Gimont, Henri Cauquelin, Michel Hincker, Georges Altschler, Jean Bloch-Michel, Albert Ollivier, Marcel Paute et Alice Fano.

flots lourds d'histoire, les barricades de la liberté, une fois de plus, se sont dressées. Une fois de plus, la justice doit s'acheter avec le sang des hommes[1].

Le 25 août 1944, dernière journée de combats à Paris, l'éditorial de Camus se fait le chantre de la liesse générale sous le titre « La nuit de la vérité » :

> Tandis que les balles de la liberté sifflent encore dans la ville, les canons de la Libération franchissent les portes de Paris, au milieu des cris et des fleurs. Dans la plus belle et la plus chaude des nuits d'août, le ciel de Paris mêle aux étoiles de toujours les balles traçantes, la fumée des incendies et les fusées multicolores de la joie populaire[2].

Combat tire très vite à trois cent mille puis quatre cent mille exemplaires, diffusés pour l'essentiel en région parisienne. Comme l'écrit Yves-Marc Ajchenbaum dans son histoire du journal : « Peu à peu, les articles sont déposés sur le bureau de Pascal Pia. La rédaction est au travail, unie autour de grandes idées, de rêves colorés, autour de deux hommes : Pia et Camus […]. Ils "font" *Combat*[3]. »

La plupart des éditoriaux sont écrits par Camus, qui s'extasie sur le soulèvement du peuple de Paris : « Qu'est-ce qu'une insurrection ? C'est le peuple en armes. Qu'est-ce que le peuple ? C'est ce qui dans une nation ne veut jamais s'agenouiller[4]. » Totalement impliqué dans sa nouvelle activité de journaliste, Camus passe beaucoup de temps au marbre, à lire, réécrire et couper, assumant jusqu'au bout de la chaîne ses responsabilités de rédacteur en chef et entretenant de solides relations avec les typographes. Il se fait le défenseur d'une déontologie professionnelle stricte, à même de préserver l'indépendance du journal en refusant toute inféodation à la rentabilité, à la facilité ou à l'argent : « Il rappelait, écrit le journaliste américain Herbert R. Lottman, l'espoir des journalistes

---

1. Camus, 1944 (a).
2. Id., 1944 (b).
3. Ajchenbaum, 1994, p. 115.
4. Camus, 1944 (d).

clandestins, que la Résistance pourrait doter la France d'après guerre d'une presse honnête[1]. »

« Le Monde » et « Le Figaro »

Parmi les autres organes de presse, *Le Temps* revêtait avant guerre un prestige exceptionnel, mais il s'est compromis en poursuivant sa publication jusqu'au 29 novembre 1942. Pour Gaston Palewski, directeur de cabinet du général de Gaulle, il ne pouvait être question de conserver sa formule, trop liée aux milieux d'affaires, notamment les maîtres de forges. La consigne du chef du gouvernement était de changer de titre et de faire le ménage dans l'équipe. De Gaulle lance donc à son ministre de l'Information : « Teitgen, refaites-moi *Le Temps* ! Choisissez un directeur dont le passé de résistant et la compétence de journaliste ne peuvent pas être mis en cause [...]. Vous lui adjoindrez un protestant libéral et un gaulliste[2] ! »

L'ancien directeur du journal, Jacques Chastenet, sort alors de sa semi-clandestinité et proteste contre la décision qui vise son journal, qui n'a pas démérité ni collaboré. Mais le désir de renouvellement l'emporte, si bien que, selon les souhaits du Général, une troïka est mise à la tête du quotidien, qui s'appellera désormais *Le Monde*. La troïka est composée du gaulliste Christian Funck-Brentano, du protestant libéral et économiste René Courtin et du journaliste professionnel Hubert Beuve-Méry, qui assure la direction véritable du nouveau quotidien, resté du soir et installé comme son prédécesseur rue des Italiens. Bien décidé à combler le vœu de Camus d'une presse ascétique rompant avec les puissances de l'argent, Beuve-Méry entend réaliser un quotidien volontairement pauvre et exclusivement tourné vers un traitement honnête de l'information. La première livraison du journal affiche la couleur : « Un nouveau journal naît : *Le Monde*. La première ambition du quotidien du soir est d'assurer au lecteur des informations claires, vraies et, dans la mesure du possible, rapides,

1. LOTTMAN, 2013, p. 541.
2. Charles de Gaulle, cité dans GREILSAMER, 2010, p. 262.

complètes[1]. » L'intention du journaliste chrétien passé par l'école des cadres d'Uriage est de donner naissance à un journal de référence pour l'élite intellectuelle. Du fait du manque de papier, le premier tirage est bridé conformément à la loi à cent quarante-sept mille exemplaires.

À droite, *Le Figaro* bénéficie d'un traitement de faveur. Alors qu'il a paru en zone non occupée jusqu'à l'occupation allemande en soutenant fermement le gouvernement de Vichy, il peut reparaître sans enquête dès la libération de Paris sous la même forme qu'avant guerre. Comme l'écrit l'académicien Robert Aron, sans lien de parenté autre que lointaine avec Raymond Aron :

> Ces mesures exceptionnelles étaient dues à l'attitude du directeur, Pierre Brisson : celui-ci, à l'automne 1943 [...], avait, par l'intermédiaire de Louis Aragon, et en raison de ses relations d'amitié avec Louis Martin-Chauffier, été admis à faire partie dans la clandestinité du Comité national des journalistes[2].

Les maisons d'édition sur le gril

L'épuration affecte aussi un certain nombre de maisons d'édition compromises. C'est notamment le cas de Denoël et du Mercure de France. Cette dernière était dirigée par un partisan ouvert du régime nazi, Jacques Bernard, qui avait mis en vente des livres de propagande allemande. Bernard précisa dans un courrier de mars 1941 qu'il avait sur ce plan devancé les demandes des occupants. Il sera condamné à cinq ans de travaux forcés, commués en cinq ans de réclusion.

Robert Denoël avait pour sa part accepté un prêt d'un éditeur allemand, Andermann, et, parmi les cent treize ouvrages que la maison publia entre 1940 et 1944, « onze furent retenus après la Libération par le ministère de l'Information pour leurs tendances favorables à l'Allemagne[3] ». Pendant la guerre, l'éditeur de Céline

1. « À nos lecteurs », *Le Monde*, 19 décembre 1944.
2. ARON, Robert, 1975, p. 175.
3. *Ibid.*, p. 188.

avait fait du livre de Lucien Rebatet, *Les Décombres*, le best-seller de l'Occupation, vendu à plus de cent mille exemplaires, et avait lancé la collection de livres antisémites « Les Juifs en France ». Il jouait en fait sur les deux tableaux puisqu'il publia par ailleurs Elsa Triolet et Jean Genet. Suspendu de ses activités à la Libération, il comparaît en Cour de justice en juillet 1945. L'accusation d'intelligence avec l'ennemi n'est pas retenue, et il est acquitté grâce à une brillante avocate, sa maîtresse Jeanne Loviton, qui a le bras long et se démène pour défendre sa cause. Denoël n'en tombera pas moins sous les balles d'un mystérieux justicier, en pleine rue, le 2 décembre 1945.

Bernard Grasset, autre icône de l'édition, a clairement opté pour une politique éditoriale de collaboration et ne sort pas indemne de cette période trouble. Dans ses lettres, il dit en 1940 partager pour l'essentiel la doctrine de l'occupant, son antisémitisme et son antimaçonnisme. Érigé en interlocuteur légitime des nazis pour représenter l'édition hexagonale dans son entier pendant l'Occupation, il a participé à la rédaction de la liste de proscription, la fameuse liste « Otto » des ouvrages français retirés des catalogues de vente, car déplaisant aux nazis. Arrêté en septembre 1944 et conduit à Drancy, il est certes condamné le 20 mai 1948 à la dégradation nationale à vie et à la confiscation de ses biens, mais, dès 1949, à la faveur d'une intervention du président Vincent Auriol, il recouvre ses droits et reprend la direction de sa maison d'édition. Cette courte suspension de ses activités apparaît à l'évidence comme une peine particulièrement bénigne pour celui qui a été surnommé le « führer de l'édition » ; elle témoigne à l'évidence de la considération pour la qualité littéraire de son catalogue. On peut aussi y voir le signe que les éditeurs, restés dans l'ombre, sont moins touchés par la rigueur de l'épuration que les écrivains et les journalistes.

Le cas le plus ambivalent à cet égard est celui de Gaston Gallimard. La maison n'a pas cessé de maintenir, pendant toute la durée de la guerre, deux fers au feu, avec d'un côté Paulhan, qui participe à la création des *Lettres françaises* clandestines, publie Gide et Malraux, et de l'autre Drieu la Rochelle, qui dirige une revue ouvertement collaborationniste, *La Nouvelle Revue française*. Gaston Gallimard ne se sent pas réellement exposé, car, contrairement à d'autres, il s'est gardé de publier des ouvrages de propagande allemande. L'enquête conduite sur sa prestigieuse maison tourne à son avantage grâce au soutien actif de nombreux auteurs de la maison « attestant sa bonne conduite pendant la guerre, ses services implicitement rendus à la Résistance, son courage d'éditeur sous la botte[1] ». Camus informe la commission d'épuration que son bureau chez Gallimard a servi de lieu de rencontre aux résistants et que Gaston non seulement le savait pertinemment, mais le couvrait.

Directeur de collection dans la maison d'édition, mais surtout ministre de l'Information, André Malraux appuie Gallimard pour avoir su sauvegarder son précieux fonds. Sartre affirme de son côté que l'éditeur partageait ses convictions hostiles à l'Occupation et qu'en conséquence « tout blâme qui serait porté contre la maison Gallimard atteindrait au même titre Aragon, Paulhan, Camus, Valéry, moi-même, etc., bref, tous les écrivains qui faisaient partie de la Résistance intellectuelle et qui se sont fait publier par lui[2] ». Jean Paulhan, qui s'exprime au nom de ces autres éditeurs de la maison que sont Bernard Groethuysen et Raymond Queneau, fait valoir qu'il y avait une étanchéité totale entre les Éditions Gallimard et *La Nouvelle Revue française*. Quant à Joë Bousquet, qui a accueilli la famille et le personnel Gallimard entre juin et octobre 1940, il est tout aussi catégorique : « Je tiens pour assuré et hors de toute discussion que Gaston Gallimard a bien mérité de la Résistance en acceptant un rôle très ingrat que nous l'avons pressé vivement de tenir jusqu'au bout[3]. » L'affaire est classée sans suite en juin 1948.

LA FORCE DES INTRANSIGEANTS

L'épuration est menée pour l'essentiel par le CNE, qui jouit de la légitimité du CNR (Conseil national de la Résistance) dans

1. Assouline [1984], 2006, p. 516.
2. Jean-Paul Sartre, cité dans Lottman, 1986, p. 403.
3. Joë Bousquet, cité dans Assouline [1984], 2006., p. 519.

le monde des lettres et s'impose donc sans contestation possible comme l'incarnation de la morale en acte. En son sein, le PCF est totalement hégémonique, bénéficiant de l'aura de son efficacité dans la résistance intérieure, celle des FTP et de l'effet « Stalingrad », cet héroïsme manifesté par le peuple soviétique qui a réussi à faire battre en retraite l'armée nazie, faisant du même coup dans l'après-guerre de la nation soviétique la puissance qui a le plus compté dans l'effondrement d'Hitler. C'est aussi en France le moment où le PCF recueille sur ses candidats plus de 25 % des suffrages exprimés. Avec *Les Lettres françaises*, le « parti des soixante-quinze mille fusillés », comme il se présente lui-même non sans exagération à la Libération, dispose d'une publication prestigieuse qui rassemble largement les intellectuels autour de son écrivain fétiche Louis Aragon, défenseur de la patrie et de la littérature nationale.

Le climat politique de l'immédiat après-guerre est caractérisé par une délégitimation totale des mouvements politiques de droite, dont la plupart des représentants se sont accommodés de la présence de l'occupant et se sont engagés pour des raisons idéologiques ou opportunistes dans la collaboration. Le manifeste des écrivains français qui paraît dans l'hebdomadaire culturel du PCF le 9 septembre 1944, signé par plus d'une soixantaine d'intellectuels, demande « le juste châtiment des imposteurs et des traîtres[1] ». Ce numéro des *Lettres françaises* donne à lire au côté de l'éditorial de Claude Morgan des articles de François Mauriac, qui affirme que « La nation française a une âme », de Jean-Paul Sartre, sur « La République du silence », et de Jean Paulhan, qui écrit un « Éloge de Jacques Decour ». Louis Aragon est auréolé de son rôle majeur dans la Résistance et bénéficie du poids de l'appareil communiste qui le soutient.

Le 30 septembre 1944, Aragon, qui participe pour la première fois à une réunion du CNE, menace de donner sa démission s'il n'est pas clairement établi qu'un écrivain ayant manifesté son sou-

---

1. On trouve parmi les signataires les noms prestigieux de Louis Aragon, Julien Benda, Albert Camus, Jean Cassou, Georges Duhamel, Paul Eluard, Jean Guéhenno, Michel Leiris, André Malraux, Roger Martin du Gard, François Mauriac, Jean Paulhan, Raymond Queneau, Jean-Paul Sartre et Paul Valéry.

tien à Pétain doive figurer sur la liste noire des proscrits. À la Libération, il publie dans *L'Humanité*, sous le titre « Parlons français », un billet quasi quotidien qui s'en prend aux « indulgents » et en appelle à la propreté et à l'effort. A-t-il été pour autant le grand épurateur de la Libération ? Son attitude révèle plus de complexité. S'il partage certes totalement les positions intransigeantes du parti, il n'en appelle pas moins dès 1943 au discernement :

> La confusion sert les traîtres. Depuis quelque temps, dans la presse de la Résistance, se multiplient les listes d'écrivains et de journalistes désignés à la vindicte nationale. Fort malheureusement, elles mettent trop souvent sur le même plan des traîtres indiscutables et des hommes qui ne sont guère coupables que d'inconscience. Elles contiennent même des erreurs difficiles à rectifier sans danger pour les personnes nommées[1].

Aragon, qui ne participera pas à l'établissement de la liste noire, s'emploiera à ce qu'il y ait deux listes dont une ne mentionnera que les collaborationnistes les plus avérés. Il fera néanmoins preuve, dans les cas précis qui lui seront soumis, de plus de clémence que ses pétitions de principe ne le laissent penser.

Le poids du PCF est toutefois décisif dans la pratique de l'épuration. Même si le président du CNE, Jacques Debû-Bridel, n'est pas communiste, la réalité du pouvoir se trouve entre les mains de son secrétaire général, le communiste Claude Morgan, directeur des *Lettres françaises*. À la Libération, le CNE est une autorité prestigieuse qui rassemble aussi bien Aragon et Eluard que Sartre, Camus, Mauriac ou Queneau. Le PCF, jouissant de l'aura de l'URSS et de sa participation importante, quoique tardive, à la résistance intérieure, entend incarner à lui seul la voix des intellectuels et flatte ses compagnons de route. Le dossier de l'épuration lui est d'autant plus essentiel pour affirmer son intransigeance qu'il sait que le partage du monde en 1945 entre les deux Grands ne lui laisse aucun espoir d'occuper un jour le pouvoir en France. C'est ainsi que Georges Cogniot peut affirmer lors du Xe congrès du PCF, en juin 1945, l'adhésion totale du parti à la tradition intel-

---

1. Aragon [1943], 2013, pp. 289-290.

lectuelle française et assurer qu'il ne défendra aucune esthétique particulière. Claude Morgan réclame donc la plus grande rigueur pour châtier les coupables de trahison : « Les intellectuels les plus coupables plastronnent en toute liberté, tandis que des millions de patriotes souffrent encore [...]. Sans l'épuration, c'est-à-dire sans la justice que toute la France attend et exige, rien n'est et ne serait possible[1]. »

Chaque atermoiement, chaque lenteur dans la conduite de la procédure sont dénoncés avec force par les communistes, qui réclament des peines exemplaires. Lorsque, en janvier 1945, se déroule le procès de celui qui aura été le symbole de la droite antirépublicaine, le directeur de *L'Action française* Charles Maurras, grand inspirateur de la politique de révolution nationale vichyssoise et considéré par le jury du tribunal comme ayant été en intelligence avec l'ennemi, Claude Morgan écrit : « L'emprise qu'un Maurras, qu'un Brasillach exercent encore malgré leurs crimes sur une faible partie de notre jeunesse ne disparaîtra qu'avec leur mort[2]. » Bien que déclaré coupable, Charles Maurras échappe au châtiment capital. Condamné à la réclusion à perpétuité et à la dégradation nationale, il s'exclame à l'annonce de la sentence : « C'est la revanche de Dreyfus ! »

Au fil des mois de 1945 et notamment après la capitulation du IIIe Reich, en mai, les jugements se font moins sévères et les condamnations moins lourdes. Le PCF veille alors à maintenir intact l'esprit de la résistance et de l'intransigeance :

> Chaque assassin gracié est un coup en pleine poitrine de l'innocent [...] un pas de plus et vous pourrez ouvrir la porte à Montherlant, à Giono. Un pas de plus et Georges Suarez deviendra un martyr. Contre cette conjuration, il est temps que les honnêtes gens se regroupent, qu'ils retrouvent courage et audace, qu'ils rejettent l'esprit de trêve pour reprendre celui du combat[3].

Le poète Paul Eluard n'est pas en reste pour réclamer des têtes et s'élever contre le climat de pardon qu'il juge délétère :

1. MORGAN, 1944.
2. ID., 1945 (a).
3. ID., 1945 (b).

> Ceux qui ont oublié le mal au nom du bien
> Ceux qui n'ont pas de cœur nous prêchent le pardon. [...]
> Il n'y a pas de pierre plus précieuse
> Que le désir de venger l'innocent[1].

Le CNE va progressivement voir ses attributions s'élargir et ne plus se cantonner à écarter les écrivains indésirables. Toujours sous la férule du PCF, Aragon va prendre le relais en 1946. Devenant le secrétaire général du CNE, il redéfinit ses finalités pour en faire l'agent culturel de la France et assurer son rayonnement international. On est alors en pleine phase thorézienne de tentative d'application d'une ligne communiste-nationale[2]. Dans le camp des intransigeants, *Esprit* n'est pas en reste pour exiger de la justice le coup de balai nécessaire. Roger Secrétain considère que la politique d'épuration est un échec flagrant du fait de son impréparation, d'avocats à l'influence négative et de magistrats trop laxistes.

La revue chrétienne s'appuie sur Charles Péguy pour affirmer que l'on a eu tort de considérer l'épuration comme un débat sur la charité alors qu'elle relève d'un acte politique et révolutionnaire :

> Les régimes qui ne commencent pas par mettre au pas les ennemis de l'intérieur, c'est-à-dire pour les nommer quelques misérables intellectuels et politiciens, finissent toujours par massacrer le peuple ; les régimes qui ne commencent pas par massacrer les mauvais bergers finissent toujours par massacrer le troupeau même[3].

À l'occasion du procès Brasillach, Jean Lacroix précise le point de vue d'*Esprit*, à mi-chemin entre Mauriac et Camus. Assumant la tension entre charité chrétienne et justice politique, il redéfinit ce que pourrait être une charité non affadie — « C'est le progrès de la justice, c'est l'obligation de perfectionner sans cesse notre justice[4] » — et réclame une épuration ferme comme expression

1. Eluard [1945], 1981, pp. 297-298.
2. Kriegel, Annie, 1991 (b).
3. Charles Péguy, cité dans *Esprit*, juin 1945.
4. Lacroix, 1945 (a).

d'une justice politique indispensable. Jean-Marie Domenach, qui suit le procès du préfet régional Alexandre Angeli à Lyon en janvier 1945, approuve sans état d'âme sa condamnation à mort : « Certes, Angeli a les mains pures de sang français, mais Laval aussi, et pourtant sous Angeli, c'est-à-dire sous Pierre Laval, on déportait des travailleurs par dizaines de mille, on tuait dans les prisons et aux coins des rues[1]. » Peu de temps après, Domenach déplorera l'échec de cette politique d'épuration : « C'était comme si on avait peur de l'ampleur même du crime[2]. »

En avril 1947, fort d'un magistère qui règne sur l'ensemble des écrivains français, le CNE s'installe dans un luxueux hôtel particulier au 2, rue de l'Élysée, dans le VIIIe arrondissement. C'est dans ce lieu, baptisé « maison de la Pensée », qu'Aragon et Elsa Triolet officient, faisant salon : « Le CNE, il faut bien le dire, est devenu un peu sa chose, et celle d'Elsa Triolet à qui, dès 1948, Aragon abandonne le secrétariat général[3]. »

L'éloignement progressif de la guerre ne favorise guère les positions intransigeantes. L'impératif de réconciliation nationale engendre une situation nouvelle qui conduit à relativiser les fractures passées pour se tourner vers l'avenir. Des condamnés à mort sont graciés : Henri Béraud, qui voit sa peine commuée en vingt ans de travaux forcés puis en dix de réclusion, est finalement libéré en 1950 pour raisons de santé ; Lucien Combelle se retrouve en liberté dès 1951 alors qu'il a échappé de peu à la condamnation à mort et avait été condamné à quinze ans de travaux forcés ; Alphonse de Châteaubriant et Abel Bonnard ont la possibilité de s'exiler, tandis qu'un certain nombre de responsables de presse, comme André Algarron (*Le Petit Parisien*), Martin de Briey (*L'Écho de Nancy*), Pierre Brummel (*Le Petit Ardennais*), André Delion de Launois (*La Gerbe*), tous condamnés à mort, voient leur peine commuée[4].

Les intransigeants peuvent s'estimer insatisfaits au regard des exigences du manifeste des écrivains français publié par *Les Lettres françaises* le 9 septembre 1944, qui s'achevait par une conclusion

---

1. DOMENACH, 1945.
2. ID., 1947, p. 191.
3. FOREST, 2015, p. 551.
4. Informations reprises de ASSOULINE, 1990, p. 126.

aux allures de serment du Jeu de paume : « Demeurons unis dans la victoire et la liberté comme nous le fûmes dans la douleur et l'oppression. Demeurons unis pour la résurrection de la France et le juste châtiment des imposteurs et des traîtres[1]. » Mais il est vrai que la France était alors en guerre et le resterait jusqu'en mai 1945. Parmi les intellectuels qui allaient se dissocier de cette exigence justicière, François Mauriac et Jean Paulhan avaient participé, au domicile même du premier, à l'établissement de la liste noire. Dans le premier numéro non clandestin des *Lettres françaises*, Mauriac s'en prend vivement aux acteurs de la collaboration : « De ceux qui ont eu part à cette faute, le moins que la République puisse exiger, c'est la retraite et le silence[2]. » Selon Lottman, il avertit en outre « ses confrères de l'Académie française que, s'ils n'expulsaient pas Charles Maurras après sa condamnation pour crimes de collaboration, lui-même s'en écarterait[3] ».

La vénérable institution traverse pourtant l'épreuve sans dommage. Se considérant hors temps, ayant accédé à l'éternité, et quelque peu hors-sol, elle défend ses membres les plus compromis. Le général de Gaulle lui-même se présente en protecteur de l'Académie auprès de son secrétaire perpétuel Georges Duhamel et lui offre l'opportunité du renouveau nécessaire. Si Philippe Pétain et d'autres en restent membres, il suggère qu'à titre exceptionnel un certain nombre de personnalités patriotiques puissent y siéger. Une liste, établie par Gaston Palewski et publiée par Claude Mauriac dans son Journal à la date du 28 octobre 1945, comprenait André Gide, Paul Claudel, Jacques Maritain, Georges Bernanos, André Malraux, Paul Eluard, Roger Martin du Gard, Jules Romains, Louis Aragon, Jean Schlumberger, Wladimir d'Ormesson, Léon-Paul Fargue, Tristan Bernard et Julien Benda[4]. De Gaulle constate vite le peu d'enthousiasme que recueille sa proposition parmi les académiciens, qui se contentent de se séparer de deux des leurs, Abel Bonnard et Abel Hermant, collaborateurs notoires. « Voyant de tels Abels, écrit Paulhan dans un poème humoristique qui circulait

---

1. *Les Lettres françaises*, 9 septembre 1944.
2. Mauriac, 1944.
3. Lottman, 1981, p. 301.
4. Mauriac, Claude [1978, 1988], p. 212, 1999, p. 640.

sous le manteau pendant l'Occupation, on se demande [...] ce que font les Caïn[1]. »

Si la dégradation nationale de Pétain et de Maurras favorise leur mise à l'écart, la fraction vichyste de l'Académie française reste assez puissante[2] pour déclarer leur fauteuil simplement vacant et ne pas voter leur radiation. Entre 1944 et 1946, dix-neuf nouveaux immortels sont élus ou cooptés, parmi lesquels quelques personnalités plus présentables, comme Édouard Herriot, André Siegfried ou Mᵉ Maurice Garçon. Après une période au cours de laquelle l'institution s'efforce de se faire oublier, la « droite académique » regroupée autour de Pierre Benoit, directeur de la *Revue des deux mondes*, relève la tête et fait élire, le 29 janvier 1953, le duc Antoine de Lévis-Mirepoix au fauteuil de Maurras ainsi que l'ancien secrétaire de ce dernier et ex-rédacteur en chef de *Je suis partout*, Pierre Gaxotte.

D'autres fidèles du Maréchal suivront, jusqu'à ce que Paul Morand, en 1958, considère que son heure est venue de devenir immortel. Mais cette fois c'en est trop : onze académiciens manifestent leur désapprobation, qui devient vite publique[3]. Parmi eux, François Mauriac s'indigne de cette candidature dans *Le Figaro* : « Il s'agissait bien de littérature ! Tout un clan antirésistant était mobilisé et ne cherchait même pas à donner le change[4]. » L'opposition finit par l'emporter, d'une voix, grâce au soutien du général de Gaulle, et ce n'est qu'en 1968 que Morand entrera sous la Coupole, après l'élection de deux Vichyssois notoires, Henri Massis, en 1960, et Thierry Maulnier, en 1963.

L'académie Goncourt, quant à elle, sait parfaitement dans quel sens souffle le vent à la Libération. En décernant son prix 1944 à Elsa Triolet pour *Le premier accroc coûte deux cents francs*, recueil de nouvelles dont deux sont parues dans la clandestinité, elle réalise ainsi un coup double : donner la palme à une résistante communiste et, pour la première fois de son histoire, à une

---

1. *Ibid.*, p. 308.

2. Cf. LOTTMAN, 1986, p. 421.

3. Il s'agit de Georges Duhamel, François Mauriac, Jules Romains, André Chamson, Fernand Gregh, Robert Kemp, André Siegfried, Louis Pasteur Vallery-Radot, Maurice Garçon, Robert d'Harcourt et Wladimir d'Ormesson.

4. MAURIAC, François, 1958 (b).

femme. Signe des temps nouveaux, les femmes obtiennent enfin au même moment le droit de vote aux élections nationales. L'académie coopte de surcroît de nouveaux jurés irréprochables : Francis Carco et Roland Dorgelès, tous deux membres du CNE ; Alexandre Arnoux, Armand Salacrou et Philippe Hériat, dont la personnalité atteste une claire volonté de changement. Pour autant, le jury Goncourt ne parvient pas à s'épurer. « Selon les statuts de l'association, indique Gisèle Sapiro, la radiation ne peut être prononcée qu'à une majorité de huit membres, et quatre des neuf membres qui la composent alors sont inquiétés[1]. »

À l'échelle internationale, les allégations les plus alarmistes se répandent sur l'ampleur des règlements de comptes en France. Aux États-Unis, *The American Mercury* avance le chiffre de cinquante mille personnes liquidées par les communistes dans la seule région du Sud-Est. Dans les années 1950, l'historien de l'épuration Robert Aron donnera le chiffre très élevé de trente mille à quarante mille exécutions sommaires au plan national. Les enquêtes menées depuis lors ont revu ces chiffres à la baisse : neuf mille exécutions sommaires, auxquelles s'ajoutent sept cent soixante-sept exécutions après verdict des cours de justice. Comme le remarque Jean-Pierre Rioux, l'épuration a plus frappé les humbles, les ruraux, les zones où l'anonymat est rendu difficile, et les lampistes, que les urbains et les milieux fortunés à même de se payer l'assistance d'un avocat.

LA MONTÉE DES INDULGENTS

Parmi les intransigeants de l'immédiat après-guerre, on ne compte pas que des communistes. L'essentiel du courant progressiste de la Résistance, côté chrétien avec *Esprit* ou laïc avec *Combat*, est acquis à la nécessité d'une purge sévère, ce qu'Albert Camus exprime sans ambages dans les colonnes de *Combat*. Malgré son aversion pour la peine capitale, il en appelle dans ses éditoriaux au

---

1. Il s'agit de Sacha Guitry, René Benjamin, Jean Ajalbert et Jean de La Varende (SAPIRO, 1999, pp. 629-630).

combat frontal contre toutes les formes de collaboration. Rédacteur en chef du quotidien dirigé par Pascal Pia, il incarne l'avènement d'une nouvelle moralité. *Combat* entend devenir exemplaire, refusant la démagogie de la presse à sensation et restant à l'écart des milieux financiers pour préserver son indépendance. Ces principes spartiates vont guider les premières batailles du journal, qui visent ceux qui se sont compromis dans la collaboration : « Qui oserait parler de pardon ? », écrit Camus le 30 août 1944[1]. Cherchant à épurer non pas beaucoup, mais bien, il réclame pour Pétain, qui porte la responsabilité d'avoir fait tomber tant de têtes, « la plus impitoyable et la plus déterminée des justices[2] ».

François Mauriac, qui a participé entre 1942 et 1944 aux réunions du CNE et collabore aux *Lettres françaises*, brandit devant le directeur du *Figaro* un article de Camus en s'exclamant : « Je tiens mon partenaire ! » Il va en résulter une longue et brillante controverse entre les deux hommes. Mauriac sort de cette sombre période auréolé de sa résistance farouche à l'occupant qu'atteste la publication pendant la guerre du *Cahier noir* aux Éditions de Minuit. Certes, il ne représente pas autant de divisions que le PCF, mais il fait objet d'un culte dans tous les milieux politiques et incarne pour le général de Gaulle l'honneur des lettres françaises. Selon Mauriac, la cause résistante porte la justice par elle-même, comme l'indiquent les derniers mots du *Cahier noir* : « Apprendre comment un peuple libre peut devenir un peuple fort — et un peuple fort demeurer un peuple juste[3]. »

Dès octobre 1944, dans la joute qui s'engage entre Mauriac et Camus, le premier déplore les excès de l'épuration et leur oppose la charité. Le 19 octobre, il se prononce comme de Gaulle pour la réconciliation nationale et le pardon des collaborateurs. Camus rétorque que la justice doit « faire taire la miséricorde ». Alors que Mauriac défend l'indulgence dans le cas de Béraud, Camus s'indigne : « Un pays qui manque son épuration se prépare à manquer sa rénovation. Les nations ont le visage de leur justice, la nôtre devrait avoir autre chose à montrer au monde que cette

---

1. CAMUS, 1944 (c).
2. ID., 1944 (f).
3. MAURIAC, François [1943], 1947.

face désordonnée[1]. » Tous deux étant aussi insoupçonnables en tant que résistants que farouchement moralistes, leurs divergences tiendraient-elles à leurs convictions religieuses ? C'est ce que laisse entendre l'athée Camus :

> Un chrétien pourra penser que la justice humaine est toujours suppléée par la justice divine et que, par conséquent, l'indulgence est préférable. Mais que M. Mauriac considère le conflit où se trouvent des hommes qui ignorent la sentence divine et qui gardent, cependant, le goût de l'homme et l'espoir de sa grandeur. Ils ont à se taire pour toujours ou à se convertir à la justice des hommes […]. Et nous avons choisi d'assumer la justice humaine avec ses terribles imperfections, soucieux seulement de la corriger par une honnêteté désespérément maintenue[2].

Ce ton respectueux et mesuré a tendance à se crisper lorsque, au début de 1945, Mauriac stigmatise dans *Le Figaro* « notre jeune maître » pour s'en prendre à un écrivain collaborateur « de très haut, du haut j'imagine, de son œuvre future[3] ». Camus, très susceptible, ne supporte pas cette attaque *ad hominem* et répond que Mauriac n'aura été « ni juste, ni charitable[4] », relançant la confrontation avec acrimonie : « En tant qu'homme, j'admirerais peut-être M. Mauriac de savoir aimer les traîtres, mais en tant que citoyen je le déplorerais, parce que cet amour nous amènera justement une nation de traîtres et de médiocres et une société dont nous ne voulons plus[5]. »

Dans cette joute pour le magistère, chacun dispose d'atouts : pour Camus, la jeunesse et *Combat*, qui tire à plus de cent quatre-vingt mille exemplaires, ainsi que le succès de l'existentialisme, dont il passe pour un des penseurs. Pour Mauriac, une œuvre déjà consacrée et l'aura que lui confère la bénédiction du général de Gaulle, qui a fait de lui l'écrivain quasi officiel de la France libérée, ainsi que les éditoriaux qu'il signe dans *Le Figaro*, même si, en 1945, il ne jouit pas du rayonnement de son concurrent. Mais Mauriac est encore

1. Camus, 1945 (a).
2. Id., 1944 (e).
3. Mauriac, François, 1945 (b).
4. Camus, 1945 (b).
5. *Ibid.*

membre des instances dirigeantes du Front national, une organisation créée et animée par le PCF, et ne veut pas rompre avec ses
compagnons d'armes communistes. Sa fascination pour de Gaulle
fragilise cependant ce compagnonnage, tandis que sa foi chrétienne
le rapproche d'un certain nombre de dirigeants du MRP. Ses prises
de position conciliantes sur le dossier de l'épuration lui valent de
surcroît les vives critiques de la presse communiste et les sarcasmes
du *Canard enchaîné*, qui le croque en « saint François des assises ».

Jean Paulhan, à l'origine, avec Mauriac, Jean Blanzat et Jean
Guéhenno, de la « liste noire » rendue publique par le CNE, évolue
lui aussi vers une attitude réconciliatrice. Depuis son observatoire
des Éditions Gallimard, il a vécu l'Occupation acquis à la Résistance, connaissant de près les ambivalences, ambiguïtés et compromissions de son milieu d'écrivains reconnus. Au sortir du conflit, il
s'engage dans une polémique avec Julien Benda : à l'intransigeance
de celui qui avait dénoncé dans l'entre-deux-guerres la « trahison
des clercs », il oppose le fait que Rimbaud ou Romain Rolland
auraient figuré sur la liste noire, « le premier pour avoir applaudi
à l'occupation prussienne de la France en 1870, et le second pour
son opposition à la Première Guerre mondiale[1] ». Paulhan souligne
la tradition d'opposition des écrivains, qui peut les aveugler, alors
que, selon lui, leur tâche n'est pas de jouer les « gendarmes béné-
voles[2] ». Son désaccord avec le CNE allant grandissant, il donne
sa démission en même temps que Georges Duhamel, Jean Schlumberger et Gabriel Marcel, et se montre de plus en plus critique à
l'égard des justiciers du monde littéraire : « Le criminel vous a paru
moins coupable que le littérateur qui l'incite au crime, le traître
plus digne de pardon que l'idéologue qui lui conseille la trahison.
Vous décidiez de vous en prendre désormais à l'auteur plutôt qu'à
l'acteur, à la cause plutôt qu'à l'effet[3]. » En 1946, il annonce ainsi
sa démission à Schlumberger :

> L'exclusion de Lalou (coupable d'avoir mis un poème de Maur-
> ras dans son anthologie !) n'était que ridicule. Mais il me semble

1. Lottman, 1981, p. 300.
2. Jean Paulhan, correspondance avec François Mauriac, Claude Morgan, Vercors,
1944, archives de Mme J. Paulhan, citée dans Lottman, 1986, p. 408.
3. Paulhan, 1948, p. 98.

que la dernière déclaration du CNE va beaucoup plus loin que le ridicule. Ainsi nous rendons à présent des arrêts éternels au nom de la « conscience humaine » ! Je me sens de moins en moins les goûts d'un juge (ou d'un policier) bénévole[1].

La démission de Paulhan entraîne dans son sillage celle de bien des autorités intellectuelles[2]. L'institution, qui pouvait se prévaloir d'incarner le tribunal des lettres, perd d'un coup sa légitimité littéraire en même temps que sa représentativité nationale. Il en résulte un affaiblissement durable et un durcissement du CNE, qui le conduisent à exclure François Mauriac, à la demande d'Aragon (ce sera la dernière exclusion), pour sa collaboration à la revue *La Table ronde* auprès de Marcel Jouhandeau.

Peu après la démission de Paulhan, au début de 1947, celui-ci rend publique son opposition à la politique d'épuration dans les milieux littéraires par une série de lettres ouvertes qui dénoncent la relaxe des vrais acteurs de la collaboration, au détriment de ceux qui n'ont que leur plume :

> Les ingénieurs, entrepreneurs et maçons qui ont bâti le mur de l'Atlantique se promènent parmi nous bien tranquillement. Ils s'emploient à bâtir de nouveaux murs. Ils bâtissent les murs des nouvelles prisons, où l'on enferme les journalistes qui ont eu le tort d'écrire que le mur de l'Atlantique était bien bâti[3].

La position modérantiste de Paulhan est à mettre en relation avec le rôle d'équilibriste qu'il a tenu pendant la guerre chez Gallimard, restant en contact avec les autorités allemandes, publiant dans *Comœdia* aux côtés de Ramon Fernandez et de Jacques Chardonne, tout en lançant *Les Lettres françaises*, l'organe même de la résistance littéraire. Pour comprendre son attitude, il faut se rappeler que, comme l'écrit Pierre Assouline, sa seule patrie, « c'est la littérature[4] ».

1. Jean Paulhan, lettre à Jean Schlumberger, 23 novembre 1946, fonds Jean Schlumberger, archives Jacques Doucet, citée dans Sapiro, 1999, p. 657.
2. Gabriel Marcel, Jean Schlumberger, Georges Duhamel, les frères Tharaud, Luc Estang, Dominique Aury, Denis Marion et René de Solier.
3. Paulhan, 1970, p. 328.
4. Assouline, 1990, p. 109.

Contre toute attente, Camus évolue et rejoint assez vite le camp des indulgents. Les arguments de Mauriac ont joué un rôle non négligeable dans sa conversion, ainsi qu'il le reconnaîtra plus tard[1]. Mais c'est surtout le cas Robert Brasillach qui semble avoir infléchi sa position. Alors que l'écrivain admirateur du IIIe Reich est condamné à mort, cinquante-neuf intellectuels, dont François Mauriac, Paul Claudel, Paul Valéry, Colette, Jean Cocteau et Paulhan, demandent sa grâce au général de Gaulle. Dans cette pétition, dont la première version a été rédigée par Claude Mauriac, les signataires plaident pour l'indulgence :

> Les intellectuels soussignés, appartenant tous à des titres divers à la Résistance française, unanimes pour condamner la politique néfaste de Brasillach dès avant l'Occupation, puis en présence même de l'ennemi, sont néanmoins d'accord pour considérer que la mise à exécution de la sentence qui vient de le frapper aurait, dans toute une partie de l'opinion publique, tant en France qu'à l'étranger, de graves répercussions [...]. Nous pensons seulement, devant cet homme, notre ennemi, lié au poteau et en qui nous avons soudain la stupeur de reconnaître un frère, que les mauvaises causes n'ont pas besoin de martyrs et que le pardon peut être quelquefois la plus décisive, en même temps que la plus sage des sanctions[2].

Marcel Aymé, chargé de recueillir la signature de Camus, qui s'est toujours montré hostile à la peine de mort, le trouve hésitant, traversant un vrai cas de conscience. « Vous m'avez fait passer une mauvaise nuit », lui répond-il, ajoutant :

> Pour finir, j'ai envoyé aujourd'hui même la signature que vous m'aviez demandée [...]. J'ai toujours eu horreur de la condamnation à mort, et j'ai jugé qu'en tant qu'individu du moins je ne pouvais y participer, même par abstention [...]. C'est tout et c'est un scrupule dont je suppose qu'il ferait bien rire les amis de Brasillach. Ce n'est pas pour lui que je joins ma signature aux vôtres. Ce n'est pas pour l'écrivain, que je tiens pour rien. Ni pour l'individu, que je méprise de toutes mes forces. Si j'avais même été tenté de m'y

---

1. Voir GUÉRIN, 1993, pp. 59-60.
2. MAURIAC, Claude, 1978, pp. 113-115, repris dans SIRINELLI [1990], 1996, pp. 241-243.

intéresser, le souvenir de deux ou trois amis mutilés ou abattus par les amis de Brasillach pendant que son journal les encourageait m'en empêcherait[1].

Camus est conscient que sa signature le dissocie de sa famille politique, celle des sartriens, qui refusent de venir au secours de Brasillach. Simone de Beauvoir expliquera sa position en rappelant les dénonciations et appels à l'assassinat de Brasillach :

> Aussi tombai-je des nues lorsque, peu de jours avant le procès de Brasillach, quelqu'un — je ne sais plus qui — me demanda de mettre mon nom en bas d'un papier que ses avocats faisaient circuler : les signataires déclaraient qu'en tant qu'écrivains ils se solidarisaient avec lui et qu'ils réclamaient l'indulgence du tribunal. D'aucune manière, sur aucun plan je n'étais solidaire de Brasillach : que de fois, lisant ses articles, j'avais eu des larmes de rage ! « Pas de pitié pour les assassins de la patrie » écrivait-il ; il avait revendiqué le droit « d'indiquer ceux qui trahissent » et il en avait largement usé [...] c'est de ces amis morts ou moribonds, que j'étais solidaire ; si j'avais levé le petit doigt en faveur de Brasillach, j'aurais mérité qu'ils me crachent au visage. Pas un instant je n'hésitai, la question ne se posait même pas[2].

De son côté, François Mauriac multiplie les démarches pour sauver la tête de l'ancien rédacteur en chef de *Je suis partout* et reçoit même sa mère, Marguerite Maugis-Brasillach, entrevue qui le bouleverse. Le 3 février, le général de Gaulle l'invite à passer le voir rue Saint-Dominique. Sachant le crédit dans lequel le tient le chef du gouvernement, Mauriac espère arracher Brasillach à la peine capitale. Le Général lui avoue ne pas avoir encore consulté le dossier de recours en grâce, mais lui déclare qu'il ne pense pas que Brasillach sera fusillé. Le 5 février, il rejette pourtant la grâce : l'exécution a lieu le lendemain matin, à 9 h 40, au pied d'une butte du fort de Montrouge. Il semble que la décision de De Gaulle ait tenu à la découverte dans le dossier d'une photographie de Jacques

---

1. Albert Camus, lettre à Marcel Aymé, 27 janvier 1945, citée dans TODD [1996], 1999, pp. 513-514.
2. BEAUVOIR, 1963, pp. 31-32.

Doriot en uniforme d'officier de la Waffen SS, sur le front de l'Est, entouré de Brasillach et du journaliste Claude Jeantet.

Après Brasillach, plus aucun écrivain célèbre ne passera devant le peloton d'exécution. La crise de conscience de Camus s'intensifie et le rend de plus en plus critique envers la politique d'épuration. Lui qui avait prêché la plus grande fermeté écrit à l'été 1945 : « Il est certain désormais que l'épuration en France est non seulement manquée, mais encore déconsidérée. Le mot d'épuration était déjà assez pénible en lui-même. La chose est devenue odieuse[1]. »

Étiemble exprime à son tour son insatisfaction devant le caractère hasardeux des décisions prises : « Nous ne savons guère à quoi nous en tenir, touchant les écrivains et la collaboration ; mansuétude excessive pour Céline et [Pierre] Bonardi ; extrême dureté pour Béraud ou Brasillach : il semble que la justice n'ait jamais su frapper juste, encore que parfois elle ait su frapper fort[2]. » Il précise toutefois qu'il n'est pas de ceux qui pleurent Brasillach :

> J'estime à peu près odieux les cahiers d'hagiographie où l'on célèbre sa mémoire, toute gluante de sang juif [...]. Quand on avait lieu d'espérer qu'il paierait *avec* les autres, la vie de Brasillach me semblait de peu de prix ; du moment qu'il paie *pour* les autres, eh bien non[3] !

Parmi les proscrits de l'après-guerre, des écrivains compromis s'en sortent mieux, à l'image d'un Paul Morand, ami du général von Stülpnagel, commandant militaire de la France, et proche conseiller, au pire moment, en 1942, de Pierre Laval, puis ambassadeur en Roumanie en 1943 et à Berne à partir de juillet 1944. À présent inscrit sur la liste noire, il se terre dans sa villa de Montreux, en Suisse. Ayant laissé derrière lui ses biens immobiliers, et, comme l'écrit François Dufay, « son immeuble de l'avenue Charles-Floquet en partie réquisitionné et certains de ses comptes en banque gelés, l'écrivain-diplomate n'a d'autre choix, à l'âge des honneurs, que de contempler sa dégringolade[4] ».

---

1. CAMUS, 1945 (c).
2. ÉTIEMBLE [1952], 1955, p. 162.
3. *Ibid.*, p. 163.
4. DUFAY [2006], 2010, p. 13.

Le cas de Jacques Chardonne, qui a fait le voyage en Allemagne à l'invitation de Goebbels, après avoir salué la correction des troupes occupantes dont il a souhaité la victoire dès 1940, est similaire. En tant que directeur de Stock, il a activement collaboré, à la fois comme auteur et comme éditeur. Dans *Le Ciel de Nieflheim*, paru en 1943, il est allé jusqu'à faire l'apologie des SS, présentés comme des anges tombés du ciel pour sauver la civilisation. Secouru par Mauriac, qui le crédite de sincérité, de naïveté et du droit à l'erreur que réclame aussi Paulhan, il ne purge que six semaines de détention, entre septembre et novembre 1944, avant son procès à Cognac : « Échappant à l'indignité nationale, résume Dufay, Chardonne a bénéficié d'un non-lieu en juin 1946 et regagné La Frette en 1947[1]. »

Autre miraculé de l'épuration, Henry de Montherlant, pourtant fortement compromis, reprend ses activités littéraires peu après la guerre. Alors qu'il a été lui aussi du voyage en Allemagne et a publié en 1941 une ode au maréchal Pétain dans *Solstice de juin*, il ne se voit pas même infliger de blâme. En mai 1945, une information est certes conduite contre lui par le commissaire du gouvernement, mais est aussitôt classée. Montherlant tente alors de se faire oublier, mais ne peut signer le moindre contrat d'édition. Il faudra l'intervention de Robert Laffont, qui ne supporte pas ce climat de règlement de comptes, auprès de son ami Pierre Guillain de Bénouville pour le protéger. Malgré l'accueil glacial réservé à chacun de ses ouvrages, Laffont décide de le publier, mais Montherlant, une fois tiré d'affaire, donnera, sans même l'en aviser, ses œuvres complètes à un concurrent.

Robert Laffont connaît des déboires similaires avec Bernard Grasset qui s'est illustré par une collaboration sans faille pendant toute la guerre. En 1945, son amitié avec le secrétaire général de l'Élysée lui vaut d'être invité à déjeuner, en compagnie du ministre des Finances, par le président socialiste Vincent Auriol. Sollicité pour donner un avis sur le sort à réserver à Bernard Grasset, que le ministre souhaite sanctionner exemplairement, et à sa maison d'édition placée sous séquestre, Laffont fait valoir son rôle de premier plan dans les lettres françaises et est chargé de préparer un dossier.

1. *Ibid.*, p. 22.

Grasset lui communique alors quantité d'éléments nécessaires à sa défense, le réveillant au milieu de la nuit quinze jours durant et lui témoignant sa gratitude. Laffont obtient gain de cause, et le séquestre est levé. Grasset confesse à son « avocat » lui devoir tout, non sans distiller peu après la rumeur que celui-ci aurait tenté de lui voler sa maison d'édition.

Avec Alphonse de Châteaubriant, c'est un autre collaborationniste notoire qui réchappe à l'épuration. Directeur de *La Gerbe*, membre de « France-Allemagne » et du groupe « Collaboration », et, à ces titres, poursuivi par la justice française, il meurt en exil en 1951 dans un monastère du Tyrol autrichien. Quant à Marcel Jouhandeau, dont les éditions Sorlot ont publié en 1937 *Le Péril juif*, recueil de trois pamphlets antisémites, il a exprimé dans *Témoignage*, en décembre 1941, son admiration pour l'Allemagne nazie après avoir été lui aussi du voyage en Allemagne pour le « Congrès de Weimar » de Goebbels. Son dossier est classé sans suite.

Après guerre, René Char, le poète de la Résistance, ne supporte aucune proximité avec ceux qui se sont compromis. Lorsqu'il découvre dans *84*, la petite revue de Marcel Bisiaux, que son nom voisine avec celui de Marcel Jouhandeau, il s'exclame : « Les salauds ! Les fumiers ! Les petits cons ! » et écrit son fait à son directeur :

> Jouhandeau s'est rangé du côté des pourrisseurs et des bourreaux. Il importe peu que la psychanalyse élucide son cas. Je ne suis pas procureur et ne souhaite pas l'être, mais je ne permets pas qu'on me rappelle que ce salaud existe. Il n'y a pas si longtemps, je n'aurais certes pas hésité à faire fusiller Jouhandeau ou à l'abattre moi-même. Je déplore que son nom vous paraisse digne de figurer auprès du vôtre. Vous voudrez bien désormais faire disparaître le mien de vos publications[1].

Cette confrontation entre indulgents et intransigeants au sortir du trauma de la guerre, qui voit une fraction de la population française se dresser contre une autre, alors même que la majorité adopte un attentisme prudent, relève en 1944-1945 d'une double tension indépassable : celle entre mémoire et oubli et celle entre nécessaire

---

1. CHAR, 2004, p. 338.

exercice de la justice et non moins nécessaire besoin de recoudre les fils distendus de l'unité nationale.

La confusion s'aggrave de l'absence de définition claire de ce qui doit être sanctionné. Certes, c'est la collaboration qui est visée, mais celle-ci a revêtu bien des formes, notamment individuelle, étatique et idéologique. De plus, l'acmé de l'épuration se situe à l'automne 1944, alors que la France est encore en guerre, entraînant des amalgames entre état de droit et état de guerre. À tout cela s'ajoute une bataille intestine, plus politique. Comme l'exprime fort bien Henry Rousso, « l'épuration fut un enjeu majeur de la légitimité entre communistes et non-communistes, entre les résistants de l'intérieur et le général de Gaulle[1] ». Celui qui promettait en 1943 de châtier les traîtres en appelle dans son discours d'Évreux du 8 octobre 1944 au rassemblement de tous pour reconstruire le pays.

L'évolution d'un Camus sur cette question est très significative de cette double contrainte et de l'impossibilité d'une politique de réparation satisfaisante. Le sentiment d'incomplétude, d'injustice, d'amertume qui en résulte semble inévitable, quelle que soit la position adoptée. Tel est le constat que dresse Jean-Pierre Rioux : « Entre la sanction brutale et l'indulgence coupable, aucune justice n'était peut-être possible tant que les Français ne consentaient pas à s'examiner eux-mêmes et à se mettre en cause[2]. » À la Libération, les impératifs du présent, de la reconstruction nationale, de l'affirmation volontariste de la puissance française prévalent pour obtenir au pays un strapontin entre les deux grandes puissances. Il faudra attendre le milieu des années 1970 pour que la France se livre à un véritable examen de conscience collectif.

1. Rousso, 1992, pp. 80-81.
2. Rioux [1978], 1985, p. 176.

3

Les fractures du sartrisme

Dans les années 1950, le compagnonnage de Sartre avec le PCF lui vaudra des ruptures irréversibles avec ses meilleurs amis, fissurant le premier cercle de ses admirateurs jusqu'à l'isoler et le fragiliser dans les années 1960 et le conduire progressivement à la marginalisation. Avant de devenir pour un temps la caution intellectuelle de la politique stalinienne, Sartre s'éloigne dès l'après-guerre de celui qui avait été son complice dans les années 1920, son alter ego, son « petit camarade », Raymond Aron.

LA RUPTURE SARTRE-ARON

Des « petits camarades »…

Au sortir de la guerre, le brillant Aron n'emprunte pas, à la stupeur de ses proches, la voie naturelle d'une carrière universitaire. Non seulement il décline la perspective d'une chaire de sociologie à Bordeaux, avec la certitude d'y être élu, mais refuse de reprendre son poste à la faculté des lettres de Toulouse. Il jugera d'ailleurs bien plus tard ce comportement comme « parfaitement déraisonnable[1] ». Sans délaisser tout à fait l'enseignement — il donne des

---

1. ARON, Raymond, 1981, p. 114.

cours aussi bien à l'IEP (Institut d'études politiques) qu'à l'Ena —, il choisit d'être en phase avec l'événement et se lance avec ferveur dans le journalisme. Ce qui compte le plus pour lui, c'est de jouer un rôle dans la reconstruction en tant que commentateur avisé et spectateur engagé des grandes questions de son temps.

Il entre à *Combat*, où il côtoie Camus, et collabore à *Point de vue*, pour se procurer de quoi vivre, ainsi qu'à diverses revues, dont la plus prestigieuse est sans conteste *Les Temps modernes*, à la fondation de laquelle il participe aux côtés de Sartre, Simone de Beauvoir, Michel Leiris, Maurice Merleau-Ponty, Albert Ollivier et Jean Paulhan. Sa curiosité intellectuelle trouvant à s'y exprimer, il s'investit pleinement dans la revue, à laquelle il apporte non seulement son talent d'analyste politique, mais aussi les connaissances techniques acquises dans la presse résistante. Il participe ainsi avec bonheur à cette communauté d'entreprise que Simone de Beauvoir a qualifiée de « forme la plus achevée de l'amitié[1] ».

En 1945, Aron renoue avec la longue complicité amicale qui le lie à Sartre depuis le début de leurs études universitaires. Tous deux étaient de brillants élèves : Aron, premier de sa classe tous les ans au lycée Hoche de Versailles et mention très bien au baccalauréat ; Sartre, prix d'excellence de la première AB du lycée Henri-IV. Ils s'étaient rencontrés en octobre 1922 dans la khâgne du lycée Condorcet, seconde de France par ses résultats au concours d'entrée de l'ENS (École normale supérieure) de la rue d'Ulm. À l'époque, Sartre était inséparable de Paul Nizan, et ce ne fut qu'au bout d'un certain temps qu'il se noua d'amitié avec Aron.

Tous trois intégrèrent Ulm, où ils retrouvèrent Georges Canguilhem. Lorsque Nizan s'éloigna et partit pour Aden, Sartre et Aron se rapprochèrent de Pierre Guille. Leur complémentarité était telle qu'Aron demanda à Guille, le littéraire, ce que Sartre pensait vraiment de ses arguments lors de leurs incessantes joutes philosophiques :

> J'étais alors son interlocuteur préféré. Toutes les semaines, tous les mois, il avait une nouvelle théorie, il me la soumettait et je la discutais : c'était *lui* qui développait des idées et *moi* qui les

---

1. BEAUVOIR, 1963, p. 25.

discutais ; pour ma part, je ne lui soumettais pas de théories, tout simplement parce que je n'en avais pas[1].

Cet incessant dialogue dans le vivier de haute culture de l'École contribua à dessiner les contours d'un couple intellectuel horspair qui devait marquer tout l'après-guerre, et au-delà, autour d'une série d'oppositions binaires parfaitement résumées par Annie Cohen-Solal :

> Sartre, plus rigide, plus obscur ; Aron, plus souple, plus négociateur ; Sartre, constructeur de magistrales visions du monde ; Aron, promoteur d'outils théoriques adéquats ; Sartre, le génial inventeur ; Aron, l'intelligence exquise ; Sartre, l'affirmation péremptoire ; Aron, la pondération raffinée ; Sartre convainquant, Aron suggérant, Sartre osant, Aron, tempérant[2].

Les deux amis partageaient alors la même turne, suivaient le même cursus, dévoraient les mêmes livres, tandis que leur caractère tout en contraste constituait le socle d'une profonde complémentarité.

Sartre, beaucoup plus agité qu'Aron et volontiers blagueur, prenait la tête des bizutages des nouveaux, alliant une phénoménale puissance de travail à un violent désir de sociabilité. En 1926, malgré le lourd programme de l'ENS, il avait déjà écrit non seulement des poèmes, des chansons, des nouvelles, des romans, dont un récit mythique sur l'attaque de l'Olympe par les Titans, mais aussi des essais littéraires et philosophiques, comme une tentative de construction théorique du rôle de l'imagination chez l'artiste. Ces années furent celles de la conquête d'une expression personnelle, « quatre ans de bonheur[3] », confessera-t-il. Pour le jeune Sartre, il n'y avait pas de limites à la connaissance, et il déclara non sans forfanterie à son ami Daniel Lagache, qui deviendra un des plus importants psychiatres d'après guerre : « *Je veux être l'homme qui sait le plus de choses*[4]. » S'il entendait déjà devenir

---

1. ARON, Raymond [1980], *in* COHEN-SOLAL, 1985, p. 105.
2. *Ibid.*, p. 105.
3. SARTRE, 1960, p. 26.
4. Jean-Paul Sartre, cité dans COHEN-SOLAL, 1985, p. 108.

un écrivain reconnu sur le plan non seulement littéraire, mais aussi philosophique, il avoua à son ami Aron que s'élever au niveau de Hegel lui paraissait possible, mais plus haut, incertain. Il était encore à l'époque attiré par des envies plus frivoles, comme se le rappellera Aron :

> L'ambition, me disait-il, s'exprime en moi par deux images : l'une, c'est un jeune homme, en pantalon de flanelle blanche, le col de la chemise ouvert, qui se glisse, félin, d'un groupe à un autre sur une plage, au milieu des jeunes filles en fleurs. L'autre image, c'est un écrivain qui lève son verre, pour répondre à un toast d'hommes en smoking, debout autour de la table[1].

Des dialogues incessants qu'il entretenait avec son « petit camarade », des idées nouvelles germaient. Il ressort ainsi de leurs échanges sur la psychanalyse que Sartre avait tôt marqué ses réticences à l'égard de la notion d'inconscient, malgré leur proximité commune avec Lagache. Il semble même qu'il ait émis l'hypothèse de la mauvaise foi, qui devait occuper une place primordiale dans sa philosophie, marquée par le désir de ne pas dissocier psychisme et conscience tout en tenant compte d'une incomplète maîtrise de la raison. Aron écrirait bien plus tard :

> Une autre conception sartrienne se rattache aussi de quelque manière à nos conversations. Mon diplôme d'études supérieures portait sur *l'intemporel dans la philosophie de Kant*. Sujet qui contenait à la fois le choix du caractère intelligible et la conversion, à chaque instant possible, qui laisse à la personne la liberté de se racheter ou mieux de transfigurer d'un coup l'existence antérieurement vécue. La mort élimine la liberté et fige l'existence en destin, désormais achevé. Il y a quelque chose de ces thèmes dans *L'Être et le Néant*, dans ses pièces de théâtre. À vrai dire, il combina les deux idées[2].

En ce milieu des années 1920, Aron était plus politisé que Sartre, plus militant aussi et déjà ancré dans les combats en cours, comme l'illustre son adhésion à la SFIO (Section française de l'Internatio-

---

1. Aron, Raymond, 2010, p. 61.
2. *Ibid.*, p. 62 (souligné par l'auteur).

nale ouvrière). En 1925, il s'impliqua dans une association travaillant pour la Société des Nations, passant deux semaines à Genève pour une assemblée générale. Dans le même temps, Sartre se tenait à l'écart des engagements politiques et se montrait volontiers sardonique envers les velléités réformatrices de son condisciple, professant un anarchisme de bon aloi.

Leur complicité et leurs échanges ne se limitaient toutefois pas à leur vie commune ulmienne. Aron effectua son service militaire au fort de Saint-Cyr, en région parisienne, dans un service de météorologie de l'armée de l'air, où Sartre le rejoignit en 1929 : « C'est grâce à mes interventions que Sartre y fit, lui aussi, son service[1]. » Une fois libéré de ses obligations miliaires en 1930, Aron partit pour Cologne, où il avait été nommé lecteur à l'université. Dix-huit mois plus tard, il devenait pensionnaire de l'Institut français de Berlin. S'il était accaparé par la lecture des auteurs allemands, il fut aussi témoin de la montée du nazisme, à laquelle il se montra tout de suite sensible, ce qui le conduisit à rompre avec son pacifisme de normalien. Il découvrit alors avec passion toute la sociologie compréhensive allemande — Max Weber, Wilhelm Dilthey, Georg Simmel —, si différente de la sociologie durkheimienne française, qui ne l'avait jamais vraiment convaincu. Il se passionna aussi pour la phénoménologie d'Edmund Husserl. Aron suggéra à Sartre de partir pour l'Allemagne et lui proposa de prendre sa succession, pour l'année 1933-1934, au lycée du Havre.

C'est encore Aron qui initia Sartre à la découverte fondamentale de la phénoménologie :

> L'envoyé du Ciel, pour moi, ce fut Raymond Aron. Retour de Berlin, il me parlait dans un bar des phénoménologues : « Ces gaillards-là, conclut-il en souriant, trouvent le moyen de philosopher sur tout. Ils passeraient la nuit à décrire phénoménologiquement l'essence d'un bec de gaz. » Je fus transporté : rien ne me parut plus important que la promotion des réverbères à la dignité d'objet philosophique[2].

Lors de ces retrouvailles, Aron convainquit son camarade que son ambition de dépasser la traditionnelle opposition entre idéalisme et

1. *Ibid.*, p. 80.
2. SARTRE, 1985, p. 5.

réalisme, entre la conscience et le monde tel qu'il est, pourrait trouver une voie dans les solutions préconisées par les phénoménologues.

Au jour de l'agrégation de philosophie, en 1928, Aron fut reçu premier de sa promotion, alors que Sartre était recalé. Aron, découvrant ce qu'il considérait comme inique, laissa éclater sa colère, comme le note son biographe Nicolas Baverez : « Passant rapidement sur son nom, il courut à la fin de la liste, hurla de rage, jeta par terre son chapeau et se mit à le piétiner en criant : "Ah, les cons, les cons, ils ont collé Sartre !"[1] » Son échec à l'agrégation n'affecta pourtant pas Sartre. Aron lui prodigua de précieux conseils pour la session suivante, le convainquant de ne donner à l'examinateur que ce qu'il attendait, sans chercher à exposer son point de vue personnel. En 1929, Sartre décrocha la première place devant… Simone de Beauvoir, deuxième, qui n'avait alors que vingt et un ans et était de trois ans sa cadette.

… à la brouille irréversible

Malgré cette ancienne et exceptionnelle complicité amicale, la rupture entre Sartre et Aron intervient pour des raisons politiques peu après la guerre. Un premier incident sérieux se produit à l'occasion de la générale d'une pièce de Sartre, *Morts sans sépulture*, le 8 novembre 1946. À l'entracte, la femme d'Aron, Suzanne, décide de s'en aller, ne supportant plus la violence de la représentation. Aron quitte alors avec elle le théâtre, ce que Sartre ressent comme une trahison. Quand, l'année suivante, Aron adhère au RPF (Rassemblement pour la France) et devient éditorialiste au *Figaro*, c'en est trop pour son ancien ami.

À l'automne 1947, en plein déclenchement de la guerre froide, on propose à Sartre d'animer une émission de radio sous le titre « La tribune des *Temps modernes* ». À cette date, le général de Gaulle a quitté ses responsabilités de chef du gouvernement depuis un an, lancé le RPF, et il ne cesse de dénoncer les vices d'un système parlementariste condamné à l'impuissance. Sartre et son équipe tiennent dès lors sur les ondes une tribune antigaulliste

---

1. BAVEREZ, 2006, p. 56, anecdote reprise de BERTAUX, 1985, p. 14.

dans une émission pamphlétaire. Lors de la première émission, le 20 octobre 1947, le psychanalyste Alphonse Bonnafé fait ainsi un parallèle entre les affiches du général de Gaulle lors des élections municipales de 1947, qui se conclurent par un raz-de-marée gaulliste, et le portrait de Hitler. Cette comparaison outrée suscite le tollé chez les gaullistes, et l'on annonce pour le lendemain 21 octobre un débat contradictoire à l'antenne entre Sartre et les gaullistes Pierre de Bénouville et Henry Torrès, avec Aron pour médiateur. Celui-ci se retrouve dans une situation impossible : « Que pouvais-je faire ? Je ne pouvais ni soutenir Sartre : comparer de Gaulle à Pétain passe encore, mais à Hitler ! Je ne pouvais pas le défendre ; je ne pouvais pas non plus me lier aux deux autres en agonisant Sartre d'injures[1]. » De son côté, Sartre se défend d'avoir comparé de Gaulle à Hitler, mais admet avoir suggéré une analogie entre les affiches gaulliennes et les affiches nazies. De cet écart date la brouille irréversible avec Aron. Sartre est sidéré par ce qu'il considère comme un lâchage de la part de son ami :

> Aron est venu, je pense que je l'avais choisi pour arbitrer entre nous, étant convaincu, d'ailleurs, qu'il prendrait mon parti ; Aron n'a pas fait mine de me voir ; il s'est joint aux autres ; je concevais qu'il voie les autres, mais non qu'il me laissât tomber. C'est à partir de là que j'ai compris qu'Aron était contre moi ; sur le plan politique, j'ai considéré comme une rupture sa solidarité avec les gaullistes contre moi[2].

Aron n'oubliera pas lui non plus :

> Quand j'arrivais, Bénouville et Torrès multipliaient les invectives contre Sartre, déclarant que l'on ne pouvait pas discuter avec celui qui s'abaissait à des attaques pareilles. Aux invectives, Sartre ne répondait pas : il n'a jamais aimé le face à face. Certes, j'aurais pu trouver le moyen de me conduire autrement, de lui témoigner mon amitié sans me solidariser avec son émission de la veille. Je me souviens de cette courte scène comme d'un moment insupportable[3].

---

1. Témoignage de Raymond Aron, *in* COHEN-SOLAL, 1985, p. 387.
2. Jean-Paul Sartre, cité dans BEAUVOIR, 1981, p. 354.
3. ARON, Raymond, 2010, p. 419.

À la fin de l'émission, Aron et Sartre partent chacun de leur côté, laissant leur complicité derrière eux, mais chacun bien décidé à défendre jusqu'au bout ses convictions, le premier dans son engagement au RPF, le second en créant le RDR (Rassemblement démocratique révolutionnaire).

Au-delà du contenu du différend, leur posture ne permet pas d'accord entre eux, ce qu'explique parfaitement le romancier et essayiste Étienne Barilier :

> La divergence ne tient pas tant aux idées qu'à la conception même des idées : pour Sartre la pensée et la parole n'ont pas pour tâche d'atteindre à l'objectivité, mais bien d'exacerber une vérité subjective. Pour Aron, le respect de la mesure et de la raison prime toute autre considération, et la polémique outrancière est une distorsion du monde[1].

La situation de guerre froide qui se fait vivement sentir en France même pousse les différences à leur paroxysme, transformant l'amitié en un combat frontal de frères devenus ennemis. Si chacun d'eux incarne la figure de l'intellectuel engagé, c'est à des pôles opposés de la vie politique française qu'ils apportent leur talent. Derrière la fracture politique, Barilier voit se dessiner une confrontation d'un tout autre type : « Sans doute, la querelle fut à bien des égards un malentendu. Elle n'opposait pas le marxiste au libéral, ou le révolutionnaire au réactionnaire. Mais elle opposait le créateur au savant, ce qui n'est pas moindre[2]. » D'un côté un écrivain, Sartre, qui a pensé avoir prise sur le monde grâce à son talent d'écriture : « Longtemps j'ai pris ma plume pour une épée[3]. » De l'autre un savant, Aron, qui vit pour penser le monde et le comprendre au plus près, alors que le premier ne désire que l'écriture pour elle-même, quitte à néantiser le monde.

---

1. BARILIER, 1987, p. 29.
2. *Ibid.*, p. 9.
3. SARTRE [1964], 1980, p. 212.

LA RUPTURE SARTRE-CAMUS

À l'épreuve de l'amitié

Camus et Sartre viennent de milieux sociaux que tout oppose, ce qui va jouer un rôle dans leurs relations. Sartre appartient d'emblée à la bonne bourgeoisie ; la mère de Camus est une femme de chambre illettrée : « Je fus placé à mi-distance de la misère et du soleil. La misère m'empêcha de croire que tout est bien sous le soleil et dans l'histoire ; le soleil m'apprit que l'histoire n'est pas tout[1]. » Le jeune Camus grandit dans l'absence du père, mort à la guerre, entre une mère traumatisée par cette disparition et devenue infirme et une grand-mère autoritaire :

> L'hôpital a encore envoyé à la veuve un petit éclat d'obus retrouvé dans les chairs. La veuve l'a gardé. Il y a longtemps qu'elle n'a plus de chagrin. Elle a oublié son mari, mais parle encore du père de ses enfants. Pour élever ces derniers, elle travaille et donne son argent à sa mère. Celle-ci fait l'éducation des enfants avec une cravache. Quand elle frappe trop fort, sa fille lui dit : « Ne frappe pas sur la tête. » Parce que ce sont ses enfants, elle les aime bien[2].

Le fossé entre Sartre et Camus ne sera jamais comblé, car s'y ajoutera, quand viendra le jour des désaccords, la susceptibilité à fleur de peau du second. Ils auront vécu l'âge d'or de leur amitié au sortir de la guerre, quand le public plébiscitait l'auteur de *L'Étranger* et celui de *La Nausée* comme deux écrivains existentialistes.

Le premier lien entre eux était textuel. Sartre était tombé sous le charme de *L'Étranger* (1942) : « L'absurde n'est ni dans l'homme ni dans le monde, si on les prend à part ; mais c'est le caractère essentiel de l'homme que d'"être-dans-le-monde", l'absurde, pour finir, ne fait qu'un avec la condition humaine[3]. » De son côté, Camus avait ressenti une grande proximité avec *La Nausée* (1938) :

---

1. Camus, 1958, p. 14.
2. *Ibid.*, pp. 64-65.
3. Sartre [1947], 1993, p. 95.

« Un grand écrivain apporte toujours avec lui son monde et sa prédication. Celle de M. Sartre convertit au néant, mais aussi à la lucidité[1]. » Leur rencontre physique devait attendre juin 1943, lorsque Camus assista à la générale des *Mouches*. Peu après, ils se retrouvèrent au Café de Flore avec Simone de Beauvoir et, discutant de leurs lectures, se découvrirent une admiration commune pour *Le Parti pris des choses* (1942) de Francis Ponge.

La séduction mutuelle opéra au point que leur passion commune pour le théâtre conduisit Sartre à proposer à Camus de mettre en scène sa pièce *Huis clos*, et même de monter sur les planches. Cela ne put se réaliser, le Vieux-Colombier prenant en charge le projet, mais le coup de cœur était mutuel, par-delà le contraste psychique et physique entre les deux hommes, comme l'atteste le journaliste américain Herbert Lottman :

> Dorénavant, le couple Sartre-Beauvoir et leur cercle d'intimes se montraient partout avec Camus : dans les bistrots du quartier et, souvent, lors des petites fêtes que donnait Michel Leiris dans son appartement. Ou bien encore Simone de Beauvoir les invitait tous à dîner — les Leiris, les Queneau, Camus — dans sa chambre [de l'hôtel La] Louisiane[2].

Beauvoir se souviendrait elle aussi de ces moments d'amitié :

> Sa jeunesse, son indépendance le rapprochaient de nous : nous nous étions formés sans lien avec aucune école, en solitaires ; nous n'avions pas de foyer, ni ce qu'on appelle un milieu […]. Il accueillait de bon appétit le succès, la notoriété, et il ne s'en cachait pas […]. Il laissait percer de temps en temps un petit côté Rastignac, mais il ne semblait pas se prendre au sérieux. Il était simple et il était gai[3].

Sartre, aîné de Camus de huit ans et déjà bien ancré dans la vie parisienne, jouait avec discrétion un rôle protecteur, introduisant son nouveau compagnon dans les milieux qu'il fréquentait. Sartre était manifestement séduit par l'appétit de vie de Camus, un homme à femmes dont le succès auprès d'elles tenait autant à

---

1. CAMUS, 1984, p. 1422.
2. LOTTMAN, 2013, p. 481.
3. Simone de Beauvoir, citée dans *ibid.*, p. 482.

sa gouaille, à son accent pied-noir, qu'à ses plaisanteries grivoises. De son côté, Camus était sidéré par la générosité de Sartre, par son génie intellectuel, et il était bien sûr extrêmement flatté par son intégration immédiate à son cénacle, allant jusqu'à susciter quelque jalousie chez Beauvoir, qui occupait jusque-là une position exclusive : « Vite, raconte Olivier Todd, Simone de Beauvoir et Camus, gants de velours et pattes de fer, sont jaloux l'un de l'autre. Pour le Castor, ils sont "comme deux chiens autour d'un os" — Sartre[1]. »

Camus et Sartre étaient liés au monde des lettres par leur même maison d'édition, Gallimard. On leur proposait des projets communs, comme celui de Gaston Gallimard d'une encyclopédie pour laquelle il comptait sur les contributions de l'un et de l'autre. À partir de 1943, Camus occupait des fonctions de lecteur et de directeur de collection chez l'éditeur et participait à ce titre au sacro-saint comité de lecture. Sartre et Camus figuraient également ensemble au nouveau jury littéraire du prix de la Pléiade créé cette année-là par Gaston Gallimard. Par ailleurs, Camus s'était lié d'une profonde amitié avec le neveu de Gaston, Michel Gallimard.

À la fraternité qui s'était vite tissée entre Sartre et Camus, s'ajoutait l'admiration du premier pour l'engagement actif du second dans la Résistance. Camus, en contact avec le mouvement « Combat », fut en effet convoqué fin 1943 par Claude Bourdet, membre du CNR (Conseil national de la Résistance). On lui confia la direction d'une nouvelle publication intellectuelle, *La Revue noire*, et Camus, muni de faux papiers et d'un nom d'emprunt, Albert Mathé, devint membre d'un réseau de résistance. Du côté de Sartre, les velléités de résistance à différents moments de l'Occupation avaient échoué. L'engagement de Camus changeait la donne, car c'était lui, et non Sartre, qui incarnait la figure du résistant ayant réussi à mettre en adéquation ses idées et ses actes. De ce fait, à la Libération, la dissymétrie de leur situation respective s'inverse, et c'est Sartre qui vient voir Camus à *Combat*, dont il est devenu le rédacteur en chef depuis le 21 août 1944, pour lui proposer ses services, « même pour les chiens écrasés ». Camus lui confie un reportage sur Paris en train de se libérer.

---

1. Todd [1996], 1999, p. 462.

La question communiste

En cet immédiat après-guerre, les deux hommes sont hantés par la question de l'engagement, qui va devenir le thème central des *Temps modernes*, du théâtre de Sartre et de *La Peste* de Camus. Cette exceptionnelle complicité laisse cependant percer un point de désaccord, qui va aller grandissant, concernant les communistes et l'URSS. Pour Sartre, il faut marcher à leurs côtés, car ils sont la voix des ouvriers qui subissent l'exploitation capitaliste. Camus, qui a été membre du PC à Alger de 1935 à 1937 et a vécu de l'intérieur les mœurs staliniennes, n'est pas de cet avis. En 1945, le différend est cependant perçu sur un mode mineur, car c'est l'époque où Sartre est vilipendé par la presse communiste comme porteur d'une philosophie de voyous et dénoncé comme un démoralisateur public et une « vipère lubrique ».

L'idylle entre les deux hommes se poursuit durant tout l'immédiat après-guerre, et c'est encore Camus qui envoie Sartre aux États-Unis pour rencontrer le public américain et rapporter à *Combat* ses impressions. À l'occasion d'une conférence à New York, Sartre précise ce que représente Camus pour lui, comme l'évoque l'historien des idées américain Ronald Aronson :

> Sartre explore un certain nombre de thèmes que les deux hommes ont étudiés ensemble : l'absurdité, un humanisme sans apprêt, la nécessité de la lutte, la volonté de se confronter à des situations extrêmes, le refus de toute échappatoire, le rejet des gestes héroïques, le refus de tout schème interprétatif non centré sur l'expérience et l'action humaine[1].

Aronson précise que « tous deux attachent un grand prix à l'authenticité de l'existence[2] ». Il arrive parfois à Camus, après sa double journée de travail à *Combat* et chez Gallimard, de rejoindre Sartre et Beauvoir dans un café de Saint-Germain-des-Prés, avant de retrouver des amis communs au Tabou, au Méphisto ou à la cave de la rue Saint-Benoît. Ces soirées ont tendance à se prolon-

---

1. ARONSON, 2005, p. 91.
2. *Ibid.*, p. 31.

ger tard dans la nuit ; Sartre et Camus, ayant trop bu, supportant mal l'alcool et devenant quelque peu agressifs, l'atmosphère peut vite dégénérer. Camus se retrouve un jour boxé par un ami de Sartre et affecté d'un œil tuméfié. Il prétendra avoir reçu la portière d'un taxi en pleine figure. Quant à Simone de Beauvoir, ses visées sur Camus ne sont pas qu'amicales. Séduite, elle aurait bien aimé entamer avec lui une liaison durable. À défaut, elle devient un peu sa confidente, profitant du voyage de Sartre aux États-Unis au début de 1946 pour dîner seule avec lui et terminer la soirée à 3 heures du matin à son hôtel, La Louisiane. Camus lui aurait confié qu'il faudrait qu'un jour la vérité éclate, laissant planer le doute sur la nature de cette vérité, ce que Simone de Beauvoir interpréta comme l'expression d'un profond décalage entre sa vie et son œuvre. Commentaire de Lottman : « Dans les discussions sérieuses, il se refermait, prenait de grands airs, énonçait de nobles sentences ; la plume à la main, c'était un moraliste qu'elle ne reconnaissait plus. Camus lui-même, concluait-elle, savait que son image publique ne coïncidait pas avec sa vérité personnelle[1]. » Camus mène en effet une vie personnelle tout en contraste avec l'image d'homme moral qu'il a acquise.

L'arrivée d'un nouveau venu dans le clan Sartre va modifier la donne. Arthur Koestler, d'origine hongroise, a été membre du PC allemand, s'est retrouvé en URSS en 1932, puis s'est engagé dans les brigades internationales. Avant de pouvoir gagner Londres, d'où il a dénoncé avec vigueur les procès de Moscou et le système stalinien dans un roman au retentissement international, *Le Zéro et l'Infini*, il avait été incarcéré dans les geôles franquistes[2]. Le courant passe tout de suite entre Camus et Koestler, tous deux revenus du communisme. Si Sartre et les deux ex-communistes s'accordent pour défendre les droits de l'homme partout dans le monde, reste à savoir avec qui. Sartre s'oppose à un projet d'organisation internationale conduit par Manès Sperber et soutenu par Camus, qu'il juge anticommuniste[3]. À *Combat*, Camus se retrouve sur des positions

1. Lottman, 2013, p. 594.
2. Koestler, 1945.
3. Il s'agit du CLC (Congrès pour la liberté de la culture), où l'on retrouve à la fois Raymond Aron et Albert Camus.

de soutien à la SFIO, défendues également par Raymond Aron et Albert Ollivier, mais combattues par Sartre.

Le désaccord sur l'attitude à adopter envers l'URSS éclate comme un psychodrame lors d'une soirée organisée chez Boris Vian. Camus s'en prend vivement à Maurice Merleau-Ponty pour un article des *Temps modernes* intitulé « Le yogi et le prolétaire », qui tourne en dérision le livre de son ami Koestler, *Le Yogi et le Commissaire*. « Pour lui, raconte Olivier Todd, la prose alambiquée de Merleau-Ponty justifie les procès de Moscou. Sartre défend "Merleau". Camus claque la porte malgré les supplications de Bost et de Sartre[1]. »

Le bannissement de « L'Homme révolté »

Pendant près de dix ans, Camus a mûri un projet d'essai sur la révolte et ambitionne de donner à lire comment et pourquoi le désir de justice qu'incarne la figure du révolté n'a cessé de se retourner en confiscation du pouvoir par un État révolutionnaire qui a systématiquement trahi ses idéaux de départ. Ce travail minutieux et de longue haleine — les premières esquisses de *L'Homme révolté* remontent à 1943, et l'ouvrage est publié le 18 octobre 1951 — concentre tous les troubles que suscite chez Camus l'adhésion collective à une divinisation de l'histoire, qui conduit à justifier l'injustifiable. Ainsi qu'en témoigne son ami et collaborateur à *Combat* Roger Grenier : « Il réunit une très importante documentation, avec l'idée d'englober dans son ouvrage un panorama complet de la révolte, aussi bien sur le terrain philosophique qu'en littérature, en art ou dans les faits historiques[2]. » Exténué par ce travail qui lui tient tant à cœur, il écrit à René Char en février 1951 qu'il touche au bout d'un labeur qui l'a confiné à la solitude, cloué à son bureau dix heures par jour. La dédicace qu'il adresse à son ami poète atteste la force de leur lien : « À vous, cher René, le premier état de ce livre dont je voulais qu'il soit *le nôtre* et qui, sans vous, n'aurait jamais pu être un livre d'espoir. Fraternellement[3]. »

---

1. TODD [1996], 1999, p. 582.
2. GRENIER, Roger [1987], 1991, p. 243.
3. Dédicace d'Albert Camus à René Char, citée dans *ibid.*, p. 247.

La révolte est défendue par Camus comme le seul moyen de se confronter à l'absurde. En arrière-fond de cet essai de philosophie politique, Camus veut apporter sa contribution à une critique radicale, en ce mi-temps du siècle, du système stalinien. À René Char, il confie : « D'avoir expulsé le livre me laisse tout vide et dans un certain état de dépression "aérienne"[1]. » Avec cet essai, Camus reprend la question qui le taraude depuis toujours : comment peut-on s'arroger le droit de se tuer par le suicide ou de tuer l'autre par le meurtre ou la peine de mort ? Camus établit un lien entre la prise de conscience des injustices de ce monde et l'expression de la révolte, qui porte plus loin que le simple refus de sa condition d'esclave, d'exploité : « Dans la révolte, l'homme se dépasse en autrui et, de ce point de vue, la solidarité humaine est métaphysique[2]. » Bien plus que le ressentiment, la révolte impulse un mouvement, celui qui l'engage. Camus circonscrit cet acte de révolte à la société occidentale, qui se réclame du principe d'égalité, mais génère toujours plus d'inégalités. Il attribue à l'acte de la révolte une dimension fondamentale :

> Dans l'épreuve quotidienne qui est la nôtre, la révolte joue le même rôle que le « cogito » dans l'ordre de la pensée : elle est la première évidence. Mais cette évidence tire l'individu de sa solitude. Elle est le lieu commun qui fonde sur tous les hommes la première valeur. Je me révolte, donc nous sommes[3].

Alors que le monde intellectuel parisien se prend de passion pour Sade comme figure du révolté, Camus y voit au contraire la matrice de la société totalitaire au nom d'une liberté frénétique que la révolte ne réclame pas. L'autre grande figure de la révolte, Baudelaire, est devenue « le théoricien le plus profond du dandysme et donna des formules définitives à l'une des conclusions de la révolte romantique. Le romantisme démontre en effet que la révolte a partie liée avec le dandysme ; l'une de ses directions est de paraître[4] ». Camus lui oppose Dostoïevski pour présenter une

---

1. Albert Camus, cité dans LOTTMAN, 2013, p. 775.
2. CAMUS [1951], 2013, p. 31.
3. *Ibid.*, p. 38.
4. *Ibid.*, p. 77.

figure du révolté émancipée de toute divinité, parlant à Dieu d'égal à égal. Il voit en Nietzsche non pas un philosophe de la révolte, mais un penseur qui a édifié une philosophie sur la révolte, avec l'idée que le révolté ne devient Dieu qu'en renonçant à la révolte. Reste que, pour Camus, Nietzsche annonce le XXᵉ siècle en tant que conscience la plus aiguë du nihilisme :

> Le pas décisif qu'il fait accomplir à l'esprit de révolte consiste à le faire sauter de la négation de l'idéal à la sécularisation de l'idéal. Puisque le salut de l'homme ne se fait pas en Dieu, il doit se faire sur la terre. Puisque le monde n'a plus de direction, l'homme, à partir du moment où il l'accepte, doit lui en donner une qui aboutisse à une humanité supérieure[1].

Camus retrouve dans cette réflexion sur la révolte son angoisse de la finitude de l'existence, sa lutte non seulement contre la peine de mort, mais contre la mort elle-même, qui exige de donner sens à l'existence. Il stigmatise le transfert de sacralité opéré par son siècle sur l'histoire, qui n'offre une justification à l'aventure de l'espèce humaine qu'en misant tout sur l'idée de révolution : « La révolution, même et surtout celle qui prétend être matérialiste, n'est qu'une croisade démesurée[2]. » Selon lui, la révolution s'enracine historiquement dans le meurtre et se tourne vers un avenir qui fait office de transcendance pour des hommes qui ne croient plus en Dieu. La conjonction de Nietzsche et de Marx donne en Russie la victoire du totalitarisme. Camus qualifie le bolchevisme de socialisme « césarien », et s'il condamne le terrorisme individuel c'est pour porter les forces de la mort à une échelle bien supérieure, celle d'un État légitimé pour exercer une terreur de masse.

Au-delà du cas soviétique, Camus fait le constat que toutes les révolutions modernes ont débouché sur un renforcement de l'État. Il dénonce dans le marxisme une forme de relais de la mort de Dieu, de sous-produit de la sécularisation qui transfère sur le politique les rêves messianiques et confond les composantes apocalyptiques du christianisme avec son horizon prophétique. L'histoire, ainsi dotée d'une fonction religieuse, se voit divinisée. Déjà, au

1. *Ibid.*, p. 106.
2. *Ibid.*, p. 142.

XVIIIᵉ siècle, l'idée de progrès s'était imposée, relayant la conception chrétienne d'un temps téléologique. Cette avancée a été reprise par le marxisme, dont la prophétie est censée libérer l'homme de toute contrainte morale : « Qu'importe que cela soit par la dictature et la violence ? Dans cette Jérusalem bruissante de machines merveilleuses, qui se souviendra encore du cri de l'égorgé ? L'âge d'or renvoyé au bout de l'histoire et coïncidant, par un double attrait, avec une apocalypse justifie donc tout[1]. »

Au nom des intérêts supérieurs de la révolution, on peut se permettre de museler toutes les formes de révolte, celle-ci étant perçue comme un premier stade avant d'en arriver à celui de la révolution. Au contraire, selon Camus, le révolté s'oppose au révolutionnaire, car le second porte en lui le totalitarisme comme la nuée l'orage. En conjuguant déterminisme et prophétisme, le socialisme autoritaire a fait naître un système implacable. Par une dialectique funeste, la révolution s'est retournée contre ses origines qui se trouvent dans l'expression de la révolte :

> Le révolutionnaire est en même temps révolté ou alors il n'est plus révolutionnaire, mais policier et fonctionnaire qui se tourne contre la révolte. Mais s'il est révolté, il finit par se dresser contre la révolution. Si bien qu'il n'y a pas progrès d'une attitude à l'autre, mais simultanéité et contradiction sans cesse croissante. Tout révolutionnaire finit en oppresseur ou en hérétique[2].

Cette démonstration vise bien sûr Sartre en personne, même s'il n'est pas nommé, car il incarne, selon Camus, le culte de l'histoire et le choix inconséquent de la révolution contre la révolte. Selon Ronald Aronson, Camus livre « une étude codée de la pièce de Sartre *Le Diable et le Bon Dieu*, que Camus connaît bien, et spécialement une réfutation de l'idée centrale de la pièce que Goetz grandit en passant de la révolte à la révolution[3] ». Camus achève sa démonstration en opposant une pensée du Nord, marquée par l'idéologie allemande, qu'il appelle « pensée de minuit », et une pensée du Sud, qu'il nomme « pensée de midi » et qui a sa faveur

1. *Ibid.*, p. 262.
2. *Ibid.*, p. 311.
3. ARONSON, 2005, p. 208.

parce qu'elle puise à des sources libertaires et à l'esprit de révolte. Selon lui, l'Europe de 1950 se trouve à la croisée des chemins entre « pensée de midi » et « pensée de minuit ». Il est peu dire que le monde intellectuel ne semble pas prêt à entendre l'éloge de la mesure que lui offre ainsi Camus.

Une telle thèse, émise en pleine guerre froide par un grand écrivain de gauche, en une époque qui incite à réfléchir en termes manichéens et à opposer le camp du bien, situé du côté du prolétariat mondial et de l'URSS, et le camp du mal, celui du capitalisme et de l'impérialisme américain, fait événement. En cette année 1951, peu nombreux sont ceux qui ont conscience de l'existence de camps en URSS, qui reste une terre vénérée. On est encore loin du séisme que déclencheront les événements de 1956. Le mérite de Camus n'en est que plus grand, mais, en avance sur son temps, il va en payer le prix fort, celui de la solitude, dont il a pris le risque. Prenant connaissance de ses intentions, son maître Jean Grenier l'avertit : « Vous allez vous faire beaucoup d'ennemis[1]. » Mais, pour Camus, il est temps de dire la vérité et de rompre la conspiration du silence.

Avant la parution du livre, le futur Prix Nobel déjeune avec l'écrivain Jean-Claude Brisville à la brasserie de l'hôtel Lutétia. Avant de le quitter, il lui lance : « Serrons-nous la main. Parce que, dans quelques jours, il n'y aura plus beaucoup de gens pour me tendre leur main[2]. » Dans une lettre écrite entre 1950 et 1952, il expliquera le ressort de ce brûlot avec la plus grande clarté :

> Je hais parfois mon époque. Je ne suis pas un idéaliste. Et ce ne sont pas ces réalités, si abjectes et cruelles, que je hais. Ce sont les mensonges où elles se vautrent. [La Russie est] aujourd'hui une terre d'esclaves balisée de miradors [...]. Que ce régime concentrationnaire soit adoré comme l'instrument de la libération et comme une école de bonheur futur, voilà ce que je combattrai jusqu'à la fin [...]. Une seule chose au monde me paraît plus grande que la justice : c'est sinon la vérité elle-même, du moins l'effort vers la vérité. Nous n'avons pas besoin d'espoir, nous avons simplement besoin de vérité[3].

1. Jean Grenier, cité dans TODD [1996], 1999, p. 749.
2. Témoignage de Jean-Claude Brisville, cité dans *ibid.*, p. 765.
3. Albert Camus, lettre à un correspondant non identifié, fonds Jean et Catherine Camus, citée dans *ibid.*, pp. 750-751.

L'accueil fait au livre en cet automne 1951 est pour le moins contrasté. D'un côté, comme l'écrit Roger Grenier, « Camus, qui n'a jamais manqué d'ennemis, allait avoir à ses trousses une meute venue de tous les horizons intellectuels et politiques, des surréalistes aux sartriens, de la droite aux communistes[1] ». André Breton est le premier à réagir à la prépublication par *Les Cahiers du Sud* du chapitre sur Lautréamont, accusant Camus de dénigrer « l'œuvre la plus géniale des temps modernes » et le qualifiant de « conformiste ». En contrepartie, le livre est célébré dans toute la presse non communiste. *Le Monde* considère que c'est la publication la plus importante depuis la fin de la guerre. Dans *Le Figaro littéraire*, Jean Guéhenno y voit non seulement le livre majeur de Camus, mais, plus largement, de l'époque contemporaine. Rapprochant Camus et Malraux dans son éloge, il crédite le premier d'avoir traité un grand sujet : « Il le doit à sa sincérité, à une souffrance authentique, à un sentiment profond de la bassesse et de la grandeur de ce temps[2]. » Dans *Combat*, Maurice Nadeau salue lui aussi un grand livre, pronostiquant un énorme impact dans la mesure où il propose une lecture de notre contemporanéité, même s'il ne partage pas ses conclusions, qui confortent le scepticisme et l'inaction. Dans *L'Observateur*, c'est le directeur de l'hebdomadaire lui-même, Claude Bourdet, qui prend la plume pour faire l'éloge de *L'Homme révolté* en deux articles successifs. Dans la presse communiste, en revanche, qui représente alors une puissante force de frappe, Camus fait figure de renégat. L'ouvrage trouve néanmoins rapidement son public et est réimprimé le mois même de sa parution. En moins d'un an, il s'en vendra près de soixante-dix mille exemplaires.

Camus est impatient de lire la recension qu'en donnera la seule revue qui jouit d'un réel magistère dans le monde intellectuel de gauche, celle de son ami Sartre, *Les Temps modernes*, qui a reçu le livre avant parution sur épreuves et reste curieusement silencieuse. Ce silence ne tient pas vraiment au différentiel de rythme entre la presse et les revues, mais à l'embarras de Sartre devant

1. GRENIER, Roger [1987], 1991, p. 251.
2. GUÉHENNO, 1951.

le nouvel ouvrage de Camus, dont il ne pense aucun bien. Ne voulant pas froisser celui qui est resté, malgré leurs désaccords, un ami et dont il estime l'œuvre littéraire, il ne veut pas prendre la plume lui-même et réclame un volontaire pour cette tâche délicate, pour laquelle on ne se presse pas au comité de rédaction. Le 22 février 1952, alors que le livre est déjà un succès, Camus rencontre Sartre salle Wagram lors d'une manifestation de soutien à des syndicalistes espagnols condamnés à mort par les tribunaux du général Franco. Ils en profitent pour se retrouver au bistrot. Olivier Todd décrit ainsi la scène : « Embarrassé, "emmerdé", dit-il à ses amis, Sartre informe Camus : la critique des *Temps modernes* ne sera pas favorable[1]. »

Sartre décide de confier la recension à Francis Jeanson en lui demandant un article qui, sans cacher son désaccord, reste tout de même courtois. L'article paraîtra dans la livraison de mai 1952, six mois après la publication de *L'Homme révolté*[2]. Jeanson, tout en rappelant le bon accueil fait au livre, invite Camus à s'interroger et même à s'inquiéter de cette quasi-unanimité. Il se demande si cela ne tient pas à une certaine inconsistance de sa pensée. Il lui reproche en outre un regard purement abstrait qui, pour les besoins de sa démonstration, ne prend pas en considération la singularité des situations historiques et des concepts, comme celui de « révolution », en apesanteur historique : « De toute évidence, Camus ne croit pas aux infrastructures[3]. » Stigmatisant une pensée foncièrement idéaliste, Jeanson dénonce la vision qui fait dériver le régime stalinien de la pensée de Marx. Selon lui, la machine à remonter le temps de Camus finit par incriminer Hegel lui-même, sans pouvoir mettre la main sur le vrai coupable. Et le reproche majeur qu'il adresse à Camus est de tenter d'en finir avec l'histoire au travers de la dénonciation de sa divinisation :

> Celle-ci [l'histoire] ne semble pas avoir compté beaucoup dans la pensée de Camus : l'héritage méditerranéen, sans doute, n'y prédis-

---

1. Todd [1996], 1999, p. 771.
2. Jeanson, Francis, 1952 (a), pp. 2072-2090.
3. *Ibid.*, p. 2077.

posait guère. Vue des plages africaines, l'histoire proprement dite se confond avec « l'histoire de l'orgueil européen », qui n'est qu'un interminable délire nocturne[1].

Si Camus s'en est pris au transfert de sacralité sur l'histoire, Jeanson lui répond qu'il est enferré dans une pensée manichéenne opposant le Bien au Mal, ce dernier relevant de l'histoire. Pour finir, il présente sa position comme ayant toutes les caractéristiques de la « belle âme », source d'illusions : « La pire illusion ne serait-elle pas dans le projet d'une révolte *pure* et *ne reposant que sur soi*[2] ? » La charge est sévère, mais évite, comme convenu avec Sartre, toute polémique. L'article se termine même par un vibrant éloge de l'œuvre de Camus, qualifié d'« irremplaçable », et d'un appel à ce qu'il se reprenne.

Malgré ces précautions, Camus est ulcéré que ce ne soit pas Sartre lui-même qui lui porte la contradiction. Il écrit donc, de manière très empruntée, à « Monsieur le directeur » de la revue une lettre qui paraît dans le numéro d'août 1952. Il rétorque à l'affront qu'il subit par un autre affront, celui de ne jamais citer le nom de Jeanson, se contentant de faire allusion, non sans arrogance, à « votre collaborateur ». Récusant vertement l'idée qu'il ne tiendrait pas compte des contingences économiques et historiques dans la genèse du phénomène révolutionnaire, il juge indécent que l'on puisse se désintéresser du sort de ceux qui ont faim. S'adressant à Sartre comme s'il était l'auteur du texte, il écrit : « Après tout, je crois bien que votre article ne touchait pas réellement à ma méthode. Il voulait simplement me mettre hors circuit encore une fois et démontrer que mes préjugés mêmes m'éloignaient de la réalité[3]. » Camus voit dans les critiques de la revue à son égard une défense implicite du marxisme comme dogme intangible. Il s'étonne que l'on fasse silence sur le sort de ceux qui subissent le socialisme autoritaire, alors que, derrière cette pseudo-libération, on découvre une fabrique d'esclaves. Et c'est Sartre qu'il vise lorsqu'il s'en

---

1. *Ibid.*, p. 2084.
2. *Ibid.*, p. 2089.
3. CAMUS [1952], 2008, pp. 417-418.

prend à ceux qui n'ont eu de cesse de placer « leur fauteuil dans le sens de l'histoire[1] ».

Dans ce même numéro 82 des *Temps modernes*, Sartre répond à Camus par une mise au point de plus de vingt pages. Il prend acte de la fin d'une d'amitié, regrettant ce qu'il ne peut que déplorer : « Notre amitié n'était pas facile, mais je la regretterai. Si vous la rompez aujourd'hui, c'est sans doute qu'elle devait se rompre. Beaucoup de choses nous rapprochaient, peu nous séparaient. Mais ce peu était encore trop : l'amitié, elle aussi, tend à devenir totalitaire[2]. » Sartre prévient son ancien complice qu'il ne le ménagera pas, alors qu'il souhaitait rester en dehors de la polémique. La virulence de Sartre atteste l'éloignement de leurs positions politiques respectives, d'autant qu'en cette année 1952, marquée par la guerre de Corée, Sartre entame un long compagnonnage avec le PCF.

Au-delà de leurs divergences, Sartre se montre manifestement affecté, au regard de l'amitié qu'il portait à Camus. En adressant sa lettre à « Monsieur le directeur », celui-ci a fait fi d'une amitié de près de dix ans. Sartre reprend Camus sur le terrain de la morale. À ses yeux, le fait qu'il ne mentionne pas Jeanson est la preuve d'un mépris inacceptable :

> Vous vous adressez à moi quand votre propos évident est de réfuter Jeanson : c'est un mauvais procédé. Votre but n'est-il pas de transformer votre critique en *objet*, en mort ? Vous parlez de *lui*, comme d'une soupière ou d'une mandoline ; à *lui* jamais ; cela signifie qu'il s'est mis en dehors de l'humain : en votre personne, les résistants, les détenus, les militants et les pauvres le métamorphosent en caillou [...]. Mais je vous le demande Camus, Camus, *qui* êtes-vous, pour prendre de telles distances ? et qu'est-ce qui vous donne le droit d'affecter sur Jeanson une supériorité que *personne* ne vous reconnaît ? [...] La supériorité que vous vous accordez et qui vous donne le droit de ne pas traiter Jeanson comme un être humain doit être une supériorité de *race*[3].

---

1. *Ibid.*, p. 429.
2. Sartre, 1952, p. 334.
3. *Ibid.*, p. 338.

La déception de Sartre est à la hauteur de l'admiration qu'il a éprouvée pour Camus à la fin de la guerre :

> Vous avez été pour nous — demain vous pouvez l'être encore — l'admirable conjonction d'une personne, d'une action et d'une œuvre. C'était en 1945 : on découvrait Camus, le résistant, comme on avait découvert Camus, l'auteur de *L'Étranger* [...]. Vous n'étiez pas loin d'être exemplaire. Car vous résumiez en vous les conflits de l'époque, et vous les dépassiez par votre ardeur à les vivre[1].

Puis, sur le même registre :

> Comme nous vous aimions alors. Nous aussi, nous étions des néophytes de l'histoire [...]. Vous avez été, pendant quelques années, ce que l'on pourrait appeler le symbole et la preuve de la solidarité de classes[2].

Sartre confesse rarement de tels sentiments, d'autant qu'à ce moment-là, en 1945, il était au faîte de la gloire par le sacre de l'existentialisme.

Blessé par le Camus de 1952, il réagit avec pugnacité, donnant libre cours à un feu nourri de critiques personnelles visant à mettre K.-O. celui qui, d'ami, est devenu un adversaire à abattre. Tous les coups sont bons pour l'amoureux dépité qui piétine celui qu'il a adulé. Il demande à Camus par quel mystère on ne peut discuter son œuvre « sans ôter ses raisons de vivre à l'humanité ». Il lui dénie le droit de s'exprimer au nom des sans-grade, des opprimés, des misérables, car s'il lui accorde d'avoir partagé le sort des miséreux, il estime qu'il a rejoint la bourgeoisie : « Vous êtes un bourgeois, comme Jeanson et comme moi. » Il s'en prend en outre à son style : « Ce qui me déconcerte dans votre lettre, c'est qu'elle est trop *écrite*. Je ne vous reproche pas sa pompe, qui vous est naturelle. »

Sartre fait de Camus l'accusateur public de la République des belles âmes qui, à blâmer tout le monde, peuples comme gouvernements, pour ne pas avoir dénoncé suffisamment les camps

1. *Ibid.*, p. 345.
2. *Ibid.*, pp. 348 et 349.

soviétiques, n'aurait d'autre solution que de se réfugier sur les îles Galápagos. Sartre se défend d'avoir fait silence sur l'existence des camps en URSS : « Quelques jours après les déclarations de [David] Rousset, nous avons consacré aux camps un éditorial qui m'engageait entièrement et plusieurs articles[1]. » Pour finir, il ridiculise la posture de Camus, la renvoyant à la naïveté de l'enfant qui ne réfléchit pas : « Tout comme la fillette qui tâte l'eau de l'orteil en demandant : "Est-elle chaude ?" vous regardez l'histoire et vous demandez : "A-t-elle un sens[2] ?" » Sartre lui rétorque que l'histoire, en dehors de l'homme qui la fait, n'est qu'un concept abstrait dont on ne peut rien dire. L'estocade finale dénonce la méthode employée par Camus à l'égard de Jeanson en l'élargissant à une question d'éthique : « Votre morale s'est d'abord changée en moralisme, aujourd'hui elle n'est plus que littérature, demain elle sera peut-être immoralité[3]. » Et d'ajouter qu'il entend faire place au silence : même si Camus s'avise de répondre, il ne lui répondra plus. Dans le même numéro des *Temps modernes*, Francis Jeanson apporte sa propre réponse à Camus dans un article non moins long de trente pages qui évite le terrain de l'affect pour se situer sur le registre de la confrontation argumentative. Il en profite pour développer les points de désaccord déjà exprimés à propos de *L'Homme révolté*[4].

Si Camus reçoit le soutien indéfectible de René Char, qui estime qu'avec *L'Homme révolté* il a écrit son meilleur livre, il est très affecté par la charge de Sartre. L'ami a touché ses points faibles, et, en bon boxeur, a ciblé les coups où ils faisaient le plus mal. Plus profondément, Camus ressent l'attitude de Sartre comme un rejet de classe. Renvoyé dans les cordes du petit miséreux qu'il a été, il ne s'en remettra jamais tout à fait, confiant à son amie Jeanne Terracini : « Que veux-tu que je lui fasse ? Que j'aille lui casser la gueule ? Il est trop petit[5]. »

La presse se fait l'écho de la brouille entre les deux amis, qui prend le tour d'un psychodrame et fait les gros titres : *Samedi-Soir*

1. *Ibid.*, p. 341.
2. *Ibid.*, p. 352.
3. *Ibid.*, p. 353.
4. JEANSON, Francis, 1952 (b).
5. Albert Camus, cité dans TODD [1996], 1999, p. 790.

(6 septembre 1952) « La rupture Sartre-Camus est consommée » ; *France-Illustration* (21 septembre) : « Sartre contre Camus ». Comme l'écrit Aronson : « Pour Camus, toute l'attention qu'on porte à l'affaire ne fait qu'aggraver les choses. Sartre est à l'aise dans ce battage publicitaire, mais Camus, rongé de doutes, est écorché vif, des mois durant[1]. » Camus a beau se tourner vers Gallimard ou ailleurs, il suscite des réactions embarrassées, qui expriment son isolement dans le conflit : « Le lendemain de la réplique de Sartre, Camus a fait le tour des bureaux cherchant des appuis. Il en trouve peu. Gaston semble ennuyé. Il a l'habitude des querelles entre ses grands, et il fait le gros dos[2]. » Camus écrit son désarroi à son épouse, Francine :

> Paris m'angoisse comme toujours quand j'y reviens. *Les Temps modernes* ont paru avec vingt pages de réponse de Sartre et trente de Jeanson. Avant même que la revue paraisse en librairie, des extraits ont paru dans *L'Observateur*. L'affaire est bien lancée, sinon élégante. Quant aux réponses, l'une est méchante, l'autre est bête. Aucune ne répond à mes questions, sauf Sartre sur un point. Mais les cinquante pages sont délibérément insultantes. J'ai eu ainsi le plaisir d'être traité de flic et de cabotin entre autres choses. Dans l'ensemble, c'est une longue dissertation sur mon orgueil, qui pourtant en prend comme tu vois un bon coup[3].

Sur le coup, le grand gagnant de la joute est Sartre, car la situation politique est plus propice au succès de sa vision manichéenne des conflits. Si la suite de l'histoire intellectuelle rendra justice à Camus, son intervention était en avance sur son temps. Comme l'écrit Éric Werner : « Le point de vue camusien est, au sens strict du mot, un point de vue *excentrique*. Camus est "hors-jeu". Face à Kojève, à Merleau-Ponty, il fait figure d'*étranger*[4]. » L'essayiste voit Camus comme un précurseur de Merleau-Ponty, qui exprimera les mêmes thèses quatre ans plus tard lorsque, dans *Les Aventures de la dialectique*, il prônera l'« a-communisme ».

---

1. ARONSON, 2005, p. 253.
2. TODD [1996], 1999, p. 792.
3. Albert Camus, lettre à Francine Camus, 5 septembre 1952, citée dans *ibid.*, p. 789.
4. WERNER, 1972, p. 30.

Camus ne répondra pas directement à la charge de Sartre. Il n'en met pas moins en scène leur joute dans *La Chute*, en 1956, en construisant le personnage de Jean-Baptiste Clamence, un « juge-pénitent[1] » : « Clamence, écrit Aronson, commence sous les traits du Camus de Sartre et Jeanson, puis prend les traits de la propre subjectivité de Camus, avant de se transformer en Sartre en personne[2] ! » Le thème du livre est le jugement. Le premier titre auquel pensait Camus était d'ailleurs *Le Jugement dernier*. L'ambivalence est au cœur du propos, avec l'idée que la créature est naturellement double. Le rêve de l'homme est de régner sur la société par la violence, or ce rêve a longtemps été refoulé par Clamence. Il vient cependant un moment où il en prend conscience et s'efforce de l'effacer par toute une série de moyens, qui vont de l'alcool à la débauche en passant par les passions amoureuses. Mais rien n'y fait : « La solution de Clamence est simple, de nécessité il fera vertu[3]. »

Camus emporte là sa revanche littéraire. Sartre en est conscient qui juge le livre comme le meilleur de son ancien ami, un chef-d'œuvre dans lequel il s'est à la fois révélé et dissimulé. À la fin du roman, pourtant, Clamence, devenu Sartre, ne mérite pas sa réputation :

> Je me tiens devant l'humanité entière, récapitulant mes hontes, sans perdre de vue l'effet que je produis, et disant : « J'étais le dernier des derniers. » Alors, insensiblement, je passe, dans mon discours, du « je » au « nous ». Quand j'arrive au « voilà ce que nous sommes », le tour est joué, je veux leur dire leurs vérités. Je suis comme eux, bien sûr, nous sommes dans le même bouillon. J'ai cependant une supériorité, celle de le savoir, qui me donne le droit de parler. Vous voyez l'avantage, j'en suis sûr. Plus je m'accuse et plus j'ai le droit de vous juger. Mieux, je vous provoque à vous juger vous-même, ce qui me soulage d'autant[4].

Le livre connaît un vif succès : cent vingt-cinq mille exemplaires vendus en six semaines. Un an plus tard, Camus est sacré par le Nobel de littérature.

---

1. Camus [1956], 1997, p. 12.
2. Aronson, 2005, p. 317.
3. Werner, 1972, p. 247.
4. Camus [1956], 1997, p. 146.

À l'heure où, en cette deuxième décennie du XXI⁰ siècle, il est question d'un basculement de notre régime d'historicité et de la mise en question de la téléologie qui a marqué les XIX⁰ et XX⁰ siècles, la confrontation Sartre-Camus reste d'une extraordinaire actualité. La question en débat a été formulée par Éric Werner de la façon suivante : « Dans quelle mesure l'histoire se laisse-t-elle légitimement définir comme *sens*[1] ? » L'absurde, la finitude de l'existence, la mort sont des défis tels pour l'humanité que des échappatoires telles que la croyance dans le sens de l'histoire paraissent dérisoires. Werner analyse l'opposition entre Camus et Sartre comme une reproduction de la confrontation entre Rousseau et Hobbes :

> Pour Camus, le caractère que revêt originellement le rapport à autrui est *positif* ; pour Sartre, il est *négatif*. Camus est l'héritier de l'optimisme rousseauiste (l'homme est naturellement *sociable*), Sartre celui du pessimisme hobbesien (ce qui est naturel, c'est la *lutte à mort*)[2].

LA RUPTURE SARTRE-LEFORT

En 1952, le rapprochement de Sartre avec le PCF lui vaut de nouvelles grandes ruptures. Étiemble, collaborateur régulier des *Temps modernes* et responsable de sa rubrique littéraire, reçoit en février 1953 une missive de Sartre lui signifiant qu'il s'est mis de lui-même hors du cercle sartrien comme d'autres se mettent hors du parti :

> Mon cher Étiemble, dans votre note sur *Les Deux Étendards* (*NNRF*, 1ᵉʳ mars), je relève la phrase suivante à la page 528 : « Pour tout avouer, aux stalino-nazis, je préfère les francs salauds, les salauds francs, les nazo-nazis. » Autrement dit : à tout prendre, vous préférez les hitlériens aux communistes. Vous m'avez demandé l'autre jour s'il y avait une limite à la liberté de nos collaborateurs. Je pensais qu'il n'y en avait pas. Je me trompais : voici une limite ; en la franchissant, vous me l'avez découverte. C'est aussi

1. WERNER, 1972, p. 235 (souligné par l'auteur).
2. *Ibid.*, p. 242.

celle de mon estime. Je tiens donc votre article pour un avis de changement d'adresse. Nous vous ferons suivre votre courrier rue Sébastien-Bottin[1].

Autre collaborateur important des *Temps modernes*, Claude Lefort, disciple de Merleau-Ponty, est une étoile montante de la revue. Il est par ailleurs le créateur d'une revue, *Socialisme ou barbarie*, et d'un groupe éponyme qu'il anime avec Cornelius Castoriadis depuis 1949. À nouveau, le compagnonnage de Sartre avec les communistes et la caution qu'il apporte au régime soviétique vont provoquer une rupture radicale. Claude Lefort réagit dans *Les Temps modernes* à la publication par Sartre de sa longue étude sur « Les communistes et la paix », étalée sur deux numéros[2], dans laquelle Sartre exprime sa conviction que les communistes représentent le seul pôle de regroupement possible pour tous ceux qui souhaitent éviter une extension de la guerre, déjà perceptible en Corée. L'autre argument de Sartre est de considérer que, pour tous ceux qui aspirent à une transformation révolutionnaire de la société favorable aux ouvriers, il n'est d'autre instrument que le PCF : « Sans lui, pas d'unité, pas d'action, pas de classe[3]. »

Sartre est-il marxiste ?

C'en est trop pour Lefort, qui a rompu non seulement avec le stalinisme, mais aussi avec le trotskisme, en créant la revue *Socialisme ou barbarie*. Répondant à Sartre sous la rubrique « Discussions » des *Temps modernes*[4], il conteste sa conception unitaire de la classe ouvrière, l'attribuant à une forme d'idéalisme kantien coupé de son substrat sociologique. En tant que telle, la classe ouvrière n'existerait pas selon Sartre puisque, n'étant « qu'en acte, elle est acte[5] ». Il lui reproche aussi une approche transcendantale de l'activité révolutionnaire qui le conduit à la déshistoriciser :

1. Jean-Paul Sartre, lettre à Étiemble, citée dans Cohen-Solal, 1985, p. 446.
2. Sartre [1952-1954], 1964.
3. *Ibid.*, p. 760.
4. Lefort, Claude, 1953.
5. Sartre [1952-1954], 1964, p. 732.

« L'acharnement que Sartre met à déraciner la classe de son existence sociale et historique est plus malheureux encore quand il parle de la production ouvrière[1]. » Sur le plan de la production et de sa prévalence dans la théorie marxiste du capital, Lefort entend démontrer que la position défendue par Sartre n'est pas marxiste.

Selon lui, la singularité du prolétariat n'est pas d'incarner le non-être, mais tient à sa place dans les rapports sociaux de production. Sartre, qui semble ignorer ce trait décisif, absolutise l'opposition binaire entre l'en-soi et le pour-soi au point de perdre le contact avec la réalité sociale. Lefort oppose à Sartre les analyses de Socialisme ou barbarie, qui, depuis 1949, considère que l'organisation stalinienne nationale et internationale n'a strictement rien à voir avec les intérêts ouvriers et défend les intérêts d'une classe bureaucratique disciplinée et fortement hiérarchisée. Si Lefort ne cherche pas la polémique et n'attaque jamais la personne, la logique de sa démonstration revient à affirmer que Sartre, qui croit rejoindre la classe ouvrière au paradis, ne rejoint en fait que la bureaucratie, appuyant de fait ses prérogatives et son pouvoir d'oppression.

L'article de Lefort entraîne presque immédiatement une réponse de Sartre. Dans un très long article[2], il réfute l'accusation de nier l'enracinement social des travailleurs, mais maintient que l'unité ouvrière ne peut s'obtenir que par un agir. Si Lefort évite la polémique, Sartre, au contraire, fait éclater son tempérament batailleur en assimilant la position de Lefort à celle d'un « jeune patron » :

> Si j'étais « jeune patron », je serais lefortiste : avec votre interprétation, vous jetez les bases d'un marxisme pour tous [...]. Le patron lefortiste sacrifie son honneur à la révolution et défend le régime, au besoin par la force : il ne peut secourir ses camarades ouvriers qu'en les contraignant à produire les conditions de leur émancipation[3].

Si Lefort ne donne aucun certificat de marxisme à Sartre, ce dernier conteste en retour le marxisme de Lefort et le situe plutôt du côté d'un économicisme inspiré par les thèses d'Engels pour ce

1. LEFORT, Claude, 1953, p. 1547.
2. SARTRE, 1953, pp. 1571-1629.
3. *Ibid.*, p. 1575.

qui concerne les patrons et de Hegel pour les ouvriers. Il lui fait le reproche majeur d'éviter un point central du marxisme : la lutte des classes. Puis vient une mise en cause personnelle d'une rare violence : « Mais vous, Lefort, qui êtes-vous ? *Où* êtes-vous ? Et comment pouvez-vous nous parler de l'expérience de cette classe ouvrière[1] ? » Sartre renvoie dès lors Lefort à sa classe d'origine, la bourgeoisie, avec laquelle il n'a pas rompu en tant qu'universitaire, ce qui, à ses yeux, ne l'autorise pas à parler au nom de la classe ouvrière. La seule voie pour rompre avec la bourgeoisie est pour Sartre celle de l'adhésion au parti, qui permet de « changer de classe ». Selon lui, seuls les représentants du PCF peuvent parler *au nom* des travailleurs. Lefort, lui, ne peut qu'exprimer une opinion *sur* la classe ouvrière.

L'argument a été tant de fois utilisé par les staliniens que l'on s'étonne de le voir repris par Sartre. On s'en étonne d'autant plus qu'il ne peut ignorer l'existence de Socialisme ou barbarie. Comment peut-il écrire sérieusement que, dans la monadologie lefortienne, il

> est au moins paradoxal [que] vous qui vous déclarez hostile au « stalinisme », vous vous [soyez] ôté les moyens de le condamner au lieu que moi [...], je ne cache pas mes sympathies pour de nombreux aspects de l'entreprise communiste et cependant je garde le droit et la faculté de l'apprécier[2] ?

Sartre juge certains propos de Lefort « odieux », estime que son argumentation fait preuve de « schématisme », de « fausse rigueur », et que ses conclusions sont « doctorales et simplistes ». Lefort n'est ni Hegel, ni Marx, et n'a, sur ce dernier, que des idées « comme on en avait sur la femme en 1890[3] ». Quant à l'autonomie ouvrière à laquelle aspire Lefort, Sartre rétorque qu'il faut encore la montrer en acte, alors que lui, Sartre, peut invoquer le parti, puisqu'il existe : « La classe sans les communistes, les organisations sans la classe en liberté, c'est l'Inde sans les Anglais,

---

1. *Ibid.*, p. 1579 (souligné par l'auteur).
2. *Ibid.*, p. 1615.
3. *Ibid.*, p. 1589.

le latin sans pleurs et la révolution sans larmes, c'est la nature sans les hommes[1]. » Au final, Lefort est accusé de tous les maux propres à une mauvaise analyse de la situation puisqu'il défendrait des positions relevant à la fois d'un « organicisme secret », d'un retour à « l'idéalisme de Hegel », d'une reprise du *Contrat social* de Rousseau, d'une description platonicienne de la situation de l'URSS dans les années 1920, le tout débouchant sur un catastrophisme terminal, conjugué à une forme de « quiétisme » et à un simple repli sur soi : « Lefort n'a jamais affaire qu'à lui-même, qu'à sa propre activité, qu'aux problèmes que lui pose sa situation dans la classe bourgeoise[2]. »

Inutile d'ajouter qu'après une telle volée de bois vert, la rupture est consommée entre Sartre et Lefort, les efforts de ce dernier pour faire valoir des thèses restées confidentielles dans la revue *Socialisme ou barbarie* restant sans lendemain. Jusqu'en 1956, celle-ci continuera de prêcher dans le désert malgré la lucidité, qui lui sera reconnue bien plus tard, de son analyse du système bureaucratique. À travers Lefort, c'est le groupe Socialisme ou barbarie qui est visé par Sartre, lequel perd une tribune potentielle.

Si Lefort ne répond pas personnellement à son accusateur, son ami Cornelius Castoriadis s'y emploie. Sartre trouve en lui un batailleur à sa mesure et qui ne rechigne pas à la polémique. En août 1953, il publie dans *Socialisme ou barbarie*, sous le titre « Sartre, le stalinisme et les ouvriers », l'article le plus acerbe de sa volumineuse production labyrinthique. Pour lui,

[l]'inattendu, si l'on préfère, l'irrationnel, est arrivé sous forme d'une série d'articles de Sartre. Ayant épuisé le savoir comme Faust, et dissipé sa jeunesse comme César, celui-ci se sent de plus en plus travaillé par le démon de l'action et décidé, tel Platon, à quitter les prés de Saint-Germain pour la Sicile chaque fois qu'il y a un congrès à Vienne. Une première « prière d'être inséré dans l'histoire » par le truchement du RDR ayant été refusée il y a quatre ans, Sartre en avait aussitôt tiré la leçon : en politique, de « gauche » non moins que de « droite », ce qui compte ne sont pas les idées,

1. *Ibid.*, p. 1598.
2. *Ibid.*, p. 1629.

mais le succès ; comme il l'écrira élégamment, « l'idée vraie c'est l'action efficace »[1].

Castoriadis suggère à Sartre de faire un meilleur usage de son temps en allant se coucher et conseille les éventuels acheteurs de sa revue de ne pas dilapider leur argent et de s'acheter des caramels mous. Alors que Sartre prétend que c'est aux côtés du PCF que se trouvent les larges masses des travailleurs, Castoriadis rappelle dans sa charge que seule une détermination inébranlable contre le stalinisme peut sortir les ouvriers de l'ornière.

Castoriadis soutient son ami Lefort. Il dénonce le pédantisme de Sartre à son égard, s'en prend vivement à son critère d'efficacité pratique et considère un tel comportement comme l'expression de l'opportunisme le plus cynique :

> Lefort avait montré que Sartre n'arrivait à défendre et à justifier le stalinisme qu'en déformant constamment le marxisme et en le ravalant au niveau d'un empirisme rationaliste. La réponse de Sartre, deux fois plus longue que la critique, fourmille d'inepties, de non-sens, de grossièretés personnelles, d'erreurs de vocabulaire et apparaît surtout comme une explosion d'hystérie ; car en suivant les « démonstrations » de Sartre on s'aperçoit que saisi d'une curieuse ataxie syllogistique il prouve tantôt trop, tantôt pas assez[2].

Sartre, selon Castoriadis, va plus loin que beaucoup d'autres compagnons de route lorsqu'il affirme que la question posée par Lefort de l'exploitation des ouvriers en URSS ne relèverait que du seul niveau économique, laissant intacte l'appréciation que l'on peut faire par ailleurs sur la nature sociale du système :

> Ainsi le fait que l'ouvrier *est* exploité en URSS vise *surtout* le système économique ! Ce surtout vaut son pesant de bavure d'existence. Cela vise donc un petit peu aussi autre chose ? Dans le contexte, il faut comprendre que non. Pour Sartre, le fait que le système économique serait basé sur l'exploitation des ouvriers n'a rien à voir avec le reste. L'exploitation ne détermine pas une société, n'éclaire pas sa nature de classe. En Allemagne, les ouvriers sont

---

1. CASTORIADIS (sous le pseudonyme de Pierre Chaulieu) [1953], 2012, p. 58.
2. *Ibid.*, p. 63.

blonds ; à Toulon, ils aiment le pastis ; en Russie, ils sont exploités. Eh bien, quoi ? Téléphonez à un anthropologue, à un hygiéniste, à un économiste, dit Sartre ; ce n'est pas mon affaire[1].

En guise de coup de grâce, Castoriadis renvoie à Sartre ses propres catégories philosophiques de l'en-soi et du pour-soi pour définir sa condition de bourgeois :

> Sartre est bourgeois (l'a-t-il assez répété !). Non pas, comme il le croit, parce qu'il « vit des revenus du capital ». Cela c'est l'extériorité bourgeoise, être bourgeois par accident, comme on est grand ou petit, brun ou blond. Sartre est bourgeois parce qu'il a intériorisé la *bourgeoisie*, parce qu'il a choisi d'être bourgeois, et il a choisi le jour où il a définitivement accepté cette conviction constitutive de la bourgeoisie : l'incapacité des ouvriers à réaliser le communisme. Il se lamente comme une dame patronnesse sur leur sort ; il pense qu'ils mériteraient mieux, qu'ils mériteraient même le pouvoir ; mais que voulez-vous, les sentiments c'est beau, mais on n'y peut rien : ils n'en sont pas capables. Quelqu'un doit faire le bien pour eux[2].

LA RUPTURE SARTRE-MERLEAU-PONTY

Un quasi-frère

Compagnon de Sartre depuis leur rencontre à l'École normale supérieure en 1926, Maurice Merleau-Ponty est né à Rochefort le 14 mars 1908, d'un officier d'artillerie coloniale, qui mourra à la guerre, et d'une infirmière aux ressources modestes. Il poursuit ses études secondaires au Havre puis à Paris, au lycée Jeanson-de-Sailly, où il obtient le prix d'excellence en classe de philosophie, avant d'intégrer Louis-le-Grand. À l'ENS, un incident le rapproche de Sartre. Les normaliens avaient pour coutume de chanter des

1. *Ibid.*, pp. 83-84.
2. *Ibid.*, p. 91.

chansons salaces peu au goût de Merleau-Ponty, qui faisait alors partie des étudiants « tala » : ceux « qui vont-à-la messe ». Un soir, il se met à siffler ce qu'il estime trop obscène, déclenchant une bagarre générale. Il voit surgir pour s'interposer un « garçon petit, vigoureux, actif, et j'ai appris par la suite que c'était Sartre[1] ». Reçu second à l'agrégation de philosophie en 1930, il devient professeur dans le secondaire au lycée de Beauvais (1931-1933) puis à Chartres (1934-1935), avant de devenir agrégé-répétiteur (caïman) à Ulm de 1935 à 1939. Parallèlement, il bénéficie à partir de 1933 d'une bourse d'études pour poursuivre ses recherches sur la perception. C'est ce thème qui le conduit à la phénoménologie de Husserl, dont il devient un des passeurs essentiels en France et qui va nourrir sa critique de l'école de psychologie de la forme allemande (Wolfgang Köhler, Kurt Goldstein) au nom d'une analyse de la perception qui engage une ontologie.

En 1939, Merleau-Ponty part à Louvain, où se trouvent les archives Husserl, pour étudier la part inédite de son œuvre. Le déclenchement de la guerre interrompt son travail. Affecté en tant qu'officier à l'état-major de la 59e division légère d'infanterie du 5e régiment, il est démobilisé à l'automne après l'étrange défaite de 1940 et retourne dans l'enseignement, d'abord secondaire au lycée Carnot, jusqu'en 1944, puis en première supérieure au lycée Condorcet en 1944-1945. Pendant la guerre, Merleau-Ponty a retrouvé Sartre et fondé avec lui un petit groupe de résistance, Socialisme et liberté, qui comptera une cinquantaine de membres : professeurs, étudiants et ingénieurs. Malgré l'ardente détermination de ses adhérents, le groupe ne parviendra pas à frayer son chemin de troisième voie entre gaullistes et communistes. Dès ce moment, le trio Sartre, Merleau-Ponty, Beauvoir projette de lancer une revue d'intellectuels engagés, qui verra le jour en 1945 sous le titre *Les Temps modernes*. Merleau-Ponty refuse la proposition de Sartre d'en assumer la codirection, mais en assure la direction effective. Nombre d'éditoriaux signés TM sont indifféremment écrits par Sartre ou lui, alors quasiment interchangeables. Devenu docteur en lettres en 1945, Merleau-Ponty est élu professeur à l'université de Lyon, où il restera jusqu'en 1948, année où il rejoint

1. MERLEAU-PONTY, 1948, p. 73.

la Sorbonne en tant que professeur de psychologie de l'enfant et de pédagogie. En 1952, son élection au Collège de France le hisse au sommet de sa carrière. C'est à ce moment qu'intervient la rupture avec Sartre, qui choisit de cheminer avec le PCF.

En publiant *Humanisme et terreur* en 1947, Merleau-Ponty fait montre d'une lucidité précoce envers le phénomène totalitaire. Cet ouvrage exceptionnel tranche radicalement avec les diverses tentatives de sauver le marxisme en le barbouillant aux couleurs du jour. Merleau-Ponty prend les procès de Moscou des années 1936-1938 et les livres d'Arthur Koestler, *Le Zéro et l'Infini* et *Le Yogi et le Commissaire*, pour points de départ d'une réflexion globale sur le marxisme et la terreur. Il conteste toutefois le dilemme entre le yogi — incarnation de la morale — et le commissaire — incarnation de l'efficacité —, tel que présenté par Koestler : « Est-il vrai que nous ayons à choisir d'être commissaire — c'est-à-dire d'agir pour les hommes du dehors et en les traitant comme des instruments — ou d'être yogi — c'est-à-dire d'inviter les hommes à une réforme tout intérieure[1] ? » Récusant ce qu'il considère comme une fausse alternative, Merleau-Ponty voit dans la philosophie marxiste de l'histoire un moyen de la dépasser. Pour lui, le marxisme est porteur d'une dialectique vivante qui met en avant la figure du prolétaire comme réalisation possible des valeurs humaines, et l'existentialisme protège le marxisme de ses caricatures mécanistes et scientistes. Pour Merleau-Ponty comme pour Sartre, « le marxisme est l'horizon indépassable de notre temps ». Il n'est pas une philosophie de l'histoire parmi d'autres, mais « *la* philosophie de l'histoire, et y renoncer, c'est faire une croix sur la raison historique. Après quoi il n'y a plus que rêveries ou aventures[2] ».

Merleau-Ponty engage à une compréhension de l'intérieur du communisme tout en préservant sa capacité de libre examen, sans esprit de dénigrement. Le livre est violemment attaqué par les staliniens, qui n'acceptent pas sa mise en garde contre un éventuel glissement du prolétaire en commissaire à l'intérieur du communisme réel de Staline. Pour Merleau-Ponty, la pathologie reconnue du marxisme appliqué doit conduire à s'interroger sur ses liens

---

1. ID., 1947, p. 28.
2. *Ibid.*, p. 165.

avec le marxisme théorique. De plus, le marxisme renvoie le chrétien qu'est Merleau-Ponty aux errements historiques de sa propre
Église, qui s'est perdue en se transformant progressivement en
opium du peuple, laissant espérer aux pauvres une condition meilleure dans un hypothétique au-delà.

C'est au début des années 1950, alors même que l'accord entre
Sartre et Merleau-Ponty semble total, que les premiers craquements
apparaissent. Quand survient la guerre de Corée, c'est un nouveau
choc pour Merleau-Ponty, qui avoue à Sartre qu'il ne leur reste
plus qu'à se taire en tant que revue. Alors que le second s'apprête à
endosser la posture de dénonciation de l'impérialisme américain, le
premier voit dans cette guerre la volonté de l'Union soviétique de
compenser son infériorité en étendant sa sphère d'influence : « Pour
Merleau-Ponty, comme pour beaucoup d'autres, 1950 fut l'année cruciale : il pensa voir sans masque la doctrine stalinienne[1]. »
L'URSS passe dès lors du statut de puissance progressiste à celui
de superpuissance en quête de nouvelles proies pour consolider
son empire. Selon Sartre, son ami désillusionné quitte peu à peu
les rives de la politique pour se tourner vers des questions plus
intérieures, plus ontologiques. Sous son impulsion, la revue se met
elle aussi peu à peu à distance des enjeux politiques, au point que
nombre de lecteurs s'en inquiètent : « Merleau se rendait-il compte
qu'il nous *imposait* son silence ? Et puis, je me raisonnais : la revue
lui appartenait[2]. »

Dans ces années 1950, la position critique de Merleau-Ponty
sur ce qui se passe à l'Est se radicalise au rythme des révélations
de plus en plus stupéfiantes sur le monde concentrationnaire qui
y sévit. Dans son éditorial des *Temps modernes* de janvier 1950,
en pleine guerre froide, il entreprend une dénonciation des camps
de travail soviétiques : « Si les concentrationnaires sont dix millions pendant que, à l'autre extrémité de la hiérarchie soviétique,
salaires et niveau de vie sont quinze à vingt fois plus élevés que
ceux des travailleurs libres, alors [...] c'est tout le système qui
vire et change de sens[3]. » Cependant, Merleau-Ponty considère

1. SARTRE, 1961 (a), p. 338.
2. *Ibid.*, p. 344.
3. ID., 1950.

encore que l'URSS demeure sans commune mesure avec les autres nations et que l'on ne peut la juger que de l'intérieur de son projet. Comme on l'a vu, c'est avec la guerre de Corée, en 1952, que sa position va évoluer, au point de le voir entrer en conflit ouvert avec Sartre, qui publie cet été-là son article-fleuve sur « Les communistes et la paix », par lequel il exprime son soutien indéfectible au PCF.

Merleau-Ponty téléphone à Sartre pour l'informer qu'il va publier dans *Les Temps modernes* un article très éloigné de ses positions. Au terme de deux heures de discussion, Sartre refuse tout net. Merleau-Ponty menace de donner sa démission si son texte est censuré, mais tente un compromis en suggérant que sa contribution soit publiée sous la rubrique « Chronique ». Sartre s'y oppose et conseille à son ami de se borner à faire de la philosophie et de délaisser le terrain politique. Ce à quoi Merleau-Ponty rétorque qu'il ne peut y avoir de séparation entre ces deux domaines. Prenant acte d'un fait de censure, il abandonne la revue : « Jusqu'ici, nous n'imposions silence qu'aux collaborateurs et aux indignes nationaux[1]. » Ainsi se clôt le chapitre de la belle amitié entre les deux philosophes.

Merleau-Ponty, empêché de s'exprimer dans *Les Temps modernes*, emprunte la voie de l'édition pour critiquer publiquement « Sartre et l'ultrabolchevisme » en 1955[2]. Ce moment de l'ultrabolchevisme se caractérise par le fait que le communisme se justifie non plus par la vérité, ni par la philosophie de l'histoire, ni par le mouvement même de la dialectique, mais par leur négation principielle. Merleau-Ponty reconnaît avec Sartre qu'en ces années 1950, le PCF et la CGT représentent la partie la plus mobilisée de la classe ouvrière et qu'un affaiblissement du parti et du syndicat affecterait le poids des ouvriers dans le rapport de force social et politique. Mais il ne peut le suivre dans sa conception d'un parti comme ordre religieux, aux décisions incontestables. Sartre écrit en effet cet éloge d'un centralisme bien peu démocratique : « L'organisme de liaison doit être un acte pur ; s'il comporte le moindre germe de division, s'il conserve encore en lui quelque passivité

---

1. ID., 2000, p. 156.
2. ID. [1955], 1977.

— en pesanteur, des intérêts, des opinions divergentes —, qui donc unifiera l'appareil unificateur[1] ? »

À partir de ce postulat, le système stalinien le plus rigide se trouve justifié, ce qui compte étant de pouvoir donner des ordres et de les faire exécuter. Il y a, souligne Merleau-Ponty, comme un glissement sémantique entre Marx et cette conception du rapport de l'avant-garde avec la masse : « Sartre écrit que le parti donne des "ordres" aux prolétaires. Les marxistes disaient : des "mots d'ordre", et toute la différence est là[2]. » Reprenant les termes de la controverse Sartre-Lefort, Merleau-Ponty y voit se jouer les trois principes majeurs absents chez Sartre : la vérité, la révolution et l'histoire. Merleau-Ponty rappelle que même Lénine, qui a beaucoup insisté sur la nécessité d'un parti centralisé et efficace, n'a jamais envisagé ses rapports avec le prolétariat sur le modèle des relations entre un état-major et des troupes. C'est le cas de Sartre, ce qui fait de lui non un bolchevik, mais un ultra-bolchevik. Comme Lefort, Merleau-Ponty pense que le marxisme de Sartre n'a pas grand-chose à voir avec la théorie marxiste tant il élude ses dimensions sociale et historique : « Ce qui distingue Sartre du marxisme, même dans la période récente, c'est donc toujours la philosophie du cogito[3]. » Pour Sartre, qui ne conçoit pas de réalité historique sans contact avec la conscience, l'histoire n'est que la trame qui résulte d'un choc des consciences. Sartre renoncerait par là à un postulat fondamental de ses thèses existentialistes d'après-guerre lorsqu'il affirmait que l'existence précède l'essence. Sa conception du prolétariat comme une catégorie sans ancrage, dont l'existence dépend de l'action pure du parti, attribue au prolétariat une véritable essence à retrouver.

En 1955, Merleau-Ponty reprend à son compte l'interrogation de Camus de 1952 sur le constat de la dégénérescence systématique des révolutions. Cela le conduit à dissocier l'instituant — le processus révolutionnaire que Camus aurait qualifié de révolte — et l'institué — le régime qui se met en place et qui se donne pour

1. Sartre [1952-1954], 1964, p. 766.
2. Merleau-Ponty [1955], 1977, p. 169.
3. *Ibid.*, p. 221.

mission de perdurer et d'arrêter ce qui est en mouvement —, d'où ce paradoxe : « Les révolutions sont vraies comme mouvements et fausses comme régimes[1]. » Ce que préconise Merleau-Ponty, en pleine guerre froide, n'est ni le ralliement au communisme, ni l'anticommunisme, mais ce qu'il qualifie de position a-communiste, qui seule permet de mieux caractériser l'URSS en confrontant sa réalité avec son idéologie, tout en entretenant un regard critique sur le capitalisme.

Reliant cette intervention de 1955 à ce qu'il a écrit en 1947 dans *Humanisme et terreur*, Merleau-Ponty rappelle qu'il avait essayé, dès l'immédiat après-guerre, de formuler une « attitude d'attentisme marxiste[2] ». Il espérait alors des évolutions positives en comptant sur de nouveaux flux révolutionnaires. Mais c'était avant que la guerre de Corée ne transforme de fait l'attentisme en action communiste. La disparition progressive des zones neutres entre les deux blocs renvoyait à présent l'attentisme à une douce rêverie complice. Selon Merleau-Ponty, le refus du choix aurait dû conduire à un double refus : aux antipodes de la position de Sartre, il rejoint celle de Socialisme ou barbarie, évoquant « un marxiste de mes amis », qui doit être certainement Castoriadis, pour lequel le bolchevisme ruinait déjà la révolution. À ces critiques, Sartre n'apporte pas de réponse ; c'est Simone de Beauvoir qui prend la plume dans une violente contre-attaque intitulée « Merleau-Ponty et le pseudo-sartrisme[3] ».

Cette rupture coûte aux deux amis. Quand Sartre va devoir rendre hommage, dans *Les Temps modernes*, à son ami prématurément disparu en 1961, à l'âge de cinquante-trois ans, l'exercice lui sera particulièrement douloureux. Son article de soixante-douze pages sur « Merleau-Ponty vivant », dont la rédaction s'éternise — et le voit consommer beaucoup de Corydrane —, ne sera publié dans *Les Temps modernes* que cinq mois après sa mort. L'intensité émotionnelle du texte atteste la force des sentiments qui lient toujours Sartre à Merleau-Ponty en même temps qu'une attention exceptionnelle à l'autre et à sa singularité :

---

1. *Ibid.*, p. 287.
2. *Ibid.*, p. 316.
3. Beauvoir, 1955.

> Il a fallu qu'il meure pour que je le perde. Nous étions des égaux,
> des amis, non des semblables : nous l'avions compris tout de suite
> et nos différends, d'abord, nous amusèrent ; et puis, aux environs
> de 1950, le baromètre tomba [...]. Nous essayâmes chacun de rester
> fidèles à soi et à l'autre, nous y réussîmes à peu près[1].

La guerre les avait rapprochés dans leur découverte commune de la phénoménologie de Husserl, ainsi que dans leur désir de résister à l'occupant. Tous deux avaient pris la mesure du tragique de l'histoire et en avaient tiré la leçon en créant *Les Temps modernes* : « En somme, nous avons appris l'histoire et nous prétendons qu'il ne faut pas l'oublier[2]. » Sartre décrit son ami comme un être en quête permanente de l'immanence perdue. Répondre au tragique a consisté à rendre l'actuel plus lisible, à percer ses zones d'opacité et à être ainsi présent à son temps, au plus près de ses enjeux essentiels. Dans le récit que Sartre reconstruit de l'évolution de leur relation, il voit Merleau-Ponty comme plus marxiste que lui après guerre, plus lié à des communistes patentés qui apprécient sa compagnie, comme Pierre Courtade, Pierre Hervé ou Jean-Toussaint Desanti, et se méfiant même de Sartre, dont il aurait craint un virage à droite. Il rappelle une anecdote significative de cette crainte. Prenant connaissance sur épreuves de « Qu'est-ce que la littérature ? », Merleau-Ponty y découvre une phrase ambiguë qui semble assimiler fascisme et stalinisme sous le nom générique de « régimes totalitaires ». Il s'en indigne et se dit prêt à démissionner de la revue, vite rassuré lorsque Sartre lui précise qu'il s'agit d'une erreur typographique. Sartre exprime sa dette vis-à-vis de Merleau-Ponty, qu'il juge plus capable que lui de s'orienter au plan politique. C'est grâce à lui qu'il a réussi à sortir de son anarchisme et à prendre en considération la force irruptive de l'événement et de l'histoire en train de se faire. En 1961, il reconnaît que Merleau-Ponty l'a devancé dans la prise de conscience de la nature du stalinisme : « Il fut mon guide : c'est *Humanisme et terreur* qui me fit sauter le pas. Ce petit livre

---

1. SARTRE, 1961 (a), p. 304.
2. MERLEAU-PONTY, 1945 (a).

si dense me découvrit la méthode et l'objet : il me donna la chiquenaude qu'il fallait pour m'arracher à l'immobilisme[1]. » Sartre avance une formule pour exprimer leur complémentarité depuis ce commencement de 1945 qui vit naître leur revue : « Je peux dire qu'il fut pour moi le philosophe de sa politique[2]. »

La visite du général Ridgway à Paris en pleine guerre de Corée, le 28 mai 1952, change la donne. Saisi d'un coup de sang, Sartre s'indigne de la répression de la manifestation communiste et de l'arrestation de son leader Jacques Duclos, point de départ de son article sur « Les communistes et la paix » et de son compagnonnage avec le parti. Sartre entend porter le cri d'indignation et se sent poussé par son équipe : « Je m'aperçois à présent que j'en voulais un peu à Merleau de m'avoir imposé, en 1950, son silence. La revue flottait depuis deux ans[3]. » Il s'ensuit une sorte de reprise en main par Sartre, qui réunit ses collaborateurs chez lui un dimanche sur deux. Merleau-Ponty reste silencieux, alors que Sartre reconnaît qu'il aurait pu prendre la tête d'une forte opposition antisartrienne, car nombre de membres des *Temps modernes* étaient sur ses positions, notamment Claude Lefort, on l'a vu, mais aussi J.-B. Pontalis, Colette Audry et François Erval. Ce que Sartre appelle « le travail de rupture » était en réalité bien engagé souterrainement. La querelle avec Lefort avait failli provoquer son départ, tant la violence du propos de Sartre était grande, ce qu'il reconnaît à présent, en 1961, tout en affirmant que la hargne affectait les deux parties. La manière dont Sartre relate l'incident qui suscita la rupture tend à minorer son rôle, déjà évoqué, de censeur. Il lui substitue une futile histoire de chapeau à accoler à un article qu'il aurait supprimé sans l'accord de Merleau-Ponty. Futilité « navrante » selon Sartre, cet incident eut pour mérite de stopper net le « travail de rupture » et de préserver leur amitié, à condition de l'évitement. De leur complicité philosophique, il n'y a rien à conclure écrit Sartre, « sinon que cette longue amitié ni faite ni défaite, abolie quand elle allait renaître ou se briser, reste en moi comme une blessure indéfiniment irritée[4] ».

---

1. Sartre, 1961 (a), p. 322.
2. *Ibid.*, p. 325.
3. *Ibid.*, p. 349.
4. *Ibid.*, p. 376.

Les années Beauvoir

En 1949, Simone de Beauvoir publie *Le Deuxième Sexe*, un livre qui va marquer toute une génération de femmes[1]. La France est alors engagée dans une politique nataliste, qui fait consensus chez les gaullistes, les démocrates-chrétiens et les communistes, visant à repeupler le pays meurtri par la guerre. Les mesures prises pour encourager les familles nombreuses et maintenir la femme au foyer engendrent le fameux « baby-boom ». Dans un tel contexte, l'ouvrage de Simone de Beauvoir tombe comme un aérolithe, devenant immédiatement objet d'opprobre, voire de scandale.

Le mouvement féministe n'est toutefois pas né de ce livre, et le combat des femmes s'inscrit déjà dans une histoire longue. En 1944, elles ont conquis le droit de vote aux élections. Si cette victoire civique constitue un grand pas en avant, le chemin est encore long pour parvenir à l'équité avec le « sexe fort ». En 1949, le combat féministe subit un repli, si bien que le mérite de Simone de Beauvoir n'en paraît que plus grand. Comme son compagnon Sartre, elle va en payer le prix fort, suscitant les injures les plus abjectes, mais aussi y gagner ses galons d'icône pour les années à venir, au point que François Nourissier écrira en 1968 qu'elle incarne « une sorte de prix Nobel de la femme » et exerce « une magistrature suprême politico-littéraire et morale »[2]. Signe tan-

---

1. BEAUVOIR, 1949 (a).
2. NOURISSIER [1968], 2004, p. 116.

gible de ce statut d'égérie des combats féministes, dans l'enquête menée par Ménie Grégoire en 1964 auprès de jeunes femmes de toutes origines sociales sur leur modèle féminin de prédilection, les deux figures qui arrivent en tête sont Irène Joliot-Curie et Simone de Beauvoir[1].

« LE DEUXIÈME SEXE », UN LIVRE ÉVÉNEMENT

Le Deuxième Sexe suscite une telle curiosité qu'il devient un succès de librairie immédiat : le premier volume s'arrache à vingt-deux mille exemplaires la première semaine[2] et se hisse à la troisième place des meilleures ventes. La parution en bonnes feuilles dans *Les Temps modernes* des chapitres sur « la maternité » et sur « la lesbienne » déchaîne une campagne de haine. L'auteure s'en souviendra : « J'avais radicalement méconnu cette "chiennerie française" dont parle Julien Gracq. dans un article où — bien qu'il me comparât à Poincaré discourant dans les cimetières — il me félicita de mon "courage"[3]. » Le livre est mis à l'index par le Vatican et retiré de certains points de vente. « Les libraires du Nord, écrit Deirdre Bair, la biographe américaine de Beauvoir, décrétèrent que le livre était obscène et refusèrent de le vendre. Gallimard envisageait de les poursuivre en justice, ce qu'elle jugeait une bonne idée "pour la publicité"[4]. » L'ouvrage est interdit dans certains pays, notamment l'URSS, les démocraties populaires et le Portugal. On se souvient de la violence des attaques que Sartre avait dû subir en 1945. Simone de Beauvoir réussit à concentrer sur elle un tombereau d'injures d'une violence non moins extrême. Chez les catholiques, François Mauriac, que l'on a connu plus pondéré, lance la croisade en écrivant en première page du *Figaro* que l'on

1. GRÉGOIRE, 1964.
2. BEAUVOIR, 1963, p. 204. Le tirage total, éditions de poche comprises, atteindra 513 418 pour le premier volume et 459 237 pour le second.
3. *Ibid.*
4. BAIR, 1990, p. 482.

a « atteint les limites de l'abject[1] ». Il ira même jusqu'à écrire à un collaborateur des *Temps modernes* : « J'ai tout appris sur le vagin de votre patronne[2]. » Il est à ce point scandalisé qu'il lance une enquête dans *Le Figaro littéraire* pour démontrer l'inanité de la thèse de Simone de Beauvoir au regard du vécu des lectrices du journal. L'auteure du *Deuxième Sexe* est submergée de lettres vengeresses, acrimonieuses, voire salaces :

> Quel festival d'obscénité, sous prétexte de fustiger la mienne ! Le bon vieil esprit gaulois coula à flots. Je reçus, signées ou anonymes, des épigrammes, épîtres, satires, admonestations, exhortations que m'adressaient, par exemple, des « membres très actifs du premier sexe ». Insatisfaite, glacée, priapique, nymphomane, lesbienne, cent fois avortée, je fus tout, et même mère clandestine. On m'offrait de me guérir de ma frigidité, d'assouvir mes appétits de goule, on me promettait des révélations, en termes orduriers, mais au nom du vrai, du beau, du bien, de la santé et même de la poésie, indignement saccagés par moi[3].

Dans ses Mémoires, Beauvoir confesse avoir été surprise par la violence des réactions. La campagne reprend de plus belle avec la publication du second volume, qui se heurte à un nouveau tollé :

> Dans *Liberté de l'esprit*, Boisdeffre et Nimier rivalisèrent de dédain. J'étais une « pauvre fille » névrosée, une refoulée, une frustrée, une déshéritée, une virago, une mal baisée, une aigrie bourrée de complexes d'infériorité à l'égard des hommes[4].

La droite n'est pas seule à réagir. Le PCF, qui soutient la campagne nataliste afin d'accroître les rangs de la classe ouvrière, ne fait pas non plus dans la dentelle. Pour les communistes, *Le Deuxième Sexe* est un sous-produit de la dégénérescence bourgeoise, fruit d'importation venu d'une Amérique décadente qui veut entraîner dans son sillage la classe ouvrière française. Jean Kanapa, haut

1. François Mauriac, cité dans CHAPERON, 2000, p. 171.
2. BEAUVOIR, 1963, p. 205.
3. *Ibid.*, p. 205.
4. *Ibid.*, p. 206.

dignitaire du parti et directeur de *La Nouvelle Critique*, s'en prend aux « plumitifs de la réaction, existentialistes et autres qui exaltent ce qu'il y a de plus bas chez l'homme : les instincts bestiaux, la dépravation sexuelle, la lâcheté[1] ». Dans le même organe de presse dévolu au combat idéologique, la philosophe Jeannette Colombel, fille de Marcel Prenant, stigmatise les thèses de Beauvoir comme l'expression d'une « suprême diversion » inventée par le camp réactionnaire pour détourner les femmes du vrai combat, qui est celui de la classe ouvrière[2].

Simone de Beauvoir bénéficie malgré tout de la montée en ligne de quelques ardents avocats. Elle peut compter en premier lieu sur le réseau des *Temps modernes*, qui est d'autant plus ferme que les critiques sont acerbes, au premier rang desquels Francis Jeanson, Maurice Nadeau, Colette Audry, Jean Cau ou Jean Pouillon. Audry se porte auprès de son amie avec passion ; elle est indirectement à l'origine du brûlot, ayant eu le projet, dont elle avait parlé à plusieurs reprises à Simone de Beauvoir, d'écrire un ouvrage sur les femmes. « Pareilles réactions ne trompent pas, écrit-elle : elles signifient que l'ouvrage est d'une actualité brûlante, en ce sens que traitant d'un vaste sujet historique et social, il met en question pour chaque lecteur ou lectrice sa propre vie personnelle quotidienne[3]. » Mettant son statut de femme de lettres et de militante au service de la cause beauvoirienne, elle multiplie articles et conférences pour se faire l'avocate du *Deuxième Sexe*. Audry a très tôt pris conscience de la situation d'infériorisation des femmes et tenu à travailler pour assurer son indépendance, intégrant l'ENS de Sèvres : « Une fois jeune femme et agrégée de lettres, commente Séverine Liatard, c'est la confrontation à une mixité intellectuelle, lors de sa venue aux décades de Pontigny en 1931, qui la plonge dans l'incertitude[4]. » Elle se croyait l'égale des hommes et réalise soudain qu'elle reste tributaire d'un sentiment d'infériorité vis-à-vis d'eux. Elle s'ouvre alors du projet d'écrire un livre « qui mettrait la rage au cœur des femmes et les conduirait à s'unir pour mettre

---

1. KANAPA [1949 (a)], 2000, p. 175.
2. PRENANT, Jeannette, 1951.
3. AUDRY, 1949.
4. LIATARD, 2010, p. 322.

fin à l'injustice qu'elles subissent[1] ». Lorsque paraît celui de son amie Simone de Beauvoir, elle voit son projet inabouti réalisé et s'en fait la porte-parole :

> De différents côtés, on m'a demandé des conférences sur ce livre. Des conférences très diverses. Des cercles de discussion en province. Des réunions organisées par des syndicats […]. Je me souviens très bien qu'il y avait toujours beaucoup de monde et un intérêt passionné. Généralement plus d'hommes que de femmes, plus d'interventions masculines que féminines. Et pas mal de difficultés pour se faire comprendre[2].

Avec Audry, c'est toute une génération de femmes journalistes ou écrivains qui vont se retrouver dans un combat commun. On y rencontre, entre autres, Évelyne Sullerot, Ménie Grégoire, Andrée Michel et Françoise d'Eaubonne. La dernière vient d'obtenir le prix des lecteurs pour son roman, publié chez Julliard en 1947, *Comme un vol de gerfauts* : « Je lis *Le Deuxième Sexe*. Je nage dans l'enthousiasme, enfin une femme qui a compris ! […] Nous sommes toutes vengées[3]. » Voulant la rencontrer et se porter à ses côtés dans son combat, elle lui écrit son admiration et se fait l'avocate de l'ouvrage dans les colonnes du *Figaro littéraire*, en réponse à l'enquête menée par Mauriac. Mais elle n'en reste pas là. En 1951, elle publie chez Julliard *Le Complexe de Diane*, un livre qui vient en soutien des thèses de Beauvoir, mais, différence de taille, avec un point de vue explicitement féministe. Eaubonne y annonce ce qui sera l'enjeu majeur de la vague féministe de la fin des années 1960 : poser les problèmes entre femmes dans des regroupements non mixtes.

Beauvoir reçoit aussi le soutien, plus mesuré, de la revue *Esprit*, où Emmanuel Mounier publie un de ses derniers articles, s'élevant contre l'hypocrite levée de boucliers : « Poussera-t-on les hauts cris parce que les objets, les actes et les situations sont nommés sans détour ? Éliminons de ces cris ceux de Tartuffe et les fragiles pudeurs que l'on cultive avec la peur de la vérité[4]. » Le rédacteur

---

1. BAIR, 1990, p. 438.
2. Colette Audry, citée dans LIATARD, 2010, p. 325.
3. Françoise d'Eaubonne, Journal intime, citée dans CHAPERON, 2000, p. 192.
4. MOUNIER, 1949 (b).

en chef de la revue, Jean-Marie Domenach, salue le courage de Beauvoir, qui se voit confortée par un grand nombre de lettres de femmes qui lui expriment leur gratitude et, pour certaines, une vive reconnaissance : « "Votre livre m'a été d'un grand secours. Votre livre m'a sauvée", m'ont écrit des femmes de tous les âges et de diverses conditions[1]. » Paradoxalement, néanmoins, le livre, qui sera considéré comme la bible du féminisme, ne réussit pas à convaincre les associations féministes de l'époque : il les prend à revers du combat du moment qui vise à glorifier et protéger la condition de la fonction maternelle de la mère de famille.

Comme le fait remarquer Sylvie Chaperon, la plupart des femmes susceptibles d'adhérer aux thèses de Beauvoir ne le feront que plus tard, au fil des années 1960. Le cas de Ménie Grégoire est significatif à cet égard. D'abord révoltée contre *Le Deuxième Sexe*, tout en reconnaissant son effet de souffle, elle finira par reconnaître sa dette dans ses Mémoires : « Simone de Beauvoir a compté plus pour les femmes de ma génération que ne le diront jamais les historiens. Sans elle, qui a tout déclenché, nous perdions peut-être une génération[2]. » Plus révélateur encore est le cas de celle qui sera plus tard la première ministre des Droits de la femme sous François Mitterrand en 1981, Yvette Roudy, qui, en 1949, alors encore très jeune, ne se sent pas à la hauteur intellectuelle de la démonstration : « Je l'ai acheté, je l'ai lu, j'ai reconnu des choses, mais je n'en ai pas tiré profit. On peut ne pas être équipé d'un fonds culturel suffisant [...], des choses vous échappent[3]. »

L'ambition de Simone de Beauvoir, telle qu'elle le révèle dans *La Force des choses*, n'a pourtant nullement été de publier un brûlot provocateur ni même une thèse féministe. Elle était plutôt partie de l'idée d'écrire sur elle-même : « J'ai dit comment ce livre fut conçu : presque fortuitement ; voulant parler de moi, je m'avisai qu'il me fallait décrire la condition féminine[4]. » C'est en approfondissant le sujet qu'elle s'est lancée dans deux années de travail, d'exploration de la littérature psychologique, psychanaly-

---

1. BEAUVOIR, 1963, p. 211.
2. GRÉGOIRE, 1976, p. 184.
3. Yvette Roudy, entretien avec Sylvie Chaperon (1994), *in* CHAPERON, 2000, p. 196.
4. BEAUVOIR, 1963, p. 203.

tique et sociologique pour déconstruire le mythe masculin de la femme. Son projet initial, modeste, a pris peu à peu de l'épaisseur, pour atteindre une ambition non postulée au départ.

En plus de ses nombreuses lectures, Beauvoir a trouvé dans la société américaine un terrain d'investigation privilégié. À deux reprises, en 1947 et en 1948, en pleine écriture du *Deuxième Sexe*, elle se rend aux États-Unis pour poursuivre ses recherches et mener des entretiens. « Dans son Journal de voyage, écrit l'universitaire allemande Ingrid Galster, elle note que les Américaines ont vis-à-vis des hommes une attitude de défi qu'on cherche en vain chez les Françaises[1]. » Partie enquêter dans le Nouveau Monde, elle pensait pouvoir opposer la femme libre américaine à la femme enfermée de l'Ancien Monde : elle revient quelque peu désillusionnée, considérant finalement que les femmes sont tout aussi dépendantes en Amérique qu'en France.

Le message qu'entend faire passer Beauvoir tient dans cette fameuse phrase selon laquelle « on ne naît pas femme : on le devient[2] ». Elle s'inscrit ainsi dans une logique constructiviste, antinaturaliste et antiessentialiste. Sur le fond, elle défend logiquement une position existentialiste inscrite à l'intérieur de la philosophie sartrienne de la liberté, où l'existence précède l'essence. Pour les femmes, les contraintes sont plus fortes que celles que Sartre repère dans *L'Être et le Néant*, mais toutes ont la possibilité du choix et la liberté de se rebeller. Elles doivent partir à la conquête de l'égalité des droits que la société leur refuse. On retrouve donc bien chez elle une appropriation des postulats de l'existentialisme, hostile à tout fixisme : « Les conduites que l'on dénonce ne sont pas dictées à la femme par ses hormones ni figurées par les cases de son cerveau : elles sont indiquées en creux par sa situation[3]. » Elle ne nie certes pas les différences biologiques, mais ce qui lui importe c'est la manière dont les individus les habitent. Sur ce plan, l'explication sociale prévaut : « La femme n'est définie ni par ses hormones ni par de mystérieux instincts, mais par la manière dont elle ressaisit, à travers les consciences étrangères, son corps

---

1. Galster, 2004, p. 246.
2. Beauvoir, 1949 (a), t. II, p. 185.
3. *Ibid.*, p. 306.

et son rapport au monde[1]. » Beauvoir, très critique envers Freud, récuse la théorie de l'envie de pénis chez les femmes, qui reprend à trop bon compte les valeurs du temps magnifiant la virilité. De la même manière, elle récuse l'opposition entre activité masculine et passivité féminine au nom de l'égalité entre les sexes.

Cherchant à comprendre les racines historiques lointaines du phallocratisme, elle les trouve en remontant jusqu'à la préhistoire. Dès cette époque, la maternité aurait été culturellement dévalorisée, renvoyant la femme à la condition animale, alors que l'homme aurait conquis, grâce à la fonction guerrière une posture de supériorité : « Ce n'est pas en donnant la vie, c'est en risquant sa vie que l'homme s'élève au-dessus de l'animal[2]. » Il lui sera plus tard reproché par le mouvement féministe son insistance sur les handicaps du corps féminin et son implicite, qui reste, malgré sa critique de Freud, le modèle masculin, que la femme ne peut atteindre qu'à condition d'oblitérer ce qui la singularise. La génération suivante considérera que Beauvoir ne s'est pas libérée de cette valorisation de la génitalité masculine. La révolution à entreprendre pour les femmes revient à minorer ce qui relève en elles de la féminité. « Cette guerre [des sexes], écrit Beauvoir, durera tant que les hommes et femmes ne se reconnaîtront pas comme des semblables, c'est-à-dire tant que se perpétuera la féminité[3]. » C'est sur ce point que se fera la rupture avec la nouvelle génération.

Dans les années 1940 et 1950, on n'en est pas encore à avancer des principes différentialistes et à magnifier la différence, le différend ou encore la *différance*. Au contraire, on est en pleine vogue existentialiste, et, sur ce plan, Beauvoir transpose au champ d'investigation féminin les principes de Sartre selon lesquels il faut rompre avec tout essentialisme et favoriser ce qui relève de l'universel : « Pour Beauvoir, comme pour Sartre, écrit l'universitaire norvégienne Toril Moi, l'existence précède l'essence ; il s'ensuit que les problèmes qui touchent à l'identité demeurent secondaires par rapport à ceux de l'action ou du choix[4]. » Simone de Beauvoir

1. *Ibid.*, p. 495.
2. *Ibid.*, t. I, p. 84.
3. *Ibid.*, t. II, p. 486.
4. MOI, 1995, p. 295.

est célébrée aux États-Unis comme l'égérie de l'existentialisme, et son projet vise à poursuivre les lignes rectrices de la philosophie sartrienne. Elle ne manque pas pour autant de s'en démarquer en investissant avec les femmes un terrain étranger à son compagnon, échappant ainsi au sempiternel besoin de comparer les apports de chacun pour savoir qui dans le couple est le meilleur.

Elle ne cherche pas vraiment à défendre une identité, mais plutôt à attaquer les bases du pouvoir patriarcal en faveur de l'émancipation des femmes : « Née de la critique de l'oppression, la vision libératrice de Beauvoir reste cependant prisonnière de son propre moment historique comme n'importe quelle autre utopie[1]. » Ce pouvoir a une part tangible : jusqu'en 1965, les femmes ne peuvent ouvrir de compte bancaire à leur nom ou exercer une profession sans l'autorisation de leur mari : elles doivent se plier aux décisions du « chef de famille ». Ce pouvoir s'appuie sur le mythe de la féminité construit sur un certain nombre d'essences qui paraissent immuables. C'est ce mythe que Beauvoir déconstruit, en s'en prenant à tout ce qui singulariserait la femme pour en justifier l'infériorisation sociale : « Le sexisme, pour Beauvoir, consiste à refuser aux femmes — et aux petites filles — l'accès à l'universel[2]. » Elle n'en délaisse pas pour autant les aspirations concrètes à l'émancipation féminine. On trouve ainsi sous sa plume un plaidoyer très avant-gardiste pour l'époque en faveur de la libéralisation de l'avortement, à rebours de l'idéologie nataliste en vigueur. S'appuyant sur le rapport Kinsey, qui vient de paraître aux États-Unis, et que lui communique son ami américain Nelson Algren, avec lequel elle entretient une liaison, elle se fait l'avocate des moyens de contraception modernes, qui permettront aux femmes d'acquérir une meilleure maîtrise de leur corps. « Algren, écrit Bair, fut responsable de la coloration américaine du *Deuxième Sexe*[3]. » En ce sens, Beauvoir se distingue de manière critique des suffragistes, qui, au nom de l'égalité civique, avaient totalement ignoré la question sexuelle et celle de la réalisation personnelle des femmes dans la société : « *Le Deuxième Sexe*, conclut l'historienne Sylvie

1. *Ibid.*, p. 298.
2. *Ibid.*, p. 310.
3. BAIR, 1990, p. 448.

Chaperon, donne donc des mots à une parole balbutiante, celle que les femmes commencent à énoncer à propos de leur propre corps, de leur sexualité et des grossesses[1]. »

UNE CONDITION FÉMININE
EN PLEINE MUTATION

En ces années 1950-1960, la condition féminine est en pleine mutation, ainsi que le montrent les études sociologiques d'Évelyne Sullerot. À partir de 1964, le taux de fécondité décline régulièrement pendant que le taux d'activité des femmes ne cesse de croître. Autre signe d'un changement majeur, alors que le cycle long du lycée est encore largement dominé par les garçons, le pourcentage de filles reçues au baccalauréat en 1964 dépasse celui des garçons. L'intégration des femmes dans la population active est par ailleurs facilitée par les effets des Trente Glorieuses, qui réduisent la part du travail domestique en mettant à la disposition des ménages des équipements modernes. La société de consommation permet l'acquisition d'appareils électroménagers en grand nombre, qui aident à concilier vie professionnelle et tâches ménagères. On parle de plus en plus de travail partiel des femmes, au point qu'*Esprit* lui consacre un dossier coordonné par Ménie Grégoire[2]. Le bien-être matériel introduit par ces décennies de croissance ininterrompue incite les couples à réduire le nombre des naissances et les rend avides de pratiques contraceptives. Toute une littérature que l'on peut qualifier non pas encore de féministe, mais plus simplement de féminine, porte un discours émancipateur et évoque le droit à la jouissance pour les femmes, les cas d'adultère, l'homosexualité. La publication la plus retentissante à cet égard reste bien sûr *Bonjour tristesse* de Françoise Sagan[3]. « Pour ces auteures des années 1950, explique la sociologue Delphine Naudier, la litté-

1. CHAPERON, 2000, p. 167.
2. GRÉGOIRE (éd.), 1961.
3. SAGAN, 1954 ; mais aussi ROCHEFORT, Christiane, 1958 ; MALLET-JORIS, 1951.

rature féminine est à construire en adéquation avec l'évolution sociale des femmes[1]. »

À cette époque, des femmes se mobilisent déjà pour répondre à ces nouvelles demandes, et le féminisme, qui a connu un repli au sortir de la guerre, commence à s'ébrouer. Le mouvement protestant « Jeunes femmes », par exemple, exprime le malaise croissant de la femme au foyer, et une gauche féministe s'organise en tentant d'articuler les thèmes de l'émancipation des femmes et leur aspiration à un changement socialiste de la société. C'est le cas du « Mouvement démocratique féminin », animé par Colette Audry et Marie-Thérèse Eyquem.

Évelyne Sullerot et Marie-Andrée Lagroua Weill-Hallé lancent en 1956 « Maternité heureuse ». Cette nouvelle association, qui ne se présente pas comme féministe, se dissocie des revendications des suffragistes, qui sont alors en sommeil, pour se concentrer sur le contrôle des naissances et la révision nécessaire de la loi de 1920. La personnalité et l'expérience personnelle de Lagroua Weill-Hallé, médecin catholique, femme d'un pédiatre juif proche de l'Union rationaliste, comptent beaucoup dans la réussite du projet. D'abord hostile à l'idée d'une contraception non naturelle, qui choque ses convictions catholiques, elle change de point de vue en se confrontant à la souffrance des femmes : « En tant que médecin, raconte Florence Rochefort, elle est choquée par ces curetages à vif que l'on inflige dans des conditions effroyables aux femmes victimes d'avortements clandestins[2]. » « Maternité heureuse » ne remet nullement en question la vocation maternelle et ce qu'elle implique dans la division interne des tâches du couple. Sa présidente se refuse à toute posture militante : « Notre mouvement n'est pas une croisade, et encore moins une croisade pour la laïcité [...]. Nous travaillons pour toute la population[3]. » Si l'association, créée en 1956, compte nombre de femmes de lettres, parmi lesquelles Clara Malraux, Nicole de Boisanger ou Solange de La Baume, on note l'absence de Simone de Beauvoir, dont la prise de position de 1949 en faveur de l'avortement libre n'aurait pas rallié les suffrages

---

1. Naudier, 2004, p. 192.
2. Rochefort, Florence, 2006, pp. 54-55.
3. Lagroua Weill-Hallé, 1962, citée dans Chaperon, 2006, p. 23.

de ses animatrices. Néanmoins, elle préfacera les deux premiers livres grand public de Lagroua Weill-Hallé, *Le Planning familial*, en 1959, et *La Grand'Peur d'aimer*, en 1960. « La liberté, pour les femmes, commence au ventre » écrit-elle dans le premier[1].

En 1960, « Maternité heureuse » devient plus militante et prend le nom de « Mouvement français pour le Planning familial », qui va connaître un grand succès. En janvier 1962, une enquête révèle que 70 % des femmes se rendant au Planning ont moins de trente ans et 50 % ont une profession[2]. Des centres essaiment dans toute la France et deviennent des foyers de diffusion des pratiques contraceptives modernes[3]. Cette mobilisation conduira à une avancée législative majeure avec le vote en 1967 de la loi Neuwirth[4]. Un autre front s'ouvre avec le régime matrimonial, qui devait être modifié depuis la Libération, mais est resté inchangé. L'Union des femmes, dirigée par Andrée Marty-Capgras et Suzanne Kieffé, se dote, à partir de 1957, d'un bulletin dont une rubrique est consacrée à la condition juridique des femmes[5]. Les positions de cette organisation proche du PCF sont significatives de l'éloignement des communistes de la ligne défendue par Jeannette Vermeersch-Thorez.

En 1960, Marie-Andrée Lagroua Weill-Hallé publie un ouvrage d'entretiens qui révèle la détresse de beaucoup de ses patientes confrontées à des grossesses non désirées. Elle y exprime l'impossibilité de leur venir en aide[6]. Cette préoccupation est vite relayée par les médias, et notamment la télévision, qui, dans l'émission « Faire face » d'Étienne Lalou et Igor Barrère, y consacre, le 13 octobre 1960, une table ronde réunissant le père Stanislas Lestapis, Alfred Sauvy et les médecins Laurence Duchêne et Lagroua Weill-Hallé. En 1964, Éliane Victor, reporter de l'émission-culte « Cinq colonnes à la une », animera une nouvelle émission intitulée

1. *Ibid.*, p. 24.
2. EGNEL, 1966.
3. Les adhésions passent de dix mille en juin 1962 à quinze mille en mars 1963, puis trente-deux mille en janvier 1964, quarante mille en mars 1965 et cent mille en 1966 (chiffres repris de CHAPERON, 2000, pp. 279-280).
4. Loi votée par l'Assemblée nationale le 19 décembre 1967 autorisant l'usage des contraceptifs, notamment par voie orale.
5. CHAPERON, 2000, pp. 272-273.
6. LAGROUA WEILL-HALLÉ, 1960. D'autres ouvrages de cet ordre paraissent au même moment (cf. entre autres FABRE, 1960, et VALABRÈGUE, 1960).

« Les femmes aussi[1] ». Ménie Grégoire devient la vedette la plus écoutée de la première radio de France, Radio-Luxembourg, où elle anime une émission de début d'après-midi qui, en trois ans, fait passer le nombre de ses auditeurs de huit cent mille à deux millions et demi. Comme l'indique Sylvie Chaperon, de mars à mai 1965, « ce ne sont pas moins de cent à cent soixante articles qui sont consacrés chaque mois au Planning[2] ». L'historienne constate en outre qu'au fil des années 1960 les adversaires du *Deuxième Sexe*, si nombreux à la parution de l'ouvrage, ont tendance à disparaître. Chez les catholiques, alors même que le livre de Beauvoir a été mis à l'index par le Vatican, on se rallie à l'idée qu'il faut réformer l'Église. C'est le sens de l'ouvrage de Georges Hourdin, *Simone de Beauvoir et la liberté*, publié en 1962[3]. Côté communiste, Monique Hincker écrit dans *La Nouvelle Critique* « Pour Simone de Beauvoir », un article aux accents d'autocritique : « *Le Deuxième Sexe* provoqua une prise de conscience qui traduisit en termes rationnels ce qui était ressenti comme une fatalité ou une culpabilité. Il fut aussi une sorte de manifeste et de charte[4]. »

En 1963, Colette Audry se voit confier l'animation d'une collection consacrée aux femmes chez le jeune éditeur Gonthier. Contactée en premier lieu, Beauvoir avait décliné et conseillé son amie Audry. Sous le nom de « Femme », elle publiera entre 1964 et 1972 quelque soixante-neuf livres dans la filiation de l'œuvre de Beauvoir. Voici comment Audry la décrit :

> Nous avons voulu tendre aux femmes un miroir à mille faces : voyez votre vie ; regardez-vous et connaissez-vous. Cette collection vous appartient. Qu'elle vous aide à devenir ce que vous pouvez être et à mettre à votre tour votre empreinte sur ce monde, pour le plus grand bien des hommes et des femmes[5].

Guidée par le souci de ne pas essentialiser des caractères féminins ni intérioriser quelque infériorité que ce soit, elle publie dès

---

1. VICTOR, 1973.
2. CHAPERON, 2000, p. 291.
3. HOURDIN, 1962.
4. HINCKER, Monique, 1965.
5. AUDRY [1964], 2010, p. 342.

la première année pas moins de huit auteurs, dont Clara Malraux et Maud Mannoni. Mêlant portraits, enquêtes, Mémoires et études théoriques, la collection cherche avant tout à restituer la diversité de la condition féminine. Plusieurs années avant les Éditions des femmes, elle revêt un caractère ouvertement militant « pour le droit à la contraception, l'éducation sexuelle, psychologique et médicale des couples et, en sourdine, pour l'émancipation sexuelle des femmes[1] ». Pionnière en bien des domaines, elle saura aussi exhumer des classiques, comme *Une chambre à soi* de Virginia Woolf ou les *Lettres* de Rosa Luxemburg.

En ce début des années 1960, d'autres éditeurs lui emboîtent le pas. C'est le cas de Fleurus, avec la collection « Elle veut vivre », placée sous la direction de Jacqueline Chabaud, Évelyne Sullerot et Claude Ullin, et de Casterman, avec « Vie affective et sexuelle », dirigée par Catherine Valabrègue. À cette actualité éditoriale féministe, il convient d'ajouter une intense activité journalistique en direction du lectorat féminin. Une presse spécialisée se développe alors et connaît rapidement de très forts tirages. Si elle n'est certes pas entièrement acquise aux thèses de l'émancipation de la femme et perpétue le plus souvent les mythes dénoncés par les intellectuelles, elle n'en contribue pas moins à entretenir le sentiment d'une identité différente. En 1966, Évelyne Sullerot brossera un panorama de cette presse féminine, soulignant parmi les facteurs qui ont contribué à sa bonne santé le support publicitaire, le public féminin étant devenu une cible privilégiée pour l'achat d'espace, et la fidélité du lectorat. Les tirages cumulés mensuels des magazines analysés par la sociologue et femme de lettres s'élèvent en moyenne à quinze millions sept cent mille. Considérant que chacune de ces publications est lue par trois ou quatre personnes, le nombre de lecteurs réels approcherait les cinquante millions[2].

C'est sur ce terrain particulièrement favorable que le livre de Beauvoir va connaître au fil des années un succès sans désaveu,

1. *Ibid.*, p. 345.
2. Parmi les plus forts tirages moyens en 1961, citons *Écho des Françaises*, deux millions trois cent mille ; *Nous deux*, un million trois cent cinquante-quatre mille ; *Femmes d'aujourd'hui*, un million deux cent soixante-dix-neuf mille ; *Marie-Claire*, un million cent trente-deux mille ; *Modes et travaux*, un million cent trente et un mille ; *Échos de la mode*, un million quinze mille (SULLEROT, 1966, p. 72).

même si, bien entendu, un monde sépare la lectrice de *Nous Deux* et celle du *Deuxième Sexe*. L'avocate Gisèle Halimi écrit en 1988 : « En parlant d'elle, elle dépassa sa propre condition. Pour notre plus grand profit. Elle nous jetait à la figure ce tableau-constat qui nous obligeait toutes, comme après une déclaration de guerre, à réfléchir et à prendre parti[1]. » Malgré les critiques adressées à ses positions universalistes, le colloque organisé à Paris pour le cinquantenaire de la parution du *Deuxième Sexe*, en janvier 1999, porte témoignage de l'effet prodigieux qu'il avait produit : « Cinq jours de travaux, cent trente communications réparties en dix séances plénières et dix-neuf ateliers, près de mille participants-e-s lors de la journée finale tenue sous les peintures du grand amphithéâtre de la Sorbonne[2]. » Placé sous le patronage de l'Unesco, il regroupait des spécialistes de vingt-deux pays. On doit convenir que l'héritage de Simone de Beauvoir, à l'orée du XXIᵉ siècle, était encore bien vivant.

---

1. Halimi, 1988, p. 316.
2. Delphy et Chaperon (dir.), 2002.

5

La guerre idéologique des communistes

En 1947, à la première réunion du Kominform[1], le PCF est en position d'accusé. Sa déviance est d'avoir versé dans une sorte de nationalisme, au détriment des intérêts du mouvement communiste international. Il est invité à rectifier ses positions et à placer au premier plan la défense du grand frère soviétique aux prises avec l'impérialisme américain, ligne stratégique adoptée par tous les autres partis communistes. Partout, dans le bloc soviétique comme chez les partis frères, l'ordre du jour est à l'épuration et à la mise en place de directions serviles, aux ordres de Moscou, prétendant représenter les intérêts du prolétariat international. Fini le temps où Mauriac pouvait s'asseoir aux côtés d'Eluard et d'Aragon et faire leur éloge. À l'heure du plan Marshall, qui voit les États-Unis tenter de consolider leur emprise sur l'Europe occidentale, l'URSS cherche à protéger ses intérêts nationaux en instrumentalisant les partis frères afin d'en faire des machines de guerre contre l'impérialisme américain.

1. Abréviation transcrite du russe de Bureau d'information des partis communistes et ouvriers.

AU SERVICE DU PARTI

La défense des idéaux communistes et la dénonciation de l'impérialisme américain et des traîtres qui s'y rallient exigent du PCF qu'il mette ses intellectuels au pas. Pour mener cette bataille idéologique, les communistes français procèdent par noyautage des différents milieux professionnels. Les médecins sont chapeautés par une commission nationale, qui va bientôt prononcer la condamnation de la psychanalyse, tandis que les intellectuels sont regroupés en fonction de leur discipline. Se créent ainsi des « cercles » spécifiques pour les biologistes, physiciens, médecins, historiens, linguistes, géographes, etc. Chaque cercle a en charge de traduire en langage vernaculaire, celui de sa discipline, la ligne du parti. Il revient aux intellectuels communistes de dénoncer la volonté impériale et la décadence morale de l'impérialisme américain, devenu un réservoir à venin pour « vipères lubriques », ou, dans les mots d'Hélène Parmelin (sous le pseudonyme de Léopold Durand), grand reporter à *L'Humanité* :

> Un mélange de refoulement et de pornographie, de sentimentalité bête et d'insensibilité, de puritanisme et d'obscénité, de charité chrétienne et de cruauté légale caractérise cette société où fascisme, racisme, gangstérisme, alcoolisme de bon ton et prostitution déguisée font la loi[1].

La littérature américaine incarnant l'immoralité, les dirigeants du PCF font cause commune avec la droite la plus moralisante pour dénoncer les livres d'un Henry Miller : « La littérature de Miller se présente comme un produit dérivé de la bombe atomique », écrit Laurent Casanova, membre du Comité central, chargé des relations avec les intellectuels[2]. Quant à Jean Kanapa, fondateur de *La Nouvelle Critique* en 1948, il se déchaîne contre les « tarés », « l'abjection », « les égoutiers de la culture », les « serviles valets

1. PARMELIN (sous le pseudonyme de Léopold Durand), 1947.
2. CASANOVA, Laurent, 1949 (a).

de plume », les « escrocs littéraires franchement répugnants », les « fossoyeurs »[1].

En ces années, la guerre entre les deux blocs paraît plus que probable. Le coup de Prague, en 1948, et les prises de pouvoir successives par les partis communistes en Europe centrale font craindre un processus semblable à l'Ouest, notamment là où les PC sont forts, comme en Italie et en France. André Malraux, persuadé de l'imminence de la menace, annonce à Georges Bernanos que les Soviétiques vont attaquer la France au plus tard au printemps 1947. Au début de la guerre de Corée, en 1950, Sartre et Camus devisent de la situation au Balzar : « Avez-vous réfléchi à ce qui arrivera quand les Russes seront ici ? », dit Camus (à en croire le journaliste américain Herbert Lottman), ajoutant : « Ne restez pas ! » Sartre riposte que jamais il ne pourrait lever la main contre le prolétariat[2]. En novembre 1948, l'hebdomadaire *Carrefour* publie même une enquête auprès des dirigeants des divers partis politiques sous le titre : « Si l'armée rouge occupait la France, que feriez-vous ? »

La direction du PCF veut mener campagne auprès des intellectuels sur l'opposition entre science « bourgeoise » et science « prolétarienne », selon la conception radicale défendue à Moscou par Andreï Jdanov et Trofim Lyssenko. Pour ce faire, il a besoin de relais et d'instruments. D'où le lancement de revues comme *La Nouvelle Critique*, chargée d'occuper les avant-postes. Le premier numéro considère que se priver de Staline reviendrait à « châtrer la doctrine d'avant-garde du prolétariat, et par là la lutte du prolétariat elle-même. [...] Le véritable marxiste, enfin, ne se juge marxiste qu'à partir du moment où il lui semble pouvoir mériter l'épithète enthousiasmante de "stalinien"[3]. » Jean Kanapa, rédacteur en chef, est chargé de veiller sur la ligne en s'arrogeant au besoin le droit de réécrire les textes de ses collaborateurs. Il s'entoure d'une équipe constituée de Victor Joannès (membre du Comité central), Annie Besse (née Becker, épouse Besse, puis Kriegel), Pierre Daix, Jean Fréville (pseudonyme d'Eugène Schkaff), Jean-Toussaint Desanti, Victor Leduc et Henri Lefebvre. L'historien Jean Bruhat, qui était

---

1. Jean Kanapa, cité dans LEDUC, 1985, p. 112.
2. LOTTMAN, 1981, p. 347.
3. *La Nouvelle Critique*, n° 1, décembre 1948, p. 11.

davantage investi dans *La Pensée*, écrit aussi quelques articles pour la revue. C'est lui qui descend en flammes la thèse de Fernand Braudel[1], avec la collaboration, prétend-il dans ses Mémoires, de François Furet et Denis Richet, ajoutant : « [A]rticle d'une rare violence, auquel je ne songe pas sans effarement[2]. » Le combat idéologique n'épargne personne. Sartre, Malraux, Mauriac et Rousset sont considérés comme s'étant mis à la remorque des intérêts des industriels américains : « Ils mentent. Et savent qu'ils mentent[3]. » Jean Kanapa assume ses responsabilités de rédacteur en chef en faisant montre d'une égale violence envers Sartre et les *Temps modernes*. « Dans un petit livre, commente l'historien marxiste britannique Ian Birchall, il exécutait Sartre, *Les Temps modernes* — avec ses "petits excités trotskisants" — et à peu près tout ce qui bougeait. Il invoquait ainsi le "néofascisme de *Combat*"[4]. » Kanapa n'épargne pas non plus dans ses diatribes Albert Camus, qu'il traite de fasciste et de valet de la bourgeoisie[5].

Lutte idéologique

Sur ce terrain de la lutte idéologique, des organismes de permanents du parti sont mis en place pour contrôler les intellectuels et les artistes. En 1951, Annie Besse (Kriegel), en remerciement de la ligne stalinienne qu'elle a fermement appliquée dans les milieux étudiants, devient permanente au bureau de la fédération de la Seine, en tant que secrétaire à l'éducation et à la lutte idéologique. C'est à cette haute fonction qu'elle conduit des enquêtes individuelles au terme desquelles la direction peut excommunier ceux qui seraient considérés comme des brebis galeuses. La jeune Françoise Verny, qui deviendra l'éditrice renommée que l'on sait, et qui est alors une communiste (et catholique) convaincue et dévouée, se voit cooptée au comité de lutte idéologique d'Annie

---

1. *La Méditerranée et le monde méditerranéen à l'époque de Philippe II*, thèse soutenue en 1947 et publiée en 1949 chez Armand Colin.
2. BRUHAT, 1983, p. 164.
3. *La Nouvelle Critique*, n° 1, décembre 1948, p. 1.
4. BIRCHALL, 2011, p. 92.
5. KANAPA, 1947.

Kriegel. Celle-ci lui confie la tâche d'empêcher la parution d'un livre d'Henri Lefebvre jugé trop « idéaliste », et d'exclure du parti Marc Soriano, le grand spécialiste de la lecture savante des contes de Perrault, pour homosexualité. N'ayant pas l'âme inquisitoriale, Verny donne immédiatement sa démission de ce comité d'épuration d'un nouveau type.

Kriegel agit de concert avec Laurent Casanova, très proche du couple Thorez. Membre du Conseil mondial de la paix, il siège aux côtés des familiers de Staline, comme Aleksandre Fadeïev, chargé de mettre en musique la politique définie à Moscou. En ce début des années 1950, cette politique est paranoïaque : c'est celle d'une forteresse assiégée. Fils de cheminot installé en Afrique du Nord, où il est né en 1907, Casanova jouit d'un don d'orateur certain et, selon beaucoup de ses proches, d'une sensibilité extrême. Voici comment l'évoque Pierre Daix :

> Ce Corse, né pied-noir, était un homme politique d'envergure. Avocat, il jouait du moindre de ses gestes, de sa stature imposante, des inflexions de sa voix d'orateur méditerranéen pour investir son interlocuteur, le séduire et lui en imposer tout à la fois. Il dénouait la tension en feignant de s'amuser de son côté romain — tribun antique ou homme d'Église, au choix. Kanapa ou moi, tous ses proches collaborateurs, nous l'appelions le Cardinal[1].

Crayon en main, Annie Kriegel se doit de lire toute la presse communiste, les brochures, les publications, sans compter les multiples bulletins et circulaires des associations contrôlées par le parti. Après avoir pris connaissance de tout ce qui se publie, tâche titanesque, le permanent doit encore faire du zèle pour écrire à son tour rapports, articles, motions, résolutions, discours d'ouverture ou de clôture, communiqués dans un flux tendu de graphomanie. Telle est l'occupation du matin, qui laisse place, à partir de 14 heures, à une multitude de réunions, rencontres et rendez-vous. Cette activité fébrile n'a pour seul objectif que de mener la lutte idéologique, considérée par les dirigeants du parti comme un des fronts de la lutte des classes.

En plus des intellectuels engagés dans des disciplines universi-

1. DAIX, 1976, p. 198.

taires, sont regroupés sous le vocable d'« intellectuels créateurs »
les plasticiens, écrivains, architectes, musiciens et autres cinéastes,
moins facilement contrôlables. Ils sont réunis dans des assemblées
distinctes, et l'ensemble du dispositif est placé sous la responsabilité de la section centrale idéologique et de ses trois responsables, François Billoux, Georges Cogniot et Laurent Casanova.
La responsabilité du suivi du travail des cercles revient à Victor
Leduc. En 1929, ce dernier a adhéré, à peine sorti du collège, aux
Jeunesses communistes puis s'est engagé dans la Résistance aux
côtés de Jean-Pierre Vernant. Professeur de philosophie dans différents lycées, directeur d'*Action* dans l'immédiat après-guerre, il
est affecté en 1947 par Maurice Thorez à la section idéologique du
Comité central, avec le statut de permanent. À ce titre, il participe
à toutes les réunions de la commission des intellectuels placée sous
la responsabilité de Laurent Casanova. On y retrouve aussi Jean
Kanapa, souvent Pierre Daix, André Voguet, Louis Baillot et, au gré
des circonstances, des invités. Il n'y a pas vraiment discussion : « il
s'agit plutôt, se souviendra Leduc, de longs monologues alternés
de Laurent Casanova et de Louis Aragon[1] ».

Les deux hommes s'expriment dans des registres très différents.
Leduc évoque le style de grand inquisiteur de Casanova, tonnant
contre les méchants, les tièdes, les hétérodoxes. Aragon, quant à
lui, passe en revue les personnalités du monde littéraire jugées
déviantes et nocives, et les voue aux gémonies dans une langue très
poétique, quoique pleine de morgue. Leduc est ensuite chargé de
passer les consignes à chacun des cercles. Il enjoint aux critiques
spécialisés (littérature, cinéma, arts, théâtre) de faire l'apologie du
réalisme socialiste et d'insister sur l'apport des Soviétiques. Ils
doivent soutenir la bataille pour la littérature du parti et contre le
formalisme, vanter Aragon, André Stil, Elsa Triolet, André Fougeron, Louis Daquin : « En ce qui concerne les philosophes (au sens
large) je les engage à exalter l'apport de Staline au marxisme-
léninisme, la science prolétarienne[2]. » En 1950, Aragon fait son
entrée au Comité central, ce qui officialise son pouvoir au sein de
la famille communiste. Précisons que la direction du PCF, tenant

1. LEDUC, 1985, p. 115.
2. *Ibid.*, p. 128.

les intellectuels en suspicion de traîtrise, ne lui accorde que le titre de « membre suppléant ».

Les historiens doivent souligner la qualité des travaux de leurs confrères soviétiques et insister sur le rôle de l'URSS pendant la Seconde Guerre mondiale. Jean Bruhat publie en 1945 un « Que sais-je ? » sur l'URSS et une *Histoire du mouvement ouvrier français* en 1952. Dans l'après-guerre se constitue un cercle des historiens communistes rassemblant, autour du doyen Émile Tersen, Jean Bruhat, Claude et Germaine Willard, Jean Gacon, Jean Bouvier et quelques autres. Les sciences dures n'échappent pas au contrôle, et Victor Leduc ne manque jamais de demander aux physiciens de dénoncer l'interprétation idéaliste du deuxième principe de la thermodynamique. En 1985, il précise dans ses Mémoires : « Je serais incapable de donner de ce principe quelque interprétation que ce soit et même de l'exposer clairement, mais personne ne me pose la question[1]. » Au lieu de quoi, il s'en va tempêtant contre l'indéterminisme de la théorie des *quanta*. Il appartiendra aux chimistes de faire traduire et de diffuser la « théorie soviétique de la structure chimique » et de lutter contre celles de la « résonance » et de la « mésomérie ».

En ces années de guerre froide, la direction du parti a besoin de mettre à la tête de ses publications des hommes disciplinés, prêts à avaler toutes les couleuvres. C'est la raison pour laquelle Pierre Daix, inconditionnel de la ligne à l'époque, est nommé rédacteur en chef des *Lettres françaises,* imposé par Laurent Casanova à Claude Morgan pour prendre la succession de Loys Masson, communiste et chrétien, devenu suspect, car moins contrôlable et politique. Pierre Daix relate ce moment dans *J'ai cru au matin* :

> Loys me passa ses pouvoirs avec sa gentillesse coutumière. Je ne découvris la vérité sur son éviction que plusieurs mois plus tard [...]. Morgan me traita comme si j'avais été au courant et que j'eusse donc été volontaire pour prendre la place de Loys en tant que flic du parti[2].

---

1. *Ibid.*, p. 129.
2. Daix, 1976, pp. 197-198.

Le dispositif de ces publications intellectuelles couvre trois secteurs, « un pôle politique, un pôle de culture générale, un pôle très peu développé et surtout éphémère de revues spécialisées[1] ». Le fer de lance du pôle politique est bien sûr le quotidien du parti, *L'Humanité*, avec ses cinq cent vingt mille lecteurs à la fin de 1945, qui subira de plein fouet l'isolement des communistes après la reprise en main stalinienne et verra sa diffusion chuter à cent soixante-neuf mille exemplaires en 1950. Cette même année, la rédaction en chef passe des mains de Georges Cogniot à celles d'André Stil. Dans ce même pôle politique, le quotidien *Ce soir*, qui reparaît en octobre 1944, est placé sous la direction d'Aragon, qui en confie la codirection à Jean-Richard Bloch. Après la mort de ce dernier, en mars 1947, Aragon reprend la main et le dirigera seul jusqu'à la disparition du journal en mars 1953. Son prestige littéraire vaut parfois à Aragon quelques avanies du côté des salariés, comme l'atteste, en décembre 1948, un incident rapporté par des agents des Renseignements généraux concernant deux militants du PCF qui, reprochant à l'écrivain de trop bien tirer les ficelles, notamment financières, de sa position, « décident de s'introduire dans le bureau d'Aragon et d'exprimer le mépris qu'ils lui portent en déféquant dans la corbeille à papier du poète[2] ». L'hebdomadaire *France nouvelle* s'illustre lui aussi à la pointe du combat pour la défense de la ligne stalinienne. À ces organes de presse à grand tirage s'ajoutent les *Cahiers du communisme*, *Démocratie nouvelle*, *Action*, ainsi que la revue *Europe*, originellement extérieure au PCF, mais placée sous son contrôle avant guerre. Le PCF bénéficie en outre de la forte assise éditoriale que lui confèrent les Éditions sociales, auxquelles s'ajoutent en 1947 Les Éditeurs français réunis.

En 1947 également, la direction du parti dote les étudiants communistes d'une revue bimensuelle, *Clarté*, dont la responsabilité est confiée à Arthur Kriegel, Annie Besse (Kriegel) et Jacques Hartmann. Les étudiants communistes n'ont de cesse de se lancer des défis pour savoir quelle cellule en vend le plus d'exemplaires. À la revue s'adjoignent toute une série d'activités pour nouer des liens entre les diverses composantes du mouvement étudiant et les entre-

1. Verdès-Leroux, 1983, p. 192.
2. Forest, 2015, p. 560.

tenir. Cela va de l'organisation de rencontres avec les écrivains soviétiques au Centre culturel France-URSS à des cycles de conférences, dont la première, de Pierre Courtade, se tient à la Mutualité le 5 février 1948 sur le thème « Qui pousse à la guerre ? ». À cela s'ajoutent des rituels plus festifs, comme le grand bal du Mardi gras organisé chaque année dans la salle des fêtes de la mairie du Ve arrondissement. L'objectif clairement assigné à *Clarté* est de monter à l'assaut du Quartier latin et du monde universitaire parisien pour conquérir une position hégémonique, ce qui implique une politique systématique de noyautage et de prise de pouvoir dans toute une série d'organisations représentatives, dont l'Unef (Union nationale des étudiants de France).

Les articles de *Clarté* représentent la quintessence de la guerre idéologique menée par les staliniens. Le coup de Prague de 1948, qui voit le PC tchécoslovaque mettre fin à la démocratie et au pluralisme politique, est salué par la revue étudiante de la façon suivante dans son numéro du 11 mars 1948 : « Les ouvriers de Prague ont fêté le centenaire de 1848 en instituant la démocratie populaire. » L'historien Jean Bruhat, en mission à Prague durant l'été 1947 pour la revue *Démocratie nouvelle*, avait cru découvrir que l'on y vivait plutôt bien, que les délégués français pouvaient se gaver de gâteaux au chocolat et à la crème et qu'en mai 1946 le parti communiste y recueillait 38 % des suffrages exprimés. Comme il l'évoquera dans ses souvenirs, en 1983 : « [J]e ne fus en rien choqué par "le coup de Prague" de février 1948 […]. Après tout, nous avions nous aussi nos journées populaires en 1793 et 1794[1]. » Bruhat est choyé, invité à passer la fin de la semaine à Dobris, château de style baroque mis à la disposition des écrivains. Cela confirme à ses yeux, s'il en était encore besoin, la supériorité du socialisme soviétique : « J'en arrive à penser et à soutenir […] que le parti unique est un système plus démocratique que le multipartisme occidental[2]. »

Adossé à ces structures institutionnelles, le PCF peut lancer les campagnes les plus folles de la guerre froide, assuré qu'elles recevront un large écho et un profond assentiment, que ce soit la dénonciation des crimes titistes, la défense du réalisme socia-

1. Bruhat, 1983, p. 150.
2. *Ibid.*, p. 151. Voir aussi Id., 1947.

liste comme seule forme d'art, l'adoption des thèses de Lyssenko et de Jdanov, le rejet de la psychanalyse ou, dans la foulée, la dénonciation des traîtres et agents de l'Amérique et le soutien à tous les procès instruits dans les pays de l'Est. Les représentants du PCF, qui avaient passé un mauvais moment à la première réunion du Kominform, en 1947, où on les avait soupçonnés de déviationnisme nationaliste bourgeois et rappelés à l'ordre, sont cette fois en ordre de bataille, la ligne politique étant désormais décidée à Moscou, et leurs intellectuels prêts aux combats de la guerre dite froide.

Andreï Jdanov

L'idéologue qui donne le ton est Andreï Jdanov, au passé d'épurateur dans les années 1930. Ses thèses, qui fournissent la matière même de la politique stalinienne officielle de l'après-guerre, survivront à sa mort, en 1948. Aragon lui rend un vibrant hommage :

> Devant cette tombe ouverte, peut-être bien des intellectuels français qui n'avaient ni compris ni bien connu, il faut le dire, les thèses de Jdanov, ses vues si loin en avant plongeantes, auront-ils repris les textes sur la musique, l'art ou la philosophie, et au-delà du scandale qu'ils furent pour eux (juges et parties de ce même procès) auront-ils enfin vu quelle main secourable leur avait été tendue pour sortir de leurs contradictions[1].

Ce qu'évoque Aragon est la lutte contre le « décadentisme occidental » pour lui substituer les valeurs du réalisme socialiste qui concernent au premier chef les écrivains. Toutes les formes d'expression doivent être évaluées à l'aune des intérêts qu'elles représentent pour la cause communiste. Depuis 1946, à Moscou, on se livre à une chasse aux sorcières. Jdanov fait exclure de l'Union des écrivains la poétesse Anna Akhmatova et le romancier Mikhaïl Zochtchenko. Comme le rappelle l'historienne et politiste Ariane Chebel d'Appollonia,

---

1. ARAGON, 1948 (b).

il contraint Fadeïev à réécrire ses romans d'une manière plus conforme à la ligne du parti, puis se tourne contre Eisenstein accusé d'avoir déprécié le glorieux Ivan le Terrible. Un jour de l'été 1946, Jdanov convoque Prokofiev et Chostakovitch pour leur enseigner l'art de la musique communiste[1].

En janvier 1948, Jdanov préside une conférence de plus de soixante-dix musiciens, compositeurs, chanteurs, musicologues, chefs d'orchestre, critiques, se donnant pour objectif de dénoncer « le rôle dirigeant de ce groupe qui paralysait l'activité critique de l'Union des compositeurs soviétiques en soutenant "la tendance formaliste en musique"[2] ». Jdanov excommunie aussi les partisans de la musique atonale, qui lui est « antipathique comme la roulette du dentiste ».

Le jdanovisme est introduit en France par le PCF comme doctrine officielle des communistes. On assiste à un petit moment de flottement lorsque, en novembre 1946, Roger Garaudy, qui est alors responsable des intellectuels, publie dans *Arts de France* un article intitulé « Artistes sans uniformes[3] ». Il y affirme que le PCF n'impose aucune esthétique. L'équipe d'*Action* se sent confortée dans son point de vue, ce que confirme Pierre Hervé : « Il n'y a pas d'esthétique communiste. » Mais Aragon y met immédiatement bon ordre : tout le parti doit se ranger derrière la théorie jdanovienne : « Parlant en mon nom, je considère que le parti communiste a une esthétique et que celle-ci s'appelle réalisme socialiste[4]. » Soutenu par Thorez, c'est bien Aragon qui exprime la ligne du parti. Claude Roy dépeindra l'équilibrisme fragile d'Aragon en ces temps de guerre froide :

> Exécré par les surréalistes, méprisé par les sartriens, maudit par les anticommunistes, flairé par les prolétaires comme une princesse endiamantée égarée chez les mineurs de fond, odieux aux communistes critiques ou oppositionnels, vomi par les trotskistes dont il avait insulté les martyrs, il déposait en hommage aux pieds d'Elsa

1. CHEBEL D'APPOLLONIA, 1999, p. 24.
2. KRIEGEL, Annie, 1991 (a), p. 583.
3. GARAUDY, 1946.
4. Louis Aragon, cité dans DESANTI, Dominique, 1983, p. 332.

l'aigrette en forme de chat à neuf queues de ces haines — des haines
dissemblables et convergentes[1].

Laurent Casanova, très lié à Aragon, et Jean Kanapa se font les
chantres de la défense et illustration de la ligne jdanovienne. Ce
sont eux qui doivent acculturer la doctrine auprès des intellectuels
et artistes du parti : « En vérité, écrit le premier en 1949, lorsque
les masses sont en mouvement, les valeurs culturelles essentielles
ont leur source dans la lutte des masses[2]. » L'adoption du jdanovisme permet à la bureaucratie dirigeante du parti de faire le
ménage en se débarrassant des intellectuels les plus autonomes et
en leur substituant aux postes de commande des « intellectuels-du-
parti », dociles, mobilisés contre la culture bourgeoise et glorifiant
les beautés du réalisme socialiste.

Le PCF fait le choix de son peintre officiel : ce sera André
Fougeron, qui représente dans ses œuvres une classe ouvrière qui
souffre. Aragon soutient ce choix et préface en 1947 un de ses
albums de dessins. Voilà Fougeron enrôlé dans la croisade pour
le réalisme socialiste et contre l'art abstrait. Aragon fait même le
panégyrique de l'artilleur pictural du parti : « André Fougeron,
dans chacun de vos dessins se joue aussi le destin de l'art figuratif,
et riez si je vous dis sérieusement que se joue aussi le destin du
monde[3]. » En 1950, le parti, à l'initiative d'Auguste Lecœur, veut
faire de la peinture un instrument d'édification populaire et commande pour cela à Fougeron une série de tableaux qui donneront
lieu à une grande exposition sur le thème du « pays des mines ».
Même Édouard Pignon, peintre communiste et ancien mineur, est
tenu à distance : si ses motifs d'inspiration sont la classe ouvrière,
sa représentation reste trop formaliste et trop peu mobilisatrice au
goût de l'appareil. En 1952, sa grande toile *Les Ouvriers*, présentée
au Salon de mai, figure bien un ouvrier mort d'un coup de grisou,
mais, autour de lui, ses camarades se tiennent impassibles derrière
le cadavre. Commentaire de Francis Cohen dans *L'Humanité* :

1. ROY, Claude, 1972, p. 449.
2. CASANOVA, Laurent, 1949 (a), p. 39.
3. ARAGON, 2011, p. 137.

Il y a là un effort sérieux, sincère, profondément réfléchi d'un peintre communiste pour exprimer les valeurs à la fois nouvelles et traditionnelles dont la classe ouvrière est porteuse, et sur lesquelles le parti communiste a attiré l'attention des artistes comme sur la source d'inspiration la plus propre à donner vie, force et jeunesse à leur art [...]. Le résultat ne peut manquer d'engager Pignon à prolonger la réflexion[1].

Jdanov ne s'étant pas vraiment étendu sur les arts plastiques et n'ayant pas énoncé de théorie appropriée, le PCF se sent le devoir d'en construire une. Victor Leduc est chargé de réunir une assemblée de plasticiens à laquelle il convie plusieurs hautes personnalités intellectuelles, au rang desquelles Paul Eluard. Leduc l'évoquera bien plus tard avec une vive ironie :

J'en arrive à l'indispensable critique des hérésies esthétiques et je liquide en une phrase les trois grands écueils qui risquent de faire dévier le peintre communiste de sa juste voie : le formalisme, le naturalisme, le misérabilisme [...]. Je n'oublie pas non plus de pourfendre l'abstraction[2].

Le portrait de Staline par Picasso

Cette esthétique contrainte finira pourtant par convaincre les militants communistes. On peut en juger par la crise interne que traverse le parti lorsque, à la disparition de Staline, en 1953, à l'âge de soixante-quatorze ans, Aragon demande à Picasso un portrait dessiné du « petit père des peuples » pour *Les Lettres françaises*. Chez les communistes français, qui pleurent la disparition de leur chef, l'émotion est à son comble. Aragon attend donc avec une grande impatience le dessin de Picasso, mais celui-ci tarde à s'exécuter. Quand Aragon reçoit enfin le dessin, il découvre un Staline revivifié, suggérant une éternelle jeunesse. Il a un bref moment d'hésitation, tant ce n'est pas la représentation attendue, mais le journal est en bouclage, et il faut le porter à clicher. Très vite, le dessin fait scandale, à la surprise de Picasso. La marée des indignés

1. COHEN, Francis, 1952.
2. LEDUC, 1985, p. 147.

monte et s'exclame qu'on a porté atteinte à l'image de Staline. Rien, en effet, dans le dessin, ne renvoie à l'icône du communisme international. Dans les locaux mêmes où se fabriquent *Les Lettres françaises*, les rédacteurs de *L'Humanité* et ceux de *France nouvelle* brandissent le portrait en parlant d'une agression intolérable. Dominique Desanti rapporte une anecdote piquante dans *Les Clés d'Elsa* :

> Ce 12 mars 1953, quand Daix appelle rue de la Sourdière, elle [Elsa Triolet] répond : « Oh oui, je sais déjà ! J'ai déjà reçu des coups de téléphone d'injures [...]. Mais vous êtes fous, Louis et vous, de publier une chose pareille ! — Mais enfin, Elsa, Staline n'est pas Dieu le Père ! — Justement si, Pierre[1]. »

Quand Daix réussit à avoir Aragon au téléphone, il le trouve en état de choc : « Je prends tout sur moi, petit, tu entends. Je t'interdis de faire quelque autocritique que ce soit. Toi et moi avons pensé à Picasso, à Staline. Nous n'avons pas pensé aux communistes[2]. » Le peintre Fougeron, qui qualifiera ce dessin de profanation, participe à la fronde, et s'adresse directement au secrétariat du parti : « Je vous écris pour vous faire connaître mon indignation et ma tristesse devant le dessin de notre camarade Picasso[3]. »

Les lettres affluent de communistes scandalisés s'adressant à Auguste Lecœur, qui a alors la charge du parti, et à François Billoux, le responsable des intellectuels. L'émoi est tel que, le 17 mars 1953, le secrétariat publie une déclaration sur ce qui est devenu une « affaire » : il désapprouve la publication du portrait, précisant qu'il ne remet pas en question les sentiments du grand artiste qu'est Picasso, dont chacun connaît l'attachement à la cause ouvrière. En revanche, il « regrette que le camarade Aragon, membre du Comité central et directeur des *Lettres françaises*, qui, par ailleurs, lutte courageusement pour le développement de l'art réaliste, ait permis cette publication[4] ». Lecœur exploite à fond l'affaire pour marginaliser Aragon, en l'absence de son protecteur Thorez, en

---

1. DESANTI, Dominique, 1983, p. 363.
2. Louis Aragon, propos tenus à Pierre Daix, cités dans *ibid.*, p. 364.
3. André Fougeron, lettre citée dans JUQUIN, 2013, p. 439.
4. Déclaration du secrétariat du PCF, 17 mars 1953, citée dans *ibid.*, p. 443.

convalescence à Moscou. Aragon, qui a pourtant fait preuve d'une servilité exemplaire, est vertement tancé par la direction du parti. Il vit si mal cette semonce, qu'Elsa Triolet va trouver Billoux pour lui demander s'il est possible d'intervenir en faveur de son époux, qui menace de se suicider. Selon elle, il aurait déjà fait plusieurs tentatives. C'est l'intervention de Jacques Duclos, invitant Aragon à passer le voir au plus vite, qui l'aurait dissuadé de mettre fin à ses jours. En définitive, l'affaire n'ira pas plus loin, et Aragon se tirera d'affaire par une autocritique modérée prenant la défense de Picasso, qui sera publiée dans *L'Humanité* le 29 avril 1953. Une autre raison à cette résolution rapide de la crise est avancée par Dominique Desanti. Laurent Casanova serait allé voir Aragon dans sa propriété du Moulin de Villeneuve, à Saint-Arnoult :

> Il a dit ce qui n'avait été mentionné par personne. C'est que Maurice Thorez — qui devait revenir le mois suivant — avait télégraphié au secrétariat du PCF pour désapprouver, non le dessin, mais le blâme. Et ceux qui avaient exigé de publier les désaveux, puis l'autocritique, le savaient[1].

DU RÉALISME SOCIALISTE
DANS LES LETTRES

Aragon, délaissant ses débuts surréalistes, mais aussi ses romans trop « bourgeois », comme *Aurélien*, publie entre 1949 et 1951 *Les Communistes*, grande fresque historique à la gloire du parti et de ses militants, que son biographe Pierre Juquin présentera de la façon suivante :

> Après Barrès, Aragon veut refaire le roman de « l'énergie nationale ». Où la puiser aujourd'hui, cette énergie ? La bourgeoisie est en décadence. *Les Communistes* propose l'image d'une relève des classes : la classe ouvrière devient le grand gisement d'éner-

---

1. Desanti, Dominique, 1983, p. 367.

gie française. Et autour d'elle, les intellectuels et l'ensemble du peuple[1].

En 1952, André Wurmser loue les mérites et la richesse du monde dépeint par le roman d'Aragon, le comparant favorablement à l'œuvre de Proust, qualifiée elle de « pourrie » et renvoyant au « monde des morts »[2]. Alors que le premier volume trouve son public avec quatre-vingt mille exemplaires vendus, la fresque restera inachevée.

André Stil, à qui Aragon a confié la direction de *Ce Soir*, conduit une croisade antiaméricaine en trois volumes dans *Le Premier Choc*, avec lequel il remporte le prix Staline, à Moscou, en 1952. L'année suivante, il publie *Vers le réalisme socialiste*. Stil échappe désormais à son mentor tant il correspond au profil rêvé par la direction du parti : enfant du Nord, de milieu très modeste, ancien résistant, il doit tout au parti, qui, à partir de 1950, lui confie la rédaction en chef de *L'Humanité*. « En une scène théâtrale », écrit Philippe Forest dans sa biographie d'Aragon, celui-ci essaie de dissuader Stil d'accepter une telle fonction : « Usant d'un chantage au suicide familier chez lui, il menace de se jeter par la fenêtre de son bureau s'il ne parvient pas à convaincre son disciple de décliner l'honneur que son parti lui fait[3]. » L'argument utilisé par Aragon se veut altruiste puisqu'il explique à Stil que ses nouvelles responsabilités vont nuire à son talent littéraire, mais il ne le convainc pas.

Au congrès de 1950, Maurice Thorez avait recommandé aux écrivains et aux peintres de s'inspirer du réalisme socialiste. À la fin de l'année, la ligne du parti s'était encore durcie. Elle était jusque-là dans le sillage soviétique, mais tempérée par le duo Thorez-Aragon, très attaché à la tradition nationale française. En octobre 1950, Thorez est victime d'une hémiplégie qui, sans affecter son activité cérébrale, l'empêche temporairement de parler et de se mouvoir. Transporté en URSS pour s'y faire soigner, il finira par récupérer ses facultés. Entre-temps, l'autorité de numéro un du

1. Juquin, 2013, p. 389.
2. Wurmser, 1952.
3. Forest, 2015, p. 564.

parti est déléguée à Auguste Lecœur, qui, n'ayant aucune conception de l'art, s'aligne simplement sur les directives soviétiques.

Les « Batailles du livre »

Pour orchestrer le succès de cette nouvelle esthétique, le PCF
lance ce qu'il appelle les « Batailles du livre », évoquant ainsi une
manière de faire la guerre par d'autres moyens. La première d'entre
elles se tient en mars-avril 1950 à Marseille et dans les environs. Le
PCF y loue la plus grande salle de cinéma de la ville. « On l'avait
ornée, se souvient Dominique Desanti, couverte de banderoles à se
croire dans une capitale de démocratie populaire. C'était plein[1]. » Le
mois suivant, la « bataille » est lancée en région parisienne. L'organisation est confiée à Elsa Triolet, qui oppose à l'écrivain bourgeois
solitaire l'écrivain qu'elle qualifie de « public », qui sait atteindre ses
lecteurs et dialoguer avec eux, tout en occupant une position avant-
gardiste. « L'artiste d'avant-garde, écrit-elle, a le bonheur d'être une
sorte d'écrivain public. L'écrivain public, celui qui exprime ceux qui
ne savent pas écrire, l'écrivain public, celui qui, comme le magicien
d'autrefois, exorcise la foule[2]. » Dans le contexte de guerre idéologique de l'époque, ces batailles sont autant de contre-offensives
opposées à la domination de la culture américaine.

De 1950 à 1952, seize « Batailles du livre » sont orchestrées
selon une partition bien rodée conjuguant expositions, conférences,
séances de dédicaces, tables rondes et ventes sur les marchés et aux
portes des usines. Les écrivains du parti sont mobilisés sous l'étendard « écrivains-combattants ». Les séances sont minutieusement
contrôlées, et des « volontaires » sont désignés par l'appareil pour
étudier les romans des auteurs présents et leur poser des questions.

Parmi ces petits soldats, Dominique Desanti participe à sept
« batailles » :

> Je nous revois à la sortie d'une mine, sur le carreau, juste devant
> les grilles, avec les copains de la section criant nos livres en ch'timi

---

1. DESANTI, Dominique, 1983, p. 348.
2. TRIOLET, 1948, p. 53.

comme ils auraient distribué des tracts. Les hommes marqués de charbon, exténués par huit heures de fond s'arrêtaient pourtant, nous regardaient et serraient nos mains dans leurs paumes où « l'karbon » dessinait les lignes de cœur, de la tête, de la chance, de la vie[1].

Par ce biais, le PCF fait la promotion nationale de ses auteurs et en profite pour diffuser les publications du grand frère soviétique, notamment des vedettes du réalisme socialiste, Nikolaï Ostrovski, Aleksandre Fadeïev, Ilia Ehrenbourg, etc., mais l'étoile des étoiles reste *Fils du peuple*, de Maurice Thorez, dont la première édition a paru en 1937. La nouvelle édition mise à jour de 1949 accompagne le culte de la personnalité dont bénéficie le secrétaire général du parti, sur le modèle du culte de Staline. Il s'en vendra sur l'année plus de trois cent quatre mille huit cents exemplaires. À ces opérations coups de poing, le parti adjoint des structures plus pérennes avec les BBL (Bibliothèques des Batailles du livre), qui permettent d'emprunter pour un prix modique des ouvrages préalablement sélectionnés par le parti.

Le théâtre n'est pas épargné par les combats idéologiques de la guerre froide. La pièce *Le colonel Forster plaidera coupable* (1952) tourne en boucle dans les circuits communistes, auréolée de ses multiples interdictions. Pour avoir monté en février 1953 à Chaillot *La Mort de Danton* de Büchner, Jean Vilar, qui dirige le TNP (Théâtre national populaire), pourtant souvent accusé d'être communisant, subit les foudres du PCF. « [A]ccusé de lèse-robespierrisme, explique l'historienne Emmanuelle Loyer, Vilar est de plus condamné pour la légèreté avec laquelle il présente une image indigne du peuple, grossier et roublard, velléitaire[2]. »

Toujours suspectés de trahir la cause prolétarienne à la moindre occasion, les intellectuels empruntent un chemin de croix qu'a parfaitement décrit Henri Lefebvre, qui a beaucoup œuvré dans l'abnégation bureaucratique. En 1959, juste après son exclusion du parti, il écrit, après trente années de bons et loyaux services : « Il faut leur taper sur les doigts sans arrêt, pas trop, juste assez,

---

1. Desanti, Dominique, 1975, p. 342, citée dans Chebel d'Appollonia, 1999, p. 187.
2. Loyer, 1997, p. 198.

avec art, et entretenir leur mauvaise conscience, leur reprocher sans cesse leur péché originel, leur genre de vie, bref renforcer leur sentiment de culpabilité[1]. » Au sein de l'appareil, Lefebvre a joué un jeu complexe, fait de concessions à la stalinisation, tout en réussissant à préserver une certaine singularité. Lorsqu'il écrit, en 1949, au plus fort de la vague jdanoviste, sa *Contribution à l'esthétique*, il « y introduit, explique son biographe Rémi Hess, quelques idées auxquelles il tient. [...] Les pages où il oppose le corps d'une femme nue à la Vénus de Milo, l'une représentant la beauté finie et l'autre l'ouverture sur l'infini, sont très exaltées[2] ». Bien qu'il se montre très prudent et appuie sa démonstration sur les textes de Marx et Engels, son manuscrit, soumis au responsable de la section idéologique du parti, fait l'objet de multiples coupes. « Pas une page, dit-il, qui n'ait été subodorée, flairée, palpée, tâtée et retâtée par les douaniers de l'intelligentsia[3]. » Alors que le livre risquait de ne pas voir le jour, Lefebvre trouve le subterfuge qui lui permet de passer en force : il insère en épigraphe deux citations, dont une de Jdanov en personne, d'une platitude absolue, qui renvoie au nom de famille du censeur de Lefebvre, un certain Plat : « La musique ne donne du plaisir que lorsque tous ses éléments : la mélodie, le chant, le rythme — se trouvent dans une certaine union harmonieuse[4]. » L'autre citation, prétendument de Marx, est en fait inventée par Lefebvre : « L'art est la plus grande joie que l'homme se donne à lui-même. » Sous les auspices de ces deux phrases, les censeurs lèvent l'embargo, et le livre peut paraître en 1953. Devenant vite une référence, il sera traduit en vingt langues. La citation inventée suscite d'ailleurs un véritable engouement des lecteurs, qui demandent à Lefebvre ses sources exactes dans l'œuvre de Marx. L'affaire connaîtra un rebondissement puisque l'appareil prendra en 1956 prétexte de la « falsification » pour suspendre son auteur du parti pendant un an. Edgar Morin décrit bien l'ambivalence d'un Lefebvre, qui échappa

---

1. LEFEBVRE, Henri, 1959, t. I, p. 63.
2. HESS, 1988, p. 127.
3. LEFEBVRE, Henri [1959], 1973, p. 196.
4. JDANOV [1950], p. 86, 1988, p. 128.

à la crétinisation des Kanapa, Caveing, Desanti [mais] paya sa petite autonomie dialectique d'une servitude politique totale. Il donna volontairement des gages, piétinant le cadavre de Nizan, dénonçant la « sociologie policière » de Georges Friedmann. Ah ! pourquoi ce papillon a-t-il rampé comme une chenille pendant des années[1] ?

LES AFFAIRES TITO, LYSSENKO, KRAVTCHENKO ET RAJK

Josip Tito

La première pilule internationale difficile à avaler pour les communistes français est la condamnation à l'infamie du maréchal Tito. Ayant eu le tort de se libérer seule, sans l'aide de l'Armée rouge, la Yougoslavie communiste représente un risque potentiel pour les Soviétiques, qui ont besoin d'un glacis soudé, d'un camp socialiste uni, pour conduire leur politique d'affrontement avec les États-Unis. Après le coup de semonce adressé par le Kominform au PCF, qui a suffi à lui faire redresser sa ligne, la seconde réunion du Kominform à Bucarest, à l'été 1948, produit un rapport sévère sur la situation du parti communiste de Yougoslavie. C'est la stupéfaction dans le monde communiste. « Rien, ni personne, remarque Claude Roy, ne permettait de pressentir que les partisans yougoslaves étaient depuis des années des agents de Himmler et des espions de Churchill ; que Tito, dirigeant de la lutte nationale, n'était que "le maréchal des traîtres"[2]. »

À la réunion qui suit, en 1949, le parti yougoslave est présenté comme infesté d'« assassins et d'espions », et tous les partis communistes sont sommés de participer à sa dénonciation et à celle de son chef. Tito, transformé en figure diabolique, s'oppose symboliquement à la figure divine de Staline, en une symétrie parfaite, et le titisme est considéré comme une maladie contagieuse capable

---

1. Morin [1959], 2012, p. 140.
2. Roy, Claude, 1972, p. 413.

d'infecter n'importe quel communiste sain d'esprit. Le 9 juin 1950, Annie Kriegel, dans un de ses hauts faits de militante irréprochable, intervient avec des camarades pour perturber une réunion publique sur la Yougoslavie à l'Hôtel des sociétés savantes, au Quartier latin. Les trente-cinq blessés et quinze arrestations qui en résultent sont justifiés le lendemain par Pierre Courtade dans *L'Humanité* :

> Lorsque nous disons que Tito et sa bande sont des fascistes, des *hitlériens*, au sens plein du mot, nous ne l'entendons pas comme une simple analogie [...]. Nous voulons dire très précisément que le régime de Belgrade a toutes les caractéristiques d'un régime fasciste et cela au sens scientifique, historique du terme[1].

Jean Kanapa dénonce en Tito l'organisateur de tout le réseau d'espionnage américain qui sévit dans les démocraties populaires. Pour Pierre Courtade, il est aux ordres de Wall Street et n'est pas plus socialiste que Mussolini. L'appareil met en circulation livres et brochures dénonçant le régime titiste, comme *La Yougoslavie sous la terreur de Tito*, vendue à quarante-huit mille exemplaires. Le frère d'Annie Kriegel, l'historien Jean-Jacques Becker, lui aussi entré au PCF en 1945 par fascination pour l'URSS et par conformisme, n'est pas davantage ébranlé par les dénonciations soudaines des méfaits du titisme. Il avale tranquillement la couleuvre et contribue à son petit niveau à l'épuration requise :

> Je me souviens de cette jeune et jolie étudiante d'histoire qui avait adhéré à notre cellule et qui faisait preuve d'une fraîcheur dans ses convictions nouvelles qui était tout à fait réconfortante [...]. Quand nous apprîmes qu'elle s'était amourachée d'un « titiste » [...]. Malgré ses protestations et ses pleurs, nous l'exclûmes dans l'instant[2].

Jean Cassou a fait à ses dépens l'expérience du virage brutal de l'Internationale communiste. En 1947, l'éphémère directeur de la revue *Europe*, conservateur en chef du musée national d'Art moderne, résistant, écrivain et compagnon de route du PCF, publie

---

1. COURTADE [1950], 1991 (a), p. 492.
2. BECKER, 2009, p. 187.

avec Claude Aveline, André Chamson, Georges Friedmann et Louis Martin-Chauffier *L'Heure du choix*, un ouvrage collectif visant à justifier le compagnonnage avec les communistes. Cassou reçoit avec stupeur la résolution de juin 1948 condamnant Tito. L'année suivante, il accepte une invitation de l'ambassadeur Marko Ristitch à passer ses vacances d'été en Yougoslavie. Constatant sur le terrain qu'il ne s'agit nullement d'un régime fasciste, il rentre en France convaincu de l'ineptie des accusations antititistes : « À mon retour de Yougoslavie, je reçus la visite d'Aragon : "Vous nous avez mis dans de beaux draps !" me dit-il[1]. » Aragon lui enjoint de ne faire aucune déclaration publique avant de prendre connaissance du dossier qu'il lui prépare. Cassou passe alors devant une sorte de tribunal constitué par le Mouvement des combattants de la liberté et de la paix, dont il est exclu[2]. Se tournant vers *Esprit*, il raconte sa mésaventure. Emmanuel Mounier, directeur de la revue, organise une réunion dans la communauté des Murs blancs à Châtenay-Malabry. Diverses personnalités y assistent, dont Jean-Paul Sartre, François Fejtö et Claude Bourdet. Cassou fait part de ses impressions et de son analyse sur ce que l'on appelle, indûment selon lui, le titisme et en titre un article publié dans *Esprit* en décembre 1949. André Wurmser lui répond, et *L'Humanité* riposte par une caricature représentant Jean-Marie Domenach et Jean Cassou « dans un petit rafiot voguant derrière un énorme *dreadnought* américain et repêchant les dollars que ce dernier jetait dans les flots[3] ».

L'affaire titiste ébranle la conviction d'un certain nombre d'intellectuels communistes, mais sans les conduire à contester la direction du parti. Jean Bruhat témoignera bien plus tard de cette ambivalence : « Je suis étonné quand, le 28 juin 1948, le Kominform condamne le parti communiste de Yougoslavie et que commence la période de rupture avec le "traître" Tito. Mais, dans l'état d'égarement où j'étais alors, j'approuve la décision sans discuter et sans m'informer[4]. »

1. Cassou, 1981, p. 250.
2. Scène racontée dans Domenach, 1971.
3. Cassou, 1981, p. 256.
4. Bruhat, 1983, p. 151.

Trofim Lyssenko

Un deuxième front ouvert par les communistes est celui dit des « deux sciences » : la science prolétarienne, progressiste, qui va dans le sens de l'histoire, et la science rétrograde, bourgeoise. Cette distinction éclate au grand jour avec l'« affaire Lyssenko », qui débute à la fin de l'été 1948. Trofim Lyssenko est un technicien agricole devenu la référence scientifique de Staline après quelques purges. En 1926-1927, il a expérimenté en Azerbaïdjan une technique de transformation du blé d'hiver en variété de printemps. Il a ensuite essayé d'étendre l'expérience à tout le territoire soviétique, mais les résultats se sont révélés catastrophiques. Il en faudrait plus pour décourager le volontarisme du régime stalinien, alors en pleine collectivisation forcée des terres, au moment même où les Américains ont mis au point une technique d'hybridation des semences de blé qui multiplie les rendements par huit. Le progrès ne pouvant, par principe, provenir d'Amérique, cette méthode est rejetée comme « antidialectique », et les piètres résultats obtenus par Lyssenko sont mis au passif des traîtres et « koulaks malfaisants ». Fort du soutien de Staline, l'ex-technicien s'en prend aux vrais spécialistes du domaine, les ingénieurs agronomes et les généticiens, ainsi qu'à leur formation théorique, dérivée des lois de Mendel et de Morgan, et les envoie se faire rééduquer au Goulag. Les théories génétiques qui mettent en avant le caractère héréditaire des chromosomes sont contestées par Lyssenko, qui crée en 1935 une revue pour étayer et diffuser ses thèses sur la « vernalisation ». Dans sa lutte contre les néo-mendéliens, qualifiés de trotskistes puis de cosmopolites, il s'appuie sur les idées de l'agronome russe Ivan Mitchourine. Ainsi que l'écrit Ariane Chebel d'Appollonia : « La session spéciale de juillet 1948 de l'Académie Lénine des sciences agronomiques marque le triomphe de Lyssenko. Avec une ingéniosité qui frôle la roublardise, celui-ci exploite la distinction jdanovienne entre science bourgeoise et science prolétarienne[1]. »

En France, Lyssenko est relayé par un article retentissant de Jean Champenoix qui s'exclame en première page des *Lettres*

---

1. CHEBEL D'APPOLLONIA, 1999, p. 26.

françaises, le 26 août 1948 : « Un grand événement scientifique : l'hérédité n'est plus commandée par de mystérieux facteurs. » Il annonce ainsi la naissance d'une nouvelle biologie, venue d'URSS, qui prend le contre-pied de la génétique « bourgeoise et métaphysique », Lyssenko récusant les théories de Mendel sur la transmission et la modification des caractères héréditaires acquis. Alors que les spécialistes jugent les assertions de Lyssenko totalement incongrues au regard des acquis de la génétique, les biologistes et, au-delà, tous les intellectuels sont sommés de prendre parti pour sa théorie, faute de quoi ils se retrouvent dans le camp de l'impérialisme américain, des traîtres à la classe ouvrière et des héritiers du nazisme. Le communiste Marcel Prenant, biologiste de réputation mondiale et auteur de *Biologie et marxisme*, est tiraillé entre ses convictions scientifiques et son engagement militant[1]. Il esquive le dilemme en renvoyant dos à dos les vulgarisateurs peu informés et ceux dont la critique *a priori* des thèses de Lyssenko est malveillante et cherche à définir une ligne médiane qui puisse réconcilier génétique et lyssenkisme. Sa position, jugée modérantiste par la direction du PCF, ne parvient pas à se faire entendre. En 1949, Prenant se rend en Russie pour expliquer ses positions et tenter de rencontrer Lyssenko, dont des portraits en grand nombre sont placardés dans les rues de Moscou. Alors qu'il n'espérait plus pouvoir le rencontrer, il est convié à ce qu'il croit être une rencontre privée :

> Aussi fus-je plus que surpris quand on me fit entrer dans une immense salle carrée et nue, au centre de laquelle s'élevait une estrade avec une grande table où siégeait le maître [...]. À part nous [...], bien en évidence sur la tribune, la mise en scène se complétait d'une centaine de figurants muets assis sur des chaises alignées le long des murs[2].

L'échange est proprement ubuesque. Lyssenko va jusqu'à présenter sur un ton doctoral deux petites enveloppes contenant des grains pour que son interlocuteur réalise la différence entre des grains de blé et des grains de seigle !

1. PRENANT, Marcel, 1980, p. 308.
2. *Ibid.*, p. 301.

J'avais une furieuse envie de le gifler, car il avait évidemment monté toute cette mise en scène pour me présenter à ses collaborateurs comme un ignorant à qui il fallait enseigner la différence entre le blé et le seigle. Mais comment pouvais-je relever publiquement cette grossièreté alors que je ne parlais pas russe[1].

De retour en France, Marcel Prenant, encore plus convaincu d'avoir affaire à un charlatan, confesse ses doutes à l'appareil, tout en promettant de ne rien dire qui puisse contrarier la politique du parti. Le grand biologiste n'en est pas moins étroitement surveillé et subit même un harcèlement aggravé. Aragon, chargé de défendre Lyssenko, injurie ceux qui contestent sa théorie — notamment Jacques Monod, Jean Rostand et le Prix Nobel américain Hermann Muller. Tout en prenant soin de préciser qu'il n'est pas biologiste et ne peut donc juger sur le fond, il ajoute que,

sans prendre parti entre les deux tendances, il est permis à un philistin de constater que la première décrète l'impuissance de l'homme à modifier le cours des espèces, à diriger la nature vivante, que la seconde prétend fonder le pouvoir de l'homme à modifier le cours des espèces, à diriger le cours des espèces, à diriger l'hérédité[2].

Si Aragon ne donne qu'un bonus à la théorie qui met en avant le volontarisme de l'homme pour vaincre les lois de la nature, les intellectuels du parti trouveront mieux avec la ligne des « deux sciences ». Sa définition théorique est présentée dans un ouvrage collectif, où Jean-Toussaint Desanti évoque « une science bourgeoise et une science prolétarienne fondamentalement contradictoires », ajoutant : « [C]ela veut dire avant tout que la science est elle aussi *affaire de lutte de classes, affaire de parti*[3] ». Le quotidien du parti *L'Humanité* est bien sûr aux avant-postes dans la bataille pour défendre Lyssenko, avec, entre autres, des articles de Francis Cohen, Ernest Kahane ou Roger Garaudy, qui débouchent

---

1. *Ibid.*, p. 302.
2. ARAGON, 1948 (a).
3. DESANTI, Jean Toussaint [1950], 1995, p. 34 (souligné par l'auteur).

sur un soutien admiratif de Maurice Thorez en personne. Dans un discours au Vél'd'Hiv de 1948, le secrétaire général salue « le triomphe, avec l'appui de tout le peuple et du parti bolchevique, des principes du grand savant Mitchourine, définis et développés brillamment par l'académicien Lyssenko[1] ».

La théorie de Lyssenko prétend parvenir à des records de production en zones à l'abandon. Selon lui, la biologie prolétarienne permet de modifier plus rapidement que prévu les formes animales ou végétales selon le bon vouloir de l'homme et de la direction du parti. Cette thèse folle, devenue la doctrine officielle d'un mouvement communiste international qui se réclame du rationalisme, finit par être adoptée par des spécialistes pourtant convaincus de sa nullité. Dans *Les Lettres françaises*, Pierre Daix prétend que, grâce à Lyssenko, « l'homme n'est pas un loup pour l'homme », et ajoute : « Quoi d'étonnant que ça ne fasse pas plaisir à tout le monde »[2]. Marcel Prenant aurait préféré rester muet, mais la direction du parti le pousse à légitimer la cause de Lyssenko. Il ne peut que s'exécuter et se retrouve au cœur du débat en tant que spécialiste : « J'étais harcelé d'invectives qui se ramenaient toutes à ceci : "Tu es le seul biologiste membre du Comité central, c'est donc à toi de prendre la tête de la lutte pour faire accepter en France les thèses lyssenkistes"[3]. » À l'extérieur du parti, les spécialistes crient au délire, et Jacques Monod, chef de laboratoire à l'Institut Pasteur, dénonce la supercherie. Prenant se décide à monter au créneau pour défendre Lyssenko dans *La Pensée*, mais son ton n'étant pas assez enthousiaste, Laurent Casanova le rappelle aux responsabilités de l'intellectuel communiste. Il réitère alors sa défense en tentant de concilier mendélisme et lyssenkisme, ce qui n'est guère apprécié des dirigeants du parti, pour lesquels l'opposition ne peut qu'être absolue entre les deux sciences.

En 1950, Prenant est finalement écarté du Comité central pour manque de zèle. Il faudra attendre 1966 pour que le PCF abandonne officiellement les thèses de Lyssenko, longtemps après l'URSS elle-même. En ces années 1950, la thèse des deux sciences ne

---

1. THOREZ, 1948.
2. DAIX, 1948.
3. PRENANT, Marcel, 1980, p. 293.

concerne pas seulement la biologie, mais prévaut dans toutes les disciplines. Débattue et adoptée dans les cercles idéologiques du parti, elle est publiquement mise en avant par Laurent Casanova en février 1949, à l'occasion d'un meeting salle Wagram, devant une salle comble :

> Oui ! Il y a une science prolétarienne fondamentalement contradictoire avec la science bourgeoise, qui peut se satisfaire d'approximations aussi grossières [...]. Oui ! Il y a une science prolétarienne fondamentalement contradictoire avec la science bourgeoise, qui bâillonne de la sorte les savants [...] il y a une grande différence entre la qualité humaine du kolkhozien lisant la *Pravda* et la qualité humaine de M. Monod écrivant dans *Combat*[1].

Comme l'analyse Jeannine Verdès-Leroux, les responsables du parti se répartissent les tâches afin de jouer sur des registres différents, mais complémentaires. Jean-Toussaint Desanti est chargé de donner une épaisseur épistémologique à la thèse des « deux sciences », et Jean Kanapa, de la mettre en musique[2]. Quant à Louis Aragon, il y voit la réalisation de ses rêves eschatologiques. Le 6 décembre 1950, prenant la parole à la Mutualité à l'occasion d'une soirée d'amitié franco-soviétique, il s'exclame à propos de la Russie qu'elle est « le siège non d'une Renaissance, mais d'une naissance qui est celle de l'homme nouveau[3] ».

Le combat idéologique enjoint de ne pas laisser les biologistes ferrailler seuls et d'ouvrir de nouveaux fronts. Les chimistes entrent en scène en novembre 1952, quand Georges Cogniot se fait l'écho de découvertes soviétiques qui mettent en pièces la théorie de la résonance, qualifiée de pseudo-théorie réactionnaire. En physique, il s'agit de dénoncer les tenants de l'interprétation non déterministe de la physique quantique, dans la lignée des travaux de Bohr et Heisenberg. Même si la technicité des débats ne les met guère à la portée des grandes masses de militants, la démultiplication des fronts joue un rôle important dans le contexte de la guerre idéologique en cours. À l'occasion des « Journées nationales d'études

---

1. Casanova, Laurent, 1949 (b), p. 15.
2. Verdès-Leroux, 1983, p. 236.
3. Louis Aragon, cité dans Juquin, 2013, p. 327.

des intellectuels communistes », en mars 1953, Cogniot se félicite de voir que les physiciens du parti ont « réglé son compte à l'indéterminisme[1] ». On venait d'y célébrer la première grande victoire du matérialisme dialectique en physique !

Les sciences humaines ne sont pas épargnées, d'autant qu'elles touchent un plus large public. La discipline historique est alors écartelée entre un « événementialisme » classique et la montée de l'école des *Annales*, qui rénove les études historiques, notamment par l'ouverture à l'économie. Cette voie nouvelle, incarnée par Fernand Braudel, est fortement récusée par les intellectuels du PCF, qui dénoncent en elle une justification du Pacte atlantique et une approche bourgeoise. Jacques Chambaz, sous le pseudonyme de Jacques Blot, mène la bataille dans *La Nouvelle Critique*. Même Ernest Labrousse, grand spécialiste de la Révolution française et de l'histoire sociale et économique, est accusé de réintroduire « les thèmes les plus réactionnaires, les plus obscurantistes ». Annie Kriegel incrimine pour sa part « les trahisons du marxisme perpétrées par le "marxien" Labrousse[2] ». À l'histoire embourgeoisée et décadente s'oppose bien sûr l'édifiante histoire soviétique, étayée sur le matérialisme dialectique : l'avenir a un sens déjà-là, et doit, par étapes, conduire au communisme.

Jean-Jacques Becker, encore étudiant, est à la manœuvre pour régler son compte à la thèse de Braudel sur la Méditerranée dans le journal de la cellule des étudiants d'histoire, dont il est membre : « L'ennui pour accomplir ma mission, c'est que je n'avais pas lu alors ce très gros ouvrage et que je me sentais parfaitement incapable de rédiger le factum qui m'avait été demandé[3]. » Il ne s'arrête toutefois pas à ces considérations éthiques et appelle à la rescousse son camarade Maurice Agulhon en vue de la publication d'un article incendiaire commun, article évidemment anonyme puisque Braudel est président du jury de l'agrégation d'histoire. L'article sera repris et plus largement diffusé sous la signature G. O. dans un numéro de *Clarté* en 1950.

Pour le PCF, la sociologie n'a pas lieu d'être puisque le marxisme

---

1. Georges Cogniot, cité dans VERDÈS-LEROUX, 1983, p. 250.
2. KRIEGEL, Annie (sous le nom d'Annie Besse), 1949.
3. BECKER, 2009, p. 200.

conjoint l'économique et le social. Henri Lefebvre, moins prudent qu'envers le jdanovisme, sonne la charge contre la notion même de sociologie, qui, loin d'être la science qu'elle prétend être, n'est qu'une fine pellicule de superstructure idéologique du mode de production capitaliste. Contre cette science bourgeoise, il faut croiser le fer avec ses représentants et ses maîtres à penser : Émile Durkheim, Georges Gurvitch et Georges Friedmann. Quant à la psychanalyse, elle fait l'objet d'un débat d'autant plus virulent que le PCF compte en son sein nombre de psychiatres. Le parti ayant condamné la pratique psychanalytique, son sort est réglé. En décembre 1948, la direction convoque le milieu médical communiste pour lui signifier, par la voix de Jean Kanapa, le rejet complet de la psychanalyse. Le numéro de décembre de *La Pensée* comporte encore deux articles contradictoires, celui d'un rejet total du freudisme par Victor Lafitte et un article plus pondéré de Serge Lebovici, qui invite à distinguer une « thérapeutique de grande valeur » et ses mésusages mystificateurs. *L'Humanité* du 27 janvier 1949 adopte un tout autre ton, de condamnation officielle et sans appel, sous le titre évocateur : « La psychanalyse, idéologie de basse police et d'espionnage ». Chacun, jusqu'aux médecins psychiatres, est sommé d'y voir une invention aliénante du capitalisme, une pseudo-science bourgeoise. Les psychanalystes du parti doivent se soumettre à une autocritique collective, publiée sous le titre « La psychanalyse, une idéologie réactionnaire » dans *La Nouvelle Critique*[1]. Il faudra attendre le milieu des années 1960, avec le texte de Louis Althusser « Freud et Lacan », pour voir le procès de la psychanalyse se rouvrir.

Viktor Kravtchenko

Avec l'affaire Kravtchenko, les procès de Moscou se déplacent à Paris. Ancien haut fonctionnaire soviétique d'origine ukrainienne, Kravtchenko passe à l'Ouest en avril 1944, à l'occasion d'une mission d'achats de matériel de guerre à Washington. Installé aux États-Unis, il raconte dans un livre le mode de fonctionnement du

---

1. BONNAFÉ *et al.*, 1949.

système bureaucratique qu'il a fui. *J'ai choisi la liberté*, sous-titré *La vie publique et privée d'un haut fonctionnaire soviétique*, fait un triomphe : traduit en vingt-deux langues, il se vend à quelque cinq millions d'exemplaires. Si cette autobiographie n'apporte pas beaucoup d'éléments nouveaux par rapport à la littérature oppositionnelle des années 1930, elle intervient dans un climat de guerre froide propice à une curiosité renouvelée sur ce qui se passe à l'Est et qui va contribuer à son succès. Publié en 1947 en France et vendu à plus de quatre cent mille exemplaires, il obtient le prix Sainte-Beuve contre Pierre Klossowski.

En cet automne 1947 de rupture du PCF avec le tripartisme (SFIO-PCF-MRP), *Les Lettres françaises* attaquent Kravtchenko en dénonçant un faux qui ne peut être qu'une manipulation provenant d'Amérique. Sous le titre « Comment fut fabriqué Kravtchenko », Claude Morgan, le directeur de la revue communiste, fait passer un article du journaliste André Ulmann (sous le pseudonyme de Sim Thomas) accusant Kravtchenko de mensonge et d'ivrognerie. Ce dernier ne serait qu'un piètre agent des services secrets américains, joueur et épris de boisson, qui, pour éponger ses dettes, se serait engagé à publier un livre à sensation. Comme il ne sait pas vraiment écrire, on lui aurait demandé d'endosser la responsabilité d'un ouvrage préparé par des « amis mencheviks[1] ». En janvier 1948, Kravtchenko riposte à ces propos calomnieux en assignant en justice le directeur des *Lettres françaises* et son rédacteur en chef, André Wurmser. Morgan relève le défi et annonce qu'il apportera les preuves des allégations de son journal. « En revendiquant la nécessité d'un affrontement, écrit le journaliste Guillaume Malaurie, le parti communiste donne en fait sa véritable envergure à un banal petit procès en diffamation[2]. »

L'audience s'ouvre le 24 janvier 1949 devant la 17ᵉ chambre correctionnelle de la Seine, dans un palais de Justice bondé. Malgré les propos liminaires du président du tribunal, neveu du grand sociologue Émile Durkheim, qui précise que c'est aux *Lettres françaises* de faire la preuve de ce qu'avance l'article incriminé, le PCF réussit à renverser le rapport de force en transformant le procès

---

1. ULLMANN (sous le pseudonyme de Sim Thomas), 1947.
2. MALAURIE, 1982, p. 48.

en diffamation à l'encontre du journal en une mise en accusation de Kravtchenko. Les communistes essaient de mettre ce dernier en difficulté. Il se serait fait aider dans la rédaction du livre par Eugène Lyons, un ancien communiste journaliste au *New York Times*. André Wurmser pense la partie gagnée lorsqu'il demande comment se termine la pièce d'Ibsen *La Maison de poupée*, dont il est question dans le livre. Il faut tout le talent de l'avocat de Kravtchenko, Mᵉ Georges Izard, pour le sortir de ce mauvais pas. La personnalité du transfuge ne convainc pas vraiment et ne suscite ni empathie ni compassion. Un témoignage majeur et irrécusable intervient toutefois en sa faveur en la personne de Margarete Buber-Neumann, qui a connu les camps des deux totalitarismes, nazi et bolchevique. « Son histoire, écrit Malaurie, ressemble à un véritable voyage au bout du totalitarisme[1]. » Elle était la femme d'Heinz Neumann, un membre influent du Komintern, qui avait été désavoué par le secrétaire du parti communiste allemand Ernst Thälmann. Après la prise de pouvoir par Hitler, le couple avait gagné Zurich, où Neumann s'était fait arrêter le 15 décembre 1934. Hitler exigeait son rapatriement en Allemagne, mais Staline le protégea et autorisa le couple à rejoindre Moscou en passant par Le Havre, où un bateau leur permit d'échapper aux nazis. Dans le climat des procès de Moscou et des purges en tous genres, Neumann fut arrêté en avril 1937, condamné à mort en novembre et aussitôt exécuté.

Buber-Neumann fut déportée en Sibérie en juin 1938. Condamnée à cinq ans d'internement en camp, elle en sortit au printemps 1940, avant la fin de sa peine, pour être renvoyée en Allemagne, dans le camp nazi de Ravensbrück ! Quand paraît le livre de Kravtchenko, elle ne peut que souscrire à ce qu'il décrit. Elle est particulièrement bien placée pour attester, en tant que témoin et victime, la réalité des camps soviétiques. En 1949, elle vit en Allemagne, à Schawnheim, où elle reçoit du consul français une convocation à venir témoigner à l'audience à Paris. Son récit, dans ce procès à grand spectacle, fait figure d'événement :

> Cette mince femme tout en noir force le respect. Chaque mot allemand claque net et juste. La maigreur de ce visage jeune impres-

---

1. *Ibid.*, p. 144.

sionne. C'est avec « l'âme qu'on l'entend » pourra-t-on écrire. Tranquillement, elle confirme les procédures d'exception soviétiques mises au jour au cours des audiences précédentes[1].

Ce qu'elle dit est accablant et l'émotion est à son comble. Aux abois, la défense du PCF laisse la parole au seul avocat non communiste des *Lettres françaises*, Me André Blumel, qui ose répondre à Buber-Neumann que s'il n'y a pas de murailles, ce ne peut être un camp, ce à quoi elle lui rétorque que, dans la steppe où se situait son camp, sans cesse parcourue par les troupes du NKVD, l'évasion était strictement impossible : « J'habitais dans une hutte d'argile, peuplée de millions de punaises. Elle donnait sur une rue d'un kilomètre. Si je m'en éloignais de cinq cents mètres, on me tirait dessus[2]. »

L'issue du procès donne raison à Kravtchenko. Le 4 avril 1949, le tribunal lui accorde 150 000 francs (moins de 5 000 euros) de dédommagements et condamne Claude Morgan et André Wurmser à 5 000 francs chacun, mais en appel la 11e chambre admet dans son verdict que s'il y a bien eu diffamation de la part des *Lettres françaises*, celles-ci ne sont plus condamnées qu'à verser un franc symbolique, alors que le plaignant a dépensé entre 20 millions et 25 millions de francs (plus de 700 000 euros) pour son action en justice. Le témoignage de Margarete Buber-Neumann reste un temps fort dans la prise de conscience du totalitarisme, bien que, sur le moment, le PCF gagne la bataille de la crédibilité pour dénier toute réalité à l'existence des camps à une échelle massive dans la patrie du socialisme. Le crédit conquis par l'URSS durant la guerre est encore intact et joue comme un écran pour empêcher l'éclatement de la vérité sur la nature totalitaire du régime.

La gauche non communiste reste elle-même sceptique à l'égard des révélations du procès. Dans *Esprit*, Albert Béguin invoque la vénalité de Kravtchenko pour jeter le soupçon sur ses révélations. *Combat* renvoie les protagonistes dos à dos en arguant que la confrontation des deux impérialismes n'a rien révélé. En définitive, peu nombreux sont ceux qui soutiennent Kravtchenko, et même

---

1. *Ibid.*, p. 147.
2. Margarete Buber-Neumann, citée dans *ibid.*, p. 148.

Camus reste mystérieusement silencieux. Claude Lefort, qui anime avec Cornelius Castoriadis le groupe Socialisme ou barbarie, est un des rares à croire à la véracité de l'autobiographie, comme il l'écrit dans *Les Temps modernes*, sous la rubrique « Opinions ». Les autres soutiens de poids sont ceux de Maurice Nadeau, qui publie dans *Combat* une défense de Kravtchenko, et de René Char, résistant incontestable, chef de maquis dans les Basses-Alpes en 1944, qui n'hésite pas à affirmer : « Kravtchenko n'est pas un traître, mais seulement divorcé d'un régime [...]. Si, dans l'ensemble, la plupart des témoins du procès sont plus émouvants que lui, leur vérité l'emporte sur les circonstances de leur situation[1]. » Bouleversé par la déposition de Margerete Buber-Neumann, il écrit dans *Combat* à propos des *Lettres françaises* : « Leur position est intenable et leur mélasse irrespirable. Voilà où mène l'usage d'une dialectique affolée au service d'une cause qui n'a pas d'assise morale[2]. »

László Rajk

François Fejtö, un exilé hongrois aux convictions sociales-démocrates travaillant à l'AFP, connaît bien le ministre de l'Intérieur hongrois László Rajk, qui, à l'occasion d'un de ses passages à Paris, l'a invité à revenir dans son pays. En mars 1949, on apprend l'arrestation de Rajk, à peine sorti de son ministère. Son procès débute en septembre : « Je décidai de ne pas rester passif, écrit Fejtö, de me battre pour mon ancien ami[3]. » Dès lors, il multiplie les déclarations et les commentaires sur le procès, dans divers organes de presse en France. Mais là encore, la vérité aura bien du mal à percer.

Fejtö est entendu par ceux qui ont compris l'imposture de la dénonciation de Tito — Jean Cassou, Louis Dalmas, Claude Bourdet, Édith Thomas, Paul Rivet —, mais il se heurte pour l'essentiel au mur du silence et à de grandes déconvenues. C'est le cas avec

1. René Char, cité dans *ibid.*, p. 193.
2. Char [1949], 2004, p. 270.
3. Fejtö, 1986, p. 211.

la réaction de Julien Benda, avec lequel il a une longue conversation. Fejtö lui démontre savamment l'analogie avec les procès de Moscou des années 1930 et les invraisemblances manifestes de la procédure judiciaire. Il ne reçoit pour toute réponse que ces mots : « Vous ne m'avez pas convaincu[1]. » Au lendemain de l'entretien, Benda apporte son soutien aux thèses du PCF, qui fait applaudir à la Mutualité, sous la présidence de Jacques Duclos, l'exécution de Rajk et de ses compagnons.

Emmanuel Mounier, qui conduit avec *Esprit* une politique de compagnonnage avec les communistes depuis la Libération, se montre à l'inverse profondément ébranlé par cette affaire. Fejtö lui propose d'écrire une analyse de l'affaire Rajk. *Esprit* prépare un numéro sur « La crise des démocraties populaires », pour lequel Fejtö a proposé, sous le titre « L'Affaire Rajk est une affaire Dreyfus internationale[2] », un article qui suscite la perplexité, même chez Mounier. Celui-ci hésite un moment. L'appareil du PCF fait pression pour empêcher sa publication, allant jusqu'à dépêcher Pierre Courtade pour expliquer à Mounier que « Fejtö était un ancien fasciste, agent de la police hongroise et collabo[3] ». Mounier demandant des informations précises, Courtade fait le voyage à Budapest et revient, dit-il, avec des preuves certaines et un énorme dossier sur les activités de Fejtö, dossier qu'il ne communiquera jamais à Mounier, car il est tout simplement imaginaire. Faute du dossier en question, Mounier publie l'article : « La signification historique du procès Rajk était, selon moi, que l'URSS ne tolérait plus en Hongrie, ni dans les autres pays occupés, une quelconque démarche originale dans la construction du socialisme[4]. »

Peu nombreux sont ceux qui ouvriront les yeux à partir du procès Rajk. On muselle ceux qui se posent des questions : « À André Breton qui exprimait ses doutes sur la justice du procès Rajk, Eluard répondait : "J'ai trop à faire pour les innocents qui clament leur innocence pour m'occuper des coupables qui clament leur culpabilité"[5]. » Quant aux étudiants communistes, ils retrouvent

1. Julien Benda, cité dans *ibid.*, p. 213.
2. FEJTÖ, 1949.
3. ID., 1986, p. 214.
4. *Ibid.*, p. 215.
5. CAUTE, 1964, p. 213.

dans *Clarté* un subterfuge de pur style stalinien : Annie Kriegel et Jacques Hartmann considèrent que Rajk est coupable, sans aucun doute possible. Ne pouvant le démontrer par une enquête, ils se replient sur la notion du vraisemblable : « S'ériger en nouveau tribunal pour juger de la vérité des pièces du dossier conduit en fait à une impasse. Par contre, féconde est la méthode — et c'est en réalité la seule question posée parce que seule soluble — qui consiste à juger de la vraisemblance de l'affaire[1]. »

EN RANGS SERRÉS

En ces années de guerre idéologique, le peu de liberté toléré par le centralisme démocratique est brutalement supprimé. Ceux qui veulent préserver un espace critique doivent se soumettre ou se démettre. Laurent Casanova, assisté de Jean Kanapa, veille à faire appliquer la règle de l'unanimité. Le petit cercle de la rue Saint-Benoît réuni autour de Marguerite Duras, militante exemplaire, est réduit à néant. Duras a le tort de s'inquiéter et de demander des explications sur Jdanov à ses responsables. Un soir, Claude Roy introduit dans le groupe un écrivain communiste italien, ancien résistant, Elio Vittorini, dont la rencontre est décisive pour Duras. Après avoir assumé de très hautes fonctions à la Libération comme rédacteur en chef du quotidien du PCI (parti communiste italien) *L'Unità*, il dirige à présent sa propre revue, *Il politecnico*. Hostile à la stalinisation et partisan d'une culture ouverte à des auteurs non communistes, il perd le soutien du PCI et rejoint ses amis de la rue Saint-Benoît.

À l'occasion d'un de ses voyages parisiens, Vittorini donne un long entretien à Edgar Morin et Dionys Mascolo. Publié dans *Les Lettres françaises*, il fait bondir les responsables des intellectuels du PCF, Laurent Casanova et Jean Kanapa. Vittorini conforte bien sûr Duras et ses amis dans leur hostilité au jdanovisme : « Marguerite et avec elle Edgar Morin, Dionys Mascolo, Robert Antelme

1. KRIEGEL, Annie, 1991 (a), p. 460.

continuent à penser qu'ils vont imposer au parti une autre conception de la morale, de la politique, de l'amour. Dans ce but est
fondé le Groupe d'études marxistes, rue Saint-Benoît[1]. » La liberté
de ton y est exceptionnelle et on ne se gêne pas pour ridiculiser
les petits chefs les plus jdanoviens. Ce cénacle est de trop pour la
direction du PCF, qui ne veut y voir qu'une entreprise fractionniste.
En plus de ses prises de position hérétiques, le groupe accueille
des non-communistes, comme Maurice Merleau-Ponty, Raymond
Queneau ou Jacques-Laurent Bost, mais jamais Jean-Paul Sartre :
une forte antipathie oppose Duras et Simone de Beauvoir. En habile
stalinien, Casanova demande un rapport sur Vittorini à Morin, ce
qui oblige celui-ci à dévoiler ses positions en faveur d'une liberté
culturelle.

En avril 1948, c'est au tour de Mascolo et d'Antelme de décider
d'écrire un rapport critique sur la politique culturelle du parti. Le
texte, discuté en mai, est violemment rejeté par Aragon et Casanova. Morin reprend alors l'initiative en rédigeant une lettre adressée à Kanapa, « signée par Claude Roy, Jean Duvignaud, Pierre
Kast, Robert Antelme, Dionys Mascolo et Jean-François Rolland.
Tous espéraient obtenir la signature des "grands", mais déchantent
rapidement. Eluard refuse. Courtade se rétracte. Picasso reste
sourd[2] ». Dans *Les Cahiers du communisme* de septembre 1948,
Casanova s'en prend vivement à l'initiative de ces intellectuels
qui, pour conserver leur « quant-à-soi », seraient prêts à trahir les
intérêts du prolétariat. Impuissante face à l'appareil et n'ayant plus
l'illusion d'en redresser la ligne intangiblement jdanovienne, la rue
Saint-Benoît plie l'échine, se considérant désormais en « démission
intérieure », comme l'écrira Edgar Morin.

L'heure des départs et des exclusions a sonné : « Kanapa veut la
peau de Marguerite, Robert et Dionys. Considérés comme gêneurs,
incontrôlables, le parti les isole progressivement et méthodique-
ment[3]. » Les attaques se font ignominieuses, notamment celles qui
visent Duras. La direction du PCF s'en prend d'abord à sa réputation de résistante en prétendant qu'elle a travaillé pendant l'Occu-

1. ADLER, 1998, p. 249.
2. CHEBEL D'APPOLLONIA, 1999, p. 36.
3. ADLER, 1998, p. 265.

pation pour le compte de la censure allemande et dénonce en elle une petite-bourgeoise décadente, chienne de garde du capitalisme. Duras signifie aussitôt par lettre qu'elle ne reprendra pas sa carte pour l'année 1949 : « On la traite de plus en plus ouvertement de putain[1]. » Mascolo la suit dans la rupture, ce qui n'empêche pas le parti de les exclure tous les deux officiellement en mars 1950. Antelme se montre particulièrement ébranlé par cette exclusion, comme le notera Pierre Daix :

> Je n'oublierai jamais le visage bouleversé d'Antelme le jour où il vient m'annoncer que sa cellule l'avait exclu. Je lui ai tendu la main pour lui signifier que cela ne changeait rien entre nous. Il hésita avant de la prendre. « À quoi bon, c'est fini », me dit-il les larmes aux yeux[2].

Daix intervient au sommet de la hiérarchie pour obtenir sa réintégration, mais elle est refusée à cause des « coucheries de Marguerite et son obscénité[3] ». Duras évoque ses sentiments dans son Journal au moment de l'exclusion. Laure Adler écrit : « Elle se sent coupable et orpheline, parle de "traumatisme", de "problème douloureux"[4]. » Dans ce processus d'exclusion, il semble que Jorge Semprún ait joué un rôle en rapportant les propos sarcastiques tenus lors d'une soirée bien arrosée en mai 1949 au café Bonaparte : « On boit, on se moque, on s'esclaffe de tout et de rien, on rigole. Les avis divergent sur le sujet de la conversation, selon plusieurs témoins, Mannoni aurait lancé, maniant l'humour corse à la perfection, que le camarade Casanova était un maquereau — Casa est un grand mac — et qu'en Corse nul ne l'ignorait[5]. » Semprún, rapportant ces propos aux instances supérieures du parti, aurait précipité l'exclusion de Duras.

Quant à Edgar Morin, lui aussi dans le collimateur, il ne reprend pas sa carte pour l'année 1950. S'il déserte sa cellule, il se considère cependant toujours membre du parti et se laissera surprendre

---

1. *Ibid.*, p. 274.
2. Pierre Daix, entretien avec Laure Adler, 12 décembre 1996, in *ibid.*, pp. 276-277.
3. ADLER, 1998, p. 277.
4. *Ibid.*, p. 278.
5. *Ibid.*, p. 405.

par son exclusion, qui intervient à la suite d'un compte rendu qu'il publie dans *L'Observateur* à propos d'une semaine d'études de sociologie sur le thème du rapport des villes et des campagnes. Cet article anodin, même pas oppositionnel, mais dans un journal considéré comme ennemi, lui vaut l'indignation de Dominique Desanti et de Kanapa. Morin ne pense pourtant pas que l'affaire ira au-delà. C'est faire fi de la nature d'une organisation stalinienne : une enquête est décidée sur son cas, et il est convoqué par Annie Kriegel (alors encore Annie Besse) à la Fédération de la Seine :

> Je ne connaissais pas cette jeune Walkyrie. Elle était blonde, un peu plantureuse, l'air glacé et innocent. Elle avait un très beau regard bleu de militante. Tu devines pourquoi je t'ai convoqué ? Ma foi non. J'étais étonné. Elle dut penser que j'étais habile. — Que penses-tu d'un communiste qui écrit dans le journal de l'Intelligence Service[1] ?

Pour elle, Claude Bourdet, directeur de l'hebdomadaire, est un agent britannique patenté. Morin convient qu'un bon militant communiste ne devrait pas écrire dans *L'Observateur*, mais plaide qu'il a ainsi pu faire bénéficier de ses compétences professionnelles un public plus large. Kriegel prend des notes, et Morin se rassure, pensant avoir été écouté. Quelques jours plus tard, un de ses camarades de cellule, Sylvain Tousseul, vient le chercher à son domicile pour lui signifier que sa présence à une réunion est indispensable. Arrivé dans un hangar, il découvre de nouvelles têtes au milieu des habitués de la cellule qu'il a désertée depuis un moment. Lorsque Kriegel (Besse) fait son entrée, il comprend immédiatement que le piège s'est refermé. Il en a confirmation sur-le-champ : « On donna [...] la parole à Annie Besse. Elle en vint aussitôt au fait : — Camarades. Au nom de la fédération de notre parti communiste, je viens soumettre à votre cellule le cas du camarade Edgar Morin[2]. » Son sort est d'autant plus vite scellé qu'on ne l'avait pas vu militer depuis longtemps. Les larmes aux yeux, Morin proteste de sa bonne foi et de l'absence de désaccord politique avec la direction du parti,

1. Morin [1959], 2012, p. 200.
2. *Ibid.*, p. 203.

même s'il reconnaît quelques divergences d'ordre idéologique. Il demande de surseoir à la décision dans la mesure où personne n'a lu l'article incriminé. Si les militants de base semblent quelque peu ébranlés, ce n'est nullement le cas de Kriegel qui, en bonne bureaucrate, enfonce le clou en affirmant que le parti se renforce en s'épurant et qu'il convient donc de se débarrasser du camarade Morin, ce qui sera chose faite, à main levée et à l'unanimité, après qu'elle aura lancé à l'accusé en le regardant fixement : « Je ne sais pas si tu n'es pas un ennemi du parti[1]. »

Morin s'en souviendra comme d'un grand moment de solitude :

> Ce fut comme un malheur d'enfant. Énorme et très court. On m'avait arraché du parti qui concentrait en lui les puissances paternelles et maternelles, et j'en étais devenu orphelin. Le parti, c'était la communion cosmique, l'amour de l'humanité, le placenta maternel et aussi la réprimande sévère, l'autorité implacable, la sagesse du père. C'était ma famille[2].

La guerre idéologique passe aussi par la défense d'un ordre moral incarné par Jeannette Vermeersch, femme de Maurice Thorez. En premier lieu, la vie sexuelle doit être conforme à ce qui est considéré comme normal. L'adversaire désigné est Simone de Beauvoir, qui, avec *Le Deuxième Sexe*, suscite la réaction violente de *La Nouvelle Critique*, qui y dénonce des revendications faussement égalitaires se limitant à porter des pantalons et à fumer des cigarettes. Vermeersch lance alors une vaste propagande contre le contrôle des naissances et l'utilisation de la pilule, qui représente pour elle la quintessence de la décadence bourgeoise, une forme d'apologie du vice. En ces années 1950, le PCF exalte la famille comme entité naturelle et magnifie le rôle de la mère, à la fois courageuse et vaillante. On condamne l'homosexualité comme une perversion ignorée de la classe ouvrière, et Léo Figuères, qui s'est déjà fait connaître pour son livre *Le Trotskisme, cet antiléninisme*, affirme sans rire qu'« un Américain sur deux est un inverti[3] ».

---

1. Annie Kriegel (sous le nom d'Annie Besse), citée dans *ibid.*, p. 205.
2. *Ibid.*, p. 207.
3. Figuères, 1952, p. 55.

L'affaire Marty-Tillon

En 1952, éclate l'affaire Marty-Tillon, qui met aux prises deux figures héroïques du PCF, membres du bureau politique, et les autres membres de la direction. André Marty s'est illustré comme mutin de la mer Noire, refusant de combattre le nouveau pouvoir bolchevique au sortir de la Grande Guerre. Charles Tillon, dirigeant des FTP pendant l'Occupation, s'est retrouvé à la tête de la résistance intérieure communiste en France contre le nazisme. En 1952, ces deux personnalités ont le tort de jouir d'une légitimité qui risque de ne plus dépendre de l'appareil stalinien. Il faut donc détruire leur réputation et les accuser de trahir la cause prolétarienne. C'est le moment des procès intentés à des dirigeants des partis communistes d'Europe, comme celui de Rudolf Slánský en Tchécoslovaquie. Jacques Duclos, qui assume la direction du PCF en l'absence de Thorez, en convalescence à Moscou, réussit à convaincre le PC soviétique qu'il existe aussi des traîtres à démasquer en France, faisant ainsi la preuve de sa détermination dans le combat idéologique.

Marty et Tillon sont accusés de s'être rencontrés dans une réunion fractionnelle pour fomenter un complot. Une enquête est confiée à Léon Mauvais, qui remet son rapport au Bureau politique, lequel décide d'exclure les deux illustres camarades accusés de soutenir depuis longtemps une ligne oppositionnelle au sein des instances dirigeantes. La calomnie prend ensuite de l'ampleur, et l'on finit par dénoncer en eux des policiers masqués. La direction est félicitée d'avoir épuré le parti de ses brebis galeuses. Entretemps, les pressions se resserrent sur les deux condamnés pour, selon le schéma classique de l'aveu, obtenir la confession de leurs fautes. Tillon se laisse convaincre de publier une autocritique dans *L'Humanité*, pensant pouvoir s'expliquer devant les instances du parti : « Le chantage à l'autocritique s'accompagna de nouvelles accusations, assaisonnées de délations exigées de militants par dizaines, avec qui j'avais travaillé sous l'Occupation et depuis la Libération[1]. » Ayant reçu à la Libération la médaille américaine de

---

1. TILLON, 1977, p. 502.

la liberté, la *Freedom*, en tant que chef des FTP, Tillon est dénoncé en 1952 comme un agent américain, un Tito français ! Toutes les difficultés du PCF, dont son reflux dans l'opinion depuis 1947, sont mises au passif des deux traîtres qui ont saboté de l'intérieur la ligne du parti. En décembre 1952, au nom des principes démocratiques de Staline, Duclos se félicite dans un meeting à Bordeaux de « la grande victoire remportée à Prague par l'exécution des onze condamnés à mort du procès Slánský » et associe à ce procès édifiant « la juste campagne contre Marty-Tillon[1] ».

Le Mouvement de la paix

Au-delà du cercle des militants convaincus, il faut enrôler les compagnons de route et leur trouver une cause dans laquelle ils se reconnaissent. Le Kominform a trouvé dans la défense de la paix un combat international qui, parce qu'il concerne tout le monde, peut apporter à l'URSS le soutien dont elle a besoin pour préserver son statut de grande puissance hégémonique. L'Union soviétique se présente aux yeux du monde comme le seul pays capable de garantir la paix mondiale, tandis que l'impérialisme américain est à la tête des forces de guerre. C'est en Pologne, à Wrocław, ville d'origine slave annexée par la Prusse en 1743 et portant alors le nom de Breslau, que se tient, du 25 au 28 août 1948, le Congrès mondial des intellectuels pour la paix. Préparé par un comité franco-polonais, il réunit des personnalités célèbres des deux pays, notamment Frédéric Joliot-Curie, Georges Duhamel, Julien Benda, Tadeusz Lehr-Spławiński, Tadeusz Kotarbiński, que viennent rejoindre des intellectuels en provenance d'autres pays[2]. La délégation française est conduite par Laurent Casanova[3].

1. *Ibid.*, p. 505. En 1955, André Marty publiera son propre témoignage de ces événements (MARTY, 1955).
2. États-Unis (Otto Nathan, Albert Kahn), Grande-Bretagne (Graham Greene, Richard Hugues, Aldous Huxley), Union soviétique (Ilia Ehrenbourg, Mikhaïl Cholokhov, Aleksandre Fadeïev), Italie (Carlo Levi, Salvatore Quasimodo), Allemagne (Bertolt Brecht, Anna Seghers, Ludwig Renn) et Brésil (Jorge Amado, Vasco Prado).
3. Elle est composée de Julien Benda, l'abbé Boulier, Jean Bruhat, Laurent Casanova, Aimé Césaire, Pierre Daix, Dominique Desanti, Jean Dresch, Paul Eluard, Yves

Le Congrès, qui se voulait ouvert, se transforme vite en un réquisitoire contre les États-Unis. Trois cent trente-sept des trois cent cinquante-sept délégués décident de créer un comité de liaison, chargé d'organiser le premier Congrès mondial des partisans de la paix, qui doit se tenir dès l'année suivante simultanément à Paris et à Prague. Alors que l'objectif était de rassembler le plus largement, Aleksandre Fadeïev prononce un discours d'une rare violence contre les agents littéraires de la réaction impérialiste : « Si les chacals pouvaient taper à la machine et si les hyènes savaient manier le stylo, ce qu'ils composeraient ressemblerait sans doute aux livres des Miller, des Eliot, des Malraux et autres Sartre. » Cette provocation suscite de vives réactions, qu'Ilia Ehrenbourg tente de calmer en expliquant que Fadeïev est en état de surmenage. Picasso, scandalisé, arrache ses écouteurs de traduction simultanée ; « Eluard, raconte Dominique Desanti, griffonne des petits dessins. Nous avons passé les trois quarts de la nuit dans le hall de l'hôtel, tuant notre désenchantement à coups de dérision et de vodka[1]. » Aldous Huxley quitte le congrès, et Irène Joliot-Curie menace de lui emboîter le pas. On sent même de l'accablement chez Casanova !

La défense de la paix fait naître des initiatives autonomes, comme, en France, celle d'Yves Farge qui, pour préserver l'esprit de la Résistance, lance le mouvement Les combattants de la paix, en compagnie d'une soixantaine de personnalités de la Résistance[2]. Ce mouvement, qui tient ses premières assises nationales en novembre 1948, s'organise à partir d'initiatives locales à l'échelon des municipalités. Il réussit à drainer largement au-delà de la sphère des militants communistes, comme l'atteste la création d'un groupe animé par Jean-Marie Domenach à Châtenay-Malabry, autour de la communauté d'*Esprit*. Très vite, la puissante machinerie communiste parvient à noyauter le mouvement et à l'annexer au Mouvement de la paix. L'URSS dispose dès lors d'un instrument efficace et influent pour lancer ses grandes campagnes internationales.

Farge, Irène Joliot-Curie, Jean Kanapa, Fernand Léger, André Mandouze, Picasso, Marcel Prenant, Vercors, Henri Wallon, Marcel Willard et André Wurmser.

1. DESANTI, Dominique, 1983, p. 342.
2. Parmi lesquelles Emmanuel d'Astier de La Vigerie, l'abbé Boulier, Jean Cassou, Louis Martin-Chauffier, Charles Tillon, Vercors.

En mars 1950, à l'occasion de la réunion du Mouvement de la paix à Stockholm, s'ouvre une pétition pour la dissolution des pactes militaires et la suppression de la bombe atomique — que les États-Unis sont seuls à détenir. L'appel de Stockholm mobilise non seulement les militants communistes, mais de très nombreux compagnons de route mis largement à contribution. Cette campagne internationale connaît une ampleur et un succès certains puisque l'appel recueillera quelque six cents millions de signatures, dont quatorze millions en France. En avril 1950, le XIIᵉ congrès du PCF est consacré à « La paix, tâche primordiale ». Le Mouvement continue de ratisser large, s'adressant à tous les hommes de bonne volonté, alors même qu'il est totalement noyauté par la direction du PCF et par le Kominform. En décembre 1952, il connaît un nouveau temps fort avec le congrès de Vienne. Quelque mille six cent soixante-quatorze délégués venus de quatre-vingt-cinq pays adoptent à la quasi-unanimité des résolutions fixant la ligne à observer. Jean-Paul Sartre, présent en qualité de compagnon de route du PCF, est enthousiaste. Il considère que le congrès est un des trois grands événements à lui avoir redonné l'espoir, après le Front populaire et la Libération. Par sa présence et le discours qu'il prononce au cours de la séance inaugurale, il donne tout son lustre à l'événement, comme l'a senti Dominique Desanti :

> Le congrès dépasse toute attente [...]. C'est sans doute la présence de Jean-Paul Sartre, le philosophe existentialiste, jadis héros du *New York Time Magazine*, qui personnifiait le plus grand changement venu à maturité en Europe occidentale [...]. Il appelait les « honnêtes gens » à abandonner « le no man's land de l'anticommunisme »[1].

LA GUERRE DE CORÉE

Avec le déclenchement de la guerre de Corée, le 25 juin 1950, l'influence communiste franchit un nouveau palier. De nombreux compagnons de route se rallient, laissant au vestiaire leurs dernières

---

1. DESANTI, Dominique [1975], 1985, p. 358.

réticences pour entonner des chants de louange à l'Union soviétique. En 1952, le PCF durcit le ton en reprenant les accusations contre les États-Unis sur l'utilisation d'armes bactériologiques dans le conflit. Selon André Fontaine, « l'affaire prit les dimensions d'une immense hallucination collective[1] ». Bien que la communauté scientifique ne prête aucun crédit aux rumeurs, le PCF reste inflexible dans ses accusations. En juin 1953, alors même que l'on n'en parle déjà plus en URSS, Paul Noirot dénonce encore dans *Démocratie nouvelle* les « croisés de la peste » : « La Corée est devenue le vaste champ d'expériences de l'arme microbienne. Arme idéale pour ceux qui veulent exterminer un peuple[2]. » Dans le camp communiste, l'indignation est à son comble, entraînant celle des compagnons de route.

Le cas de Jean-Paul Sartre est exemplaire. Lui qui avait été traité d'« hyène » peu avant considère à présent que le PCF incarne la juste marche de l'humanité et que tout anticommuniste est un « salaud ». On l'a dit, il est ébranlé par la violence de la répression qui s'abat sur la manifestation parisienne du 28 mai 1952 contre la venue du général Ridgway, qui dirige alors les troupes de l'ONU en Corée (voir chap. 3, p. 139). Cette manifestation est restée mémorable, au point qu'Aragon écrit dans *Blanche ou l'oubli* : « J'ai presque tout oublié de ce temps-là. Mais pas la manifestation Ridgway, le 28 mai 1952. » Les communistes ont l'impression de vivre un moment historique, au point que *L'Humanité* en célèbre l'anniversaire en mai 1953 : « Paris, dressé contre Ridgway, écrivait une page glorieuse de son histoire », lit-on dans le quotidien du PCF. En dépit de son interdiction par la préfecture de police, la manifestation rassemble près de vingt mille personnes. Minutieusement préparée et encadrée, elle réalise la jonction de plusieurs colonnes en un même point. Les militants communistes sont pour beaucoup armés de massues et autres objets contondants, clamant leur opposition à « Ridgway la peste[3] ». L'affrontement est programmé avec les forces de police, auxquelles les militants communistes s'attaquent à coups de gourdin. Des corps à corps se

1. Fontaine, 1983, p. 64.
2. Paul Noirot, cité dans Chebel d'Appollonia, 1999, p. 182.
3. Voir Pigenet, 1990.

produisent, des casques sont défoncés, et, au terme de six heures d'affrontements, on relève de nombreux blessés. Les affrontements se terminent pourtant en farce, avec l'arrestation de Jacques Duclos, alors numéro un du parti en l'absence de Maurice Thorez. On trouve dans sa voiture un pistolet et une matraque professionnelle, ainsi que, sur la banquette arrière, des pigeons, présentés comme voyageurs et chargés d'apporter des messages secrets au secrétaire du parti à Moscou. Selon Duclos, il ne s'agit que de pigeons comestibles offerts par un camarade, qu'il s'apprêtait à manger accommodés de petits pois. Inculpé d'atteinte à la sûreté de l'État, le dirigeant communiste est incarcéré à la Santé. La thèse grotesque du ministre de l'Intérieur s'effondre vite : les pigeons avaient bien été tués à la chasse et n'étaient donc plus guère en état de… voyager.

Sartre compagnon de route

Pour Sartre, la coupe est pleine. De Rome, où il apprend les événements parisiens, il décide de s'engager aux côtés des communistes :

> Les derniers liens furent brisés, ma vision fut transformée : un anticommuniste est un chien, je ne sors pas de là, je n'en sortirai plus jamais […]. Je vouais à la bourgeoisie une haine qui ne finira qu'avec moi. Quand je revins à Paris, précipitamment, il fallait que j'écrive ou que j'étouffe. J'écrivis, le jour et la nuit, la première partie des « communistes et la paix »[1].

Sartre se mue en compagnon de route. Choyé dès lors par le parti, il est exhibé de tribunes en colloques et bombardé, en décembre 1954, vice-président de l'Association France-URSS. Son revirement lui vaut de douloureuses ruptures avec ses proches[2], en même temps qu'une véritable lune de miel avec le mouvement communiste international. Fini les injures contre le putois, le cha-

---

1. SARTRE, 1964, « Merleau-Ponty », pp. 248-249.
2. Voir *supra*, chap. III, « Les fractures du sartrisme ».

cal, l'hyène… Sartre est redevenu un intellectuel à visage humain, au point de prendre place aux côtés de Jacques Duclos lors du meeting du Vél'd'Hiv consacré au bilan du congrès de Vienne. Comme l'écrit sa biographe Annie Cohen-Solal : « Il mit donc le pied dans le réseau des écrivains communistes et procommunistes, s'inséra dans le Mouvement de la paix, et puis ce fut l'engrenage : happé, avalé, sollicité, incapable de refuser invitations, propositions et autres[1]. »

En 1954, malgré un diagnostic d'hypertension artérielle et des consignes de repos, il accepte une invitation pour ce qui sera son premier voyage en URSS. Son organisme ne parvient pas à suivre le rythme qui lui est imposé, et il doit être hospitalisé une dizaine de jours à Moscou. Avant cela, on lui a fait admirer les grandes réalisations du socialisme soviétique. Comme l'indique Cohen-Solal, le retour d'URSS est devenu depuis les années 1930 un genre en soi, auquel Sartre sacrifie. Au contraire de nombre d'écrivains qui, comme lui, avaient été royalement traités, mais pas dupes, à l'instar d'André Gide, c'est un Sartre mystifié, crédule et sans réserve qui se livre à un panégyrique de l'Union soviétique. L'entretien qu'il accorde à *Libération* en cinq livraisons, du 15 au 20 juillet 1954, est coiffé des titres suivants : « La liberté de critique est totale en URSS » ; « Ce n'est pas une sinécure d'appartenir à l'élite » ; « Les philosophes soviétiques sont des bâtisseurs » ; « La paix par la paix ». Méconnaissable, Sartre déclare à son interlocuteur Jean Bedel :

> [L]e citoyen soviétique possède une entière liberté critique, mais il s'agit d'une critique qui ne porte pas sur les hommes, mais sur des mesures. L'erreur serait de croire que le citoyen soviétique ne parle pas et garde en lui ses critiques. Cela n'est pas vrai. Il critique davantage et d'une manière beaucoup plus efficace que la nôtre. L'ouvrier français dira : « Mon patron est un salaud ! » L'ouvrier soviétique ne dira pas : « Le directeur de mon usine est un salaud ! », mais « Telle mesure est absurde. » La différence, c'est que le Français le dira dans un café ; le Soviétique, lui, s'engagera *publiquement*, engagera sa responsabilité dans la critique[2].

---

1. Cohen-Solal, 1985, p. 450.
2. Sartre [1954], 1985, pp. 453-454.

Désormais, Sartre donne des gages aux communistes, fait interdire toute représentation de sa pièce *Les Mains sales* et met son talent au service des Soviétiques et du PCF, notamment en écrivant la pièce *Nekrassov*. Sa représentation suscite une petite bataille d'Hernani à Paris et débouche sur ce que l'on appellera l'« affaire Nekrassov ». Sartre s'en prend violemment à la presse dite bourgeoise et au premier chef à Pierre Lazareff, qui dirige *France-Soir* : « Ma pièce est ouvertement une satire sur les procédés de la propagande anticommuniste[1]. » La profession se solidarise avec *France-Soir*, et *Nekrassov* est étrillée par la critique : « Une farce qui s'avance à pas d'éléphants, écrit Pierre Marcabru dans *Arts*, des répliques lourdes comme des menhirs, une finesse de rhinocéros : la pièce de Jean-Paul Sartre piétine les spectateurs durant quatre heures d'horloge. C'est une épreuve surhumaine[2]. » Seuls la presse communiste et quelques rares avocats, tels Gilles Sandier, Jean Cocteau ou Roland Barthes, défendent *Nekrassov*.

Cette nouvelle passion pour l'URSS se double naturellement d'une détestation symétrique des États-Unis. En 1953, l'opinion publique internationale suit avec émotion le procès pour espionnage des époux Ethel et Julius Rosenberg à New York. Dans le climat tendu de la guerre froide et de ce que l'on a appelé la chasse aux sorcières aux États-Unis, au cours de laquelle s'est illustré le sénateur Joseph McCarthy, on traque un peu partout, notamment dans les milieux intellectuels progressistes, que l'on qualifie de libéraux, les communistes masqués. Un climat de suspicion généralisée fait pendant à la terreur qui règne en Union soviétique. C'est dans ce contexte qu'à la fin de 1950 Julius Rosenberg est accusé de travailler pour le NKVD, puis arrêté et condamné à mort avec sa femme Ethel pour « espionnage atomique ». Sur le moment, le verdict ne soulève aucune indignation, mais, au fil des mois d'attente avant l'exécution des condamnés, des voix de plus en plus nombreuses s'élèvent pour dénoncer la faiblesse du dossier judiciaire. Tandis que les protestations vont croissant, les communistes se mobilisent à leur tour pour les époux Rosenberg, dont la cause leur fournit de

---

1. ID., 1955.
2. MARCABRU, 1955.

nouvelles armes pour combattre l'Amérique. Une campagne internationale est menée pour demander leur grâce : le PCF y voit une nouvelle affaire Dreyfus, le pape Pie XII intervient discrètement, et chacun pense que le président Eisenhower va prendre une mesure de grâce. En dépit de l'ampleur de la protestation internationale, les époux Rosenberg sont électrocutés le 19 juin 1953. Sartre écrit dans *Libération* :

> C'est un lynchage légal qui couvre de sang tout un peuple et qui dénonce une fois pour toutes et avec éclat la faillite du Pacte atlantique [...]. Décidément, il y a quelque chose de pourri en Amérique [...]. Attention, l'Amérique a la rage. Tranchons tous les liens qui nous rattachent à elle, sinon nous serons à notre tour mordus et enragés[1].

Si le dogme stalinien a pu rassembler de grands intellectuels tels que Sartre et perdurer au mépris de toute vérité et de toute logique, c'est en grande partie grâce à ses vertus messianiques, qui faisaient de ses adeptes les détenteurs du sens de l'histoire. Au nom des exigences de celle-ci, le réel était systématiquement nié, même s'il se montrait têtu. Avec cette manière de penser, la vérité ne pouvait être attestée factuellement, mais dépendait de l'institution, du lieu, de la place hiérarchique de celui qui en faisait état. À ce titre, la vérité prolétarienne s'opposait à la vérité bourgeoise et n'avait pas le même poids si elle était énoncée par un militant de base, un compagnon de route ou un dirigeant du Bureau politique, *a fortiori* par le secrétaire général du parti, qui ne pouvait se tromper. Comme l'écrit Edgar Morin :

> Ce qu'il y a de très beau dans le marxisme stalinien, c'est qu'à la fois il était ouvert sur l'histoire, c'est une philosophie de l'histoire, et qu'il était immobile, puisque tout était déjà défini, classé, prévu, si bien qu'*il ne se passait rien*, rien en URSS qui altérait le caractère absolument pur et authentique du socialisme en construction[2].

---

1. Jean-Paul Sartre, cité dans Cohen-Solal, 1985, p. 444.
2. Edgar Morin, cité dans George, Natacha et François (dir.), 1982, p. 279.

6

L'endiguement

À partir de 1947, l'opposition frontale entre Est et Ouest ajoutée au départ du général de Gaulle et à la formation d'un gouvernement tripartite marqué par une forte présence communiste modifient en profondeur les lignes de clivage entre intellectuels. La décantation internationale laisse apparaître un monde bipolaire, avec deux camps irréconciliables. Face aux communistes et à leurs compagnons de route, se dressent toute une série de forces qui peinent à se faire entendre tant la situation idéologique reste favorable au courant communiste.

LE RECOURS À L'HOMME DU 18 JUIN

À la Libération, le général de Gaulle avait su rallier à lui quelques intellectuels de renom. On se rappelle le pouvoir de séduction qu'il exerçait sur un André Malraux ou un François Mauriac. Lorsqu'il se retire à Colombey-les-Deux-Églises et commence ce que l'on appellera sa traversée du désert, il est d'ailleurs persuadé qu'on va le rappeler aux affaires et espère revenir au plus vite aux avant-postes de la vie politique. Des intellectuels et militants gaullistes prennent bien quelques initiatives, comme ce « Comité d'études pour le retour du général de Gaulle », où l'on trouve côte à côte Malraux, Raymond Aron, Jacques Soustelle et

Michel Debré. Lors du « déjeuner hebdomadaire des "barons"[1] », plus politique, Malraux côtoie Gaston Palewski, Christian Fouchet, Jacques Chaban-Delmas, Roger Frey, Georges Pompidou et Jacques Foccart. Malgré ces regroupements, de Gaulle reste marginalisé et condamné au silence. Malraux, envoûté par sa relation avec lui, confie à Claude Mauriac en mars 1946 : « J'ai connu un nombre relativement élevé d'hommes d'État, mais aucun — et de loin — qui ait sa grandeur. Il est déplorable que de Gaulle ait cristallisé contre lui toutes les forces de la gauche. Tout cela ne serait peut-être pas arrivé si je l'avais rencontré plus tôt[2]. »

En 1947, le Général décide de passer le Rubicon. Il rompt le silence qu'il s'est imposé en lançant le RPF, qui se veut au-dessus du jeu des partis, au-delà des lignes de clivage traditionnelles. Il entend rassembler les Français sur la base d'un sursaut national du même type que celui de la France libre, et cette fois en réaction contre l'impuissance institutionnelle de la IVe République naissante et en opposition au camp communiste. Lorsqu'il annonce la création de ce rassemblement le 7 avril dans la ville symbole de Strasbourg, il a le soutien militant de Malraux, placé juste derrière lui sur le balcon de l'hôtel de ville. Malraux met à son service ses capacités d'agitateur, qu'il a expérimentées en plusieurs occasions, notamment durant la guerre d'Espagne et pendant la Résistance. L'ancien compagnon de route des communistes devient responsable de la propagande du RPF.

Comme tout homme providentiel, de Gaulle cultive le catastrophisme. Jouant volontiers les Cassandre, annonçant le pire pour susciter le sursaut des tréfonds de la nation, il brandit la menace et l'imminence d'une Troisième Guerre mondiale et d'une France réduite au servage, dans un discours apocalyptique qui convient bien au lyrisme de Malraux. Les deux hommes communient de fait dans une même vision, héroïque, de l'histoire.

Par son art oratoire, Malraux parvient à galvaniser les foules. De lui est la formule « le RPF, c'est le métro », signifiant que tout le monde y a sa place, jusqu'aux petites gens. Si les cadres du mouvement appartiennent davantage à la droite traditionnelle et

---

1. Lacouture [1976], 1996, p. 335.
2. André Malraux, cité dans *ibid.*, p. 336.

aux catégories sociales privilégiées, Malraux entend déborder ces divisions pour rassembler le plus largement autour de son chef. Les débuts du parti sont prometteurs, puisqu'il obtient aux municipales d'octobre 1947 38 % des suffrages exprimés, prenant la deuxième place derrière le PCF, ce qui favorise le thème cher à Malraux selon lequel il n'y a rien d'autre en France que les communistes et les gaullistes.

Dans ses bureaux de la rue Capucine, Malraux s'entoure de toute une équipe opérationnelle à laquelle il donne des airs de commando en ordre de bataille. Selon lui, la guerre est à nos portes, et l'état de mobilisation générale est décrété contre l'« Ours » soviétique. Il donne le titre d'un journal de Lénine, *L'Étincelle*, au bulletin du mouvement, avant d'en faire, en 1948, l'hebdomadaire *Le Rassemblement* et de le placer sous la responsabilité de trois journalistes de *Combat* ralliés au gaullisme : Albert Ollivier, Jean Chauveau et Pascal Pia. Cette expérience fait ensuite place au lancement, conjointement avec Claude Mauriac, de la revue *Liberté de l'esprit*, plus ouverte à la culture et notamment à la littérature, mais elle ne se montrera guère plus convaincante.

À la tribune, Malraux se métamorphose en metteur en scène du héros salvateur, de l'homme qu'apporte la Providence à la France éternelle. Le spectacle est total : musiques, drapeaux, jeux d'ombres et de lumières sur une foule dense, voix caverneuse montant des profondeurs de la terre et assénant ses coups pour appeler au réveil. Plus qu'un propagandiste, Malraux apparaît comme un oracle, un prêcheur dont le timbre de voix et les scansions sont autant d'aiguillons pour déclencher des transes. Ayant l'avantage de bien connaître l'adversaire stalinien, puisqu'il en vient et en a traversé la nuit, il peut évoquer son expérience sans complexes. Lors de son intervention à la salle Pleyel, le 5 mars 1948, il apostrophe les intellectuels de gauche, qui furent sa patrie d'hier, venus en nombre pour le chahuter :

> Il n'était pas entendu que les lendemains qui chantent seraient ce long hululement qui monte de la Caspienne à la mer Blanche, et que leur chant serait le chant des bagnards [...]. Nous sommes à cette tribune et nous n'y renions pas l'Espagne. Qu'y monte un jour un stalinien pour défendre Trotski ! Il fut difficile il y a quelques

années de nier que Trotski ait fait l'Armée rouge : pour que *L'Humanité* soit pleinement efficace, il faut que le lecteur ne puisse pas lire un journal opposé. [...] Il n'y a pas de marges : et c'est pourquoi le désaccord, même partiel, d'un artiste avec le système, le conduit à une abjuration. Alors se pose notre problème essentiel : comment empêcher les techniques psychologiques de détruire la qualité de l'esprit ? [...] À peu près tous, vous êtes, dans le domaine de l'esprit, des libéraux. Pour nous, la garantie de la liberté politique et de la liberté de l'esprit n'est pas dans le libéralisme politique, condamné à mort dès qu'il a les staliniens en face de lui : la garantie de la liberté, c'est la force de l'État au service de tous les citoyens[1].

Malraux retrouve les accents de l'antifascisme pour affronter ce nouvel adversaire. « Il combattait la peste brune, écrit Olivier Todd, il combat la peste rouge[2]. » La lueur d'espérance qui s'était levée à l'Est s'est métamorphosée en une monstruosité diabolique. Sa passion, restée intacte, a changé d'objet en assimilant le stalinisme au totalitarisme et les dirigeants communistes français à des séparatistes. Certains soirs de meeting, la vive tension avec le PCF peut tourner à l'affrontement physique, comme ce 2 septembre 1947, où les ouvriers communistes de Renault dispersent une réunion du RPF en lançant des boulons. Un an plus tard, le 26 avril 1948, Malraux, triomphant, prend la tête du service d'ordre gaulliste, et les assaillants communistes doivent battre en retraite. Malraux n'est jamais à son meilleur que lorsqu'il est question de mettre sa vie à l'épreuve de la mort.

La suite de l'aventure du RPF déçoit le chef de guerre qu'est Malraux. Si le mouvement semble en ordre de bataille, il est aussi en proie à une décomposition rapide. La troisième force au pouvoir, la SFIO, qui semblait victime d'atonie, se révèle plus solide que prévu. Aux élections législatives de juin 1951, les grands perdants seront les deux autres partis adverses du « système » de la IVᵉ République : le PCF, qui passera de cent soixante-cinq à cent un députés, et le RPF, qui ne parviendra pas à réitérer le raz-de-marée des municipales et, loin des trois cents députés espérés, n'en comptera plus que cent dix-sept. Pire, vingt-sept d'entre eux

1. André Malraux, discours du 5 mars 1948, salle Pleyel, cité dans *ibid.*, p. 344.
2. Todd [2001], 2002, p. 561.

voteront l'investiture d'Antoine Pinay à la présidence du Conseil en 1952, entrant pleinement dans le jeu des alliances d'une Constitution honnie et allant « à la soupe », comme le dira Malraux. C'en sera fini du RPF, dont le permis d'inhumation sera délivré par le général de Gaulle en 1953.

Pour l'heure, le 3 juin 1947, Raymond Aron démissionne de *Combat*, au terme de désaccords croissants avec la rédaction, et, de plus en plus acquis au gaullisme, adhère au RPF. Pris de passion pour l'activité journalistique et l'analyse des grands enjeux contemporains, il se tourne vers les deux quotidiens susceptibles de l'accueillir, *Le Monde* et *Le Figaro*. Pierre Brisson, qui dirige le second, se montre le plus convaincant. Le 19 juin 1947, il s'enorgueillit d'annoncer l'intégration d'Aron en première page du quotidien. Le climat du moment et la posture de contre-engagement du *Figaro* ne sont pas pour rien dans la décision d'Aron. Brisson vient en outre de doter son quotidien d'un volet culturel hebdomadaire, *Le Figaro littéraire*[1]. Celui qui n'est pas encore le « spectateur engagé », mais l'engagé tout court dans un RPF aux allures militaires, fait du *Figaro* une tribune privilégiée pour mener les combats de l'endiguement du communisme et de la défense des idéaux libéraux. Son ami André Malraux le conforte dans la conviction qu'il a fait le bon choix.

Au *Figaro*, où Aron assure le magistère intellectuel du matin, laissant celui du soir au *Monde* et à Hubert Beuve-Méry, il rejoint François Mauriac, figure tutélaire de l'adhésion au gaullisme. Aron multiplie éditoriaux et commentaires sur la situation internationale. Il partage avec Malraux l'indignation devant l'impuissance politique dans laquelle sombre la République. Durant ces années au RPF, Aron, qui n'a pas abandonné ses préventions à l'égard de l'ancien chef de la France libre, se montre néanmoins acquis à l'essentiel de ses analyses et le rencontre à de nombreuses reprises. Comme l'écrit Nicolas Baverez, « Aron ne cacha jamais qu'il n'était ni ne serait jamais un gaulliste de stricte obédience[2]. » Et cependant, les contraintes du moment le font accepter d'intégrer les instances dirigeantes du mouvement. Nommé par le Général au

---

1. Voir BLANDIN, 2010.
2. BAVEREZ, 2006, p. 293.

conseil du RPF, qui comprend une vingtaine de membres, il siège également chaque semaine à son comité d'études[1]. De concert avec l'organisateur hors pair qu'est Malraux, il s'investit dans l'animation de groupes de travail et conduit notamment une réflexion collective sur l'association entre travail et capital, laquelle trouvera une tribune publique en 1949 aux assises de Lille du RPF. Aron ne néglige pas non plus la propagande du mouvement et prend fréquemment la parole lors des réunions publiques du mouvement.

En 1955, la décomposition, l'échec et finalement la mise en sommeil du RPF libèrent Aron de sa posture d'engagement politique direct. Il va pouvoir s'adonner à des tâches plus appropriées à sa personnalité : commentateur, essayiste, journaliste, directeur de collection. Après avoir été l'auteur vedette de la revue mensuelle *Liberté de l'esprit*, créée par André Malraux et animée par Claude Mauriac de 1949 à 1953, Aron reprend le titre et le donne à la nouvelle collection qu'il lance chez Calmann-Lévy, contre-feu pour s'opposer au marxisme-léninisme ambiant[2]. Comme le constate Baverez, Aron mène alors un combat qui l'isole dans un monde intellectuel très majoritairement orienté à gauche et qui subit encore en ces années 1950 l'attraction du communisme. Son adhésion assumée à l'atlantisme et sa vision des États-Unis comme alliés majeurs des intérêts français prennent à contre-pied les intellectuels, voire certains courants conservateurs. Le mouvement gaulliste, par exemple, adopte une tout autre ligne avec sa politique d'équilibrisme entre les deux superpuissances : « De 1947 à 1955, Aron fut donc un homme seul. Orphelin volontaire de l'Université en 1945, son adhésion au RPF puis son entrée au *Figaro* le transformèrent en intouchable, banni par ses pairs[3]. » Quand, en 1948, il avait tenté de reprendre un poste universitaire en se présentant à la succession d'Albert Bayet à une chaire de philosophie à la Sorbonne, il avait payé le prix de son engagement d'une défaite devant Georges Gurvitch. Cette confrontation et son issue sont

1. Aux côtés d'André Malraux, Jacques Soustelle, Michel Debré, Gaston Palewski, Georges Pompidou et Albin Chalandon.
2. La collection comptera une centaine de titres et des auteurs tels que Hannah Arendt, Bertrand de Jouvenel, Léon Poliakov, Richard Lowenthal, Arthur Koestler, Herman Kahn, Denis Brogan, George Kennan ou Zbigniew Brzezinski.
3. BAVEREZ, 2006, p. 301.

révélatrices de la domination de l'école durkheimienne, dans la filiation de laquelle se situait Gurvitch. Aron revendiquait pour sa part une tout autre filiation, celle de la sociologie compréhensive allemande de Weber, Dilthey, Simmel et Rickert, qu'il finira par introduire en France.

Cet échec conforta Aron dans son choix du journalisme comme activité principale. Dès les débuts de la guerre froide, il se fit l'analyste attentif et lucide de l'évolution des tensions en cours, jugeant le caractère inextricable de la situation. Donnant pour titre au premier chapitre du *Grand Schisme* (1948) « Paix impossible, guerre improbable », il écrit : « L'absence de paix n'est pas la guerre. Une source d'énergie jusqu'alors inconnue ou inemployée ouvre normalement une époque de l'art militaire et, du même coup, de la civilisation entière[1]. » L'ouvrage connaît le succès, son titre exprimant au mieux la coupure en train de s'approfondir au cœur de l'Europe. « Il dessinait à grands traits, confessera l'auteur dans ses *Mémoires*, tout à la fois la carte politique mondiale et celle de la politique française[2]. » Aron insiste dans son essai sur le basculement d'échelle qui est advenu et qui donne à chaque accrochage local une dimension mondiale : « Il n'y a plus de concert européen, il n'y a plus qu'un concert mondial[3]. » L'accueil fait à son analyse resta distant dans les milieux progressistes, sceptiques et parfois même critiques, d'autant qu'en cette année 1948, Aron, s'exprimant encore en tant que militant du RPF, s'aventura à une analogie sacrilège entre les deux totalitarismes, nazi et communiste :

> L'idéologie national-socialiste devait mourir avec son fondateur, l'idée communiste a précédé celui qui en est provisoirement l'interprète le plus puissant, sinon le plus autorisé, et elle lui survivra. L'impérialisme de Staline n'est pas moins démesuré que celui de Hitler, il est moins impatient[4].

L'historien Lucien Febvre, pourtant peu suspect de soviétophilie, réagit vivement dans une missive à l'américanophilie d'Aron, rap-

1. Aron, Raymond, 1948 (a), p. 29.
2. Id., 2010, p. 377.
3. Id., 1948 (a), p. 14.
4. *Ibid.*, p. 31.

pelant à l'ordre le philosophe contre ce qu'il considère comme deux périls symétriques, le stalinisme et le conformisme américain :

> L'influence américaine n'implique ni assimilation ni domina-tion impériale, dites-vous. Hélas ! nous « culture française », qui sommes si fort attaqués, combattus, pourchassés, par « l'influence américaine », comme nous voudrions pouvoir nous associer à votre acte, faut-il dire de foi ou d'espérance[1] ?

Le constitutionnaliste Maurice Duverger écrit pour sa part dans *Le Monde* :

> Force est de constater que chez Aron l'homme de parti n'est pas à la hauteur du savant : cet excellent sociologue est un très mauvais partisan [...]. Il ne lui manque pas seulement la mauvaise foi : mais la foi tout court [...]. Car enfin, un abîme sépare le style du *Grand Schisme* et celui du général de Gaulle. Un même abîme ne sépare-t-il point le gaullisme de Raymond Aron du gaullisme du Général — qui est tout de même le *vrai* gaullisme[2].

En effet, l'adhésion d'Aron au RPF ne signifie pas sa conver-sion aux thèses du Général. S'il avait exprimé, pendant la guerre, son désaccord avec la prévention gaullienne à l'égard des Alliés anglo-saxons, dans l'après-guerre le désaccord se focalise surtout sur la question du devenir de l'Allemagne. Selon Aron, la césure entre les deux blocs est non seulement inévitable, mais durable, et elle entraînera une coupure similaire entre les deux Allemagnes. Il n'y a plus de raison de craindre quelque résurrection d'un dange-reux Grand Reich pour la sécurité de la France. Le risque majeur est devenu l'opposition Est-Ouest. Il convient donc de choisir son camp, et de réarmer et fortifier la partie occidentale de l'Alle-magne. « Encore à cette date, écrit Aron dans ses *Mémoires*, le Général rejetait l'idée même d'un Reich : il souhaitait une fédé-ration qui rassemblerait des Länder[3]. » À ce moment, de Gaulle

---

1. Lucien Febvre, lettre à Raymond Aron, citée, *ibid.*, p. 383.
2. DUVERGER, 1948.
3. ARON, Raymond, 2010, p. 336.

s'oppose à la fusion des zones d'occupation anglaise, française et américaine, ce qu'Aron considère comme suranné : pour lui, la question de la sécurité du territoire se pose désormais à une autre échelle. Sitôt l'invasion de la Corée du Sud par les Coréens du Nord, il prend parti pour l'intervention militaire américaine : « Si la Corée du Sud était occupée en quelques jours et si les autorités américaines n'intervenaient pas ou se bornaient à obtenir des décisions vaines au Conseil de Sécurité, les États-Unis achèveraient de perdre la face[1]. »

Cette guerre relançant tout à la fois la question du réarmement de l'Allemagne occidentale et l'importance de l'OTAN, Aron résiste à l'américanophobie alors largement répandue dans les milieux intellectuels, bien au-delà de la mouvance communiste. C'est dans un tel contexte que le secrétaire d'État Dean Acheson lance le projet du réarmement de la République fédérale allemande. Cette situation conflictuelle est théorisée à chaud par Aron dans son nouvel essai *Les Guerres en chaîne* (1951). Il commence par y retracer l'avènement de la guerre totale en 1914-1918 pour finir par des réflexions sur la guerre froide, qu'il présente comme un substitut de la guerre totale en ce début des années 1950. Dès 1953, il voit son analyse se concrétiser avec le dénouement de la guerre de Corée par un compromis, sans vainqueur ni vaincu ni extension géographique.

Clairement engagé dans le camp de la reconstruction d'une Europe politique alliée aux États-Unis, Aron s'investit activement dans une organisation internationale, le CLC (Congrès pour la liberté de la culture), lancé en juin 1950 à Berlin. Se constitue alors un comité de trente-huit membres de diverses nationalités, dont quelques Français illustres[2]. Tous sont animés par le souci de résister à l'emprise soviétique et d'endiguer le totalitarisme sous toutes ses formes. Les membres de cette organisation relèvent de divers courants idéologiques (anciens communistes, résistants, fédéralistes européens, intellectuels émigrés des pays communistes[3]), mais, face à l'embrigadement, au lyssenkisme et au jdanovisme, le thème

---

1. *Ibid.*, p. 358.
2. Parmi lesquels, outre Raymond Aron, Léon Blum, André Gide, François Mauriac, Rémy Roure, Georges Duhamel et Albert Camus.
3. GRÉMION, 1995, p. 24.

de la liberté de la culture est brandi par tous comme une valeur démocratique menacée, qui nécessite d'allumer des contre-feux. Ses animateurs contestent aussi la position neutraliste, qui renvoie dos à dos les deux superpuissances. Dans sa communication à Berlin, Aron détaille sa distinction entre guerre limitée et guerre illimitée et appelle à ne pas laisser l'URSS s'arroger quelque supériorité que ce soit sur le camp occidental : « Il ne faut pas laisser aux staliniens le monopole du mot "paix"[1]. » Lors de ce congrès constitutif, Arthur Koestler présente aux participants un « manifeste aux hommes libres » en quatorze points. Le Congrès se dote d'une organisation permanente avec un comité exécutif[2], un secrétariat, un comité international et un comité par pays membre.

En 1955, Raymond Aron prend de l'importance dans cette constellation internationale, ce qu'atteste le congrès de Milan consacré à « L'avenir de la liberté ». Il réunit cent quarante participants, dont vingt et un Français. Aron, qui vient de se faire élire professeur à la Sorbonne, est l'un des cinq orateurs de la séance inaugurale. Son intervention définit parfaitement l'esprit de Milan en traitant « de l'inadéquation entre les catégories politico-intellectuelles héritées du XIXe siècle et la réalité présente » et « en élargissant le cadre d'analyse au-delà de la situation économique, en direction d'une sociologie comparée des intellectuels »[3].

Le congrès confie à chacune des nations participantes la tâche de créer des revues pour relayer ses thèses et les diffuser. Entre 1953 et 1955, on voit naître ainsi *Encounter* à Londres, *Cuardernos* en Espagne, *Das Forum* en Autriche, *Tempo presente* en Italie. En France, la revue *Preuves*, sous-titrée « Cahiers mensuels du Congrès pour la liberté de la culture », paraît de 1951 à 1969. Vingt ans plus tard, son directeur François Bondy écrira : « Raymond Aron était notre "figure de proue", ses analyses de la politique française assuraient aux livraisons qui les publiaient une diffusion plus grande, une attention plus générale[4]. » *Preuves* vise à favoriser la construction européenne et la réconciliation franco-allemande,

---

1. Raymond Aron, cité dans *ibid.*, p. 38.
2. Le premier comité exécutif comprend Irving Brown, Eugen Kogon, David Rousset, Ignazio Silone, Stephen Spender, Arthur Koestler et Denis de Rougemont.
3. GRÉMION, 1995, p. 212.
4. BONDY, 1989, pp. 565-566.

facilitée par son étroite collaboration avec la revue *Der Monat*[1]. *Preuves* devient un lieu de découverte d'écrivains dissidents de l'Est, tels Czesław Miłosz ou, plus tard, Witold Gombrowicz. Pour discréditer le point de vue des staliniens, la revue fait éclater le double discours tenu en interne et à l'extérieur, comme sur le cas Picasso, célébré comme une icône par le mouvement communiste à l'extérieur de l'URSS et démoli en interne au nom du réalisme socialiste. *Preuves* met en évidence ces contradictions en publiant dans son premier numéro une attaque en règle contre Picasso, signée par un haut dignitaire soviétique, Vladimir Semenovitch Kemenov, président de l'Association pour les relations culturelles avec l'étranger :

> Le grand artiste, écrit Bondy, put ainsi lire — il en fut consterné, mais n'en tira aucune conséquence — que « ses peintures ne sont plus que des formes géométriques vides, difformes, tout aussi éloignées de la démocratie espagnole que de toute autre démocratie. Lui et d'autres dégénérés du même acabit — philosophes, écrivains, artistes — un jour n'intéresseront pas les critiques mais les psychiatres »[2].

Preuves se fait un malin plaisir de publier les nombreux témoignages d'une naïveté confondante d'intellectuels occidentaux en pèlerinage en URSS ou dans ses pays satellites dans une rubrique intitulée « De qui est-ce ? ». Après la disparition du petit père des peuples, le ton change. La revue commence à publier des témoignages à charge contre le totalitarisme provenant de ses victimes : « Révéler des écrivains, publier des témoignages d'une vie culturelle et artistique était une tâche autrement satisfaisante que de brocarder Joliot-Curie, qui qualifiait Lénine et Staline de "grands savants"[3]. »

Preuves multiplie ainsi les initiatives pour aller au-devant de son public, dans une période qui ne lui est guère favorable. En 1953, François Bondy, son directeur, et Jacques Carat, son rédac-

---

1. À laquelle collaborent Melvin J. Lasky, Herbert Luthy, Richard Lowenthal et Fritz René Allemann.
2. BONDY, 1989, p. 560.
3. *Ibid.*, p. 563.

teur en chef, organisent des conférences-débats, les « Mardis de *Preuves* ». Bénéficiant de collaborations étrangères prestigieuses, comme celles de Hannah Arendt et Jeanne Hersch, proche de Karl Jaspers, la revue reproduit également des articles de George Orwell sur l'antitotalitarisme. Dans le climat des années 1950, encore largement marqué par la fascination des intellectuels pour l'URSS, *Preuves* est cernée par un milieu hostile et confinée dans une certaine marginalité. Tenue à distance, elle entretient des relations tendues avec *Esprit*. Les révélations de la révolution hongroise de 1956 changeront la donne, et *Preuves* deviendra l'une des sources en vue de l'expression des dissidences du stalinisme.

Comme l'ont indiqué Pascal Ory et Jean-François Sirinelli, *Preuves* regroupe « trois sensibilités principales » : les socialistes et syndicalistes en marge des organisations, tels André Philip, Michel Collinet ou Jacques Carat, une composante de droite, avec Jules Monnerot ou Thierry Maulnier, et une composante centriste, avec Raymond Aron et Denis de Rougemont. Elle devient aussi le pôle de ralliement d'anciens communistes en rupture de ban, tels l'Allemand Franz Borkenau, l'Italien fondateur de *Tempo presente* Ignazio Silone, ou encore Manès Sperber. Parmi les ex-communistes, citons surtout Boris Souvarine, grand spécialiste du monde soviétique d'où il vient et où il a occupé une position majeure. Né à Kiev, arrivé en France en 1898 pour y devenir un des correspondants de Lénine, il était jusqu'en 1924 membre des trois instances dirigeantes du Komintern. Prenant la défense de Trotski à la mort de Lénine, il fut démis de ses fonctions et devint vite un pestiféré dans l'URSS de Staline. Il poursuivit néanmoins un combat qu'il définissait comme celui d'un communiste indépendant dans une revue qu'il animait en France, *Le Bulletin communiste* (1925-1933). En 1934, il lança une nouvelle revue, *La Critique sociale*, qui aurait pour collaborateurs notamment Raymond Queneau, Georges Bataille, Michel Leiris et Simone Weil. En 1935, il publia une biographie de Staline, dont la rédaction de chacun des chapitres l'éloigna un peu plus du communisme. Il devint très tôt un analyste hors pair des perversions du système bureaucratique, du fonctionnement totalitaire du pouvoir, et, à ce titre, ses contributions publiées dans *Preuves* restent précieuses.

Dans le climat marxisant des années 1950, *Preuves*, à la fois fermement européenne, à contre-courant du patriotisme français et antimarxiste, reste peu entendue, mais ses thèses gardent souvent un caractère prophétique, comme lorsqu'elle présente le projet de construction européenne par le biais d'avocats talentueux, tel Denis de Rougemont. Selon ce dernier, l'Europe doit se construire à partir d'une « communauté spirituelle » exprimant un « esprit européen ». Dès l'après-guerre, il ne cesse de soutenir cette thèse au-delà des colonnes de la revue *Preuves*, d'abord aux Rencontres internationales de Genève de 1946, puis au Ier Congrès des fédéralistes européens, en 1947, et encore au congrès de La Haye de 1948[1] :

> Quand on me demande maintenant : quelle est donc cette Europe que vous voulez réunir pour la sauver ? Je réponds que ce n'est pas celle des turbines mais celle de l'inventeur de la turbine. Non pas l'Europe des faits, mais celle des actes. Sur le plan des faits bruts, l'Amérique nous dépasse, l'armée russe peut encore nous écraser [...] mais l'esprit créateur reste notre apanage, l'esprit de liberté qui peut encore sauver d'un même mouvement et l'Europe et le sens de nos vies[2].

Ces appels à la construction immédiate d'une Europe répondent aux souhaits du Congrès pour la liberté de la culture. Ils souffrent cependant d'un sérieux handicap, car on apprendra plus tard, par une enquête du *New York Times* de 1966, que les dénonciations du PCF, qui y voit une officine américaine, ne sont pas totalement infondées puisque ledit Congrès est effectivement financé par la CIA. Cette révélation suscitera l'indignation de ceux qui, à l'instar de Raymond Aron, pensaient que le Congrès était en fait soutenu par des fondations américaines. « À partir de là, révèle-t-il dans ses *Mémoires*, je m'éloignai du Congrès, qui, sous un autre nom, et avec des subventions de la *Ford Foundation*, survécut quelques années[3]. » Si Aron, Rougemont ou Sperber purent toujours s'y exprimer librement, il leur restera toujours un sentiment de tromperie et une question en suspens formulée sans détour par Aron : « Aurions-nous toléré le financement de la CIA, si nous l'avions

1. Informations reprises de CHEBEL D'APPOLLONIA, 1999, p. 84.
2. ROUGEMONT, 1952.
3. ARON, Raymond, 2010, p. 318.

connu ? Probablement non, bien que ce refus eût été, en dernière analyse, déraisonnable[1]. » À distance, Aron, tout en parlant de « scandale », ne regrettera pas d'avoir participé à un Congrès qui eut au final un rôle positif sur les intellectuels européens.

LES HUSSARDS FONT DE LA RÉSISTANCE

Après la délicate période des règlements de comptes de la Libération, toute une aile droite du courant libéral redresse la tête. C'est le cas des écrivains qui avaient plus ou moins collaboré pendant l'Occupation et été mis à l'index par la Résistance. Devenus infréquentables, ils faisaient figure de proscrits avant leur sortie progressive du purgatoire. Parmi eux se trouvaient des vedettes littéraires des années 1930, tel Paul Morand, un des quatre « M » de la maison Grasset (avec Mauriac, Montherlant et Maurois). Pendant la guerre, il avait exercé des fonctions officielles. D'abord proche conseiller de Pierre Laval en 1942, puis ambassadeur de France en Roumanie en 1943, il s'était tenu à distance en Suisse en 1945, pour échapper à l'épuration. Autre étoile de l'avant-guerre, Jacques Chardonne, qui avait été du fameux voyage en Allemagne à l'invitation de Goebbels, avait été arrêté et détenu pendant six semaines entre septembre et novembre 1944 à Cognac. Pendant l'Occupation, il n'avait pas dissimulé ses sympathies dans ses écrits, en particulier dans *Le Ciel de Nieflheim* (1943), où il faisait l'apologie des SS venus sauver la « haute civilisation charentaise » : « Les SS usent convenablement de leur pouvoir absolu, et la population ne s'en plaint pas, après une certaine accoutumance[2]. » Chardonne bénéficie cependant du soutien d'écrivains résistants qui admirent son style, à commencer par François Mauriac ou Jean Paulhan, mais, selon François Dufay, « ce sont surtout son avocat Georges Izard et le propre fils de Chardonne, Gérard Boutelleau, ancien déporté et rédacteur en chef de l'hebdomadaire *Carrefour*, qui l'ont tiré de

---

1. *Ibid.*, p. 319.
2. CHARDONNE [1943], 1991, p. 133.

ce mauvais pas[1] ». À la différence de ses compagnons de voyage en Allemagne Brasillach, exécuté, Drieu la Rochelle, suicidé, et Abel Bonnard, exilé, il bénéficia d'un non-lieu en 1946.

Pour ces proscrits, la maison d'édition La Table ronde, créée par Roger Mouton en 1944 et dont le directeur littéraire est Roland Laudenbach, sert de terre d'asile. Selon l'historien de l'édition Pascal Fouché, entre 1945 et 1949, « Mouton dirige la société depuis Lausanne […], mais c'est Roland Laudenbach qui attire les auteurs[2]. » André Fraigneau, qui avait lui aussi fait partie du voyage en Allemagne, rejoint l'éditeur où Thierry Maulnier, ancien ami de Brasillach, publie trois ouvrages entre 1946 et 1948, sous le pseudonyme de Jean Darcy. « Les objectifs de Roger Mouton sont clairs, écrit l'historien Patrick Louis. Il veut faire de la Table ronde une des premières maisons d'édition française, un concurrent direct de Gallimard[3]. » André Fraigneau et Thierry Maulnier y lancent une nouvelle collection, « Le Choix », dont le premier titre est un ouvrage de François Mauriac, *La Rencontre avec Barrès*, paru en 1945. Il est suivi de publications d'Anouilh, Montherlant, Giono et Claudel, qui contribuent ainsi à parrainer la nouvelle maison d'édition. Ces « débauchages » ne sont pas du goût de Gaston Gallimard, qui met en garde Laudenbach : « Ce n'est pas ainsi que j'entends l'édition. Il me semble qu'il y a mieux à faire qu'à essayer de détourner les écrivains de leurs éditeurs habituels. Et il y a à faire, je vous l'assure ! Mais après tout, cette petite lutte nous oblige à rester jeunes[4]. » À ces vedettes déjà célèbres, s'ajoutent des représentants de la nouvelle génération, tels Claude Mauriac, fils de François, et Henri Troyat. Fort d'un certain nombre de succès, dont les livres de Troyat, qui se vendent bien, la maison d'édition entend devenir un épicentre de la vie intellectuelle française. Elle lance pour cela, sous la direction de François Mauriac et Thierry Maulnier, une revue littéraire intitulée elle aussi *La Table ronde* et sous-titrée *Revue mensuelle*, dont le premier numéro sort en janvier 1948 avec la présentation suivante :

1. Dufay [2006], 2010, p. 22.
2. Fouché [1992], 2012, p. 282.
3. Louis, 1992, p. 54.
4. Gaston Gallimard, lettre à Roland Laudenbach, citée dans Fouché [1992], 2012, p. 282.

Pour employer un mot à la mode, les écrivains de cette revue se considèrent « engagés ». Mais si le mot d'engagement peut dire beaucoup trop s'il signifie l'obédience aux consignes que dicte un parti selon l'opportunité politique. Il peut aussi ne pas dire assez […]. Ce qui est certain, c'est que dans les temps où s'affrontent les fanatismes, la liberté de l'esprit constitue une forme d'engagement aussi honorable que l'adhésion passionnée ou prudente à une faction militante[1].

Le mode d'engagement que promeut la revue est proprement littéraire et récuse toute forme d'obédience politique :

> *La Table ronde* signifie seulement qu'un certain nombre d'écrivains, divers par l'âge, les opinions, les convictions, croyances ou doutes d'ordre religieux et philosophique, ont jugé un accord possible entre eux […]. Prendre position, non pas en tant qu'hommes de parti, mais en tant qu'écrivains, étant entendu que l'exercice du métier d'écrivain comporte sa morale[2].

À l'horizon de ce regroupement, un double objectif se dessine : réhabiliter les écrivains compromis et combattre l'idéologie communiste. Les dirigeants du PCF comprennent immédiatement qu'ils sont ses adversaires désignés, et Pierre Hervé, rédacteur en chef adjoint de *L'Humanité*, dénonce dès sa parution « les chevaliers de la Table ronde ». L'autre adversaire désigné de l'éditeur est Sartre. Dès 1947, il publie *Sartre est-il possédé ?*, cosigné par Bernard Pingaud et Pierre Boutang. La revue s'attaque de son côté à la conception de l'engagement de la littérature défendue par celui qui est désigné comme le « pape de l'existentialisme ». Comme l'écrit Patrick Louis, « Mauriac n'a pas pardonné à Sartre son : "Dieu n'est pas un artiste, M. Mauriac non plus"[3] ». Une nouvelle

---

1. *La Table ronde*, nº 1, janvier 1948. La nouvelle revue va publier des auteurs d'horizons idéologiques très divers, tels Jean Paulhan, Albert Camus, Thierry Maulnier, Raymond Aron, Jules Roy ou Marcel Jouhandeau, ainsi que des écrivains de la nouvelle génération, tels Jacques Laurent, Antoine Blondin, Roger Nimier, Jean-Louis Curtis, Gilbert Sigaux, Jean-Louis Bory, Robert Kanters, Roland Laudenbach, Philippe Héduy et Maurice Pons.
2. *Ibid.*
3. Louis, 1992, p. 88.

édition de l'ouvrage polémique paraît en 1950, signée par le seul Pierre Boutang, qui achève ainsi son brûlot : « Vous êtes une petite négation de l'espèce des rongeurs, qui ronge les racines de la vie. Je ne connais pas de meilleure définition de Sartre philosophe que ces quelques mots, tirés de D. H. Lawrence, que Sartre a toujours haï, comme il a haï Dostoïevski[1]. »

En 1949, Mauriac confie la chronique littéraire de la revue à un jeune écrivain provocateur et batailleur, Roger Nimier, dont le premier roman, *Les Épées*, qu'il publie en 1948 à l'âge de vingt-trois ans, commence par une scène de masturbation sur une photographie de Marlene Dietrich et se poursuit par l'engagement du héros dans la milice et par le meurtre gratuit d'un juif à la Libération. L'année 1950 le voit publier successivement *Perfide*, puis un recueil d'essais, *Le Grand d'Espagne*, enfin *Le Hussard bleu*, qui s'épanche sur les états d'âme d'une jeunesse désabusée. On comprend que le jeune polémiste ait été désigné comme le pourfendeur de la littérature engagée telle que la conçoit un Sartre. Dans sa fougue, Nimier invite Mauriac au combat et lui écrit, à la fin de juillet 1949 :

> Je suis heureux que vous attendiez beaucoup de la Table ronde. Il serait bien, en effet, qu'elle remplaçât la vieille *NRF* sans les rancunes, l'hypocrisie qui caractérisent celle-ci. Je pense au mot que vous employez : un dialogue. Cependant, nous sommes quelques-uns, généralement appelés chrétiens, qui imaginons que la Vérité existe. Dans cette mesure, entre deux contradictions, il y aura une victoire et une défaite — une conversion[2].

La maison d'édition s'ouvre également à la littérature étrangère, publiant Henry Miller, Graham Greene, Alberto Moravia, Karl Jaspers et Thomas Mann, ainsi qu'à une nouvelle génération d'auteurs français[3]. Après avoir été consacré en novembre 1952 par le

---

1. Pierre Boutang, cité dans *ibid*.
2. Roger Nimier, lettre à François Mauriac, citée dans Lacouture [1980], 1990, p. 236.
3. « Outre Henri Troyat, Claude Mauriac, Robert Kanters ou Jean-Louis Curtis, on trouve aussi dans les sommaires de *La Table ronde* Philippe Ariès, Pierre Andreu, Félicien Marceau, Claude Elsen, Albert-Marie Schmidt, Michel Mohrt ou Robert Allio » (Louis, 1992, p. 80).

prix Nobel, François Mauriac inaugure son « Bloc-notes » dans *La Table ronde*[1]. Prenant fait et cause pour le sultan marocain contre la politique colonialiste du gouvernement français, il se trouve soudain en rupture avec son entourage, devenant la proie d'attaques de la part de ses anciens amis, à l'image de Roger Nimier :

> Son rire, où le hennissement de la voix s'accompagne d'une révolution totale de l'œil dans son orbite, survola des fronts courbés et complices [...]. Certes, le grand romancier catholique n'est plus dupe des honneurs qui sont accrochés à sa carcasse et qu'il traîne, à présent, comme la fille montre ses pustules [...]. Il a trouvé sa grande cause, son affaire Calas[2].

La tension grandissante conduit à une rupture devenue inévitable, et Mauriac quitte la revue en novembre 1954 pour transporter son « Bloc-notes » à *L'Express*. Il déclarera plus tard : « Jamais poule n'avait couvé tant de canards d'extrême droite mais pas conformistes. Pour tout dire, Thierry Maulnier était à la Table ronde, après moi, ce qu'il y avait de plus à gauche[3]. »

Roger Nimier séduit tout de suite les anciens, Chardonne, Morand, mais aussi quelques jeunes écrivains qui s'agrègent à ce petit groupe, tel Jacques Laurent. En 1951, Nimier prend la direction d'*Opéra*, un hebdomadaire culturel édité par Plon. Il y dirige, à l'âge de vingt-six ans, une équipe composée notamment de Bernard de Falloix, François Billetdoux, Stephen Hecquet, Philippe Héduy, Christian Millau et François Nourissier, où l'on cultive l'invective, l'ironie mordante, l'iconoclasme contre les maîtres-penseurs du moment. Dans un entretien avec Madeleine Chapsal, alors journaliste à *L'Express*, Nimier lui lance :

> Vous êtes idiote, vous n'aimez que la grosse panade mal cuite de vos amis, les existentialistes. Tâtez donc de mets un peu plus raffinés, ça vous éduquera le goût. Commencez par lire Nimier, Marcel Aymé, Céline, enfin Chardonne ! Évidemment vous êtes habituée

1. *La Table ronde*, n° 60, décembre 1952.
2. NIMIER, 1954.
3. François Mauriac, cité dans LOUIS, 1992, p. 92.

à la « soupe » et ça risque de vous paraître maigre, au début. Mais vous vous y ferez[1].

Quant à Jacques Laurent, qui a été en poste à Vichy en tant que chef de cabinet du secrétaire d'État à l'information, Paul Marion, chargé de la censure, il lance en 1948 « Crosses en l'air ! » aux gourous de l'époque et réclame la « démobilisation » des lettres. Selon François Dufay, « ces jeunes gens qui ne respectent rien clament qu'il est temps de vider "cette bassine d'eau sale qu'on prit, pendant deux ans, pour un torrent", l'existentialisme[2] ».

Dès la Libération, Laurent s'était montré sarcastique envers l'existentialisme, qu'il dénonçait comme une traversée nauséeuse dans la nuit des caves « crasseuses », lieux de ténèbres et de débauche dédiés au culte de Sartre : « Sartre et Camus s'acharnaient à faire de l'homme un étranger dans un monde étranger, Sartre y ajoutant, par une prédilection qui lui était naturelle, une viscosité qui faisait l'amour sale et la mort sale[3]. » Pour déjouer ce qu'il considérait comme un risque pour la liberté littéraire, Laurent était entré en contact avec la Table ronde et avait commencé à y collaborer : « Presque tous les lundis, nous prîmes l'habitude de dîner à cinq ou six, autour de Mauriac, dans de petits restaurants. Nous étions les familiers du Vieux-Paris, place du Panthéon[4]. » En 1951, il s'en prend frontalement à Sartre dans un article de *La Table ronde* qui fait événement. Intitulé « Paul et Jean-Paul », il assimile Sartre, prétendument révolutionnaire et avant-gardiste, à Paul Bourget, qui incarne alors la littérature bourgeoise et moraliste de la fin du XIXᵉ siècle. Il l'évoquera quelque vingt ans plus tard en ces termes :

> Un parallèle Sartre-Bourget me permettait évidemment d'atteindre Sartre dans le prestige de terrifiant écrivain d'avant-garde qu'il exerçait sur le public. En le comparant à un écrivain démodé qui passait pour le héros poussiéreux d'une droite désuète au tradi-

---

1. CHAPSAL [1984], 1987, p. 143.
2. DUFAY [2006], 2010, p. 51.
3. LAURENT, 1976, p. 257.
4. *Ibid.*, p. 260.

tionalisme conformiste, je réussissais aussi, me semblait-il, à montrer jusqu'à l'évidence que mon propos n'était pas politique[1].

Fort de son succès littéraire avec la publication de *Caroline chérie* (sous le pseudonyme de Cecil Saint-Laurent), Laurent décide en 1953 d'investir dans la création d'une revue, qu'il intitule *La Parisienne*. Le premier numéro indique la couleur : « Voici une nouvelle revue littéraire qui ne souhaite servir rien d'autre que la littérature. » Laurent y cultive la démobilisation des lettres et publie des auteurs très différents, au nom d'un éclectisme revendiqué[2]. Dans les milieux littéraires, la revue apportera, selon son créateur, un « courant d'air », mais ne s'installera cependant pas dans la durée. Limitée au strict domaine littéraire, elle est de surcroît victime de l'érosion générale des revues, à l'instar de *La Nouvelle Revue française* et de *La Table ronde* et de son étiquetage à droite et cesse de paraître en 1958. Dès 1954, Laurent laisse à d'autres les rênes de la revue pour prendre la direction de l'hebdomadaire *Arts*, qu'il dirigera jusqu'en 1959.

Dans *Les Temps modernes*, Bernard Frank baptise « hussards » ces écrivains de droite, en donnant l'impression d'une école. Les intéressés récuseront l'amalgame. Comme l'écrit Patrick Louis :

> Pour la postérité, les « hussards » sont quatre, comme les Trois Mousquetaires. Nimier est d'Artagnan. Pour les trois autres — Jacques Laurent, Antoine Blondin et Michel Déon —, les personnages de Dumas sont moins adéquats [...]. Comme les Trois Mousquetaires, les « Hussards » n'existent pas[3] !

Il existe certes une proximité entre eux, mais ils ne constituent qu'une juxtaposition de singularités peu portées à se plier à une discipline de groupe : « C'est ici l'occasion, proteste Laudenbach, de dire que le club des "Hussards" n'a jamais existé ; qu'il ne s'est jamais réuni ; et que c'est abusivement qu'on prête à chacun de ces

---

1. *Ibid.*, p. 266.
2. Notamment Marcel Aymé, Jean Cocteau, André Pieyre de Mandiargues, Robert Musil, Françoise Sagan, Paul Morand, Henri-Pierre Roché, Boris Vian, Jules Bachelard, Odette Joyeux ou Marcel Jouhandeau.
3. Louis, 1992, pp. 101-102.

prétendus adhérents un dessein commun[1]. » En dépit de ces dénégations, il existe une connivence certaine entre Roger Nimier, âgé de vingt ans en 1945, qui cherchait sa voie entre le maurrassisme et le gaullisme, Antoine Blondin, qui avait collaboré à *Paroles françaises* et à *Rivarol*, Michel Déon, qui avait travaillé pendant toute la guerre à *L'Action française*, ou un Jacques Laurent, qui était employé au ministère de l'Information de Vichy.

Comme l'a montré François Dufay, une fascination mutuelle s'était nouée en miroir entre cette jeune génération qui vénérait les anciens et ces derniers qui se croyaient enterrés vivants et vivaient à leur contact une cure de jouvence. Au fil des années 1950, à la faveur de cette rencontre, les anciens vont reprendre place au cœur de la vie littéraire. Les deux grands bénéficiaires de cette reconfiguration, Paul Morand et Jacques Chardonne, s'engagent dans un pacte tacite de fidélité mutuelle en décidant de correspondre chaque jour et de tout se dire. « Ils s'offrent l'un à l'autre, écrit Dufay, cette fête quotidienne, une vengeance jubilatoire aux dépens d'un monde qui les a enterrés[2]. » Livrés à eux-mêmes, ils se livrent à une débauche d'antisémitisme et d'arrogance. « Là où les Juifs et PD s'installent, écrit Morand à Chardonne le 7 mai 1960, c'est un signe certain de décomposition avancée ; asticots dans la viande qui pue[3]. » Ils se lamentent de concert sur le métissage croissant, la montée des peuples de couleur, et redoutent que les Chinois se retrouvent à Roscoff. Signe des temps et de la remontée de la pensée droitière, en 1957, Morand pose sa candidature à l'Académie française. Sa démarche ne va pas sans susciter des réactions d'hostilité, et même une fronde emmenée par François Mauriac, alors très engagé dans le combat anticolonial. Ce dernier prend l'initiative rare d'une pétition signée par onze Immortels à lire avant le vote, mettant en garde leurs collègues sur le fait que l'impétrant ne serait jamais l'élu de tous[4]. La jeune génération des « hussards » a beau monter en ligne et Nimier faire

---

1. LAUDENBACH, 1980.
2. DUFAY [2006], 2010, p. 72.
3. Paul Morand, cité dans *ibid.*, p. 112.
4. Les signataires sont François Mauriac, André Chamson, Georges Duhamel, Maurice Garçon, Fernand Gregh, Robert d'Harcourt, Robert Kemp, Wladimir d'Ormesson, Jules Romains, André Siegfried et Louis Pasteur Vallery-Radot.

la une d'*Arts* sur « L'affaire Morand », ce dernier manque son élection d'une voix et dénonce « les épurateurs attardés, les protestants, les francs-maçons, les ratés de tout poil qui lui ont barré la route[1] ». Il entend se représenter à la première occasion et croit pouvoir y réussir au moment du décès d'André Siegfried, qui lui était hostile, mais le retour du général de Gaulle au pouvoir l'en empêche : le nouveau président de la République fait savoir qu'il ne donnera pas son approbation à une candidature qui soulève « trop de haine ».

En ces temps de guerre froide, d'autres initiatives voient le jour pour contenir l'emprise communiste et soviétique. C'est le cas, entre autres, de la création du mouvement « Paix et liberté », lancé par Jean-Paul David, ancien secrétaire des Jeunesses radicales puis député de Seine-et-Oise et secrétaire général du RGR (Rassemblement des gauches républicaines), qui refuse de laisser le thème de la paix aux seuls communistes. L'adversaire clairement désigné est le PCF, comparé à « une armée soviétique qui campe et opère déjà en France en attendant l'Armée rouge[2] ». Les stratèges communistes sont dénoncés pour répandre sur le territoire de la France des « cocobacilles », des « stalinocoques » et autres virus mortels. La campagne d'affiches la plus connue menée par ce mouvement est celle de « La colombe qui fait boum », qui transforme le volatile de Picasso placardé dans les villes et villages de France en char d'assaut. Pour ces campagnes, David dispose du soutien discret de la présidence du Conseil et de financements qui lui viennent de ce que l'on appelle la troisième force, en fragile équilibre entre les coups de boutoir des communistes et des gaullistes.

Sur les planches des théâtres aussi la contre-offensive idéologique est de saison. Certaines scènes, comme le théâtre Hébertot, se font une réputation d'« antirouge », que ne manque pas de dénoncer la presse communiste. Au début des années 1950, on y représente *Rome n'est plus dans Rome*, de Gabriel Marcel, *La liberté est un dimanche*, de Pol Quentin, *Le Dialogue des carmélites*, de Georges Bernanos, ou encore *La Maison de la nuit*, de Thierry Maulnier.

---

1. Dufay [2006], 2010, p. 129.
2. Jean-Paul David, cité dans Sommer [1979-1980], 1999, p. 93.

L'offensive des critiques vise le TNP, dénoncé comme un théâtre rouge. Jean Vilar, son directeur, est présenté comme un membre du PCF, alors qu'il n'en a jamais fait partie. Jean-Jacques Gautier comme Thierry Maulnier martèlent la chose au point que la sous-directrice des Spectacles et de la Musique Jeanne Laurent « juge bon de publier par voie de presse un démenti[1] ».

---

1. LOYER, 1997, p. 201.

7

La quête d'une troisième voie

Dans le climat bipolarisé de l'après-guerre, il n'est pas aisé de défendre une position neutre récusant à la fois le soviétisme et l'américanisme. La position d'équilibriste consistant à tenir à égale distance Est et Ouest est pourtant celle qu'adoptent un certain nombre d'intellectuels. Selon les enjeux et les moments, ceux-ci prennent fait et cause en faveur tantôt des États-Unis, tantôt de l'URSS. Mais la voie est étroite, et le parcours périlleux. Si la position du général de Gaulle a pu conforter de telles oscillations, il entame en 1946 une traversée du désert qui ne prendra fin qu'en 1958. Entre Pacte atlantique et Kominform, comment rester indépendant ? Certains intellectuels hétérodoxes opposent aux deux grandes puissances la construction d'une Europe occidentale dotée de valeurs spécifiques. Cette échappatoire est toutefois délicate, car elle implique le redressement d'une Allemagne à peine sortie de la barbarie nazie.

NAISSANCE D'UN QUOTIDIEN
AU-DESSUS DE LA MÊLÉE

Dans la presse, Hubert Beuve-Méry incarne cette exigence d'indépendance à l'égard des pouvoirs quels qu'ils soient et de double opposition au soviétisme et à l'américanisme. D'origine modeste, élevé par sa mère dans des conditions difficiles après le départ de son père, il avait dû exercer des petits métiers pour survivre. Intellectuel catholique, il avait fait ses débuts dans la presse avant guerre au quotidien *Le Temps* comme correspondant à Prague, où il enseignait à l'Institut français. Tôt lucide sur le danger nazi, il avait dénoncé le compromis de Munich et démissionné du journal. Pendant la guerre, il avait fait son entrée au conseil de rédaction de la revue *Esprit* et était devenu responsable des études au centre d'Uriage. Après la fermeture de ce dernier par Vichy, en décembre 1942, il s'était engagé dans la résistance active.

Austère, solitaire, ombrageux, hostile à toute vision manichéenne, Hubert Beuve-Méry devient à la Libération l'homme de la situation pour liquider l'héritage d'une presse qui a trop composé avec l'occupant (voir *supra*, chap. II, pp. 77 sqq). La partie n'est pourtant pas facile. Il lui revient de conquérir un magistère et, pour cela, assurer une relève générationnelle, alors que l'équipe de départ est pour l'essentiel constituée d'anciens du *Temps*. Beuve-Méry, qui ne se donne guère de chance de réussite, répète à qui veut l'entendre que ça ne marchera pas. Tirant les leçons du passé, il insiste sur l'indépendance de son journal et, pour l'assurer, se garde de tout rapport avec les puissances d'argent, revendiquant une austérité assumée de la maquette. Lorsque, le 19 décembre 1944, le premier numéro du *Monde* sort des rotatives, il s'adresse à ses lecteurs en leur promettant de leur assurer « des informations claires, vraies et, dans la mesure du possible, rapides, complètes ». Il est tiré à cent quarante-sept mille exemplaires, soit le maximum autorisé, compte tenu des pénuries de papier. Le quotidien du soir est aussitôt pris à partie par *L'Humanité*, qui se vend encore à quelque trois cent quinze mille exemplaires quotidiens. Les communistes dénoncent une réincarnation du *Temps*, un journal aux mains du Comité des forges. Mais Beuve-Méry tient bon et poursuit son travail acharné. Dès huit heures quinze, il tient la conférence de rédaction du journal dans son bureau, entouré d'une petite dizaine de journalistes, en cercle autour de lui[1].

1. Il y a là André Chênebenoit, Robert Gauthier, Martial Bonis-Charancle, René Courtin, Rémy Roure, René Lauret et Olivier Merlin (informations reprises de *ibid.*, pp. 317-318).

Dans les colonnes de l'hebdomadaire chrétien *Temps présent*, dont Beuve-Méry restera un collaborateur actif jusqu'en mai 1947, il exprime son double rejet de « la domination du dollar » et de la « puissance du knout ». Il n'épargne pas non plus le gouvernement dit de troisième force, qui ne comprend ni gaullistes ni communistes et mène une guerre coloniale en Indochine, que Beuve-Méry qualifie de « sale guerre » dans *Le Monde* du 17 janvier 1948. Tout en cherchant à conserver son indépendance entre les deux grands, il ne met pas sur un pied d'égalité les Soviétiques, qui portent avec eux un régime barbare, et les États-Unis, dont la société de consommation manque pour le moins d'âme. Beuve-Méry juge avec étonnement et sévérité le philocommunisme de son ami Emmanuel Mounier d'*Esprit*. Sa position à l'égard des Américains reste très ambivalente puisqu'il refuse leurs dollars, tout en craignant leur isolationnisme et leur non-engagement en Europe, qui laisse la France fragile devant la menace des chars soviétiques. Cette situation le conduit vite à considérer que le salut viendra d'une réconciliation franco-allemande.

Au moment de la division irrémédiable entre les deux blocs, des intellectuels prennent l'initiative d'un manifeste qui entend promouvoir une Europe échappant à la double tutelle soviétique et américaine et revendiquant sa neutralité dans l'affrontement en cours[1]. Dans son journal, Beuve-Méry se heurte à un tropisme qui pousse de plus en plus d'intellectuels dans les bras protecteurs des États-Unis, mais il tient bon et place son pari à une hauteur historique. « L'œuvre à faire ou à refaire, écrit-il dans *Le Monde*, est, comme on l'a dit, une œuvre capétienne. Elle offre plus de difficultés, plus d'intérêt, et n'exige certainement pas moins de virilité que l'appel à la haine et le recours à la bombe atomique ou au napalm[2]. »

Beuve-Méry ouvre alors les colonnes de son journal à Étienne Gilson, auquel il voue une grande admiration et dont il a suivi l'enseignement à la Sorbonne sur la philosophie du Moyen Âge. Gilson accentue les critiques contre les Américains. Il n'a aucune confiance

---

1. Il est cosigné par Hubert Beuve-Méry, Albert Camus, Maurice Merleau-Ponty, Emmanuel Mounier, Claude Bourdet et Jean-Louis Lévy.
2. BEUVE-MÉRY, 1951 (a).

dans les engagements de Washington en matière de défense de l'Europe occidentale face à la menace soviétique : « Ce qu'on est disposé à nous "acheter" avec des dollars, c'est une fois de plus notre sang et une troisième invasion de l'Occident européen, au prix de laquelle les deux précédentes apparaîtraient comme des parties de plaisir[1]. » Les partisans de l'atlantisme, comme *Le Figaro*, crient à l'imposture. Le Pacte atlantique est signé en avril 1949, mais Étienne Gilson poursuit sa croisade avec la même véhémence sous l'étendard du *Monde*. C'est dans ce contexte qu'éclate ce qui sera qualifié d'affaire Gilson.

Dans un hebdomadaire catholique de New York, Waldemar Gurian, professeur de sciences politiques, publie un article à charge contre Gilson révélant des propos privés au terme desquels celui-ci aurait affirmé ne pas vouloir rentrer en France, alors qu'il venait de prendre sa retraite et se serait proposé à donner des cours au Canada pendant un an. Il aurait considéré que la France était devenue défaitiste, prête à accepter la domination soviétique. Dans sa biographie de Beuve-Méry, Laurent Greilsamer écrit : « Le 27 janvier, *Le Figaro littéraire* reprend l'article, lui prêtant foi. Une ambiance de curée s'instaure alors contre un grand professeur traité de "fuyard" et dont personne ne cherche à vérifier s'il a effectivement tenu les propos qu'on lui attribue[2]. » L'affaire fait grand bruit, et de grandes plumes expriment leur indignation, tels François Mauriac, Daniel Halévy ou encore le colonel Rémy. Gurian, pressé de révéler l'identité de son informateur, s'en montre incapable, et l'affaire, faute de preuves tangibles, semble bien une manipulation visant à discréditer Gilson. Le 10 mars 1951, Beuve-Méry, qui n'a pas désavoué son collaborateur, en tire les enseignements dans les colonnes du journal :

> Sauf fait nouveau, l'affaire Gilson paraît close [...]. Toute l'affaire repose sur la dénonciation unique d'un pseudo-témoin qui, de son propre aveu, n'a personnellement rien vu, rien entendu [...]. Chacun est en droit de discuter, et à l'occasion durement, d'idées émises publiquement. Mais personne n'a le droit de se livrer à une

---

1. Gilson, 1949.
2. Greilsamer, 2010, p. 386.

sorte d'assassinat moral contre un homme dont les idées paraissent gênantes et ne peuvent, elles, être assassinées[1].

Beuve-Méry reconnaît néanmoins que le terme de neutralisme n'est pas approprié. Il préférera un peu plus tard celui, lancé en 1955 à la conférence de Bandung, de « non-alignement ». Entre-temps, sa position au sein même de la rédaction est affaiblie par son associé de la première heure René Courtin. Protestant libéral, économiste et ancien résistant, celui-ci conteste la réalité à la fois de son antilibéralisme et de son neutralisme. Alors que Courtin s'était décidé à prendre discrètement ses distances par rapport au *Monde*, il se ravise en prenant connaissance d'un article virulent de Pierre Emmanuel dans le journal mettant en cause « L'Amérique impériale[2] » dans lequel il laisse à penser que le FBI s'apparente à la Gestapo. Le même Emmanuel récidive le lendemain en écrivant que les Américains sont au bord du fascisme. La confrontation directe entre Courtin et Beuve-Méry qui en résulte va s'étendre sur plus d'un an, et c'est l'assemblée des actionnaires qui finit par trancher, en juillet 1951. Placé sous étroite surveillance, Beuve-Méry projette de donner sa démission, mais revigoré par la combativité du juriste Maurice Duverger, qui se dit prêt à se mettre vingt-quatre heures sur vingt-quatre à sa disposition pour contre-attaquer, il finit par l'emporter en décembre et est maintenu à son poste de directeur par cent quatre-vingt-dix parts contre soixante-cinq à ses adversaires.

Le jeu d'équilibre neutraliste de Beuve-Méry lui vaudra néan-moins encore bien des désagréments. En 1954, c'est Pierre Bris-son, le directeur du *Figaro*, qui, malgré un lectorat beaucoup plus important (six cent mille exemplaires), s'en prend à un *Monde* qui ne fait que « languir d'espérance en songeant aux sourires du Kremlin[3] ». Boris Souvarine, l'ancien communiste devenu contempteur du totalitarisme soviétique, qualifie Beuve-Méry de « Tovarichtch Sirius ». Des rumeurs courent à Paris selon les-quelles le directeur du *Monde* serait financé par Moscou *via* les

1. Beuve-Méry, 1951 (b).
2. Emmanuel, 1949.
3. Brisson, 1954.

Tchèques. Pour Beuve-Méry, comme pour tous ceux qui cherchent à définir une troisième voie entre les deux blocs, l'arrivée à la présidence du conseil de Pierre Mendès France représente une divine surprise. « Jamais, écrit Greilsamer, il n'a été si loin, jamais sa sympathie ne s'est exprimée aussi vivement. Ici, le moraliste donne son crédit au politique en sachant pertinemment qu'il encourage en Mendès non pas son double, mais un caractère étrangement semblable au sien[1]. »

Le refus de choisir entre les deux camps s'incarne dans la figure de l'Américain Garry Davis, rebelle quelque peu esseulé, même s'il bénéficie de soutiens de poids, qui se bat pour la création d'un gouvernement mondial. Ancien pilote de l'armée de l'air, Davis a déchiré son passeport en 1948 et demandé à l'ONU d'être accueilli comme citoyen du monde. Mis à la porte de l'enceinte onusienne par la police, il cherche et trouve des appuis. Un comité se constitue, où l'on retrouve des personnalités intellectuelles libres de tout engagement partisan, tels Albert Camus, André Breton, Emmanuel Mounier ou l'écrivain noir américain Richard Wright. Fort de ces appuis, Davis multiplie les coups d'éclat à l'occasion des réunions de l'Assemblée générale des Nations unies à New York ou à Paris, où il campe avec son sac de couchage sur les marches du palais de Chaillot ou rue du Cherche-Midi.

Le 22 octobre 1948, une conférence de presse de soutien à Garry Davis est organisée par un grand nombre de personnalités[2]. Un meeting suit le 3 décembre à la salle Pleyel, qui réunit trois mille personnes. Se succèdent à la tribune Camus, Breton, Vercors et Paulhan. Ce combat devient l'occasion d'affirmer le refus des blocs, le rejet de la guerre[3], et la revue *Esprit*, ébranlée par le procès Rajk en cours et reprenant ses distances avec le PCF, se trouve aux avant-postes. Garry Davis s'installe alors avec son sac de couchage sur le pont du Rhin, à Strasbourg, qui relie la France à l'Allemagne. Paul Ricœur, alors professeur à l'université de la ville, va voir Garry Davis sur le pont. Il en revient bouleversé et

---

1. GREILSAMER, 2010, p. 498.
2. Parmi lesquelles Emmanuel Mounier, Albert Camus, Vercors, Jean Paulhan, Raymond Queneau, André Breton, Claude Bourdet, Georges Altman, Richard Wright et l'abbé Pierre.
3. MOUNIER, 1949 (a).

dit à son ami, Rémy Rontchevsky : « J'ai vu un homme ! » Les
milieux catholiques et protestants de gauche vivent en symbiose
dans la métropole alsacienne, où se concrétise de fait, en cette
fin des années 1940, un long processus de rapprochement entre
le catholicisme social et le christianisme social à l'intérieur du
microcosme de la vie locale.

La cause de Garry Davis gagne encore en popularité, et, peu
après, le 9 décembre 1948, ce sont près de vingt mille personnes
qui se retrouvent à ses côtés au Vélodrome d'Hiver, à Paris. En
juin 1949, *Esprit* consacre un numéro spécial à celui qui est devenu
« l'Américain de la guerre froide ». Mais ce combat qu'il mène
comme créateur du « Mouvement des citoyens du monde » s'avère
vite utopique, et l'engouement retombe brutalement comme un
soufflé. Garry Davis s'installera dans les années 1960 à Strasbourg,
où il assurera la gestion d'une entreprise de nettoyage des couches
pour enfants, la *Davis Baby Service*.

Autre intellectuel quelque peu isolé, défenseur d'une troisième
voie et adepte de la troisième force, membre du comité exécutif
du MRP, Léo Hamon s'engage dans un comité de dialogue avec
les Allemands aux côtés d'Emmanuel Mounier, Jean-Marie Domenach, Alfred Grosser, Edmond Michelet et Joseph Rovan. Voyant
dans le schisme yougoslave l'occasion de creuser une brèche dans
l'affrontement entre les deux empires, il prend l'initiative de constituer un groupe parlementaire France-Yougoslavie. À René Cassin,
son premier président, succède Jean Cassou. En désaccord avec le
MRP sur le réarmement de l'Allemagne, exclu du parti centriste,
Hamon chemine hors des appareils. Il se retrouve dans un regroupement de gaullistes de gauche à l'UDT (Union démocratique du
travail) auprès de Louis Vallon, René Capitant, Jacques Debû-
Bridel, François Poncelet et Pierre Billotte : « Il nous fallait une
publication, ce fut *Notre République*. J'avais trouvé le titre. Elle
devint un hebdomadaire de qualité[1]. »

---

1. Léo Hamon, *Vivre ses choix*, Robert Laffont, 1991, p. 399.

LA VOIE PERSONNALISTE

Sorti renforcé de la guerre, le courant personnaliste possède deux fers au feu : une revue et une maison d'édition prometteuse, les Éditions du Seuil, qui s'installent au 27, rue Jacob, au cœur du Quartier latin, dans un petit hôtel particulier du XVIIIᵉ siècle. C'est là que le couple intellectuel formé depuis l'avant-guerre par Paul Flamand et Jean Bardet officie dans ce que l'on peut appeler un magistère éditorial. Marcel Moré joue un rôle décisif dans cette refondation. Venu de la revue *Esprit*, à laquelle il a adhéré à ses débuts, il a fondé une autre revue, proche du surréalisme et appelée *La Boîte noire*, avec ses amis Antonin Artaud, Georges Bataille et Max Jacob. Il est aussi le directeur d'une revue œcuménique, *Dieu vivant*[1]. Par leur caractère pluraliste, les Éditions du Seuil traduisent la volonté de leurs animateurs de n'être inféodés à aucune autorité ecclésiale et d'adopter une position laïque sur les problèmes de société. Flamand crée la collection littéraire « Pierres vives », au titre évocateur de Rabelais, qui accueille pour ses premières publications Claude-Edmonde Magny, Bertrand d'Astorg, Maurice Nadeau (pour sa fameuse *Histoire du surréalisme*), Nicole Vedrès et Pierre Klossowski (pour son *Sade mon prochain*).

Dans son recrutement de collaborateurs, Flamand accueille bientôt l'écrivain Jean Cayrol, rescapé des camps et auteur de *Nuit et brouillard*, peu après son prix Renaudot de 1947 pour *Je vivrai l'amour des autres*. Cayrol, chargé de faire connaître de nouveaux talents, lance en 1949 la revue *Écrire* puis une collection du même nom, où les lecteurs découvrent des auteurs qui ne tarderont pas à acquérir une notoriété[2]. En 1946, le Seuil crée la collection « Mises en scène », sous la responsabilité de Pierre-Aimé Touchard, qui publie des textes de Charles Dullin ou Jean-Louis Barrault. Une des

---

1. Cette revue prestigieuse fera paraître vingt-sept livraisons durant ses dix ans d'existence. Elle compte dans son comité de direction des catholiques (Louis Massignon, Maurice de Gandillac, Gabriel Marcel, Jean Daniélou), des agnostiques (Brice Parain, Jean Hyppolite), des protestants (Pierre Burgelin), et des orthodoxes (Vladimir Lossky).

2. Régis Debray, Philippe Sollers, Geneviève Dormann, Christopher Frank, Jean Chalon, Jean-François Josselin, Jacques Teboul et bien d'autres.

ambitions de Flamand est de s'ouvrir à la littérature étrangère, et c'est dans ce dessein qu'en 1949 il est le premier éditeur français à se rendre à la foire du livre de Francfort. Il y découvre Robert Musil dont il publiera l'œuvre en quatorze volumes entre 1958 et 1991. *L'Homme sans qualités* obtient en 1958, à l'unanimité du jury, le Prix du meilleur livre étranger. Dès 1945, Flamand annonce la préparation d'une collection de traductions et d'ouvrages étrangers dans laquelle seront publiées les œuvres de Strindberg, Čapek, Unamuno, Eliot, etc., présentées au public français par des préfaces originales d'écrivains de renom. La littérature de langue allemande prévaut dans un premier temps avec Musil, Böll, Andersch, Härtling, Grass, Weiss, Schallück, etc., avant que les traductions anglosaxonnes ne prennent le relais à partir du milieu des années 1970, sous l'impulsion de Monique Nathan.

La démultiplication des publications nécessite la mise en place d'un comité de lecture, où Jean Cayrol s'illustre en faisant venir Roland Barthes pour publier un recueil d'articles parus dans *Combat* sous le titre *Le Degré zéro de l'écriture*. Du maître de la sémiologie de l'époque, Flamand dit qu'« il a été partout au Seuil, comme Paulhan l'a été chez Gallimard ». Au sein du comité, l'écrivain Paul-André Lesort, responsable de l'important secteur religieux et de la collection « Maîtres spirituels », publie un certain nombre d'autorités chrétiennes en rupture de ban, comme le père Chenu (*Pour une théologie du travail*), Henri de Lubac (*Paradoxes*), et surtout le père jésuite Teilhard de Chardin (*Le Phénomène humain*).

Flamand a le don de réunir autour de lui des personnalités contrastées, aux convictions à la fois fortes et opposées, qui réussissent pourtant à travailler ensemble en amitié, ceux qui croient au ciel et ceux qui n'y croient pas, ceux qui voient dans la gauche la possible réalisation de leur utopie et les conservateurs traditionalistes. Le point commun est l'esprit critique, en rupture avec la reproduction du rapport maître-élève qui prévaut dans l'institution universitaire, et la promotion de la singularité et de la créativité. En 1950, la maison d'édition est solidement installée dans le paysage éditorial, tout en restant de taille modeste[1]. En 1956, François Nourissier écrit dans *La Parisienne* que Bardet et Flamand valent,

---

1. Ils comptent déjà à cette date parmi leurs auteurs Maurice Nadeau, Léopold Sédar

discrètement, les meilleurs éditeurs d'Europe. Ils ont géré leur succès avec sagesse, ce qui est la vertu la plus rare du métier.

Quant à la revue *Esprit*, elle occupe une position centrale dans le monde intellectuel d'après guerre, avec quelque cinq mille abonnés et une vente au numéro moyenne de dix mille à treize mille. Emmanuel Mounier demande au jeune Jean-Marie Domenach, qui n'a alors que vingt-trois ans, de s'engager auprès de lui dans son animation. Tout en récusant la voie communiste, *Esprit* fait longtemps montre d'un philocommunisme qui contredit sa posture de neutralité entre les deux camps. Selon Michel Winock, « la réconciliation provisoire d'*Esprit* avec le communisme prenait la forme d'une triple rencontre simultanée : celle de chrétiens avec la classe ouvrière, celle d'intellectuels avec le marxisme, celle de révolutionnaires avec le parti communiste[1] ». Le pouvoir d'attraction du PCF est tel pendant ces années que Pierre-Aimé Touchard s'est même posé la question d'y adhérer. Lorsqu'il a demandé à Mounier quelle objection il pouvait opposer à cet engagement, le directeur d'*Esprit* lui a répondu : « Je ne crois pas que l'on puisse être plus disponible que je ne le suis à l'égard du communisme, plus totalement prêt à toutes les possibilités d'engagement, et donc déjà engagé en elles[2]. »

Les grandes plumes de la revue se familiarisent avec le marxisme, considéré alors comme un socle de l'humanisme conciliable avec l'horizon eschatologique chrétien. Cet armement théorique se combine avec une approche mystique de la classe ouvrière comme incarnation des souffrances du Christ. On retrouve avec plus d'intensité encore le désir de participer activement à la Révolution à venir. « Cette inévitable révolution, écrit Emmanuel Mounier, on en connaît les lignes maîtresses : l'expulsion des puissances d'argent, la suppression du prolétariat, l'installation d'une république du travail, la formation et l'accession des nouvelles élites populaires[3]. »

Malgré une proximité avec le PCF à la fois sur la sévérité requise

---

Senghor, Louis Pauwels, T. S. Eliot, Jean Cayrol, Camillo José Cela, Graham Greene, Victor Serge, Léon Trotski et Tibor Mende.

1. WINOCK [1975], 1996, p. 266.

2. Emmanuel Mounier, lettre à Pierre-Aimé Touchard, 27 décembre 1945, citée dans *ibid.*, p. 268.

3. MOUNIER, 1944.

par l'épuration, la nécessité d'un programme de nationalisation et la constitution politique dont doit se doter le pays, *Esprit* essaie, avec *Combat*, *Franc-Tireur* et *Les Temps modernes*, de constituer un pôle de récusation de la domination des deux grandes puissances. Dès le moment de la fracture, en 1947, un certain nombre d'intellectuels de ces revues, parmi lesquels Mounier, Domenach, Sartre, Merleau-Ponty, Camus et Altman, se réunissent chez l'avocat Georges Izard pour en appeler à l'opinion et définir une autre voie. Il en résulte un « Premier appel à l'opinion publique internationale », qui se veut un manifeste en faveur d'une Europe socialiste. En prenant cette position de gauche, mais en récusant dans le même temps tout alignement à l'égard de l'URSS et en se proclamant fermement neutraliste, la revue se détache de l'attraction communiste. On ne peut pourtant pas encore dire qu'elle tient pour égaux et symétriques les deux dangers. L'emprise de l'impérialisme américain lui semble clairement plus dangereuse que celle plus lointaine des Soviétiques. En octobre 1948, Mounier écrit à un ami américain : « Les Russes, les Russes, bien sûr. Mais les Russes sont encore loin, et nous, ce que nous savons, ce que nous voyons, c'est des tonnes de papier américain et d'idées américaines et de propagande américaine dans nos librairies[1]. » En cet après-guerre, Mounier est irrésistiblement attiré par les intellectuels chrétiens polonais auxquels le relient, par le biais d'*Esprit*, quantité de réseaux. En 1946, il s'est d'ailleurs rendu à Varsovie à la tête d'une délégation comprenant des communistes et des prêtres et en est revenu avec la conviction que la Pologne ne subissait aucune pression soviétique.

Pourtant, écrit l'historien d'*Esprit* Goulven Boudic, la « naïveté » ou la crédulité du directeur d'*Esprit* sont des hypothèses difficiles à plaider intégralement. Il n'ignore pas l'activité polonaise des services du NKVD et reconnaît explicitement « les arrestations arbitraires, les disparitions et les déportations ». Mais il s'emploie à les justifier au regard des troubles intérieurs et de l'existence de bandes armées[2].

1. Id., 1957, p. 401.
2. Boudic, 2005, p. 105

Mounier met en garde les Polonais contre le mirage occidental, entretenant par ailleurs un antiaméricanisme qui se radicalise au rythme de la réalisation du plan Marshall, stigmatisé comme une nouvelle forme d'asservissement de la France. « Nous avons le sentiment très vif, écrit-il à une amie américaine, que nous allons être peu à peu colonisés par eux [les Américains] comme les Nègres par nous ou les Bulgares par les Russes — avec de légères différences de style. Alors, nous résistons un peu[1]. »

La chape de plomb qui s'abat sur l'Europe centrale sape toutefois peu à peu l'attraction d'*Esprit* pour le PCF. Dès le coup de Prague, en février 1948, certains collaborateurs de la revue, tel Henri-Irénée Marrou, prennent leurs distances, mais l'opposition d'*Esprit* au Pacte atlantique et la peur montante d'une guerre mondiale rapprochent de nouveau la revue des communistes, par le biais du Mouvement de la paix. Le combat dans lequel s'engage *Esprit* est pourtant piégé, tant le Mouvement de la paix est manipulé par Moscou et le Kominform. Le procès Rajk provoquera finalement une rupture décisive : après un moment d'observation sur l'affaire yougoslave, au cours duquel la revue refuse de prendre parti, elle ouvre ses colonnes, en novembre 1949, à François Fejtö, qui dénonce une machination stalinienne de grande ampleur (voir *supra*, chap. 5, pp. 187-188)[2]. Mounier enfonce le clou en donnant dans le même numéro la parole à Jean Cassou et à Vercors pour récuser les accusations contre Tito. Une délégation d'*Esprit* se rend d'ailleurs en Yougoslavie pour constater sur le terrain l'inanité des accusations communistes. Pendant trois semaines, Jean-Marie Domenach, Jean Baboulène et Henri Queffélec mènent l'enquête et en restituent les résultats à leur retour, en février 1950. « C'en était trop, écrit Michel Winock, pour la direction du parti communiste français. La presse communiste tira à boulets rouges sur Cassou, sur Vercors, sur Mounier, sur *Esprit*[3]. »

Esprit définit ainsi une troisième voie civilisationnelle qui se situe dans une double rupture, avec le modèle américain comme avec le modèle soviétique, qui ne va pas sans susciter remous et

---

1. Emmanuel Mounier, cité dans *ibid.*, p. 113.
2. Fejtö, 1949.
3. Winock, 1996, pp. 303-304.

contestations au sein du courant attaché au marxisme et proche des thèses du PCF. Au congrès de la revue, en septembre 1950, un projet de construction d'une « civilisation du travail » est proposé. À cette occasion, Domenach et Paul Ricœur présentent une communication commune « Masse et personne », publiée dans la revue en janvier 1951, dans laquelle l'expression « civilisation du travail » revient comme une antienne pour définir un projet de société qui récuse tout à la fois le soviétisme et le capitalisme. Peu après, en 1953, Ricœur thématise ce projet dans son article « Travail et parole[1] ». Le débat qui en découle recouvre une double dimension : la question du *leadership* au sein de l'équipe d'*Esprit* après la disparition d'Emmanuel Mounier, en 1950, et la rupture avec le compagnonnage du PCF. Ces années sont annonciatrices du tournant qu'opérera la revue lorsque Jean-Marie Domenach en prendra la direction, en 1957.

Pour l'heure, les lieux d'élaboration de cette « civilisation du travail » se trouvent à Lyon et à Grenoble. Au sortir de la Résistance, des groupes *Esprit* animent rencontres et débats autour du militantisme social, à Lyon autour du philosophe Jean Lacroix et à Grenoble autour de l'économiste Henri Bartoli. Ce dernier avait noué pendant la Résistance de nombreuses relations avec des militants ouvriers, des syndicalistes et des militants du PCF. Après guerre, il est sollicité dès son arrivée à Grenoble par des membres de l'ACO (Action catholique ouvrière) pour participer à la naissance d'une nouvelle organisation, le MLP (Mouvement de libération du peuple), qui rassemble des syndicalistes de la CGT, de la CFTC (Confédération française des travailleurs chrétiens) et de FO (Force ouvrière). Régulièrement consulté sur les problèmes économiques, Bartoli aide à éclaircir les cas concrets de litiges au sein des comités d'entreprise. Compte tenu de cette expérience, la paroisse universitaire de Lyon lui demande une contribution pour son assemblée générale annuelle consacrée au travail. C'est à cette occasion que Bartoli définit, en 1952, la ligne d'action « Vers une civilisation du travail[2] ». Cette mobilisation s'inspire pour une part de la critique marxiste de l'aliénation, mais aussi des thèses théo-

---

1. RICŒUR [1953], 1964.
2. BARTOLI, 1952.

logiques du père Chenu, selon lesquelles c'est par le travail que l'homme poursuit l'œuvre divine de recréation du monde. Ce thème est considéré comme enjeu central par ces chrétiens progressistes du Sud-Est.

C'est dans un tel contexte que se situe l'intervention de Ricœur dans *Esprit*, qui s'appuie sur les thèses de Bartoli et en accepte la validité. Mais il entend également montrer que le thème du travail ne suffit pas et qu'il convient de restituer ce qui constitue l'« autre » du travail : « La parole sera pour nous cet *autre* — cet autre parmi d'autres — qui justifie et qui conteste la gloire du travail[1]. » Telle que la définit Ricœur, la parole devance tout geste. Elle a la capacité de le signifier et de transmettre le sens compris de ce qui est à faire. Mais la parole n'est pas seulement l'impulsion au-devant du travail, elle est aussi sa reprise réflexive. Ainsi crée-t-elle un espace de distance critique nécessaire pour poser la question du sens du travail. Cette analyse nourrit la réflexion de Jean-Marie Domenach, qui considère, en ce milieu des années 1950, qu'il faut prendre acte d'un certain nombre d'évolutions internes à la société française rendant à la fois caduques les perspectives révolutionnaires et plausibles les transformations réformistes de la société de consommation.

À Grenoble et à Lyon, le groupe *Esprit*, soudé autour de Jean Lacroix et d'Henri Bartoli, ne tarde pas à être suspecté d'ouvriérisme par Paris. Certains malentendus ne contribuent pas à apaiser les esprits. Lorsque les prêtres-ouvriers se feront rejeter par le Vatican en 1954, Henri Bartoli rédigera un texte cosigné par des intellectuels de la région pour dire ce qu'ils ont appris au contact des ouvriers et l'enverra à Rome. Apprécié par les communistes depuis la Résistance, Bartoli n'accepte toutefois pas leur présence dans le Comité de défense des libertés qu'il constitue à Grenoble dans les années 1950. Une rumeur ne s'en propage pas moins jusqu'à Rome pour faire de lui un communiste. En 1954, après un de ses articles dans *Esprit* sur le « conditionnement de la foi », le directeur de la revue, Albert Béguin, est convoqué par Pie XII, qui le met en garde contre ce collaborateur.

---

1. Ricœur [1953], 1964, p. 213.

UNE NOUVELLE GAUCHE
ANTISTALINIENNE

Devant le danger de nouvelle guerre mondiale, Sartre signe en 1947 deux appels à l'opinion publique internationale pour l'alerter contre le danger encouru et pour sauver la paix, tout en réaffirmant sa volonté de construire une Europe socialiste. Conçus par David Rousset et Georges Altman, ces appels ont pour objet de créer un nouveau pôle politique. Altman dirige alors *Franc-Tireur*, second quotidien de France par son tirage de trois cent mille exemplaires, derrière *Le Figaro*. Rousset anime avec Claude Bourdet, Gilles Martinet et Gérard Rosenthal la *Revue internationale*, qui défend des positions socialistes radicales pouvant aller jusqu'au trotskisme. Sartre est contacté par ces réseaux, qui obtiennent sa participation à leur initiative. C'est ainsi qu'en février 1948 naît le RDR (Rassemblement démocratique révolutionnaire)[1].

Le mouvement naissant regroupe tous ceux qui se sentent floués par la politique menée par la SFIO au pouvoir et qui ne souhaitent pas rejoindre les rangs du PCF. Parmi ces déçus de la gauche officielle, Jean Rous, qui espérait encore que la SFIO réussisse une inflexion de sa ligne lors du remplacement de Daniel Mayer par Guy Mollet, déchante. Proche d'*Esprit*, il convainc Mounier de s'engager dans cette nouvelle aventure, étant entendu que ce dernier resterait en retrait, laissant Paul Fraisse à la manœuvre.

En cette année du coup de Prague, le RDR tente de définir une troisième voie en s'appuyant sur la force encore propulsive de l'esprit de la Résistance. Le 10 mars 1948, une première conférence de presse précise qu'il ne s'agit pas d'un parti traditionnel, mais d'un mouvement espérant devenir un lieu de confluence de toute une culture composite de gauche. Parmi ses atouts, il bénéficie du soutien actif de plusieurs quotidiens et revues : *Combat*, *Franc-*

---

1. On y retrouve, aux côtés de ses initiateurs David Rousset et Georges Altman, Jean-Paul Sartre, Paul Fraisse, de la revue *Esprit*, Charles Ronsac, de *Franc-Tireur*, Roger Stéphane, le libérateur de l'Hôtel de Ville, Daniel Bénédite, Jean Ferniot et Bernard Lefort.

Tireur, Esprit, Les Temps modernes. Le 19 mars, les ténors du mouvement prennent la parole salle Wagram devant un public très nombreux. L'initiative soulève manifestement l'enthousiasme de ceux qui, comme l'exprime Raymond Aron dans *Le Figaro*, « entre le despotisme bureaucratique et le capitalisme [...] tentent de frayer la voie du romantisme révolutionnaire, déçu par tant d'échecs, mais toujours disponible[1] ». En dépit d'autres manifestations éclatantes, comme le grand meeting salle Pleyel du 13 décembre 1948[2], le nombre d'adhérents stagne aux environs de sept mille. Le PCF, par la voix de Pierre Hervé, dénonce dans *L'Humanité* ce « meeting antisoviétique organisé par une clique d'intellectuels dont les généralités clinquantes dissimulent mal une acceptation délibérée du régime capitaliste[3] ».

L'équilibre à maintenir entre les deux blocs n'est pas aisé. Le RDR risque de se voir pris dans les filets de l'un ou l'autre camp, et la menace d'éclatement n'est jamais loin. La politique se conjugue mal avec l'équidistance géométrique. Les turbulences arrivent vite, et le mouvement éprouve de sérieuses difficultés à se financer. Pour surmonter ces difficultés financières, David Rousset, qui a de grandes ambitions pour mener campagne en faveur de la paix, se tourne vers les syndicats américains AFL (American Federation of Labour) et CIO (Congress of Industrial Organizations). Après des assises organisées à la Sorbonne tenues en 1949, une réunion se tient dans l'enceinte du Vél'd'Hiv, dont les dix mille places sont occupées par une foule enthousiaste. En échange des fonds versés par les syndicats américains, Rousset accepte de donner la parole à un représentant venu des États-Unis. Cette intervention, en pleine scission du mouvement syndical français, qui voit la naissance de FO, en rupture avec la CGT, est très mal ressentie par toute une partie du RDR, qui l'interprète comme un basculement vers l'atlantisme. C'est en cette même année 1949 que les commu-

---

1. ARON, Raymond, 1948 (b).
2. Se succèdent à la tribune, devant une salle comble et passionnée, aux côtés des dirigeants du mouvement, dont Jean-Paul Sartre, et d'intellectuels venus du monde entier, les personnalités prestigieuses d'Albert Camus, André Breton, Richard Wright, Carlo Levi, Theodor Plievier, Jef Last, Guido Piovene, prenant tour à tour la parole sur le thème de l'« internationale de l'esprit ».
3. HERVÉ, 1948.

nistes lancent leur campagne internationale sur le thème de la paix, récupérant l'aspiration pacifiste au profit de Moscou.

Au sein du RDR, la fracture se creuse entre ceux qui, avec Sartre, Jean Rous et Paul Fraisse, deviennent compagnons de route du PCF, et ceux qui, avec Rousset, se tournent vers l'Amérique. En octobre 1949, Sartre finit par quitter le RDR. L'aventure qui avait soulevé tant d'espoirs n'aura duré qu'un temps. Le 13 octobre, *Samedi soir* peut titrer : « Pris d'une nausée politique, Sartre quitte le RDR ». Le 12 novembre, *Le Figaro littéraire* fait sa une avec un appel de David Rousset à venir « au secours des déportés dans les camps soviétiques ». L'analogie qu'il fait entre ces derniers et les camps nazis vaut à l'ancien déporté de Buchenwald d'être traité d'« hitléro-trotskiste » par Kanapa[1]. En janvier 1950, Sartre vient au secours de Rousset en donnant pour titre à son éditorial des *Temps modernes* « Les jours de notre vie », référence explicite au témoignage de Rousset sur le monde concentrationnaire[2]. Tout en expliquant qu'il ne peut y avoir « de socialisme quand un citoyen sur vingt est au camp », Sartre ajoute : « Quelle que soit la nature de la présente société soviétique, l'URSS se trouve *grosso modo* située, dans l'équilibre des forces, du côté de celles qui luttent contre les formes d'exploitation de nous connues[3]. »

De « Caliban » à « L'Observateur »

En 1947 paraît *Caliban*, une revue née de cette quête d'une troisième voie, et dont l'ambition est également de préserver la paix. Son initiateur, Daniel Bernstein, cède la place à un certain Jean Bensaïd, qui prend le pseudo par lequel il deviendra célèbre, Jean Daniel. Dès le premier numéro, publié le 5 février 1947, l'équipe fondatrice s'élève contre les dangers de la guerre froide qui débute et se déclare en faveur de la « compréhension que les peuples auront les uns des autres, de la tolérance et de l'amitié qui découleront de cette compréhension [...]. Faire comprendre le monde

---

1. Kanapa, 1949 (b).
2. *L'Univers concentrationnaire*, prix Renaudot 1946.
3. Sartre, 1950, pp. 1153-1168.

pour mieux servir la paix, voilà le champ de notre service[1] ». Daniel fait bénéficier la revue de ses réseaux d'amitié : son cousin Norbert Bensaïd, qui signe alors Norbert Mansart, André Belamich, Marcel Domerc, Albert-Paul Lentin, Lucien Adès, Maurice Adrey et sa compagne Marie Susini. La revue tient à rester ouverte à toutes les sensibilités de la gauche. En cette fin des années 1940, Sartre y côtoie Camus, Jean Guéhenno, René Étiemble et Louis Martin-Chauffier.

À la fin de chaque numéro figure le texte intégral d'une œuvre méconnue ou oubliée :

> Après le 6ᵉ numéro, je reçus un coup de téléphone d'Albert Camus. *Caliban*, disait-il, l'intéressait et il se permettait de me faire une suggestion : celle de publier *La Maison du peuple* de Louis Guilloux [...]. Bien entendu, j'acceptai, mais je lui demandai d'en écrire la préface[2].

C'est l'occasion de la rencontre qui va être le point de départ d'une longue et intense amitié. Camus demande à Daniel de passer le voir chez Gallimard. Il lui dira avoir entendu parler de la revue par Louis Joxe chez Léon Blum : « Entre Camus et moi s'établit une complicité que je pus croire par instants exclusive et qu'il partageait en fait avec des dizaines d'autres [...]. Les rencontres avec lui étaient une fête ; jamais un rite [...]. Lâchons le mot : avec Camus, ce fut la passion[3]. » Camus s'implique dans la revue jusqu'à la soutenir financièrement à deux reprises[4]. Outre le travail de découverte de publications d'écrivains introuvables ou oubliées, *Caliban* dénonce la politique des deux blocs. Dès 1947, Camus s'y illustre par son article « Ni victimes, ni bourreaux », qui suscite une réaction peu amène d'Emmanuel d'Astier de La Vigerie, alors communiste, dans les colonnes mêmes de la revue : « Arrachez la victime au bourreau[5] ! » Dans sa riposte à son contradicteur, publiée dans le numéro de juin 1948, Camus rappelle son rejet

---

1. Présentation de *Caliban*, 5 février 1947, n° I, pp. I-III.
2. DANIEL, 2002, p. 122.
3. *Ibid.*, p. 126.
4. RENOU, 1993, p. 79.
5. ASTIER DE LA VIGERIE (D'), 1948.

du communisme, pourvoyeur du totalitarisme et de la violence de masse. L'équilibre est toutefois difficile à tenir, et, malgré un tirage de cent cinquante mille exemplaires, *Caliban* disparaît en 1951, après cinq années d'existence et cinquante-cinq numéros.

Camus, de plus en plus critique sur les pays de l'Est, n'entend pas pour autant passer dans le camp de l'ordre établi et poursuit ses engagements militants, notamment la défense des républicains espagnols, conforté en cela par sa liaison avec la tragédienne Maria Casarès. Alors que les Espagnols sont encore sous la férule de Franco, Albert Camus entre en contact avec José Ester Borrás, secrétaire de la Fédération espagnole des prisonniers politiques, qui mène une campagne avec le syndicat anarchiste CNT (Confédération nationale du travail) pour la libération des républicains envoyés par Franco en URSS et détenus depuis dans les camps soviétiques. Camus rédige un appel à constituer un comité de soutien aux réfugiés espagnols et se charge de recueillir les signatures du monde intellectuel[1]. En 1949, cet engagement se prolonge par la mise sur pied d'un programme d'assistance aux victimes des régimes totalitaires. Camus rédige le manifeste des Groupes de liaison internationale, avec l'aide du syndicaliste Roger Lapeyre. La plupart des signataires proviennent de la revue *La Révolution prolétarienne*, qui maintient le cap à gauche tout en dénonçant le stalinisme[2]. Un premier bulletin d'information des Groupes paraît en mars 1949, mais reste confiné à la marginalité. La troisième voie peine décidément à trouver sa place dans ce monde binaire.

Camus en fait une nouvelle fois l'expérience en janvier 1949 en rejoignant René Char, Albert Béguin et Jean Vagne pour publier l'éphémère revue mensuelle *Empédocle*. Camus est pris entre deux feux : les communistes voient en lui un renégat, tandis que, dans la revue *Liberté de l'esprit* créée par le fils de François Mauriac, Claude, Roger Nimier s'en prend aux belles âmes, qu'il

---

1. L'appel, publié le 20 août 1949 dans *Solidaridad Obrera*, porte, entre autres, les signatures d'André Gide, François Mauriac, Jean-Paul Sartre, René Char, Ignazio Silone, Carlo Levi, Claude Bourdet, André Breton, George Orwell et Pablo Casals (informations reprises de LOTTMAN, 2013, p. 717).

2. Figurent parmi les signataires, aux côtés d'Albert Camus et de Roger Lapeyre, Robert Jaussaud, Jean Bloch-Michel, Michèle Halphen, Gilbert Sigaux, Nicolas Lazarévitch, Daniel Martinet et Gilbert Walusinski.

tourne en dérision. Comme Camus, un certain nombre d'auteurs dramatiques trouvent refuge dans l'absurde. La triade Ionesco-Beckett-Adamov prend la mesure, dans des esthétiques différentes, de l'indicible horreur de la guerre et de l'absence d'issue. En 1950, Ionesco connaît le succès aux Noctambules avec *La Cantatrice chauve* et revendique le droit de représenter sur scène ce qu'il qualifie d'antipièce : « [P]ersonnages statiques et sans psychologie apparente, intrigue inexistante, dialogues qui n'en sont pas. La subversion s'opère donc aussi bien sur l'utilisation de la scène que sur le maniement du langage[1]. » On trouvait déjà la même mise en scène de l'incommunicable chez Adamov avec la représentation de *La Parodie* (1947), puis de *L'Invasion* (1949). On la retrouvera en 1957 chez Samuel Beckett, avec *Fin de partie* montée par Roger Blin.

Un hebdomadaire de la gauche non communiste réussit pourtant à se faire une place en jouant la carte du neutralisme et de la stricte indépendance sous le titre *L'Observateur, politique, économique, littéraire*. Né de l'échec du RDR et de la crise du journal *Combat* dirigé par Henri Smadja et quitté par Claude Bourdet, il sort en kiosque le 13 avril 1950 à l'initiative de Roger Stéphane, qui y investit un pécule de 6 millions de francs légués par son père. Stéphane s'entend avec Bourdet pour le codiriger, mais ce dernier répand le bruit que le journal est le sien[2]. Volontairement sans illustration, le nouvel hebdomadaire prend le pari du sérieux et de la mise en question des conformismes de gauche, compensant cette austérité par le rayonnement de ses collaborateurs : « J'avais amené au journal Maurice Blanchot pour la critique littéraire, André Bazin et Jacques Doniol-Valcroze pour la critique de cinéma et Jean Nepveu-Degas pour la critique dramatique[3]. » Ses fondateurs, qui incluent Gilles Martinet et Hector de Galard, appartiennent à diverses mouvances de la gauche non communiste. Ce pari éditorial paraît bien téméraire tant le manque de moyens confine la publication à rester confidentielle, comme l'écrit l'historien des médias Philippe Tétart : « Avec un premier tirage à quinze mille

---

1. Rioux et Sirinelli (dir.), 1998, p. 221.
2. Stéphane, 1989, p. 297.
3. *Ibid.*, p. 298.

(à peine plus que les mensuels *Esprit* et *Les Temps modernes*), *L'Obs* fait figure de Petit Poucet[1]. » Avec seulement mille cinq cents abonnés et six mille acheteurs réguliers, les débuts sont laborieux, et le jeune hebdomadaire s'endette. À l'été 1951, son passif s'élève à six cent dix mille francs. Il finit cependant par décoller dans le courant de 1952 et connaît en 1953 son premier exercice bénéficiaire. Le décollage devient alors spectaculaire, et, en 1954, sa diffusion dépasse les cinquante mille exemplaires pour atteindre les cent mille en 1960. Au fil des années 1950, l'hebdomadaire fidélise un lectorat exigeant et devient un pôle de fixation d'une gauche composée de socialistes en rupture de ban, de trotskisants, de radicaux, de chrétiens progressistes et de gaullistes de gauche. Son lectorat est composé à 45 % d'enseignants et à 87 % de diplômés de l'enseignement supérieur.

À l'opposé du neutralisme proaméricain d'un Hubert Beuve-Méry au *Monde*, celui promu par *L'Observateur* est teinté de philocommunisme (Pierre Naville et Gilles Martinet), de pacifisme et d'antiaméricanisme. En tout état de cause, il s'oppose à tout réarmement de l'Allemagne. Fort de ces positions, les animateurs de l'hebdomadaire se lancent dans la politique active à l'occasion des élections de 1951 en constituant un Cartel des gauches indépendantes et neutralistes. « Martinet et Bourdet, écrit Tétart, aspirent à la fixation d'un pôle politique fédérateur. Au fond, c'est la raison d'être du journal[2]. » Portés par cette affirmation croissante d'un espace politique socialiste indépendant des appareils, ces défenseurs d'une gauche rénovée se montrent pleins d'optimisme à l'orée des échéances électorales. Ils doivent vite déchanter. Malgré le soutien actif de *L'Obs*, le Cartel subit un échec retentissant le 17 juin 1951. Ses seize listes ne recueillent que 0,45 % des suffrages exprimés, et leurs leaders ne font pas beaucoup mieux : Bourdet, 1,9 % dans la 2e circonscription de la Seine ; Martinet, 2,1 % dans la 1re. La leçon qu'ils tirent du désastre sera de se cantonner, en tant qu'intellectuels, au commentaire à distance des enjeux politiques.

Bourdet ne cesse de dénoncer l'impérialisme *yankee*, stigmatisé

1. Tétart, 2000, p. 49.
2. *Ibid.*, pp. 64-65.

comme le régime « de l'Inquisition ». L'affaire Rosenberg et la guerre de Corée renforcent encore au fil des années 1950 l'américanophobie de l'hebdomadaire, qui n'a de cesse de pourfendre les inégalités du pays de la ségrégation raciale et ses ingérences dans les affaires intérieures des pays d'Amérique latine. Le pôle soviétique pour sa part échappe à pareille diabolisation. Même si l'hebdomadaire ne nourrit plus guère d'illusions sur le socialisme réel, il l'estime encore amendable et ouvert à une possible démocratisation par étapes : « La mort de Staline, se souviendra Gilles Martinet, survenue en mars 1953, nous donne l'espoir de changements en Union soviétique et, par voie de conséquence, dans le parti communiste français[1]. » Le double refus du Pacte atlantique et de la CED (Communauté européenne de défense) a beau s'aligner sur les positions du PCF, celui-ci considère l'hebdomadaire comme l'organe de l'Intelligence Service, donc au service des Britanniques, considérés comme un cheval de Troie des Américains au sein de l'Europe occidentale, et interdit à ses membres d'y collaborer. Edgar Morin sera exclu pour avoir dérogé à cette règle. Parmi les animateurs de *L'Observateur*, Martinet, qui avait fait un passage au PCF, est dénoncé comme « renégat », Claude Bourdet comme « bourgeois aux ordres de la CIA [Central Intelligence Agency] » et Roger Stéphane, le libérateur de l'Hôtel de Ville en 1944, comme « riche, excentrique, libertin, et pire : pédéraste » !

De « L'Express » à Mendès

La parution de *L'Express*, le 16 mai 1953, sous la houlette de Jean-Jacques Servan-Schreiber et de Françoise Giroud, importe en France une formule d'hebdomadaire à l'américaine tout en contraste avec l'austère *Obs*. Servan-Schreiber était alors directeur politique de *Paris-presse*, après un passage au *Monde*, « dont il s'était volontairement retiré, explique Giroud, à cause des positions neutralistes qu'avait adoptées ce journal[2] ».

Sans grands moyens, le nouvel hebdomadaire se présente au

1. MARTINET, Gilles, 1986, p. 71.
2. GIROUD, 1972, p. 133.

début comme un simple supplément du samedi du quotidien économique *Les Échos*, dirigé par l'oncle et le père de Servan-Schreiber. Avec un capital de trente-cinq mille abonnés, *L'Express*, qui se veut à la fois indépendant, clair, porteur de vérité et non conformiste, part à la conquête d'un nouveau lectorat : « Nous espérons être en mesure de participer, pour notre part, au travail de démystification dont le pays a un si urgent besoin[1]. » L'idée de ses concepteurs est de s'inspirer des méthodes efficaces de la presse américaine pour façonner l'opinion publique avec une information à la fois rigoureuse et accessible. L'équipe que réunissent les deux journalistes est prestigieuse. Non content d'accueillir le « Bloc-notes » de François Mauriac, après la rupture de celui-ci avec *Le Figaro*, il bénéficie de la collaboration d'Albert Camus, qui lui confie ses réflexions sur la guerre d'Algérie de mai 1955 à février 1956. À la fin de 1956, ce sera aussi à *L'Express* que Sartre confessera son amertume après l'invasion de la Hongrie par les troupes soviétiques.

L'originalité de l'hebdomadaire est de réunir dans une même aventure éditoriale des journalistes professionnels comme Pierre Viansson-Ponté ou Léone Georges-Picot, de hauts fonctionnaires comme Simon Nora ou Alfred Sauvy, des chefs d'entreprise et des hommes politiques comme Pierre Mendès France[2] : « On pouvait pendant les années 1950, trouver assez de points communs entre Mauriac, Camus, Merleau-Ponty, Sartre et même Malraux ! pour qu'ils écrivent dans *L'Express*[3]. » Malgré les divergences et des attaches idéologiques différentes, il existait un souci commun, qu'incarne bien Mendès, écrit Philippe Jamet, « de moderniser la France et de l'arracher à l'ornière des guerres coloniales[4] ».

Cette équipe entre dans l'arène politique par la grande porte en soutenant Pierre Mendès France, jugé seul capable de sortir la IVᵉ République de ses sempiternelles crises ministérielles. Dès juin 1953, elle devient son support médiatique privilégié et lui restera indéfectiblement attachée sous sa présidence du conseil. La vie politique française connaît alors un second souffle, après

1. « Dans la course », éditorial de présentation de *L'Express*, 16 mai 1953.
2. Mais aussi Jean Daniel, Robert Kanters, Madeleine Chapsal, Brigitte Gros, Florence Malraux, Georges Boris, Pierre Grumbach et bien d'autres.
3. GIROUD, 1972, p. 192.
4. JAMET, 1981, p. 17.

une longue phase d'atonie et de palinodie. Toute une jeunesse se reconnaît dans ce que l'on appelle alors le mendésisme, mélange de parler-vrai, d'explicitation de ce qui est acté et de décisions courageuses. « Pendant un an, se souviendra Françoise Giroud, on a cru qu'on pouvait faire de la politique en posant les choses clairement, en ayant une morale politique[1]. » Homme d'un possible sursaut, capable de résoudre le dossier inextricable de la guerre d'Indochine qui mine la République, Mendès France soulève l'enthousiasme d'une nouvelle génération, comme l'atteste l'historien Michel Winock, alors jeune bachelier :

> Un élan irrésistible paraissait porter le pays vers l'homme qui venait de fasciner notre jeunesse, qui nous avait tirés de l'engourdissement narcissique de l'adolescence et en qui nous placions toute notre confiance par un décret du cœur autant que par l'effet de notre raison politique [...]. Le cran, l'audace, l'énergie, un presto inaccoutumé dans l'art politique, ce côté « je suis venu, j'ai vu, j'ai vaincu », voilà ce qui nous séduisait en Mendès France[2].

Un peu plus âgé, l'agrégé d'histoire Claude Nicolet est tout autant transporté par la passion mendésiste et s'engage à ses côtés[3]. L'engouement d'une jeunesse née dans l'entre-deux-guerres fait émettre l'hypothèse d'un phénomène politique qui emporte l'adhésion d'une partie des intellectuels avec un fort fondement générationnel[4]. Ceux-ci expriment leur soutien à Mendès France dans la rubrique « Forum » de *L'Express*. Alors que bien d'autres ont échoué avant lui en ouvrant un espace politique entre communisme et atlantisme, il a incarné cette délicate troisième voie et démontre qu'il est possible de l'emprunter et de réussir des paris *a priori* périlleux. Si le mendésisme ne parviendra pas à concilier l'exercice du pouvoir et la durée, il aura jeté les bases d'un renouvellement du socialisme et de la gauche qui portera ses fruits.

---

1. Françoise Giroud, entretien dans CHEBEL D'APOLLONIA, 1999, p. 160.
2. WINOCK [1978], 1985, pp. 12-13.
3. NICOLET, 1959.
4. SIRINELLI, 1985.

Socialisme ou barbarie

Jusqu'en 1956, le groupe Socialisme ou barbarie (voir *supra*, chap. III, pp. 126 sqq) prêche dans un désert absolu. Né au début de 1946 de la rencontre entre Cornelius Castoriadis et Claude Lefort au sein de la section française de la IVe Internationale[1], il s'était constitué à partir d'août 1946 en une tendance au sein du PCI (parti communiste internationaliste). Regroupant alors plusieurs dizaines de membres, celle-ci dénonçait la contradiction logique dans laquelle s'enfermait la direction du PCI, qui, d'un côté, dénonçait la trahison des intérêts des ouvriers par le PCF et, de l'autre, appelait de ses vœux un gouvernement PCF-SFIO. Selon elle, l'Union soviétique avait donné naissance à une nouvelle classe parasitaire qui occupait un pouvoir devenu totalitaire. La société soviétique était analysée comme ne relevant ni du capitalisme ni du socialisme, mais d'une forme historiquement nouvelle dont la singularité était de générer une classe dominante s'accaparant tous les pouvoirs. L'impératif révolutionnaire était donc de renverser cette classe bureaucratique, ce qui passait par un rejet radical de l'URSS.

La rupture au sein de l'organisation trotskiste intervient à l'occasion de la session du Comité central du PCI de janvier 1949. La tendance Chaulieu-Montal (du nom des pseudonymes de Castoriadis et Lefort), représentant entre trente et quarante militants, annonce son départ et son intention de publier sa propre revue, *Socialisme ou barbarie*. Le premier numéro, qui paraît au printemps 1949, s'accompagne d'une « Lettre ouverte aux militants du PCI et de la IVe Internationale ». La revue qui voit le jour affirme que son objectif premier est de sauver l'espérance socialiste de la mystification soviétique. La tâche est d'autant plus ardue que l'URSS est alors au faîte de sa gloire.

L'enjeu de 1949 est encore dramatisé lorsque le courant Chaulieu-Montal proclame que la guerre est imminente et que seul le prolétariat peut éviter qu'un des deux molochs ne referme son emprise sur l'ensemble de l'humanité. Par rapport aux analyses

---

1. Voir Dosse, 2014 ; voir aussi Gottraux, 1997.

de Marx, un premier déplacement s'opère quand le discriminant n'est plus l'abolition de la propriété privée (qui permet au régime stalinien de se parer des atours du socialisme), mais la distinction « fixe et stable entre dirigeants et exécutants dans la production et dans la vie sociale en général[1] ». Le projet est ambitieux puisqu'il n'est question de rien de moins que de refonder une organisation révolutionnaire en lui donnant les armes de la critique, qui sont alors essentiellement d'ordre théorique. Castoriadis joue un rôle majeur dans l'aventure. Dès la deuxième livraison de la revue, il signe un texte-fleuve sur « Les rapports de production en Russie », dans lequel il écrit : « Identifier tacitement propriété et production, confondre volontairement la propriété étatique en tant que telle avec le caractère "socialiste" des rapports de production n'est qu'une forme élaborée de crétinisme sociologique[2]. » Castoriadis s'appuie sur Lénine pour démontrer que l'étatisation peut devenir, lorsque le socialisme n'est pas réalisé, la forme la plus achevée de l'exploitation de la classe dominante : « Il y a une division de la société russe tout d'abord en deux catégories : ceux qui sont bureaucrates et ceux qui ne le sont pas et ne le deviendront jamais[3]. » D'un côté, la bureaucratie dispose des moyens de production, tandis que les ouvriers ne disposent de rien d'autre que de leur force de travail. Avec la question yougoslave, la rupture avec le trotskisme officiel atteint un point de non-retour et, dès 1950, la revue se consacre, toujours sous la plume de Chaulieu-Castoriadis, à une analyse sans complaisance du régime de Tito, dénoncé comme une simple variante du système bureaucratique.

Le petit groupe apparu en 1949 appartient pour l'essentiel au monde intellectuel. La plupart de ses membres ont suivi un cursus universitaire. C'est le cas de Castoriadis, mais aussi de Claude Lefort, qui obtient l'agrégation de philosophie cette année-là. Jean Laplanche, qui deviendra un des psychanalystes les plus importants de l'après-guerre, prépare en 1949 l'agrégation de philosophie, tout en s'occupant d'un des meilleurs terroirs viticoles de Bourgogne dans son château de Pommard. Donald Simon vise

---

1. CASTORIADIS (sous le pseudonyme de Pierre Chaulieu) [1949], 2012 (a), p. 139.
2. ID., 2012 (b), p. 160.
3. *Ibid.*, p. 193.

également l'agrégation de philosophie. Jean Léger, ancien élève de l'École normale supérieure de Saint-Cloud, passe l'agrégation d'histoire. De son côté, l'ancien membre du Comité central du PCI Jean Seurel achève son cursus de juriste pour devenir avocat. Quant à Philippe Guillaume, il entre à la CECA (Communauté européenne du charbon et de l'acier) puis à l'OCDE (Organisation de coopération et de développement économiques).

L'événement qui entre le plus en résonance avec les thèses du groupe est incontestablement la révolte des ouvriers de Berlin-Est, en juin 1953, qui atteste l'opposition potentiellement frontale entre la bureaucratie et la classe ouvrière, ainsi que la possible résistance de celle-ci au système d'oppression qui lui est imposé. Pour Socialisme ou barbarie, la construction de la société socialiste ne peut être considérée comme l'aboutissement inéluctable de la marche de l'histoire, ni comme l'application par un parti d'une théorie détentrice de vérité. Si elle peut être facilitée par l'existence d'un parti, elle ne peut résulter que de l'émergence de la mobilisation créatrice des masses.

Une autre composante intellectuelle en quête d'une troisième voie est représentée par toute une constellation de petits groupes et de revues que François Bordes qualifie d'anticommunistes de gauche[1]. Parmi les animateurs de ce courant figure le philosophe Kostas Papaïoannou, qui a fui la Grèce en 1945 sur le même bateau, le *Mataora*, que Kostas Axelos et Castoriadis. Comme celui-ci, il a fait la rude expérience du stalinisme dans le contexte désespéré de la guerre civile grecque. De conviction socialiste, il entreprend en France des recherches sur l'œuvre de Marx sous la direction de Maurice de Gandillac. À l'occasion d'une décade de Cerisy-la-Salle consacrée à « Théorie et histoire », en 1956, il entre en contact avec Raymond Aron, l'un de ses trois organisateurs, pour qu'il dirige sa thèse, mais celle-ci restera inachevée. Grâce à Aron, il devient chargé de cours à la Sorbonne en 1959 et commence à publier en langue française. Fréquentant le cercle de Gandillac, il se lie d'amitié avec Alain Pons et d'autres philosophes, peintres ou poètes, nouant notamment des relations avec Georges Duthuit et surtout Octavio Paz, avec lequel il entretient

1. BORDES, 2008.

des relations quasi fraternelles. C'est surtout dans les revues qu'il exprime ses critiques du marxisme stalinisé, notamment *Diogène*, *Le Contrat social* et *Preuves*[1]. Papaïoannou dénonce la manipulation éhontée de l'histoire de l'URSS par le mouvement communiste international, et annonce par ses critiques un moment de prise de conscience collective qui se cristallisera en 1956 par l'analyse du phénomène totalitaire.

Proche du philosophe grec et animateur de la revue à laquelle celui-ci donne de nombreux articles, *Le Contrat social*, Michel Collinet, engagé dans les Jeunesses communistes à l'âge de vingt et un ans, est un critique lucide du système soviétique dès les années 1920. Né en 1904, il se rapproche, comme Pierre Naville, des trotskistes pour devenir un socialiste radical à la manière de Marceau Pivert. Sociologue, il publie en 1948 *La Tragédie du marxisme*[2]. Très à l'écoute de ce qui se passe de l'autre côté du rideau de fer, « la réflexion de Michel Collinet et de Kostas Papaïoannou[3] sur le marxisme et son destin, écrit Bordes, pourrait être présentée en trois points : connaître et comprendre Marx, critiquer et réfuter le marxisme, dénoncer et combattre le marxisme-léninisme et le communisme soviétique[4] ». Collinet et son ami Aimé Patri appartiennent dès le premier numéro au petit groupe d'intellectuels rassemblés par Boris Souvarine autour du *Contrat social*, ce dernier ayant été le rédacteur en chef en 1944 de l'hebdomadaire *Volontés de Ceux de la Résistance*. On trouve encore dans cette constellation la revue *Paru*, dont le rédacteur en chef est Patri lui-même. Engagé très jeune dans l'extrême gauche oppositionnelle trotskiste, celui-ci avait rejoint la SFIO en 1934, puis, après avoir rompu avec le trotskisme, s'était engagé dans la Résistance au sein du mouvement « Combat ». *Paru* connaît une période féconde entre 1947 et 1950, malgré la domination intellectuelle presque sans partage du PCF dans l'après-guerre. La revue défend ardemment les publications d'Arthur Koestler, notamment *Le Yogi et le Commissaire*, publié en 1946, et accorde une grande place au pro-

1. ID., 2015, p. 85.
2. COLLINET, 1948.
3. Voir notamment PAPAÏOANNOU, 1967.
4. BORDES, 2008, p. 10.

cès Kravtchenko, donnant crédit au témoignage du transfuge fortement contesté : « Il est aussi et surtout un homme de cœur, écrit Collinet, qui s'assimile les souffrances de tout un peuple et dont la conscience suffoque de vivre en une société où l'air de la liberté manque, où le mensonge et la délation semblent être la nourriture quotidienne de l'âme[1]. » *Paru* popularise en outre les parutions de George Orwell. Devenue une tribune antistalinienne privilégiée, la revue rassemble les signatures de Jacques Carta, Maurice Dommanget, Yves Lévy, Pierre Pascal et Jean Rabaut. *Paru* perd l'essentiel de sa substance en 1951 lorsque la plus grande partie de son équipe éditoriale rejoint *Preuves*, animée par François Bondy.

Pour ces anticommunistes de gauche, qui se voient vite absorbés par la cause proaméricaine de *Preuves*, la voie est des plus étroites. À partir de 1952, ils y constituent un petit noyau minoritaire, où l'on retrouve, entre autres, Collinet, Patri, David Rousset et Paul Parisot. À la différence de Raymond Aron, avec lequel ils partagent la critique du totalitarisme, ces intellectuels ne renoncent pas au combat socialiste. C'est ce qu'exprime Collinet en réaction à la publication par Aron de *L'Opium des intellectuels*, qui s'achève par un éloge du scepticisme :

> On ne peut suivre Raymond Aron dans sa conclusion finale : « Appeler de nos vœux la venue des sceptiques s'ils doivent éteindre le fanatisme. » Jamais les sceptiques n'éteindront le fanatisme [...]. Scepticisme et fanatisme se complètent et se nourrissent mutuellement : on est d'autant plus fanatique que l'on se sent près du scepticisme et d'autant plus sceptique que l'on a été antérieurement fanatique[2].

1. COLLINET, 1947, p. 78.
2. COLLINET, 1955, p. 38.

8

Budapest, 1956

Pour une bonne partie de l'intelligentsia française, 1956 est l'année des ruptures. À l'optimisme de la Libération, qui s'est exprimé dans la philosophie existentialiste, se substitue un rapport désenchanté à l'histoire. Une nouvelle période s'ouvre après la révélation des crimes de Staline par le nouveau secrétaire général Nikita Khrouchtchev lors du XXe Congrès du PCUS (parti communiste de l'Union soviétique), tenu à Moscou du 14 au 25 février 1956. L'année s'achèvera par l'écrasement de la révolution hongroise par les chars soviétiques. Le choc est tel que le regard critique sur l'URSS gagne enfin ses lettres de noblesse au sein de la gauche. Sous ce qui se présentait comme l'espérance des lendemains qui chantent, on découvre l'horreur de la logique tortionnaire d'un pouvoir totalitaire. L'onde de choc n'atteint pas encore Billancourt, et le PCF reste l'appareil politique le plus puissant de France, mais les intellectuels, dont le travail se fonde sur la recherche de la vérité et la critique des faux-semblants, ne peuvent que remettre en cause ce qui constituait jusque-là leur grille d'analyse.

LES ILLUSIONS PERDUES

Le deuil des espérances va dominer toute la période qui s'étend de 1956 à 1968. On se penche alors sur ce qui résiste au changement et ne permet pas au volontarisme politique de triompher. La sensibilité collective fait prévaloir les invariants, les immobilités. Paradoxalement, l'Europe connaît des années de transformation économique d'une rapidité inédite depuis la fin du XVIIIᵉ siècle. Un début de réévaluation de 1789 est en gestation chez les intellectuels français, qui, pour beaucoup, vont faire peser le poids du bolchevisme et de son destin funeste sur les idéaux des Lumières. Une critique de la modernité et du caractère formel de la démocratie se développe non plus au nom d'un marxisme déclinant, mais à partir de Heidegger et de Nietzsche. La remise en cause du « petit père des peuples » par les prêtres chargés du culte a pour effet de faire s'effondrer l'édifice de la croyance au moment de l'agonie du marxisme institutionnel. L'ère des ruptures s'ouvre pour des intellectuels qui ne peuvent plus jouer le jeu des simulacres et s'en prennent à leurs fétiches. Depuis la disparition de Staline, en 1953, un certain nombre d'événements avaient semé le trouble, comme la réhabilitation des médecins inculpés dans l'affaire dite des « blouses blanches »[1] après une campagne d'une rare violence, relayée en France par *L'Humanité*. On apprenait un peu plus tard que Lavrenti Beria, qui se trouvait au sommet du pouvoir, n'était qu'un « ennemi du parti et du peuple soviétique ». Pour parfaire un certain désarroi des intellectuels communistes à qui l'on avait demandé de pourfendre sans nuance le titisme, survenait en 1955 la réconciliation entre l'URSS et la Yougoslavie du maréchal Tito, vilipendée jusque-là.

C'est dans ce contexte de plus en plus opaque que se déroule le XXᵉ Congrès du PCUS, marqué par le rapport de Nikita Khrouchtchev. Que celui qui incarne le parti du prolétariat international reconnaisse qu'il ait pu se perpétrer des crimes au plus haut niveau de l'État ne pouvait avoir qu'un effet d'électrochoc dans le monde communiste. Certes, beaucoup continueront leur politique de l'autruche, faisant mine de relativiser ces révélations en les attribuant aux travers d'un seul individu, Staline, et aux dérives

---

1. Aussi appelée affaire des médecins. Il s'agit d'un prétendu complot des médecins juifs qui, sous couvert de spécialisation médicale, ne seraient que des tueurs à la solde du Congrès juif mondial et qui auraient déjà réussi à assassiner de hauts dignitaires soviétiques et s'apprêteraient à poursuivre leur besogne.

attribuées au culte de la personnalité. Mais pour ceux qui avaient déjà subi des ébranlements, l'heure est à la remise en cause de la croyance elle-même. Avant la fin de l'année, la répression dans le sang de la révolution hongroise viendra ajouter à ce séisme une réplique fracassante, aux effets non moins dévastateurs. Comme le souligne Jeannine Verdès-Leroux, ce sont moins les événements eux-mêmes qui auraient suscité la vague de départs et d'éloignements définitifs que vont vivre les compagnons de route du parti que « le refus de ces vérités par les dirigeants français[1] ». La téléologie historique dans laquelle toute une génération communiste issue de la Résistance et de la Libération s'était sentie entraînée se transformait soudain en une voie sans issue et le paradis se muait en enfer.

La direction du PCF n'évoque, sur le rapport Khrouchtchev, qu'un soi-disant rapport secret du numéro un soviétique dont le contenu serait instrumentalisé par l'impérialisme américain et, sur l'invasion de la Hongrie, que l'écrasement d'une contre-révolution fasciste. Dans *L'Humanité*, André Wurmser célèbre le « sourire de Budapest » libérée par les chars soviétiques. En novembre 1956, après la seconde intervention des troupes russes et le renversement d'Imre Nagy, la coupe est pleine pour nombre d'intellectuels communistes ou compagnons de route.

Roger Vailland décroche de son bureau le portrait de Staline, et Claude Roy, exclu pour « avoir fait le jeu de la réaction, des ennemis de la classe ouvrière et du peuple[2] », écrit en novembre 1956 un article pour *Les Lettres nouvelles* dans lequel il se montre désireux de conserver sa foi dans le socialisme, malgré la répression de la révolution hongroise par les Soviétiques, tout en s'interrogeant sur lui-même, se demandant comment il avait pu accorder crédit aux « niaiseries » jdanoviennes. Il lui semble alors « atroce » de penser qu'il a laissé condamner des milliers d'innocents sans réagir. « Roy, écrit Verdès-Leroux, avait écrit qu'être communiste c'est être en guerre contre soi-même. Et jusqu'au bout, ou plutôt bien au-delà du bout, au-delà de l'exclusion, il dut mener cette guerre[3]. » D'autres compagnons de la première heure, tel Vercors,

1. Verdès-Leroux, 1983, p. 462.
2. Cité dans Ory et Sirinelli, 1986, p. 188.
3. Verdès-Leroux, 1983, p. 459.

signent des protestations contre l'invasion soviétique. Plus grave encore pour la direction du parti, un certain nombre d'intellectuels communistes défient la ligne officielle. Parmi eux, Roy, Vailland, Jacques-Francis Rolland et Claude Morgan manifestent leur désaccord. Aimé Césaire, député communiste de la Martinique, donne sa démission. En mars 1957, Roy voit débarquer dans sa cellule un certain Georges Marchais, un militant venu spécialement pour l'exclure. L'hémorragie n'affecte pas seulement les intellectuels ; nombre de salariés et d'ouvriers quittent le parti sur la pointe des pieds sans donner d'explications : « Le nombre des cellules d'entreprises diminua fortement, ce qui fut relevé dans diverses conférences fédérales[1]. »

À l'automne 1957, le comité de rédaction de *La Nouvelle Critique* subit une épuration brutale. Henri Lefebvre s'est déjà mis hors du parti, mais cela ne suffit pas. Pour resserrer les rangs, le comité de rédaction doit, devant Jacques Duclos, prononcer la liquidation de trois de ses membres, Annie Kriegel, Victor Leduc et Lucien Sebag. Émile Bottigelli ajoute alors volontairement son nom aux nouveaux proscrits. La suite est racontée par Dominique Desanti :

> Alors Desanti [Jean-Toussaint], qui depuis deux ans n'ouvrait plus la bouche au comité de rédaction, prononça : « Moi aussi. » Casanova les pria de réfléchir et on poursuivit la réunion [...]. À la sortie, les cinq libérés sont allés boire à leur départ, délivrés de la pierre qui pendant tant d'années avait bouché leur fenêtre sur le monde[2].

De son côté, Jean-Jacques Becker écrit ses états d'âme à Raymond Guyot, membre du Bureau politique. Il ne reçoit de réponse que deux mois plus tard pour simplement lui signifier que la situation subissant des changements, les prises de position du PCF devaient suivre de près ces modifications. Les révélations du XXe Congrès sur les crimes de Staline seront décisives dans la prise de distance de l'historien : « La vérité qui brusquement m'apparaissait, m'illuminait, était que notre dieu Staline n'était

---

1. DESANTI, Dominique, 1975, p. 346.
2. *Ibid.*, pp. 350-351.

qu'un criminel. Cela peut prêter à sourire. J'ai toujours conservé très présent le souvenir de ce moment. Je crois y avoir trouvé mon chemin de Damas[1]. »

Sous l'impulsion de Victor Leduc et Hélène Parmelin, dix intellectuels et artistes communistes très en vue, incluant Picasso, adressent, le 20 novembre 1956, une motion à chaque membre du Comité central pour demander la tenue d'un congrès extraordinaire afin de répondre au « malaise profond » occasionné par « l'invraisemblable pauvreté des informations de *L'Humanité* sur la Hongrie[2] ». Pour éviter que la motion ne passe à la trappe, ses deux instigateurs communiquent son contenu au *Monde*. Pour la direction du parti, la publication de ce texte de défiance dans la presse bourgeoise disqualifie ses auteurs, mais, ne voulant pas s'aliéner Picasso, c'est surtout sur Hélène Parmelin que se concentrent les attaques. *L'Humanité* riposte aussitôt, et le philosophe du parti, Roger Garaudy, accuse les dix d'avoir oublié leur position de classe. Le parti, jouant la carte de la forteresse assiégée, en appelle au soutien de ses intellectuels fidèles, suscitant ici et là des déclarations d'avocats, de romanciers, de savants, d'artistes manifestant leur solidarité pleine et entière avec la direction. Les initiateurs de la motion, accusés de fractionnisme, sont condamnés comme tels par la plupart des cellules et sections appelées à la rescousse. La direction va jusqu'à faire intervenir Georges Cogniot et Laurent Casanova pour obtenir des rétractations de signataires. Le bilan reste maigre, mais ils arrachent malgré tout à un Henri Wallon malade non un désaveu, mais l'affirmation de sa fidélité inébranlable.

Le XIVe Congrès du PCF, qui se tient au Havre du 18 au 21 juillet 1956, se prépare sur la base des rapports officiels du XXe Congrès du PCUS. Il n'est pas question d'évoquer le rapport « attribué » à Khrouchtchev, considéré comme un faux, fabriqué par l'impérialisme américain. Au sortir de ce congrès, Victor Leduc devient le pôle de ralliement de communistes critiques à l'intérieur

---

1. BECKER, 2009, p. 234.
2. Les dix signataires sont Picasso, Georges Besson, Marcel Cornu, Frantz Jourdain, Édouard Pignon, Paul Tillard, Henri Wallon, René Lazzo, Hélène Parmelin et le Dr Harel.

du parti. On retrouve à ses côtés Jean Fréville, à qui l'on attribue la rédaction de *Fils du peuple*, Hélène Parmelin, son compagnon de toujours Jean-Pierre Vernant, ainsi que « Tola » (Anatole Kopp), René Glodek, Jacqueline et Romuald de Jomaron, puis ceux qui viendront s'intégrer plus étroitement au groupe, Henri Lefebvre, Henri Raymond, Jean Bruhat, Madeleine Rebérioux, Émile Bottigelli, Maurice Caveing, Maxime Rodinson, Michel Rouzé, Michel Crouzet, Jeanne Brunschwig, Lucien Brumelle, Philippe Robrieux et Jean Numeach[1].

Autour de ce noyau s'élabore dans la plus grande discrétion le projet de lancement d'une publication qui prendra le nom de *L'Étincelle* pour rappeler les temps héroïques de l'*Iskra* de Lénine. Cette publication interne au parti, mais critique de la ligne officielle, paraît à un millier d'exemplaires, avec pour sous-titre « Pour le redressement démocratique et révolutionnaire du parti ». La direction, surprise par l'écho qu'elle rencontre, dénonce une « feuille policière », selon les termes de Laurent Casanova et de Léo Figuères. Une enquête est menée pour savoir d'où vient le coup, et Victor Leduc est convoqué par le responsable de la section des cadres, Guy Ducolonné : « Parle là et il me désigne le tiroir. Tout cela sans faire allusion au magnétophone, grossièrement dissimulé dans ce meuble[2]. » Leduc joue l'idiot qui ne sait rien de *L'Étincelle*, et son accusateur, qui n'a pas de preuve, ne parvient pas à le mettre en difficulté.

Malgré les rodomontades des dirigeants communistes, les défections se multiplient tandis que *Les Lettres françaises* et *La Pensée* pratiquent la brasse coulée en se faisant soudainement silencieuses :

> Au XVᵉ Congrès, en 1959, Kanapa mitrailla les rebelles : Hervé avait capitulé devant l'impérialisme américain, Lefebvre avait abandonné le matérialisme dialectique pour enfourcher l'idéalisme, Fougeyrollas était accusé de « liquidationnisme », et Morin était également mis au pilori[3].

1. LEDUC, 1985, p. 217.
2. *Ibid.*, p. 235.
3. CAUTE, 1964, p. 276.

Lorsque est révélé le contenu du rapport Khrouchtchev, Henri Lefebvre est invité par l'Académie des sciences de Berlin. Il s'étonne d'y trouver un climat très différent de celui de Paris. On lui dit que les ouvrages de Staline vont être retirés de la circulation, et on lui demande conseil pour savoir qui mettre en avant en guise d'entrée dans le marxisme. On lui fait lire en allemand le rapport du secrétaire général du PCUS, et il y passe la nuit, ébahi par l'ampleur des crimes staliniens. Lorsqu'il revient en France, après une tournée d'une dizaine de jours en Allemagne, explique Rémi Hess, « il parle de ce qu'il a vu, de ce qu'il a lu. Ses meilleurs amis l'injurient : "Salaud, renégat, tu es tombé dans le piège de n'importe quel faux des services américains"[1] ». Lefebvre va faire part de ce qu'il a découvert à son ami Roger Vailland dans son village de Meillonnas. Ce dernier l'écoute et, voulant juger sur pièces, part en URSS. À son retour, il fait disparaître le portrait de Staline de son bureau ainsi que tous les petits bacs pleins de terre dans lesquels il entendait vérifier la véracité des thèses de Lyssenko. Il « profita du passage de Lefebvre à Meillonnas, ajoute Hess, pour brûler solennellement sa carte du parti[2] ». La direction engage un processus d'exclusion contre Lefebvre, déjà suspendu en 1956 (voir *supra*, chap. 5, pp. 172 sqq) : « Plus je réfléchissais, plus il me semblait évident que je reproduisais, en petit, à mon échelle (celle de l'individu, ou si l'on veut du philosophe) le drame général des intellectuels[3]. » Dépité, il décide finalement de partir de lui-même.

L'histoire ne se présente plus comme l'espérance d'un avenir radieux, et l'on commence à interroger ses failles pour comprendre comment elle a pu porter en elle les germes de la barbarie. La fêlure de 1956 « nous a amenés à ne plus être obligés d'espérer quelque chose », déclarera Michel Foucault[4]. Plutôt que de se sentir porté par le flot continu de l'histoire, l'intellectuel doit selon lui repérer les champs du possible et de l'impossible dans une société donnée sans attendre l'arrivée d'un Messie, fût-il incarné par le parti dans la conquête du salut terrestre.

---

1. Hess, 1988, p. 155.
2. *Ibid.*, p. 155.
3. Lefebvre, Henri, 1959, pp. 157-158.
4. Foucault [1977], 1988.

Pierre Fougeyrollas, qui enseignait au lycée Montaigne de Bordeaux et était membre du bureau fédéral du PCF de Gironde, quitte le PCF en 1956, après l'invasion de la Hongrie. Il rejoint la revue *Arguments* lorsqu'il arrive à Paris en 1958. Gérard Genette quitte lui aussi le PCF en cette année 1956 et adhère au groupe Socialisme ou barbarie, où il restera trois ans, côtoyant Claude Lefort, Cornelius Castoriadis et Jean-François Lyotard. Olivier Revault d'Allonnes, qui avait adhéré en 1953 à Lille, où il se trouvait aux côtés de Michel Foucault pour s'opposer à la guerre d'Indochine, s'inscrit dans cette lignée de la promotion des « ex » de 1956.

En octobre 1956, Jean-Pierre Faye assiste dans la salle Louis-Liard de la Sorbonne à une réception solennelle de représentants polonais par l'Unesco sous l'égide de Fernand Braudel. La réunion s'achève par un coup d'éclat, l'arrivée du vainqueur de la révolte polonaise de ce mois d'octobre, Władysław Gomułka, ancienne victime des purges staliniennes. De juin à octobre 1956, en effet, l'effervescence est à son comble en Pologne. À Poznań, les ouvriers défient les blindés, réussissent à mettre une bonne partie de l'armée de leur côté, menacent les centres du pouvoir et réclament du pain et la liberté. À Varsovie, les ouvriers de Zéran et WFM se mobilisent avec le mouvement des conseils ouvriers. Sur la défensive, la bureaucratie polonaise rappelle une victime des purges staliniennes en la personne de Gomułka. Le Kremlin gère la crise en acceptant le compromis proposé par la nouvelle direction polonaise.

En Hongrie, la manifestation du cercle Petöfi, le 23 octobre, et les affrontements armés et fraternisations avec les soldats hongrois contre la police de sécurité amènent les ouvriers à prendre le relais de la contestation. À l'avant-garde du mouvement, les usines de Csepel créent un comité central insurrectionnel. Le pouvoir en place cède en partie à la pression de la rue, et Imre Nagy donne des assurances pour un changement tangible. Le vrai ressort de cette révolution est la création des conseils ouvriers dans toutes les grandes villes hongroises. L'affrontement se joue entre une puissante armée russe sur le territoire de la Hongrie et le mouvement ouvrier, avec un pouvoir en place confronté au vide et réduit à des gesticulations. Ce sont les conseils qui définissent le programme économique et politique, arment les combattants et organisent le ravitaillement. Une opposition inédite surgit alors en pleine lumière entre les classes dirigeantes et les classes exécutantes. Cette brèche de la révolution hongroise écrasée par l'armée russe dévoile les failles internes du système. Par leur action, les ouvriers polonais et hongrois montrent l'extrême fragilité de ces régimes. Dans les pays de l'Est, après le temps de la glaciation, l'histoire semble reprendre ses droits, rendant crédibles les espoirs d'une sortie du stalinisme.

NAISSANCE D'« ARGUMENTS »

Au début de 1957, Edgar Morin se rend en Pologne avec plusieurs intellectuels français, dont Claude Lefort, membre de Socialisme ou barbarie, Robert Antelme et Dionys Mascolo : « Pour la première fois, écrit-il, je voyais concrètement, dans les visites et discussions d'usines, ce que je savais, mais n'avais jamais su *voir*[1]. » En cette année de perte des repères, marquée par l'invasion de la Hongrie et la poursuite de la guerre d'Algérie conduite au nom d'un gouvernement élu sur un programme de paix, les intellectuels connaissent un découragement certain. C'est dans un tel contexte que Morin reprend le flambeau d'un « révisionnisme » généralisé des fausses certitudes. « Mon désembouteillage idéologique commençait[2] », écrit-il, ajoutant que, dans cette prise de conscience, « le choc décisif [...] vint du rapport Khrouchtchev. Mes vérités furent soudain délivrées de leurs chaînes les plus pesantes[3] ». Mais, en tant qu'intellectuel, il ne peut en rester là : « Le rapport Khrouchtchev m'obligeait à repenser totalement le stalinisme. C'était la seconde leçon que j'y puisais[4]. »

Un dégel semble toutefois possible, et cet espoir est conforté par la précipitation des événements dans un bloc de l'Est où la contestation ouvrière déstabilise la bureaucratie dirigeante. Morin

---

1. MORIN [1959], 2012, p. 242.
2. *Ibid.*, p. 235.
3. *Ibid.*, p. 236.
4. *Ibid.*, p. 238.

décide dès lors de fédérer les intellectuels ébranlés au sein d'une nouvelle revue, *Arguments*, qui propose une révision du marxisme, l'abandon de la vulgate et la mise en évidence des contradictions de la modernisation[1]. La nouvelle revue est l'expression même du dégel, qui substitue à la langue de bois une pensée interrogative multidimensionnelle. *Arguments* est né d'une rencontre entre Edgar Morin et Franco Fortini, qui publiait déjà en Italie la revue *Rugionamenti* : « Dans les quelques années précédentes, se souviendra Morin bien plus tard, j'étais un semi-cadavre politique, j'étais hors parti, et j'étais heureux de rencontrer en Italie des amis […] avec qui j'avais un dialogue[2]. »

Avec cette revue, en cette année 1956, Morin revient à la vie politique. Exclu du PCF depuis quelques années, il souhaite un *aggiornamento* radical qui remette en question le prêt-à-penser. *Arguments* rassemble des intellectuels de la même génération qui ont traversé la Résistance et, pour la plupart, ont eu un temps de militance au sein du PCF. Conscients que les schémas sur lesquels ils ont fonctionné jusque-là sont caducs, ils s'ouvrent aux acquis des sciences sociales alors en pleine effervescence avec la percée de l'anthropologie, de la sémiologie et des questions d'ordre épistémologique. Le titre, suggéré lors d'une des réunions préparatoires par Francis Ponge exprime, selon Gil Delannoi, une des préoccupations d'*Arguments*, qui est de « montrer une pensée en cours de construction[3] ».

La revue se veut un lieu de sociabilité intense entre amis. « Nous nous voyons plusieurs fois par semaine, écrira Jean Duvignaud, nous travaillons ensemble durant des heures, et seuls plus longtemps. Le groupe est simple et passionnel[4]. » L'heure est à la révision de tout ce sur quoi s'étayait la croyance collective. Dans le premier numéro, l'idée de rouvrir un nouvel horizon d'attente est clairement affirmée :

1. On y retrouve Kostas Axelos, Jean Duvignaud, Colette Audry, François Fejtö, Dionys Mascolo, Roland Barthes, Henri Lefebvre, François Châtelet, Françoise Choay, Marguerite Duras et, un peu plus tard, Georges Perec et Pierre Fougeyrollas.
2. MORIN, 1987, p. 12.
3. DELANNOI, 1982, p. 48.
4. DUVIGNAUD, 1976, p. 181.

> *Arguments* n'est pas une revue, mais un bulletin de recherches, de discussions et de mises au point ouvert à tous ceux qui se placent dans une perspective à la fois scientifique et socialiste [...]. L'effort d'*Arguments* prend tout son sens à l'heure où l'éclatement du stalinisme incite chacun à reposer les problèmes et à rouvrir les perspectives[1].

La question n'est pas de définir une nouvelle ligne de pensée et de conduite, mais de problématiser sous un angle nouveau les réponses convenues, de les soumettre à l'épreuve de la modernité, de les passer au crible de nouveaux questionnements. Ce dont il convient de se débarrasser en premier lieu est le dogmatisme et la langue de bois. Ce révisionnisme reste à l'intérieur du marxisme en essayant de l'articuler à la modernité, de le sortir de la vulgate et de le rendre à même de prendre en considération la complexité du monde social. Pour ce « projet anthropologique[2] », il n'y aura ni manifeste ni programme. La revue s'ouvre aux apports de penseurs étrangers, publiant dans ses colonnes Adorno, Lukács, Marcuse ou Korsch. Dans le numéro 16 d'*Arguments*, Morin admet que la revue n'a pas réponse à tout, mais définit sa posture interrogative : « Il nous faut éviter l'ersatz, le préfabriqué, le mirage[3]. »

Les collaborateurs d'*Arguments* ont en commun de vouloir combattre la dérive stalinienne, tout en maintenant ouverte la perspective d'un changement socialiste. Colette Audry, animatrice de la revue *Nouvelle gauche*, collabore activement à *Arguments*, mais aussi à « Cercle ouvert », qui se constitue en avril 1956. Présidé par l'intellectuel chrétien mendésiste Jacques Nantet, ce cercle regroupe ce que l'on appelle la Nouvelle Gauche, sous la houlette de Louis Vallon, Claude Bourdet et Gilles Martinet. L'idée de Nantet est de mettre en relation des écrivains, des professeurs et des artistes avec des hommes engagés dans la vie politique. Le cercle organise pour cela chaque mois au 44, rue de Rennes, des conférences-débats dont les transcriptions sont publiées dans la revue. Dans l'équipe, Audry se distingue non seulement parce que c'est l'aînée, mais aussi qu'elle est la seule femme.

1. *Arguments*, n° 1, p. 1, décembre 1956.
2. DELANNOI, 1984, p. 135.
3. MORIN, 1959.

L'attache professionnelle des membres d'*Arguments* fait apparaître une domination des sociologues, avec Morin, Duvignaud, Fougeyrollas ou Serge Mallet, qui mettront les concepts du marxisme à l'épreuve du réel. L'évolution des pays de l'Est devient un terrain d'investigation privilégié de la revue, qui consacre, en 1957, tout son numéro 4 à la révolution hongroise et, au début de 1958, son numéro 8 à l'évolution de l'URSS. Toutes ces analyses confortent les intellectuels d'*Arguments* dans l'idée de dépasser le révisionnisme du marxisme pour atteindre, selon Sandrine Treiner, ce « qu'ils appelleront la révision généralisée, à savoir la tentative de remise en cause de toutes les idées, souvent reçues. Rejetant tout dogme, ils se livrent alors à l'exercice de la "pensée questionnante"[1] ». La revue se veut anticonformiste. Cela implique de franchir les barrières disciplinaires et d'échapper aux chapelles pour faire prévaloir une féconde interdisciplinarité.

À l'inverse des organes de parti, le groupe se veut un simple laboratoire ou d'idées. *Arguments* rend compte des réflexions sur la politique, la civilisation technicienne ou le langage, en recherchant une radicalité critique. Pendant ses deux premières années d'existence, la revue se consacre surtout à parfaire la rupture avec le PCF, après quoi sa réflexion se fait moins politique, avec des numéros sur l'amour, l'univers, le langage, etc. Elle s'ouvre aux apports du freudisme, de la psychanalyse et, sous l'impulsion de Kostas Axelos, s'oriente vers une critique de plus en plus acérée de la technique, perçue non plus comme un instrument de maîtrise du monde par l'homme et accompagnant son émancipation, mais comme l'écueil dans lequel sombre la modernité, révélant ce que Martin Heidegger appelle l'« oubli de l'être ». « Pour Morin, écrit Treiner, la branche scientifique de l'évolution intellectuelle et la branche philosophique se rejoignent dans la critique du technicisme[2]. » Une autre ouverture de la revue se situe au plan de l'échelle d'analyse, qui devient de plus en plus planétaire pour répondre aux défis de la mondialisation.

Cette recherche d'une voie nouvelle prend pourtant prématurément fin en 1962. « Avec et sans joie et tristesse, commente

1. TREINER, 1986-1987, p. 115.
2. *Ibid.*, p. 180.

amèrement d'Axelos, la revue *Arguments* est sabordée par ses capitaines[1]. » Une des causes du sabordage de la revue tient à la dispersion de ses cadres : Fougeyrollas est à Dakar, Duvignaud en Tunisie, Morin sur le départ pour l'Amérique latine, laissant les clés à Axelos. Sur le fond, il est devenu évident que le relais est désormais passé au courant de pensée qui triomphe en ce début des années 1960, à savoir le structuralisme. Ce qu'évoquera Morin bien plus tard en ces termes : « Dans l'université, c'est une pensée qui apportait la solution scientifique à tous les problèmes [...]. Donc, c'était fini. Nous étions redevenus des déviants. On a eu la sagesse de s'en rendre compte[2]. »

L'ONDE DE CHOC

Si l'ébranlement de 1956 secoue bien des intellectuels du PCF, il est ressenti avec davantage d'intensité encore chez les compagnons de route, dont le premier et le plus célèbre, Sartre, a avalé toutes les couleuvres depuis 1952. Cette fois, il refuse de cautionner l'inacceptable, et, avec lui, c'est toute l'équipe des *Temps modernes* qui s'engage dans un rejet clair du stalinisme. Comme lors de son coup de sang de 1952, lorsqu'il avait appris l'arrestation de Duclos, Sartre se trouve en Italie quand il apprend l'intervention soviétique en Hongrie : « Quel choc, le 24 [octobre 1956], quand, achetant *France-Soir* à un kiosque de la Piazza Colonna, nous lûmes le gros titre : "Révolution en Hongrie : l'armée soviétique et l'aviation attaquent les insurgés"[3]. » Rentrant d'Italie, il découvre avec colère la presse communiste, en particulier *Libération*, qui qualifie la révolution hongroise de « putsch fasciste », et André Stil, qui appelle les ouvriers de Budapest « la lie des classes déchues ». Bien décidé cette fois à exprimer clairement sa réprobation, il confie à *L'Express* sa

1. AXELOS, 1962.
2. MORIN, 1987, p. 19.
3. BEAUVOIR, 1963, p. 379.

décision de rompre avec le PCF[1]. Françoise Giroud l'évoquera ainsi dans ses Mémoires : « Sartre, bouleversé par l'écrasement de Budapest, nous a donné un très grand et très beau texte[2]. » Questionné par l'hebdomadaire sur sa réaction aux événements de Hongrie, il répond sans détour :

> Ma première réaction, l'angoisse, il y avait eu cette faute incroyable : demander l'intervention des troupes russes [...]. Expliquer n'est pas excuser : en tout état de cause, l'intervention était un crime. Et c'est un mensonge abject que de prétendre que les travailleurs luttent aux côtés des troupes soviétiques[3].

Sartre sait que sa protestation va de nouveau le couper d'un PCF prêt à le dénoncer avec la même violence qu'hier. Il en prend son parti, déterminé à exprimer sa solidarité avec le peuple hongrois :

> Les dirigeants diront qu'ils avaient eu raison depuis longtemps de m'appeler « hyène » et « chacal » au temps où Fadeïev — qui s'est suicidé — parlait comme *L'Humanité* aujourd'hui, mais il m'est totalement indifférent de savoir ce qu'ils diront de moi, étant donné ce qu'ils disent des événements de Budapest[4].

Âgé de cinquante et un ans en cette année 1956, Sartre est, comme il le dira dans *Les Mots*, « un homme qui s'éveille, guéri d'une longue, amère et douce folie[5] ». Le 8 novembre, il signe dans *France Observateur* avec Simone de Beauvoir et de nombreux intellectuels une protestation contre « l'emploi des canons et des chars pour briser la révolte du peuple hongrois et sa volonté d'indépendance[6] ». Les signataires font valoir qu'ils n'ont jamais

---

1. SARTRE, 1956, pp. 13-16.
2. GIROUD, 1972, p. 172.
3. SARTRE, 1956.
4. *Ibid.*
5. ID. [1964], p. 212, 2010, p. 138.
6. « Contre l'intervention soviétique », *France Observateur*, 8 novembre 1956, p. 4. Les signataires incluent, outre Sartre et Beauvoir, Vercors, Claude Roy, Roger Vailland, Michel Leiris, Jacques-Francis Rolland, Louis de Villefosse, Janine Bouissounouse, Jacques Prévert, Colette Audry, Jean Aurenche, Pierre Bost, Jean Cau, Claude

manifesté la moindre hostilité envers l'URSS et que c'est même au nom de leur attachement aux idéaux du socialisme qu'ils se permettent de mettre en cause la politique soviétique. « Notre première revendication auprès du gouvernement soviétique comme du gouvernement français, écrivent-ils, tient dans un mot : la vérité. Là où elle triomphe, le crime est impossible, là où elle succombe, il ne peut y avoir de justice, ni de paix, ni de liberté[1]. » Fin 1956, Sartre se rend chez François Fejtö pour lui donner carte blanche dans les *Temps modernes* afin de publier, en janvier 1957, un numéro entier sur les pays d'Europe de l'Est.

Après le choc de Budapest, la fronde s'élève aussi du côté des écrivains. Louis Martin-Chauffier, ancien président du CNE, en prend la tête, appelant dans *Le Figaro littéraire* à ce que le CNE retrouve son inspiration originelle et cesse de cautionner le stalinisme et la répression du peuple hongrois. Il entraîne derrière lui une vingtaine d'écrivains, qui quittent le CNE[2] pour constituer une nouvelle association. Celle-ci se dote d'une nouvelle charte et prend le nom d'Union des écrivains pour la vérité[3]. L'évolution d'un Louis de Villefosse est encore plus révélatrice de la violence du choc de Budapest pour les intellectuels progressistes. Écrivant dans *Libération*, *Les Temps modernes*, *Esprit* et *Europe*, il est membre de l'Union progressiste et très proche du PCF. Convaincu de la culpabilité de Rajk, il avait été invité avec Janine Bouissounouse en Hongrie en 1954 et en avait rapporté un ouvrage publié l'année suivante, au titre évocateur : *Printemps sur le Danube*. Atteint de plein fouet par l'invasion soviétique, Villefosse rompt avec le comité national des écrivains et avec le PCF puis prend l'initiative de la protestation publiée par *France Observateur* le 8 novembre 1956, pour laquelle il obtient la signature de Sartre.

Lanzmann, Marcel Péju, Promidès, Jean Rebeyrolle, André Spire, Laurent Schwartz et Claude Morgan.

1. *Ibid.*

2. Les démissionnaires sont Georges Adam, Francis Ambrière, Jean Amrouche, Claude Aveline, Marc Beigbeder, Jean-Jacques Bernard, Jean Blanzat, Pierre Bost, Jean Cassou, Jean Duvignaud, Pierre Emmanuel, André Frémaud, Roger Giron, Agnès Humbat, Pierre Jean Launay, Jean Lescure, Clara Malraux, Louis Martin-Chauffier, Loys Masson, Claude-André Puget, René Tavernier, Édith Thomas et Charles Vildrac.

3. Informations reprises de GRÉMION, 1995, p. 246.

La plupart des intellectuels socialistes, eux aussi en état de sidération, manifestent leur indignation. *Combat* publie une pétition de soutien aux intellectuels hongrois signée, entre autres, par Gilles Martinet et Claude Bourdet. Une autre protestation, également publiée par *France Observateur*, mais relayée par *Le Monde*, *L'Express*, *Témoignage chrétien* et *Esprit*, appelle au retrait des troupes soviétiques du territoire hongrois[1]. La revue *Les Temps modernes* consacre de son côté cent vingt pages au « Fantôme de Staline ». Beaucoup de démissionnaires du PCF rejoignent l'*Observateur*, à l'instar de Jacques-Francis Rolland, ancien collaborateur de *L'Humanité dimanche*, exclu dès le 22 novembre 1956 pour avoir signé dans *L'Express* « Un militant communiste sort du silence ». Ce sera aussi le cas de Marguerite Duras, Claude Roy, François Furet, Serge Mallet, Roger Vailland, Dominique Desanti, Jean Poperen et Emmanuel Le Roy Ladurie.

Une confirmation pour certains

Pour ceux qui s'élèvent depuis plusieurs années contre les méfaits du totalitarisme, les événements de 1956 ne sont que la confirmation d'une imposture historique. Confortés dans leur conviction et rencontrant cette fois davantage de crédit et d'échos, ils voient là une nouvelle cause à défendre. Déjà, le 13 juillet 1956, Albert Camus avait protesté à la une de *Franc-Tireur* contre la répression des ouvriers polonais : « Ce n'est pas un régime normal que celui où l'ouvrier est contraint de choisir entre la misère et la mort. » Le 8 novembre 1956, il reçoit un appel d'un groupe d'écrivains hongrois réfugiés, qu'il fait publier dans *Franc-Tireur*. Le 9 novembre, il invite les intellectuels à signer une pétition dans le même quotidien pour que l'ONU intervienne en soutien au peuple hongrois victime, selon ses termes, d'un « génocide ». Il précise qu'en cas

---

1. Cette pétition, parue le même jour et dans le même hebdomadaire que celles de Sartre et Villefosse, est signée par Jacques Madaule, Jacques Chataignier, Georges Suffert, Jean-Marie Domenach, Jacques Nantet, Gilles Martinet, Claude Bourdet, Robert Barrat, Pierre Stibbe, Jean Rous, René Tzanck, Edgar Morin, Robert Cheramy, Maurice Lacroix, Jean-Louis Bory, Jean Duvignaud, Yves Dechezelles, Roger Stéphane, Georges Montaron, Maurice Henry et Maurice Laval.

de non-intervention, il en appellera au boycott de toutes les activités culturelles des Nations unies, dont l'Unesco. L'appel de Camus est signé, entre autres, par René Char, Pierre Emmanuel, Jules Roy, Manès Sperber, Guido Piovene et Ignazio Silone. Camus comptait beaucoup sur ce soutien international, mais il doit déchanter :

> En octobre 1956, l'ONU s'est mise en colère. Elle a même donné plusieurs ordres, très secs, au gouvernement Kádár [...]. Et depuis, le représentant du gouvernement Kádár siège à New York, où il prend la défense des peuples opprimés par l'Occident[1].

L'isolement de Camus en France, caricaturé comme la belle âme impuissante, tranche avec la vive reconnaissance que lui témoignent les intellectuels d'Europe de l'Est, ce qu'exprimera avec ferveur le bel hommage du poète polonais Czesław Miłosz lors de la disparition de Camus : « Camus était un de ces intellectuels occidentaux, peu nombreux, qui m'ont tendu la main quand j'eus quitté la Pologne stalinienne, en 1951, tandis que d'autres m'évitaient en me considérant comme un pestiféré et un pécheur contre l'avenir[2]. »

Engagé dans le soutien à l'écrivain hongrois Tibor Déry, condamné à neuf ans de prison, Camus intervient en novembre 1957, avec T. S. Eliot, Karl Jaspers, Ignazio Silone et Louis de Villefosse, auprès du dirigeant communiste hongrois János Kádár. N'obtenant aucun résultat, il constitue en 1958 un comité de soutien qui réunit de prestigieux éditeurs français, notamment Gaston Gallimard, Paul Flamand et Jérôme Lindon. « La présidence du comité, écrit Pierre Grémion, est confiée à Jean Cassou, tandis que Villefosse et Jean-Marie Domenach en animent le secrétariat[3]. » Très engagé dans la défense des dissidents de l'Est, Camus, qui reçoit le Nobel de littérature en 1957, décide de céder le montant du prix aux intellectuels hongrois et à leurs familles.

Ce qui n'était jusque-là que supputations conceptuelles et pari aventureux sur l'avenir devient, en 1956, réalité avec les événe-

---

1. Albert Camus, cité dans GRÉMION, 1995, p. 268.
2. MIŁOSZ, 1960.
3. GRÉMION, 1995, p. 250.

ments de Budapest. Le groupe Socialisme ou barbarie de Cornelius Castoriadis et Claude Lefort, *alias* Chaulieu et Montal, avait eu beau répéter sur tous les tons que, sous le discours égalitariste, deux classes s'opposaient à l'Est, leur analyse restait inaudible à gauche, où l'on persistait à voir dans l'État soviétique un pouvoir ouvrier. Les événements de Pologne, et plus encore de Hongrie, donnent cette fois raison aux thèses énoncées par *Socialisme ou barbarie*. Ces événements attestent le régime d'oppression dénoncé par le groupe, et mettent en lumière les ouvriers eux-mêmes, qui s'auto-organisent et plongent momentanément le PC hongrois et les Soviétiques dans le désarroi.

Le réveil des ouvriers hongrois permet au groupe de sortir du désert et de diffuser ses thèses dans les milieux intellectuels, qui commencent leur mue politique. Socialisme ou barbarie apparaît alors comme précurseur. Le récit que fait Lefort de l'insurrection hongroise[1] est révélateur de l'enthousiasme collectif qui s'empare du groupe. Dans son commentaire, il insiste sur le caractère essentiellement ouvrier du mouvement, alors que celui-ci est généralement présenté comme une révolte nationaliste contre l'emprise russe. Lefort, comme tous ses camarades, voit dans cette révolution la concrétisation d'une nouvelle opposition binaire qui ne se situe plus tant entre les détenteurs des moyens de production (la bourgeoisie) et les détenteurs de leur seule force de travail (les prolétaires), mais entre les classes dirigeantes et les classes exécutantes. Cette brèche hongroise écrasée par l'armée russe dévoile les failles internes du système. « Par leur action, écrit Castoriadis, les ouvriers polonais et hongrois ont également montré la fragilité extrême de ce régime. Le "bloc" russe n'est pas moins fait de pièces et de morceaux que le "bloc" américain ; l'un comme l'autre sont incapables d'organiser leur domination sur leurs satellites[2]. » Dans les pays de l'Est, après le temps de la glaciation, l'histoire semble reprendre ses droits et laisser espérer une sortie du stalinisme.

Dans les colonnes de *Socialisme ou barbarie*, Castoriadis pose un certain nombre de questions aux militants du PCF, stigmatisant la manière dont *L'Humanité* a rendu compte de la

1. LEFORT, 1956-1957.
2. CASTORIADIS (sous le pseudonyme de Pierre Chaulieu), 1956, p. 135.

révolution hongroise en titrant, les 25 et 26 octobre 1956, « Les graves émeutes contre-révolutionnaires mises en échec à Budapest » et « L'émeute contre-révolutionnaire a été brisée », « alors que, du 4 au 9 novembre, la population de Budapest s'est battue contre les blindés de l'armée russe[1] ». Il met en outre clairement en évidence la pratique du mensonge systématique des communistes pour discréditer la révolution présentée durant les quinze premiers jours comme l'œuvre de « provocateurs payés par les Américains », s'appuyant sur des « bandes fascistes ».

Pour Socialisme ou barbarie, la révolution hongroise est un événement majeur : « Ses répercussions, qui ne font que commencer, écrit Chaulieu-Castoriadis, auront transformé le monde en cette deuxième moitié du xxe siècle. Pour la première fois, un régime totalitaire moderne est mis en morceaux par le soulèvement des travailleurs[2]. » Les masques tombent et les travailleurs hongrois mettent à bas la plus grande mystification de l'histoire, tout en démontrant en acte l'extrême fragilité de ce système qui semblait tout-puissant. Dans le même temps, ils font la démonstration de la supercherie que représente la pseudo-déstalinisation. On assiste même à ce renversement souligné par Castoriadis : « Aujourd'hui, c'est le prolétariat d'Europe orientale qui est à l'avant-garde de la révolution mondiale[3]. »

Pour Socialisme ou barbarie, le contexte est propice à une sortie de l'isolement. Alors que le groupe rassemblait moins d'une vingtaine de membres en 1957, il en compte quarante-cinq à l'automne 1959, dont dix-huit à Paris, puis quatre-vingt-sept au printemps 1961, dont quarante-quatre à Paris, répartis en deux cellules[4]. Dans ces mêmes années, toute une série de jeunes historiens novateurs quittent le PCF, dont François Furet, Mona Ozouf, Denis Richet et Emmanuel Le Roy Ladurie, lequel exprimera sa découverte avec bonheur des thèses de Castoriadis et Lefort :

---

1. ID. [1956], 1973.
2. *Ibid.*, p. 372.
3. *Ibid.*, p. 376.
4. Le groupe est présent dans sept villes : cinq à Saint-Lô, treize à Caen, sept à Lyon, deux à Lille, quatre au Mans, cinq à Montpellier, sept à Nîmes (informations reprises de GOTTRAUX, 1997, p. 104).

Je fus très heureux, intellectuellement, dans mes contacts avec le groupe Socialisme ou barbarie. Ce mouvement, dominé par la haute intelligence de Chaulieu-Castoriadis, était allé jusqu'à la pointe extrême de l'analyse trotskiste, de façon à la dépasser, voire à l'annuler totalement[1].

Même si Le Roy Ladurie ne se reconnaît pas entièrement dans ce petit groupe, il dévore avec passion les numéros de la revue. Intrigué, il décide de faire le voyage de Montpellier à Paris pour mesurer sur place la validité des critiques formulées contre un certain Chaulieu, stigmatisé comme « Stalinicule ». Il se souviendra avec amusement de sa découverte du bel appartement parisien de Lefort :

J'y trouvai le leader du sous-groupe oppositionnel de Socialisme ou barbarie au milieu d'un océan de valises. Il me reçut avec courtoisie et m'annonça qu'il ne pouvait me consacrer que quelques minutes, car il partait dans une demi-heure pour Saint-Tropez où il allait passer ses vacances annuelles. Le prolétariat mondial attendrait donc la rentrée de septembre et la fermeture des plages à la mode pour bénéficier des lumières de *Soc ou bar*. Déçu, je ne pus que m'incliner. Je laissai Lefort s'éloigner vers la gare de Lyon[2].

Le paradoxe du politique

Esprit, qui avait ouvert ses colonnes depuis quelques années à François Fejtö, se sent particulièrement concerné et ébranlé par les événements de Hongrie. Paul Ricœur participe au congrès annuel de la revue lorsque les chars entrent dans Budapest. Albert Béguin, homme de lettres réputé[3], qui a pris la succession d'Emmanuel Mounier, disparu en 1950, a préparé une intervention qu'il aban-

1. *Ibid.*, p. 196.
2. *Ibid.*, p. 198.
3. Albert Béguin a soutenu en 1937 une thèse sur « L'âme romantique et le rêve », publiée par José Corti en 1939. Il a en outre écrit, avant sa nomination à la direction d'*Esprit*, *La Prière de Péguy* (1944), *Léon Bloy, mystique de la douleur* (1948), *Le Romantisme allemand* (1949), *Pascal* (1953) et *Bernanos* (1954).

donne devant les nouvelles urgences, improvisant une conférence sur la place des poètes dans l'histoire. Le choc symbolique de l'intervention soviétique à Budapest bouleverse même ceux qui ne se font plus d'illusions sur ce qui se passe de l'autre côté du rideau de fer. Les cent cinquante participants au congrès d'*Esprit* adoptent un texte dans lequel ils

> tiennent à affirmer ensemble leurs sentiments de respect envers les insurgés de Budapest luttant pour la liberté, leur indignation sans réserve devant le massacre d'un peuple par les forces organisées d'une puissance étrangère et leur écœurement devant ceux qui approuvent les bourreaux, calomnient les victimes ou exploitent leur héroïsme[1].

L'espérance est-elle définitivement morte ? Albert Béguin rédige un éditorial dans lequel la contestation des régimes des démocraties populaires ouvre à un regard critique sur le marxisme : « Il apparaît de toute évidence que les hommes de Hongrie, comme les ouvriers de Berlin et de Poznań, se sont soulevés contre des formes d'oppression qui ne se ramènent pas à l'aliénation économique telle que l'a définie le génie de Marx[2]. » C'est un cri de révolte à chaud par lequel Béguin annonce un approfondissement de l'analyse. Alors que Budapest semble sonner la mort des espérances, le groupe de philosophie d'*Esprit* se réunit, et Ricœur l'oriente vers une réflexion sur le politique. Un débat collectif d'une année s'engage et débouche sur la publication d'un article majeur de Ricœur, publié dans *Esprit* en 1957 et intitulé « Le paradoxe politique »[3]. Ce que remet en cause Budapest par sa radicalité et sa soudaineté affecte au plus profond le philosophe, qui a hérité de Mounier sa

---

1. Les signataires du texte sont Albert Béguin, Jean-Marie Domenach, Jean Bardet, Marc Beigbeder, Georges Berger, Michel Bernard, Louis Bodin, Camille Bourniquel, Louis Casamayor, Jean Cayrol, Olivier Chevrillon, Jean Conilh, Jean David, André Dumas, Ange Durtal, François Fejtö, Paul Flamand, Paul Fraisse, Georges Friedmann, Pierre Gailly, Armand Gatti, Jean Guichard-Meili, Yves Goussault, Hubert Juin, Jean Lacroix, Jean-William Lapierre, Georges Lavau, Gennie Luccionni, Guy Levis-Mano, Rémi Martin, Henri-Irénée Marrou, Loys Masson, Paulette Mounier, Monique Nathan, Jean Paris, Philippe Paumelle, Henri Pichette, Henri Queffélec, Jacques-René Rabier, Jean Ripert, Joseph Rovan, François Sellier, Alfred Simon et Georges Suffert.
2. BÉGUIN, 1956.
3. RICŒUR [1957], 1964.

disponibilité à l'événement comme pierre d'angle de la réflexion philosophique :

> L'événement de Budapest, comme tout événement digne de ce nom, a une puissance indéfinie d'ébranlement ; il nous a touchés et remués à plusieurs niveaux de nous-mêmes : au niveau de la sensibilité historique, mordue par l'inattendu ; au niveau du calcul politique à moyen terme ; au niveau de la réflexion durable sur les structures politiques de l'existence humaine. Il faudrait toujours aller et venir de l'une à l'autre de ces puissances de l'événement[1].

Ricœur érige le concept de paradoxe en instrument heuristique dans l'analyse de la nature du pouvoir politique. Celui-ci se trouve au centre d'une tension vécue entre une dimension positive, libératrice, incarnant l'humanité de l'homme, et une dimension négative, de passion du pouvoir, de domination, d'asservissement. Ricœur assume donc la réflexion sur le politique à l'intérieur de la « catégorie anthropologique générale du paradoxe[2] ». Cela lui permet de récuser l'alternative à laquelle invite la tradition philosophique entre capacité rationnelle et libératrice d'un côté, et mensonge et manipulation de l'autre :

> Il faut résister à la tentation d'opposer deux styles de réflexion politique, l'un qui majorerait la rationalité du politique, avec Aristote, Rousseau, Hegel, l'autre qui mettrait l'accent sur la violence et le mensonge du pouvoir, selon la critique platonicienne du « tyran », l'apologie machiavélienne du « prince » et la critique marxiste de « l'aliénation politique »[3].

Le politique doit être réfléchi dans cette double dimension. Les mésaventures historiques tiennent au fait que la pensée portée aux extrêmes n'a pas permis de relier ces deux aspects contradictoires et indépassables. Ricœur réaffirme ainsi l'autonomie du politique, notamment par rapport à l'économicisme marxiste, qui a tendance à n'y voir qu'un reflet des rapports sociaux de production. Seule la prise en compte de la spécificité du politique permet de retrou-

---

1. *Ibid.*, p. 260.
2. SECRÉTAN, 1968, p. 143.
3. RICŒUR [1957], 1964, p. 262.

ver la téléologie qui l'anime. C'est cet élan premier, ce pacte originaire, ce contrat social imaginaire qui deviennent constitutifs d'une communauté humaine, d'une volonté collective de vivre ensemble. C'est aussi, paradoxalement, par ce rapport à l'idéalité que le mensonge peut se glisser dans le politique. Mais, précise Ricœur, « avant d'être l'hypocrisie derrière laquelle se cache l'exploitation de l'homme par l'homme, l'égalité devant la loi, l'égalité idéale de chacun devant tous, est la *vérité* du politique. C'est elle qui fait la *réalité* de l'État[1] ». Non seulement cette philosophie politique débouche sur l'action, mais elle offre une résistance à la philosophie de l'absurde, le non-sens devenant une tentation d'un nombre croissant d'intellectuels désillusionnés se repliant sur le non-engagement ou s'orientant vers des travaux scientifiques à l'écart du politique et préservés de son pouvoir « malfaisant ». L'insistance sur la réalité paradoxale du politique est aussi une mise en garde contre son absolutisation.

Un camp libéral conforté

Pour les intellectuels libéraux engagés dans le mouvement pour la liberté de la culture, le choc hongrois leur permet de faire mieux entendre leur dénonciation du totalitarisme, et ils vont bien évidemment manifester leur soutien au peuple hongrois. En 1955, juste avant les événements de Budapest, se tient à Milan la 5e conférence du Congrès international pour la liberté de la culture sur le thème de « L'avenir de la liberté ». Avec cent quarante participants et une délégation française qui occupe un cinquième de la représentation européenne, c'est un beau succès : « Trois intellectuels étroitement associés aux structures décisionnelles du CCF[2] — Raymond Aron, Michel Collinet, Manès Sperber — sont naturellement présents[3] », constate Pierre Grémion. La conférence de Milan apporte à Aron une consécration internationale. Son intervention est majeure. Sous le titre « Nations and Ideologies », il souligne l'inadéquation entre

1. *Ibid.*, pp. 265-266.
2. Congress for Cultural Freedom, acronyme anglais du CILC
3. GRÉMION, 1995, p. 160.

les catégories d'analyse héritées du xixe siècle et les réalités du xxe siècle. La délégation française est composée de quelques fortes personnalités intellectuelles, avec le directeur de l'INED (Institut national d'études démographiques), Alfred Sauvy, Maurice Allais, professeur à l'École des mines de Paris et futur Prix Nobel, ainsi que l'économiste Pierre Uri et l'homme de lettres Bertrand de Jouvenel. Elle compte aussi deux politiciens, avec le socialiste André Philip et le MRP Robert Buron, et trois universitaires aux orientations opposées, mais tous marginaux dans l'institution universitaire : Jacques Ellul, Charles Morazé et Raoul Girardet. Sont également invités des représentants de revues, comme le père dominicain Dominique Dubarle, associé à *La Vie intellectuelle*, et Roger Caillois, créateur de *Diogène* en 1952. À ces personnalités sont agrégés des acteurs de la vie économique et sociale française[1].

Une des grandes vedettes de Milan est Hannah Arendt, qui y déploie son analyse critique du totalitarisme. En septembre 1956, *Preuves* se fait l'écho dans son n° 67 des avancées dans ce domaine en publiant les communications d'Arendt, Bertrand de Jouvenel et Aldo Garosci. En décembre 1956, la même revue souligne que l'on n'a jamais ressenti une émotion aussi profonde en France qu'en ce moment d'écrasement de la révolution hongroise. Dans la nuit du 7 au 8 novembre 1956, une manifestation de protestation réunit à Paris près de trente mille personnes et sera marquée par de violents affrontements avec les militants communistes devant les locaux de *L'Humanité*, faisant trois morts. Pour répondre au choc hongrois, le CILC publie un Livre blanc sur les événements constitué de documents provenant de ses acteurs et préfacé par trois signatures prestigieuses : Karl Jaspers, Hugh Seton-Watson et Raymond Aron. Un plan d'aide humanitaire aux réfugiés est immédiatement mis en place. Denis de Rougemont exprime son point de vue au Congrès le 10 novembre :

> Le monstrueux forfait de Budapest a mis le communisme au ban de l'humanité. Il fallait d'abord le déclarer. Mais il faut en tirer les conséquences pratiques. Pour notre part, nous pensons ce qui suit : serrer la main d'un communiste occidental qui

---

1. Informations reprises de *ibid.*, pp. 164-166.

approuve « librement » son parti, c'est saluer un complice du crime de Budapest[1].

Dans le même temps, un appel lancé à l'initiative de Suzanne Labin dénonce « ces massacreurs au ban de l'humanité » et « les chefs communistes des pays libres qui, en restant dans leur sillage, se couvrent les mains du sang du peuple hongrois[2] ».

En cette année de séisme, la désintégration du bloc progressiste qui faisait office de cordon sanitaire pour le PCF profite massivement aux libéraux. Dès le 30 octobre 1956, David Rousset publie dans *Le Figaro* une exhortation aux intellectuels à rompre leur compagnonnage avec le PCF. Il s'adresse nommément à quatre d'entre eux : Pierre Hervé, Aimé Césaire, Edgar Morin et Jean-Marie Domenach. Plus que l'appel, l'intervention de l'armée soviétique quelques jours plus tard met un terme effectif à ce compagnonnage. Celui qui est le mieux à même de réagir en connaissance de cause à l'événement est François Fejtö, qui a rompu avec le régime bureaucratique hongrois depuis le procès de son ami Rajk. Journaliste à l'AFP en 1956, il multiplie les articles sur la situation hongroise : « Pendant tout l'été 1956, écrit-il, je vécus suspendu aux nouvelles de Hongrie et de Pologne où, parallèlement, se développait un mouvement d'opposition[3]. » Fejtö utilise pour se faire entendre tous les supports possibles, du *Figaro littéraire* (« Pourquoi la jeunesse hongroise a pris les armes ») à l'*Observateur* (« L'URSS contre les soviets »), en passant par *Les Lettres nouvelles* : « La République des écrivains hongrois ». Il s'identifie d'autant plus facilement aux victimes des procès de Budapest qu'il aurait pu figurer lui-même sur le banc des accusés : « Le sentiment de défendre une juste cause me donnait des ailes[4]. » Il se livre là à un véritable combat de plume contre la chape de plomb totalitaire. Fejtö publie très vite un ouvrage sur la situation

---

1. ROUGEMONT, 1956.
2. L'appel est signé par le président de la République en personne, Vincent Auriol, François Mauriac, Marcel Aymé, André Breton, Hervé Bazin, mais aussi par des personnalités liées au CILC, parmi lesquelles Georges Altman, Jacques Carat, Michel Collinet, Jeanne Hersch et Louis Mercier.
3. FEJTÖ, 1986, p. 244.
4. *Ibid.*, p. 245.

de son pays[1], ainsi que les discours d'Imre Nagy[2], et, selon Grémion, « se rapproche de *Preuves*, tout en continuant à écrire dans l'*Observateur*. Mieux encore, il donne désormais des conférences aussi bien dans les groupes *Esprit* qu'aux Amis de la liberté, ce qui est une performance peu banale pour l'époque[3] ». En 1956, il est particulièrement séduit par l'analyse que fait Aron du drame hongrois comme résultant de la double nature du régime soviétique, à la fois russe et communiste. Au moment où Nagy est mis en jugement et exécuté, le CILC publie un second Livre blanc, préfacé cette fois par Albert Camus, pour démonter les accusations de complot qui le visent. Camus dénonce la forfaiture dont a été victime Imre Nagy, au mépris des règles élémentaires du droit international et en violation de l'immunité diplomatique, pour déboucher sur ce qui n'est autre qu'un assassinat. Il faut, pour Camus, stopper la contagion du mensonge et ne cesser de dénoncer le parjure.

La revue *Preuves* est particulièrement active en ces journées qui attestent le bien-fondé de ses dénonciations des méfaits du système bureaucratique. Ses animateurs organisent de nombreuses réunions publiques, lancent des appels et accélèrent les traductions des textes des insurgés comme ceux provenant de la revue littéraire hongroise, *Irodalmi Újság*. Les événements de 1956 poussent Michel Collinet à publier *Du bolchevisme*, un traité d'antimarxisme-léninisme résultant des cours qu'il donne au CEL (Collège de l'Europe libre)[4]. Celui-ci, dont le siège est à Paris, s'est donné pour mission de faciliter la poursuite des études en France des réfugiés et fonctionne comme une structure de liaison et d'information, dotée de son propre bulletin, *Horizons*. Le CEL organise des cours d'été pour former les nouvelles élites et approfondir les critiques du système soviétique : « Parmi ceux-ci, écrit François Bordes, se trouvaient Paul Barton, Michel Collinet, Sidney Hook, Kot Jelenski, Walter Kolarz ou Czesław Miłosz[5]. » *Du bolchevisme* démontre que les camps de travail ne sont pas l'œuvre du seul Staline, mais ont été mis en place dès Lénine afin d'accélérer le rythme de l'industria-

---

1. Id., 1957.
2. Nagy, 1957.
3. Grémion, 1995, p. 254.
4. Collinet, 1957.
5. Bordes, 2008, p. 408.

lisation. Selon Collinet, dès 1921, le processus totalitaire est sur les rails. Malgré un contexte favorable à la réception de ses thèses, le livre ne rencontre pas de véritable écho. Moins de mille exemplaires sont vendus à l'automne 1957, et l'éditeur doit le brader pour écouler son tirage initial[1].

Le choc de Budapest est à l'origine de la naissance d'une autre revue, *Le Contrat social*, animée par Boris Souvarine, grand spécialiste du stalinisme, auteur d'une biographie de Staline parue chez Plon en 1935, et qui avait déjà créé dans les années 1930 *La Critique sociale*. Ancien membre du secrétariat de la IIIe Internationale, Souvarine connaît de l'intérieur les mécanismes du stalinisme. Le moment est venu pour lui de se faire entendre. La revue, placée sous les auspices de l'Institut d'histoire sociale et dotée d'un financement américain, paraît à un rythme bimestriel jusqu'en décembre 1968. Son tirage de cinq mille exemplaires lui donne un poids non négligeable dans la vie intellectuelle française. Souvarine y confirmera son ascendant en publiant à lui seul pas moins de soixante-douze articles[2]. La référence au totalitarisme à propos du régime soviétique devient dominante dans ce courant de pensée, comme l'atteste le titre de l'ouvrage que publie à Athènes Kostas Papaïoannou en 1959, *La Genèse du totalitarisme*, qui reçoit le prix de l'Académie d'Athènes.

De son côté, Raymond Aron prend à partie Isaac Deutscher et Maurice Duverger dans un article polémique : « Ils l'avaient toujours dit », après un texte du second paru dans l'*Observateur* déclarant qu'il n'y avait rien de surprenant dans les révélations faites lors du XXe Congrès. Aron critique sévèrement ses remarques sur Staline :

> À Maurice Duverger, je reprochai une formule de son article sur le discours de Khrouchtchev : « Staline, ni meilleur ni pire que la majorité des tyrans qui l'ont précédé. » Je lui rappelai la compa-

---

1. Informations reprises de *ibid.*, p. 442.
2. François Bordes a comptabilisé le nombre des articles des piliers de la revue. On trouve, derrière Boris Souvarine, Léon Émery, trente-deux articles, Yves Lévy, vingt-quatre, Eugène Delimarsky, vingt-deux, Michel Collinet, dix-neuf, Kostas Papaïoannou, seize, Nicolas Valentinov, seize, Lucien Laurat, quinze, Paul Barton, douze, et Aimé Patri, douze.

raison qu'il avait esquissée entre le parti unique fasciste et le parti unique communiste : « Dans le parti communiste russe, le caractère de caste disparaît : la circulation régulière des élites devient possible ; le contact avec la masse est établi[1]. »

Au moment du séisme de 1956, Aron renoue avec l'Université. Il a fait son entrée à la Sorbonne l'année précédente et le contexte est devenu plus favorable à l'exercice de son magistère. Son séminaire, vite localisé au Centre de sociologie européenne de la rue de Tournon puis à l'EHESS, boulevard Raspail, devient un haut lieu de la réflexion collective sur le politique. S'y presse toute une galaxie hétéroclite d'aroniens[2].

La droite littéraire, mal remise de ses errements collaborationnistes pendant la guerre, profite du séisme pour redresser la tête, même si elle reste encore marginalisée par rapport à la vogue montante du nouveau roman, qui s'impose comme une nouvelle esthétique aux Éditions de Minuit et pour laquelle Paul Morand n'a que mépris, le qualifiant de « Robbe-grillades ». Des écrivains proscrits pour leur antisémitisme et leur sympathie pour l'ordre nazi font leur retour, notamment Paul Morand et Jacques Chardonne, entourés par les fameux « hussards » composant la nouvelle génération d'écrivains provocateurs. Les années 1956-1957 sont les témoins de la résurgence des publications littéraires de Jacques Chardonne et Paul Morand : « Ce qui est en jeu, écrit François Dufay, ce n'est rien de moins qu'une croisade pour la bonne littérature. Morand est le porte-drapeau de la "guerre froide" qui oppose le talent, apanage de la droite, au "rive-gauchisme"[3]. » Il est d'ailleurs significatif que Madeleine Chapsal, alors journaliste à *L'Express*, consacre en juillet 1957 un de ses grands entretiens à Chardonne, cornaqué par Roger Nimier — qui va le chercher à La Frette pour le conduire en Jaguar jusqu'à Paris — et répondant avec suffisance à la question finale de

---

1. ARON, Raymond, 2010, p. 466.
2. Notamment Pierre Hassner, Jean-Claude Casanova, Jean Baechler, Annie Kriegel, Alain Besançon, Eugène Fleischmann, Jon Elster, Martin Malia, Pierre Manent, Raymonde Moulin, Kostas Papaïoannou, François Bourricaud, Georges Liébert et Jérôme Dumoulin.
3. DUFAY [2006], 2010, p. 78.

Chapsal lui demandant s'il est satisfait de son œuvre : « Oui. Excusez-moi[1]. »

À la faveur du désarroi qui affecte tous les progressistes en cette année 1956, cette sensibilité littéraire sort de son pré carré pour mordre sur un lectorat de gauche. *France Observateur* organise ainsi une table ronde sur l'œuvre de Drieu la Rochelle, initiée par Bernard Frank[2]. Ce dernier confesse son goût pour Chardonne, qui participe à la table ronde, ajoutant en aparté que *France Observateur* est un « nid de la juiverie bolchevisante » ! C'est le moment aussi où Morand, pensant son heure venue, se porte en vain candidat à l'Académie française (voir *supra*, chap. VI, pp. 223-224 sqq).

---

1. Jacques Chardonne, cité dans CHAPSAL, 1984, p. 133.
2. « Berl, Chardonne, Frank, Parain sur Drieu la Rochelle », *France Observateur*, janvier 1958.

9

Le moment gaullien

L'enlisement de la guerre d'Algérie débouche le 13 mai 1958 sur un coup de force à Alger. Un comité de salut public, composé de tous les courants activistes favorables au maintien de l'Algérie française, appelle au renversement du nouveau président du conseil Pierre Pflimlin. Le général Jacques Massu, fort de sa popularité auprès des Français d'Algérie acquise dans la bataille d'Alger, accepte de se faire le porte-parole du nouveau pouvoir insurrectionnel qui vient de renverser le gouvernement général à Alger. Il va constituer un comité de salut public à Paris présidé par le général de Gaulle, resté depuis son départ en 1946 en réserve de la République. Le coup de force du 13 mai 1958 a été minutieusement préparé par les gaullistes et les partisans du maintien de l'Algérie dans la République française. L'historien Raoul Girardet, aux positions intransigeantes sur l'Algérie française, avait été mis en relation avec Michel Debré et préparait avec lui, à son domicile de la rue Spontini, la publication du *Courrier de la colère*, qui ne faisait pas mystère de sa volonté de faire chuter le régime des partis :

> J'assistais à la « mise en alerte » des associations d'anciens combattants de la Seconde Guerre mondiale, à la « revitalisation », comme l'on disait, des vieux réseaux de résistance, aux contacts mystérieux, aux allées et venues, aux comptes rendus de certains voyages à Alger [...]. En vérité, j'ai trouvé par la suite assez cocasse de voir tout ce petit monde se dresser avec hauteur en gardien vertueux du principe de légalité[1].

1. GIRARDET, 1990, p. 144.

COMMENT INTERPRÉTER LE 13 MAI 1958 ?

Ce coup de force renverse le gouvernement et achève une IVe République agonisante, faisant place nette à de Gaulle, qui revient comme le sauveur suprême. L'homme du 18 juin 1940 semble être une nouvelle fois en mesure de sauver la patrie, au seuil de la guerre civile. De Gaulle fait adopter une Constitution à sa main et peut enfin mettre en place des institutions solides, ce qu'il souhaite depuis la Libération. Si les équivoques du « Je vous ai compris » devant un parterre de Français d'Algérie en liesse ne lèvent pas encore l'hypothèque de la guerre, de Gaulle se dote d'une solide majorité parlementaire et dispose de tous les pouvoirs. Sous l'égide de Guy Mollet, une partie des socialistes se rallie, tandis qu'une grande manifestation s'oppose à lui le 28 mai à Paris. Appelée par le Comité d'action et de défense de la République et par le PCF, elle rassemble quelque deux cent mille personnes et regroupe à sa tête Pierre Mendès France, François Mitterrand, Édouard Daladier et le secrétaire général du PCF, Waldeck Rochet.

L'arrivée de l'homme providentiel à l'Élysée ne transforme pas seulement le paysage politique, mais fait bouger les lignes : « La comète Mendès France avait perturbé les relations des intellectuels et du pouvoir, écrira Alain Minc ; l'irruption de l'"Ovni" de Gaulle va le bouleverser[1]. » Les intellectuels de gauche, pour la plupart très engagés contre la guerre menée en Algérie, s'élèvent contre ce qu'ils considèrent comme une violation des règles de la démocratie et dénoncent les risques de bonapartisme et d'un pouvoir personnel susceptible de conduire à des pratiques dictatoriales. De Gaulle se heurte à une véritable levée de boucliers. La revue *Le 14 Juillet*, créée en réaction à son retour, ne comptera que trois numéros, publiés entre 1958 et 1959, mais son comité de rédaction réunit des plumes prestigieuses[2]. Dirigée par Dionys Mascolo,

---

1. MINC, 2010, p. 340.
2. Arthur Adamov, Robert Antelme, Norman Babel [Leszek Kolakowski], Roland Barthes, François-Régis Bastide, Jean Beaufret Jean-Louis Bédouin, Yvon Belaval,

compagnon de Marguerite Duras, et Jean Schuster, membre du groupe d'André Breton, elle appelle à la mobilisation contre le risque de fascisation. L'éditorial du premier numéro se situe dans la filiation de la mémoire de la Seconde Guerre mondiale, sous le titre « Résistance » :

> Dès aujourd'hui, sans aucun doute, nous pouvons poser que le régime de De Gaulle est, dans la France contemporaine, une étape nécessaire à l'instauration d'un fascisme [...]. C'est la résistance qui doit s'organiser, non plus cette fois contre l'Occupation par des éléments extérieurs, mais bien contre une oppression interne, préparée, elle, de longue date. Sournoise ou franche, prudente ou cynique, tolérante, mieux « rassurante », nous subissons dès maintenant cette oppression[1].

Sartre et *Les Temps modernes* ne se montrent pas moins acerbes à l'égard du Général, dans lequel ils voient un danger fasciste. L'éditorial du numéro de mai-juin 1958 proclame en titre « La République a perdu une bataille... » et présente de Gaulle comme l'homme qui a empêché tout compromis, jetant de l'huile sur les braises d'Alger pour parvenir au pouvoir à la faveur d'une insurrection fondamentalement antirépublicaine. Répondant à ceux qui éprouvent un véritable soulagement au retour de l'homme du 18 juin, il ajoute : « Républicain avec les républicains, il est factieux avec les factieux, et tout donne à penser que ce dernier rôle lui convient mieux. C'est pourquoi l'idée que de Gaulle serait capable de trouver une solution en Algérie est également une mystification[2]. » Dans sa livraison suivante, en juillet, la revue considère que la France se trouve à la croisée de

---

Robert Benayoun, Maurice Blanchot, Jean-Louis Bory, André Breton, Jean Cassou, Noël Delvaux, Louis-René des Forêts, Marguerite Duras, Jean Duvignaud, Étiemble, Bernard Frank, Pierre Garrigues, Pierre Gascar, Julien Gracq, Jean Grosjean, Daniel Guérin, Pierre Klossowski, Armand Lanoux, Jean-Jacques Lebel, Claude Lefort, Gérard Legrand, André Pieyre de Mandiargues, Dionys Mascolo, Jean-Jacques Mayoux, Edgar Morin, Maurice Nadeau, Brice Parain, Jean Paulhan, Marcel Péju, Benjamin Péret, Jean Pouillon, Jean-François Revel, Jean Reverzy, Georges Ribemont-Dessaignes, Jacques-Francis Rolland, Alfred Rosmer, Jean Schuster, Henri Thomas et Elio Vittorini.

1. « Résistance », *Le 14 Juillet*, 14 Juillet 1958.
2. « La République a perdu une bataille... », *Les Temps modernes*, n° 147-148, mai-juin 1958, p. 1915.

deux chemins possibles : « Entre la République et le fascisme »,
et revient sur ce « contentement de soi » succédant « au soupir
honteux »[1] dont bénéficie de Gaulle, en rappelant qu'il n'a pas
vraiment joué le rôle d'arbitre, contrairement à ce qu'il prétend.

On se souvient de la comparaison qu'avait avancée Sartre entre de
Gaulle et Hitler au moment du lancement du RPF, en 1947, qui lui
avait valu son départ de la maison Gallimard. En 1958, à la manière
de La Fontaine, il s'en prend aux Français : « Ces grenouilles qui
demandent un roi », et écrit : « Ne l'oubliez pas ; toute l'ambiguïté
vient de là ; de Gaulle n'est pas fasciste, c'est un monarque constitutionnel ; mais personne ne peut plus voter pour de Gaulle aujourd'hui :
votre Oui ne peut s'adresser qu'au fascisme[2]. » Fascisme, bonapartisme, monarchisme constitutionnel, autant de variantes largement
partagées par le plus grand nombre des intellectuels.

On retrouve cette stigmatisation chez les anciens chefs de la
Résistance, Daniel Cordier, Stéphane Hessel et Philippe Viannay,
qui, au lendemain du 13 mai 1958, créent le club Jean-Moulin. Là
encore, il s'agit de résister au fascisme. Dans un second temps, le
club devient un vivier de réflexion axé sur la nécessaire modernisation de l'économie et de la société françaises, qui émet des
propositions politiques et s'intègre dans les institutions de la
Ve République. La nouvelle revue animée par Edgar Morin, *Arguments*, qui regroupe ceux qui ont rompu définitivement avec le stalinisme en 1956, fabrique en un délai record de huit jours un numéro
spécial qui paraît en juin 1958. Consacré à « La crise française » et
exprimant « à la fois notre rejet absolu du gaullisme, et notre refus
de la comédie méprisable de la défense de la IVe République », il
comporte des articles de Jean Duvignaud, Alain Touraine, Morin
et Claude Lefort. Alors que Lefort s'attache aux soubassements de
la crise qui a emporté la IVe République, Duvignaud déclare que
« le danger qui nous menace est une tyrannie éclairée[3] », et Morin
démythifie le fait que c'est justement par cette légalité défendue
par certains « que peut s'introduire la dictature[4] ».

---

1. « Entre la République et le fascisme », *Les Temps modernes*, n° 149, juillet 1958,
p. 165.
2. SARTRE, 1958.
3. DUVIGNAUD, 1958, pp. 2-5.
4. MORIN, 1958, pp. 9-18.

Alors qu'à Socialisme ou barbarie, Lefort et Cornelius Castoriadis se déchirent sur la question de l'organisation, ce qui conduit à une scission du groupe, l'analyse du 13 mai et du retour du général de Gaulle est toute différente : la revue n'y trouve nul danger fasciste. Dans le dénouement de la crise de mai 1958, Castoriadis voit essentiellement l'expression d'une crise structurelle subie par le capitalisme français depuis 1945, aggravée par la guerre d'Algérie. Elle tiendrait à la juxtaposition de deux France, la France traditionnelle côtoyant celle de 1958, emportée dans une modernisation accélérée depuis la fin du second conflit mondial. L'économie française a dû se transformer à marche forcée, et la concentration des entreprises a suscité à la fois un fort exode rural et une crise des petits secteurs de l'industrie et de l'artisanat. Le phénomène n'a pas affecté la seule industrie, mais l'ensemble des activités agricoles, de service et de commerce. Menacés de disparition, les représentants de ces secteurs traditionnels ont réussi à bloquer le fonctionnement économique et politique de la République. Castoriadis souligne les atouts majeurs du général de Gaulle, capable de relever les deux grands défis posés à la France : « Il s'agissait de liquider la république parlementaire ingouvernable, de préparer une "solution" au problème algérien, et finalement, à plus long terme, de procéder à une certaine rationalisation des structures économiques, politiques, sociales et coloniales[1]. » Loin de considérer de Gaulle comme la réincarnation du fascisme, Castoriadis le voit plutôt comme une forme de « mendésisme autoritaire », ce qui est nettement plus comestible. Il affirme cependant que l'appui de l'armée à son endroit sera conditionné par la volonté affirmée du maintien de l'Algérie française : « Qu'une divergence *réelle* apparaisse, et Alger se comportera face à de Gaulle comme face à Pflimlin[2]. » Ce qui sera le cas en 1961 lorsqu'un quarteron de généraux tentera un putsch, menaçant Paris pour s'opposer à la perspective de l'autodétermination.

À la fin de 1958, Castoriadis fait le bilan de ce moment fertile en rebondissements politiques et pose la question de la nature du nouveau régime gaulliste :

1. CASTORIADIS (sous le pseudonyme de Pierre Chaulieu) [1958], 1979, p. 115.
2. *Ibid.*, p. 118.

Que représente ce régime ? Le pouvoir, plus direct et plus nu qu'auparavant, des couches les plus concentrées et les plus modernes de la finance et de l'industrie ; le gouvernement du pays par les représentants les plus qualifiés du grand capital, libérés pour l'essentiel du contrôle parlementaire. Quelle est son orientation ? La remise en ordre, dans l'optique et les intérêts du grand patronat, du fonctionnement du capitalisme français. Ne pouvant plus faire marcher sa machine politique au moyen de partis morcelés, déconsidérés, décomposés, le capitalisme français les met hors circuit, en rendant le gouvernement indépendant en fait du Parlement[1].

Pour l'heure, Castoriadis constate que le capitalisme français sort victorieux de l'épreuve, qu'il a réussi à devancer les événements dramatiques et qu'il est parvenu à ressouder les rangs autour d'une « République » oligarchique lui permettant de ne plus transiger par des compromis oiseux avec les forces d'opposition. Si le nouveau pouvoir peut revêtir pour certains un aspect dictatorial, ce n'est selon Castoriadis qu'une apparence :

C'est la population française, dans sa grande majorité, qui s'est retirée de la politique, tacitement depuis des années, explicitement depuis le 13 mai, bruyamment enfin le 28 septembre. L'approbation de la Constitution, l'octroi de tous les pouvoirs à de Gaulle signifiaient, précisément : nous ne voulons plus nous en occuper, vous avez carte blanche[2].

Dans l'opposition au retour du Général, porté par le *pronunciamiento* d'Alger, *Esprit* n'est pas en reste. À la différence des *Temps modernes*, ce n'est pas tant la personne de De Gaulle qui est récusée que sa position d'otage de ceux qui ont permis son retour. La revue paraît en pleine crise politique. Son éditorial, daté du 30 mai 1958, déplore une capitulation du gouvernement de la IVe République, légalement élu sans qu'il ait été fait appel au peuple pour le sauver des pressions de l'armée. *Esprit* se dit prêt à prendre le risque de la guerre civile comme celui d'une hégémonie

1. ID. [1958], 2012, p. 249.
2. *Ibid.*, p. 251.

communiste dans l'hypothèse d'un nouveau Front populaire, car il est impératif, pour défendre la démocratie, de s'appuyer sur les forces vives de la société française. Les partis refusant de prendre ce risque, la défaite devient inéluctable, faute de combat : « Nous avons assisté à une révolution par défaut, poursuit l'éditorial. C'est dans le vide du pouvoir que se sont engouffrés les agitateurs d'Alger, et l'armée les a suivis[1]. » La revue s'inquiète que l'on en revienne au culte du héros, même si un certain crédit est accordé à de Gaulle pour avoir jusque-là respecté la légalité républicaine. Ce qui est à redouter, ce sont les forces qu'il dissimule :

> Quoi qu'il arrive, nous restons en face de la dictature surgie à Alger, et qui va chercher à infiltrer dans la métropole ses méthodes et ses hommes. Quoi qu'il arrive, le pourrissement de la démocratie s'est accéléré, car le gaullisme d'aujourd'hui active les pires maladies des Français : goût de l'histoire-miracle, mépris des situations réelles, culte des intentions secrètes[2].

Jean-Marie Domenach prend position en septembre au nom de son équipe rédactionnelle, pour voter « non » au référendum constitutionnel, en raison de son caractère plébiscitaire. Même si l'on peut imputer à de Gaulle le désir d'instaurer une dictature, convient le directeur d'*Esprit*, il faut prendre acte que « les conjurés d'Alger et les activistes de l'armée n'ont cessé de renforcer leur pouvoir : l'Algérie, d'abord État contre l'État, est devenue État dans l'État. Et ce second État présente les caractéristiques évidentes du fascisme[3] ».

Les hebdomadaires de gauche, très engagés dans le combat pour la décolonisation, ne sont pas en reste pour dénoncer l'évolution des institutions vers un pouvoir personnel, et s'ériger en contre-pouvoir. *France Observateur*, sous la direction conjointe des deux représentants de la Nouvelle Gauche, Claude Bourdet et Gilles Martinet, publie, en réaction au coup de force d'Alger, un texte collectif signé par Jean Cassou, Jean-Marie Domenach, Jacques

---

1. « Une révolution par défaut », *Esprit*, juin 1958, p. 1001.
2. *Ibid.*, p. 1005.
3. DOMENACH, 1958, p. 296.

Kayser, André Philip et Jean-Paul Sartre, sous le titre « Tous unis contre le coup d'État ». Et lorsque de Gaulle se dit prêt à assumer les responsabilités du pouvoir, le 19 mai 1958, la réaction de l'hebdomadaire est tout aussi virulente : « Au bout du gaullisme, la dictature[1] », titre-t-il le 22 mai, puis, le 29, « Nous ne capitulerons jamais[2] ». Dans cet éditorial, Claude Bourdet se fait catégorique :

> Ceux qui croient que la justice existe, ceux qui font la France que l'on honore, ceux qui pleurent sur les crimes qui nous salissent, tous ceux-là ou presque sont fidèles à notre malheureuse et maladroite République qui fait le mal sans le vouloir. Et tous les colonels à tête creuse, tous les exploiteurs à poches pleines, tous les ratés de l'ancienne défaite remâchant leur fiel, tous ceux-là donnent l'assaut [...]. Si nous parvenons à nous sauver, ce sera parce que le peuple aura montré sa force, parce que ses représentants ne se seront pas soumis [...]. Peut-être est-ce là le dernier service que de Gaulle puisse nous rendre : nous nous serions retrouvés alors en le refusant. Qu'il retourne à ses champs et à ses Mémoires, qu'il nous laisse rétablir l'image ancienne et honorable du temps où il nous était fidèle[3].

Au fil de l'opposition de plus en plus frontale entre les ultras d'Alger et de Gaulle, qui se traduit par la semaine des barricades au début de 1960, la rédaction de *France Observateur* se fracture en deux groupes. L'un, composé de Jean Daniel, Gilles Martinet, François Furet, Serge Mallet, Hector de Galard, Pierre Stibbe et Paul-Marie de La Gorce, abandonne l'antigaullisme systématique et compte sur un infléchissement positif de l'orientation gaullienne ; l'autre, derrière Claude Bourdet, Roger Paret et Claude Estier, estime que le lien est trop étroit entre de Gaulle et les jusqu'au-boutistes pour qu'il puisse échapper à leur pression.

---

1. « Au bout du gaullisme, la dictature », *France Observateur*, 22 mai 1958.
2. Bourdet, 1958.
3. *Ibid.*

LE RALLIEMENT DE FRANÇOIS MAURIAC

Du côté de *L'Express*, le retour du général de Gaulle suscite des réactions contrastées. La direction de l'hebdomadaire campe sur des positions mendésistes de rejet du coup de force du 13 mai :

> Entre ces légions, ce qu'elles représentent et nous, aucun compromis n'est imaginable. Et le nom prestigieux, réconfortant du général de Gaulle ne modifie d'aucune manière la réalité qu'un dessein cruel le conduit maintenant à recouvrir. La lutte n'est qu'en apparence pour ou contre de Gaulle. Elle est en vérité pour ou contre l'ordre que les maîtres d'Alger et leurs alliés à Paris, devenus détenteurs d'une supériorité physique provisoire, veulent — avec de Gaulle et par lui — nous imposer[1].

Le directeur de *L'Express* ne fait pourtant pas l'unanimité au sein de sa rédaction. Le 22 mai, sous le titre « De Gaulle oui ou non ? », le lecteur peut prendre connaissance de deux points de vue négatifs, Sartre et Mendès France, et de deux points de vue positifs, Jean Amrouche et François Mauriac. Le ralliement de ce dernier à de Gaulle, après avoir suivi quelque temps Mendès France, est spectaculaire. Mauriac n'attend pas le dénouement de la crise politique pour rendre publique sa décision. Le 19 mai dans la soirée, il écrit pour *L'Express* ces lignes enthousiastes : « Ici même, plusieurs fois, j'ai crié vers le général de Gaulle. Maintenant qu'il est aux portes, vais-je me dresser contre lui[2] ? » Il explique qu'il est prêt à courir le risque d'une République autoritaire si de Gaulle fait la démonstration que l'on peut faire autrement que Massu, c'est-à-dire ne pas pratiquer la torture. Un certain nombre d'animateurs de France-Maghreb, tels Edmond Michelet, Léo Hamon, Roger Paret et Robert Barrat, suivent Mauriac.

Ce retournement de nature passionnelle relève du principe jésuite *perinde ac cadaver*. En 1965, avant l'épreuve de la première élection présidentielle au suffrage universel direct, Mauriac restera un

---

1. SERVAN-SCHREIBER, 1958.
2. François Mauriac, cité dans LACOUTURE [1980], 1990, p. 387.

fervent partisan du Général : « De Gaulle a besoin de moi. Une voix, cela compte dans la conjuration de la haine[1] », écrira-t-il le 17 juin 1965. À ceux qui essaient de tempérer les élans de l'écrivain, ce dernier rétorque avec fermeté que de Gaulle est entouré d'un tel mur de rejet que lui, Mauriac, sera toujours là pour le soutenir : « Acte de foi, "témoignage" que Mauriac a voulu inconditionnel et auquel les ennemis qu'il a en commun avec de Gaulle voudront conférer une sorte de dimension tragique[2]. » Lorsque Mauriac atteint ses quatre-vingts ans, le 11 octobre 1965, il bénéficie d'une consécration nationale quasi officielle. Invité du journal télévisé de 20 heures, il s'entretient avec Michel Droit et fait l'objet d'une manifestation spectaculaire en son honneur au Grand Théâtre de Bordeaux, organisée par Jacques Chaban-Delmas, en présence de Maurice Genevoix et Marcel Achard. Le point d'orgue de cet anniversaire est le grand dîner donné au Ritz par les Éditions Grasset, qui ont invité quelque deux cents personnes, parmi lesquelles le premier ministre Georges Pompidou, Christian Fouchet, Julien Green, François Nourissier et Alain Robbe-Grillet. Contre toute attente, alors que de Gaulle pensait l'emporter dès le premier tour sans avoir besoin de faire campagne, il est mis en difficulté lors de l'élection présidentielle de la fin de l'année 1965. Inquiet dès le premier tour, Mauriac considère Jean Lecanuet comme l'adversaire le plus dangereux et lui réserve tous ses coups. S'il se montre moins sévère à l'égard de François Mitterrand qu'il connaît bien et estime, Mauriac n'en est pas moins engagé jusqu'au bout pour de Gaulle et préside le grand meeting de l'entre-deux-tours du Palais des sports, le 15 décembre 1965.

Mauriac est entré en gaullisme en 1958 comme d'autres entrent en religion, avec un transport quasi mystique, un irrésistible élan que rien ne peut venir faire fléchir : « Le héraut a retrouvé son héros[3]. » On peut mesurer la force de sa foi en la personne du Général par cette affirmation : « Charles de Gaulle n'est pas l'homme du destin, il est l'homme de la grâce[4]. » Certes, ici ou là, Mauriac semble

1. *Ibid.*, p. 388.
2. *Ibid.*, p. 389.
3. Le Gendre, 2015, p. 98.
4. Mauriac, François, 1960 (b).

partagé sur le soutien à apporter à l'UNR (Union pour la nouvelle République), ne se reconnaissant pas vraiment dans ce parti. Lors du référendum sur l'autodétermination en Algérie, la gauche est divisée entre le PCF et le PSU, pour le « non », et la SFIO, pour le « oui ». Mauriac appelle à voter « oui ». De Gaulle recueille 75 % des voix en métropole et 69 % sur le territoire algérien. Le cap est cette fois fixé, et Mauriac ne ménage pas ses efforts pour soutenir inconditionnellement la politique algérienne du Général :

> J'ai acquis une certitude : la gangrène est une infection qui ne se traite pas à part ; il faut remonter à la cause. Un temps de terrorisme et de contre-terrorisme est un temps de torture : rien ne prévaut contre cette loi. Le général de Gaulle s'efforce de détruire la cause. Lui seul en a le pouvoir[1].

À ceux qui accusent de Gaulle de jouer des ambiguïtés et de se comporter en Machiavel, Mauriac répond dans les colonnes de *L'Express* :

> Machiavel, dites-vous ? Mais non, un héros de ceux que vous admirez dans l'histoire et que vous ne savez pas reconnaître dans la vie. Le courage physique est commun parmi les hommes. Le héros est celui qui assume leur haine pour les sauver malgré eux, qui joue sa propre gloire acquise au long d'une admirable vie[2].

Le désaccord est néanmoins grandissant entre les déclarations de fidélité gaullienne et le reste de l'équipe du journal. Aux éditoriaux très antigaullistes de Jean-Jacques Servan-Schreiber fait contrepoint le « Bloc-notes » très gaullien de Mauriac, qui songe depuis un moment à quitter la rédaction, mais reste attaché à la tribune que lui offre *L'Express*. Cependant, lorsque Servan-Schreiber qualifie de « marchand de tapis[3] » le chef de l'État pour avoir déclaré que la décolonisation est notre politique, car elle correspond à notre intérêt, Mauriac lui envoie une lettre de rupture : « Il n'y aura plus

---

1. ID., 1959.
2. ID., 1961.
3. SERVAN-SCHREIBER, 1961 (a).

de prochain "Bloc-notes", et il n'y en aura plus jamais à *L'Express*. Je ne mets pas en doute que vous vous y attendiez et que vous saviez, en publiant votre dernier éditorial, que vous décidiez mon départ[1]. » Mauriac quitte donc l'hebdomadaire peu avant le putsch des généraux. Servan-Schreiber commente ainsi le départ de celui qui était devenu l'icône majeure de son journal : « François Mauriac aime de Gaulle comme les Anglais aiment leur reine Élisabeth ; comme un roi. Mais pour nous, de Gaulle est un homme politique et l'amour n'est pas le problème[2]. » Mauriac revient d'où il était parti et transporte de nouveau son « Bloc-notes » au *Figaro*. En dépit de son adhésion à de Gaulle, il reste soucieux de respecter l'emploi du temps chronophage du nouveau président de la République, et ne le sollicite pas. Il lui envoie ses ouvrages, de Gaulle lui répond, et une correspondance s'établit entre eux. Le président considère Mauriac comme le plus grand écrivain français, plus grand encore que son ministre-écrivain, André Malraux. Recevant les écrits de Mauriac, il ne cache pas non plus son admiration :

> Quant à moi, sous votre lumière, je me connais comme un caillou battu par les flots et je sais qu'en fin de compte tous les cailloux succombent à la mer. Mais n'est-ce pas ce que Dieu a voulu ? Je vous remercie, mon cher Maître, de m'avoir, une fois de plus, enchanté de votre immense talent[3].

Les deux hommes se retrouvent lors de la remise de la distinction la plus haute qu'un citoyen français puisse obtenir, la grand-croix de la Légion d'honneur, en mars 1960 : « Le Général, ayant prononcé la formule sacramentelle, ajouta *mezza voce* : "C'est un honneur que la France se fait à elle-même"[4]. » Mauriac n'aura jamais été un homme de cour. Il cultive à distance sa relation privilégiée avec le Général, tout en nourrissant quelque rancœur vis-à-vis de

---

1. François Mauriac, lettre à Jean-Jacques Servan-Schreiber, citée dans Le Gendre, 2015, p. 118.
2. Servan-Schreiber, 1961 (b).
3. Charles de Gaulle, lettre à François Mauriac, citée dans Lacouture [1980], 1990, p. 398.
4. Claude Mauriac, cité dans *ibid.*, p. 396.

celui qui le côtoie au quotidien à l'Élysée, Malraux, dont il feint de célébrer le génie :

> André Malraux, même s'il n'était jamais sorti de sa chambre [...], aurait eu sa merveilleuse et tragique vie. Qu'il ait été en plus ce ministre qui a débarbouillé Paris, il n'y aurait certes pas de quoi se récrier, si ce n'était le signe que de Gaulle et lui se sont rencontrés un certain jour, à une certaine heure, et que leurs sublimes se sont amalgamés[1].

Cette adhésion quasi mystique de Mauriac à de Gaulle séduit l'éditrice Françoise Verny, qui passe commande à l'écrivain d'un ouvrage sur son héros, persuadée qu'il sera animé par la passion. Au lieu de quoi, elle publie en 1964 un manuscrit quelque peu figé, admiratif et respectueux, plate litanie d'éloges qui ne répond pas à son attente. L'accueil public est à la hauteur de la déconvenue de l'éditrice. Mauriac y est objet de sarcasmes condescendants, tels ceux de Bernard Frank dans *Le Nouvel Observateur* : « Le livre n'est pas nul [...]. Il est ennuyeux. Ennuyeux et délirant, ce qui pourrait paraître contradictoire, mais il s'agit, hélas ! d'un délire gris, uniforme [...]. Le garde-à-vous n'est pas la position la plus commode pour écrire[2]. » À *L'Express*, l'équipe rédactionnelle animée par Servan-Schreiber poursuit sa route sans Mauriac en essayant de représenter une alternative crédible au gaullisme. D'abord très inspiré par Mendès France, Servan-Schreiber en appelle avec énergie à sauver la République de la forfaiture en regroupant toutes les forces de gauche. Le journal reprend à son compte les thèses exprimées par Mendès France dans sa publication de 1962[3]. Il en publie les bonnes feuilles et fait sienne la devise mendésiste sous forme d'une trilogie : une législature, un gouvernement, un plan. Jean-Jacques Servan-Schreiber entend cependant rester à distance de la gauche traditionnelle des partis constitués : « L'UNR a écrasé la gauche antique et c'est bien ainsi. C'est une leçon de réalisme », écrit-il dans un éditorial en

---

1. MAURIAC, François, 1967.
2. FRANK, Bernard, 1964.
3. MENDÈS FRANCE, 1962.

novembre 1962[1]. Puis, *L'Express* se préparera aux premières élections présidentielles au suffrage universel direct prévues en 1965 en lançant quelque peu prématurément la candidature du Monsieur X, le portrait idéal de la candidature qui puisse se confronter avec le Général, qui n'est autre que le maire de Marseille, Gaston Defferre. Toute l'équipe du journal se portera à ses côtés, mais le secret éventé, elle s'avérera de souffle court et le candidat pressenti devra se retirer sans combattre.

LA CONQUÊTE D'UN CONSENSUS

Le retour du Général emporte l'adhésion d'un autre intellectuel transfuge, Roger Stéphane, qui travaille à *France Observateur*. Début 1958, avant le coup de force d'Alger, il avait sollicité une entrevue avec de Gaulle pour l'inciter à prendre une position publique claire sur la question algérienne. Il est alors reçu aimablement, mais de Gaulle lui signifie qu'il est vain de prendre position :

> Qu'est-ce qui se passera si je parle ? *Le Figaro* pissera du vinaigre, *L'Aurore* déformera mes propos que *Combat* tronquera. Il y a des gens qui attendent mon intervention dans la mesure où ils croient que je pense comme eux. Mais après que j'aurai parlé, ceux qui n'ont à la bouche que l'Algérie française m'insulteront. Les communistes diront que de Gaulle veut revenir au pouvoir, les vichystes que rien ne les étonne de ma part, et la gauche, la gauche […], laissez-moi rire[2].

De Gaulle lui apparaît désabusé, bien seul, alors que cette conversation ne se situe qu'à quelques mois de son retour aux affaires, que Stéphane souhaite en secret, tant la France est au bord du gouffre. Après le 13 mai, alors que la gauche à laquelle appartient Stéphane dénonce avec virulence une République née du sceau de l'infamie, au point que François Mitterrand publiera

1. Jean-Jacques Servan-Schreiber, cité dans JAMET, 1981, p. 78.
2. Charles de Gaulle, cité dans STÉPHANE, 1989, p. 444.

quelques années plus tard son fameux *Coup d'État permanent*[1], Stéphane fait une tout autre analyse et se réjouit : « Je considérai que le général de Gaulle avait en réalité préservé la France d'un *pronunciamiento*. La notion de péché originel m'était étrangère, et encore plus ses conséquences[2]. » Stéphane paie le prix fort de ce ralliement et constate amèrement que la plupart de ses amis se détournent de lui, le considérant comme compromis : « J'avais la peste. Je ne me souviens que de ceux qui me furent fidèles et dont je parle dans ce livre : Georges Boris, Hector de Galard, Gilles Martinet[3]. »

Hubert Beuve-Méry occupe à la tête du journal *Le Monde* un magistère intellectuel central, et ses positions sont décryptées à la loupe dans toutes les chancelleries comme l'expression de la France, au-delà de ses divisions. Beuve-Méry, soucieux de son indépendance, a déjà signifié à de Gaulle lors de la création de son journal qu'il n'entendait céder en rien sur sa liberté de journaliste et n'assumer aucune fonction officielle de porte-parole. Le retour du Général ne lui plaît pas particulièrement, mais sa position reste nuancée, car il est convaincu dès l'aggravation de la crise, au début de mai 1958, que seul de Gaulle peut régler le dossier algérien et éviter une dictature militaire, tout en préservant l'essentiel. Au cœur de la crise, Beuve-Méry écrit, le 29 mai : « Dans l'immédiat, quelque réserve que l'on puisse faire pour le présent, et plus encore pour l'avenir, le général de Gaulle apparaît comme le moindre mal, la moins mauvaise chance » ; puis, le 31 mai : « Ce que l'on attend aujourd'hui du général de Gaulle, c'est une manière de quadrature du cercle. N'eût-il qu'une chance sur cent mille d'y parvenir, convient-il de la repousser ? » ; et, encore, le 3 juin 1958 : « Le général de Gaulle a fait siens, solennellement, les principes constitutifs de toute démocratie parlementaire. Dans le cadre des délais et des limites qu'il a acceptés, il a droit au concours loyal de ses concitoyens »[4]. Cette prise de position gaullienne étonne jusqu'au fils de François Mauriac, Claude, secrétaire du général de Gaulle,

1. MITTERRAND, 1964.
2. STÉPHANE, 1989, p. 454.
3. *Ibid.*
4. Hubert Beuve-Méry, cité dans GREILSAMER, 2010, pp. 557-558.

qui note dans son Journal personnel : « Tout le monde — et *Le Monde* lui-même — paraît gai-z-et-content. Consentement, bien plus, acquiescement quasi général au Général[1]. »

Claude Bourdet réagit par l'envoi d'une lettre à « Sirius », *alias* Beuve-Méry, pour lui exprimer son désaccord radical, et Simone de Beauvoir, qui estime que Beuve-Méry a entièrement capitulé, déplore amèrement dans son journal le nombre croissant de conversions au gaullisme :

> Même autour de nous, des gens lâchent. Z. l'autre jour : « De Gaulle, c'est tout de même mieux que Massu. » Et X. aujourd'hui m'explique que, si les socialistes ne votaient pas pour de Gaulle, ça serait la guerre civile [...]. Conférence de presse à Lutetia sur la torture. Mauriac se déclare gaulliste et on ne l'applaudit que faiblement. Grande affluence. Peu de journalistes, en fait, mais cinq cents intellectuels[2].

Si le directeur du *Monde* entend tenir le cap, il doit composer avec une rédaction qui est loin de partager son ralliement à de Gaulle et qui connaît un réel désarroi. Beuve-Méry réunit, à titre exceptionnel, la rédaction dans son bureau à la mi-mai et lui donne lecture de son éditorial du lendemain, au terme duquel il en appelle au général de Gaulle, provoquant un véritable choc parmi les journalistes présents. Nombre de journalistes du service politique, à commencer par Raymond Barillon, Georges Mamy, Alain Guichard et Claude Estier, font savoir au patron du journal leur désapprobation et demandent à publier un texte dans les colonnes du journal précisant « qu'ils ne sauraient être engagés par des positions prises en dehors d'eux en des heures particulièrement graves pour un régime auquel ils demeurent attachés[3] ». Le 2 juin, Claude Estier démissionne. Beuve-Méry n'en est qu'au début des remous que provoque l'engagement du journal aux côtés du général de Gaulle. Se pose en effet peu après la question de la position à adopter face au référendum constitutionnel du 28 septembre instituant la Vᵉ République. Pour la première fois de son histoire, le

1. Claude Mauriac, Journal, cité dans *ibid.*, p. 558.
2. BEAUVOIR, 1963, pp. 419-420.
3. Texte cité dans GREILSAMER, 2010, p. 559.

directeur du *Monde* est saisi d'une pétition interne : une quinzaine de ses rédacteurs lui font savoir qu'ils voteront « non »[1]. Beuve-Méry, qui votera « oui », comme 79,25 % des électeurs, explique ce vote dans son éditorial :

> Je dis « oui » parce que le général de Gaulle — on l'oublie par-fois un peu trop — n'est pas le principal responsable des conditions dans lesquelles il a accédé au pouvoir [...]. Parce qu'un grand pays ne peut demeurer longtemps sans pouvoir organisé [...]. Parce que le général de Gaulle a pris en Afrique noire des décisions et des risques dont certaines modalités paraissent contestables, mais dont on n'imagine pas quel autre aurait osé les prendre à sa place [...]. Parce que nul autre que lui n'est mieux placé, s'il le veut, pour faire comprendre à l'armée que ce n'est pas dans une lutte sans merci et sans fin qu'elle peut obtenir sa véritable victoire [...]. Enfin, parce que le général de Gaulle, s'il a une idée souvent excessive de sa mission et de ses possibilités, n'est pas du bois dont on fait les dictateurs. Le souci même de sa renommée dans l'histoire suffirait, s'il en était besoin, à le mettre en garde contre un vertige dont il a déjà, dans cette langue qui n'appartient qu'à lui, exposé les fatales conséquences[2].

Partisan lui aussi de l'indépendance algérienne, Raymond Aron se rallie au retour du général de Gaulle, qu'il considère comme le seul à pouvoir éviter la guerre civile et venir à bout d'une situation inextricable que la IVe République n'a pu résoudre : « Plus qu'au-cun autre, le général de Gaulle a les moyens de rétablir la paix, parce qu'il est capable de faire la guerre et qu'il a une réputation de générosité[3]. » En juin 1958, Aron se trouve à Harvard. Il y pro-nonce, un mois après le coup de force du 13 mai, un discours dans lequel il exprime son adhésion au retour du général de Gaulle seul à même de maîtriser une situation de guerre devenue inextricable :

---

1. Il s'agit de Raymond Barillon, Alain Guichard, Georges Mamy, Bernard Féron, Jean Lacouture, Claude Julien, Roland Delcour, Claude Sarraute, Alain Jacob, Gilbert Mathieu, Pierre Drouin, Claude Durieux, Jean Schwoebel, Jean Houdart et Jacques Michel.
2. Beuve-Méry, 1958.
3. Aron, Raymond, 1958, p. 130.

Le général de Gaulle devint, le 15 mai 1958, le seul homme capable de rassembler pacifiquement les trois fragments de la nation française divisée : les Français d'Algérie, l'armée, les républicains de France, c'est-à-dire la grande masse de la nation. La plupart des Français attendent du général de Gaulle qu'il régénère la démocratie[1].

Pour Aron comme pour Mauriac, il n'y aura aucune entorse à un soutien inconditionnel, qu'il confirmera en mai 1968. Loin de l'adhésion mystique de Mauriac, celle d'Aron relève plus de la rationalité, ce qui lui permet de continuer d'exercer son regard critique en chaque occasion. Lors de la crise des barricades, en mars 1960, il exprime ainsi son admiration — « Un seul homme, un homme seul » — et confie dans le même temps sa perplexité. Est-il sain de substituer à la légitimité démocratique celle d'un homme élu par l'histoire ? Sur le dossier algérien, il manifeste à plusieurs reprises son impatience devant une gestion jugée trop lente et aux atermoiements qui auraient pu être évités. Aron, fatigué de la valse-hésitation entre libéraux et partisans de l'Algérie française, écrit en 1961 un éditorial qui, en réaction à la tuerie de Bizerte, dit clairement son exaspération à propos de l'ajournement des négociations d'Évian. Il ne voit pas la fin programmée du conflit :

> Le Général a parlé de dégagement et non plus seulement de décolonisation, suggérant que l'abandon total — regroupement, puis rapatriement des Français d'Algérie et des musulmans qui veulent demeurer français — serait, en dehors d'un accord avec le GPRA [Gouvernement provisoire de la République algérienne], la solution inévitable. Que cet accord intervienne ou non, il est clair que rien ou presque ne sera sauvé de ce qui aurait pu être sauvé, il y a deux ou trois ans[2].

Plus tard, Aron regrettera cette radicalité critique, car s'il a été heurté, comme il le confie dans ses Mémoires, par la manière dont de Gaulle est revenu au pouvoir, il lui faisait en même temps confiance : « Je lui accordai, en juillet 1958, quelques semaines

---

1. Id. [1958], 1985, pp. 441-442.
2. Id. [1961], 2010, p. 10.

après la révolution de mai, des chances qu'aucun autre n'aurait possédées[1]. » Dans ses Mémoires, Aron reconnaît que le titre « Adieu au gaullisme » était d'une violence verbale déplacée. Le ton de l'article était particulièrement polémique :

> On ne décolonise pas dans le style de Louis XIV [...]. Bidault aurait fait jusqu'au bout la guerre pour sauver l'empire français. Le général de Gaulle fait la guerre pour sauver le style de l'abandon [...]. Le général de Gaulle n'a consenti à s'asseoir à la table des négociations qu'après s'être minutieusement dépouillé de toutes ses cartes, rien dans les mains, rien dans les poches[2].

Du côté des intellectuels de droite, nombreux sont ceux qui ne pardonnent pas à de Gaulle de les avoir trahis en abandonnant l'Algérie après avoir été ramené au pouvoir par le général Massu et avoir proclamé : « Je vous ai compris ! » La maison d'édition La Table ronde, un des foyers d'opposition à de Gaulle, publie nombre de brûlots des fervents de l'Algérie française et de l'OAS. Son directeur Roland Laudenbach est un adversaire déclaré du général de Gaulle et conçoit son programme éditorial en fonction d'un combat politique acharné. En 1965, il lance avec Gabriel Jeantet la collection « L'histoire contemporaine revue et corrigée », qui entend démystifier la grandeur gaullienne, mêlant la double amertume des anciens vichyssois et des partisans de l'Algérie française. La première salve émane pourtant d'un ancien de la France libre, Robert Mengin, avec son ouvrage *De Gaulle à Londres*, dans lequel il s'en prend violemment au chef de la France libre. Dans la même veine, viendra le livre de Jacques Laurent, *Année 40*, puis en 1967, celui de Michel Déon, *Mégalonose*, autre violent pamphlet contre le Général. Le ressentiment à l'égard de De Gaulle est à ce point acerbe qu'il conduit à un procès lors de la sortie d'un autre ouvrage de Laurent, *Mauriac sous de Gaulle*, réponse cinglante au livre traité par Françoise Verny d'« hagiographie sulpicienne ». Le *De Gaulle* de Mauriac a déjà, comme on l'a vu, essuyé les foudres de Bernard Frank dans *Le Nouvel Observateur*, stigmatisant ce « Maurrassien new-look » et considérant qu'il y a

---

1. Id., 2010, p. 496.
2. Id. [1961], 2010, p. 502.

« toujours un côté femme couchée qui gît chez l'écrivain ». Pour Jacques Laurent,

> le péril que le pouvoir et le prestige de De Gaulle présentaient pour l'intelligence française, le livre de Mauriac l'illustrait trop cruellement [...]. Il me parut urgent de répondre par un livre au livre de Mauriac et cela pour deux raisons [...] d'abord, à cause de l'influence que Mauriac exerçait à juste titre sur de jeunes écrivains qui pouvaient être tentés de suivre un exemple qui, sur le plan littéraire, était désastreux, ensuite parce que je craignais que plus tard les historiens de la littérature puissent accepter cette vie de De Gaulle comme un ouvrage représentatif du déclin des lettres françaises en 1964[1].

Cette publication vaut à Laurent d'être inculpé et de comparaître devant la 17e chambre correctionnelle de Paris les 8 et 9 octobre 1965. Une pétition s'élève contre cette inculpation pour offense au chef de l'État, que les signataires considèrent comme une atteinte à la liberté d'expression :

> Les écrivains soussignés [...] considèrent cette inculpation, qui fait suite à plusieurs autres pour le même motif dont ont été victimes d'autres écrivains, comme une tentative de limiter abusivement l'expression de ceux à qui est traditionnellement reconnue la vocation de réflexion et de critique[2].

La liste des signatures fait apparaître un curieux mélange d'engagements opposés, notamment sur la guerre d'Algérie, qui se rejoignent pour la défense de la liberté d'expression.

Si la conjonction des oppositions fait apparaître un de Gaulle assez isolé, il n'en va pas de même dans l'opinion publique ni dans l'électorat. Le Général recueille des scores inégalés aux législatives ainsi qu'au référendum qu'il soumet au pays. Le contraste est

---

1. LAURENT, 1976, pp. 303-304.
2. Pétition signée par vingt-deux écrivains : Jean Anouilh, Alexandre Astruc, Marcel Aymé, Emmanuel Berl, Antoine Blondin, Jean-Louis Bory, François Brigneau, Jacques Chardonne, Michel Déon, Bernard Frank, Jean Galtier-Boissière, Kléber Haedens, René Hardy, Henri Jeanson, Jean Lartéguy, Brice Parain, Jean-François Revel, Jules Roy, Michel de Saint-Pierre, Paul Sérant, Henri Thomas et Françoise Sagan.

frappant entre cette adhésion populaire massive et la défiance des milieux intellectuels. André Malraux, qui attendait avec impatience ce moment du retour après avoir échoué à ramener son icône au pouvoir au moyen du défunt RPF, fait exception. Il est pourtant surpris par les événements de mai 1958 qu'il apprend alors qu'il se trouve à Venise pour parler d'art. En ce printemps, une rumeur court à Paris. De Gaulle aurait dit de Malraux : « Il m'a reproché d'avoir été jusqu'au bord du Rubicon pour pêcher à la ligne et maintenant que je le saute, il pêche dans la lagune[1]. » Fin mai, enfin averti de la gravité de la situation, Malraux revient en catastrophe à Paris et retrouve de Gaulle à l'hôtel La Pérouse. L'aventurier est propulsé au sommet du pouvoir, à la droite du seigneur. Il lui restera indéfectiblement fidèle. Alors que de Gaulle devient président du Conseil, le 1er juin, Malraux est nommé ministre délégué à la présidence de la République, reprenant le poste qui était le sien en 1945, pour prendre en charge l'information, avec la responsabilité supplémentaire « de l'expansion et du rayonnement de la culture française ».

Malraux conçoit son rôle comme lorsqu'il était chargé de la communication à la tête du RPF. Pour lui, l'information est un moyen de propagande et doit servir à la diffusion des thèses du Général. Cela passe par une épuration interne : tous ceux qui, en mai-juin 1958, se sont montrés réticents au retour du Général, sont écartés. Les nouveaux médias, radio et télévision, considérés comme relevant du service public, sont très strictement contrôlés et doivent se mettre au service de l'État. Malraux se veut la « voix de la France », un magistère aux allures de vérité officielle, sans grand rapport avec la vérité des faits. Dès sa conférence de presse inaugurale du 24 juin 1958, il déclare, en réponse à une question sur la torture : « Aucun acte de torture ne s'est produit à ma connaissance, ni à la vôtre, depuis la venue à Alger du général de Gaulle. Il ne doit plus s'en produire désormais[2]. » Devant le scepticisme ambiant, Malraux décide, au nom du gouvernement, de réunir Roger Martin du Gard, François Mauriac et Albert Camus,

---

1. Propos attribués au général de Gaulle, cités dans BEAUVOIR, 1963, p. 415.
2. André Malraux, conférence de presse, 24 juin 1958, cité dans LACOUTURE [1976], 1996, p. 371.

trois écrivains auxquels l'attribution du prix Nobel a donné une autorité incontestée et qui ont déjà étudié le dossier, pour constituer une commission d'enquête. Ce beau projet ne verra pas le jour, car tous trois se récuseront pour diverses raisons.

À partir de 1959, Malraux devient pour dix ans ministre de la Culture, annexant à son ministère les directions de l'Architecture, des Arts et des Lettres et des Archives de France, qui dépendaient précédemment du ministère de l'Éducation nationale. Trop à l'étroit encore, il s'arroge le CNC (Centre national de la cinématographie), qui relevait du ministère de l'Industrie. Partisan d'une politique volontariste et interventionniste de l'État, il mettra en œuvre à la fin de son mandat un programme de création de maisons de la culture à travers tout le pays, dont l'argumentaire lui vaudra ce morceau d'éloquence :

> L'université est ici pour enseigner. Nous sommes ici pour enseigner à aimer. Il n'est pas vrai que qui que ce soit au monde ait jamais compris la musique parce qu'on lui a expliqué la *Neuvième symphonie*. Que qui que ce soit au monde ait jamais aimé la poésie parce qu'on lui a expliqué Victor Hugo. Aimer la poésie, c'est qu'un garçon, fût-il quasi illettré, mais qui aime une femme, entende un jour, « lorsque nous dormirons tous deux dans l'attitude que donne aux morts pensifs la forme du tombeau » et qu'alors il sache ce que c'est qu'un poète[1].

Chaque semaine, Malraux siège au Conseil des ministres à la droite du président. « [L]'écrivain gribouille, sourit, se lasse, ferme les yeux, écrit son biographe Olivier Todd. Il intervient lorsqu'il doit soulever une question culturelle ou donner un compte rendu de voyage[2]. » Lorsque le président procède à un tour de table sur les grandes questions nationales, il s'exprime en dernier, et jamais on ne l'entendra intervenir contre l'avis du Général. Si sa contribution personnelle à l'animation du Conseil des ministres reste modeste, il émane de lui une puissance symbolique à laquelle tient le chef de l'État, qui décrit ainsi son ministre dans ses *Mémoires d'espoir* :

---

1. Id., « Discours d'inauguration de la maison de la culture d'Amiens », 19 mars 1966, cité dans Todd [2001], 2002, pp. 621-622.
2. *Ibid.*, p. 633.

À ma droite, j'ai et j'aurai toujours André Malraux. La présence à mes côtés de cet ami génial, fervent des hautes destinées, me donne l'impression que, par là, je suis couvert du terre à terre. L'idée que se fait de moi cet incomparable témoin contribue à m'affermir. Je sais que dans le débat, quand le sujet est grave, son fulgurant jugement m'aidera à dissiper les ombres[1].

Un moment de trouble est néanmoins perceptible le jour où le Général annonce qu'il va attribuer à François Mauriac la grand-croix de la Légion d'honneur. Pour répondre par avance aux objections prévisibles de Guy Mollet, cible privilégiée du « Bloc-notes », il ajoute : « N'oublions pas que François Mauriac est le plus grand écrivain français vivant. » Michel Debré raconte que son regard se pose alors sur Malraux, et qu'après un petit instant d'hésitation, il ajoute : « Les personnes présentes étant toujours exceptées »[2].

1. GAULLE (DE), *Mémoires d'espoir*, I. *Le renouveau, 1958-1962*, Plon, 1970, p. 285.
2. DEBRÉ, Michel [2000], 2015, p. 116.

PARTIE II

LE MOMENT CRITIQUE, ÂGE D'OR DES SCIENCES HUMAINES

Au milieu des années 1950, les intellectuels croient trouver de nouveaux alizés du côté des tropiques, chez les primitifs, Nambikwara et autres Bororo, popularisés par Claude Lévi-Strauss. Plus qu'un détour exotique et davantage qu'un supplément d'âme, c'est l'image d'une humanité non pervertie que les peuples amérindiens renvoient à l'Occident. Les combats émancipateurs des peuples de couleur contre le colonialisme occidental accompagnent cette inflexion de la réflexion intellectuelle, qui salue dans le tiers-monde naissant le creuset de la libération de l'humanité entière. L'effondrement des empires coloniaux met en crise la vision du monde européocentrée et la conception d'une évolution historique linéaire, qui ne serait que le déploiement et l'extension du modèle de la société de consommation occidentale. Ce « moment ethnologique », où le regard sur l'autre et l'éloge de la différence sont privilégiés, fait éclore une pensée du soupçon à l'égard du savoir commun et des idéologies dominantes. Les intellectuels français adoptent dès lors une posture de surplomb pour dénoncer les fausses croyances et « démythologiser » jusqu'aux objets usuels de la vie quotidienne.

Ce contexte hypercritique, qui voit les avant-gardes se multiplier, inaugure un âge d'or des sciences humaines. Celles-ci profitent de l'espoir que fait naître Lévi-Strauss en découvrant un invariant dans les pratiques humaines : celui de la prohibition de l'inceste, qui est aux lois sociales ce que la gravitation universelle est aux lois physiques. Sous l'étendard du structuralisme, les sciences humaines se voient rassemblées dans un programme commun, avec la linguistique pour science pilote. Celle-ci porte en attelage les deux sciences phares que constituent l'anthropologie et la psychanalyse, dont l'objet est de dévoiler l'inconscient des pratiques sociales. L'heure est à l'optimisme dans les capacités de la recherche en sciences humaines à constituer un savoir unitaire sur l'homme qui reprenne, sous d'autres formes, le rêve durkheimien d'une science sociale qui rendrait intelligibles tous les comportements humains.

Cet horizon mobilise d'autant plus les énergies intellectuelles qu'il est porté par la conviction que, par leur vertu critique, ces nouveaux champs du savoir vont contribuer à l'émancipation sociale. La connexion de la recherche avec la société atteint dès lors son acmé, et les œuvres des intellectuels se substituent à une production littéraire qui connaît une crise de langueur, que Pierre Nora a appelée le « deuil éclatant de la littérature[1] ». Ce moment est aussi celui de la contestation grandissante des valeurs de la génération des pères par une jeunesse, devenue massivement scolarisée, qui s'empare de la parole et porte son regard du côté des révolutions en cours dans le tiers-monde pour alimenter ses désirs de changement.

---

1. NORA, 1984, p. XLII.

10

Les intellectuels au cœur des fractures coloniales

Si la France sort meurtrie de la Seconde Guerre mondiale, elle se console avec ce qu'il lui reste de sa splendeur d'antan : un empire colonial inviolé et d'immenses territoires indochinois, africains et maghrébins. Cette France s'accroche d'autant plus fortement au mythe de ses cent millions d'habitants que le traumatisme de la débâcle de 1940 hante encore toutes les têtes. Le drapeau tricolore, quelque peu terni de 1940 à 1944, flotte à nouveau sur Alger, Dakar, Saigon et Pondichéry. La France libre unie derrière le général de Gaulle a permis à la France de prendre place dans le concert des vainqueurs du nazisme. Mais pour parler et négocier à égalité avec les deux Grands, elle a besoin de l'assise que lui confère son immense empire territorial. Cela ne va pas sans trahir l'engagement contre le nazisme de populations colonisées qui se sont battues au nom des valeurs universelles de l'émancipation et de la liberté. Cela explique tout à la fois le consensus politique pour le maintien de l'empire français, l'intransigeance envers les aspirations à l'autodétermination qui commencent à se manifester et l'indifférence de la presse et de l'opinion pour ce qui se passe dans le lointain domaine colonial.

UN RÔLE D'ÉVEILLEURS

Dans ce climat ambivalent, les intellectuels jouent un rôle d'éveilleurs. Mais le voile ne se dissipera que peu à peu sur le déni d'égalité qui prévaut dans les territoires colonisés. Pourtant, des courants nationalistes de plus en plus influents s'y multiplient et expriment à haute voix leurs doléances. C'est le cas de l'Istiqlal au Maroc, du Néo-Destour en Tunisie, du Viêt-minh en Indochine, des messalistes en Algérie, etc. En réponse, on se contente de badigeonner l'empire en lui donnant sa nouvelle appellation d'Union française, en 1946. L'État se garde bien de consulter les divers peuples qui la composent sur leurs aspirations, et la nouvelle Constitution de l'Union n'est qu'une pétition de principes égalitaires sans moyens d'application. Si son préambule affirme que « [l]a France forme avec les peuples d'outre-mer une union fondée sur l'égalité des droits et des devoirs, sans distinction de race ni de religion », la réalité sociale est tout autre.

Le mélange détonant formé par la méconnaissance du terrain, le consensus colonialiste et l'indifférence de l'opinion débouche sur des crises qui vont vite déraper en situations de guerre. C'est le cas en Indochine, où, dès la fin du conflit mondial en septembre 1945, Hô Chi Minh proclame à Hanoi, au Nord, une République du Vietnam libérée de la domination japonaise. Au Sud, l'amiral Thierry d'Argenlieu joue le séparatisme d'une République française cochinchinoise. En septembre 1946, la conférence de Fontainebleau, à laquelle participe Hô Chi Minh, est un échec. Le 23 novembre, d'Argenlieu bombarde le port de Haiphong. L'amiral est conforté dans sa politique de la canonnière par les déclarations des diverses composantes de la vie politique métropolitaine. Le socialiste Marius Moutet, ministre de la France d'outre-mer, affirme que le pays doit conserver les avantages économiques et culturels qu'il retire de l'Indochine. Le PCF affirme, en 1946, vouloir « maintenir partout la présence de la France » et, en 1947, vote les crédits militaires pourtant destinés à combattre son camarade Hô Chi Minh. La presse de référence relaie cette conviction coloniale largement partagée. « L'Indochine, pour la France, lit-on dans

Le Figaro, n'est pas seulement un débouché et un marché. C'est une des plus belles réussites de ses entreprises d'outre-mer. Elle est le symbole de son génie, de sa vitalité, de sa grandeur[1]. » « Il n'est pas question pour la France, lit-on dans *Le Monde*, de renoncer à son influence culturelle, morale, scientifique, économique, d'abandonner ce qui est son œuvre, ses bases, ses plantations [...] de renier sa mission civilisatrice[2]. » De tous côtés, le Viêt-minh est stigmatisé : « Les agitateurs qui prétendent lutter pour l'indépendance de l'Indochine ne sont en fait que des agents à la solde des Japonais et armés par eux[3] » ; « Le Viêt-minh est une création de la gendarmerie japonaise[4] » ; « Un gouvernement fantoche au service des Japonais[5] ».

Alors qu'un corps expéditionnaire de plus en plus nombreux opère au Vietnam (il comptera jusqu'à soixante-dix mille hommes), l'opinion de la métropole se montre peu concernée. Les rares échos qui proviennent de ce lointain horizon ne suscitent aucune émotion collective. Durant toute la guerre, des sondages attesteront ce désintérêt : à la fin de la guerre, en 1954, un tiers des Français déclareront « ne jamais prendre connaissance des nouvelles d'Indochine » et 45 % seulement « de temps en temps ». Dans ce contexte d'atonie, le travail d'information effectué par nombre d'intellectuels sur ce qui se passe en Indochine n'en est que plus méritant, préparant les esprits à une inéluctable décolonisation qui aboutira, après bien des péripéties, aux accords signés par Pierre Mendès France le 20 juillet 1954 reconnaissant l'indépendance du Vietnam.

Les intellectuels chrétiens sont les premiers à mettre en garde contre les méfaits du colonialisme et à protester contre l'usage de la violence. Dès juillet 1945, Robert Delavignette rappelle dans *Esprit* le rôle actif joué par les populations de l'empire dans la Libération et invite les responsables à les traiter autrement :

Qui traverse le Sahara pour vaincre l'Axe au Fezzan ? Qui est à Bir-Hakeim ? Qui précipite la libération de l'Algérie et force la

---

1. *Le Figaro*, 8 juillet 1946, cité dans CHEBEL D'APPOLLONIA, 1999, p. 219.
2. *Le Monde*, 2 août 1946, cité dans *ibid.*
3. *Le Monde*, 8 septembre 1945, cité dans RUSCIO, 1986, p. 211.
4. *La Voix de Paris*, 4 novembre 1945, cité dans *ibid.*
5. *Combat*, 9-10 septembre 1945, cité dans *ibid.*

victoire en Tunisie ? Qui entre à Rome ? Qui est aux côtés des Anglo-Américains au Cotentin et en Provence ? Qui est à la pointe du combat pour délivrer Paris et puis Strasbourg ? Des coloniaux, toujours des coloniaux[1].

Ce dont il est question n'est pas de rompre avec la métropole, mais de mettre en pratique les principes affirmés dans la Constitution de l'Union française proclamant la naissance d'une nouvelle citoyenneté. Dans le même numéro d'*Esprit*, Léopold Sédar Senghor ne cache pas ses préventions contre les intentions de la capitale, habituée à considérer le bon Nègre comme un inférieur : « Dès maintenant, nous tenons à faire entendre une voix *authentique* de cette Afrique avant que la métropole ne commette contre elle une de ces "énormes iniquités" dont parle [Antonio] Labriola[2]. » Senghor ne plaide pas encore la cause de l'émancipation nationale, mais exige l'égalité : « Nous ne sommes pas des séparatistes, mais nous voulons l'égalité dans la cité[3]. » Très tôt, en juillet 1945, Joseph Rovan, toujours dans *Esprit*, a dénoncé une administration coloniale obstinée à ne laisser ni liberté ni autonomie aux peuples indochinois :

On sent bien qu'il faudra un jour céder à la jeune volonté de libération du peuple annamite, mais on retarde aussi longtemps que possible la cruelle échéance, on défend pas à pas les positions inhumaines du colonialisme, et la main gauche reprend ce que la main droite a feint de donner[4].

Il ne s'agit là que de mises en garde, mais lorsque la situation se dégrade en affrontement avec la politique poursuivie par l'amiral d'Argenlieu et que le dialogue de Fontainebleau laisse place à l'état de guerre, *Esprit* s'engage clairement dans le combat anticolonialiste. Selon Jean-Marie Domenach, Bertrand d'Astorg exprime en 1947 la position des membres de la revue dans le conflit indo-

---

1. Delavignette, 1945, p. 215.
2. Senghor, 1945, p. 237.
3. *Ibid.*
4. Rovan, 1945, p. 832.

chinois. Dans un dossier consacré à « France-Vietnam », publié en juillet 1947, Jean-Marie Domenach présente l'opération Bao Dai comme une ineptie.

À l'été 1949, l'hebdomadaire *Témoignage chrétien* fait événement en révélant l'usage de la torture par l'armée française. Ces informations n'émanent pas d'un militant anticolonialiste, mais de Jacques Chegaray, correspondant en Indochine du quotidien du MRP *L'Aube*, qui n'a pas accepté de publier son témoignage. Il décide de communiquer son article à *Témoignage chrétien*, où il paraît sous le titre : « À côté de la machine à écrire, le mobilier d'un poste comprend une machine à faire parler », avec pour sous-titre : « La torture en Indochine ». Ce reportage fait grand bruit dans les milieux chrétiens qui découvrent les horreurs de la guerre qui est menée en leur nom. Chegaray, qui a parcouru tous les postes militaires français au Vietnam, affirme que l'usage de la torture y est devenu banal et ajoute, écrit l'historienne Sabine Rousseau, « avoir vu, sur le bureau d'un adjudant à Cholon, le crâne d'un Vietnamien servant de presse-papiers[1] ». Peu après cette publication qui soulève le cœur, Paul Mus, universitaire et membre de l'École française d'Extrême-Orient, publie dans le même journal un article indigné sous le titre « Non, pas ça », dans lequel il affirme que « ces lignes terribles sont le plus grand appel qui, depuis la Libération, ait été fait à notre conscience[2] ». Les intellectuels chrétiens prennent position sur un plan essentiellement moral, faisant émerger une prise de conscience de ce que recouvre la réalité coloniale derrière le vieux mythe d'une œuvre civilisatrice véhiculé depuis le XIXᵉ siècle.

Les intellectuels chrétiens ne sont pas les seuls à s'élever contre le retour de la logique colonialiste dans l'après-guerre. Dans *Combat*, où il écrit de mars 1946 à mai 1947, Raymond Aron considère que l'Union française restera bâtie sur des sables mouvants tant que ces pays ne se seront pas dotés d'institutions représentatives. Réagissant à l'insurrection de Hanoi, il y discerne l'échec flagrant de la politique de force du gouvernement français :

---

1. Rousseau, 2002, p. 34.
2. Mus, 1949.

> Les véritables positions françaises, celles qui ne se confondent pas avec les intérêts sordides, celles que la nation est résolue à sauver, ne sont pas celles que la force seule puisse maintenir. Maintenir par la violence, ce ne sera pas maintenir la France[1].

Durant toute la guerre d'Indochine, Aron s'en tiendra à un discours critique, non sur des bases anticolonialistes de principe, mais au nom de la charge que représente pour une France affaiblie la gestion impossible d'un aussi vaste empire.

Dans l'entourage de Sartre, le ton est ouvertement et fermement anticolonialiste, et Merleau-Ponty dénonce dès janvier 1946 dans *Les Temps modernes* l'abandon par la gauche de toute position anticolonialiste. L'éditorial de décembre 1946, qui fait état de la sous-information provenant d'Indochine et de la détérioration de la situation qui s'achemine vers la guerre, fait même une analogie entre l'occupation française en Indochine et l'occupation allemande en France : « Il est inimaginable qu'après quatre années d'Occupation les Français ne reconnaissent pas le visage qui est aujourd'hui le leur en Indochine, ne voient pas que c'est le visage des Allemands en France[2]. » Débute pour la revue de Sartre une longue campagne contre la colonisation. Après avoir donné la parole à un nationaliste indochinois, Tran Duc Thao, la revue recueille en février 1947 le témoignage d'un soldat du corps expéditionnaire français qui fait part de son désarroi. Le numéro de mars paraît sous le titre : « SOS Indochine ». À la différence du courant chrétien, les sartriens s'attaquent au système colonial lui-même, qu'il s'agit de détruire, et non à ses seules dérives. Leurs interventions se situent au plan politique plus que moral.

Avec les débuts de la guerre froide, en 1947, la guerre d'Indochine prend un autre sens pour le PCF, qui faisait jusque-là prévaloir les intérêts nationaux, et qui voit désormais cette guerre comme un affrontement des forces réactionnaires contre le communisme. Le parti communiste s'engage dès lors pour réclamer la paix au Vietnam, permettant d'élargir le public concerné, mais peine à entraîner derrière lui ses puissantes forces militaires. C'est ainsi

---

1. ARON, Raymond, 1946.
2. POUILLON [1946], 1999, p. 225.

que naît un compagnonnage entre intellectuels chrétiens et communistes autour de la question vietnamienne. Le 11 février 1948, un premier meeting se tient à la Mutualité qui réunit, à l'appel du PCF, *Esprit* et l'association France-Vietnam, à la composition hétéroclite, créée pour l'occasion[1]. Le meeting ne rassemble toutefois, dans la grande salle de la Mutualité, qu'un maigre public de six cents personnes. Dans *Le Monde*, Hubert Beuve-Méry parle en janvier 1948 de la « sale guerre », expression qui sera systématiquement reprise par les milieux intellectuels. Un manifeste d'intellectuels français paraît dans le quotidien *Combat* le 23 novembre 1948 et est repris par *Esprit* en janvier 1949. Cette dernière et *Les Temps modernes*, de même que les quotidiens *Franc-Tireur* et *Combat* ouvrent leurs colonnes à la protestation anticolonialiste.

Outre la guerre, qui éclate en Indochine, et la détérioration de la situation dans le Maghreb, qui débouche sur les massacres de Sétif et Guelma en 1945 en Algérie en réponse aux velléités indépendantistes, le gouvernement français est confronté, en mars 1947, à une insurrection à Madagascar, dont la violente répression provoque entre plusieurs milliers et plusieurs dizaines de milliers de victimes. Les trois députés malgaches sont privés de leur immunité parlementaire, puis incarcérés et passés en jugement. À Madagascar aussi, on révèle l'usage de la torture, dénoncé en août par Roger Stéphane comme « des procédés dignes de la Gestapo[2] ». De son côté, *Esprit* s'élève avec véhémence contre le verdict du procès de Tananarive qui condamne les trois députés et s'engage dans les deux comités qui se mettent en place pour la révision du procès, dont l'un est dominé par les communistes. « Mounier m'a conseillé d'adhérer aux deux[3] », déclarera Jean-Marie Domenach.

Avec l'accentuation de la guerre froide, le PCF fait de la lutte

---

1. L'Association est présidée par Justin Godart (radical-socialiste). Son secrétaire général est Francis Jourdain, compagnon de route du PCF. Elle comprend des personnalités aussi différentes que Marie-Claude Vaillant-Couturier, Pierre Cot, le professeur Robert Debré, Benoît Frachon, Frédéric Joliot-Curie, Paul Langevin, Pablo Picasso, Emmanuel Mounier, François Mauriac, Francis Perrin, Paul Rivet, Maurice Schumann, Charles Vildrac, Maurice Viollette et Andrée Viollis.

2. Roger Stéphane, cité dans BIONDI, 1992, p. 265.

3. Jean-Marie Domenach, entretien dans LACOUTURE et CHAGNOLLAUD, 1993, p. 197.

contre la guerre du Vietnam et en faveur de la paix une de ses priorités. Cette fois, la mobilisation prend un tour spectaculaire et dépasse le stade pétitionnaire pour passer à l'action directe. Se succèdent des manifestations parfois violentes, comme celle du 20 février 1949 sur les Grands Boulevards à Paris. On assiste aussi à des actions dans les ports ou sur les voies ferrées pour empêcher le transport des troupes militaires françaises vers l'Indochine, que rapporte ainsi le journaliste Jean-Pierre Biondi :

> À Saint-Pierre-des-Corps, dans la banlieue de Tours, des militants communistes se couchent sur la voie ferrée pour arrêter un convoi militaire [...]. À La Rochelle, marins et dockers affrontent les CRS, à Roanne, les heurts font des blessés. Des coups de main contre des trains ou des bateaux ont lieu à Caen, Castres, Dunkerque et Alger, des sabotages de matériel militaire à Brive, à Grenoble, à Paris[1].

L'AFFAIRE HENRI MARTIN

Pour conforter cette campagne antiguerre, le PCF fait d'Henri Martin, un de ses militants, un héros et martyr de la résistance à la guerre. Né en 1927, Martin entre au maquis à seize ans, participe à la libération de la France, puis décide de s'engager dans la marine pour combattre les Japonais. Il devient mécanicien et arrive à l'âge de dix-huit ans à Saigon. Opposé au rôle que l'on veut faire jouer à l'armée française au Vietnam, il demande sans succès la résiliation de son engagement militaire, et finit par être rapatrié à Toulon. Arrêté en mars 1950, il est accusé de complicité de sabotage d'un navire de guerre, le *Dixmude*, et poursuivi pour avoir distribué des tracts hostiles à la guerre du Vietnam. Passé en jugement, il est condamné à cinq ans d'enfermement et à la dégradation militaire. Le PCF lance alors une vaste campagne pour sa libération. *L'Humanité* publie chaque jour un billet d'Hélène Parmelin sur Henri Martin. La direction du parti met en place des comités départementaux, multiplie les pétitions, les délégations, les

---

1. BIONDI, 1992, p. 279.

débrayages, les brochures, les poses de banderoles, les graffitis, qui exigent tous sa libération. Les intellectuels du premier cercle sont appelés à contribuer activement à la campagne nationale, dont les échos dépassent largement le cercle des compagnons de route. Picasso peint un portrait du martyr publié dans *Les Lettres françaises* le 7 novembre 1951. En mars 1952, une exposition intitulée « Témoignages pour Henri Martin » réunit des toiles de Picasso, Jean Lurçat et Fernand Léger.

Les intellectuels chrétiens ne sont pas en reste dans la bataille pour la libération d'Henri Martin[1]. Jacques Madaule compare ce combat à l'affaire Dreyfus : « À propos de Dreyfus, écrit-il, Péguy disait ne pouvoir souffrir de voir la France en état de péché mortel, car l'injustice est un péché mortel[2]. » En 1953, le livre *L'Affaire Henri Martin* réunit des intellectuels de tous horizons (sartriens, proches d'*Esprit*, compagnons de route du PCF ou du christianisme social)[3]. Innocenté de l'accusation de sabotage, Henri Martin est condamné à cinq ans de prison pour « menées antinationales », sanction d'abord cassée pour vice de forme, puis confirmée en appel. Cette détention alimente la campagne de soutien des intellectuels et artistes. Eluard et d'autres poètes lui dédient leurs œuvres. Au théâtre, on peut voir *Drame à Toulon*, une pièce montée par la troupe « Les Pavés de Paris », dont les acteurs sont payés par le Secours populaire français, qui tourne dans toute la France pendant deux ans, popularisant la cause d'Henri Martin.

L'engagement de Sartre dans cette cause est total. « Il rameute écrivains et artistes, écrit Biondi, rédige *L'Affaire Henri Martin*, anime d'innombrables meetings de soutien. À ses côtés, Simone de Beauvoir, Vercors, Prévert, le chrétien Domenach, Cocteau, Druon, Leiris, Bourdet, Roger Stéphane "sensibilisent" l'intelligentsia[4]. » Les protestants de *Christianisme social* sont eux aussi fortement impliqués dans le combat contre la guerre coloniale en Indochine,

---

1. Voir notamment « Le cas Henri Martin », *Témoignage chrétien*, 1er février 1952 ; MADAULE, 1952 ; « Le cas Henri Martin », *Christianisme social*, janvier-février 1952 ; « Des prêtres demandent la grâce d'Henri Martin », *La Quinzaine*, 15 mars 1952.
2. MADAULE [1953], p. 212, 2002, p. 77.
3. *L'Affaire Henri Martin. Commentaire de Jean-Paul Sartre*, Gallimard, 1953.
4. BIONDI, 1992, p. 281.

à l'instar d'André Philip, Georges Lasserre, Pierre Poujol, Maurice Albaric, ou encore le pasteur Maurice Voge, qui assume la responsabilité du secrétariat général du mouvement à partir de 1949. Le président de la République Vincent Auriol usera finalement de son droit de grâce en août 1953 pour faire libérer Henri Martin, qui devient alors permanent au PCF.

Cette campagne et son succès public masquent néanmoins une prostration assez générale, y compris dans le monde intellectuel, à propos de l'Indochine. Raymond Aron, qui a la responsabilité d'une tribune régulière dans *Le Figaro* consacrée à la politique internationale, n'accorde que peu de ses chroniques au dossier indochinois. Camus, Malraux ou Mauriac n'évoquent eux non plus que rarement cette guerre. Certains écrivains français font même état de leur forte conviction coloniale et de leur attachement à une Indochine française, comme Jules Romains, de passage à Saigon en 1953, qui s'enthousiasme : « Ce morceau de France s'est posé là, a grandi sans rien détruire[1]. » De son côté, Paul Claudel écrit en 1944 une préface à un recueil de contes de Tran Van Tung en affirmant que « ce que Dieu a uni, les hommes ne le séparent pas[2] ». Quant au fondateur de la politologie, André Siegfried, il s'indigne que l'Indochine ne suscite aucun engouement collectif en France dans la mesure où, pour lui, « ce qui est en cause, ce n'est pas tant le statut colonial lui-même que le destin dans le monde de la race blanche, et avec elle de la civilisation occidentale dont elle est le garant, le seul garant[3] ».

Au fil des années 1950, cette guerre coloniale classique revêt un nouveau visage, celui d'une guerre froide de l'Occident contre un Viêt-minh allié de l'URSS et de la Chine, elle-même devenue communiste en 1949. L'Indochine apparaît alors comme le lieu privilégié de l'affrontement entre les deux blocs, en relation avec la guerre de Corée qui se déroule de 1950 à 1953. Raymond Aron se fait l'écho dans *Le Figaro* de ce changement de nature du conflit : « L'anticommunisme a joué un rôle croissant dans la justification idéologique de la guerre au fur et à mesure que dimi-

---

1. ROMAINS, 1953.
2. Paul Claudel, lettre-préface, 8 janvier 1944, *in* TRAN VAN TUNG, 1945.
3. SIEGFRIED, 1950.

nuait le poids de la justification strictement française[1]. » Mais la vague de protestation ne cesse de s'étendre au fil des échecs du corps expéditionnaire français. En 1952, l'ancien correspondant en Indochine du *Monde*, Philippe Devillers, publie une *Histoire du Vietnam de 1940 à 1952* qui déconstruit l'argument d'un Viêt-minh qui ne serait qu'une minorité agissante pour lui opposer la thèse d'un organisme de masse représentatif de tout ce qu'il y a de plus moderne et dynamique dans la société vietnamienne. Quant au professeur au Collège de France Paul Mus, qui fait autorité sur le sujet, il publie la même année *Vietnam, sociologie d'une guerre*, ouvrage savant et non partisan qui « n'en sape pas moins les fondements mêmes de l'argumentation officielle française[2] », faisant valoir la force du sentiment national vietnamien.

L'enlisement des forces armées françaises sur le terrain achève de convaincre les états-majors politiques de mettre un terme au conflit : « À partir de 1952, écrit l'historien Daniel Hémery, la nécessité d'un désengagement français est pratiquement acquise dans les états-majors des partis non communistes, y compris au centre et à droite[3]. » La pression intellectuelle, avec la création, en décembre 1952, du Comité d'étude et d'action pour le règlement pacifique de la guerre du Vietnam, s'intensifie[4]. Le désastre militaire de Diên Biên Phu, qui tombe aux mains des communistes vietnamiens le 7 mai 1954, et le changement de direction politique impulsé par le nouveau président du Conseil Pierre Mendès France permettent de mettre fin au conflit et de signer avec les représentants vietnamiens les accords de Genève en juillet 1954. Là encore, quelques intellectuels se sont fortement mobilisés pour sortir la France de cette « sale guerre ». La création de *L'Observateur* contribue à cette prise de conscience et à sa dénonciation. « Lorsque, écrit Claude Estier, le 5 juillet 1951, Claude Bourdet

---

1. ARON, Raymond, 1953.
2. RUSCIO, 1996, p. 127.
3. HÉMERY, 2004, p. 195.
4. On y trouve, auprès des communistes Maurice Kriegel-Valrimont et Jean Chesneaux, des catholiques influents, tel le père Chenu, théologien dominicain, des protestants, tels André Philip ou le pasteur Voge, ainsi qu'un grand nombre d'intellectuels, parmi lesquels Pierre Naville, Gilles Martinet, Georges Friedmann, Georges Gurvitch, Paul Lévy, Alfred Sauvy, René Dumont, Vladimir Jankélévitch et Alfred Kastler.

intitule son éditorial : "Entrer immédiatement en contact avec le gouvernement Hô Chi Minh", il est violemment pris à partie par la droite qui l'accuse de faire le jeu de Moscou[1] !» Le positionnement neutraliste du journal n'est pas facile à tenir. Gilles Martinet, qui ne cache pas sa fascination pour les combattants communistes vietnamiens — « Nous voulions croire en son autonomie et dans les convictions démocratiques de ses dirigeants[2] » — n'éprouve aucun état d'âme à appuyer la revendication d'indépendance du peuple vietnamien.

Dès le début des années 1950, Mendès France fait part à l'Assemblée de son opposition à la poursuite de la guerre en Indochine. Françoise Giroud raconte son enchantement lorsqu'elle l'écoute pour la première fois à la Chambre, en décembre 1951, et son ahurissement en constatant que la presse ne répercute pas ses propos. Elle lui consacre un portrait dans *France Dimanche*, et doit insister pour l'imposer :

> La rédaction en chef s'est étonnée. Mendès France ? On ne connaissait pas tellement… L'Indochine ? Peuh… C'était à se demander si les Français savaient qu'ils faisaient la guerre là-bas. Il faut dire que personne ne tenait à le leur rappeler. La règle était de n'en pas parler[3].

François Mauriac, dont le rayonnement intellectuel est à son zénith, change de position au début de 1954, publiant dans *Témoignage chrétien* dès janvier un article au titre évocateur : « La paix en Indochine : un vœu ? Non ! Une exigence[4] ». Passant à *L'Express*, il durcit le ton contre les responsables politiques en exercice avant de soutenir sans réserve Pierre Mendès France. Il stigmatise dans son « Bloc-notes » les ministres Joseph Laniel et Georges Bidault : « Ô chevaliers de la Tête-de-bœuf, subtils tacticiens de Rabat, stratèges inspirés de Diên Biên Phu[5]. »

L'Express rejoint alors *France Observateur* dans l'opposition

1. Estier, 2011, p. 244.
2. Martinet, Gilles, 1986, p. 77.
3. Giroud, 1972, p. 130-131.
4. Mauriac, François, 1954 (a).
5. Id., 1954 (b).

à la guerre d'Indochine, sensibilisant tout un lectorat non communiste au rejet du colonialisme. C'est dans ses colonnes qu'est publié le rapport de Marc Jacquet, secrétaire d'État chargé des Relations avec les États associés, qui expose pourquoi il est impératif de négocier et de renoncer à tout espoir de victoire militaire en Indochine.

FRANÇOIS MAURIAC EN CROISADE

Avant même la résolution de la guerre en Indochine, la situation se dégrade sérieusement dans le Maghreb, où la France mène, y compris dans les protectorats du Maroc et de la Tunisie, une politique de répression de toute velléité d'autonomie. Alors qu'il part pour Stockholm recevoir son prix Nobel, en décembre 1952, François Mauriac s'inquiète des nouvelles qui lui parviennent du Maroc. À la suite de l'annonce de l'assassinat du leader syndicaliste tunisien Ferhat Hached, des troubles ont éclaté à Casablanca : la répression fait plusieurs dizaines de morts. Mauriac est d'autant plus affecté qu'un certain nombre de chrétiens anticolonialistes, tel Robert Barrat, l'appellent depuis un moment à prendre position contre la politique de la canonnière. Jusque-là acquis à l'empire et défendant dans *Le Figaro* une politique colonialiste sans concession, le nouvel engagement de Mauriac le met en porte à faux avec sa famille politique. C'est le point de départ d'une longue et dure bataille contre son camp, qu'il va mener avec détermination et courage. Très sensible à la situation des couches sociales populaires et déshéritées, il est renseigné par les témoignages des Petites Sœurs des pauvres, dont le siège est à Casablanca, à proximité du bidonville des Carrières centrales, où se déroulent les affrontements des 7 et 8 décembre 1952 : « Rien n'aura été plus important, écrit Jean Lacouture, dans l'engagement marocain de Mauriac, que les personnes, amies et ennemies qui l'y auront entraîné[1]. » Parmi elles, le père René Voillaume, fondateur et prieur général des fraterni-

---

1. Lacouture [1980], 1990, p. 252.

tés Charles de Foucauld, semble avoir joué un rôle décisif, tout comme Robert Barrat, André de Peretti, Jean-Marie Domenach, Charles-André Julien et Régis Blachère. Il faut ajouter le savant Louis Massignon, qui a fondé en 1947 un Comité chrétien d'entente France-Islam.

Le 12 janvier 1953, François Mauriac est sollicité, ainsi que Robert Montagne, professeur au collège de France et historien du Maroc[1], pour participer à un déjeuner initié par l'aumônier du CCIF (Centre catholique des intellectuels français), l'abbé Émile Berrar. Il y est question d'adopter une position critique envers la politique du pouvoir. Les deux invités réagissent très différemment : alors que Robert Montagne se récuse en affirmant que l'on va provoquer un raidissement des Français du Maroc, François Mauriac propose de prendre la tête de la protestation. Rentré chez lui, il écrit un texte annonçant son engagement. Publié dans *Le Figaro* le 13 janvier 1953, il en appelle au rôle de témoins des chrétiens : « À l'ensemble des chrétiens, catholiques et protestants de l'Union française s'impose le devoir de faire front contre ce racisme né du lucre et de la peur, qui enfante des crimes collectifs[2]. » Le propos est si radical et la plume du grand écrivain si acérée que l'article fait scandale dans les milieux conservateurs. On s'étonne et on s'offusque de tels qualificatifs de la part d'un membre de l'Académie française : « Il y avait là, écrit Lacouture, de quoi stupéfier un monde de bonnes âmes pieuses et nanties, la clientèle du *Figaro*[3]. »

Mauriac n'en reste pas là et s'engage dans le combat militant. Suit une réunion du CCIF rue Madame sur les problèmes en Afrique du Nord où il prend la parole devant une salle archicomble de quatre cent cinquante personnes. Des haut-parleurs sont installés dans la rue pour le public qui n'a pu trouver place à l'intérieur. Les Français du Maroc et la presse conservatrice se déchaînent contre celui qui est considéré comme un traître mettant son autorité morale au service de l'ennemi. Mauriac fera état dans son « Bloc-notes » du flot incessant de lettres d'insultes dont il fait l'objet :

---

1. Montagne, 1951.
2. Mauriac, François, 1953.
3. Lacouture [1980], 1990, p. 257.

Un Français de Casablanca : « Vieux crabe, le jour où tu as "fait" de la Résistance, les Français (je parle des vrais) t'ont jugé. Lorsque j'écris que tu as "fait" dans la Résistance, j'entends par là qu'on peut faire dans la Résistance comme on chie dans un pot de chambre. Ce jour-là les Français (je parle toujours des vrais) ont compris que tu n'étais qu'un vieux con. » Deuxième Français de Casablanca : « Tu es un sale individu traître au maréchal Pétain [...]. Prends bien garde, car tu vas recevoir une de ces sacrées raclées, maison [...]. J'ai des poings en excellent état, ceux d'un agriculteur qui te vomit à la gueule tout son mépris, sale lâche, salaud, on n'a que l'injure à la bouche pour te parler et tu te dis catholique, chrétien, crotte[1] ! »

Au fil de l'année 1953, la situation au Maroc se dégrade encore avec la campagne du pacha de Marrakech, Thami El-Glaoui, appuyée par les autorités françaises, pour destituer le sultan Sidi Mohammed ben Youssef. En juin 1953, pour enrayer cette logique d'affrontement, se constitue un comité France-Maghreb dont Mauriac devient la figure de proue. L'association a son siège au domicile du journaliste du *Monde* Claude Julien, et la présidence est confiée à Mauriac, entouré à la vice-présidence par Me Georges Izard, Charles-André Julien, Louis Massignon et, un peu plus tard, Régis Blachère. Le 23 juin, l'association, qui comptera jusqu'à cent huit adhérents, rend public un manifeste qui dénonce l'aggravation de la situation, les déportations massives des populations et les entreprises de déstabilisation des autorités marocaines[2]. « France-Maghreb, écrit l'historien Daniel Rivet, ce fut d'abord cela : un soulèvement moral contre l'assassinat perpétré de sang-froid de sous-prolétaires abandonnés par ceux-là mêmes dont la raison d'être était de les protéger, de les éduquer, de les émanciper[3]. » Cette fois, Mauriac ne reçoit plus seulement des lettres d'injures, mais des

1. Lettres envoyées à François Mauriac, citées dans *ibid.*, p. 267.
2. Les premiers signataires sont François Mauriac, Louis Massignon, Charles-André Julien, Régis Blachère, Alain Savary, Georges Izard et le père Daniélou. Se joignent à eux Marcel Bataillon, Albert Camus, le général Catroux, Jean-Marie Domenach, Georges Duhamel, Jacques Duhamel, Pierre Emmanuel, Georges Gorse, Edmond Michelet, François Mitterrand, David Rousset, Léopold Sédar Senghor, Jean-Jacques Servan-Schreiber, puis Jean Cayrol, le père Congar, Jean Daniel, Édouard Depreux, Étiemble, Daniel Mayer, Jean Paulhan, Louis Vallon, Roger Stéphane, Robert Verdier, le pasteur Westphal et Gaston Wiet (informations reprises de *ibid.*, pp. 277-278).
3. RIVET, Daniel, 1997, p. 28.

menaces de mort. Dans le même temps, il est conforté par toute une correspondance de Maghrébins pleine d'espérance et de gratitude.

Le comité France-Maghreb conjugue ses interventions en s'efforçant à la fois de témoigner, d'informer, de dénoncer les injustices et d'émettre des propositions. Mauriac se rend à plusieurs reprises au Quai d'Orsay, à Matignon et à l'Élysée pour essayer de convaincre les décideurs. Grâce à ses réseaux sur le terrain, le comité communique des informations de première main passées sous silence et lance, en mars 1954, le mensuel *France-Maghreb* pour donner davantage de visibilité à sa communication. Comme le rappelle Rivet, le retentissement est immédiat :

> On peut le constater sans parti pris, je crois : le talent littéraire (Mauriac), le magistère intellectuel, c'est-à-dire le devoir de départager le vrai du faux (Blachère et Julien), le charisme spirituel (Massignon), la légitimité conférée par l'expérience du passé (Catroux), la jeunesse (Barrat, Peretti et Stéphane…) sont tous du même côté[1].

Le coup de force qui se prépare conduit, à l'été 1953, au rapt de la plus haute autorité politique et spirituelle du Maroc : le général Augustin Guillaume pénètre avec ses hommes dans le palais de Rabat et enjoint au sultan Sidi Mohammed ben Youssef d'abdiquer ; comme celui-ci refuse, lui et sa suite sont conduits de force dans des voitures à l'aéroport et embarqués à Madagascar. L'affaire est d'autant plus sérieuse que la victime est une autorité non seulement politique, mais aussi spirituelle[2]. La politique d'affrontement la plus provocatrice a prévalu, et France-Maghreb n'a pas été entendue. Mais comme le dit Massignon au comité : « France-Maghreb a perdu une bataille, il n'a pas perdu la guerre[3] ! »

Mauriac est à la fois accablé, humilié, et renforcé dans sa détermination de lutter contre le colonialisme. Lors de la réunion du comité, le 23 août, il confie à Claude Bourdet : « C'est vous qui aviez raison ! Je ne connaissais pas le colonialisme ! » Le flot de lettres d'indignation qui arrive à la rédaction du *Figaro* conduit Pierre Brisson à

1. *Ibid.*, p. 37.
2. DESTREMAU et MONCELON, 1994, p. 346.
3. Louis Massignon, cité dans *ibid.*, p. 349.

demander à Mauriac de calmer ses ardeurs. Dans un premier temps, Mauriac préfère le silence à l'autocensure. Mais lorsque Jean-Jacques Servan-Schreiber lui fait la proposition de lui ouvrir ses colonnes, il l'accepte avec joie. Tout en préservant ses relations d'amitié avec Brisson, il quitte *Le Figaro* et déplace son « Bloc-notes » à *L'Express*, à la plus grande joie de Françoise Giroud, qui écrit :

> Cela a été superbe, le spectacle de ce vieux monsieur cousu d'honneurs, enroulé dans ces bandelettes avec lesquelles l'*establishment* attache les siens, quittant l'honorable *Figaro* pour rejoindre le journal quasi inconnu de deux rebelles qui ne pouvaient même pas lui payer ce qu'il était en droit d'exiger[1].

Pour sa part, l'académicien confiera à Giroud : « Je suis comme les chats, ma chère amie, je choisis mon panier[2]. »

La politique menée dans les protectorats marocain et tunisien est similaire et a pour conséquence immédiate de radicaliser les positions des populations. Après avoir œuvré en faveur d'une politique de collaboration franco-tunisienne, Habib Bourguiba doit prendre acte de son échec. Il se tourne dès lors vers le Néo-Destour et revendique l'indépendance nationale. La déposition du sultan au Maroc pousse de son côté l'Istiqlal à se doter d'un programme de rupture avec la France et d'accès à l'indépendance. Reste à défendre les droits de l'homme et à porter secours aux populations menacées. Un Comité pour l'amnistie des condamnés d'outre-mer se constitue en février 1954 et tient sa première réunion publique le 24 juin à la Mutualité, à laquelle participent Sartre et Camus. L'assemblée réclame la libération des personnalités emprisonnées, tels Habib Bourguiba et Messali Hadj.

Le comité France-Maghreb échoue dans sa tentative d'éviter l'inéluctable en Afrique du Nord, à savoir la sortie par la guerre du système colonial. La violence initiale de la colonisation et le refus obstiné de toute perspective d'émancipation conduisent au déchaînement d'une contre-violence qui va exploser un certain 1er novembre 1954 en terre algérienne, déclenchant cette fois une véritable guerre qui ne dira pas son nom.

1. GIROUD, 1972, p. 146.
2. François Mauriac, cité dans *ibid.*, p. 148.

11

D'une guerre qui ne dit pas son nom

En territoire algérien, le processus de décolonisation débouche sur une guerre dont le pouvoir politique ne reconnaîtra jamais la réalité, préférant parler par euphémisme de maintien de l'ordre dans les départements français du Maghreb. Si les intellectuels sont clairement plongés au cœur du conflit, il n'est pas aussi facile de cerner le rôle qu'ils ont joué. On se souvient de la formule « Chers professeurs » employée par Maurice Bourgès-Maunoury pour ironiser sur l'engagement d'un Henri-Irénée Marrou en faveur de l'indépendance de l'Algérie. On se souvient aussi de l'étiquette des « quatre M » accolée à François Mauriac, André Mandouze, Louis Massignon et au même Marrou pour la forme héroïque de leur combat au sein du milieu intellectuel. Mais celui-ci a été beaucoup plus divisé qu'on ne l'a dit, au point de comprendre une majorité de partisans de l'Algérie française, dont certains se retrouveront même au terme du conflit dans les rangs de l'OAS (Organisation armée secrète).

LA PROTESTATION MORALE DREYFUSARDE

Jusqu'au milieu des années 1950, les lignes de clivage entre les intellectuels français épousent grossièrement les espaces géopolitiques de la guerre froide en cours entre le bloc américain et le bloc soviétique. À partir de 1954-1955, un tournant s'amorce avec la disparition de Staline, la fin de la guerre de Corée et la centralité nouvelle qu'acquiert la question coloniale, jusque-là sous-évaluée. Lors de la « Toussaint rouge », le 1er novembre 1954, des dizaines d'attentats frappent de plein fouet l'Algérie. L'affrontement prend toute son ampleur au printemps suivant, lorsque l'État français décrète l'état d'urgence et met « hors la loi » les militants nationalistes du FLN (Front de libération nationale). Les tribunaux militaires se substituent alors aux tribunaux civils[1], et la métropole rappelle les jeunes classes sous les drapeaux. Contrairement à la guerre d'Indochine, dont le théâtre d'opérations était éloigné de la France et le corps expéditionnaire composé d'engagés, en Algérie, la proximité avec la métropole est grande, non seulement par la situation géographique, mais aussi par le statut juridico-politique — elle est constituée de trois départements français —, la présence d'une très forte communauté d'Européens faisant de ce pays une colonie de peuplement, et l'engagement d'appelés et rappelés du contingent.

L'intervention des intellectuels se joue d'abord sur le terrain moral et se concentre vite sur la réprobation de l'usage de la torture. Ces voix dissonantes rompent avec le consensus politique de défense d'une Algérie française. Moins de deux semaines après le 1er novembre 1954, François Mauriac prononce une allocution bouleversante en clôture de la « Semaine des intellectuels catholiques » :

> Ce n'est pas l'imitation de Jésus-Christ, mais l'imitation des bourreaux de Jésus-Christ, au cours de l'histoire, qui est devenue trop souvent la règle de l'Occident chrétien [...]. Nous avons feint de croire que le nazisme avait empoisonné les peuples qu'il avait asservis et que si la torture est pratiquement rétablie chez nous, il faut voir dans ce malheur une séquelle de l'Occupation et admettre que la Gestapo a contaminé ses victimes. En fait, ce qui était plus ou moins clandestin naguère est entré ouvertement dans les mœurs policières[2].

En janvier 1955, Claude Bourdet dénonce à son tour dans *France Observateur* la « Gestapo d'Algérie[3] ».

1. Voir THÉNAULT, 2001.
2. MAURIAC, François [1954], 1984.
3. BOURDET, 1955.

Selon le mot de Michel Crouzet, une « guerre de l'écrit » s'engage alors, dans laquelle la presse chrétienne, sans en avoir l'exclusive, tient les avant-postes. La revue de Sartre *Les Temps modernes* et les hebdomadaires *L'Express* ou *France Observateur* sont eux aussi très en pointe. Le travail d'analyse de la domination coloniale avait été mené dans certaines revues, notamment chrétiennes, dans l'immédiat après-guerre. En décembre 1954, la revue protestante *Christianisme social* peut ainsi affirmer à raison que « l'explosion de la Toussaint n'était pas imprévue pour nos lecteurs ». La réaction de ces milieux intellectuels chrétiens rejoue le combat des dreyfusards du XIXᵉ siècle contre la raison d'État, se donnant pour mission d'informer, de faire circuler la vérité systématiquement édulcorée, si ce n'est censurée. En octobre 1957, Jean-Marie Domenach, directeur d'*Esprit*, stigmatisera d'ailleurs « les arguments pourris du nationalisme antidreyfusard[1] ».

Ces intellectuels expriment une indignation qui ne trouve pas de prolongement dans les partis politiques, ce qui les confine dans un premier temps dans un certain isolement. Alors qu'ils attendaient Mendès France après la victoire du Front républicain en 1956, c'est Guy Mollet qui occupe le pouvoir et tourne tout de suite le dos au mandat donné à la représentation nationale de faire la paix en Algérie. Quelques tomates reçues le 6 février à Alger suffisent à le convaincre de mettre en branle l'engrenage militaire. En novembre 1955, des intellectuels s'étaient regroupés dans un « Comité d'action » à la composition particulièrement ouverte et avaient lancé un appel « contre la poursuite de la guerre en Afrique du Nord »[2]. L'ancrage de chacune de ces personnalités accentue dans un premier temps le caractère moral de la protestation, qui constitue le plus petit dénominateur commun entre eux. Marguerite Duras, une des premières à le signer, y est fortement engagée. Elle se charge de contacter Picasso, Fautrier et Dubuffet pour les rallier au comité. C'est elle encore qui répond à Jacques Soustelle lorsqu'il conteste le nom même de guerre à propos de ce qui se passe en

---

1. Domenach [1957], 2012, p. 227.
2. Plus de trois cents intellectuels et artistes signeront cet appel, parmi lesquels Marguerite Duras, Claude Bourdet, François Mauriac, Jean-Paul Sartre, Jean Cocteau, Jean-Louis Barrault, Jean Rostand, Claude Lévi-Strauss, Irène Joliot-Curie, Georges Bataille, André Breton et Jean Cassou.

Algérie. « Dans une longue adresse de plusieurs pages, écrit Laure Adler, elle rappelle l'existence des camps en Algérie, la reprise de la torture policière et la responsabilité de civils et de militaires coupables d'assassinats collectifs de populations civiles[1]. »

Dès 1947, *Esprit* avait clairement pris position en faveur de l'indépendance politique des colonies françaises. Le dossier algérien fait notamment l'objet d'une analyse critique d'André Mandouze dans le numéro de juillet 1947[2]. Alors que les départements algériens font partie intégrante du territoire français, dépendant du ministère de l'Intérieur, et qu'un nouveau statut les concernant est adopté le 20 septembre 1947, Mandouze explique que l'Algérie n'est pas la France. En 1948, il récidive dans *Esprit* pour dénoncer les exactions en tous genres, telles que le « truquage systématique des élections, menaces, assassinats[3] », commises par l'administration et l'armée. On croit encore aux chances d'une Union française, surtout en Algérie, mais à condition de rompre radicalement avec les vieilles pratiques coloniales. « L'anticolonialisme, commente Michel Winock, allait devenir un des combats les plus continus de la revue de Mounier[4]. »

En novembre 1949, l'historien antiquisant Henri-Irénée Marrou s'était élevé dans *Esprit* contre les méthodes utilisées pour réprimer la contestation en Algérie, rappelant l'attachement de la France aux principes de 1789 et de 1948 sur le respect des droits de l'homme[5]. En 1956, il signe une « Libre opinion » dans *Le Monde* sous le titre « France ma patrie », dans laquelle il condamne les

> moyens infects que sont les camps de concentration, la torture et la répression collective. Cela est une honte pour le pays de la Révolution française et de l'affaire Dreyfus [...]. Oui, la grandeur française est en péril. Je m'adresse à tous ceux qui, comme moi professeur, sont des éducateurs, qui, comme moi, ont des enfants et des petits-enfants : il faut que nous puissions leur parler sans être couverts de l'humiliation d'Oradour et des procès de Nuremberg[6].

1. ADLER, 1998, p. 310.
2. MANDOUZE, 1947.
3. MANDOUZE, 1948.
4. WINOCK, 1975 (a), p. 333.
5. MARROU, 1949.
6. ID., 1956.

Marrou s'attire les foudres du pouvoir, qui riposte en envoyant cinq inspecteurs de la DST perquisitionner son appartement de la communauté des Murs blancs, à Châtenay-Malabry. Ils trouvent bien dans la masse des dossiers du professeur à la Sorbonne des papiers qui traitent de l'Afrique du Nord, mais au temps de saint Augustin, dont Marrou est le grand spécialiste. À la fin de l'année, Marrou réitère en écrivant dans *Témoignage chrétien* « France prend garde de perdre ton âme », reprenant explicitement le titre du premier numéro clandestin de l'hebdomadaire paru en 1941. Marrou devient le symbole de l'universitaire en toge s'opposant à la logique du sabre. Sa prise de position d'avril 1956 dans *Le Monde* suscite, dans le même journal, le 23 mai 1956, la réaction opposée de beaucoup de ses collègues de la Sorbonne. Sous le titre « Des professeurs à la Sorbonne expriment leur adhésion à la politique gouvernementale », ils dénoncent

> la disposition d'esprit qui, réservant sans critique toute sa sévérité à la France, dispense parfois aux crimes des fellagas une indulgence inadmissible, absout, en même temps que leurs fins, leurs moyens, et ne craint pas, en dépit de protestations autorisées, d'assimiler aux héros de la Résistance des assassins de femmes et d'enfants. En conséquence, ils s'engagent à faire tout ce qui est en leur pouvoir pour que les jeunes Français chargés de ramener la paix en Algérie trouvent dans le respect de leurs aînés le soutien moral auquel ils ont droit[1].

André Mandouze, qui a débarqué à Alger en 1946 pour prendre son poste de professeur de latin à la faculté des lettres et adhéré à un comité chrétien pour l'entente France-Islam, anime, à la fin de 1950, une petite revue anticolonialiste. Intitulée *Consciences algériennes*, elle inclut dans son comité de rédaction le philosophe François Châtelet, l'historien Jean Cohen, un membre de l'UDMA (Union démocratique du manifeste algérien), Abdelkader Mahdad,

---

1. Texte signé par Gérard Antoine, Raymond Aron, Georges Bataille, François Bédarida, Victor Bérard, Pierre Birot, André Boulanger, Pierre Boyancé, André Chastel, Pierre Demargne, Jean Fabre, Édouard Galletier, Jacques Heurgon, André Plassart, René Poirier, Charles Picart, Louis Séchan, William Seston et Pierre Wuillemier.

et un éditeur libraire, Abdelkader Mimouni. Dans son éditorial de l'été 1955, il s'interroge : « Est-ce à dire que cette lecture des "événements" d'Algérie est, en ce milieu de 1955, comme je l'aurais souhaité, majoritairement partagée par les intellectuels ? Il faut bien reconnaître que non[1]. »

Les partisans de l'Algérie française s'en prennent violemment à lui. Le journal catholique ultra *Le Petit Bônois* appelle en 1957 à fusiller ces « chrétiens dévoyés ». « Des lettres de menaces sont adressées à "Mohamed Duval" [le cardinal Léon-Étienne Duval] ou à "Mandouze fellouze", écrit l'historien Jérôme Bocquet, des prêtres sont empêchés de faire leur sermon à la messe[2]. » Mandouze subit une violente réaction du maire d'Hydra, commune de son domicile de Birmandreis, qui demande au préfet d'obliger l'universitaire d'aller s'installer ailleurs, menaçant de ne plus pouvoir le protéger. Finalement muté à Strasbourg, il est inculpé de trahison en 1956 après avoir été déjà inculpé d'atteinte à la sécurité extérieure de l'État.

François Mauriac prend la présidence de son comité de soutien et anime le 19 décembre 1956 une réunion d'information sur le « cas Mandouze » à l'Hôtel des sociétés savantes. Après les interventions de Massignon, Marrou, André Philip, Léon Lyon-Caen, Georges Suffert, Jean-Marie Domenach et Jean Daniel. Cette réunion décide l'historien Pierre Vidal-Naquet à entrer dans l'action. Il définira plus tard une typologie de cet engagement en discernant trois catégories d'attitudes : celle qu'il incarne et se donne pour modèle l'affaire Dreyfus ; la posture de type bolchevique, qui entend appuyer les forces révolutionnaires ; enfin ceux qui se portent du côté des nouveaux damnés de la terre qu'incarnent les peuples du tiers-monde. Ces catégories peuvent bien sûr se chevaucher, comme chez son ami l'historien Robert Bonnaud.

Vidal-Naquet concentre son engagement sur l'usage de la torture, à laquelle il oppose les valeurs de la République. À cette posture dreyfusarde, il y a de fortes raisons personnelles. « Mon père Lucien, écrit-il dans ses *Mémoires*, avait été torturé par la Gestapo à Marseille en mai 1944. L'idée que ces mêmes techniques étaient,

---

1. MANDOUZE, 1998, p. 237.
2. BOCQUET, 2012, p. 237.

après l'Indochine, Madagascar, la Tunisie, le Maroc, utilisées en Algérie par des Français, policiers ou militaires, me faisait proprement horreur[1]. » L'usage répandu de la torture est rendu public en 1957 dans le livre *Contre la torture* de l'écrivain catholique et critique littéraire du *Monde* Pierre-Henri Simon[2]. Loin de se rallier à la cause du FLN et de contester la présence de l'armée française en Afrique du Nord, Simon intervient dans les limites étroites d'une réaction morale. En février 1957, le futur historien Robert Bonnaud, qui a fait son service militaire en Algérie, envoie son témoignage à Vidal-Naquet. Intitulé « La paix des Nementchas », il décrit, entre autres horreurs, ce qu'il a vécu au cours d'une opération où tous les Algériens faits prisonniers ont été égorgés au couteau de cuisine. Vidal-Naquet communique le témoignage au directeur d'*Esprit*, Jean-Marie Domenach, qui décide de le publier au plus vite. Bonnaud y décrit les atrocités de la répression sous toutes ses formes, de la gégène à la corvée de bois, en passant par les déplacements de populations civiles[3]. « Ce qui nous a frappés, lorsque j'ai fait publier l'article de Robert Bonnaud "La paix des Nementchas", se souviendra Vidal-Naquet, ce fut que nous étions comme dans un édredon d'indifférence[4]. » Et en effet, les responsables savaient, l'information circulait, mais elle se heurtait à la politique de l'autruche de la plupart des politiques, comme si cela relevait de quelque fantasme d'objecteurs de conscience.

Durant l'été de 1957, deux témoignages parviennent à la connaissance de Vidal-Naquet : ceux d'Henri Alleg et de Maurice Audin, tous deux militants communistes. À propos du second, professeur assistant en mathématiques à la faculté d'Alger, il reçoit une lettre de son épouse Josette qui remet en cause la thèse officielle de la tentative d'évasion qui lui aurait coûté la vie. Laurent Schwartz, directeur de sa thèse, décide une soutenance *in absentia*. Vidal-Naquet constitue avec Michel Crouzet, Luc Montagnier et Jacques Panigel un comité Maurice Audin et suggère à Jérôme Lindon, directeur des Éditions de Minuit, de publier une brochure

1. Vidal-Naquet [1998], 2007, p. 32.
2. Simon, Pierre-Henri, 1957.
3. Bonnaud, 1957.
4. Pierre Vidal-Naquet, cité dans Theis et Ratte, 1974, p. 85.

sur l'affaire. En historien scrupuleux, il croise ses sources, authentifie les témoignages, recoupe les informations afin de discriminer le vrai du faux et fonde sa conviction sur les incohérences de la thèse officielle. « Ce qui me fit penser définitivement qu'Audin ne s'était pas évadé, écrit-il dans ses *Mémoires*, c'est l'étude, dans les récits successifs, des horaires[1]. » Ce travail d'enquête paraît le 12 mai 1958, révélant au public que la pseudo-fuite d'Audin a servi à masquer sa mort sous la torture[2].

Une autre grande figure de la protestation morale est le socialiste André Philip, de confession protestante, introducteur en France de Paul de Man. Ancien élu du Front populaire, résistant, commissaire à l'intérieur de la France libre, animateur du quotidien *Cité-soir* à la Libération, il a été ministre dans plusieurs gouvernements après avoir présidé la commission de la Constitution. En 1957, il publie *Le Socialisme trahi*, un brûlot dans lequel il dénonce comme un crime la politique de pacification en Algérie. Il y démonte le système colonial et est encore un des rares à se prononcer explicitement pour l'indépendance : « L'évolution est inévitable vers une autonomie qui frisera l'indépendance, ou vers une indépendance qui devra tenir compte de certains liens de solidarité inscrits dans les faits[3]. » Cela lui vaut son exclusion de la SFIO en janvier 1958.

En février 1958, Lindon reçoit le manuscrit dactylographié d'un communiste français d'Algérie, Henri Alleg, ancien directeur du journal *Alger républicain* qui lui est envoyé par son épouse et par l'avocat Léo Matarasso, sous le titre provisoire *Interrogatoires sous la torture*. Ce manuscrit, qui décrit les tortures endurées par son auteur au centre des parachutistes d'El-Biar, paraît en février 1958 sous le titre *La Question*. Le livre fait d'autant plus événement que la torture n'y est pas dénoncée comme une abstraction, ni comme étant utilisée contre l'ennemi, mais décrite concrètement par celui qui l'a subie, un Français de surcroît. Le titre fait directement référence à une repartie d'un magistrat au cours du procès d'Émile Zola en pleine affaire Dreyfus : « La question ne sera pas posée. » La

---

1. Vidal-Naquet [1998], 2007, p. 71.
2. Id., 1958.
3. Philip, 1957, p. 171.

filiation dreyfusarde est ainsi clairement revendiquée et la diffusion du livre se heurte frontalement à l'État.

La presse couvre largement sa parution, si bien que de nombreux journaux sont saisis pour en avoir rendu compte. À partir du 20 mars, Lindon fait placarder d'immenses affiches reproduisant la couverture du livre barrée d'une bande blanche avec un portrait d'Alleg et la phrase de l'article censuré de Sartre : « Henri Alleg a payé le prix le plus élevé pour avoir le droit de rester un homme. » Lorsque, après cinq semaines de parution, le gouvernement saisit le livre, il s'en est déjà vendu soixante-cinq mille exemplaires.

Le « Dossier Jean Muller » paru dans les *Cahiers du Témoignage chrétien* le 15 février 1957 est un autre événement qui comptera beaucoup dans la montée de la protestation morale parmi les intellectuels chrétiens. Publié en pleine bataille d'Alger, il émane d'un sergent, Jean Muller, chef du scoutisme catholique, envoyé combattre sur le terrain en juin 1956 en tant que rappelé. Il est opposé à la guerre, mais après avoir été tenté par la fuite, il décide par patriotisme de partir et est affecté en Kabylie, où la guerre fait rage. Muller s'accroche à sa foi chrétienne et, décidé à témoigner sur les « ordres immoraux » qu'il reçoit, écrit à l'archevêque d'Alger, Mgr Duval, et à ses amis parisiens. Il subit dès lors de sa hiérarchie les avanies les plus diverses et est muté d'une compagnie à une autre. Le 27 octobre 1956, il est tué au combat avec vingt-six de ses camarades. L'historien Michel Winock écrira que le récit qu'il a découvert dans *Témoignage chrétien* « fut le plus bouleversant de ce que nous avons lu sur la fameuse pacification. À la Sorbonne, le dossier Muller connut un succès extraordinaire[1] ». Ce dossier, parmi bien d'autres, conforte les convictions d'une jeunesse intellectuelle que l'on peut qualifier de « génération algérienne », tant elle naît à la politique et restera marquée à vie par cette guerre : « L'itinéraire d'un Michel Winock, écrit l'historien Étienne Fouilloux, de sa banlieue rouge à la "Nouvelle Gauche" sorbonnarde en passant par Saint-Séverin, vers la fin des années 1950, ne semble pas atypique[2]. » Le journaliste catholique Robert Barrat constitue avec ses compagnons un Comité de résistance spirituelle qui se propose de

---

1. WINOCK, 1978, p. 156.
2. FOUILLOUX, 1988, p. 59.

Jean-Paul Sartre au Café de Flore photographié par Brassaï, 1944.

2

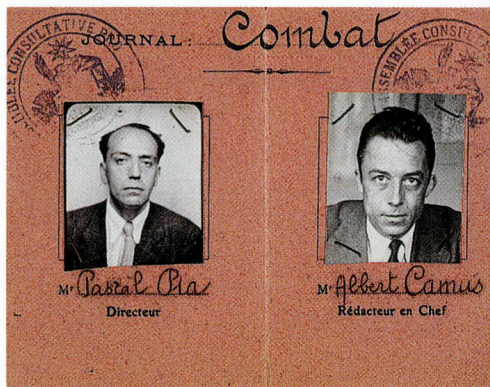

3

4

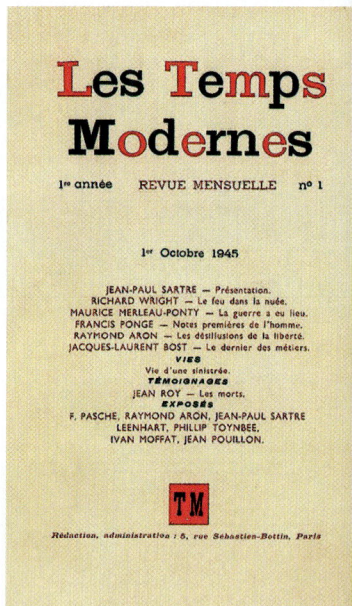

5

Camus avec et contre Sartre : du combat commun à la rupture de 1952

2. *Combat*, organe du mouvement de Résistance éponyme, n° 43, 15 avril 1943. Le journal dirigé par Pascal Pia sort de la clandestinité le 21 août 1944, avant même la libération de Paris, le 26 août.

3. À la Libération, Albert Camus, rédacteur en chef de *Combat* depuis le 21 août 1943, se bat pour une presse libre et pour que justice soit faite.

4. Camus et Sartre réunis une dernière fois salle Wagra le 22 février 1952, pour protester contre l'entrée l'Espagne franquiste à l'Unesco.

5. *Les Temps modernes*, n° 1, 1er octobre 1945. La rupt avec Camus intervient dans le n° 79, en mai 1952, su à la publication de l'article « Albert Camus ou l'â révoltée » de Francis Jeanson, descente en flamme *L'Homme révolté* paru l'année précédente.

FOREZ

LE CAHIER
NOIR

PARIS
AUX ÉDITIONS
DE MINUIT
MCMXLIII

COURRIER FRANÇAIS DU
TÉMOIGNAGE CHRÉTIEN

LA LIBERATION EST LA...

Peuple, te voilà libre !

7

V.-A. KRAVCHENKO

J'ai choisi
la liberté !

LA VIE PUBLIQUE ET
PRIVÉE D'UN HAUT
FONCTIONNAIRE
SOVIÉTIQUE
TRADUIT DE L'AMÉRICAIN
PAR JEAN DE KERDÉLAND

ÉDI self ONS

8

10

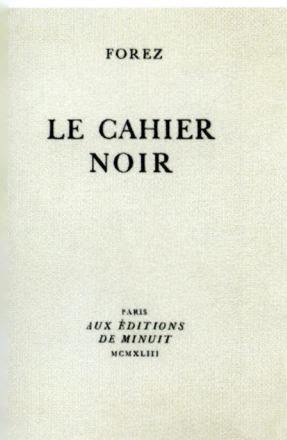

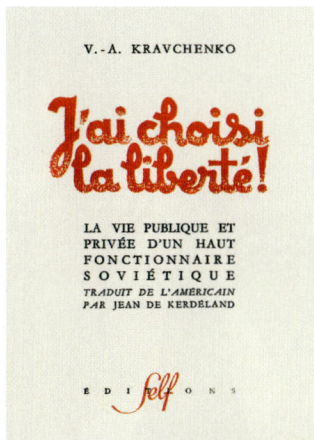

gauche du Christ

En 1943, François Mauriac publie aux Éditions de Minuit
ns la clandestinité, sous le pseudonyme de Forez, ce
alot contre le maréchalisme.
Témoignage chrétien, n° 13, août 1944, ou les chrétiens
ogressistes dans la Résistance.
En 1947, les Éditions Self publient J'ai choisi la liberté !,
transfuge soviétique V. A. Kravtchenko, paru à New York
nnée précédente. L'auteur y dénonce l'existence d'un
tème totalitaire en Union soviétique.

9. Tribunal correctionnel de la Seine, 27 février 1949 :
Me Georges Izard, grand avocat chrétien, assure la défense
de V. A. Kravtchenko dans son procès contre Les Lettres
françaises.
10. Mauriac en 1951. Le futur Prix Nobel de littérature
(1952) voue une passion sans faille au général de Gaulle
et s'engage à ses côtés.

11

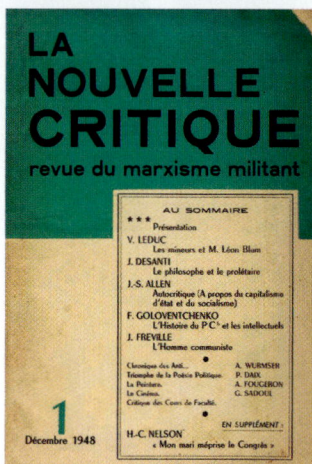

12

13

Le «couple royal» du PCF

11. Louis Aragon et Elsa Triolet en 1945 exercent après guerre sur les intellectuels du PCF un rayonnement sans égal au point qu'on les qualifie de «couple royal».

12. *La Nouvelle Critique*, n° 1, décembre 1948. Anim jusqu'en 1959 par Jean Kanapa, le mensuel idéologique PCF se révèle une machine de guerre stalinienne.

13. *Les Lettres françaises*, n° 456, 12-19 mars 1953. Le portr de Staline commandé par Aragon à Picasso fait scandale ch les communistes, qui le jugent irrespectueux.

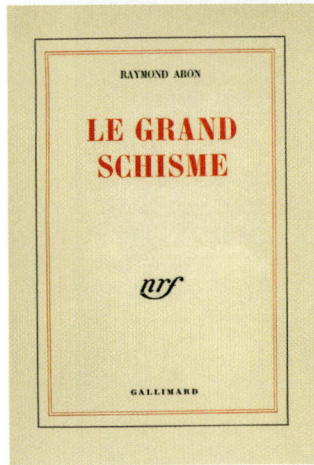

15

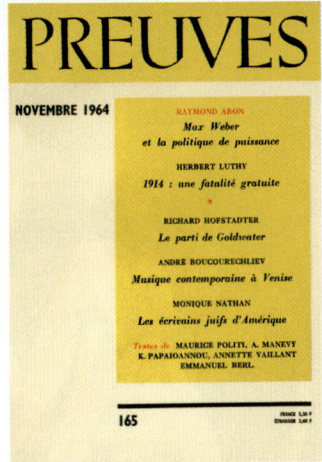

16

Raymond Aron, «spectateur engagé»

14. Raymond Aron en 1947. Son engagement auprès du général de Gaulle pour faire barrage au péril totalitaire marque la fin de la lune de miel avec Sartre: les «petits camarades» vont s'opposer tout au long du second XXᵉ siècle.

15. Publié en 1948, *Le Grand Schisme* est la première analyse de la coupure entre les deux blocs, qui va dominer l'ordre mondial jusqu'en 1989.

16. Mars 1951, naissance de *Preuves*, une revue libérale animée par François Bondy et soutenue financièrement par la CIA à travers la Fondation Ford à l'insu des responsables de la revue.

17

18

19

Premières fissures chez les intellectuels communistes

17. Edgar Morin, sociologue exclu du PCF en 1951 pour avoir écrit un article dans *France Observateur*. Il crée la revue *Arguments* en 1956 qui remettra sur le chantier la doxa marxiste jusqu'en 1962. Appelé à devenir après son *Autocritique*, en 1959, une des têtes pensantes de la gauche démocratique.

18. Première page de la revue *Arguments* n° 1, décembre 1956-janvier 1957.

19. Marguerite Duras vers 1951, après son exclusion du P[arti] le 8 mars 1950. Jusqu'alors militante exemplaire du pa[rti] au point de devenir secrétaire de cellule, elle a émis d[es] doutes sur le jdanovisme dans le petit cenacle réuni chez e[lle] rue Saint-Benoît, où se retrouvent Dionys Mascolo, Rob[ert] Antelme, Edgar Morin, tous vite rejetés hors du parti.

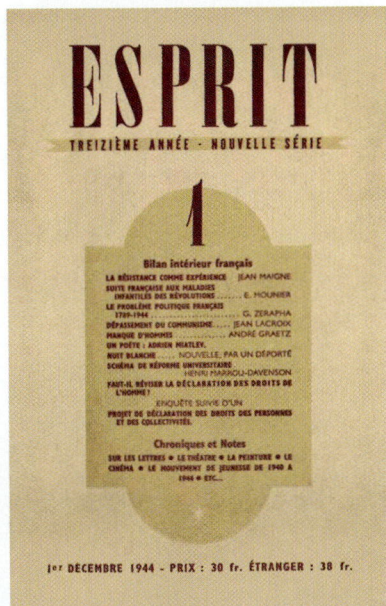

21

23

e personnalisme

0. Emmanuel Mounier vers 1946. Directeur d'*Esprit* jusqu'à
 mort, en 1950, il préconise une troisième voie entre
 matérialisme marxiste et la loi de l'argent capitaliste : le
ersonnalisme.
1. *Esprit*, treizième année, nouvelle série, nº 1, 1er décem-
e 1944. La revue chrétienne entame un compagnonnage
mporaire avec les communistes.

22. Jean-Marie Domenach va seconder Emmanuel Mounier
en tant que secrétaire de la revue *Esprit* à partir de 1946.
Il prendra la direction de la revue en 1957 jusqu'en 1976.
23. Paul Flamand et Jean Bardet dans les années 1960. Après
1945, les deux hommes relancent les Éditions du Seuil et
confient aux animateurs d'*Esprit* la direction de plusieurs
collections.

24

25   26

Une presse à grand tirage pour la nouvelle gauche antistalinienne

24. Françoise Giroud, François Mauriac et Jean-Jacques Servan-Schreiber à *L'Express* en 1959. Le 10 avril 1955, l'arrivée du Prix Nobel de littérature à l'hebdomadaire pour y publier son «Bloc-notes», après sa rupture avec *Le Figaro* sur la question coloniale, est une divine surprise pour ses deux directeurs.

25. *L'Observateur politique, économique et littéraire*, n° 20 avril 1950. L'hebdomadaire de la gauche progressiste n communiste changera plusieurs fois de titre, pour deven *L'Observateur aujourd'hui* en 1953, *France Observateur* e 1954 puis *Le Nouvel Observateur* en 1964.

26. Naissance de *L'Express*, le 16 mai 1953, comme suppl ment du samedi des *Échos*. Le modèle journalistique de c nouvel hebdomadaire est le *news magazine* américain, ma son engagement derrière Pierre Mendès-France est total

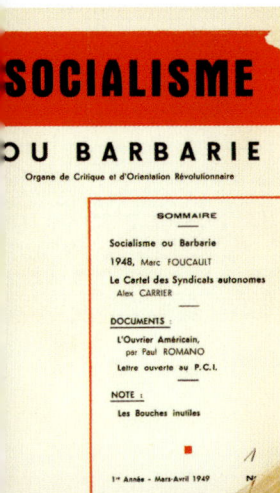

28

29

31

ant et après 1956, les éclaireurs du présent commencent à se faire entendre

Socialisme ou Barbarie, n° 1, mars-avril 1949, revue anti-alitaire lancée par Cornelius Castoriadis et Claude Lefort, iens trotskystes.

Cornelius Castoriadis, philosophe et psychanalyste rigine grecque arrivé en France sur le Mataora fin 1945. ée le courant et la revue *Socialisme ou Barbarie* en 1949 sortant de la section française de la IVᵉ Internationale. La ue paraîtra jusqu'en 1965, jouant un rôle précurseur dans alyse critique du système bureaucratique.

Claude Lefort, sociologue, cofondateur de *Socialisme ou barbarie* en 1949. Il a aussi collaboré aux *Temps modernes* qu'à la rupture avec Sartre lorsque ce dernier décide de venir compagnon de route du PCF. Sa thèse d'État est sacrée à M*achiavel, le travail de l'œuvre.*

30. Maurice Merleau-Ponty en 1952, année de sa rupture avec Jean-Paul Sartre, présenté comme un «ulra-bolchevik», en pleine guerre de Corée.

31. L'insurrection de Budapest, du 23 octobre au 10 novembre 1956, marque une profonde rupture dans l'histoire du XXᵉ siècle. L'écrasement de la révolution hongroise par les chars russes produit une gigantesque onde de choc. Cette photo de Jean-Pierre Pedrazzini, prise le 30 octobre 1956, est publiée par *Paris-Match* dix jours plus tard. Elle fait le tour du monde.

32

33

34

Le magistère intellectuel de la gauche progressiste

32. Jean Daniel en 1965, un an après avoir quitté *L'Express* pour fonder *Le Nouvel Observateur*, le 19 octobre 1964.
33. *France Observateur,* n° 205, 15 avril 1954. Nombre d'intellectuels anciennement communistes se font journalistes dans ses pages.

34. Les historiens Jacques Ozouf et François Furet à la fin années 1950, après leur sortie du communisme, respect ment en 1956 et 1959.

37

Journée historique pour l'Algérie française
L'ÉCHO D'ALGER
De Gaulle aux Algérois:
"Je vous ai compris"

38

Résistance » républicaine au 13 mai 1958

36. Daniel Cordier et Stéphane Hessel à l'époque de la dation du club Jean-Moulin, en juillet 1958, pour réa- au coup de force d'Alger du 13 mai 1958 et préserver prit du Conseil national de la Résistance.

37. L'amiral Auboyneau, les généraux Massu et Salan et Jacques Soustelle lors du putsch d'Alger, le 13 mai 1958, qui va entraîner le retour au pouvoir du général de Gaulle. **38.** *L'Écho d'Alger*, 5 juin 1958. Porté au pouvoir et acclamé par la foule d'Alger le 4 juin, de Gaulle lance son « Je vous ai compris » significatif de sa volonté de maintenir le *statu quo*.

39

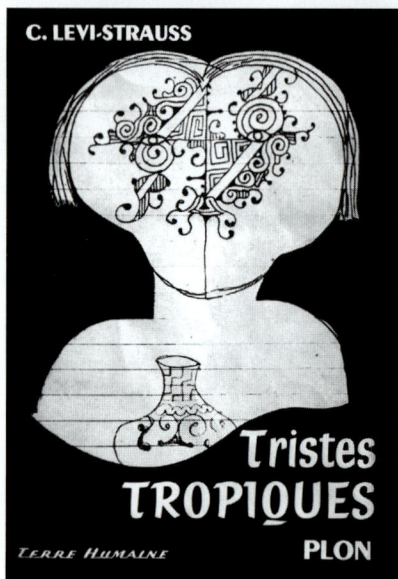

40

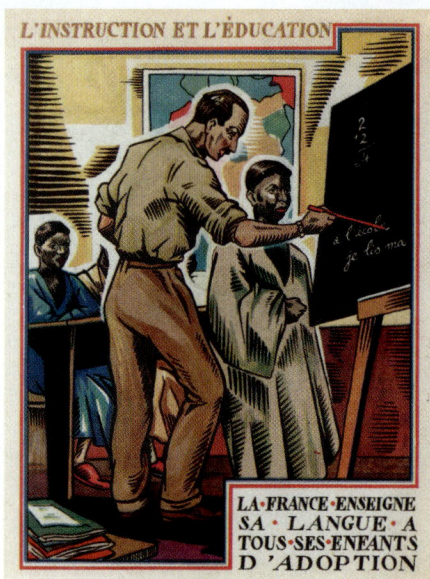

41

Désir d'ailleurs : du moment colonialiste au moment ethnologique

39. Claude Lévi-Strauss au Brésil en 1938. Sur proposition du directeur de l'École normale supérieure, il se lance dans une enquête de terrain chez les Nambikwara qui s'étendra de 1935 à 1939.

40. *Tristes tropiques*, Plon, 1955. Le *best-seller* de Clau[de] Lévi-Strauss décrit le mode de vie des sociétés amérindien[nes]. La France découvre avec ravissement ce qui lui paraît ê[tre] le berceau de l'humanité.

41. Affiche coloniale de Henri Dimpre, 1943.

Arthur Adamov, Robert Antelme, Michel Arnaud, Georges Auclair,

Jean Baby, Hélène Balfet, Marc Barbut, Robert Barrat, Simone de Beauvoir, Jean-Louis Bedouin, Marc Beigbeder, Robert Benayoun, Maurice Blanchot, Roger Blin, Geneviève Bonnefoi, Arsène Bonnefous-Murat, Raymond Borde, Jean-Louis Bory, Jacques-Laurent Bost, Pierre Boulez, Vincent Bounoure, André Breton, Michel Butor,

Guy Cabanel, François Chatelet, Georges Condominas, Michel Crouzet, Alain Cuny, Jean Czarnecki,

Dr Jean Dalsace, Adrien Dax, Hubert Damisch, Jean Delmas, Danièle Delorme, Jacques Doniol-Valcroze, Bernard Dort, Jean Douassot, Simone Dreyfus, René Dumont, Marguerite Duras,

Yves Ellouet, Dominique Eluard, Charles Estienne, Françoise d'Eaubonne,

Dominique Fernandez, Jean Ferry, Louis-René des Forêts, Dr Théodore Fraenkel, André Frénaud,

Jacques Gernet, Louis Gernet, Édouard Glis... Christiane Grémillon, Anne Guérin, Daniel Guérin,

Jacques Howlett,

Édouard Jaguer, Pierre Jaouen, Gérard Jarlot, R... Jaulin, Alain Joubert,

Pierre Kast, Henri Kréa,

Serge Lafaurie, Robert Lagarde, Monique Lange, C... Lanzmann, Robert Lapoujade, Henri Lefebvre, G... Legrand, René Leibowitz, Michel Leiris, Paul L... Jérôme Lindon, Eric Losfeld, Robert Louzon,

Olivier de Magny, Florence Malraux, André Mando... Maud Mannoni, Jean Martin, Renée-Marcel Mart... Jean-Daniel Martinet, Andrée Marty-Capgras, D... Mascolo, François Maspéro, André Masson, Pierre de Ma...

Jean-Jacques Mayoux, Jehan Mayoux, Andrée Michel, Théodore Monod, Marie Moscovici, Georges Mounin,

Maurice Nadeau, Georges Navel,

Claude Ollier,

Marcel Péju, Jacques Panigel, Hélène Parmelin, José Pierre, André Pieyre de Mandiargues, Roger Pigault, Édouard Pignon, Bernard Pingaud, Maurice Pons, J.-B. Pontalis, Jean Pouillon,

Madeleine Rebeyrioux, Paul Rebeyrolle, Denise René, Alain Resnais, Jean-François Revel, Paul Revel, Evelyne Rey, Alain Robbe-Grillet, Christiane Rochefort, Maxime Robinson, Jacques-Francis Rolland, Alfred Rosmer, Gilbert Rouget, Claude Roy,

Marc Saint-Saens, Jean-Jacques Salomon, Nathalie Sarraute, Jean-Paul Sartre, Renée Saurel, Claude Sautet, Catherine Sauvage, Jean Schuster, Robert Scipion, Louis Seguin, Geneviève Serreau, Simone Signoret, Jean-Claude Silbermann, Claude Simon, Siné, René de Solier, Dor de la Souchère,

Jean Thiercelin, François Truffaut, Tristan Tzara, ... Pi...

43

44

46

47

Quelques-uns des signataires de la «Déclaration sur le droit à l'insoumission dans la guerre d'Algérie», ou manifeste des 121

L'appel des 121, ou «Déclaration sur le droit à l'insoumission dans la guerre d'Algérie», publié le 6 septembre [196]0 dans *Vérité-Liberté* (Cahiers d'information sur la guerre [d'A]lgérie) et repris dans *Les Temps modernes*, n°s 173-174, [a]oût-septembre 1960.

Maurice Blanchot, écrivain et philosophe qui s'engage [acti]vement contre la guerre d'Algérie. Il est, pour l'essentiel, [au]teur du Manifeste des 121. On le retrouvera très actif dans [le] mouvement contestataire de Mai 68.

44. Pierre Vidal-Naquet, historien spécialiste de la Grèce antique qui s'est fortement engagé contre la guerre d'Algérie en créant notamment le comité Maurice Audin. Signataire du Manifeste des 121, il sera un des rares signataires à se voir sanctionné. Son enseignement à l'université de Caen sera suspendu pour un an.

45. Maurice Nadeau qui créera en 1966 le bimensuel *La Quinzaine littéraire*, s'est fortement engagé contre la guerre d'Algérie. Il s'est occupé de rassembler les signatures pour le Manifeste des 121 qui engage les appelés français à l'insoumission.

46. Jean Paulhan vers 1960.

47. Dionys Mascolo au début des années 1960.

48

49

50

51

52

53

La pensée critique des années 1960

48. Georges Bataille en février 1961. Georges Bataille, homme de revues, a été secrétaire général de la revue *Documents* dans les années 1930, fondateur de la revue *Acéphale* en 1936. Il crée la revue *Critique* en 1946 qui sera doublée d'une collection du même nom aux Éditions de Minuit.

49. Jacques Lacan en octobre 1967. Le psychanalyste conquiert son magistère en France par la fascination qu'exerce son verbe.

50. Roland Barthes en 1964. Maître de l'étude des signes, le philosophe et critique littéraire incarne l'ambition d'un vaste programme sémiologique.

51. Louis Althusser en 1957. Caïman à l'École normale su[...]rieure, le philosophe a formé toute une génération à[...] relecture de Marx teintée d'épistémologie marxiste.

52. Pierre Bourdieu (novembre 1982), sociologue qui f[...] école. Il publie en 1964 une critique radicale du systè[...] éducatif accusé de reproduire les inégalités sociales dans [...] *Héritiers*. Il créera plus tard, en 1975, les *Actes de la recher[...] en sciences sociales*.

53. Jacques Derrida, philosophe, assistant de Ricœur en[...] 1960 et 1964. Il publie en ce début des années 1960 [...] premiers travaux de déconstruction qui seront repris [...] 1967 en deux publications qui feront date, *L'Écriture e[...] Différence* et *De la grammatologie*.

54

55

Des avant-gardes : le nouveau roman (1959) et *Tel Quel* (1971)

54. En 1959, devant le siège des Éditions de Minuit, auteurs et éditeurs d'une nouvelle esthétique littéraire vite baptisée « nouveau roman » posent pour la postérité : de gauche à droite, Alain Robbe-Grillet, Claude Simon, Claude Mauriac, Jérôme Lindon, Robert Pinget, Samuel Beckett, Nathalie Sarraute, Claude Ollier et Marie Dondero.

55. Aux côtés de Philippe Sollers, la revue *Tel Quel* incarne en 1971 une nouvelle avant-garde culturelle qui épouse tous les tournants de la radicalité. De gauche à droite Julia Kristeva, Pierre Rotenberg, Jean-Louis Baudry, Philippe Sollers, Marcelin Pleynet, Denis Roche et Jean Ricardou.

56. André Malraux photographié par Yousuf Karsh, Paris, 1954.

Crédits photographiques

1 : © Estate Brassaï-RMN-Grand Palais/photo RMN-GP-Michelle Bellot ; 2, 5, 15, 16, 21, 42, 46, 47, 48 : Archives Gallimard ; 3 : Collection Catherine et Camus, Fonds Albert Camus, reproduction interdite/archives Gallimard. 4 : Roger-Viollet ; 6 : Éditions de Minuit/Irène Lindon ; 7 : Musée Carnavalet/Ro Viollet ; 8 : Rue des Archives/Tallandier ; 9, 10, 32 : Keystone-France/Gamma-rapho ; 11 : Ministère de la Culture - Médiathèque du Patrimoine, Dist. RMN-G Palais / Willy Ronis ; 12 : collection particulière ; 13 : © Succession Picasso, 2018 / photo BHVP/Roger-Viollet ; 14 : Roger Berson/Roger-Viollet ; 17 : AFP/Mic Bancilhon ; 18 : IMEC ; 19, 30 : Philippe Parry/Éditions Gallimard ; 20 : Fonds Emmanuel Mounier/IMEC ; 22 : Collection particulière/tous droits réservés ; Renaud/Leemage ; 24 : Collection Dagli Orti/Mondadori Portfolio ; 25 : Selva/Leemage ; 26 : Josse/Leemage ; 27 : Collection particulière ; 28 : Sophie Basse Leemage ; 29 : Jean-Régis Roustan/Roger-Viollet ; 31 : Russel Melcher ; 33 : Bibliothèque nationale de France ; 34 : Archives Mona Ozouf/Éditions Gallim 35 : Le Figaro, 01/06/1964 ; 36 : Studio Harcourt/RMN-GP ; 37 : AFP ; 38 : Laurent Maous/Gamma-Rapho ; 39 : Patrick Léger/Éditions Gallimard ; 40 : Arch Monique Lévi-Strauss ; 41 : © Adagp, Paris, 2018/photo Kharbine-Tapabor ; 43 : collection particulière / tous droits réservés ; 44 : Louis Monier/Rue des Arch 45 : René Saint Paul/Rue des Archives ; 49 : Giancarlo Botti/Gamma-Rapho ; 50 : Bridgeman Images ; 51 : Fonds Louis Althusser/IMEC ; 52 : Ulf Andersen/G Images/Hulton Archive ; 53 : Martine Franck/Magnum photos ; 54 : Elisa Dondero/Éditions de Minuit/Leemage ; 55 : Philippe Couderc/Le Seuil ; 56 : Yo Karsh/Camera press/Gamma.

publier les nombreuses lettres de rappelés qui leur parviennent. C'est ainsi que paraît en mars 1957 la brochure « Les rappelés témoignent », dont « la préface est signée collectivement par Jean-Marie Domenach, René Capitant, Paul Ricœur, René Rémond et bien d'autres dont naturellement les prêtres de la Mission de France qui ont contribué à son élaboration[1] ».

La Jec progresse à l'intérieur de l'Unef, où elle devient l'ossature d'abord de la minorité puis de la majorité en 1956. Elle conquiert alors la direction de la grande organisation syndicale étudiante qui va jouer un rôle essentiel dans le combat contre la guerre en Algérie.

UNE GUERRE DE L'ÉCRIT

Forte de son magistère intellectuel, la revue *Les Temps modernes* prend des positions de pointe dans la contestation de la guerre d'Algérie. La détermination de Jean-Paul Sartre est d'autant plus grande à cet égard que l'engagement dans ce nouveau conflit va lui permettre de renouer avec tout un milieu intellectuel de gauche dont il s'était quelque peu coupé durant ses années de compagnonnage avec le PCF entre 1952 et 1956. La cause algérienne vient bien à point après Budapest pour le sortir des errements qui l'ont conduit à chanter la gloire de Staline. Roland Dumas ira même jusqu'à dire à son propos que « la guerre d'Algérie a été *sa* guerre[2] ». Puissant symbole de l'expression intellectuelle, Sartre cristallise sur sa personne la haine des fervents de l'Algérie française. Lors de la publication du manifeste des 121 (voir *infra*, chap. 11, pp. 347 sqq), en octobre 1960 on entendra des « Fusillez Sartre ! » dans une manifestation de protestation d'anciens combattants.

Sartre ne se place pas sur le terrain de la protestation morale, mais sur celui de la cause tiers-mondiste. Il considère que s'ouvre enfin une troisième voie qui permet d'échapper au monde binaire

---

1. HAMON et ROTMAN [1979], 1982, p. 70.
2. Roland Dumas, cité dans COHEN-SOLAL, 1985, p. 563.

de la guerre froide. Les peuples qui luttent pour leur émancipation sont pour lui porteurs d'un horizon salvateur. En 1961, il écrit sa fameuse préface à l'ouvrage de Frantz Fanon *Les Damnés de la terre*[1], dans laquelle il estime que la voix qu'exprime Fanon est celle, sortie de l'ombre, des pays du tiers-monde qui font leur entrée dans l'histoire. Ayant tous en commun de devoir s'élever contre la tyrannie coloniale, ils incarnent l'espérance révolutionnaire après l'issue funeste de la révolution d'Octobre. « Fanon, écrit-il, est le premier depuis Engels à remettre en lumière l'accoucheuse de l'histoire[2]. » Pour Sartre, la guerre au colonialisme ne supporte aucun état d'âme et l'on doit au contraire appuyer la violence que porte inéluctablement cette cause : « Abattre un Européen, écrit-il, c'est faire d'une pierre deux coups, supprimer en même temps un oppresseur et un opprimé[3]. »

Le 1er novembre 1954, dans un contexte où le consensus est encore à préserver une Algérie française, *Les Temps modernes* font cavalier seul en prenant position pour l'indépendance. Dans les années 1956-1957, les articles de la revue multiplient les analogies entre ce qui se passe en Algérie et l'occupation allemande pendant la Seconde Guerre mondiale :

> Les destructions de villages, les viols, les pillages, les « regroupements » de population, le recours systématique à la torture et aux exécutions sommaires — les « corvées de bois » —, quelle différence avec les pratiques hitlériennes, en dehors de l'extermination « industrielle » des juifs[4] ?

Tout en se tenant à distance de Francis Jeanson, avec lequel il s'est brouillé en 1956, Sartre est sollicité début 1959 pour apporter un soutien explicite au réseau de porteurs de valises que Jeanson a constitué. Celui-ci, hésitant et anxieux, finit par se résoudre à appeler Sartre et se trouve immédiatement réconforté lorsque ce dernier lui dit qu'il espérait son appel. Selon Jeanson, Sartre lui

---

1. Sartre, 1961 (b).
2. *Ibid.*, p. 23.
3. *Ibid.*, p. 29.
4. Marcel Péju, cité dans Lacouture et Chagnollaud, 1993, p. 229.

déclare : « Vous savez, je suis cent pour cent d'accord avec l'action que vous poursuivez. Utilisez-moi comme vous pourrez. J'ai des amis aussi, qui ne demandent pas mieux que de se mettre à votre disposition ; dites-moi de quoi vous avez besoin[1]. »

La guerre de l'écrit trouve chez un certain nombre d'éditeurs des relais essentiels pour faire circuler l'information et contourner la censure en vigueur. Parmi eux, Jérôme Lindon, directeur des Éditions de Minuit, considère ce combat comme le prolongement de la Résistance au nom d'« une certaine idée de la France ». Ce n'est pas tant le tiers-mondisme qui le mobilise que la fidélité à la posture dreyfusarde de la vérité et de la justice contre la raison d'État. Sur la question algérienne, Lindon publie en 1957 l'ancienne résistante et déportée à Buchenwald devenue ethnologue, Germaine Tillion. Dans *L'Algérie en 1957*, dont le propos n'est pas encore celui de la rupture, elle définit la voie d'une politique républicaine et démocratique réconciliant les autorités françaises et les forces progressistes algériennes, tout en dénonçant les injustices inhérentes au système colonial. À l'automne 1957, avec la publication de *Pour Djamila Bouhired*, de Georges Arnaud et Jacques Vergès, Minuit entre en résistance. Il s'agit là d'un livre de combat contre la torture infligée à une jeune Algérienne condamnée à mort pour son appartenance au FLN et sa participation à l'attentat du Milk Bar d'Alger, le 30 septembre 1956. L'émotion suscitée par ce livre, relayé dans la presse de gauche comme de droite par des personnalités telles qu'André Frossard ou Pierre Lazareff, permet d'obtenir du président René Coty la grâce de Bouhired.

Cet engagement contre la guerre d'Algérie permet à l'éditeur de faire coup double. En ce milieu des années 1950, alors qu'il incarnait déjà une expression littéraire en rupture, il endosse à présent la posture de l'intellectuel qui s'insurge pour des raisons éthiques. La place centrale qu'il occupe désormais dans le monde des lettres contraste avec la dimension modeste de sa maison d'édition. Avec le concours de la Ligue des droits de l'homme, Lindon reçoit le soutien d'une cohorte d'intellectuels qui se rangent derrière lui pour

1. JEANSON, Francis [1966], 1982, p. 155.

protester contre la saisie de *La Question* et signent l'appel qu'il rédige, adressé au président de la République[1].

En décembre 1958, Lindon enfonce le clou avec la publication d'un recueil de plaintes de cinq étudiants algériens torturés dans les locaux de la Sécurité du territoire à Paris sous le titre *La Gangrène*, qui trouve un large écho, mais est à son tour saisi. En 1960, il publie *Le Déserteur*, de Jean-Louis Hurst (sous le pseudonyme de Maurienne), un roman qui appelle à la désobéissance des militaires et qui, lui aussi, est saisi. Toujours en 1960, Minuit récupère l'insoumis du Seuil Francis Jeanson, qui publie *Notre guerre*, subissant également la saisie. Durant toute la guerre d'Algérie, Lindon sera inculpé à dix-huit reprises, verra son appartement plastiqué et un cocktail Molotov lancé dans la vitrine de sa maison d'édition.

Ce n'est pourtant pas par antigaullisme que Lindon choisit le camp de la contestation la plus radicale. Tout au contraire, il reste attaché à la personne du Général, qu'il préférera à François Mitterrand à l'élection présidentielle de 1965. En 1958, il ne voyait nullement dans son retour le risque de dictature fasciste que dénonçait la gauche, ce dont témoignera son ami Pierre Vidal-Naquet :

> Il fut le plus lucide de tous mes amis. Très tôt, vers le 22 mai, il me téléphone pour me dire : « Il ne s'agit plus d'opposer de Gaulle et la République, mais d'avoir de Gaulle et la République. » Il n'en estime pas moins dès la prise du pouvoir (1er juin) que si l'on voulait aider le Général à faire la paix en Algérie, il fallait l'attaquer sans merci, et c'est ce qu'il fit, tout « gaulliste de gauche » qu'il fût au fond de lui-même[2].

Autre éditeur très engagé, François Maspero représente le versant tiers-mondiste de la protestation contre la guerre d'Algérie. En octobre 1957, il reprend une grande librairie au 40, rue Saint-Séverin pour y ouvrir « La Joie de lire », et, l'année suivante, lance les éditions qui portent son nom sans rien connaître du métier. Parmi ses premiers livres édités, Maspero exhume un écrivain communiste quelque peu oublié, car rejeté par le PCF pour avoir

---

1. Cet appel est signé notamment par Jean-Paul Sartre, François Mauriac, Roger Martin du Gard et André Malraux.
2. VIDAL-NAQUET, 2007, p. 79.

osé critiquer le pacte germano-soviétique : Frantz Fanon. Celui-ci, descendant d'esclaves martiniquais, engagé dans la France libre, disciple du psychiatre François Tosquelles, membre de la rédaction d'*El Moudjahid*, ambassadeur itinérant en charge de la politique africaine du GPRA, représente la mauvaise conscience de son époque aux yeux de Maspero, qui lui voue une profonde admiration.

Lors de la manifestation pacifiste des Algériens de Paris durement réprimée par le préfet de police Papon, le 17 octobre 1961, qui jette dans les eaux de la Seine des dizaines d'Algériens matraqués, et dont le sombre bilan disparaîtra longtemps de la mémoire collective des Français, Maspero joue un rôle de témoin actif. Militant dans un réseau de soutien aux Algériens en lutte, il est chargé de suivre à moto les manifestants en divers lieux de la capitale et assiste au massacre. « La guerre a fait physiquement irruption dans ma librairie au soir du 17 octobre 1961, écrit-il en 2002. Le sol était jonché de corps sanglants, une masse de policiers bloquait la rue et certains voulaient forcer la porte. Les ambulances ne purent venir que tard[1]. »

Maspero s'engage à prendre sa place dans ce qui a été qualifié de « Front éditorial » dans la résistance à l'engrenage de la guerre d'Algérie aux côtés de Jérôme Lindon et de Nils Andersson[2]. Il retrouve dans ce combat l'esprit de résistance de sa famille, de son père et de son frère disparus, mais aussi de sa mère, qui, de retour de son camp de déportation, s'est engagée activement dans les milieux résistants et a siégé dans les commissions de réfugiés et de prisonniers. En 1950, elle avait rejoint la commission internationale contre le régime concentrationnaire créée par David Rousset. Par son intermédiaire, Lindon restera en contact avec les réseaux résistants dans les années 1950 et saura en faire bon usage dans la lutte contre la guerre d'Algérie. De tous les éditeurs, il reste le plus proche des porteurs de valises et des insoumis : « Il se déplace avec les voitures, et se retrouve même avec ses compagnons en armes pour tenter d'empêcher, en vain, l'exécution d'un militant algérien [Abderrahmane] Lakhlifi[3]. »

---

1. MASPERO, 2002, p. 159.
2. ANDERSSON, 2002.
3. HAGE, 2010, p. 166 ; voir aussi MARTIN, Roger, 1993.

Sans vraiment se situer sur les positions militantes de Maspero ou de Lindon, René Julliard exprime lui aussi par ses publications sa condamnation de la guerre d'Algérie. S'il refuse *La Question* et ne signe pas le manifeste des 121, il fait partie de ce trio d'éditeurs qui récusent la politique menée de l'autre côté de la Méditerranée. À la fin des années 1950, son antigaullisme est conforté par l'arrivée en 1959 dans sa maison d'édition d'un brillant jeune homme de vingt-six ans, Christian Bourgois, dévoreur de livres depuis l'âge de sept ans et solidement campé dans le progressisme.

À la fin de 1961, l'opposition à la politique algérienne du général de Gaulle conduit Julliard à publier le très populaire feuilleton du *Canard enchaîné* « La cour — chronique du royaume ». Mais dès 1957, il sort le témoignage de Jean-Jacques Servan-Schreiber sur son expérience d'officier appelé en Algérie. Suivent, en 1960, *Le Passager de la nuit*, de Maurice Pons, qui raconte sous forme de fiction le travail des porteurs de valises, puis, la même année, un ouvrage critique de Jules Roy, refusé par Gallimard et Albin Michel, qui devait s'intituler *La guerre de Cent Ans aura-t-elle lieu ?*. Bourgois, qui entend en faire un événement, propose à la place le titre *La Guerre d'Algérie*, acte transgressif à l'époque et passible des tribunaux. À sa sortie, l'écho est tel qu'il s'en vend en quelques jours cent vingt mille exemplaires. En 1961, Julliard publie *Le Réseau*, un roman de Claude Faux, secrétaire de Sartre, favorable aux réseaux de soutien au FLN.

À l'automne 1960, *France Observateur* publie « Professeur en Algérie », un article sur deux pages de Pierre Nora, qui revient de deux années d'enseignement au lycée Lamoricière d'Oran, où il a été nommé comme coopérant après l'obtention de l'agrégation d'histoire[1]. Ce témoignage haut en couleur de Pierre Nora dresse le constat qu'il n'est d'autre alternative que de reconnaître la représentativité et la légitimité du FLN. Le soir de sa publication, Pierre Nora retrouve chez Françoise Cachin, qui deviendra son épouse, son ami Jean-François Revel et l'éditeur Christian Bourgois. Celui-ci le félicite pour son article, et Revel renchérit en lui suggérant d'en tirer un livre sur l'Algérie. Le livre paraîtra

---

1. Nora [1960], 2011.

chez Julliard l'année suivante sous le titre *Les Français d'Algérie*[1]. Parler des « Français d'Algérie » participe d'une provocation nominaliste similaire à celle de Jules Roy chez le même Julliard, car on ne parlait à l'époque que des « Européens ». L'ouvrage sort opportunément au printemps 1961, en plein putsch des généraux et alors que se réunit la première conférence d'Évian, qui ont pour effet de concentrer l'attention sur le devenir incertain de ces Français d'Algérie. Le succès est immédiat. Tiré à trente-cinq mille exemplaires, il s'arrache en librairie, faisant la réputation de son jeune auteur. Julliard n'aura pas la possibilité de voir l'indépendance de l'Algérie qu'il appelle de ses vœux, au point d'affirmer qu'elle « sera le plus beau jour de [s]a vie ». Atteint d'un cancer, il travaille jusqu'au dernier moment, mais, ne pouvant plus se déplacer, fait venir chaque matin son attachée de presse Monique Mayaud pour être tenu au courant. Il meurt quelques jours avant la proclamation de l'indépendance, le 1er juillet 1962.

Le front du refus de la guerre d'Algérie se manifeste aussi du côté de la presse. Dès novembre 1954, l'hebdomadaire de gauche *France Observateur* prend des positions en pointe, à l'image de Claude Bourdet, qui écrit : « Le peuple algérien est un peuple misérable, trompé, désespéré, et tout cela par notre faute. Voilà le fond du tableau, voilà la cause première de cette guérilla commencée dans les Aurès[2]. » Bourdet, ancien déporté au camp de Buchenwald et Compagnon de la Libération, est un des premiers à percevoir que la répression totale dans laquelle sont engagées les autorités françaises conduit droit à la guerre. En 1955, en plein débat sur la torture, il signe un article intitulé « Vers la guerre d'Algérie[3] ». *France Observateur* est bien informé par ses réseaux. En avril 1954, avant même le déclenchement des combats par le FLN, Gilles Martinet était invité à Alger par un comité regroupant le MTLD, l'UDMA et le PC algérien. Les dénonciations et mises en garde du journal — comme celle lancée par Bourdet en septembre 1955 : « Ne lancez pas le contingent dans votre guerre » — entraînent la multiplication des saisies et pas moins de seize interdictions de

---

1. Nora [1961], 2012.
2. Bourdet, 1954.
3. Id., 1955 (a).

distribution sur le territoire métropolitain : « Bourdet, Martinet, Estier, Paret, Barrat, Naville et Galard appellent sans relâche la préparation d'un cadre de négociation admettant d'emblée la reconnaissance de l'intégrité de la nation algérienne[1]. »

En octobre 1956, alors que le gouvernement de Guy Mollet détourne l'avion où se trouve Ahmed Ben Bella et l'arrête, Ève Deschamps, l'envoyée spéciale de *France Observateur*, présente dans l'avion, est incarcérée, et son mari, Roger Paret, est inculpé pour ses articles considérés comme une entreprise de démoralisation de l'armée. Bourdet est poursuivi pour les mêmes raisons, après son article « Disponibles, quel sursis ? », qui s'élève contre la mobilisation des rappelés :

> Cent mille jeunes Français sont de nouveau menacés d'être arrachés à leurs familles, à leur métier […], menacés d'être jetés dans la « sale guerre d'Algérie ». Les démocrates de toute tendance, de tout esprit, doivent tout faire pour empêcher ce sacrifice de la force vive du pays, ce suicide conscient de notre régime politique[2].

Le journal fait l'objet de perquisitions de la DST, qui cherche des documents secrets compromettants et ne découvre qu'une collection de timbres soviétiques chez Claude Estier. Si le combat contre la guerre ne faiblit pas, le massacre de Melouza, dans la nuit du 28 au 29 mai 1957, suscite dans la rédaction une prise de distance vis-à-vis du FLN, qu'il ne s'agit plus de cautionner inconditionnellement[3].

L'autre grand périodique qui a joué un rôle actif dans le cadre de la décolonisation de l'Indochine est *L'Express*. La position qu'il adopte sur le cas algérien est beaucoup plus nuancée que celle de *France Observateur*. Très liée à Pierre Mendès France, l'équipe du journal soutient le président du Conseil lorsque éclate l'affrontement, le 1ᵉʳ novembre 1954. La réponse souhaitée est celle de la réforme économique et sociale favorisant une politique d'assimilation, en s'appuyant sur les élites de la population musul-

---

1. TÉTART, 2000, p. 173.
2. BOURDET, 1956.
3. ID., 1957.

mane d'Algérie. Mais l'engrenage de la guerre rend chaque jour plus caduc un tel espoir : « L'hebdomadaire refuse d'excuser la torture, admettant que les abominations tiennent à la nature du conflit[1]. » Entre juillet 1955 et février 1956, Albert Camus collabore au journal et prône une libre association des Français et des Algériens. Jean Daniel, Français d'Algérie qui connaît le dossier dans toute sa complexité, prône la négociation avec les rebelles du FLN : « Après le déclenchement de l'insurrection, écrira-t-il, je compris que tout était perdu si nous ne traitions pas au plus tôt avec les insurgés[2]. » Le 6 février 1956, au moment du recul de Guy Mollet, sont réunis dans le bureau de Jean-Jacques Servan-Schreiber François Mauriac, Albert Camus, Jean Daniel et Alfred Sauvy, furieux que Pierre Mendès France n'ait pas été désigné à la présidence du Conseil après le succès du Front républicain. Camus décide de ne plus écrire sur l'Algérie, ni dans *L'Express*, ni ailleurs, comme l'évoquera Daniel :

> Le plus lucide d'entre nous, ce fut Camus. Il eut l'accablement prophétique. Il déclara qu'il connaissait les siens, les Français d'Algérie, dont il devait être jusqu'au bout si solidaire, et que désormais le pouvoir ne serait plus à Paris, mais à Alger. Il annonça le regroupement des libéraux autour des ultras, les ratonnades, le contre-terrorisme et la sécession[3].

Daniel ne cessera de faire la navette entre Paris, Tunis et Alger, multipliant les contacts, cherchant à maintenir coûte que coûte un dialogue impossible. Ses prises de position dans *L'Express* allant clairement dans le sens de la contestation de la guerre menée en Algérie, ses articles sont autant de prétextes à saisies du journal : « Je fus deux fois inculpé pour atteinte à la sûreté intérieure et extérieure de l'État. Plus tard, certaines sections de l'OAS, apprenant que j'avais le front de revenir régulièrement en Algérie, mirent ma tête à prix[4]. » En parallèle, lorsque Daniel apprend, en janvier 1958,

---

1. JAMET, 1981, p. 105.
2. DANIEL, 2002, p. 155.
3. *Ibid.*, p. 157.
4. *Ibid.*, p. 160.

l'existence d'un massacre au cours duquel un Français est mutilé avec ses deux fils par des Algériens alors que sa femme est violée par d'autres, il attend en vain le désaveu du FLN : « Le silence n'était pas, à mes yeux, tolérable [...]. Je me devais de protester[1]. » Servan-Schreiber, ayant témoigné dans un livre et étant inculpé pour cela d'atteinte à la sûreté de l'État[2], et Françoise Giroud adoptent entre 1956 et 1958 une position de plus en plus critique à l'égard de la politique conduite par le pouvoir.

Les opinions du *Monde* sur l'Algérie sont très attendues par les intellectuels. Hubert Beuve-Méry, qui avait pris une position en flèche sur l'Indochine et faillit le payer de son poste, joue d'abord l'extrême prudence. Lorsque éclate l'insurrection, écrit son biographe Laurent Greilsamer, il est, comme la plupart des Français, « à mille lieues de souhaiter l'indépendance. L'idée même lui semble loufoque[3] ». Mais le moraliste en lui ne peut cautionner les exactions de l'armée française. Un reportage alarmant lui arrive de Georges Penchenier, qui télégraphie ce qu'il découvre à la mechta de Zef-Zef après avoir assisté aux obsèques des victimes du FLN à Philippeville, le 24 août 1955 : « Une cinquantaine de vieillards, de femmes et d'enfants ont été tués, à défaut des mâles qui s'étaient enfuis la nuit précédente[4]. » La rédaction en chef hésite d'abord, puis Beuve-Méry opte pour la publication. Alors que Maurice Bourgès-Maunoury, ministre de l'Intérieur, dément la véracité de ces informations, *Le Monde* repasse les plats avec davantage de détails macabres.

Si Beuve-Méry met beaucoup de temps avant d'admettre que l'armée française torture en Algérie, une fois sa conviction faite, sa condamnation est de la plus extrême fermeté : « Dès maintenant, les Français doivent savoir qu'ils n'ont plus tout à fait le droit de condamner dans les mêmes termes qu'il y a dix ans les destructions d'Oradour et les tortionnaires de la Gestapo[5]. » À propos de l'affaire Audin, Pierre Vidal-Naquet, qui a animé le comité, bénéficie du soutien total de Beuve-Méry qui a eu connaissance

1. *Ibid.*, p. 164.
2. SERVAN-SCHREIBER, 1957.
3. GREILSAMER, 2010, p. 541.
4. PENCHENIER, 1955.
5. BEUVE-MÉRY, 1957.

du dossier par Paul Teitgen, secrétaire général de la police à Alger et démissionnaire en septembre 1957 : « Beuve devient un repère. En flèche sur les droits de l'homme, en retrait sur l'émancipation politique revendiquée par le FLN[1]. »

LA BATAILLE DES MANIFESTES

Tout au long du conflit, l'unanimité est loin d'être acquise parmi les intellectuels. L'année 1960, au cœur de la guerre, voit s'affronter plusieurs manifestes. Celui dont on parlera le plus, bien qu'il soit celui qui recueille le moins de signataires, est le manifeste dit « des 121 ». Lassés par les atermoiements du pouvoir gaulliste et la poursuite de la violence, des intellectuels de gauche veulent marquer un grand coup. Maurice Blanchot, Maurice Nadeau, Dionys Mascolo, Jean Schuster et Jean Pouillon se réunissent durant l'été et débattent, tantôt aux *Temps modernes* et tantôt chez l'éditeur René Julliard, où l'animateur des *Lettres nouvelles*, Maurice Nadeau, possède un bureau, d'une initiative à prendre. Mascolo propose une déclaration collective qui justifierait le refus de prendre les armes contre les Algériens. Jean-Paul Sartre, qui s'envole avec Simone de Beauvoir pour le Brésil, donne son accord. Une première liste de vingt-cinq à trente noms est établie, mais elle ne cesse de s'étoffer. Le texte est pour l'essentiel rédigé par Blanchot. Mascolo s'occupe de le faire circuler, tandis que Nadeau s'efforce de rassembler le plus grand nombre possible de signatures. Marguerite Duras y contribue elle aussi, en contactant notamment Jean Daniel, mais sans obtenir sa signature : il n'est pas question dans le texte de la cause des Français d'Algérie.

Chez Julliard, la police trouve dans un tiroir du bureau de Nadeau la liste des signataires avec leurs adresses. Il est embarqué : « Je suis l'un des deux inculpés, Blanchot pour avoir écrit le manifeste, et moi pour l'avoir répandu[2]. » Outre Daniel, nombreux sont les

---

1. GREILSAMER, 2010, p. 545.
2. NADEAU, 2011, p. 19.

intellectuels contactés qui refusent, tels Edgar Morin, Claude Lévi-Strauss, Colette Audry ou Maurice Merleau-Ponty. Le 4 septembre 1960, *Le Monde* annonce :

> Cent vingt et un écrivains et artistes ont signé une déclaration sur « le droit à l'insoumission dans la guerre d'Algérie » [...]. Par sacs entiers, Mascolo avait posté, depuis le bureau de poste de la rue des Saints-Pères, plus de deux mille enveloppes qui contenaient une feuille à quatre pages, avec le texte de la déclaration, et la liste des cent vingt et une signatures[1].

Le manifeste étant aussitôt interdit de diffusion, *Les Temps modernes* paraissent en octobre avec deux pages blanches pour signifier la censure. Le paradoxe est à son comble puisque ce texte, le plus célèbre depuis la Libération, ne sera publié qu'à l'étranger, en Italie, dans *Tempo presente*, et en Allemagne, dans *Neue Rundschau*. En France, *Vérité-liberté* tente de le faire, mais est immédiatement saisi. Après une analyse dénonçant la politique du pouvoir et appuyant la cause algérienne comme une cause légitime d'émancipation nationale, le manifeste proclame :

> — Nous respectons et jugeons justifié le refus de prendre les armes contre le peuple algérien.
> — Nous respectons et jugeons justifiée la conduite des Français qui estiment de leur devoir d'apporter aide et protection aux Algériens opprimés au nom du peuple français.
> — La cause du peuple algérien, qui contribue de façon décisive à ruiner le système colonial, est la cause de tous les hommes libres[2].

---

1. COHEN-SOLAL, 1985, p. 539.
2. Cette « Déclaration sur le droit à l'insoumission dans la guerre d'Algérie » est signée par Arthur Adamov, Robert Antelme, Georges Auclair, Jean Baby, Hélène Balfet, Marc Barbut, Robert Barrat, Simone de Beauvoir, Jean-Louis Bédouin, Marc Begbeider, Robert Benayoun, Maurice Blanchot, Roger Blin, Arsène Bonnafous-Murat, Geneviève Bonnefoi, Raymond Borde, Jean-Louis Bory, Jacques-Laurent Bost, Pierre Boulez, Vincent Bounoure, André Breton, Guy Cabanel, Georges Condominas, Alain Cuny, le Dr Jean Dalsace, Jean Czarnecki, Adrien Dax, Hubert Damisch, Bernard Dort, Jean Douassot, Simone Dreyfus, Marguerite Duras, Yves Elléouët, Dominique Eluard, Charles Estienne, Louis-René des Forêts, le Dr Théodore Fraenkel, André Frénaud, Jacques Gernet, Louis Gernet, Édouard Glissant, Anne Guérin, Daniel Guérin, Jacques Howlett, Édouard Jaguer, Pierre Jaouen, Gérard Jarlot, Robert Jaulin, Alain Joubert,

La simple annonce de ce texte fait l'effet d'un séisme et suscite une réaction opposée des intellectuels qui défendent l'Algérie française et soutiennent la politique de pacification poursuivie par le pouvoir gaulliste. Le 7 octobre 1960, ces derniers publient un Manifeste des intellectuels français pour la résistance à l'abandon, qui dénonce une « cinquième colonne » depuis longtemps à l'œuvre contre les intérêts français et stigmatise

> les professeurs de trahison [qui] vont jusqu'à préconiser l'aide directe au terrorisme ennemi. Mis en présence de ces faits, les signataires du présent manifeste — écrivains, universitaires, journalistes, artistes, médecins, avocats, éditeurs, etc. — estiment qu'un plus long silence de leur part équivaudrait à une véritable complicité. Ils dénient, d'autre part, aux apologistes de la désertion le droit de se poser en représentants de l'intelligence française [...]. C'est une imposture de dire ou d'écrire que la France « combat le peuple algérien dressé pour son indépendance » [...]. C'est commettre un acte de trahison que de calomnier et de salir systématiquement l'armée qui se bat pour la France en Algérie [...]. C'est une des formes les plus lâches de la trahison que d'empoisonner, jour après jour, la conscience de la France [...]. La guerre d'Algérie est une lutte imposée à la France par une minorité de rebelles fanatiques, terroristes et racistes[1].

Henri Kréa, Robert Lagarde, Monique Lange, Claude Lanzmann, Robert Lapoujade, Henri Lefebvre, Gérard Legrand, Michel Leiris, Paul Lévy, Jérôme Lindon, Éric Losfeld, Robert Louzon, Olivier de Magny, Florence Malraux, André Mandouze, Maud Mannoni, Jean Martin, Renée Marcel-Martinet, Jean-Daniel Martinet, Andrée Marty-Capgras, Dionys Mascolo, François Maspero, André Masson, Pierre de Massot, Jean-Jacques Mayoux, Jehan Mayoux, Théodore Monod, Marie Moscovici, Georges Mounin, Maurice Nadeau, Georges Navel, Claude Ollier, Hélène Parmelin, José Pierre, Marcel Péju, André Pieyre de Mandiargues, Édouard Pignon, Bernard Pingaud, Maurice Pons, J.-B. Pontalis, Jean Pouillon, Denise René, Alain Resnais, Jean-François Revel, Paul Revel, Alain Robbe-Grillet, Christiane Rochefort, Jacques-Francis Rolland, Alfred Rosmer, Gilbert Rouget, Claude Roy, Marc Saint-Saëns, Nathalie Sarraute, Jean-Paul Sartre, Renée Saurel, Claude Sautet, Jean Schuster, Robert Scipion, Louis Seguin, Geneviève Serreau, Simone Signoret, Jean-Claude Silbermann, Claude Simon, René de Solier, D. de La Souchère, Jean Thiercelin, le Dr René Tzanck, Vercors, Jean-Pierre Vernant, Pierre Vidal-Naquet, Jean-Pierre Vielfaure, Claude Viseux, Ylipe et René Zazzo.

1. « Manifeste des intellectuels français pour la résistance à l'abandon », signé notamment par Henri Ader, Théophile Alajouanine, Roger Allaire, le Dr Paul-Félix Armand-Delille, Geneviève Bailac, Jacques Bergier, Georges Beuville, Antoine Blondin,

Cette initiative des intellectuels favorables à l'Algérie française émane du Mouvement national universitaire d'action civique. Créé en octobre 1958, il compte mille cinq cents adhérents et son bureau, dirigé par Pierre Grosclaude, est composé du juriste Henri Mazeaud et de l'historien Gilbert Picard : « La Sorbonne fournit un peloton dense de latinistes et d'historiens[1]. » À l'objection de conscience prônée par le manifeste des 121, ces partisans de l'Algérie française opposent l'union sacrée autour de l'armée. La vieille génération des Henri Massis, Roland Dorgelès et Pierre Gaxotte, contrainte d'adopter un profil bas après ses compromissions de la collaboration, relève la tête et se donne une nouvelle virginité aux côtés des jeunes loups de la relève, tels Roger Nimier, Antoine Blondin, Thierry Maulnier, Louis Pauwels ou Jacques Laurent. Comme le

---

Jacques Bonnet-Madin, le Dr Charles Boulay, Robert Bourget-Pailleron, Jacques Bourgain, Dr Léon Boutbien, Henry Bordeaux, Pierre Boyancé, Maurice Braure, André Brissaud, Philippe Brissaud, Marcel Brossolet, Jean Brune, Burel, François Bluche, Bertrand de Castelbajac, Jacques Chabanne, Eugène Cavaignac, Gabrielle Chatenet, Paul Chauveau, Henry Clérisse, René-Jean Clot, André Collot, Léo Dartey, Jean Déon, Michel Déon, Roger Dion, Roland Dorgelès, Pierre Drieu la Rochelle, Pierre Ducru, Norbert Dufourcq, Jacques Dupont, Jean Elbstein, Hubert Engelhard, Henri Évrard, Yvonne Eyrieux, Robert Farre, Jean Ferré, Luce Feyrer, André Figueras, William François, André François-Poncet, Bertrand Flornoy, Marie-Madeleine Fourcade, Pierre Frémy, Pierre Gaxotte, Bernard Georges, René Gillouin, Raoul Girardet, Jacques Godard, Jacques Gouault, Étienne Gril, Pierre Grosclaude, Pierre Guillain de Bénouville, Jean Guirec, Daniel Halévy, Robert d'Harcourt, Maurice d'Hartoy, Auguste Haury, Philippe Heduy, René Hener, Herbert, Jacques Heurgon, J.G.H. Hoffmann, Dr Serge Jeanneret, Maréchal Alphonse Juin, Charles Kunstler, Suzanne Labin, Emmanuel Lamotte, Dr Bernard Lafay, Gaston Leduc, Henri Lefebvre, Jean-Louis Lefebvre, Roland Laudenbach, François Léger, Pierre Lyautey, le Dr Charles Lucas, Jean Lépine, Camille Loterie, Raymond Magne, Gaston Mallet, Gabriel Marcel, Henri Mazeaud, Léon Mazeaud, Henri Massis, Jean Masson, Jules Monnerot, Paul Montel, Jean-Marc Montguerre, Abel Moreau, le Dr Jacques Moulins, Roland Mousnier, Henry de Monfreid, Roger Nimier, Pierre Noël, Pierre Nord, Barthélemy Ott, Georges Oudard, Jean Paulhac, Jacques Perret, Gilbert Picard, Charles Picard, René Poirier, Gilbert Pouteau, Bernard Raguenet, Chanoine Ferdinand Renaud, Stanislas Rey, Paul Ribeaud, Charles Richet, René Risacher, Michel Rohart, Jules Romains, Rémy Roure, Évrard de Rouvre, Théodore Ruyssen, René Sers, Louis de Saint-Pierre, Michel de Saint-Pierre, Philippe Saint-Germain, José Almira de Saint-Clet, Alphonse Séché, Claude J. Stoll, Robert Tardiff, Pierre de Tartas, Thierry Maulnier, Pierre Thurotte, Dr Léon Tixier, Paul Vernière, Daniel Villey, Dr Jean Vinchon, Pierre Weite, etc.

1. SIRINELLI [1990], 1996, p. 353.

note Jean-François Sirinelli, la droite intellectuelle a repris des couleurs à la faveur du conflit algérien.

Entre ces deux pôles, une troisième pétition, baptisée Appel à l'opinion pour une paix négociée en Algérie, connaît également un grand succès, même si elle n'aura pas le même écho. Proche du manifeste des 121 quant au diagnostic, elle prend acte qu'il ne peut plus y avoir d'Algérie française et que, « dans la situation donnée, la crise de conscience et l'esprit de révolte des jeunes sont inévitables ». Elle admet donc qu'il puisse y avoir des cas d'insoumission, mais, contrairement au manifeste des 121, n'en reconnaît pas pour autant la légitimité. Publiée dans le numéro d'octobre d'*Enseignement public*, cette pétition a derrière elle les gros bataillons de la Fen (Fédération de l'Éducation nationale), de la Ligue des droits de l'homme, dirigée par Daniel Mayer, de l'Unef, dirigée par Pierre Gaudez, ainsi que nombre d'universitaires. Elle recueillera au final plus de seize mille signatures[1].

À l'occasion de cette bataille pétitionnaire, le philosophe Paul Ricœur fait entendre dans la revue *Esprit* un ton quelque peu discordant par rapport à la prise de position des 121. S'il partage la réprobation de la guerre, de ses buts avoués et inavoués, ainsi que de ses procédés tortionnaires, il ne suit pas les signataires sur l'insoumission. Selon lui, appeler la jeunesse à la désertion, c'est se mettre soi-même, en tant qu'intellectuel, en situation de désertion, et donc s'engager sur le chemin de la clandestinité. Président du Christianisme social, Ricœur prend également position dans la revue du mouvement[2].

L'opposition à la guerre d'Algérie menée par l'équipe d'*Esprit* transforme les Murs blancs en une forteresse assiégée, qualifiée de « Château rouge » par les habitants de Châtenay. L'OAS ne s'y trompe pas et menace la communauté personnaliste, allant jusqu'à inscrire son sigle sur la porte d'entrée. Pour assurer la protection de

---

1. Parmi ces derniers, on compte Roland Barthes, Georges Canguilhem, Jean Cassou, Jean Dresch, Jean Duvignaud, Robert Escarpit, Étiemble, Maurice de Gandillac, Pierre George, Jean Guéhenno, Vladimir Jankélévitch, Ernest Labrousse, Georges Lavau, Claude Lefort, Jacques Le Goff, Maurice Merleau-Ponty, Edgar Morin, Paul Ricœur, ainsi que des écrivains et journalistes, dont Jean-Marie Domenach, Jean Effel et Jacques Prévert.

2. Ricœur, 1960.

la communauté, des équipes d'étudiants d'Antony viennent s'installer dans la salle de ping-pong, et les familles effectuent des tours de ronde nocturnes avec des lampes torches pour prévenir tout plasticage. Le 9 juin 1961, alors que Ricœur corrige tranquillement ses copies d'agrégation de philosophie, il reçoit la visite inopinée de la police à 6 heures du matin : elle vient perquisitionner dans son appartement et l'embarque pour interrogatoire. Suspecté d'avoir commis des crimes contre la sûreté de l'État, il est placé en garde à vue. Immédiatement, les trois syndicats de l'enseignement supérieur organisent une conférence de presse et lancent un appel à la grève. À la même heure, à Nice, l'animateur de la fédération du PSU, l'universitaire Michel Oriol, est victime d'une opération de police similaire.

Entre 1960 et 1962, une autre affaire va défrayer la chronique. L'avocate Gisèle Halimi, très impliquée dans la défense des Algériens, prend connaissance du cas d'une jeune nationaliste algérienne, Djamila Boupacha, membre du FLN, arrêtée, séquestrée, gardée au secret par les parachutistes, puis torturée et violée : « Par une lettre empruntant une voie clandestine, écrit Halimi, Djamila Boupacha me demande d'assurer sa défense. Je lui rends visite dans sa prison de Barberousse, à Alger. Je constate alors des traces de torture[1]. » Persuadée que la jeune Algérienne est en danger de mort, Halimi se rend chez Simone de Beauvoir et lui demande d'alerter l'opinion publique, ce qu'elle fait aussitôt en publiant une tribune dans *Le Monde* : « Ce qu'il y a de scandaleux dans le scandale, écrit-elle, c'est qu'on s'y habitue[2]. » Un comité de soutien rassemblant des personnalités intellectuelles de diverses obédiences se constitue[3]. Le retentissement de l'affaire, grâce à la mobilisation des intellectuels, et la dimension internationale qu'il ne tarde pas à prendre permettent à la jeune femme d'échapper des mains de ses tortionnaires. Halimi obtient le dessaisissement des tribunaux militaires d'Alger et le transfert de la prisonnière à Caen, où l'identité

---

1. HALIMI, 2002, p. 293.

2. BEAUVOIR, 1960.

3. « De Laurent Schwartz, Pierre Vidal-Naquet, Louis Aragon, Jean-Paul Sartre, au révérend père Riquet, et à Gabriel Marcel (philosophe de droite partisan de l'Algérie française) en passant par les gaullistes Anise Postel-Vinay, Germaine Tillion et même Geneviève de Gaulle » (HALIMI, 2002, p. 294).

de ses tortionnaires sera révélée au cours du procès. Le ministre de la Défense Pierre Messmer et le commandant en chef des forces armées en Algérie, le général Charles Ailleret, refusent néanmoins de les livrer à la justice. L'offensive change alors de camp, et c'est encore Gisèle Halimi qui dépose plainte contre le ministre et le général pour « recel de malfaiteurs » et « forfaitures », tandis que Françoise Sagan et Françoise Mallet-Joris prennent la tête de la protestation du côté des écrivains. Halimi confessera bien des années plus tard :

> *Djamila Boupacha* fut publié par Gallimard en janvier 1961. J'en suis l'auteure. Simone de Beauvoir n'écrivit que la préface. Cependant, pour en partager la responsabilité pénale avec moi (nous commettions volontairement un délit : divulgation d'un dossier couvert par le secret de l'instruction), elle signa comme co-auteure. *Djamila Boupacha* connut un succès foudroyant[1].

Le livre sera en effet traduit dans une vingtaine de langues, après s'être arraché en France autant que *La Question* d'Henri Alleg. Quant à Boupacha, elle sortira de la prison de Rennes le 21 juin 1962.

L'influence des prises de position des intellectuels est certes délicate à évaluer, tant, comme le souligne Jean-François Sirinelli, « l'écheveau est parfois bien difficile à démêler[2] ». Mais on ne peut que souscrire à l'appréciation de Jacques Berque, Français d'Algérie, professeur au Collège de France, lorsqu'il écrit que « l'appoint [des intellectuels] fut décisif en faveur d'une stratégie gaullienne qui naturellement nous échappait : nous ébranlions un mythe, opération que le Général n'aurait pu assumer lui-même sans un insoutenable paradoxe[3] ».

Le retour de De Gaulle au pouvoir a changé la donne chez de nombreux intellectuels, notamment ceux qui, engagés avec détermination contre la politique des gouvernements de la IVe République, avaient un rapport très différent avec le Général depuis la

---

1. HALIMI, 2002, p. 294.
2. SIRINELLI, 1990, p. 129.
3. BERQUE, 1989, p. 188.

Libération. C'est le cas de François Mauriac, qui choisit, comme René Capitant, le silence afin de ne pas gêner la politique gaullienne en Algérie. Après un temps de latence, il reprend cependant à son compte le registre du dithyrambe qui était le sien à la Libération, et lorsque le Général réagit par un discours aux barricades des ultras à Alger en janvier 1960, Mauriac écrit : « Charles de Gaulle n'est pas l'homme du destin, il est l'homme de la Grâce[1]. »

INTELLECTUELS COMMUNISTES, EX ET SOCIALISTES EN RUPTURE

Les intellectuels communistes ont pour l'essentiel adhéré aux nouvelles positions anticolonialistes de leur parti. Certains d'entre eux ont pourtant trouvé que la direction réagissait avec un temps de retard et n'avançait sur le dossier de la guerre d'Algérie qu'avec une extrême prudence, restant à l'écart de la mobilisation d'intellectuels nettement plus engagés. Tout en restant à distance du FLN, le PCF n'en est pas moins la plus grande force politique à dénoncer la logique coloniale. Son analyse de la situation demeure cependant vague. Pour la direction du parti et son spécialiste des questions algériennes, Léon Feix, le territoire algérien est le creuset de vingt races et ne peut donc prétendre représenter une nation potentielle, d'où le refus de légitimer la cause indépendantiste.

Lors des mobilisations concrètes, comme celle du comité Audin, le PCF est totalement absent, ce qui soulève des haut-le-cœur chez plusieurs intellectuels du parti. Ceux qui, parmi les intellectuels communistes, vont rejoindre les porteurs de valises doivent rendre leur carte. D'autres, comme l'historienne Madeleine Rebérioux, sont à ce point affectés et révoltés par l'usage de la torture qu'ils s'engagent activement dans le combat contre la guerre. Absent lors des mouvements d'opposition des rappelés en 1955-1956, le PCF confirme ses ambiguïtés en votant les pouvoirs spéciaux en mars 1956. Le manifeste des 121 ne comporte que deux intellec-

1. MAURIAC, François [1960 (a)], 1990, p. 391.

tuels communistes, Hélène Parmelin et Édouard Pignon, qui sont convoqués au Comité central pour s'expliquer. À *L'Humanité*, Jean-Pierre Vigier doit mener une vive bataille contre Étienne Fajon et René Andrieu pour faire passer un article intitulé « Soutenir les cent vingt et un, défendre les condamnés », qu'il a pourtant rédigé avec Laurent Casanova et négocié « mot à mot, virgule après virgule[1] » avec Maurice Thorez.

Alors que la jeunesse étudiante commence à devenir, par le biais de l'Unef, un acteur important dans la résistance à la guerre d'Algérie, le responsable de l'UEC (Union des étudiants communistes) Philippe Robrieux est révolté par la position du parti qui refuse d'appuyer l'initiative de l'Unef d'un grand meeting à la Mutualité le 27 octobre 1960. On saura peu après qu'il y avait des désaccords à la direction du PCF. Les deux membres du bureau politique qui ont exprimé le souhait de participer à la mobilisation, le responsable des intellectuels et théoricien de la politique culturelle du parti, Laurent Casanova, et son camarade Marcel Servin, auxquels s'ajoutent quatre membres du Comité central, Maurice Kriegel-Valrimont, Jean Pronteau, André Souquières et Jean-Pierre Vigier, ainsi que Philippe Robrieux, secrétaire de l'UEC, font l'objet d'une purge spectaculaire. Accusés de comploter contre les dirigeants du parti, ils sont démis de leurs fonctions en janvier 1961.

Pour l'essentiel, le PCF ne réagit pas non plus au massacre de nombreux Algériens à Paris, le 17 octobre 1961, lors de la manifestation pacifique appelée par le FLN. Les communistes se mobiliseront en revanche en masse en 1962, lors de l'enterrement de leurs militants après les huit morts et cent dix blessés de Charonne.

La tiédeur avec laquelle le PCF s'engage dans la contestation de la guerre d'Algérie ainsi que le choc lié à 1956 comme première grande brèche au sein du bloc soviétique ouvrent un espace politique d'intervention à la gauche du PCF. Beaucoup de communistes en rupture se lancent dans ce nouveau combat avec ferveur. C'est notamment le cas d'Edgar Morin et de ses proches, Robert Antelme, Dionys Mascolo et Louis-René des Forêts, qui sont, dès l'automne 1955, à l'initiative de la création d'un Comité d'action

---

1. Jean-Pierre Vigier, cité dans HAMON et ROTMAN [1979], 1982, pp. 309-310.

des intellectuels contre la poursuite de la guerre d'Algérie. La revue *Arguments* accompagne cet engagement d'analyses critiques[1] et soutient la revendication d'indépendance du peuple algérien, sans donner dans le soutien inconditionnel apporté par certains intellectuels au FLN. De tout ce groupe, seul Dionys Mascolo sera signataire du manifeste des 121.

En 1960, un nouveau parti, le PSU, né de la fusion de l'UGS (Union de la gauche socialiste) et du PSA (parti socialiste autonome), va regrouper nombre d'intellectuels engagés dans le combat contre la guerre d'Algérie et doublement critiques vis-à-vis de la SFIO et du PCF. Au même moment l'Unef change de direction et se lance dans le combat. Le nouveau secrétaire général de l'organisation syndicale étudiante, Pierre Gaudez, prend contact avec les étudiants algériens de l'Ugema (Union générale des étudiants musulmans algériens) et demande l'ouverture de négociations avec le FLN. L'Unef représente alors un milieu étudiant en pleine croissance : les étudiants sont cent quarante mille à l'automne 1954, deux cent cinquante-deux mille à la rentrée 1962 et un étudiant sur deux a sa carte à l'Unef[2]. Forte de cette représentativité, l'Unef organise une grande manifestation nationale le 27 octobre 1960. Toute une configuration intellectuelle appuie cette initiative, notamment Gilles Martinet à *France Observateur* et Jean-Jacques Servan-Schreiber à *L'Express*. La manifestation est interdite par le gouvernement et dénoncée par le PCF, qui déclare qu'une « manifestation limitée à une avant-garde favoriserait aujourd'hui les provocations du pouvoir personnel ». Le seul parti constitué à la soutenir est le PSU. Malgré l'interdiction, plus de cinq mille manifestants se retrouvent dans la rue et les dirigeants du PSU, en tête du cortège, font les frais des charges policières :

> François Tanguy-Prigent, le poignet fracturé, est sauvagement frappé à terre ; l'avocat Roland Dumas, voulant lui porter aide, est blessé, comme l'est aussi Charles Hernu, avec un muscle du bras

1. « La gauche française et le problème nord-Africain », *Arguments*, n° 10, novembre 1958, avec une table ronde entre Edgar Morin, Albert Memmi, Jean-Marie Domenach, Claude Duchet et Gilles Martinet.

2. Voir MONCHABLON, 1983.

déchiré et une fêlure du coude. Gisèle Halimi et Madeleine Rebérioux sont rouées de coups[1].

LES PORTEURS DE VALISES

Parmi les intellectuels engagés dans la guerre d'Algérie, Francis Jeanson et sa femme Colette prennent des positions de pointe dans l'aide active au FLN. À la fin de 1955, ils publient aux Éditions du Seuil *L'Algérie hors la loi*, qui trouve un large écho dans les milieux anticolonialistes. Membre du comité de rédaction des *Temps modernes*, Francis Jeanson est aussi un collaborateur actif d'*Esprit*. Ses responsabilités éditoriales au Seuil auprès de Paul Flamand renforcent encore sa proximité avec les animateurs d'*Esprit*. Alors que le réseau de sociabilité des *Temps modernes* et celui d'*Esprit* fonctionnent sans liens entre eux, Jeanson fait figure d'exception par sa participation aux deux. Ses convictions sur le dossier algérien sont étayées par une expérience vécue de la réalité algérienne lorsqu'il a débarqué en pleine guerre, en 1943, pour reprendre le combat de la libération nationale. Mais c'est surtout en 1948 et 1949 qu'il prend la mesure du problème. Dès son retour en 1950, il écrit un long article prémonitoire dans *Esprit*, dans lequel il décrit une situation explosive[2].

À partir de l'été 1956, Jeanson commence à rendre des services d'organisation logistique au FLN : « Il transporte dans Paris ou en banlieue des hommes du FLN dont il ignore le nom[3] », écrivent Hamon et Rotman. Il est à ce point sollicité qu'il ne peut plus tout assumer seul et en appelle à ses proches. Lorsque, à la fin de l'année, le chef du FLN en France, Salah Louanchi, lui demande d'organiser la publication de *Résistance algérienne*, un pas de plus est franchi dans l'adhésion au combat

1. Heurgon, Marc, 1994, p. 184.
2. Id., 1950 (a).
3. Hamon et Rotman [1979], 1982, p. 58.

du mouvement de libération nationale algérien. Petit à petit un réseau s'organise[1]. Les services rendus à la cause algérienne vont de l'hébergement des responsables du FLN au passage des frontières et à l'acheminement d'argent : « L'argent, écrivent Hamon et Rotman, c'est le principal "travail" du réseau. Au fur et à mesure que le FLN conforte son emprise politique sur les quatre cent mille Algériens qui vivent en métropole, la collecte des fonds devient une considérable entreprise[2]. » Au début de 1958, les sommes réunies s'élèvent déjà à plus de quatre cents millions de francs de l'époque, que le réseau doit faire passer de l'autre côté de la Méditerranée. Francis Jeanson vit dans la clandestinité. Son implication totale derrière le FLN suscite évidemment de la part des partisans de l'Algérie française des accusations de trahison nationale à son encontre, mais aussi d'acerbes critiques du côté de la gauche anticolonialiste. Maurice Duverger, dans les colonnes du *Monde*, publie un article significativement titré « Les deux trahisons », et sa critique ne fait pas dans la dentelle : « Aider ou approuver Francis Jeanson et ses amis, c'est un crime. Mais c'est un crime de même nature qu'aider ou approuver les entreprises de ceux qui essaient de transformer l'armée en garde prétorienne[3]. » Ce point de vue provoque la réaction outrée de presque tous les courants de gauche, peu habitués à de tels amalgames dans le fameux quotidien du soir : « Robert Davezies (père diocésain), Gérard Spitzer (de sa prison), Maurice Maschino, Jérôme Lindon, Pierre Vidal-Naquet protestent auprès d'Hubert Beuve-Méry[4]. » Jeanson peut se prévaloir du soutien sans états d'âme de la rédaction des *Temps modernes*, et quant à *Esprit*, son directeur Jean-Marie Domenach préconise une tierce voie : « Entre la parole vaine et le recours aux armes, il existe une voie, et puisque la résistance insurrectionnelle est une impasse, il reste celle de la résistance

---

1. On y retrouve Henri Curiel, Étienne et Paule Bolo, Monique des Accords et son mari, Jacques Vignes, Jacques Charby, Robert Destanques, Paul Crauchet, Dominique Darbois, Gérard Meier, Jean-Claude Paupert, Hélène Guénat, et trois prêtres, les pères Manet, Davezies et Urvoas.
2. HAMON et ROTMAN [1979], 1982, pp. 88-89.
3. DUVERGER, 1960.
4. HAMON et ROTMAN [1979], 1982, p. 236.

non violente, de la désobéissance civile, de la protestation pacifique, obstinée[1]. »

Le réseau monté par Jeanson va finir par tomber, et ses membres,
de plus en plus surveillés, sont mis sous les verrous. Leur procès
pour trahison débute sous le feu des projecteurs au début de septembre 1960. La prise de position de Sartre est très attendue, mais
ce dernier est alors en vacances au Brésil. Marcel Péju intervenant
au nom de l'équipe des *Temps modernes*, et ne parvenant pas à
le convaincre de rentrer de ce voyage, lui demande l'autorisation
d'écrire lui-même la lettre pour le tribunal et de la signer Sartre :
« Il a accepté : j'ai donc rédigé cette lettre dite des "porteurs de
valises". Je l'ai montrée à Lanzmann, qui n'a pas fait d'objections :
et c'est le texte qui a été lu au tribunal militaire[2]. » Sartre ne prend
connaissance de son contenu qu'une fois rentré. Cette lettre, qui
lance dans le public la formule des « porteurs de valises », fait événement. Elle appuie le réseau en procès au nom d'une « solidarité
totale » et se termine en présentant les accusés dans le box comme
les délégués des intellectuels qui se sont levés contre la guerre :
« Ce qu'ils représentent, c'est l'avenir de la France. Et le pouvoir
éphémère qui s'apprête à les juger ne représente déjà plus rien. »
Cette prise de position suscite de nombreuses réactions, dont celle
de Jean-Marc Théolleyre dans *Le Monde* : « Incendiaires propos. Et
chacun s'est demandé si M. Jean-Paul Sartre ne sollicite pas ainsi
une inculpation, et même une arrestation, par l'expression d'un tel
engagement qui prend les allures d'un défi[3]. »

Dans la mouvance trotskiste, la IVe internationale est en relation
avec le FLN par le biais de son militant Michel Pablo. L'année
1956 suscitant de nombreux départs d'intellectuels du PCF, un
certain nombre d'entre eux vont se regrouper autour de la cause
algérienne. C'est notamment le cas avec la création de la publication d'un bulletin, *L'Étincelle*, où l'on retrouve Victor Leduc,
Henri Lefebvre, François Châtelet, Anatole Kopp, Yves Cachin et
un noyau de militants emmenés par Gérard Spitzer. À la Sorbonne,
les deux intellectuels trotskistes Félix Guattari et Denis Berger ani-

---

1. DOMENACH, 1960.
2. Marcel Péju, entretien dans LACOUTURE et CHAGNOLLAUD, 1993, p. 232.
3. THÉOLLEYRE [1960], 1982, p. 302.

ment la publication oppositionnelle *Tribune de discussion*. Les deux journaux fusionnent en avril 1957, donnant lieu à la création de *La Voie communiste* en janvier 1958. Certains de ses militants, tels Denis Berger, Gérard Spitzer et Roger Rey, se consacrent au travail clandestin de soutien à la lutte d'indépendance algérienne. En tant que directeur de la publication, Spitzer est inculpé à la fin de 1959 pour atteinte à la sûreté de l'État. Emprisonné, il entame une grève de la faim du 27 février au 20 mars 1960. Il n'est libéré qu'au bout de dix-huit mois, soutenu par une vaste campagne de sensibilisation menée par Élie Bloncourt[1]. De son côté, Berger se spécialise dans la préparation d'évasions et est emprisonné dix jours par la DST ; c'est à cette occasion qu'il apprend son exclusion du PCI. Plus tard, en février 1961, il réussira à organiser l'évasion de six femmes des réseaux d'aide au FLN de la prison parisienne de la Roquette. Entre 1958 et février 1965, *La Voie communiste* publie quarante-neuf numéros et jouit d'une audience appréciable pour un journal qui n'a aucun appui institutionnel. À peine lancé, le manifeste des 121 est diffusé par *La Voie communiste*, qui est immédiatement saisie[2].

Félix Guattari joue un rôle central dans cette mouvance en prenant sur les fonds de la clinique de La Borde qu'il anime avec Jean Oury, pour faire vivre le journal à des fins militantes. Inscrit à la Sorbonne en philosophie, il y recrute avec succès un certain nombre de dissidents du PCF, comme le futur anthropologue Michel Cartry, qu'il rencontre à l'occasion d'un cours de propédeutique en juin 1952, et qui se retrouve vite à ses côtés dans le groupe philo du PCF qui se réunit rue de la Contrescarpe. Cartry partage avec son ami du lycée Condorcet Alfred Adler un enthousiasme pour Sartre. Lorsque ce dernier se rapproche des communistes, Adler adhère au PCF avec Cartry, Pierre Clastres et Sebag. Pour Adler, le basculement date de 1956 : il se lance alors avec ses copains dans l'aventure de *La Voie communiste* dans laquelle on retrouve aussi

---

1. Le 17 mars 1960, un télégramme est adressé au président de la République, au garde des Sceaux et au ministre des Armées pour la libération de Gérard Spitzer, signé par Élie Bloncourt, Claude Bourdet, Albert Châtelet, Gilles Martinet, Daniel Meyer, Marcel Prenant, Oreste Rosenfeld, Jean-Paul Sartre et Laurent Schwartz (texte dans *La Voie communiste*, n° 12, avril 1960, archives de la BDIC).

2. « Le manifeste des 121 », *La Voie communiste*, n° 16, septembre 1960. Première publication du texte se prononçant pour l'insoumission.

les futurs écrivains Pierre Pachet et Michel Butel, et bien d'autres étudiants de la Sorbonne appartenant à la « bande » de Guattari. Parmi les recrues de renom, le frère de Daniel Cohn-Bendit, Gaby, est lui aussi étudiant en philosophie à la Sorbonne en 1956. En 1958, dénonçant dans la cour de la Sorbonne le vote des pouvoirs spéciaux, Sebag, Cartry et Philippe Girard se font exclure de l'UEC.

Un autre pôle actif de la contestation de la guerre d'Algérie à l'extrême gauche se trouve à la revue *Socialisme ou barbarie*. Jusque-là confinée à la plus grande marginalité, elle devient plus audible après le choc de 1956 et recommence à recruter, notamment en milieu étudiant. Viennent alors à elle deux jeunes intellectuels engagés contre le colonialisme et enseignants en Algérie, Jean-François Lyotard (*alias* François Laborde), agrégé de philosophie, et Pierre Souyri (*alias* Pierre Brune), professeur d'histoire. C'est leur commune opposition à la guerre d'Algérie qui les conduit, en 1954, vers Socialisme ou barbarie. Avec ces deux recrues, c'est la « génération algérienne » qui fait son entrée dans le groupe jusque-là focalisé sur le bloc soviétique. Lyotard donne toute la place qu'elle mérite à la très douloureuse question algérienne. Pleinement engagé aux côtés du FLN, il a enseigné au lycée de Constantine de 1950 à 1952 et rejoint les porteurs de valises. Lyotard suscite des débats internes dans le groupe, où beaucoup expriment des réticences à l'égard d'un mouvement national algérien qui n'a rien d'ouvrier et dont le mode de fonctionnement révèle un double caractère bourgeois et bureaucratique. Dans ses analyses, Lyotard partage ce diagnostic, tout en considérant qu'il est impératif de se placer aux côtés du FLN :

> Il m'est arrivé comme à beaucoup (et cela n'alla pas sans discussion dans le groupe) de « soutenir » pratiquement des militants du FLN en France alors même que je faisais la critique théorique de leur organisation dans la revue […]. Ce différend intime *devait* rester irrésolu, sauf à accréditer l'idée fausse et dangereuse que partout l'histoire marche du même pas, dans les Aurès et à Billancourt[1].

---

1. LYOTARD, 1989, pp. 36-37 (souligné par l'auteur).

PARTISANS DE L'ALGÉRIE FRANÇAISE

L'engagement de nombreux intellectuels de gauche contre la torture et plus globalement contre la politique coloniale en Algérie ne doit pas masquer, on l'a vu, que ce combat était loin d'être partagé par tous. Longtemps resté minoritaire dans l'opinion publique métropolitaine, il est violemment rejeté par les Français d'Algérie et combattu par un certain nombre d'intellectuels favorables au maintien d'une Algérie française. La presse à gros tirage comme *L'Aurore*, *Le Parisien libéré* ou encore *Carrefour* sont autant de vecteurs de ces thèses. Dans leurs colonnes, s'expriment des intellectuels réputés, tels Jules Romains, Thierry Maulnier, Roland Dorgelès, Michel de Saint-Pierre, Jean Dutourd, Roger Nimier ou Pierre Nord. Comme l'écrit Jean-Pierre Rioux :

> En métropole, vieux messieurs et jeunes bourgeois, petits casseurs et idéologues en chambre, baroudeurs rescapés des défaites indochinoises et intellectuels « de tradition française » découvrent que leurs idéaux peuvent rencontrer enfin de l'autre côté de la Méditerranée une base populaire malléable dans son affolement et des bras séculiers en tenue de léopard[1].

Les historiens Philippe Ariès et Raoul Girardet sont si engagés que ce dernier se retrouvera dans les rangs de l'OAS. Déjà assommé dans son nationalisme par la défaite de Diên Biên Phu, Girardet se fait militant contre la cause algérienne en publiant régulièrement des articles dans l'hebdomadaire *La Nation française* créé par Pierre Boutang en octobre 1955. Organe de presse qui veut rénover le courant maurrassien, il est constitué par un certain nombre d'intellectuels qui se séparent d'*Aspects de la France*[2]. Cette équipe rédactionnelle bénéficie du soutien de Daniel Halévy

---

1. RIOUX, 1993, p. 233.
2. Outre Pierre Boutang et Raoul Girardet, on y trouve Michel Vivier, Henri Massis, Pierre Varillon, Jacques Navailles, Gilbert Comte, Michel Mourre, René Gillouin, Gustave Thibon, Pierre Andreu, Philippe Ariès, François Léger, Jérôme Carcopino, Jean Madiran, Henri Pourrat et Louis Salleron.

et du philosophe Gabriel Marcel ; il est rejoint par certains représentants des hussards, la droite littéraire, les romanciers Antoine
Blondin, Roland Laudenbach (sous le pseudonyme de Michel Bras-
part), Roger Nimier et Louis Pauwels. Girardet pousse plus loin
son engagement en rejoignant un petit groupe animé par Michel
Debré autour du *Courrier de la colère* :

> J'étais de ceux qu'ont toujours poursuivis l'idée, la nostalgie,
> l'ambition d'un grand rêve collectif [...]. Un rêve qui inscrirait de
> nouveau la France dans l'histoire de notre temps, et dans lequel
> bien sûr, je me trouverais moi-même entraîné. L'Algérie pouvait
> en être l'occasion[1].

Hostile à la politique gaullienne, Girardet, aidé par Henri Smadja,
fonde avec ses amis Laudenbach, Jacques Laurent, Jules Monnerot
et Jean Brune, un nouvel hebdomadaire particulièrement virulent,
L'Esprit public, dont le premier numéro paraît en décembre 1960.
Son objectif est de contrer la politique gaullienne d'autodétermination du peuple algérien : « Pour moi, jugez cela comme vous vou-
drez, j'étais bien décidé à ne pas me rendre, à me battre jusqu'au
bout[2]. » Girardet se trouve mêlé par son journal au putsch des militaires du printemps 1961. Au fil de la dégradation de la situation,
il franchit le pas de l'engagement armé en participant à l'OAS :
« Je fus du premier de ces noyaux, directement issu du petit groupe
préputschiste. C'était au début du mois de juillet 1961[3]. » Conduit
par Laudenbach, il retrouve le colonel Hervé de Blignières et le
capitaine Pierre Sergent à Versailles. Parti dans le Midi pour organiser la rébellion, Raoul Girardet est immédiatement arrêté. Privé
qu'il était de liberté pendant deux mois, ses « activités subversives
n'avaient pas dépassé le stade des velléités[4] ». Girardet reconnaît,
à distance de l'événement, n'avoir été en rien ébranlé par les révélations des tortures pratiquées par l'armée française, d'abord parce
qu'il jugeait cette indignation manifestée par les intellectuels de

1. GIRARDET, 1990, p. 148.
2. *Ibid.*, p. 157.
3. *Ibid.*, p. 160.
4. *Ibid.*, p. 161.

gauche singulièrement sélective, distinguant les bonnes et mauvaises tortures. Ayant réuni en 1962 un dossier

> abondamment fourni en rapports médicaux et en précisions ponctuelles, témoignant de très nombreux cas de « sévices », pour parler petitement, dont avaient été victimes des membres présumés de l'OAS algérois, à l'intérieur de la caserne des Tagarins, et sous l'autorité du colonel Debrosse[1],

il déplore qu'un tel rapport soit resté lettre morte, ne suscitant qu'un silence gêné, mis à part un écho de Pierre Vidal-Naquet dans *Esprit*.

Philippe Ariès partage la conviction de Girardet, mais sans aller jusqu'à s'engager dans les rangs de l'OAS : « Je croyais qu'en Algérie la greffe française avait bien pris, que la situation était irréversible[2]. » S'il ne défend pas les positions d'*Esprit public*, Ariès va devenir, après l'échec du putsch des généraux et de la répression qui va suivre, le fervent défenseur de ceux qu'il qualifie de « réprouvés » : « Les victimes de cette aventure sont parmi les meilleures de notre race. Nous devons nous en souvenir. Ils ont été abusés par le mépris, sinon le ressentiment que le chef de l'État n'a cessé de leur témoigner[3]. » Ariès en viendra lui aussi à considérer le combat de l'OAS comme parfaitement légitime, se faisant l'avocat des plus ultras dans la période intense des plastiquages, des opérations suicides et des combats de Bab el-Oued en 1962.

Au plan éditorial, la défense de l'Algérie française est assurée par La Table ronde, qui devient le support de ceux qui s'engagent pour le maintien de la dépendance algérienne. Son directeur, Roland Laudenbach, collaborateur de *Nation française* puis créateur de *L'Esprit public* quand viendra le temps de la rupture avec les gaullistes, est un fervent défenseur de l'Algérie française. En 1958, Georges Bidault y publie *Algérie, oiseau aux ailes coupées*. La Table ronde édite également le récit romancé de Philippe Héduy de sa campagne d'Algérie comme lieutenant de tirailleurs dans le

---

1. *Ibid.*, p. 139.
2. Ariès, 1980, p. 156.
3. Id., 1961.

Constantinois, membre de l'OAS : « Notre armée était devenue un ordre supérieur de chevalerie qui transfigurait ses initiés et dont l'emblème entrecroisé était la Croix et le Croissant[1]. » Radicalisant son antigaullisme, la maison d'édition publie Alain de Sérigny, le protecteur des plus ultras[2], et une *Histoire de l'OAS* par Jean-Jacques Susini, en octobre 1963, immédiatement saisie. Le président de La Table ronde est inculpé d'apologie du crime :

> Les dirigeants de l'OAS, toutes tendances confondues — Susini, Sergent, Nicolas Kayanakis —, sont accueillis avec enthousiasme : au fil de leurs Mémoires, ils dénoncent les méfaits de la politique gaulliste. Gabriel Bastien-Thiry publie son *Plaidoyer pour un frère fusillé* (1966). Les anciens reprennent du service : on publie quelques textes bien sentis d'Alfred Fabre-Luce. Et combien d'autres [...]. L'antigaullisme passionnel emporte tout. Les vieilles haines nées de la Libération irriguent les haines nouvelles consécutives à la défaite de l'Algérie française[3].

Les intellectuels favorables à l'Algérie française peuvent compter sur la renaissance d'une extrême droite qui avait été laminée à la Libération, compromise par sa collaboration avec l'occupant, et qui renaît de ses cendres à la faveur du réflexe nationaliste contre la revendication de l'indépendance algérienne. Dans le milieu étudiant, les partisans de l'Algérie française ne se reconnaissent pas dans les positions de l'Unef et une aile ultra apparaît en mai 1960 avec la Fondation des étudiants nationalistes, dirigée par des activistes de Jeune nation et d'autres extrémistes[4]. Cette organisation étudiante se dote d'un manifeste qui récuse la conception démocratique de l'homme et exalte « la mission historique de la France, qui n'est rien moins que la défense de la prééminence européenne, de la supériorité de l'homme blanc sur les peuples dits inférieurs[5] ».

La guerre d'Algérie suscite la prolifération de mouvements ultra qui se lancent dans l'activisme. En 1957, Jean-Marie Le Pen et Jean-Maurice Demarquet constituent ainsi un Front national des

---

1. HÉDUY, 1961, p. 69.
2. SÉRIGNY (DE), 1961.
3. LOUIS, 1992, p. 209.
4. On y retrouve notamment Pierre Poichet, Georges Schmelz, Jacques Vernin, François d'Orcibal (Amaury de Chaunac-Lanzac) et Fabrice Laroche (Alain de Benoist).
5. CHEBEL D'APPOLLONIA, 1988, p. 300.

combattants. Peu après, en novembre 1958, Joseph Ortiz lance un Front national français, qui, fort de dix mille adhérents, sera au cœur de l'émeute du 24 janvier 1960 à Alger. Toute cette mobilisation aboutira à la militarisation de l'OAS et à un combat désespéré résumé par l'alternative « la valise ou le cercueil » laissée à la population européenne d'Algérie. « En 1962, écrit Ariane Chebel d'Appollonia, l'extrême droite a ainsi perdu le crédit qu'elle avait eu tant de mal à regagner et entame sa traversée du désert, avec pour seul viatique sa haine pour de Gaulle[1]. »

LES IMPASSES D'UNE TROISIÈME VOIE

L'anthropologue Germaine Tillion, chercheuse au CNRS (Centre national de la recherche scientifique), rattachée depuis 1937 à la VIe section de l'EPHE (École pratique des hautes études), s'était engagée dans la Résistance. Arrêtée et déportée en octobre 1943 au camp de Ravensbrück, elle témoignera de cette expérience de survie dans *Ravensbrück*, en 1973[2]. En 1954, alors qu'éclate l'insurrection algérienne, Louis Massignon l'envoie faire une enquête ethnographique sur un terrain qu'elle connaît bien, les Aurès, où elle a séjourné pendant cinq ans. L'objectif est de mieux comprendre la situation pour agir avec efficacité et dans le sens de la justice. Intégrée au cœur de la politique conduite en Algérie, avec un bureau au sein même du gouvernement général, elle prend place dans l'équipe dirigée par Jacques Soustelle, entre Jacques Juillet et Vincent Monteil. Après la tension, les massacres, la répression implacable et l'état de guerre, Soustelle tourne casaque et devient partisan d'une politique de pacification qui s'appuie sur l'armée.

Cela ne dissuade pas Germaine Tillion de continuer à défendre une entente des deux communautés dans un ouvrage qui fait l'analyse de la situation dramatique de l'Algérie[3]. Elle y dénonce une

1. *Ibid.*, p. 308.
2. TILLION [1973], 1997.
3. TILLION, 1957.

société à deux vitesses, et ne désespère pas d'une politique audacieusement réformiste. Dénonçant l'usage généralisé de la torture, elle devient en 1960 la cible privilégiée des attaques du général Massu, qui mène une virulente campagne contre elle, la présentant comme complice des terroristes. Cette troisième voie sera peu à peu étouffée.

Cette volonté d'aller jusqu'au bout de la tentative de maintien d'une communauté à la fois française et musulmane est aussi fermement défendue par Albert Camus. Répondant aux sollicitations de Jean-Jacques Servan-Schreiber et de Françoise Giroud au moment de la création de *L'Express*, dont il devient un collaborateur actif, il considère en 1955 que l'Algérie doit rester française, mais devenir égalitaire. Dans ses articles de l'été 1955, il dénonce avec la même force le terrorisme des rebelles algériens et la répression des autorités françaises, tout en affirmant sa pleine et entière solidarité avec tous les Algériens. Du 14 mai 1955 au 2 février 1956, Camus écrit trente-cinq articles dans *L'Express* sous le titre « Actuelles », espérant une entente possible, à condition d'engager des négociations, de dissoudre une assemblée algérienne non représentative et de décider d'élections honnêtes.

Camus fait lui-même l'expérience des difficultés à défendre ses positions à Alger où il est invité fin janvier 1956. Il doit intervenir le 22 janvier au Cercle du progrès, non loin de la Casbah. Le préfet en personne prend en charge le service d'ordre dans une atmosphère qui promet d'être houleuse. La salle est pleine d'Européens et, autour du bâtiment, la tension est extrême puisqu'un millier d'opposants commencent à crier « Mendès au poteau ! À mort Camus ! », « À bas les Juifs ! ». Ils sont entourés par des cordons de CRS et de gardes mobiles. Au-delà, plus d'un millier de militants du FLN descendus de la Casbah protègent la réunion d'une possible intervention des ultras de l'Algérie française, dont certains sont armés. Par-delà les appartenances communautaires, la composition de la tribune, présidée par Emmanuel Roblès, comporte un père blanc, un pasteur et le Dr Khaldi, qui parle au nom des musulmans et donne l'impression d'une concorde.

Ferhat Abbas arrive dans la salle et tombe dans les bras de Camus, alors que des cailloux commencent à frapper les vitres de la salle. Camus poursuit son discours en accélérant son rythme : « La tâche des hommes de culture et de foi n'est [...] ni de déserter les luttes historiques ni de servir ce qu'elles ont de cruel et d'inhumain. Elle est de s'y maintenir, d'y aider l'homme contre ce qui l'opprime, de favoriser sa liberté contre les fatalités qui le cernent[1]. » La salle applaudit avec une grande émotion, mais l'impasse semble totale[2]. Camus rentre à Paris et rédige son dernier éditorial pour *L'Express*, intitulé « Un pas en avant ». Les désaccords avec les positions de Jean-Jacques Servan-Schreiber sur l'Algérie et la volte-face de Guy Mollet à Alger le 6 février 1956 le plongent dans le désarroi. Par rejet de la violence et surtout du meurtre, il quitte le journal et se réfugie dans le silence, mais certaines de ses notes personnelles révèlent son malaise :

> J'ai décidé de me taire en ce qui concerne l'Algérie, afin de n'ajouter ni à son malheur ni aux bêtises qu'on écrit à son propos […]. Ma position n'a pas varié sur ce point et si je peux comprendre et admirer le combattant d'une libération, je n'ai que dégoût devant le tueur de femmes et d'enfants[3].

À l'automne 1957, Camus est honoré du prix Nobel de littérature. Neuvième Français à le recevoir, il ne peut maintenir son silence, et, à Stockholm, dans son discours de réception, il affirme, bouleversé : « J'ai toujours condamné la terreur, je dois condamner aussi un terrorisme qui s'exerce aveuglément, dans les rues d'Alger par exemple, et qui un jour peut frapper ma mère ou ma famille. Je crois à la justice, mais je défendrai ma mère avant la justice[4]. »

CREVER L'ABCÈS

Raymond Aron, à rebours de sa famille politique, prend position pour l'acceptation de l'indépendance algérienne dès le printemps 1956. Il écrit des notes en ce sens en avril 1956 et mai 1957

---

1. Albert Camus, cité dans *ibid.*, pp. 864-865.
2. Voir PONCET, 2015.
3. Albert Camus, note datée de février 1957, citée dans LOTTMAN, 2013, p. 917.
4. CAMUS, 1957.

et les publie fin 1957 sous le titre *La Tragédie algérienne*[1]. Le contexte est alors à l'exacerbation de la guerre et au jusqu'au-boutisme des ultras de l'Algérie française confortés dans leur conviction par le massacre de Melouza, en Grande Kabylie. Aron, bien conscient des horreurs de la guerre, s'efforce d'adopter le point de vue le plus rationnel possible sur le drame qui est en train de dégénérer. Le gouvernement doit choisir : soit il procède à une transformation radicale des conditions de vie des neuf millions de musulmans en appliquant les principes de la République d'une similaire égalité, liberté et fraternité avec les autres habitants du territoire algérien, soit il se résout à accepter l'indépendance : « Entre ces deux voies, la France doit choisir. Mieux vaut que ce choix soit conscient[2]. »

À l'inverse de beaucoup d'analystes qui, pour des raisons éthiques, considèrent qu'il faut abandonner le rêve d'une France qui irait jusqu'à Tamanrasset, Aron met en avant des arguments économiques pour démontrer que l'Algérie est devenue un boulet qui freine la modernisation de la France. En termes financiers, il montre que le coût du rapatriement éventuel des Français d'Algérie, évalué à 500 milliards de francs (un peu plus de 10 milliards d'euros), serait moins onéreux que la poursuite de la guerre et avance quantité d'arguments contre ceux qui plaident le nécessaire apport algérien dans la grandeur de la France : « La "perte" de l'Algérie n'est pas la fin de la France. Économiquement, l'Algérie est une charge[3]. » N'en déplaise aux nostalgiques de l'Empire, une ère nouvelle commence, et Aron est parfaitement conscient de situer son intervention dans une perspective postcoloniale : « La grandeur de puissance, la France ne la possède plus, elle ne peut plus la posséder. Elle garde malgré tout assez de puissance pour que sa pensée rayonne, à condition de ne pas se ruiner en de stériles aventures[4]. »

Les conseils éclairés d'Aron ne seront suivis ni par Guy Mollet ni par le général de Gaulle, du moins dans la politique qu'il suivra

---

1. ARON, 1957.
2. *Ibid.*, p. III.
3. *Ibid.*, p. 32.
4. *Ibid.*, p. 72.

jusqu'en 1959. En porte à faux par rapport au courant politique qu'il représente au *Figaro*, Aron est vite isolé. Comme l'écrira son ami Étienne Borne, qui, tout en lui reconnaissant une forme de courage, le prend à partie pour « positivisme, sécheresse intellectuelle abstraite qui l'empêchent de considérer tous les aspects du réel[1] ». Pour Louis Terrenoire, il fait la preuve d'esprit de démission : « Le voici devenu un porte-parole de "la bourgeoisie décadente" (Georges Bidault), voire du grand capital (Emmanuel Beau de Loménie)[2]. » Pascal Pia va jusqu'à le soupçonner de vouloir ramener en métropole les Français d'Algérie pour les parquer dans des camps. *L'Express* parle de « résignation historique », et Jean Daniel l'accuse lui aussi de vouloir le rapatriement immédiat de tous les Français d'Algérie. Le désaveu est à ce point radical que, s'exprimant dans un débat organisé par le CCIF, rue Madame, Aron est hué par le public :

> Maurice Schumann, Edmond Michelet devaient parler après moi. Pendant quelques minutes, je pus m'exprimer dans un relatif silence. Puis, peu à peu, les interruptions fusèrent de tous côtés. Parlez-moi de Melouza, répétait d'un ton doucereux un des interrupteurs. J'eus le tort, excédé, de lui répondre : « Il y a aussi, de notre côté, des actes dont nous ne sommes pas fiers. » Ce mot mit le feu aux poudres. Debout, Schumann hurla : « Je ne laisserai pas insulter les officiers français. » Il remporta un triomphe, soutenu par les acclamations d'une majorité de l'auditoire […]. À la fin de la réunion, les gardiens de la paix me conseillèrent d'attendre dix minutes avant de sortir ; une bande d'enragés s'était massée, probablement non pour me maltraiter, mais pour m'infliger une humiliation supplémentaire, pour donner libre cours à leur colère[3].

Ne pouvant plus écrire sur le dossier algérien dans les colonnes du quotidien, c'est dans la revue *Preuves* qu'Aron s'exprimera désormais. Paradoxalement, comme le souligne Marie-Christine Granjon, Sartre et Aron, les « petits camarades » devenus ennemis au plan politique, se retrouvent sur la question de la décolonisation, à partir d'analyses pourtant diamétralement opposées.

---

1. Étienne Borne, cité dans ARON, Raymond, 2010, p. 485.
2. GRANJON, 1988, p. 81.
3. ARON, Raymond, 2010, pp. 488-489.

La position défendue par Raymond Aron sera pour l'essentiel reprise plus tard par le jeune historien Pierre Nora, âgé de trente ans, qui publie un brûlot sur le dossier algérien dont la conclusion est qu'il n'existe pas d'autre solution que l'indépendance algérienne[1]. Pierre Nora revient de deux années d'enseignement au lycée Lamoricière à Oran (voir *supra*, chap. 11, pp. 342 sqq). Lorsqu'il arrive à Oran, Nora ne fait pas figure de héros, précédé qu'il est par la réputation sulfureuse de son frère Simon, conseiller de Pierre Mendès France, qui incarne l'anti-France aux yeux des Français d'Algérie. Avant lui, l'historien Marc Ferro avait enseigné l'histoire au même lycée Lamoricière de 1946 à 1956. Ferro s'était désespérément battu pour rétablir un dialogue entre les deux communautés, ce qui lui avait valu d'être considéré comme un traître par certains collègues parce qu'il parlait de civilisation arabe. Partisan d'une politique égalitaire, il s'étonnait que le lycée Lamoricière accueille surtout des élèves européens et était sidéré de voir à quel point le racisme antiarabe avait fait des dégâts jusque dans les rangs communistes. Collaborateur du quotidien socialiste *Oran républicain* sous le pseudonyme, d'origine maternelle, de Serge Netty, il avait pris l'initiative, avec son collègue le philosophe Jean Cohen, d'un appel lancé à Oran en 1955 qui recueillit quelque quatre cents signataires de toutes tendances. Il crée en compagnie de Cohen et de Tayeb Djaidir, représentant des syndicats et des musulmans de l'UDMA puis du FLN, un mouvement qui cherche à faire négocier les deux parties sous le nom de « Fraternité algérienne ». Lorsque Guy Mollet, arrivé au pouvoir, se rendit en Algérie, le mouvement, pensant son heure venue, lui envoya une délégation conduite par Ferro au lendemain de la journée dite « des tomates ». Il se souviendra d'un Mollet dans tous ses états : « Il ne voyait pas qu'il était sur une chaudière[2]. »

Lorsque arrive Pierre Nora, ce rêve de réconciliation a fait long feu. Plongé dans le chaudron algérien, il va de surprise en surprise, et c'est avec un humour caustique qu'il vit cette première expérience professionnelle et politique. Il s'étonne, par exemple,

1. Nora [1961], 2012.
2. *Ibid.*, p. 97.

que ces Français ne lisent que la presse locale. *L'Écho d'Oran* tire alors à soixante-quinze mille exemplaires, alors que la presse métropolitaine est laissée aux musulmans :

> Je demandais *Le Monde* à dix-sept heures au grand kiosque, devant la poste centrale : « Il n'y en a pas. » Le lendemain, le surlendemain, même réponse. « Mais enfin, me dit le vendeur, venez donc à deux heures, ou dites-moi de vous le mettre de côté ; vous pensez bien que je préfère encore vous le vendre à vous qu'aux ratons[1]. »

Nora ressent tout ce qui l'entoure avec une acuité à la fois intellectuelle et sensible, éprouvant avec douleur le contraste frappant entre le bonheur des travaux et des jours et l'intensité du drame collectif. Il stigmatise le culte de l'inculture, la censure, les organes de presse devenus des entreprises d'abrutissement chez les Européens d'Algérie chez lesquels il ne fait pas bon quand on est un jeune garçon de se promener un livre à la main, car on se fait vite traiter de « fillette ». L'ouvrage du jeune agrégé, préfacé par le spécialiste du sujet Charles-André Julien, professeur à la Sorbonne, se veut un exercice de sagacité critique et de lucidité. Et c'est à un tableau accablant qu'aboutit Nora, dressant le procès d'un système de nature coloniale. La thèse qu'il oppose aux libéraux est que l'on ne peut plus composer en 1960 avec ce système, qui finit par pervertir les meilleures intentions. À partir de ce constat, il n'y a pas d'autre issue que d'accepter l'indépendance algérienne. Quant aux Français d'Algérie, Nora pense qu'ils reviendront simplement en métropole et que, à l'inverse des scénarios catastrophistes selon lesquels la France court droit au fascisme et à la guerre civile, ils reviendront tous et il ne se passera rien. Avant la signature des accords d'Évian, Pierre Nora invite donc à trancher, une fois pour toutes, le cordon ombilical.

1. Nora [1961], 2012, pp. 53-54.

Le moment ethnologique

En 1955, la conférence de Bandung, en Indonésie, lance, selon Léopold Sédar Senghor, un des leaders de l'afro-asiatisme de l'époque, « un coup de tonnerre » à l'échelle planétaire. Entre la conférence de New Delhi (1949) et celle-ci, une exigence nouvelle se fait jour. Brisant les clivages habituels entre Est et Ouest, une voie tierce venant du Sud revendique une dignité égale à celle de la civilisation occidentale.

C'est dans ce contexte « décolonial » que Claude Lévi-Strauss déploie une partie de ses activités d'après guerre dans le cadre du Conseil international des sciences sociales de l'Unesco, dont il est devenu le secrétaire général en 1953, poste qu'il occupera jusqu'en 1961. En 1949, il avait participé avec un groupe de chercheurs à la rédaction d'une première « Déclaration sur la race » et s'était vu confier une contribution à une série de brochures consacrée à la question raciale, qui devait devenir *Race et histoire*, publié par l'Unesco en 1952. Dans ce texte majeur, Lévi-Strauss s'en prend aux préjugés racistes. Comme l'avait fait Paul Rivet avant guerre, il engage ainsi l'anthropologie au cœur des problèmes sociaux et rend manifeste le déplacement déjà esquissé de l'anthropologie physique à l'anthropologie sociale. Critiquant la téléologie historique fondée sur la reproduction du même, il lui oppose la diversité des cultures et l'irréductibilité de la différence. En contestant l'évolutionnisme, Lévi-Strauss se situe toujours dans la filiation maussienne, refusant l'écueil du localisme qui enfermerait chaque société dans son particularisme. Il considère au contraire les différentes sociétés comme autant d'expressions d'un universel concret. En ce sens, il se présente comme un guide qui ouvre l'Occident sur l'autre, tout en signifiant que cet autre peut nous en apprendre sur nous-mêmes et faire ainsi retour pour nous transformer.

Pour Lévi-Strauss, il n'existe pas de race supérieure ou inférieure dans une humanité dont le trait spécifique est l'unicité. Lévi-Strauss se détache de la conception occidentalocentrée selon laquelle l'histoire de l'humanité impliquerait le passage par des stades successifs pour atteindre un moment ultime d'accomplissement. Son intervention se veut un manifeste en faveur de la pluralité et du maintien des différences, qui sont à ses yeux la source de l'enrichissement de l'histoire. À l'inverse, le plus grand danger est celui de l'uniformisation, qui conduirait à l'entropie et à la mort des civilisations, une thèse qu'il ne cessera de défendre tout au long de sa vie.

Lévi-Strauss récuse toute valeur hiérarchique qui aboutirait à présenter telle civilisation comme plus avancée que telle autre et relativise toute considération de cet ordre. À cet égard, la civilisation occidentale dispose d'une avance incontestable sur le plan de la technique, mais si l'on retient d'autres critères, des civilisations qui semblent aux Occidentaux représenter un stade primitif ont en fait déployé davantage d'ingéniosité que l'Occident : « Si le critère retenu avait été le degré d'aptitude à triompher des milieux géographiques les plus hostiles, écrit-il, il n'y a guère de doute que les Esquimaux d'une part, les Bédouins d'autre part emporteraient la palme[1]. » À ce jeu, l'Occident est devancé sur tous les plans autres que techniques. Il en est ainsi des exercices spirituels, des rapports entre le corps et la concentration de l'esprit. Dans ce domaine, l'Orient a une « avance de plusieurs millénaires[2] ». Dans ce palmarès à multiples critères, les Australiens emportent la médaille de la complexité des rapports de parenté, et les Mélanésiens celui de l'audace esthétique. Lévi-Strauss en tire un double enseignement : la relativité du diagnostic établi à propos de n'importe quelle société en fonction de critères établis et le fait que l'enrichissement humain ne peut provenir que d'un processus de coalescence entre toutes ces expériences : « L'exclusive fatalité, écrit-il, l'unique tare

1. Lévi-Strauss [1952], 1973, p. 399.
2. *Ibid.*

qui puissent affliger un groupe humain et l'empêcher de réaliser pleinement sa nature, c'est d'être seul[1]. »

De manière spectaculaire, Lévi-Strauss fonde en théorie la pratique du rejet de la greffe coloniale et réintègre dans le même mouvement les sociétés de l'altérité dans le champ du savoir et de la problématisation de la société occidentale. La question de la différence n'est pas seulement l'expression de l'irréductibilité de l'autre, elle est aussi un concept idéologique. À ce titre, le paradigme structuraliste sape les bases des philosophies de la totalité occidentale telles que les ont exprimées Vico, Comte, Condorcet, Hegel et Marx. On peut y voir la résurgence d'une pensée née de la découverte du Nouveau Monde au XVIᵉ siècle. Montaigne ne disait-il pas que nous avons hâté la ruine des nations du Nouveau Monde et déploré que lesdits civilisateurs n'aient su dresser entre les Indiens et eux une société fraternelle et intelligente ? Réactivant ce regret, *Race et histoire*, essai majeur de Lévi-Strauss, devient vite le bréviaire de la pensée antiraciste pour toute une génération de chercheurs : « J'avais vingt-quatre ans, écrit l'anthropologue Michel Panoff, quand je lus *Race et histoire* et je reçus la confirmation que l'humanité ne se divisait pas en êtres supérieurs et êtres inférieurs. Je trouvais beau que la science se mît au service d'une telle cause[2]. »

En ce milieu des années 1950, les progrès de l'aéronautique civile mettent à la portée des touristes occidentaux les civilisations les plus lointaines, si bien qu'une frénésie d'exotisme s'empare du Vieux Monde. Des têtes de pont touristiques s'implantent un peu partout à travers la planète comme autant de presqu'îles extraterritoriales fermées sur elles-mêmes. Le Club Méditerranée, créé en 1950, quadrille les continents, offrant la « découverte de l'autre » à moindre coût derrière les grillages de ses camps retranchés, à l'abri des indigènes. En 1955, paraît le livre événement de Lévi-Strauss *Tristes tropiques*. Pierre Nora analysera, quelques décennies plus tard, le choc intellectuel produit par cet ouvrage comme résultant d'un déplacement imperceptible, mais décisif. Ces Indiens de l'Autre Monde étaient déjà bien connus de la civilisation occidentale en ce

---

1. *Ibid.*, p. 415.
2. Panoff, 2012, p. 79.

milieu du XXe siècle, mais « primitifs ils demeuraient[1] ». Voilà que les bariolages énigmatiques sur leurs visages ainsi que leurs rituels singuliers deviennent le lieu d'une vérité potentielle de l'histoire de l'humanité qui aurait peu à peu été ensevelie sous les tombereaux de la modernité technique. Ces sociétés sont soudain perçues comme « un trésor dont il ne dépendait que de nous — de l'ethnographe — d'arracher au moins le secret avant le naufrage définitif[2] ».

Lévi-Strauss répond pleinement aux aspirations de son époque, d'où son triomphe. Il réalise en outre la percée spectaculaire qu'il souhaitait pour l'anthropologie et le programme structuraliste en les installant l'une et l'autre au cœur du monde intellectuel français. Dans le même temps, il modifie son image de scientifique quelque peu inhumain : « J'étais excédé de me savoir étiqueté dans les fichiers universitaires comme une mécanique sans âme, tout juste bonne à mettre les hommes en formules[3]. » Par la subjectivité de son récit, il manifeste le lien qui unit la quête de soi et la découverte de l'autre, développant l'idée que l'ethnographe accède ainsi à la source de l'humanité et, comme le pensait Rousseau, à une vérité de l'homme qui « ne crée vraiment grand qu'au début[4] ». Une nostalgie originelle est perceptible dans cette perspective qui ne considère l'histoire humaine que comme une pâle répétition d'un moment à jamais perdu, celui, authentique, de la naissance : « Nous accéderons à cette noblesse de la pensée qui consiste [...] à donner pour point de départ à nos réflexions la grandeur indéfinissable des commencements[5]. » Dans cette valorisation des débuts, on peut déceler comme une part d'expiation des fautes de la société occidentale au passé génocidaire à laquelle appartient l'ethnographe. Partie prenante des œuvres missionnaires lors du temps glorieux de la colonisation, l'ethnographe bat sa coulpe à l'heure du rejet de la greffe occidentale, accompagnant le mouvement de reflux en pansant quelques plaies morales. Si ces tropiques sont si tristes, c'est le fait non seulement de l'acculturation, mais de la nature même d'une ethnographie à l'objet en voie d'extinction.

1. NORA, 1990, p. 9.
2. *Ibid.*, p. 10.
3. LÉVI-STRAUSS, 1955 (c).
4. ID., 1958 (b), p. 442.
5. *Ibid.*, p. 424.

Paradoxalement, la décolonisation qui assure le succès de *Tristes tropiques* porte en même temps la crise de son orientation. « Le monde a commencé sans l'homme, écrit Lévi-Strauss et il s'achèvera sans lui[1]. » C'est Alfred Sauvy qui va consacrer l'expression tiers-monde en évoquant un monde « ignoré, exploité, méprisé comme le tiers état et qui veut, lui aussi, être quelque chose ». Au lendemain de Diên Biên Phu, Lévi-Strauss écrit : « Cinquante années de recherche modeste et sans prestige, menée par des ethnologues en nombre suffisant, auraient pu préparer au Vietnam et en Afrique du Nord des solutions du type de celle que l'Angleterre s'est ménagée en Inde[2]. »

Lévi-Strauss définit dès 1955 la position du scientifique, qui est de renoncer par son engagement dans la science à tout combat partisan. Il se retire de l'action et considère cette retraite comme une règle déontologique intangible, à la manière du religieux qui entre dans les ordres et se tient à distance du siècle. Le rôle de l'ethnographe est seulement de « comprendre ces autres[3] ». Pour accomplir cette tâche, il doit accepter un certain nombre de renoncements, voire de mutilations. Comprendre ou agir, il faut choisir, telle semble être la devise de celui qui trouve un réconfort ultime dans « la méditation du sage au pied de l'arbre[4] ». C'est à un véritable crépuscule des hommes auquel nous convie un Lévi-Strauss qui propose même de convertir l'anthropologie en « entropologie », science qui aurait pour objet les processus de désintégration.

Stoczkowski a bien mis en évidence la sotériologie, ou théologie du salut, sous-jacente chez Claude Lévi-Strauss, qui entend préconiser un certain nombre de remèdes aux avancées inexorables du mal, aux artifices de la modernité et à ses conséquences désastreuses[5]. Sous la méthode structuraliste, se révèle une philosophie morale irriguée par un travail réflexif sur les imperfections du monde humain, la question du mal et les moyens d'y remédier. Si la position relativiste de Lévi-Strauss paraît être celle du pessimisme, elle serait tout au contraire « un instrument de la

---

1. *Ibid.*, p. 447.
2. Id., 1956.
3. Id., 1958 (b), p. 416.
4. *Ibid.*, p. 445.
5. Stoczkowski, 2008.

rédemption que chacun peut conquérir pour son propre compte, s'il en est capable[1] ». Lévi-Strauss reprend à Montaigne l'idée que « nous n'avons aucune communication à l'être » et serions donc condamnés à ne rien connaître vraiment. En même temps, ce scepticisme débouche sur une position morale. L'espoir de Lévi-Strauss se serait concentré sur un changement du cours de l'histoire, ce qui expliquerait, selon Stoczkowski, le sens de *Race et histoire* : « Lévi-Strauss préconisait de recourir à l'entremise des organisations internationales pour rectifier le cours spontané de l'histoire humaine ». Mais il ajoute : « Cette solution ne lui semblait plus crédible au moment où il rédigea *Race et culture*[2]. » Allant vers toujours plus de désespérance et considérant que le plus grave problème est celui de l'explosion démographique, Lévi-Strauss écrira en 2004 : « Un monde dont j'ai vu la population sextupler m'apparaît sans espoir[3]. »

LA RÉCEPTION DE « TRISTES TROPIQUES »

Ce désenchantement n'exclut nullement l'expression de la sensibilité de l'ethnographe dans sa description de l'autre. Cette subjectivité et cette extrême réceptivité sont unanimement saluées par la critique à la sortie de *Tristes tropiques*. Le caractère hybride et inclassable de l'ouvrage lui permet de gagner un public exceptionnellement large pour un livre de sciences humaines. Jusque-là seuls la littérature et, à la rigueur, quelques grands thèmes du débat philosophique pouvaient prétendre à un tel retentissement. Ce fut le cas avec l'existentialisme sartrien, surtout dans sa version théâtrale et littéraire. Le rayonnement de Sartre est d'ailleurs encore important, et Lévi-Strauss publie des bonnes feuilles de son livre dans *Les Temps modernes*[4], mais l'écho qu'il rencontre

1. *Ibid.*, p. 315.
2. *Ibid.*, p. 323.
3. Claude Lévi-Strauss, lettre à Wiktor Stoczkowski, 22 novembre 2004, citée dans *ibid.*, p. 324.
4. Lévi-Strauss, 1955 (b).

consacre son émancipation, ainsi que celui du programme structuraliste.

Journalistes, savants, intellectuels de tous horizons et de toutes disciplines prennent la plume pour saluer l'événement. Dans *Le Figaro*, Raymond Aron applaudit ce livre « suprêmement philosophique[1] » qui renoue avec la tradition du voyage des philosophes affrontant l'épreuve des *Lettres persanes*. Le journal *Combat* loue en Lévi-Strauss « l'allure d'un Cervantès ». François-Régis Bastide salue la naissance d'un poète et un nouveau Chateaubriand[2]. Dans *L'Express*, Madeleine Chapsal parle d'écrits d'un voyant : « Depuis dix ans, peut-être, il n'a pas paru de livre plus directement adressé à nous[3]. » Dans les *Annales*, Lucien Febvre s'était réservé de parler lui-même de l'ouvrage qui l'avait ébloui, mais sa disparition l'en a empêché. Dans *Critique*, c'est Georges Bataille, directeur de la revue, qui écrit un long article sous le titre : « Un livre humain, un grand livre[4] », saisissant un déplacement du champ littéraire vers des activités plus spécialisées. Effectivement, l'œuvre de Lévi-Strauss, comme celle d'Alfred Métraux[5], participe de cette nouvelle sensibilité, de ce nouveau rapport entre écriture et scientificité, qui dépasse l'antinomie traditionnelle entre art et science : « *Tristes tropiques* se présente dès l'abord, écrit Bataille, non comme une œuvre de science, mais comme une œuvre d'art[6]. » Comme l'analyse Vincent Debaene, cette hybridité entre l'affirmation d'une nouvelle discipline et la littérature est caractéristique d'un moment de l'évolution de l'ethnologie[7].

Ce déplacement de la littérature, en pleine crise de langueur, vers les sciences sociales en général et l'ethnographie en particulier, est à ce point remarqué que les jurés Goncourt publient un communiqué selon lequel ils regrettent de ne pouvoir attribuer leur prix à *Tristes tropiques*. Étiemble consacre lui aussi une longue étude à l'ouvrage de Lévi-Strauss en qui il reconnaît un semblable, un

---

1. Aron, Raymond, 1955 (b).
2. Bastide, 1956.
3. Chapsal, 1956.
4. Bataille, 1956.
5. Métraux [1941], 1956.
6. Bataille, 1956, p. 101.
7. Debaene, 2010.

hérétique né. *Tristes tropiques*, « c'est le type du livre à prendre ou
à laisser. Moi, je le prends, et le garde au trésor de ma bibliothèque,
au plus précieux de ma chair[1] ». La dimension proprement littéraire
de *Tristes tropiques* et de l'essentiel de l'œuvre de Lévi-Strauss
sera attestée par le choix que celui-ci fera, en 2008, de ses publications devant figurer dans le recueil en Pléiade de ses œuvres[2].
Cette somme, qui laisse de côté nombre de ses écrits techniques,
s'ouvre sur *Tristes tropiques*. Ce choix indique deux choses, que
souligne Vincent Debaene, auteur de la préface, qui ont accompagné les choix de Lévi-Strauss : d'une part, « on avait oublié
que l'anthropologue est aussi et d'abord un écrivain[3] » ; d'autre
part, ce livre, paru en 1955, revient sur des enquêtes de terrain
qui datent des années 1935-1939. En les mettant en position d'ouverture de tout son itinéraire, Lévi-Strauss signifie que le terrain
empirique a beaucoup compté pour lui et qu'il n'est pas l'homme
des abstractions formelles que l'on a souvent critiqué. Il s'agit là
d'un travail sur soi, fondamentalement réflexif, d'un « travail de
remémoration[4] ». Frédéric Keck suggère même qu'il y aurait une
analogie à faire entre *La Nausée* de Sartre et *Tristes tropiques*, qui
résulteraient tous deux d'une crise de la philosophie et du sens en
général, d'une quête d'une voie de traverse à partir d'une position
excentrée. De la même manière que Roquentin dans *La Nausée*
abandonne l'horizon de la littérature pour l'aventure de l'ordinaire,
Lévi-Strauss aurait privilégié le regard éloigné, celui des Bororo
et des Nambikwara[5].

La réception de *Tristes tropiques* est si enthousiaste et unanime
qu'il ne pouvait aller sans quelques malentendus. Certains se
contenteront d'un bain d'exotisme, alors que c'est ce qu'exécrait
Lévi-Strauss ; d'autres, qui y ont vu l'expression de la sensibilité d'un individu, vont être vite pris à contre-pied par la future
célébration de « la mort de l'homme », simple figure éphémère,
« efflorescence passagère ». Le quiproquo le plus flagrant reste le
prix attribué à Lévi-Strauss le 30 novembre 1956 par le jury de la

1. ÉTIEMBLE, 1956, p. 32.
2. LÉVI-STRAUSS, 2008.
3. DEBAENE, 2008 (a), p. XXIII.
4. ID., 2008 (b), p. 34.
5. KECK, 2005.

Plume d'or, qui récompense les livres de voyage et d'exploration. *Tristes tropiques* l'emporte d'une courte tête (cinq voix contre quatre à Jean-Claude Berryer pour *Au pays de l'éléphant blanc* !), alors que l'ouvrage commence par le fameux, « Je hais les voyages et les explorateurs », et se poursuit par : « Ce que d'abord vous nous montrez, voyages, c'est notre ordure lancée au visage de l'humanité[1]. » Lévi-Strauss refuse son prix, ce qui lui vaut une nouvelle comparaison élogieuse et littéraire : « Nouveau Julien Gracq. Un spécialiste des Indiens refuse une plume d'or[2]. »

L'écho rencontré par Lévi-Strauss ne se limite pas à la sphère des médias. Bouleversant le champ intellectuel dans son ensemble, il entraîne vers les Tropiques le destin de nombreux philosophes, historiens, économistes qui rompent avec leur discipline d'origine pour répondre à l'appel du large. Le souci de réconcilier sa propre sensibilité avec un travail rationnel sur une société vivante dans un rapport d'interactivité enthousiasme d'autant plus la jeune génération que l'Occident ne semble plus requérir les engagements d'antan. *Tristes tropiques* joue à cet égard comme le symptôme d'un nouvel état d'esprit, d'une volonté de saisir les lignes de fuite, sans quitter les exigences de la raison, mais appliquées à d'autres objets. Les conversions sont nombreuses, et Lévi-Strauss en est le pôle de ralliement. Luc de Heusch, ethnologue, travaillait déjà sur le terrain au Congo belge, l'actuel Zaïre. Élève de Marcel Griaule à la Sorbonne, il est déçu de ne pas retrouver les grandes constructions symboliques de son maître. Il revient en France en 1955 et découvre, ébloui, *Tristes tropiques*. Alors qu'il n'avait fait que parcourir de loin *Les Structures élémentaires de la parenté* avant son départ en Afrique, il entre désormais en « lévi-straussie » et transpose à la société bantoue de l'Afrique centrale les méthodes appliquées aux sociétés indiennes afin de tenter de comprendre la pensée symbolique africaine à partir de la confrontation de toutes les variantes des récits mythologiques.

L'éclat du succès de Lévi-Strauss compense la faible implantation de l'ethnologie dans le système universitaire. Il y a certes depuis 1925 l'Institut d'ethnologie au musée de l'Homme, mais

1. LÉVI-STRAUSS, 1958 (b), pp. 3 et 27.
2. *Le Figaro*, 1ᵉʳ décembre 1956.

celui-ci ne recouvre qu'un département, un regroupement d'enseignants, et l'essentiel de son auditoire est composé d'étudiants venus décrocher le seul certificat à avoir une version lettres et une version sciences, sans pour autant se vouer au métier d'ethnologue. C'est aussi le moment où l'Afrique devient un objet de curiosité et d'inspiration pour un nombre croissant d'intellectuels et d'ethnologues français. Jean-Paul Sartre avait donné le coup d'envoi de cette ouverture en éditant *Orphée noir*, sa préface à l'anthologie de poésie publiée par Léopold Sédar Senghor en 1948[1]. Découvrant avec Césaire et Senghor le potentiel de sens et d'engagement à la fois éthique et littéraire que peut recouvrir la poésie, il célèbre alors la négritude comme porteuse d'une littérature de résistance à l'oppression. Alors qu'il se tient à distance critique de toute forme d'essentialisation, il part du constat que les Noirs sont aliénés jusque dans leur corps, ce qui justifie la revendication de la négritude.

Alioune Diop, sénateur sénégalais qui s'est lié d'amitié avec Albert Camus à Alger, crée au lendemain de la guerre la revue *Présence africaine*, dans le comité de patronage duquel on retrouve de nombreux intellectuels de renom[2]. Lorsque Diop n'est pas disponible du fait de ses responsabilités de sénateur, Michel Leiris s'occupe de la revue et prend des positions très fermes sur le colonialisme. Son influence sur cette question est décisive au sein de l'équipe des *Temps modernes*. Proche de Césaire, il dénonce dans le colonialisme un phénomène qui s'apparente à ce qu'a été l'Allemagne nazie, et, en mars 1950, va jusqu'à faire paraître une autocritique des méthodes de l'ethnographie dans une sorte de manifeste dans lequel il

> condamne clairement toute collecte d'objet sacré, toute acquisition de ce qui n'est pas destiné normalement à la vente [...]. Il condamne également la tendance à préférer l'étude des populations dites primitives à celles que l'on considère comme évoluées du fait de leurs contacts avec d'autres types de civilisation[3].

1. Sartre [1948], 1949, pp. 229-286.
2. Jean-Paul Sartre, Albert Camus, Emmanuel Mounier, le père Maydieu, Pierre Naville, Michel Leiris, Paul Rivet, Théodore Monod et Léopold Sédar Senghor.
3. Armel, 1997, p. 511.

Répondant à une demande d'Alfred Métraux, Leiris avait écrit et publié, peu avant le *Race et histoire* de Lévi-Strauss, un point de vue sur « Race et civilisation » dans lequel il s'en prenait à toutes les formes d'expression des préjugés de race, faisant valoir la primauté des caractères acquis sur les caractères innés. Leiris s'appuie, entre autres, sur la découverte récente par Lévi-Strauss de la prohibition de l'inceste comme invariant universel. Formé à l'anthropologie par Leiris, qui aura été son modèle, Georges Balandier est l'initiateur de toute une génération d'africanistes. Il a fait partie du petit cercle de sociologues qui se réunissait rue Vaneau chez Georges Gurvitch, avec Jean Duvignaud, Roger Bastide, etc. Il conçoit la sociologie de l'Afrique noire dans une perspective militante, anticoloniale. L'horizon de son travail prend en compte la dimension politique. Balandier a été fortement imprégné par l'existentialisme sartrien d'après guerre. Résistant pendant le second conflit mondial, lié au musée de l'Homme et à Leiris, il est introduit par celui-ci dans l'entourage de Sartre aux *Temps modernes*. Il est pourtant absent des grands débats d'après guerre : dès 1946, il se rend en anthropologue à Dakar et devient le rédacteur en chef de *Présence africaine*. Prenant part à l'histoire en train de se faire, Balandier côtoie Sédar Senghor, Sékou Touré, Félix Houphouët-Boigny, Kwame Nkruma. Tout en découvrant la figure de l'autre, de l'altérité, de la négritude revendiquée, il a immédiatement le sentiment de participer à une histoire en pleine ébullition, non seulement par son hostilité au cadre colonial et son désir d'émancipation politique, mais aussi par la revendication historique de peuples qui aspirent à renouer avec leur propre histoire au-delà de la coupure coloniale. Son terrain d'investigation est en pleine mutation. Depuis Bandung, le continent africain se soulève, les affrontements se multiplient, en même temps que les populations connaissent la paupérisation, la croissance des bidonvilles, etc. Les partis, les syndicats font leur apparition dans un univers jusque-là clanique. Ce n'est donc pas une société figée dans le temps que découvre Balandier, mais au contraire le mouvement, la fécondité du chaos.

De retour en France, Balandier entre à la VIe section de l'EPHE, où il fonde une direction d'études de sociologie de l'Afrique noire, ainsi qu'au cabinet du secrétaire d'État Henri Longchambon, dans le gouvernement Mendès France, en 1954, avec la charge des sciences humaines. En 1961, il est appelé par Jean Hyppolite pour animer un séminaire à l'École normale supérieure de la rue d'Ulm, qu'il poursuivra jusqu'en 1966 : « Le structuralisme était un fluide qui baignait tout, après avoir beaucoup emporté dans son flux[1]. » C'est dans ce haut lieu du structuralisme triomphant des années 1960 qu'il réussit à débaucher quelques géographes, historiens, littéraires et philosophes au profit de l'anthropologie, comme Jean-Noël Jeanneney, Régis Debray, Emmanuel Terray ou Marc Augé.

En 1967, Balandier publie *Anthropologie politique*, dans lequel il dépasse la vision classique du pouvoir comme simple gestion de la puissance répressive, pour inclure les dimensions de l'imaginaire et du symbolique. Reprenant les critiques formulées par l'anthropologue britannique Edmund Leach à l'égard de la démarche structuraliste appliquée à l'étude des systèmes politiques, Balandier va plus loin encore et remet en cause la typologie fondée sur le principe unique de la coercition. Il lui substitue une approche synthétique du politique, qui inclut la prise en compte des stratifications sociales et des règles de parenté dans un même ensemble. Il oppose donc au postulat structuraliste d'isolement des variables une démarche globale où les divers niveaux du réel, de l'imaginaire et du symbolique se mêlent dans un équilibre dynamique. Loin d'appréhender des sociétés fermées sur elles-mêmes, Balandier est au contraire saisi par l'importance de la force éruptive des événements, des métissages par la combinaison entre le legs de traditions ancestrales et l'appropriation de la modernité : « Les Lebou m'apprenaient bien davantage que ce que je pouvais alors imaginer. Ils me montraient qu'aucun peuple ne peut se soustraire à l'emprise de l'histoire[2]. »

Si Lévi-Strauss eut de nombreux enfants, Balandier ne fut pas en reste, notamment chez les africanistes, lesquels incluent ceux qui se reconnaissent une double paternité. Parmi ceux qui ont suivi cette double filiation, Marc Augé prépare en 1960 à l'École normale supérieure l'agrégation de lettres et, ne sachant trop quelle direction

1. BALANDIER, 1977, p. 187.
2. *Ibid.*, p. 238.

emprunter, doublement attiré par la philosophie et la littérature, va écouter Lévi-Strauss et Balandier. Il se dit alors que l'ethnologie peut être la voie médiane, réconciliatrice de son goût pour l'écriture et de son désir d'une réflexion plus spéculative. L'occasion se présente, grâce à Balandier, de rentrer à l'Orstom (Office de la recherche scientifique et technique outre-mer), et Augé s'embarque pour la Côte d'Ivoire en 1965. C'est dans le séminaire de Balandier qu'il reçoit sa formation d'africaniste, sans avoir l'impression qu'un clivage majeur oppose les perspectives qu'il offre à celles du structuralisme lévi-straussien. Dan Sperber aura été lui aussi doublement formé par Balandier et Lévi-Strauss, dans un itinéraire qui l'a mené du premier au second. Militant tiers-mondiste, Sperber, traducteur d'un des premiers textes de Nelson Mandela en 1963, voit dans l'anthropologie une science de complément pour saisir la dimension culturelle des problèmes politiques du tiers-monde.

Dans une autre région d'Afrique, le Maghreb, Jean Duvignaud est déçu par le modèle structuraliste qui ne parvient pas à rendre compte de la complexité et des mutations des systèmes de parenté. Son long travail de quatre ans sur Chebika (Tunisie), publié en 1968[1], donne lieu au film de Jean-Louis Bertucelli, *Rempart d'argile*. Si la revue *L'Homme*, que Lévi-Strauss a fondée en 1961 avec Émile Benveniste et Pierre Gourou, critique Duvignaud pour avoir fui les structures de parenté, ce n'est pourtant pas faute d'avoir essayé d'appliquer les catégories d'analyse mises au point par Lévi-Strauss, mais sans succès. Duvignaud, proche du groupe de sociologues gurvitchiens et de Balandier, se montre aussi critique à l'égard du paradigme structuraliste[2].

UN PASSEUR

Dans son approche philosophique, Maurice Merleau-Ponty s'intéresse à cette même époque à l'anthropologie sociale de Claude

1. Duvignaud, 1968.
2. Id., 1985, p. 151.

Lévi-Strauss. Après sa rupture avec Jean-Paul Sartre, en effet, le « phénoménologue » se rapproche de Lévi-Strauss et c'est lui, élu au Collège de France depuis 1952, qui suggère à Lévi-Strauss de se présenter en 1954 en y sacrifiant « trois mois d'une vie dont le fil allait si vite se rompre[1] ». Merleau-Ponty défend alors ardemment le programme défini depuis 1950 par Lévi-Strauss dans son *Introduction à l'œuvre de M. Mauss* : « Les faits sociaux ne sont ni des choses, ni des idées, ce sont des structures [...]. La structure n'ôte rien à la société de son épaisseur ou de sa pesanteur. Elle est elle-même une structure des structures[2]. » Il naîtra de cette complicité intellectuelle une véritable amitié, et la photographie de Merleau-Ponty restera toujours présente sur le bureau de Lévi-Strauss.

Dans ces années 1950, le rapprochement que tente Merleau-Ponty entre philosophie et sciences humaines préfigure un retournement de paradigme. Ce n'est plus l'anthropologie qui cherche à se situer par rapport au discours philosophique, comme lorsque Marcel Mauss empruntait la notion de fait social total à son professeur de philosophie Alfred Espinas. C'est au contraire la philosophie, avec Merleau-Ponty, qui se situe par rapport à l'anthropologie, à la linguistique et à la psychanalyse. *Les Temps modernes* s'ouvrent au travail de Michel Leiris, Claude Lévi-Strauss et beaucoup d'autres. Merleau-Ponty ouvre des perspectives prometteuses lorsqu'il écrit : « La tâche est donc d'élargir notre raison pour la rendre capable de comprendre ce qui en nous et dans les autres précède et excède la raison[3]. » Élargissant ainsi le champ philosophique à l'intelligibilité de l'irrationnel, sous la double figure du fou et du sauvage, il donne à l'anthropologie et la psychanalyse la place centrale qu'elles occuperont effectivement dans les années 1960. La mort prématurée du philosophe, le 4 mai 1961, à l'âge de cinquante-quatre ans, laisse un chantier à peine esquissé et beaucoup d'orphelins. Il aura joué un rôle de premier plan pour toute une génération de philosophes qui, éveillés grâce à lui à des problématisations nouvelles, ont quitté le navire philosophique avec armes et bagages pour se faire anthropologues, linguistes, psychanalystes. Ce renversement de

1. LÉVI-STRAUSS, 1988, p. 88.
2. MERLEAU-PONTY, 1960, pp. 146-147.
3. *Ibid.*, p. 154.

paradigme va dominer toute la période structuraliste des années 1960 et, dans le domaine de l'anthropologie, modifier le paysage de la discipline. À quelques exceptions près, tels Lucien Lévy-Bruhl, Marcel Mauss, Jacques Soustelle ou Claude Lévi-Strauss, qui viennent de la philosophie, les ethnologues seront désormais issus d'horizons divers[1], à l'image de Paul Rivet, du milieu médical, Marcel Griaule, d'abord aviateur, puis des langues orientales, Michel Leiris, de la poésie et du surréalisme, Alfred Métraux, de l'École des chartes, où il fut le condisciple de Georges Bataille.

C'est avant tout par Merleau-Ponty que toute une génération de jeunes philosophes afflue vers ces sciences modernes. Il résulte de ces conversions une hémorragie, dont la philosophie va avoir peine à se relever. Elle n'en est alors qu'aux premiers coups de boutoir, car arrive Michel Foucault, qui va donner le coup de grâce au projet phénoménologique et aux prétentions d'une philosophie placée au-dessus de la mêlée des sciences empiriques. Si sa critique ne se fera jour qu'au cours des années 1960, le cheminement de Foucault part de son insatisfaction à l'égard du programme phénoménologique lorsqu'il écrit l'*Histoire de la folie* (1955-1960). Déplaçant la perspective phénoménologique, il abandonne la description intériorisée de l'expérience vécue au profit de la mise au jour de pratiques et institutions sociales problématisées : « Tout ce qui s'est passé autour des années 1960, écrit-il, venait bien de cette insatisfaction devant la théorie phénoménologique du sujet[2]. » La bifurcation que réalise Foucault vise d'ailleurs autant les approches phénoménologiques que marxistes.

RELATIVISME CULTUREL

La thèse défendue par Lévi-Strauss dans *Race et histoire* fait l'objet d'une critique acerbe de son *alter ego* Roger Caillois[3]. Ce

---

1. STOCKING, 1984, pp. 421-431.
2. FOUCAULT, 1983.
3. CAILLOIS, 1954 et 1955.

dernier a le même âge et le même parcours que Lévi-Strauss, ayant comme lui fréquenté les surréalistes et vécu la Seconde Guerre mondiale exilé aux États-Unis. Anthropologue, il a lui aussi une relation privilégiée à l'écriture. L'un et l'autre se pensent comme écrivains ayant fait le détour des sciences humaines pour s'exprimer[1]. Et l'un comme l'autre ont rompu les ponts avec la philosophie, Caillois pour faire place à la littérature, Lévi-Strauss pour s'ouvrir à la science. Au moment où *Race et histoire* paraît, Caillois fonde *Diogène*, la revue de l'Unesco, dont l'objectif principal est de se consacrer au dialogue interculturel. Revue importante, diffusée par Gallimard, *Diogène*, qui a pour secrétaire de rédaction à mi-temps Jean d'Ormesson, est tirée à huit mille exemplaires dans les années 1950, et son premier numéro date de novembre 1952[2].

En tant que directeur de la revue, Roger Caillois entend vérifier la thèse défendue par l'Unesco d'une unité de l'humanité par-delà sa diversité[3]. L'interrogation sur le sacré comme réactivation symbolique d'une pulsion primitive est son fil directeur. Pour avancer dans ce sens, il invente le concept de sciences diagonales (épistémologie, économie politique, psychiatrie, histoire)[4]. Caillois se trouve donc en ces années 1950 en position de concurrence directe avec le projet de Lévi-Strauss, qui veut lui aussi unifier les sciences humaines, mais autour de son programme d'anthropologie sociale et d'une méthode globalisante, le structuralisme.

Le paradoxe veut que, le jour où Lévi-Strauss entre à l'Académie française, succédant au fauteuil de Montherlant en 1974, il soit reçu par Roger Caillois, qui émet à son égard les réserves les plus fermes[5]. La réponse que lui fait Lévi-Strauss est elle-même d'une violence rare[6]. La querelle entre les deux hommes éclate sur la question du relativisme culturel défendu par Lévi-Strauss dans *Race et histoire*. Caillois lui reproche d'accorder des ver-

---

1. Panoff, 1993, p. 17.
2. Ce numéro exemplifie le souci de faire circuler les savoirs puisque l'on y trouve, entre autres, des contributions du linguiste Émile Benveniste, du philosophe allemand Karl Jaspers, de l'helléniste britannique Gilbert Murray et du psychologue Jean Piaget.
3. Moutot, 2006, p. 144.
4. *Ibid.*, p. 259.
5. Caillois, 1974.
6. Lévi-Strauss, 1955 (a).

tus disproportionnées aux peuples autrefois délaissés et le met en contradiction avec lui-même lorsque celui-ci considère que toutes les cultures sont équivalentes et incomparables[1]. Caillois estime que le relativisme lévi-straussien l'entraîne trop loin et lui oppose la supériorité de la civilisation occidentale, qui, selon lui, se situe dans la curiosité constante à l'égard des autres cultures d'où est justement sortie l'ethnographie, besoin qui n'a jamais été ressenti par les autres civilisations :

> À l'inverse de ce que voudrait le proverbe, la paille qui est dans l'œil de Lévi-Strauss l'a empêché de voir la poutre dans l'œil des autres [...] l'attitude est noble, mais un savant devrait plutôt s'appliquer à reconnaître les pailles et les poutres là où elles se trouvent[2].

Entre autres critiques, Caillois réagit avec force à l'affirmation de Lévi-Strauss selon laquelle « le Barbare, c'est d'abord l'homme qui croit à la barbarie des autres ». Il rétorque que c'était la conviction des Grecs de l'Antiquité, et que l'on ne peut pour autant les qualifier de Barbares puisqu'on leur doit la double naissance de la philosophie et de l'histoire. Autre objection de Roger Caillois : Lévi-Strauss met en avant dans son argumentation le caractère sophistiqué du système de parenté des aborigènes australiens comme symptôme de leur supériorité dans ce domaine, alors que, selon lui, la supériorité intellectuelle se reconnaît au contraire par la capacité à simplifier. Caillois achève sa critique en expliquant que Lévi-Strauss et ses amis se sont égarés par haine de leur propre civilisation.

La réplique ne se fait pas attendre, et elle est cinglante[3]. On constate de nouveau que la revue de Sartre, *Les Temps modernes*, sert paradoxalement de tribune à Lévi-Strauss pour développer ses thèses. Le ton est tout de suite donné : « Diogène prouvait le mouvement en marchant. M. Roger Caillois se couche pour ne pas le voir[4]. » Il y reprend les lignes de force de sa démonstration

1. CAILLOIS, 1954, p. 1021.
2. *Ibid.*, p. 1024.
3. PANOFF, 1993, p. 55.
4. LÉVI-STRAUSS, 1955 (a), p. 1187.

sans rien céder à l'argumentation de Caillois. À l'allusion de ce dernier au cannibalisme, il répond qu'il ne place pas la morale à la cuisine et que sous le rapport du nombre d'hommes tués, nous faisons mieux que les Papous. Mais c'est surtout la violence de la polémique qui surprend : « M. Caillois se livre à un exercice qui commence par des bouffonneries de table d'hôte, se poursuit en déclarations de prédicateur pour se terminer par des lamentations de pénitent. C'était bien là, d'ailleurs, le style des cyniques dont il se réclame […]. L'Amérique a eu son McCarthy : nous aurons notre McCaillois[1]. » Au-delà du ton, il reste un opuscule majeur dans le combat des préjugés racistes au seuil des années 1950 et une intuition juste, celle de Caillois, selon laquelle une pensée crépusculaire est en train de gagner l'Europe en proie à un déclin qui semble inexorable, annonçant un basculement de son régime d'historicité.

Les objections à la thèse du relativisme culturel viennent aussi bien des intellectuels communistes que des libéraux. Dans *La Nouvelle Critique*, Maxime Rodinson dénonce une théorie qui occulte la lutte des classes comme moteur de l'histoire[2]. Lévi-Strauss lui répond avec vivacité dans une lettre que l'hebdomadaire du PCF ne publie pas, mais que Lévi-Straus reprend en note, en 1958, dans *Anthropologie structurale*[3]. Quant à Alfred Métraux, il s'amuse de cette joute au sommet entre Caillois et Lévi-Strauss : « La controverse Caillois-Lévi-Strauss a été le grand événement des milieux littéraires parisiens. La réponse de Lévi-Strauss […] est un chef-d'œuvre de raisonnement, de langue et de cruauté[4]. »

CLIO EN EXIL

À la fin des années 1950 et dans la première moitié des années 1960, les historiens subissent d'autant plus durement la concur-

---

1. *Ibid.*, pp. 1202 et 1214.
2. RODINSON, 1955 (a) et (b).
3. BERTHOLET, 2003, p. 227.
4. Alfred Métraux, lettre à Pierre Verger, citée dans *ibid.*, p. 219.

rence de la sociologie que Lévi-Strauss fait la démonstration de la force d'un programme qui entend réaliser la fédération de toutes les sciences humaines dans une sémiologie généralisée, nouvelle science de la communication humaine.

En 1949, Lévi-Strauss avait en effet repris le débat entre histoire et sociologie là où l'avait laissé François Simiand en 1903 et ajouté :

> Que s'est-il passé depuis lors ? Force est de constater que l'histoire s'en est tenue au programme modeste et lucide qui lui était proposé, et qu'elle a prospéré selon ses lignes [...]. Quant à la sociologie, c'est une autre affaire : on ne saurait dire qu'elle ne s'est pas développée[1].

L'historien, selon Lévi-Strauss, incarne un niveau essentiel du réel, mais son seul plan empirique d'observation le condamne à ne pas être en mesure de modéliser. Il ne peut donc avoir accès aux structures profondes de la société. L'historien est ainsi condamné à se situer dans l'opacité et le chaos de la contingence, à moins de se munir de la grille de lecture de l'ethnologue. L'histoire et l'ethnologie sont certes doublement proches par leur position institutionnelle et par leurs méthodes, et Lévi-Strauss considère d'ailleurs qu'elles ont le même objet, cet *autre* séparé du même par les distances spatiales ou par l'épaisseur temporelle du passé. La distinction entre les deux disciplines, selon Lévi-Strauss, se situerait entre la science empirique qu'est l'histoire d'un côté et la science conceptuelle qu'est l'ethnologie de l'autre. Selon lui, c'est cette dernière seule qui peut accéder aux strates inconscientes de la société. Seule l'anthropologie structurale, telle que la conçoit Lévi-Strauss, peut s'aventurer dans les sphères de l'univers psychique en se donnant pour objectif d'avoir accès aux enceintes mentales. On mesure l'ampleur du défi que représente un tel programme pour l'historien.

Fernand Braudel, qui est alors le leader incontesté de l'école des *Annales*, comprend la vigueur et le danger du défi. L'histoire a trouvé en lui l'homme qui a fait de l'histoire la science fédératrice des sciences humaines. Sa réponse précise au défi lancé par

1. LÉVI-STRAUSS [1949], pp. 3-4, 1958 (a).

Lévi-Strauss dans son article « Histoire et ethnologie » est donnée par un article manifeste des *Annales* de 1958[1], l'année même de la parution de l'*Anthropologie structurale*. Braudel affirme avoir eu de longues discussions avec Lévi-Strauss, auquel il voue une grande admiration, non dénuée de quelque jalousie. Alors qu'il n'affiche que mépris pour la sociologie, il se garde de polémiquer frontalement avec Lévi-Strauss, qu'il n'attaque à aucun moment, malgré une situation de concurrence théorique particulièrement vive. Il évoque ainsi la « prouesse » de Lévi-Strauss[2] d'avoir su décrypter le langage sous-jacent aux structures élémentaires de la parenté, aux mythes, aux échanges économiques, etc. Braudel, qui a l'habitude de prendre de haut ces jeunes sciences impérialistes, accepte pour une fois d'abandonner son pupitre et va même jusqu'à évoquer « notre guide » en parlant de l'anthropologue, sans pour autant rendre son tablier.

Braudel répond en innovant et en s'appropriant les acquis de l'anthropologie structurale. Il oppose à Lévi-Strauss l'atout maître de l'historien : la durée, non celle du couple traditionnel événement/datation, mais la longue durée, celle qui conditionne jusqu'aux structures les plus immuables que met en valeur l'anthropologue : « La prohibition de l'inceste, écrit-il, est une réalité de longue durée[3]. » Reconnaissant la justesse de la critique de François Simiand à l'égard de la singularité de l'événement et de son caractère futile pour les sciences sociales, Braudel suggère de réorganiser l'ensemble des sciences sociales autour d'un programme commun qui aurait pour référent essentiel la notion de longue durée. Celle-ci doit s'imposer à tous, mais, dans la mesure où il est question de durée, de périodisation, l'historien reste roi. Braudel présente cette inflexion comme une révolution copernicienne dans la discipline historienne elle-même, l'esquisse d'un renversement de perspective qui doit permettre à toutes les sciences de l'homme de parler le même langage[4].

Cette phase de repli sur le scientisme provoque un exil tempo-

1. BRAUDEL [1958], 1969.
2. *Ibid.*, 1969, p. 70.
3. *Ibid.*, p. 73.
4. *Ibid.*, pp. 40-50.

raire de Clio, au cours duquel les historiens privilégient un temps presque immobile, délaissant ce qui peut advenir de nouveau. À distance, on peut considérer que ce moment, malgré ses apories, aura été fécond. Il a contribué au deuil d'une conception téléologique de l'histoire qui considérait qu'une rationalité transcendantale était à l'œuvre dans l'advenue d'un monde meilleur, par-delà l'action des acteurs. Ce moment a en outre permis de rompre avec toute forme d'évolutionnisme.

LA CRISE DES ESCHATOLOGIES

Comme nous l'avons vu, 1956 est l'année des ruptures pour une bonne partie de l'intelligentsia française. Elle constitue le levain des futurs enfants de 1966, véritable heure de naissance du structuralisme en tant que phénomène intellectuel prenant le relais du marxisme. À l'optimisme de la Libération qui s'est exprimé dans la philosophie existentialiste se substitue un rapport désenchanté à l'histoire. Une nouvelle période s'ouvre avec les révélations des crimes de Staline par Khrouchtchev lors du XXe Congrès du PCUS au début de l'année 1956, et l'écrasement de la révolution hongroise par les chars soviétiques à sa fin.

C'est dans une relecture critique des valeurs de la démocratie occidentale que s'enracine le basculement du régime d'historicité. L'intelligentsia française ne fonde plus sa réflexion sur l'adhésion aux valeurs d'autonomie, de liberté, de responsabilité, et commence à développer une critique de la modernité et du caractère formel de la démocratie, non plus au nom d'un marxisme sur le reflux, mais à partir de Heidegger et de Nietzsche.

Pour certains, le recours à Lévi-Strauss fonde une conversion à l'anthropologie. C'est le cas de philosophes communistes en rupture de ban, ceux que l'on peut appeler le club des quatre : Michel Cartry, Alfred Adler, Pierre Clastres et Lucien Sebag, qui quittent le PCF à partir de la fracture de 1956 et passent de la philosophie à l'anthropologie, choix qui n'est pas dissociable de l'évolution de la situation politique. Ils rencontrent avec enchantement l'œuvre de

Lévi-Strauss, qui a le mérite de la désidéologisation et du discours apolitique. Pierre Clastres lit quatre à cinq fois *Tristes tropiques*, devenu son livre de chevet.

Cette conversion les conduit à s'intéresser à tout ce qui participe de la naissance du paradigme structural, et ils s'en nourrissent avec d'autant plus d'enthousiasme qu'il s'agit de réussir un travail cathartique sur le passé. Ils se lancent alors dans des recherches de linguistique structurale et suivent, à partir de 1958, le séminaire de Jacques Lacan à Sainte-Anne. Cet appétit de découverte alimente en premier lieu tout un apprentissage théorique de l'ethnologie, en liaison avec les autres disciplines, de 1958 à 1963. En second lieu, il provoque les départs sur le terrain. C'est à ce moment que le groupe se scinde en deux : Sebag et Clastres choisissent le territoire amérindien ; Adler et Cartry l'Afrique. Il s'agit pour eux de trouver des sociétés à l'abri du schéma hégéliano-marxiste, des sociétés non cotées dans l'argus des manuels staliniens. Au contraire des discours purement spéculatifs, l'œuvre de Lévi-Strauss leur offre une aventure intellectuelle où le départ sur le terrain et l'excentrement par rapport à sa propre histoire sont décisifs.

DÉCOUVERTE D'UN INVARIANT

De retour en France, en 1948, Lévi-Strauss avait soutenu sa thèse, *Les Structures élémentaires de la parenté*, et sa thèse complémentaire, *La Vie familiale et sociale des Indiens Nambikwara*, devant un jury composé de Georges Davy, Marcel Griaule, Émile Benveniste, Albert Bayet et Jean Escarra. La sortie de la thèse en livre, l'année suivante[1], devient un des événements majeurs de l'histoire intellectuelle de l'après-guerre et une pierre d'angle dans les fondations du programme structuraliste. À la recherche d'invariants pouvant rendre compte d'universaux dans les pratiques sociales, Lévi-Strauss trouve la prohibition de l'inceste, compor-

1. LÉVI-STRAUSS, 1948 et 1949.

tement immuable par-delà la diversité des sociétés humaines. Il réalise alors un déplacement fondamental par rapport à la démarche traditionnelle, dans la mesure où l'on avait l'habitude de penser le phénomène en termes d'interdits moraux et non au plan de la positivité sociale. La révolution lévi-straussienne consiste à débiologiser le phénomène, à le sortir à la fois du schéma simple de la consanguinité et de considérations morales ethnocentriques. L'hypothèse structuraliste opère là un déplacement de l'objet pour lui restituer pleinement son caractère de transaction, de communication qui s'instaure avec l'alliance matrimoniale. Considérant les rapports de parenté comme le fondement premier de la reproduction sociale, Lévi-Strauss sort d'une analyse en termes de filiation et de consanguinité pour montrer que l'union des sexes fait l'objet d'une transaction prise en charge par la société et est dès lors un fait culturel, créateur de lien social.

Le modèle qui permet à Lévi-Strauss d'opérer ce déplacement est la linguistique structurale. La naissance et les développements de la phonologie ont en effet bouleversé le champ de la pensée en sciences sociales. Pour Lévi-Strauss, cet emprunt fait figure de véritable révolution copernicienne : « La phonologie ne peut manquer de jouer, vis-à-vis des sciences sociales, le même rôle rénovateur que la physique nucléaire, par exemple, a joué pour l'ensemble des sciences exactes[1]. » Les succès grandissants de la méthode phonologique traduisent l'existence d'un système efficace dont l'anthropologie doit tirer les leçons essentielles pour les appliquer au champ complexe du social. La phonologie introduit la notion de système et cherche à construire des lois générales. Toute la démarche structuraliste est inscrite dans cette ambition, et Lévi-Strauss reprend à son compte, presque terme à terme, ses paradigmes fondateurs.

Cet apport lui vient des échanges qu'il a eus avec Roman Jakobson à New York : « J'étais à l'époque une sorte de structuraliste naïf. Je faisais du structuralisme sans le savoir. Jakobson m'a révélé l'existence d'un corps de doctrine déjà constitué dans une discipline : la linguistique, que je n'avais jamais pratiquée.

---

1. Id., 1958 (a), p. 39.

Pour moi, ce fut une illumination[1]. » Lévi-Strauss ne se limite pourtant pas à ajouter un continent nouveau du savoir, juxtaposé au sien, mais l'incorpore dans sa méthode, dont il bouleverse ainsi la perspective globale : « Comme les phonèmes, les termes de parenté sont des éléments de signification ; comme eux, ils n'acquièrent cette signification qu'à la condition de s'intégrer en systèmes[2]. » Lévi-Strauss, qui assiste à New York aux cours de Jakobson, préfacera ceux-ci en 1976[3]. Emmanuelle Loyer repère dans sa biographie de Lévi-Strauss une première occurrence du terme de structure, encore hésitante, simple remplacement d'une rature, dans une lettre écrite à Paul Rivet en décembre 1943 :

> J'ai essayé d'élaborer une méthode positive pour l'étude des faits sociaux, que je caractériserais sommairement en disant qu'elle est un effort pour traiter les systèmes de parenté comme des [structures], et pour transformer leur étude de la même façon et en s'inspirant des mêmes principes que l'a fait la phonologie pour la linguistique. En d'autres termes, je m'efforce de présenter une « systématique des formes de parenté »[4].

L'accueil réservé à la parution des *Structures élémentaires de la parenté* est tout de suite retentissant puisque c'est Simone de Beauvoir qui prend la plume pour en faire un compte rendu particulièrement élogieux dans *Les Temps modernes*, dont le public d'intellectuels au sens large donne immédiatement au livre un écho étendu. Beauvoir avait effectué son stage pratique à la suite de son succès à l'agrégation de philosophie aux côtés de Lévi-Strauss et de Merleau-Ponty. Elle le connaissait donc déjà : « Il m'intimidait par son flegme, mais il en jouait avec adresse et je le trouvais très drôle lorsque, d'une voix neutre, le visage mort, il exposa à son auditoire la folie des passions[5]. » Le hasard avait donc provoqué ce paradoxe qui voyait paraître la première recension de

1. Id., 988, p. 63.
2. Id., 1958 (a), pp. 40-41.
3. Id. [1976], 1983.
4. Claude Lévi-Strauss, lettre à Paul Rivet, 6 décembre 1943, citée dans Loyer, 2015, p. 317.
5. Simone de Beauvoir, citée dans *ibid.*, p. 85.

cet ouvrage structuralo-structuraliste au cœur même de l'organe d'expression de l'existentialisme sartrien. Beauvoir, née la même année que Lévi-Strauss, était en train de terminer *Le Deuxième Sexe*. Elle apprit par Michel Leiris que, de son côté, Lévi-Strauss allait publier sa thèse sur les systèmes de parenté. Intéressée par le point de vue anthropologique sur la question, elle demanda à Leiris d'intercéder en sa faveur auprès de Lévi-Strauss et se fit communiquer les épreuves du livre avant de terminer son propre ouvrage. Pour remercier Lévi-Strauss, elle écrivit un long compte rendu pour *Les Temps modernes*. Beauvoir adhérait à la méthode et à ses conclusions, invitait à la lecture et, en même temps, intégrait l'œuvre dans le giron sartrien en lui donnant une portée existentialiste. Constatant que Lévi-Strauss ne disait pas d'où provenaient les structures dont il décrivait la logique, elle donnait sa réponse, sartrienne :

> Lévi-Strauss s'est interdit de s'aventurer sur le terrain philosophique, il ne se départit jamais d'une rigoureuse objectivité scientifique ; mais sa pensée s'inscrit évidemment dans le grand courant humaniste qui considère l'existence humaine comme apportant avec soi sa propre raison[1].

1. *Ibid.*, p. 949.

13

Triomphe d'une philosophie du soupçon

Les années 1960-1970 correspondent au temps fort d'une philosophie du soupçon qui s'appuie sur une configuration spécifique des sciences sociales s'employant à déconstruire la modernité triomphante et à exproprier toute forme de présence du sujet. Comme le souligne Pierre Nora, l'époque est à la dénonciation de l'aliénation sous toutes ses formes. Dans le contexte des Trente Glorieuses, d'une modernisation accélérée et d'un éloignement de la perspective révolutionnaire, qui semblait imminente dans l'après-guerre, tous les tenants des sciences sociales sont appelés à débusquer l'aliénation : « La fine fleur de la révolution poussée sur une terre vidée de la perspective même de la révolution. D'où une datation assez précise : 1956-1968[1]. » Ce thème de l'aliénation devient l'envers de l'emprise de la société de consommation, de la montée des classes moyennes, stigmatisées comme porteuses de la *doxa* « petite-bourgeoise » : « L'aliénation, ce sera somme toute la version intellectuelle et sophistiquée de la phrase de De Gaulle : "Les Français sont des veaux"[2]. » Nombre d'intellectuels vont bâtir une pensée cherchant à dévoiler le vrai sous la mystification et la fétichisation et à retrouver la vraie nature sous la technostructure. « C'est à ce conglomérat effervescent, écrit Nora, que l'"aliénation" a servi un moment de catalyseur et de précipité chimique[3]. »

1. NORA, 1988, p. 174.
2. *Ibid.*, p. 175.
3. *Ibid.*, p. 177.

Le paradigme alors dominant dans toutes les sciences humaines consiste à dévoiler une vérité cachée.

Cette posture de surplomb, inscrite dans le sillage de la tradition épistémologique française des Jean Cavaillès, Gaston Bachelard et Georges Canguilhem, absolutise la distinction entre le sens commun et la compétence scientifique. Cela vaut pour les maîtres-penseurs du structuralisme comme pour ce que les Américains vont bientôt appeler la *French Theory*. Toutes les valeurs européocentrées sont déconstruites et soumises à la critique au nom d'un envers, d'un âge d'or perdu. Sous les Lumières, on traque les ténèbres d'une logique carcérale ; sous l'homme de raison, le fou ; sous l'adulte, l'enfant ; sous le « civilisé », le « sauvage ». Dans les sciences humaines, la période voit fleurir de manière spectaculaire de nouvelles pousses qui tentent de se faire une place au soleil dans un parterre déjà bien rempli. Ces disciplines novatrices se présentent comme l'expression de ce que le sociologue allemand Wolf Lepenies a qualifié de « troisième culture » qui ne relève ni des sciences dures, ni des humanités classiques. En quête de légitimité, celles-ci se donnent une identité fondée sur la rupture et cherchent à gagner un public intellectuel croissant en contournant les positions établies.

Ce moment porte au plus haut l'exigence critique autour des figures de Marx, Freud et Nietzsche et du thème du *retour* : retour à Marx pour Althusser, à Freud pour Lacan, à Nietzsche pour Foucault et Deleuze. Cette triade constitue une véritable machine à soupçonner toute forme d'expression manifeste au nom de logiques inconscientes fonctionnant à l'insu des acteurs.

En 1958, sous l'impulsion de Raymond Aron, la sociologie progresse dans son implantation institutionnelle avec la création d'une licence. La même année, Gaston Berger, directeur de l'enseignement supérieur, complète l'intitulé officiel des facultés de lettres en lui adjoignant « et de sciences humaines ». En philosophie, l'existentialisme sartrien, articulé autour d'un sujet constituant dont tout procède, est en brutal déclin. Ceux qui veulent se démarquer de cet idéalisme du sujet trouvent dans l'immobilité des structures un décentrement sinon une extinction du sujet. Jean-Paul Sartre est la première victime de ce basculement au profit des structuralistes, lesquels utilisent contre lui les armes mêmes dont il s'est servi pour s'imposer. La fin de la guerre d'Algérie, le désengagement, les désillusions vont générer un nouveau style d'intellectuel qu'il n'incarne plus. Le second pôle philosophique dont se dissocient les philosophes en vogue dans ces années 1960 est la phénoménologie. Le structuralisme saisit dans la phénoménologie des orientations qu'il reprend à son compte, tels le privilège accordé aux structures et la quête du sens. Jean Viet, auteur de la première thèse sur le structuralisme, perçoit même la phénoménologie comme une tendance spécifique du structuralisme[1]. Celle-ci reste cependant une philosophie de la conscience, et s'attache essentiellement à la description des phénomènes. Pour Jacques Derrida, elle est enfermée dans la « clôture de la représentation » en maintenant le principe du sujet[2]. Le concept de déconstruction, qui va orienter toute une partie de la pensée structuraliste, a d'abord été introduit par Derrida pour traduire la *Destruktion* heideggérienne, sans connotation négative ou positive[3].

Né de la contestation de la phénoménologie, le structuralisme philosophique recourt au paradigme critique comme moyen d'ouverture et de captation par rapport au champ des sciences sociales en essor. La plupart des structuralistes — Claude Lévi-Strauss, Pierre Bourdieu, Jacques Lacan, Louis Althusser, Jacques Derrida, Jean-Pierre Vernant — viennent de la philosophie mais ont en commun de vouloir rompre avec elle. Tous recherchent autre chose. Cette génération philosophique rompt avec la rhétorique universitaire et contourne les vieux appareils de l'institution pour s'adresser directement à l'intelligentsia. À leurs yeux, le structuralisme, avec ce que Pierre Bourdieu appelle son « effet-logie[4] » (grammatologie, sémiologie, etc.), apporte une ambition scientifique qui emprunte à la logique mathématique autant qu'à la linguistique pour constituer un pôle savant prenant place dans l'histoire des sciences. Michel Foucault a bien décrit cette ligne de clivage qui transcende toute autre forme d'opposition :

1. Viet, 1965, p. 11.
2. Descombes, 1979, p. 96.
3. *Ibid.*, p. 98.
4. Bourdieu, 1987, p. 16.

C'est celle qui sépare une philosophie de l'expérience, du sens, du sujet, et une philosophie du savoir, de la rationalité et du concept. D'un côté, une filiation qui est celle de Sartre et de Merleau-Ponty ; et puis une autre, qui est celle de Cavaillès, de Bachelard, de Koyré et de Canguilhem[1].

La discipline philosophique, rénovée, portée par un public de plus en plus nombreux et bénéficiant d'une forte croissance de son personnel enseignant[2], sort vivifiée de la joute. L'atteste le nombre de postes de lycée en philosophie : neuf cent cinq en 1960, mille trois cent onze en 1965 et mille six cent soixante-treize en 1970. Quant au nombre de postes d'enseignants dans le supérieur, qui était de cent vingt-quatre en 1963, il passe à deux cent soixante-sept en 1967.

Si les « gourous » du structuralisme ont voulu absorber les sciences sociales, ils n'en ont pas moins ferraillé avec elles et multiplié les attaques contre leurs prétentions scientistes, Lacan contre la psychologie, Althusser contre l'histoire, Foucault contre les méthodes de classement des sciences humaines. Le structuralisme, en privilégiant un discours conceptuel et théorique et en portant le trouble dans le découpage des jeunes sciences sociales en développement, s'attache à préserver la primauté de la philosophie rénovée. C'est dans ce souci que la formule de l'« archéologie » chez Foucault satisfait à la double exigence de proposer un discours historique sur les sciences humaines, tout en les pensant philosophiquement, soit autrement et mieux qu'elles ne le peuvent elles-mêmes.

À ce niveau, l'avant-garde philosophique relève pleinement le défi des sciences sociales, favorisant même leur essor dans ces années 1960, tout en s'arrogeant la place la plus élevée du dispositif. La philosophie reste « la discipline de couronnement », avec ses positions maîtresses au sommet du cursus de l'enseignement secondaire et ses fiefs de la reproduction des élites que sont les classes préparatoires et les Écoles normales supérieures. La volonté d'en découdre avec les disciplines canonisées, que ce soit la philosophie traditionnelle,

---

1. FOUCAULT, 1985, p. 4.
2. PINTO, 1987, p. 68.

l'histoire ou la psychologie, s'inscrit dans un contexte plus large de révolte antiacadémique, seul moyen pour l'avant-garde philosophique comme pour les jeunes sciences du signe de se faire une place dans l'institution. La plupart des tenants du structuralisme ont en effet un statut précaire. La nouveauté vient pour l'essentiel d'institutions telles que la VIᵉ section de l'EPHE ou le Collège de France, qui, tout en représentant un sommet de légitimation savante, restent en marge de l'appareil central d'enseignement et de recherche. Les sciences du signe, pour se faire une place, doivent déborder l'institution. Le structuralisme, qui réunit les avant-gardes des diverses disciplines, transforme la révolte qui couve en révolution : c'est dans ce contexte que les références à Nietzsche, Marx et Saussure vont devenir de véritables armes de critique antiacadémique contre les tenants de l'orthodoxie mandarinale.

SOUS LA PAROLE, LA LANGUE

La science pilote de ce moment fort de la pensée du soupçon et de la crise de croissance de nouvelles sciences humaines est la linguistique, le modèle des modèles de la méthode étant le fameux CLG (Cours de linguistique générale) de Ferdinand de Saussure. Roland Barthes est la figure de proue de cette inspiration, source d'un programme ambitieux de sémiologie qui inclut nombre de disciplines. Son mentor dans ce domaine est le linguiste Algirdas Julien Greimas qui a écrit en 1956 un article séminal sur « L'actualité du saussurisme », s'étonnant que Saussure soit utilisé par la plupart des sciences sociales, mais pas par les linguistes :

> On comprendra donc facilement que les lignes qui suivent, loin d'esquisser une nouvelle apologie, voudraient plutôt montrer l'efficacité de la pensée de F. de Saussure qui, dépassant les cadres de la linguistique, se trouve actuellement reprise et utilisée par l'épistémologie générale des sciences de l'homme[1].

1. GREIMAS, 1956, p. 192.

La rencontre décisive entre Greimas et Barthes a lieu à Alexandrie, où le premier est lecteur en 1949, puis « les Greimas passent les étés 1953 et 1954 dans un hôtel de la rue Servandoni et voient les Barthes quotidiennement. Entre les deux hommes, les échanges portent sur la sémiologie naissante[1] ».

Avec *Le Degré zéro de l'écriture*, qui paraît en 1953, Barthes participe au courant formaliste qui consiste à évider la langue de toute autre contrainte que structurale et à se libérer de tout contenu : « Ce qu'on veut ici, c'est esquisser cette liaison. C'est affirmer l'existence d'une réalité formelle indépendante de la langue et du style[2]. » Barthes reprend le thème sartrien de la liberté conquise par l'acte d'écrire et innove en situant l'engagement que représente l'écriture non dans le contenu, mais dans la forme. Il emprunte au linguiste Viggo Brøndal cette notion de « degré zéro », qui aura beaucoup de succès, puisqu'elle sera reprise par Lévi-Strauss, Lacan, Foucault et d'autres, au point que Deleuze écrira qu'il n'y a pas de structuralisme sans ce « degré zéro ».

Barthes fait un usage métaphorique fréquent de cette notion. Tiphaine Samoyault n'en compte pas moins de cinquante occurrences dans toute son œuvre[3]. Le langage passe du statut de moyen à celui de finalité, identifiée à la liberté reconquise. Selon Barthes, la littérature se trouve en un point zéro à retrouver entre ces deux formes d'« empoissement » que sont la dissolution dans la langue quotidienne faite d'habitudes et de prescriptions et la stylistique, qui renvoie à un mode autarcique où l'auteur est comme coupé de la société. À cette littérature compromise par l'hystérie ou l'engagement, Barthes oppose l'écriture blanche d'un Mallarmé. Il s'approprie le thème, propre à la linguistique moderne et à l'anthropologie structurale, de la prévalence de l'échange. On retrouve une recherche similaire du degré zéro de parenté chez Lévi-Strauss et du degré zéro de l'unité linguistique chez Jakobson : la recherche d'un pacte ou contrat initial qui fonde le rapport de l'écrivain à la société.

---

1. Gɪʟ, 2012, p. 183.
2. Bᴀʀᴛʜᴇs [1953], 1972, p. 10.
3. Sᴀᴍᴏʏᴀᴜʟᴛ, 2015, pp. 258-259.

En 1953, la parution du *Degré zéro de l'écriture* trouve immédiatement un prolongement dans la sensibilité de l'époque. Elle donne l'occasion à Jean Piel de publier dans *Critique* un article manifeste qui cristallise le phénomène en cours dans « La fonction sociale du critique[1] ». Soulignant l'isolement de plus en plus grand du créateur et l'état de désorientation d'un lectorat qui s'élargit, il rend la fonction critique plus indispensable que jamais. C'est cette fonction qu'il assigne à la revue *Critique* qu'il anime alors en compagnie d'Éric Weil et de Georges Bataille : « Le rôle d'une critique active n'est-il pas ainsi de prolonger les œuvres les plus originales ? Ce qui m'a fait souvent dire à ceux qui voulaient collaborer à la revue : "Parlez-nous des œuvres que vous avez envie d'achever, les autres ne nous intéressent pas"[2]. » Comme Barthes, Piel promeut une symbiose entre l'auteur et le critique, ce dernier étant là pour accomplir l'essai tenté par l'écrivain, ce qui présuppose que le critique soit animé d'un esprit scientifique. *Critique* devient en ces années 1960 la principale tribune des thèses défendues par la pensée du soupçon, où Barthes, Foucault et Derrida font paraître nombre de leurs contributions.

Le Degré zéro de l'écriture doit aussi son succès au fait qu'il participe d'une nouvelle exigence littéraire qui s'incarne dans ce que l'on appelle le nouveau roman, en prônant une nouvelle stylistique, hors des normes traditionnelles du roman. Le grand thème de l'époque, qui inspire les travaux critiques, est de traquer toute forme d'aliénation. Barthes passe ainsi en revue dans son ouvrage toutes les écritures aliénées : le discours politique, qui « ne peut que confirmer un univers policier » ; l'écriture intellectuelle, qui est condamnée à être une « paralittérature[3] » ; quant au roman, il est l'expression caractéristique de l'idéologie bourgeoise dans sa prétention à l'universalité qui s'est effondrée depuis le milieu du XIXᵉ siècle. Cette déconstruction de l'universel n'est jamais que l'expression d'une période qui n'est plus portée en avant par la dialectique historique : « Ce que la modernité donne à lire dans la pluralité de ses écritures, c'est l'impasse de

---

1. PIEL, 1954.
2. ID., 1982, p. 287.
3. BARTHES [1953], 1972, p. 24.

sa propre histoire[1]. » Dans la mesure où le créateur doit déranger l'ordre institué et ne peut plus le faire en se contentant d'ajouter sa partition à une orchestration déjà prête à l'accueillir, il ne lui reste plus, pour rompre, qu'à écrire à partir et autour du manque, ce que Barthes appelle « créer une écriture blanche[2] ».

Pendant deux ans, de 1954 à 1956, Barthes envoie chaque mois à Maurice Nadeau un article pour *Les Lettres nouvelles*, poursuivant régulièrement son travail de décapage des mythes contemporains et sa critique idéologique de la culture de masse, laquelle commence, à la faveur de la reconstruction et des Trente Glorieuses, à se diffuser dans la vie quotidienne des Français. À ce qu'il qualifie d'idéologie petite-bourgeoise s'exprimant par les goûts et les valeurs portés par les médias, il oppose le sarcasme, prenant pour cible idées reçues et lieux communs.

Barthes entreprend une œuvre systématique de démontage contre la naturalisation des valeurs transformées en stéréotypes, montrant à partir de cas concrets de la vie quotidienne comment fonctionnent les mythes dans la société contemporaine. Il rassemble ainsi cinquante-quatre études de cas dans son ouvrage *Mythologies*, qui paraît aux Éditions du Seuil en 1957. Il ajoute dans une seconde partie de l'ouvrage une théorisation de ses observations, sous le titre : « Le mythe aujourd'hui », qui définit un programme sémiologique global. « Je souffrais, écrira-t-il plus tard, de voir à tout moment confondues dans le récit de notre actualité Nature et Histoire, et je voulais ressaisir dans l'exposition décorative de ce-qui-va-de-soi, l'abus idéologique qui, à mon sens, s'y trouve caché[3]. » Barthes veut déstabiliser les fausses évidences, faire craquer les masques. Cette partie théorique de l'ouvrage est placée dans la double filiation de Saussure, dont il reprend essentiellement les notions de signifiant/signifié, et de Louis Trolle Hjelmslev, qu'il vient de lire, auquel il emprunte les distinctions entre dénotation et connotation et entre langage-objet et métalangage. En 1957, il n'a pas encore repris à son compte l'opposition, essentielle pour Saussure, entre langue et parole, mais il réalise avec « Le mythe

---

1. *Ibid.*, p. 45.
2. *Ibid.*, p. 55.
3. BARTHES [1971], 2002, p. 1030.

aujourd'hui » sa conversion à la linguistique, qui représente un tournant essentiel dans son œuvre. Comme le remarque Louis-Jean Calvet, il entre « dans la linguistique, comme on entre en religion[1] ».

Déjà fasciné par le formalisme, Barthes trouve, dans la sémiologie, qui met à l'écart le contenu au profit de la logique des formes, les moyens d'ériger son programme en science. En reprenant à Saussure l'étude synchronique, qui va induire dans toute son œuvre un regard plus spatial que temporel, il opère une rupture avec sa démarche antérieure, celle du degré zéro de l'écriture, qui se donnait comme une approche diachronique du rapport à l'écriture. Le mythe est un objet particulièrement approprié à l'application des principes saussuriens[2]. Barthes y puise tout autant la prévalence saussurienne accordée à la synchronie que la mise à l'écart du référent. L'ouvrage connaît un grand succès public[3], dont l'écho atteint les milieux intellectuels les plus divers, favorisant les rapprochements disciplinaires.

En cette même année 1964, Barthes définit ce qu'il entend par structuralisme. On ne peut enfermer le phénomène dans une école qui présupposerait une communauté de recherche et une solidarité inexistantes chez tous ses auteurs :

> Le structuralisme est essentiellement une activité [...]. Le but de toute activité structuraliste [...] est de reconstituer un objet, de façon à manifester dans cette reconstitution les règles de fonctionnement de cet objet. La structure est donc en fait un simulacre de l'objet[4].

Par-delà la diversité des démarches dans la quête de l'homme structural et la singularité de chacun des chercheurs, il existe bien un horizon commun à toutes les disciplines. Cet homme structural se définit par le fait qu'il produit du sens, la démarche consistant à

1. CALVET, 1990, p. 67.
2. *Ibid.*, p. 251.
3. Le succès dépasse de loin les tirages habituels dans le secteur des sciences humaines (vingt-neuf mille six cent cinquante exemplaires dans la collection « Pierres vives », puis trois cent cinquante mille exemplaires dans la collection « Points » des Éditions du Seuil à partir de 1970).
4. BARTHES [1963], 1964, p. 214.

s'intéresser essentiellement à l'acte producteur de sens plutôt qu'au contenu de celui-ci. Cette production structuraliste est envisagée comme « une activité d'imitation[1] », *mimesis* établie sur une analogie non de substance, mais de fonction, permettant par ailleurs de dépasser la distinction entre œuvres artistiques, littéraires et scientifiques. Barthes met sur le même plan cette activité qui se sert de la linguistique pour construire une science de la structure et l'écriture d'un Michel Butor, la musique d'un Pierre Boulez ou la peinture d'un Piet Mondrian, dont les compositions participent du même simulacre de l'objet que le travail sémiologique.

Dans ces années 1960, cette mutation des consciences ne peut être réduite à un déplacement entre disciplines dans le champ des sciences sociales ; elle est aussi l'expression d'une période dans laquelle l'intellectuel et l'écrivain ne peuvent signifier leur regard critique de la même manière que dans l'immédiat après-guerre. L'objet de la révolte a changé, et ne vise plus une subversion globale de l'ordre social. Désormais, écrit Barthes, la révolte « c'est vraiment l'ensemble, le tissu de toutes nos évidences, c'est-à-dire ce que l'on pourrait appeler la civilisation occidentale[2] ». C'est dans la déstabilisation des valeurs occidentales dominantes, la critique radicale de l'idéologie petite-bourgeoise et de l'opinion que s'exerce la critique barthésienne. Cette conscience, qualifiée par Barthes de paradigmatique, ou conscience du paradoxe, passe par le démontage interne des logiques et modèles, des modes d'être et de paraître des constructions idéologiques. C'est donc le surmoi des raisonnements de la rationalité dominante et ce qu'ils connotent qui feront l'objet de sa critique, présupposant une connaissance rigoureuse du mode de fonctionnement du langage.

Cet angle d'attaque semble alors plus efficace que le simple rejet des valeurs passées au nom de principes littéraires avant-gardistes, systématiquement voués à être vite intégrés à l'intérieur du système en place : « Toute avant-garde est très facilement et très rapidement récupérée. Notamment en littérature[3]. » La société de consommation qui se déploie au cours des années 1950 a une

---

1. *Ibid.*, p. 215.
2. ID., 1967.
3. *Ibid.*

telle capacité à la rotation de la marchandise que les biens culturels n'échappent pas à sa loi. Le circuit qui va de la rupture radicale à l'objet commercial n'a jamais été aussi rapide. L'assimilation est son mécanisme d'autorégulation. Comme l'écrit Barthes, « il y a du surréalisme dans les vitrines de chez Hermès ou des Galeries Lafayette[1] ».

La société technicienne, porteuse de la consommation de masse de la culture, rend donc difficile et quasi illusoire d'échapper à ses mailles pour exprimer un cri, une révolte, un refus. C'est certainement une des raisons pour lesquelles la sémiologie, comme discours à vocation scientifique et critique, est apparue comme une plage de liberté permettant, à défaut d'être Rimbaud, Bataille ou Artaud, de démonter les mécanismes de la domination et d'occuper ainsi une position imprenable d'extraterritorialité au nom de la positivité scientifique. La subversion du langage, qui passe par le langage lui-même, commence par abattre les cloisons qui délimitent les frontières entre les genres : roman, poésie, critique, toutes formes d'expression qui relèvent de la textualité et donc d'une même grille d'analyse, celle de la conscience paradigmatique : « Je crois que maintenant, déclare Barthes à Georges Charbonnier sur France Culture en 1967, on aborde une révolte plus profonde qu'autrefois parce que précisément elle porte peut-être pour la première fois sur l'instrument même de la révolte, qui est le langage[2]. » En ce sens, Barthes se sent le continuateur, par d'autres moyens, de l'œuvre des écrivains. Même si ses objets ont été à un moment la cuisine ou le vêtement et son langage, celui, technique, de la linguistique, la tension que l'on peut repérer chez lui entre l'écrivain et le sémiologue n'aura jamais fait disparaître l'horizon littéraire. En cette seconde moitié du siècle, la sémiologie apparaît comme le moyen moderne de faire de la littérature. En 1964, ce programme soulève un enthousiasme croissant.

Après une longue période de plongée dans la scientificité linguistique, au cours de laquelle il ne sort plus d'ouvrages, Barthes publie en 1964 dans *Communications* ses « Éléments de sémiologie », qui vont être reçus comme le manifeste méthodologique de l'époque.

---

1. *Ibid.*
2. Barthes, « Entretiens avec Georges Charbonnier », 1967.

Il synthétise là les cours qu'il a donnés depuis 1962 à la chaire de « Sociologie des signes, symboles et représentations » de la VIᵉ section de l'EPHE. Il ne faut pas pour autant s'imaginer qu'il y avait, à ces premiers cours, une foule aussi nombreuse que lorsqu'il enseignera au Collège de France. Il n'était alors suivi que par un petit cénacle d'amis : « Nous n'étions que deux ou trois étudiants "normaux", se souviendra Jean-Claude Milner. Il y avait Violette Morin, la fille d'Edgar Morin, la fille de Maurice Leenhardt, Robert David, tout un petit groupe de proches[1]. »

Barthes définit dans ce texte un vaste programme englobant toutes les sciences humaines, une science des systèmes de signes qui s'ouvre à des objets non linguistiques : « Les *Éléments* qui sont présentés ici, écrit-il, n'ont d'autre but que de dégager de la linguistique des concepts analytiques dont on pense *a priori* qu'ils sont suffisamment généraux pour permettre une recherche sémiologique[2]. » Le public qui assiste à son séminaire est composé de personnalités reconnues, dont la présence atteste la force de conviction de son programme[3]. En ces années 1960-1964, Barthes se nourrit de la théorie greimassienne pour refouler en lui une vocation d'écrivain au profit d'un discours scientifique. Essentiellement intuitif, Barthes a besoin de rationaliser ses sentiments, et, de ce point de vue, il trouve en Greimas celui qui va le plus loin dans la rationalisation. Le modèle binaire saussurien lui convient comme un gant, car sa pensée est toujours dichotomique. Elle oppose un pôle valorisé et un pôle dévalorisé ; le bon et le mauvais ; ce qui lui plaît et ce qui lui déplaît ; le goût et le dégoût ; l'écrivain et l'écrivant, etc. S'il donnera libre cours à l'expression de ses affects, ceux-ci restent encore, en ce début des années 1960, enfouis lorsqu'il énonce les principes d'un programme sémiologique proche des thèses de Greimas.

La phase scientiste de Barthes à cette époque peut aussi s'expliquer par un souci de respectabilité universitaire. Même s'il a réussi

---

1. Jean-Claude Milner, entretien du 9 août 2009, dans SAMOYAULT, 2015, p. 345.
2. BARTHES, 1964, p. 92.
3. Parmi lesquelles, Julia Kristeva, Philippe Sollers, Tzvetan Todorov, Christian Metz, Algirdas Julien Greimas, Gérard Genette, Raphaël Sorin, qui travaille sur Raymond Roussel, José Augusto Seabra, qui prépare une thèse sur Pessoa, et Michel Giroud (informations reprises de GIL, 2012, p. 299).

sa carrière avec célérité et brio, il n'a jamais été canonisé par les diplômes universitaires traditionnels, du fait de ses séjours prolongés en sanatorium des suites d'une tuberculose récidivante. La recherche de reconnaissance fonde chez lui une véritable éthique du travail, et, derrière l'image de dilettante que les spécialistes renvoient de lui, se cache un profond ascétisme consacré au travail. Barthes est fondamentalement le contraire d'un bohème. En ce début des années 1960, il travaille à ce qu'il souhaite être sa thèse d'État, « le système de la mode ». Il cherche un directeur de thèse et se rend, accompagné par Greimas, chez André Martinet, mais ce dernier considère que son projet ne relève pas vraiment de la linguistique. Devant son peu d'enthousiasme, Barthes demande à Lévi-Strauss de diriger sa recherche. Là encore, Greimas l'accompagne et attend, en père anxieux, les résultats de l'entrevue dans un bistrot voisin. Barthes ressort au bout d'une demi-heure quelque peu déconfit, Lévi-Strauss venant de lui opposer un refus[1]. La relation entre les deux hommes s'en trouvera durablement affectée, le second considérant le premier comme un touche-à-tout trop éclectique. Ces échecs de Barthes mettent brutalement fin à ses rêves de consécration universitaire. La reconnaissance de la qualité de son travail passera par l'édition, et le livre *Système de la mode*, fruit d'une longue recherche menée entre 1957 à 1963, paraît aux Éditions du Seuil en 1967.

Ce livre porte la marque des relations théoriques et amicales de Barthes avec Greimas. Il se présente dès l'abord comme un ouvrage méthodologique qui s'applique, d'où le désaccord avec Lévi-Strauss, non au vêtement porté, mais au vêtement « parlé ». Le passage du vêtement réel au vêtement « écrit » s'opère par le biais du vêtement « image » au moyen de *shifters* (embrayeurs), notion que Barthes reprend à Roman Jakobson. Son corpus est constitué par les journaux de l'année 1958-1959 allant d'*Elle* au *Jardin des modes*. Le socle de son analyse est l'opposition établie par Hjelmslev[2] entre un plan de l'expression (E) et un plan du contenu (C), unis par la relation (R), ce qui donne lieu à une analyse à plusieurs niveaux : dénotation/connotation et langage-objet/

---

1. Samoyault, 2015, p. 354.
2. *Ibid.*, p. 38.

métalangage. La mode se trouve ainsi prise dans un procès de formalisation, et donc de désubstantification, qui apparaît comme un système de signifiants, activité classificatrice coupée du signifié, qui fonctionne à partir d'une double postulation : d'un côté, la presse populaire, qui pratique une mode naturalisée, riche en reprises de fragments du monde transformés en rêves d'usage, et, de l'autre, une presse plus « distinguée », qui pratique la mode pure, débarrassée de tout substrat idéologique. Avec la mise en évidence, au terme de l'étude, que le signifié plein représente le signifiant de l'aliénation, Barthes retrouve des conclusions d'ordre sociologique, sans tomber pour autant dans l'écueil du sociologisme. Le système de la mode apparaît dès lors comme la traduction d'une sémiologie qui se caractérise par l'élaboration d'une taxinomie. La nouveauté réside dans le déploiement de tout cet effort de classement pour dissoudre le sujet dans le langage.

L'ouvrage est accueilli par l'ironie d'un Jean-François Revel, qui illustre la thèse de Barthes par le syllogisme suivant : le rat ronge le fromage, or, rat est une syllabe, donc la syllabe ronge le fromage : « À rat structuraliste, rien d'impossible, certes. Mais le rat écrit peut-il encore manger du fromage ? Aux sociologues de nous le dire[1]. » Revel avait déjà publié deux ouvrages pamphlétaires contre la vogue structuraliste, *Pourquoi des philosophes ?* et *La Cabale des dévots*[2]. Dans sa polémique avec Lévi-Strauss, il avait déjà rebondi sur l'idée du « fromage archétypal » évoqué par l'anthropologue en considérant que, s'il s'agit d'une fantaisie spéculative pour pointer un inconscient différent entre Français et Anglais renvoyant non à des procédures de fabrication différentes, mais à la différence linguistique entre *cheese* et « fromage », il y aurait un pas incongru à en faire une marque symbolique universelle : « Lévi-Strauss, écrit Revel, effectue, sans preuves suffisantes, une fusion générale de toutes les réalités sociales dans un creuset mental où les différences de nature sont supprimées[3]. »

L'accueil réservé à la publication de Barthes est cependant dans l'ensemble très favorable. Julia Kristeva y voit un nouveau pas

1. Revel, Jean-François, 1967.
2. Id., 1957, et Id. [1962], 1976.
3. *Ibid.*, p. 301.

franchi dans la démystification endogène de la science du signe par elle-même : « Le travail de Barthes subvertit le courant qui domine la science moderne : la pensée du signe[1]. » Elle salue dans ce livre une mise en cause radicale de toute métaphysique des profondeurs, et la coupure établie entre signifiant et signifié au profit du rapport des signifiants entre eux. *Le Système de la mode* permet à toute une génération de penser que la même démarche pourrait s'appliquer à un vaste champ d'expérimentation. Si Barthes a pu isoler des « vestèmes » dans la mode écrite/décrite, pourquoi ne pas débusquer des « gustèmes » et d'autres unités distinctives à tous les niveaux des pratiques sociales ?

Barthes rencontre immédiatement un écho spectaculaire en cette année 1967, et une véritable ferveur collective s'empare de son programme sémiologique. Le maître d'œuvre de ce programme n'en prend pas moins bientôt ses distances avec ses propres énoncés. Laissant Greimas occuper le terrain de la sémiotique, Barthes retrouve sa vocation d'écrivain, qu'il offre en perspective pour un structuralisme qui n'aurait pas de sens si son entreprise ne parvenait à subvertir de l'intérieur le langage scientifique : « Le prolongement logique du structuralisme ne peut être que de rejoindre la littérature non plus comme objet d'analyse, mais comme activité d'écriture [...]. Il reste donc au structuraliste à se transformer en écrivain[2]. » Cet horizon littéraire que Barthes fait resurgir de son exigence méthodique en 1967 présuppose une autre renaissance, qui va devenir le principe même de l'écriture barthésienne, le principe de plaisir.

SOUS LA PLUME DE L'ÉCRIVAIN

L'expression « nouveau roman », qui a fait fortune, vient d'un journaliste du *Monde*, Émile Henriot, qui, le 22 mai 1957, recense deux ouvrages parus aux Éditions de Minuit, *La Jalousie* d'Alain

---

1. Kristeva, 1967, p. 1008.
2. Barthes [1967], 1984, p. 17.

Robbe-Grillet et *Tropismes* de Nathalie Sarraute. Ce qualificatif, péjoratif sous la plume du critique, va très vite devenir un étendard revendiqué, un label, objet de toutes les convoitises, qui finira par s'imposer. Tout le monde veut en être. On ne peut dire que son émergence ait été programmée par Jérôme Lindon selon un plan précis. L'année de leur parution, les deux ouvrages, vendus à moins de mille exemplaires, ne réalisent pas une vraie percée. En revanche, en cette même année 1957, *La Modification* de Michel Butor, agacé d'être assimilé à ce phénomène littéraire, se voit décerner le prix Renaudot, et dépasse les quatre-vingt-dix mille exemplaires. La presse joue un grand rôle dans la cristallisation du phénomène. Madeleine Chapsal réalise de longs entretiens dans *L'Express* et amplifie le succès auprès d'un large public, créant le prix de *L'Express*, qui n'aura qu'une année d'existence et est décerné en décembre 1960 à *La Route des Flandres* de Claude Simon. En janvier 1961, elle s'entretient avec Jérôme Lindon, Alain Robbe-Grillet et Simon[1], puis, en 1962, avec Michel Butor et de nouveau Simon. Sa ferveur pour le nouveau roman la rapproche de Lindon.

Robbe-Grillet, ingénieur agronome de formation, qui, en 1949, s'est vu refuser par Gallimard son premier roman, *Un régicide*, publie en 1953 *Les Gommes* aux Éditions de Minuit. En 1955, il devient conseiller littéraire de Lindon, fonction qu'il occupera pendant trente ans. Les deux hommes ont à peu près le même âge, et leur amitié constitue désormais le creuset de la production littéraire de la maison. La presse ne donnant pas écho à la parution des *Gommes*, Lindon mène campagne et met au point avec son auteur un dépliant-mode d'emploi deux mois après la parution du livre. Le ton inédit de la plaquette fait événement : « Attention citoyens ! *Les Gommes*, ce n'est pas un roman ordinaire, ni aussi simple qu'il le paraît d'abord. » L'éditeur et l'auteur trouvent le critique idéal en la personne de Roland Barthes, qui est à la recherche d'une nouvelle expression littéraire depuis la publication du *Degré zéro de la littérature*. Celui-ci décèle dans *Les Gommes* la nouvelle sensibilité littéraire qui répond à ses vœux. Lindon conseille alors à Jean Piel de demander à Barthes un article pour la revue *Critique*. Barthes

---

1. CHAPSAL [1961], 2011, pp. 119-134.

clame son engouement pour le livre de Robbe-Grillet, qu'il qualifie de « littérature objective[1] » et plus tard de « littérature littérale ». Lui qui va peu après lier l'activité structuraliste et la sémiologie avec une nouvelle pratique de l'écriture littéraire y voit l'avènement de cette « écriture blanche » qu'il appelle de ses vœux pour rompre avec la continuité narrative classique.

Le succès public n'est pas au rendez-vous, mais ce n'est que partie remise. En 1955, *Le Voyeur* obtient le prix des Critiques et consacre Robbe-Grillet comme le chef de file de la nouvelle école littéraire. Sollicité par la presse pour s'exprimer sur l'état de la littérature française, il théorise l'apport du nouveau roman et érige sa stylistique personnelle comme l'expression d'une sensibilité littéraire moderne qui s'oppose à toute la tradition littéraire. La partie est cette fois gagnée pour Lindon, qui se voit reconnu comme un grand éditeur, porteur de ce que la littérature française a de meilleur et devenant ainsi, malgré sa dimension modeste, un concurrent de Gallimard. La cristallisation du nouveau roman s'opère deux ans plus tard, en 1957[2]. Robbe-Grillet persuade Marguerite Duras, alors auteur Gallimard, de venir publier chez Minuit : « Chez Jérôme Lindon, écrit Laure Adler, elle a trouvé l'accueil enthousiaste d'un éditeur qui avait compris sa fragilité. Dans la nuit même, il lit le manuscrit qu'elle vient de lui apporter de façon à venir lui en parler dès le lendemain matin[3]. » Tous ces auteurs sont rassemblés sur la fameuse photographie autour de leur éditeur.

Parmi eux, Claude Simon est particulièrement célébré. Après *Le Vent*, titre suggéré par Lindon, en lieu et place du plus obscur *Tentative de restitution d'un retable baroque*, qui en devient le sous-titre, Simon multiplie les ouvrages d'une grande exigence et obtient le succès critique et public en 1960 avec *La Route des Flandres* puis décroche le prix Médicis en 1967 avec *Histoire*. Toujours aux Éditions de Minuit, il publie *Les Géorgiques* en 1981, et

---

1. Barthes, 1954.
2. Cette année-là voit paraître simultanément aux Éditions de Minuit *Fin de partie*, de Samuel Beckett, *La Jalousie*, d'Alain Robbe-Grillet, *Le Vent*, de Claude Simon, *Tropismes*, de Nathalie Sarraute, et *La Modification*, de Michel Butor, précédés de la parution de *Graal Flibuste* de Robert Pinget, en 1956, et immédiatement suivis par celle de *Moderato cantabile* de Marguerite Duras, en 1958.
3. Adler, 1998, p. 490.

son audience s'accroît d'année en année, aussi bien en France qu'à l'étranger. Il reçoit la récompense suprême en 1985 avec le prix Nobel de littérature pour l'ensemble de son œuvre. En parallèle, le plus grand succès public de la production littéraire de Minuit va à Marguerite Duras. Après *Moderato cantabile* en 1958 et *Détruire dit-elle* en 1969, elle connaît la consécration avec *L'Amant*, prix Goncourt 1984. Un parfum d'unité stylistique émane de la collection étoilée, qui exprime alors surtout la sensibilité d'un éditeur, Jérôme Lindon, qui, tout en faisant prévaloir une esthétique du roman qui se tient à l'écart de l'engagement politique et de la conception sartrienne de la littérature, aura traversé ces années d'engouement pour la critique en s'engageant avec fermeté du côté des partisans de l'indépendance algérienne.

SOUS LA CONSCIENCE, L'INCONSCIENT

En ces années 1960, le rayonnement de Jacques Lacan pour être spectaculaire n'en est pas moins tardif. Lorsque les lecteurs découvrent ses *Écrits*, en 1966, l'essentiel de son œuvre est derrière lui, car la rupture qu'il a opérée remonte en réalité au début des années 1950. Lacan a adhéré dès le début des années 1930 à toutes les formes de modernité, du dadaïsme en art à l'hégélianisme en philosophie. Il suit à l'École des hautes études les cours d'Alexandre Kojève, qui exerce sur lui une véritable fascination. Il y retient les leçons de la dialectique hégélienne, notamment celle figurée par les rapports maître/esclave, mais surtout la lecture singulière que fait Kojève de Hegel, qui se traduit par un décentrement accentué de l'homme et de la conscience, une critique de la métaphysique et la prévalence accordée au concept de désir. Cette notion du désir se retrouve au centre de la théorie lacanienne, pour laquelle « l'histoire humaine est l'histoire des désirs désirés[1] ». Kojève permet à Lacan d'affirmer que désirer n'est pas désirer l'autre, mais désirer le désir de l'autre.

---

1. ROUDINESCO, 1986, p. 154.

Si Lacan utilise l'enseignement hégélien pour relire Freud, il doit son mode d'écriture et son style si singuliers à sa fréquentation des milieux surréalistes. Ami de René Crevel, il rencontre André Breton, salue en Salvador Dalí un renouveau surréaliste et, en 1939, épouse la première femme de Bataille, Sylvia.

En 1932, Lacan soutient sa thèse de doctorat, « De la psychose paranoïaque dans ses rapports avec la personnalité », laquelle rencontre un écho bien au-delà du milieu psychiatrique. Elle est immédiatement remarquée et discutée par Boris Souvarine et Georges Bataille dans *La Critique sociale*[1]. Lacan y rompt avec toute forme d'organicisme et intègre la paranoïa, dont il définit la structure, dans les catégories freudiennes. Dès cette thèse, on peut parler chez Lacan d'un retour à Freud, non pour répéter son enseignement, mais pour le prolonger, notamment sur un terrain où Freud avait rendu les armes, celui de la psychose. Pour Lacan, la psychanalyse doit pouvoir rendre compte de la psychose, faute de quoi elle ne servirait pas à grand-chose. À cette époque, il est encore imprégné de génétisme et marqué par l'enseignement hégélien. Il considère que la personnalité se constitue par étapes, jusqu'à la réalisation de ce qu'il appelle la personnalité « achevée », qui rejoint la transparence hégélienne de l'ordre de la raison dans le savoir absolu. À ce moment, Lacan subit aussi l'influence, dont il se détachera plus tard, du psychologue Henri Wallon, qui, au début des années 1930, a perçu une étape qualitative lorsque l'enfant passe du stade de l'imaginaire au stade symbolique. Lacan voit un processus semblable, mais déplacé au plan de l'inconscient, lorsque l'enfant découvre l'image de son corps. Cette identification permet la structuration du « Je » et le dépassement du stade antérieur de l'expérience du corps morcelé. C'est ce passage à la conscience d'un corps propre dans son unité que les psychotiques manquent pour en rester à un état de dispersion d'un sujet désintégré à jamais. Cette expérience du stade du miroir chez l'enfant entre six mois et huit mois connaît trois moments, comme dans la dialectique hégélienne. Premier temps, l'enfant perçoit son image reflétée par le miroir comme celle d'un autre qu'il tente d'appréhender : c'est le stade imaginaire. Deuxième temps, « l'enfant, comme l'exprime Joël

1. Voir ROCHE, Anne (dir.), 1990.

Dor, est subrepticement amené à découvrir que l'autre du miroir n'est pas un être réel, mais une image[1] ». Troisième temps, l'enfant réalise son identification primordiale avec la prise de conscience que cette image reconnue est la sienne. Mais il est encore trop tôt pour que l'enfant fasse l'expérience de son propre corps : « Il ne s'agit donc de rien d'autre qu'une reconnaissance imaginaire[2]. » Il en résulte que le sujet va constituer son identité à partir d'une aliénation imaginaire, victime des leurres de son identification spatiale.

Si ce moment se donne comme un *stade*, au sens wallonien et génétique du terme, en 1936, Lacan en reprend la lecture à l'occasion du congrès international de psychanalyse de Zurich, en 1949, pour en faire une lecture plus structuraliste que génétique. Comme l'indique le titre de sa communication, « Le stade du miroir comme formateur de la fonction du Je », il conserve la notion de stade, mais pensée comme matrice fondatrice du rapport établi par le sujet entre extériorité et intériorité, et non plus comme moment d'un processus génétique. Par cette identification imaginaire, l'enfant se trouve déjà pris aux leurres de ce qu'il croit être son identité, ce qui rend désormais impossible et illusoire toute tentative d'accès à lui-même, car l'image de son moi le renvoie à un autre que lui.

Dès l'après-guerre, Lacan accentue la coupure entre conscient et inconscient à partir de deux registres en situation d'extériorité l'un par rapport à l'autre. L'être de soi-même échappe irréductiblement à l'étant, au monde, à la conscience. Ce stade devient la clé permettant de délimiter le partage entre imaginaire et symbolique chez l'individu, premier jalon d'une aliénation du moi. Selon sa biographe Anika Lemaire, « on peut discerner avec J. Lacan dans le stade du miroir un véritable carrefour structural[3] ». C'est en effet avant même de se référer explicitement à Saussure (1953), que Lacan, dès 1949, s'inscrit dans le paradigme structuraliste puisque le stade du miroir échappe à l'historicité et se donne comme structure première et irréversible. Dès ce moment, il abandonne l'idée hégélienne de personnalité achevée transparente à elle-même. Il

1. DOR, 1985, p. 100.
2. *Ibid.*, p. 101.
3. LEMAIRE, Anika, 1977, p. 273.

n'y a plus de dépassement dialectique possible de la structure initiale.

Lacan innove sur le plan non seulement théorique, mais aussi sur celui, thérapeutique, de la cure. Dans ce domaine, le pas franchi fait de lui un rebelle, un psychanalyste en rupture par rapport à l'organisation officielle qu'est la SPP (Société psychanalytique de Paris). Il intervient à diverses reprises au début des années 1950 devant elle pour justifier sa pratique des séances à temps variable, qui vont vite faire scandale, d'autant plus que, comme le constate la SPP, elles se transforment le plus souvent en séances ultracourtes. Cette pratique devient une pomme de discorde entre l'officielle API (Association psychanalytique internationale) et Lacan, qui participe ainsi pleinement à l'aventure structuraliste de rupture avec les académismes et avec les pouvoirs en place. Toute une génération d'analystes est alors profondément marquée par lui, non seulement pour ses séminaires, mais pour leur passage sur son divan.

L'apport majeur de Lacan aura été d'avoir fait lire et relire Freud et d'avoir donné au freudisme ses lettres de noblesse. Ce retour à Freud se réalisant par son intermédiaire et à son bénéfice, il entend bien incarner le « nom-du-père », s'imposant par son charisme, distribuant les prébendes, adoubant les vassaux, au risque de transformer certains de ses fidèles en simples reproductions mimétiques, mais assurant un incontestable succès à la discipline psychanalytique, qui connaît alors en France son âge d'or. En ces années 1950 et 1960, la quête d'une vérité cachée échappant aux acteurs favorise son succès, quitte à se caricaturer elle-même en ce que le sociologue Robert Castel a appelé le « psychanalysme »[1], consistant à vouloir tout analyser au prisme freudien. En la personne de Jacques Lacan, qui a rompu avec l'API pour créer sa propre école, la discipline dispose d'une sorte de gourou qui règne en maître, et pas seulement sur les apprentis analystes. Lacan devient en effet une des sources d'inspiration de tous les discours critiques de l'époque et d'une philosophie du soupçon étayée sur les thèses freudiennes. En 1956, il s'oppose à son maître Jean Hyppolite en présentant la psychanalyse comme la relève de l'hégélianisme et de la philosophie tout entière. Hyppolite avait fait un exposé dans

---

1. CASTEL [1973], 1976.

le cadre du séminaire de Lacan en 1954, publié en 1956[1] avec la réponse de Lacan[2], où il est question de la traduction du concept de dénégation (*Verneinung*). Hyppolite récuse le psychologisme sous-jacent à la notion de dénégation, qui présuppose un jugement pris dans une tension interne entre le fait d'affirmer et de nier. Sa lecture vise à intégrer le freudisme comme étape constituante du *logos*, de l'Esprit tel que Hegel le voit à l'œuvre dans l'histoire. Comme l'écrit Vincent Descombes, Hyppolite « voulait en somme montrer comment on pourrait inclure l'œuvre de Freud dans une phénoménologie de l'esprit contemporaine. Il construisait ingénieusement une nouvelle figure de l'esprit, celle de la conscience dénégatrice[3] ». Au contraire de cette lecture, Lacan considère Freud comme l'avenir de Hegel.

Au milieu des années 1950, le freudisme suit une voie qui risque de lui faire perdre de son identité au profit d'une forme de discours médical biologique. Cette tendance à la biologisation de la rupture psychanalytique s'enracine dans l'œuvre même de Freud et peut prendre appui sur son philogénétisme, versant par lequel il reste prisonnier du positivisme de son époque. La lecture dominante de Freud en France à l'époque identifie pulsion et instinct, désir et besoin. On le considère comme un bon médecin qui soigne les névroses avec une efficacité reconnue. Il y a donc un double écueil, avec, d'une part, une psychanalyse perdant son objet, l'inconscient, au profit d'une psychologie dynamique et, d'autre part, une médicalisation de toute forme de pathologie, dissolvant la psychanalyse dans la psychiatrie. En ce sens, l'intervention de Lacan provoque un sursaut quasi gaullien, dont le moment clé se situe en 1953 lorsqu'une partie de la SPP s'oppose à Sacha Nacht, qui a l'intention de réserver la reconnaissance du diplôme d'analyste aux seuls médecins. C'est dans ce contexte de crise ouverte que Lacan prononce son « rapport de Rome », sous le titre « Fonction et champ de la parole et du langage en psychanalyse », où il annonce un retour à Freud, mais revu par Hegel, Heidegger, Lévi-Strauss et, déjà, Saussure. Pour définir cette nouvelle doctrine en gestation

---

1. HYPPOLITE, 1956.
2. LACAN [1956], 1966.
3. DESCOMBES, 1989, p. 155.

d'un freudisme rénové, porté par la nouvelle SFP (Société française de psychanalyse), il s'appuie explicitement sur le paradigme structuraliste pour retrouver le sens de l'expérience psychanalytique et se donne pour ambition de la faire accéder au niveau d'une science. « Nous ne saurions mieux faire à cette fin, écrit-il, que de revenir à l'œuvre de Freud[1] », ce qui signifie en tout premier lieu se démarquer de la psychanalyse américaine qui s'est perdue dans le pragmatisme.

Lacan reprend alors la coupure établie dans sa communication de 1949 à Zurich sur le stade du miroir, entre l'imaginaire et le symbolique. Loin d'une continuité entre les deux ordres, le symbolique sert au sujet à se distancier de son rapport captif à l'autre. Dans la cure, la symbolisation s'opère grâce à la relation transférentielle envers l'analyste, qui est doublement investi de la position de l'autre imaginaire et de l'autre symbolique, celui qui est supposé savoir. Lacan s'appuie dans ce texte sur *Les Structures élémentaires de la parenté* de Lévi-Strauss :

> La loi primordiale est donc celle qui en réglant l'alliance superpose le règne de la culture au règne de la nature livré à la loi de l'accouplement. L'interdit de l'inceste n'en est que le pivot subjectif […]. Cette loi se fait donc suffisamment connaître comme identique à un ordre de langage[2].

Lacan, dans une approche qui emprunte à la philosophie de Heidegger, considère que la notion de science s'est perdue depuis le *Théétète*, le dialogue de Platon sur la science, lente dégradation accentuée par la phase positiviste qui a asservi l'édifice des sciences de l'homme aux sciences expérimentales. Le sursaut doit provenir de la linguistique, qui trouve donc dès 1953 pour Lacan son rôle de science pilote : « La linguistique peut ici nous servir de guide, puisque c'est là le rôle qu'elle tient en flèche de l'anthropologie contemporaine, et nous ne saurions y rester indifférent[3]. » La référence à Lévi-Strauss est explicite puisque, aux yeux de Lacan,

---

1. Lacan [1953], 1971, p. 145.
2. *Ibid.*, p. 156.
3. *Ibid.*, p. 165.

celui-ci a avancé sur le terrain même de l'inconscient freudien plus que les psychanalystes professionnels eux-mêmes, l'originalité de son approche se trouvant dans l'implication des structures du langage, notamment phonologiques, dans les règles d'alliance. La relecture de Freud par Lacan incite donc à une nouvelle lecture qui ne considère plus pour essentielle la théorie des stades successifs, mais réfère ceux-ci à une structure œdipienne de base caractérisée par son universalité, autonomisée par rapport aux contingences temporelles et spatiales, et *déjà-là* avant toute histoire. Si Lacan privilégie la parole, déplacement rendu nécessaire par la pratique de la cure, cette parole ne représente pas pour autant l'expression d'un sujet conscient et maître de son dire, bien au contraire : « Je m'identifie dans le langage, mais seulement à m'y perdre comme un objet[1]. » Cette parole, à jamais coupée de tout accès au réel, ne véhicule que des signifiants qui se renvoient entre eux. L'homme n'existe que par sa fonction symbolique, et c'est par elle qu'il doit être appréhendé. Lacan présente ainsi un renversement radical de l'idée de sujet pensé comme le produit du langage, son effet, ce qu'implique la fameuse formule selon laquelle « l'inconscient est structuré comme un langage ». Il n'y a pas à rechercher d'essence humaine en d'autres lieux que le langage. Lacan trouve dans le signe saussurien, coupé du référent, le noyau quasi ontologique de la condition humaine. Il offre ainsi à la psychanalyse la possibilité de défier la philosophie en se rapprochant d'elle et en démédicalisant l'approche de l'inconscient pour en faire un discours. Cette psychanalyse rénovée et revitalisée lance au discours philosophique le défi d'en prendre la relève.

Le magistère exercé par Lacan déborde de loin le milieu des psychanalystes de profession et emporte l'adhésion d'une large partie des intellectuels, surtout après son exclusion de l'API en 1963. Le risque d'isolement est alors une préoccupation majeure de Lacan, qui considère que quiconque n'est pas avec lui est contre lui. Exilé, proscrit, exclu de son Église, il s'identifie bientôt avec Spinoza[2]. Pour parfaire son image de martyr, il abandonne son enseignement à l'hôpital Sainte-Anne, et c'est en héros qu'il revient

1. *Ibid.*, p. 181.
2. ID., 1977.

sur la scène le 21 juin 1964 en annonçant, au domicile de François
Perrier, la création de l'École française de psychanalyse : « Je
fonde, aussi seul que je l'ai toujours été dans ma relation à la cause
psychanalytique, l'École française de psychanalyse[1]. » Il obtient le
soutien de Fernand Braudel et de Louis Althusser pour créer une
antenne de la VIe section de l'EPHE à l'École normale supérieure.
Ce déplacement géographique lui permet d'ouvrir son public aux
philosophes et d'occuper une position stratégique dans le champ
intellectuel : « Il fit bientôt salle comble, se souviendra Catherine
Clément. Il fallait arriver longtemps à l'avance ; une heure suffisait
à peine. Nous écoutions Lacan, nous autres apprentis profs, comme
un antidote puissant à la parole magistrale, à laquelle nous étions
appelés à participer[2]. » Plus qu'un cours, le séminaire a pu s'appa-
renter pour certains à une transe chamanique. Sa parole n'était pas
simplement entendue ; elle transformait l'auditoire qui absorbait
ici et là quelques aphorismes qui devenaient autant de sources de
méditations indéfinies : « On finissait par oublier la pensée elle-
même, et par penser Lacan. On le transmettait comme les disciples
des rhéteurs grecs transmettaient sans doute leur enseignement[3]. »
Tout dans la mise en scène favorisait le charisme du maître, qui
avait besoin de quelque moment pour s'échauffer et lancer sa voix
tonitruante dans des exclamations ponctuées de longs silences. Un
vrai cérémonial spectaculaire : « Lacan parlait comme planent les
éperviers, tourbillonnant autour d'une idée, avant de s'en saisir,
tombant comme la foudre sur les mots[4]. »

En 1966, conscient de la nécessité impérieuse de redéployer
son audience, il accepte de publier, sur la demande pressante de
François Wahl, l'essentiel de son œuvre écrite, ce qu'il avait toujours refusé de faire[5], et la confie aux Éditions du Seuil. Wahl doit
mener une véritable maïeutique pour convaincre son ami. Lacan se
voit avant tout comme homme de parole, seul à même de contrôler
son dire, et considère ses écrits comme de simples « déchets ». Le
réel motif de son passage à l'écrit serait la colère qu'a suscitée la

---

1. Roudinesco, 1986, t. II, p. 377.
2. Clément, 1981, p. 22.
3. *Ibid.*, p. 24.
4. *Ibid.*, p. 25.
5. Lacan, 1966.

parution en 1965 de l'*Essai sur Freud* de Paul Ricœur[1], qui ne parle pas assez de lui à son goût. Les *Écrits* deviendront un best-seller : plus de cinq mille exemplaires en sont vendus en moins de quinze jours, avant les premières recensions, puis à plus de trente-six mille jusqu'en 1984. Passés en édition de poche en 1970, divisés en deux volumes, ils battent tous les records en dépit de leur hermétisme : quatre-vingt-quatorze mille exemplaires pour le premier volume et soixante-cinq mille pour le second. Devenus pour beaucoup une Bible, ils seront traduits en cinquante langues.

SOUS LE SUJET, LE PROCÈS

Karl Marx est l'autre grande figure de la pensée du soupçon à connaître un regain d'intérêt dans les années 1960. Louis Althusser, un des maîtres-penseurs de l'époque, tente alors de replacer le marxisme au cœur de la rationalité contemporaine en le dégageant de la *praxis* de la dialectique hégélienne et en dépassant la vulgate stalinienne en usage, fondée sur un économisme mécanique. Pour réaliser ce déplacement, Althusser présente le marxisme comme seul capable de réaliser la synthèse globale du savoir et de s'installer ainsi au cœur du paradigme structural. Toutes les sciences doivent être interrogées à partir de ce qui fonde la rationalité scientifique, c'est-à-dire la philosophie du « matérialisme dialectique », afin être libérées de leur gangue idéologique.

Porteur d'un héritage funeste, enfermé dans un dogmatisme officiel poststalinien, le marxisme doit être dissocié de son utilisation historique. En l'installant au cœur de la science et en le complexifiant, Althusser espère le sauver. Ressusciter un marxisme scientifique débarrassé des scories des régimes qui s'en réclament, tel est le défi que présente Louis Althusser à la nouvelle génération militante trempée dans les combats anticolonialistes. L'ontologisation de la « structure » lui permet de déplacer le système de causalité en usage dans la vulgate marxiste. Il était jusqu'alors question de

1. RICŒUR, 1965.

limiter les schèmes d'explication à la conception monocausale du reflet. Tout devait dériver de l'économique, et les superstructures n'étaient conçues que comme de simples traductions d'un substrat infrastructurel. Rompre avec cette démarche purement mécanique comme le propose Althusser a le double avantage de complexifier le système de causalité en substituant à une relation causale simple de l'effet, une causalité structurale dans laquelle la structure elle-même désigne la dominance. Le modèle d'analyse althussérien permet aussi de sauver le modèle économique soviétique, qui continue d'être considéré comme socialiste, en le dissociant des réalités politiques et idéologiques autonomisées et contestables.

Althusser peut ainsi opérer une critique du stalinisme qui va plus loin que la simple contestation officielle du culte de la personnalité, mais à plus faible coût, puisqu'elle préserve, au nom de l'autonomie relative des instances du mode de production, la base socialiste du système. Il comprend vite l'utilité du structuralisme pour renouveler le marxisme et continuer à considérer l'URSS comme un pays socialiste. On peut avec lui parler d'une philosophie structuralo-marxiste, inscrite dans une perspective d'unification des sciences de l'homme sous la direction vigilante des philosophes.

L'intervention althussérienne s'inscrit par ailleurs à l'intérieur d'une logique politique visant à contester la validité des positions de la direction du PCF. C'est le moment de la grande confrontation entre les thèses de Roger Garaudy, partisan d'un humanisme marxiste, et celles d'Althusser, qui défend un antihumanisme théorique[1]. Réfutant Althusser, Jorge Semprún, s'appuie sur la *Critique de la philosophie du droit de Hegel*, écrite par Marx en 1843, pour montrer que le jeune Marx n'avait pas une conception abstraite de l'homme, qu'il définit au contraire dès cette époque comme un être pleinement social. De son côté, Michel Simon insiste sur le caractère indissociable du marxisme et de l'humanisme, même s'il rejoint la position althussérienne lorsqu'elle critique l'usage de la notion d'aliénation hors du vague domaine de l'idéologie. Il prend soin de bien distinguer l'humanisme abstrait et universalisant de la bourgeoisie montante, et les positions marxistes, mais

1. Collectif, 1965, p. 1.

« l'humanisme désigne quelque chose qui, en son fond même, est essentiel au marxisme[1] ». Pierre Macherey défend pour sa part des positions althussériennes pures et dures : « Entre la démarche de Semprún et celle d'Althusser, il y a rupture[2]. » Michel Verret prend lui aussi le parti d'Althusser : « Cet humanisme, Althusser le souligne remarquablement, ne peut que suivre le destin théorique de l'aliénation[3]. »

La position de Garaudy, qui met en garde dès 1963 contre le sabordage du jeune Marx par Althusser, est donc fortement mise en cause par nombre d'intellectuels du parti. Mais l'« assemblée des philosophes » qu'il réunit à Choisy-le-Roi en janvier 1966, en l'absence d'Althusser, permet de ressouder les idéologues de la direction autour de lui. Lucien Sève, Guy Besse, Gilbert Mury, Pierre Boccara et Jean Texier y expriment leurs désaccords, quoique sur des registres différents, avec les positions d'Althusser. À cette occasion, Garaudy attaque la conception de la science véhiculée par Althusser, qualifiée de « périmée », « naïve, scolaire et mystique », ainsi que son « doctrinarisme décharné »[4].

Althusser fait ainsi figure de marxiste hérétique, isolé de l'appareil du parti, et l'on mesure tout l'intérêt stratégique qu'a pu représenter pour lui l'appropriation des thèses structuralistes, qui, elles, soulèvent l'enthousiasme en ce milieu des années 1960. Althusser présente l'avantage de défendre un « marxisme cartésien, constitué d'idées claires et distinctes[5] ». Le retour aux textes fondateurs de Marx selon une approche exégétique permet de sortir de la culpabilisation après la découverte des crimes staliniens. Le contexte est d'autant plus favorable au succès des thèses althussériennes que le PCF, dès la fin des années 1950, essaye d'instaurer un nouveau rapport avec les intellectuels pour sortir à petits pas du stalinisme. Il s'ouvre à de nouvelles formes d'expression artistique, aux avant-gardes, rompant ainsi avec le réalisme socialiste, ainsi qu'à de nouvelles exigences théoriques, abandonnant au passé les élucubrations lyssenkistes. Maurice Thorez annonce dès 1959 la

---

1. SIMON, Michel, 1965, p. 127.
2. MACHEREY, 1965, p. 132.
3. VERRET, Michel, 1965, p. 96.
4. GARAUDY [1966], 1987, p. 296.
5. LINDENBERG [1975], 1979, p. 38.

création du Cerm (Centre d'étude et de recherche marxiste), dont Garaudy est nommé directeur. Le PCF cherche alors à compenser les pertes de l'année traumatique de 1956 en renouant le dialogue interrompu avec les intellectuels. Althusser arrive à point nommé pour parachever un processus qui a commencé au début de la décennie, assignant aux intellectuels une place de choix dans la définition de la nouvelle politique poststalinienne.

En 1965, paraissent chez Maspero les deux ouvrages qui vont devenir la référence majeure de la période : *Pour Marx*, un recueil d'articles d'Althusser, et *Lire Le Capital*, ouvrage collectif qui regroupe autour d'Althusser des contributions de Jacques Rancière, Pierre Macherey, Étienne Balibar et Roger Establet. Le succès est spectaculaire. *Pour Marx*, publié dans la collection « Théorie », se vend à trente-deux mille exemplaires. C'est dans l'acte de lire Marx que s'inscrit le premier déplacement des althussériens, qui participent alors pleinement au paradigme structural privilégiant la sphère du discours et la logique interne à un système clos sur lui-même. Certes, le point de vue d'Althusser ne dérive pas de la linguistique, mais il participe de cette autonomisation de la sphère discursive qui doit être abordée à partir d'une nouvelle théorie du *lire*, inaugurée par Marx lui-même, mais ignorée par la vulgate.

Cette nouvelle pratique de la lecture est appelée *symptomale*, un adjectif directement emprunté à la psychanalyse, et notamment à Lacan. On y retrouve le caractère plus essentiel de ce qui n'est pas visible et qui se réfère au manque, à l'absence. Althusser distingue deux modes de lecture des classiques de l'économie politique chez Marx. En premier lieu, il lit le discours de l'autre, David Ricardo, Adam Smith, etc., à l'intérieur de ses propres catégories de pensée, pour en saisir les manques et en établir la *différentialité*, montrant ainsi ce que n'ont pas perçu ses prédécesseurs. Le résultat de cette première lecture rend possible « un relevé des concordances et des discordances[1] ». Derrière cette première approche se profile une lecture plus essentielle de Marx, au-delà des manques, lacunes et silences repérés, qui lui permet de percevoir ce que l'économie politique classique ne voyait pas, tout en le voyant. Il rend mani-

---

1. ALTHUSSER et BALIBAR [1968], 1971, t. I, p. 16.

festes des positivités non questionnées par ses prédécesseurs. Marx rend ainsi pertinentes des réponses là où la question ne l'était pas, dans un jeu purement intratextuel où Marx voit le non-vu du vu de l'économie politique classique : « Le ne pas voir est alors intérieur au voir, il est une forme du voir, donc dans un rapport nécessaire avec le voir[1]. » De la même manière que l'individu exprime un certain nombre de symptômes de sa névrose sans pouvoir référer ce qu'il peut observer de son propre comportement à ce qui le provoque, l'économie politique ne peut voir et combiner ce qu'elle fait. Ce mode de lecture peut être assimilé à une philosophie du soupçon cherchant un lieu de vérité dans l'inconscient de l'auteur et de son texte, dans le non-dit du dire. Ce déplacement emprunte tout autant à Foucault qu'à Lacan. La dialectisation de l'espace du visible et de l'invisible prend modèle sur le travail de Foucault dans son *Histoire de la folie*, invoquée comme exemplaire au début de *Lire Le Capital* non seulement à propos du rapport d'intériorité de l'ombre, des ténèbres et de la lumière, mais aussi à propos de l'attention apportée aux conditions, apparemment hétérogènes, qui constituent les positivités du savoir en unités[2].

Althusser utilise aussi la notion de rupture épistémologique qu'il reprend à Gaston Bachelard en la radicalisant sous le terme de coupure pour en accentuer le tranchant. Il emprunte son modèle d'analyse à l'épistémologie scientifique pour l'appliquer à la lecture de l'œuvre de Marx. Bachelard appliquait notamment cette notion de rupture au domaine de la physique, et plus particulièrement à la mécanique quantique pour exprimer l'écart entre connaissance scientifique et connaissance sensible. Althusser étend cette notion de rupture à la valeur d'un concept général, transposable à toute l'histoire des sciences. Dans le souci de présenter Marx comme le porteur d'une science nouvelle, il perçoit une coupure radicale entre le jeune Marx encore englué dans l'idéalisme hégélien et le Marx scientifique de la maturité. D'après lui, Marx accède au niveau scientifique lorsqu'il réussit à opérer une coupure avec l'héritage philosophique et idéologique dont il a été imprégné, et il date très précisément de 1845 le moment de la césure qui lui fait accéder au

---

1. *Ibid.*, p. 20.
2. *Ibid.*, p. 26.

champ scientifique. Tout ce qui précède cette date appartiendrait aux œuvres de jeunesse, au Marx d'avant Marx.

Alors que, jusque-là, Marx était perçu en continuité avec la dialectique hégélienne, Althusser les oppose terme à terme. Selon lui, Marx ne s'est pas contenté de remettre sur ses pieds l'idéalisme hégélien, mais aurait construit une théorie dont la structure est en tous points différente, même si la terminologie de la négation, de l'identité des contraires, du dépassement de la contradiction, etc., peut laisser penser à une large similitude[1]. Cette discontinuité que perçoit Althusser entre Hegel et Marx lui permet de rompre avec la vulgate économiciste stalinienne qui se contentait de substituer à l'essence politico-idéologique de Hegel, celle de l'économique.

L'engouement pour les thèses althussériennes correspond aussi à un moment de la pensée française où le sujet se volatilise de l'horizon théorique. Le programme structuraliste a déjà réussi à le détrôner et à le rendre insignifiant. Althusser situe Marx du côté de ceux qui, à partir des sciences sociales, opèrent et amplifient cette décentration de l'homme sous toutes ses formes : « Sous le rapport strict de la théorie, on peut et on doit parler ouvertement d'un antihumanisme théorique de Marx[2]. » La notion d'homme perdant toute signification, elle est renvoyée au statut de mythe philosophique et de catégorie idéologique contemporaine de l'ascension de la bourgeoisie comme classe dominante. La lecture du *Capital* conçue dans la perspective de l'antihumanisme théorique met en œuvre des catégories structurales, essentiellement lacaniennes et lévi-straussiennes. À partir de cette élaboration théorique, une science des modes de production devient possible puisqu'elle peut tout à la fois atteindre un haut niveau d'abstraction et disposer d'un système de causalité pertinent. Dans une telle science, le sujet est tout simplement introuvable, cadavre exquis parti avec l'eau du bain idéologique[3]. C'est donc un procès sans sujet qui, selon les althussériens, anime le cours de l'histoire.

En même temps que le sujet, toute conception historiciste est

---

1. *Ibid.*, p. 108.
2. *Ibid.*, p. 236.
3. *Ibid.*, p. 249.

récusée, car elle viendrait elle aussi pervertir l'horizon théorique[1]. L'antihistoricisme passe par la décomposition des temporalités et la construction d'une totalité articulée autour de rapports pertinents à l'intérieur d'une théorie générale. Cette totalité se trouve alors immobilisée en tant qu'état de structure, lequel se substitue, selon une démarche métonymique, au cadavre du sujet disparu et à son historicité. Comme il faut bien rattacher cette structure atrophiée à quelque point de suturation, Althusser lui donne ancrage grâce au statut qu'il accorde au concept d'idéologie, qui joue un rôle de pivot similaire au symbolique chez Jacques Lacan ou Claude Lévi-Strauss. Althusser en fait une catégorie invariante, à la manière de l'inconscient freudien.

SOUS L'HISTOIRE, L'ÉPISTÉMÈ

Friedrich Nietzsche est le troisième grand maître de la philoso-phie du soupçon, dont la pensée nourrit un des maîtres-penseurs de l'époque, Michel Foucault, qui dira : « Je suis simplement nietzschéen[2]. » Comme le fait justement remarquer Judith Revel, il ne s'agit pas tant chez Foucault de diffuser la pensée nietzschéenne que de l'utiliser comme boîte à outils[3]. Ainsi lui emprunte-t-il la remise en question de l'histoire totale, son éclatement en une myriade de séries temporelles multiples et la conception disconti-nue de l'historicité[4]. Nietzsche lui sert à sortir de l'hégélianisme et de sa marche continue vers l'accomplissement du savoir absolu. Cette prise de distance critique avec l'« hégéliano-marxisme » rejoint le souci de toute une génération qui prend la mesure du tragique de l'histoire au sortir de la Shoah et qui ne peut plus transmettre l'idée d'un sens immanent du processus historique qui irait vers toujours plus de rationalité :

1. *Ibid.*, p. 170.
2. FOUCAULT, 1984 (a)
3. REVEL, Judith, 2010.
4. FOUCAULT [1967], 1994, p. 564-579 ; ID. [1971], pp. 145-172, 1994, pp. 136-156.

> L'expérience de la guerre nous avait démontré la nécessité et l'urgence d'une société radicalement différente de celle dans laquelle nous vivions : cette société qui avait permis le nazisme [...]. Aussi bien, l'hégélianisme qui nous était proposé à l'université, avec son modèle d'intelligibilité continue, n'était pas en mesure de nous satisfaire[1].

Pour Foucault, la source d'inspiration nietzschéenne sert aussi à dissoudre le sujet, qui, depuis le *cogito* cartésien, est au centre de toutes les pensées philosophiques occidentales. L'histoire, éclatée, émiettée, n'est plus considérée comme un *télos*. L'autre grand déplacement du regard foucaldien se porte sur le sujet, qu'il faut décentrer pour retrouver les logiques propres aux *épistémès* qui échappent à une prise directe et permettent d'accéder à l'*archè*, ce qui passe par le thème bien connu de la mort de l'homme, figure récente de l'histoire occidentale et appelée à disparaître, comme ce visage de sable qui s'efface sur la plage. « C'est à partir de sa lecture de *La Généalogie de la morale*, des *Considérations intempestives* ou d'*Humain, trop humain*, écrit Judith Revel, que Foucault bâtit la critique du point de vue suprahistorique, ou d'une histoire qui serait l'unité close et rassurante où enfermer enfin le foisonnement infini du temps[2]. » Foucault part en quête de situations limites, encore de l'ordre de l'indistinction, dans une *archè* qui précède l'histoire, elle-même prise dans le mouvement d'une dialectique dépassée dans ce moment de posthistoire qu'il traverse. En même temps, Foucault se dit positiviste, soucieux de la singularité des faits, fasciné par l'archive. Mais sa position nietzschéenne de déconstruction de l'histoire le conduit à considérer que le fait n'est rien en lui-même, ne signifie rien sans son interprétation, qui relègue la quête de la véracité à l'insignifiance. « Si l'interprétation ne peut jamais s'achever, écrit-il, c'est tout simplement qu'il n'y a rien à interpréter[3]. »
Au moment où l'on s'interroge sur l'autre de l'Occident du

---

1. ID. [1978, 1980], 2010, cité dans REVEL, Judith, 2010, p. 90.
2. *Ibid.*, p. 91.
3. FOUCAULT [1967], p. 189, 1994.

côté de l'anthropologie, exhumant les sociétés primitives de l'ignorance dans laquelle une pensée européocentrique les a longtemps maintenues, Foucault problématise l'envers de la raison occidentale, en écrivant une histoire de la folie. Sous la raison triomphale, il traque les manifestations refoulées de la déraison, se situant ainsi d'emblée aux limites de la pensée occidentale, aux limites de sa propre histoire. La concordance des temps est encore frappante. Foucault commence la rédaction d'*Histoire de la folie* en 1956, juste après la publication de *Tristes tropiques* et la conférence de Bandung. L'ouvrage paraît en 1961, peu avant les accords d'Évian et l'indépendance de l'Algérie. *A priori*, la coïncidence de ces événements politiques et culturels est purement fortuite, d'autant plus qu'à l'époque Foucault n'a rien d'un militant tiers-mondiste. Et pourtant, *Histoire de la folie* devient immédiatement le symptôme d'une rupture avec une histoire du sujet occidental à laquelle l'auteur oppose l'image de son double, oublié et refoulé, sorti de l'exclusion : la folie. Or le peuple algérien, échappant au cadre colonial français, porte lui aussi une histoire d'exclusion.

Ce rapport entre la mise en cause de l'ethnocentrisme français en Afrique du Nord et l'ethnocentrisme de la raison que montre Foucault est alors perçu par Pierre Nora, qui vient de publier *Les Français d'Algérie*[1]. Il écrit son enthousiasme à Foucault dont il deviendra plus tard l'éditeur chez Gallimard. Foucault fait resurgir l'oublié, le refoulé de la raison, et ouvre à une nouvelle sensibilité historique, qui n'est plus à la valorisation des héros — ils sont fatigués —, ni à la glorification des damnés — la dialectique s'est prise dans ses nœuds en 1956 —, mais à celle des oubliés de l'histoire, recherchés dans toutes leurs traces derrière les murs où la raison les a enfermés. Foucault travaille ainsi des terres nouvelles en permettant d'intégrer dans un champ de réflexion aussi bien la prison que l'asile comme autant d'enjeux théoriques et politiques. De la même manière que Lévi-Strauss permettait de penser les sociétés primitives comme différentes et, en les pensant, les récupérait dans le champ de la raison, Foucault suit les traces d'une aventure similaire dans laquelle la folie fait retour sur la raison

---

1. Nora [1961], 2012.

pour l'interpeller et mettre en évidence ses lignes de force et de faiblesse.

Foucault traque les entreprises de refoulement, les rationalisations factices de ce qui apparaît comme inintelligible, les travestissements du sens ; il brise les masques du pouvoir sous le savoir, et illustre l'esprit du temps : « C'est aux horizons géographiques (exotisme) ou historiques (le passé aventureux ou même le futur de science-fiction), ou bien dans les sommets ou les bas-fonds de la vie que se déploie la vie qui manque à nos vies[1]. » Chercher à rejoindre les limites, une pensée de la « frontière », telle est la nouvelle aventure promise au philosophe par Foucault, qui prend rapidement une place majeure dans la galaxie structuraliste naissante, où il jouit du double avantage du prestige de sa discipline (la philosophie) et de sa capacité à historiciser son objet, ouvrant ainsi au structuralisme une perspective historique insoupçonnée. Il apparaît alors comme bien placé pour devenir un fédérateur, ce philosophe du concept que voyait en lui Georges Canguilhem, même si, en 1961, il ne se situe pas encore dans la filiation structuraliste.

En 1955, la pensée du dehors et la recherche des limites conduisent Foucault au-delà des frontières. Il choisit l'exil et part en août pour Uppsala grâce à Georges Dumézil. Si Foucault appartient à l'aventure structuraliste, c'est certainement à Dumézil qu'il le doit. Jusque-là, Foucault n'a pas encore véritablement trouvé quel sillon original tracer dans sa quête incessante d'un travail de comblement de l'angoisse existentielle. Il hésite, à la croisée des chemins entre philosophie, psychologie et littérature. Certes, il y a déjà eu le choc de 1953, la mort de Staline, et la découverte d'un substitut avec Nietzsche, mais il manque le socle de la généalogie à construire. Celui-ci va lui être donné grâce à cette rencontre dont il n'a eu de cesse de souligner l'importance. Dans la préface à *Folie et déraison*, il reconnaît sa dette en ces termes : « Dans cette tâche un peu solitaire, tous ceux qui m'ont aidé ont droit à ma reconnaissance. Et M. G. Dumézil le premier, sans qui ce travail n'aurait pas été entrepris[2]. » Au *Monde*, il déclare que Dumézil a joué le premier rôle parmi les influences qu'il a subies : « Par son idée

---

1. Morin, 1962, p. 149.
2. Foucault, 1961 (a), préface, p. x.

de structure. Comme Dumézil le fait pour les mythes, j'ai essayé de découvrir des normes structurées d'expérience dont le schéma puisse se retrouver avec des modifications à des niveaux divers[1]. » En Suède, il rédige sa thèse dans l'ailleurs. Il traque les manifestations de la folie dans la *Carolina rediviva*, grande bibliothèque où il trouve une très riche collection de livres médicaux des XVIIe et XVIIIe siècles léguée par un amateur. Il va en faire son miel pour prêter sa voix au monde du silence.

Le samedi 20 mai 1961, un événement majeur a lieu dans la salle Louis-Liard de la Sorbonne. Dans ce cadre où sont consacrées des thèses majeures, canonisées selon un rituel immuable, dans ce temple des académismes, Foucault soutient sa thèse sur un objet qui peut paraître incongru : la folie. Georges Canguilhem en est le « patron ». Henri Gouhier, historien de la philosophie et professeur à la Sorbonne depuis 1948, assure la présidence du jury. Outre Canguilhem, il est assisté dans ce rôle par Daniel Lagache, Jean Hyppolite et Maurice de Gandillac : « Pour parler de la folie, conclut Foucault, il faudrait avoir le talent d'un poète. — Mais, vous l'avez, Monsieur », lui répond Canguilhem[2].

Foucault problématise dans sa thèse la prétention à la vérité d'un discours scientifique particulier, le savoir psychiatrique, et étudie les conditions de validité de ce dernier. Il plante délibérément son périscope au cœur de l'histoire occidentale pour interroger la raison triomphante : « Est-ce que, dans le cas d'une science aussi douteuse que la psychiatrie, on ne pourrait pas saisir de façon plus certaine l'enchevêtrement des effets de pouvoir et de savoir[3]. » Foucault part d'un objet tabou, du refoulé même de la raison occidentale, et décrit lieux et modes de validation d'un savoir psychiatrique encore peu assuré. Une telle approche le conduit à privilégier l'historicisation de son objet et à se demander « comment, dans notre société, les effets de vérité d'une science sont en même temps des effets de pouvoir[4] ».

L'objet de la recherche, la folie, doit être libéré de la pluralité

---

1. Id., 1961 (b).
2. Cité dans Éribon, 1989, p. 133.
3. Foucault, 1977, p. 16.
4. Id., 1976.

des discours qui le tiennent captif : tous les savoirs à prétention scientifique, juridique, médicale, policière sont appelés tour à tour à la barre pour mieux saisir la manière dont ils font naître cette figure de l'autre de la raison. La quête d'un objet débarrassé des couches sédimentaires de discours qui se sont déposés sur lui correspond bien à la thématique structuraliste du moment, qu'il prenne la forme de la recherche des degrés zéro de l'écriture, de la langue, de la parenté, de l'inconscient, etc. Le projet foucaldien se propose de rejoindre « ce degré zéro de l'histoire de la folie où elle est expérience indifférenciée, expérience non encore partagée du partage lui-même[1] ». Ce travail sur les limites obscures de la raison veut redonner vie et voix à la folie elle-même : « Je n'ai pas voulu faire l'histoire de ce langage ; plutôt l'archéologie de ce silence[2]. »

Pour pouvoir être soutenue, une thèse doit, à l'époque, être déjà imprimée. Pour ce faire, il faut donc trouver un éditeur prêt à publier un manuscrit de près de mille pages. Foucault propose son travail à Brice Parain pour le publier chez Gallimard. Il est assez confiant, d'autant que Parain a publié les ouvrages de Dumézil. Foucault se heurte pourtant à un refus catégorique. Jean Delay lui propose alors sa collection aux PUF, mais Foucault souhaite que son livre échappe au ghetto des thèses. Il veut suivre la voie empruntée par Lévi-Strauss qui, avec *Tristes tropiques*, a réussi à dépasser le cercle des spécialistes pour atteindre le grand public intellectuel. Il tente sa chance chez Plon, où Jacques Bellefroid, qu'il connaît, donne à lire sa thèse à l'historien Philippe Ariès, directeur de la collection « Civilisations d'hier et d'aujourd'hui ». En cette année 1961, la rencontre décisive avec Ariès relève d'une incongruité. Quoi de commun en effet entre le démineur de préjugés, le nihiliste nietzschéen qu'est Foucault et l'historien ultra-conservateur, royaliste, ancien de l'Action française qu'est Ariès ? Rien, sinon une sensibilité aux mentalités, la valorisation des temps prémodernes, une certaine nostalgie pour le monde d'avant la partition disciplinaire où auraient cohabité dans un même élan fous et hommes de raison, enfants et vieillards à des niveaux élémentaires

1. ID., 1966 (a), p. IV.
2. *Ibid.*

de la sociabilité et de la convivialité. C'est donc grâce à Ariès, à qui Foucault rendra hommage plus tard, que *Folie et déraison* peut être publié chez Plon. « Un gros manuscrit m'est arrivé, se souviendra Ariès : une thèse de philosophie sur les relations entre la folie et la déraison à l'époque classique, d'un auteur inconnu de moi. À la lire, j'ai été ébloui. Mais il m'a fallu la croix et la bannière pour l'imposer[1]. »

Lorsque Foucault préparait sa thèse dans la nuit suédoise, il avait invité à deux reprises Roland Barthes, avec lequel il entretiendra des relations amicales à chacun de ses voyages parisiens. Barthes salue dès la parution de l'ouvrage la première application du structuralisme à l'histoire : « L'histoire décrite par Michel Foucault est une histoire structurale. Cette histoire est structurale à deux niveaux, celui de l'analyse et celui du projet[2]. » Barthes saisit immédiatement la parenté qui relie ses travaux avec ceux de Lévi-Strauss, Lacan et Foucault, sans la moindre élaboration commune. Il perçoit le travail de Foucault comme une illustration de la conquête de l'ethnologie moderne. Foucault réalise le même déplacement de la nature à la culture, en étudiant ce qui était considéré jusque-là comme un fait purement médical. De la même manière que les rapports de parenté selon Lévi-Strauss se ramènent à un phénomène d'alliance ou que l'inconscient selon Lacan est structuré comme un langage, l'écriture littéraire selon Barthes relève d'un apprentissage qui n'a rien à voir avec un quelconque génie créateur. Foucault, selon Barthes, « s'est refusé à considérer la folie comme une réalité nosographique[3] ». La lecture qu'il donne de l'œuvre de Foucault retient essentiellement son appartenance à une sémiologie générale et sa construction de vastes sémantèmes, dont l'objet est l'étude des formes. À ce titre, la folie ne serait jamais qu'une forme achronique à repérer en lui retirant toute substance, tout contenu transcendant. Maurice Blanchot salue lui aussi l'ouvrage de Foucault, où il reconnaît son expérience d'écriture sur les limites[4].

1. ARIÈS, 1982, p. 145.
2. BARTHES [1961], 1971, p. 171
3. *Ibid.*, p. 168.
4. BLANCHOT [1961], 1969, p. 282.

Foucault reçoit également un bon accueil du côté de l'avant-garde littéraire, à laquelle viennent se greffer quelques historiens[1] et épistémologues[2]. Pour l'essentiel, le succès public escompté n'est toutefois pas au rendez-vous, et le livre ne reçoit pas non plus d'écho chez les philosophes — *Les Temps modernes* et *Esprit* n'en traitent pas — ni chez les psychiatres, qui considèrent son travail comme un simple exercice de style littéraire et métaphysique. Il faudra attendre *Les Mots et les Choses*, en mai 1961, pour qu'il rencontre un succès public qui ne se démentira plus. L'ouvrage manque donc sa cible dans un premier temps, et le savoir psychiatrique ne se sent nullement interpellé. Selon le sociologue Robert Castel, c'est « seulement sur un registre non pratique que les ouvrages de Foucault ont pu avoir un impact[3] ». Cet écho, toujours selon Castel, fut double : une incitation à la coupure épistémologique et le fait que la maladie mentale se retrouve chargée de son altérité, comme autre de la raison. L'ouvrage de Foucault connaîtra toutefois une seconde vie grâce à un double événement : Mai 1968 et l'intérêt qu'il suscite assez vite chez les antipsychiatres anglo-saxons Ronald Laing et David Cooper. Ce n'est qu'à la fin des années 1960 que le livre répondra à une sensibilité collective nouvelle exigeant la transformation des pratiques. Il deviendra alors la source d'inspiration des mouvements de contestation des pratiques asilaires.

Avec *Les Mots et les Choses*, paru en 1966 dans la « Bibliothèque des sciences humaines », chez Gallimard, Foucault connaît un succès spectaculaire qui se traduit par la transformation d'un ouvrage difficile d'accès en véritable best-seller. Fait sans précédent, le tirage est épuisé en quelques jours : « Foucault comme des petits pains, écrit *Le Nouvel Observateur* : huit cents exemplaires des *Mots et les Choses* vendus en cinq jours pendant la dernière semaine de juillet (neuf mille exemplaires en tout)[4]. » Pour la seule année 1966, alors que le livre ne paraît qu'en avril, il s'en vend vingt mille exemplaires. En 1987, les ventes cumulées s'élèvent à

---

1. Mandrou, 1962.
2. Serres [1962], 1968.
3. Castel, 1986, p. 43.
4. *Le Nouvel Observateur*, n° 91, 10 août 1966.

cent trois mille, un chiffre exceptionnel compte tenu de la difficulté de l'ouvrage et de la collection savante qui le porte. Un succès qui surprendra jusqu'à son éditeur Pierre Nora, qui n'avait prévu qu'un premier tirage modeste à trois mille cinq cents exemplaires.

Invité à la télévision pour l'émission littéraire de Pierre Dumayet, « Lecture pour tous », Foucault s'y exprime au nom d'un « Nous » fondateur d'une rupture collective, où il prend place aux côtés de Lévi-Strauss et Dumézil, mettant à distance l'œuvre de Sartre, « qui est encore un homme du XIXe siècle, car toute son entreprise vise à rendre l'homme adéquat à sa propre signification[1] ». Il relègue celui qui incarne la figure du grand philosophe dans les oubliettes d'un passé révolu, impropre à penser le présent. Le sens qu'espère trouver Sartre n'est qu'écume insignifiante pour Foucault qui lui oppose la force des concepts et du système anonyme qui prévaut, renvoyant l'existentialisme au musée des antiquités. En février 1967, dans *Le Masque et la Plume*, sur France Inter, François Wahl, éditeur de Barthes et Lacan, fait valoir que la philosophie a vécu depuis 1943 à l'ombre de Sartre, mais que les sartriens sont restés étrangers à la révolution conceptuelle en cours depuis les années 1960 et bien visible dans les sciences humaines.

Foucault affirme la disparition de la philosophie et sa dissipation dans d'autres activités de la pensée :

> Nous arrivons à un âge qui est peut-être celui de la pensée pure, de la pensée en acte, et une discipline aussi abstraite et générale que la linguistique, aussi fondamentale que la logique, ou encore la littérature depuis Joyce sont des activités de pensée. Elles tiennent lieu de philosophie, non pas qu'elles prennent la place de la philosophie, mais elles sont le déploiement même de ce qu'était autrefois la philosophie[2].

Son projet d'archéologie des sciences humaines est défini comme l'expression de la volonté de faire apparaître notre culture dans une position d'étrangeté similaire à la manière dont nous percevons les Nambikwara décrits par Claude Lévi-Strauss. Il

---

1. FOUCAULT [1966], 1977, 1988.
2. *Ibid.*

ne s'agit donc nullement de tracer des lignes de continuité dans une logique continue, mais, tout au contraire, de repérer les discontinuités qui font que notre culture passée nous apparaît fondamentalement étrangère à nous-mêmes : « C'est cette situation ethnologique que j'ai voulu reconstituer[1]. » Foucault s'en prend à toute entreprise d'identification avec la figure éphémère de l'homme, à la fois récente et promise à une disparition prochaine. Dieu est mort, et l'homme le suit dans cette disparition inéluctable à laquelle travaillent du reste les sciences qui se réclament de son existence : « Paradoxalement, le développement des sciences humaines nous convie à une disparition plus qu'à une apothéose de l'homme[2]. »

Dans *Les Mots et les Choses*, Foucault envisage l'histoire scientifique à partir des discontinuités et de la déconstruction nietzschéenne des disciplines établies. Le socle nietzschéen de sa démarche se retrouve dans son rejet radical de l'humanisme. L'homme sujet de son histoire et conscient de son action disparaît. Sa situation centrale dans la pensée occidentale n'est qu'illusion, dissipée par l'étude des multiples conditionnements qu'il subit. L'homme est ainsi décentré, ravalé dans la périphérie de choses, jusqu'à se perdre dans l'écume des jours : « L'homme [...] n'est sans doute rien de plus qu'une certaine déchirure dans l'ordre des choses [...] l'homme n'est qu'une invention récente, une figure qui n'a pas deux siècles, un simple pli dans notre savoir[3]. »

Foucault s'attache à historiciser l'avènement de cette illusion que serait l'homme et qui ne serait né en ce monde qu'au XIXe siècle. Ce qui existait à l'âge grec, c'était les dieux, la nature, le cosmos, il n'y avait pas place pour une pensée du sujet responsable. Dans la problématique platonicienne, la faute est attribuable à une erreur de jugement, à l'ignorance, non à la responsabilité individuelle. De la même manière, dans l'épistémè classique, l'homme n'a aucune place. Ni l'humanisme de la Renaissance, ni le rationalisme des classiques n'ont pu penser l'homme. Il a fallu attendre une faille dans la configuration du savoir pour qu'il surgisse au

1. *Ibid.*
2. *Ibid.*
3. ID., 1966 (a), p. 15.

cœur du savoir. La culture occidentale étant celle qui lui a fait la plus belle part, il s'y trouve dans une situation centrale, de roi de la création, référent absolu de toutes choses. Cette fétichisation apparaît notamment sous une forme philosophique, avec l'ego cartésien qui introduit le sujet comme substance réceptacle de vérités. Selon Foucault, cet homme a pourtant connu, avant Freud, un certain nombre de grandes blessures narcissiques dans l'histoire de la pensée occidentale : Copernic révélant que la Terre n'est pas au centre de l'Univers révolutionne le champ de la pensée et décale la souveraineté primitive de l'homme ; Darwin, démontrant ensuite qu'à la porte de l'homme il y a le singe, ravale le premier au stade d'épisode dans un temps biologique qui le dépasse ; puis Freud découvre que l'homme ne peut se connaître seul, n'est pas pleinement conscient et se conduit sous la détermination d'un inconscient auquel il n'a pas accès et qui rend pourtant intelligibles ses faits et gestes.

Sur les traces de Freud explorant l'inconscient des pratiques de l'individu, et de Lévi-Strauss qui s'est attaché à l'inconscient des pratiques collectives des sociétés, Foucault part à l'assaut de l'inconscient des sciences, que l'on croit habitées par nos consciences. Telle est la révolution copernicienne qu'il entend réaliser pour démystifier l'humanisme, pour lui la grande perversion de la période contemporaine : « Notre Moyen Âge à l'époque moderne, c'est l'humanisme[1]. » D'après Foucault, le rôle majeur du philosophe est de lever l'obstacle épistémologique que constituent les privilèges accordés au cogito et au sujet comme conscience et substance. Foucault théorise la constitution d'un véritable socle philosophique reliant les diverses sémiotiques, toutes ayant le texte pour point cardinal. L'ethnologie et la psychanalyse occupent une place privilégiée dans notre savoir moderne. « On peut dire de toutes deux, écrit Foucault, ce que Lévi-Strauss disait de l'ethnologie : qu'elles dissolvent l'homme[2]. » Foucault vise en fait les thèses sartriennes et congédie le philosophe existentialiste qui n'a pas pris la mesure des défis des nouvelles sciences sociales. Sartre, comprenant le danger, rétorque de manière d'autant plus vive qu'il

1. ID., 1984 (b).
2. ID., 1966 (a), pp. 390-391.

est alors submergé par la vague qui le fait passer pour un penseur dépassé et autiste :

> Foucault apporte aux gens ce dont ils avaient besoin ; une synthèse éclectique où Robbe-Grillet, le structuralisme, la linguistique, Lacan, *Tel Quel* sont utilisés tour à tour pour démontrer l'impossibilité d'une réflexion historique. Derrière l'histoire, bien entendu, c'est le marxisme qui est visé. Il s'agit de constituer une idéologie nouvelle, le dernier barrage que la bourgeoisie puisse encore dresser contre Marx[1].

Ce qui fera dire à François Châtelet, l'ami de Foucault, que Sartre a réagi comme « un dépossédé ».

SOUS LA DOXA, LA DÉCONSTRUCTION

Jacques Derrida, inspiré par les thèses de Martin Heidegger sans se confondre avec lui, promeut lui aussi une pensée du soupçon. Critiquant avec force la *doxa*, il ne va plus cesser de problématiser le décalage spatiotemporel qu'il perçoit par rapport aux textes de la philosophie classique. Au moment où la phénoménologie est contestée par le structuralisme en France, Derrida, qui a consacré ses premiers travaux à Edmund Husserl[2], risque de se trouver du côté de la tradition. Mais il réagit par une radicalisation de la phénoménologie, de manière à sauter l'objection structuraliste et à se retrouver encore plus loin. Benoît Peeters a souligné l'importance que va jouer Althusser dans l'évolution de Derrida à partir de 1963. Il est en effet nommé à cette date maître de conférences à l'ENS de la rue d'Ulm et quitte son poste d'assistant de Paul Ricœur à la Sorbonne. Il rejoint un lieu d'effervescence intellectuelle, contribue au succès des étudiants en tant que caïman, préparateur au concours d'agrégation de philosophie, palliant les absences d'Althusser, hos-

---

1. Sartre, 1966, pp. 87-88.
2. Derrida, 1962 et 1967 (b).

pitalisé périodiquement, ce dont celui-ci lui est vivement reconnaissant : « Je te bénis d'exister et d'être mon ami, écrit-il à Derrida. Garde-moi ton amitié. Elle figure parmi les quelques rares raisons de croire que la vie (même traversée de drames) est à vivre[1]. » Lors de sa première année de caïman à Ulm, Derrida consacre son cours à « Heidegger et l'histoire » : « Un cours assez novateur pour qu'il songe à le publier aux Éditions de Minuit. Malheureusement pour lui, ce sont des questions bien différentes qui suscitent les passions des élèves : c'est l'année du fameux séminaire "Lire *Le Capital*"[2]. »

Il entreprend alors un travail de déconstruction systématique des œuvres structuralistes, y repérant chaque fois les traces d'un logocentrisme à dépasser. La parution en 1967 de deux ouvrages de Derrida, *De la grammatologie* et *L'Écriture et la Différence*, met en question les certitudes que l'on avait sur l'invariance de la structure[3]. Ce que les Américains appellent le poststructuralisme est donc déjà là, avant même le reflux du paradigme structural, contemporain de son triomphe. Derrida se place d'emblée à l'intérieur du champ de réflexion structuraliste, même si la position qu'il assume est celle d'une distance critique : « Comme nous vivons de la fécondité structuraliste, il est trop tôt pour fouetter notre rêve[4]. » Certes, on n'est alors qu'en 1963, au temps glorieux d'un programme prometteur, et Derrida se montre encore élogieux à l'égard d'un mouvement intellectuel qu'il estime beaucoup plus important qu'une simple méthode. Le structuralisme tient lieu selon lui d'une nouvelle « aventure du regard, d'une conversion dans la manière de questionner devant tout objet[5] ».

La stratégie qu'il adopte est celle de la déconstruction dans sa double acception destructive/constructive ; elle doit permettre de reconnaître les traces de la métaphysique occidentale dans la pensée de l'autre, tout en introduisant une nouvelle manière d'écrire. Elle privilégie donc l'écriture comme sphère autonome. Derrida rejoint ainsi la nouvelle critique littéraire structuraliste, tout en échappant à ses catégories scientistes. Sa grande source d'inspira-

1. Louis Althusser, lettres à Jacques Derrida, citées dans Peeters, 2010, p. 187.
2. Peeters, 2010, p. 189.
3. Derrida, 1967 (a) et 1967 (c).
4. Id. [1963 (b)], 1967 (c), p. 11.
5. *Ibid.*, p. 9.

tion pour mener sa tâche déconstructrice est l'œuvre de Heidegger :
« Rien de ce que je tente n'aurait été possible sans l'ouverture des
questions heideggériennes [...] sans l'attention à ce que Heidegger
appelle la différence entre l'être et l'étant, la différence ontico-on-
tologique[1]. » L'acte déconstructeur apparaît dans toute son ambiguïté et séduit d'autant plus dans le contexte des années 1967-1968
qu'il est perçu à la fois comme un geste structuraliste et débordant
le structuralisme. En ce double sens, il emporte l'adhésion de toute
une génération, dont *Tel Quel*, pour la reprise de l'héritage structuraliste, tout en brisant la clôture du système pour permettre son
ouverture. La déconstruction reste fidèle à la valorisation assignée
à la sphère cachée, à l'inconscient. Elle permet surtout la dissémination en faisant éclater la référence à un centre structural, à
l'unicité d'un quelconque principe structurant. C'est une véritable
stratégie que Derrida déploie par rapport à l'histoire de la raison
occidentale. Comme l'écrit Vincent Descombes, « la stratégie de la
déconstruction est la ruse qui permet de parler, au moment même
où il n'y a en fin de compte plus rien à dire[2] ».

Le succès des thèses déconstructrices tient aussi, en ces années
1967-1968, au contexte de rupture avec le savoir académique. De
la même manière que les linguistes par rapport à l'histoire littéraire classique, Derrida offre aux philosophes une stratégie de
combat qui vise à la démolition radicale des fondements de la
métaphysique enseignée à la Sorbonne : il inocule à l'intérieur de
la tradition philosophique une série de concepts indécidables qui
ont pour finalité d'en ébranler les fondations et d'en dénoncer les
bévues. L'aspect subversif de cette stratégie permet de saper les
fondations de l'institution et de radicaliser le combat mené par le
courant structuraliste en suturant toute la réflexion critique, qu'elle
soit lacanienne, foucaldienne, chomskyenne ou althussérienne, et
en la récupérant dans le champ de la philosophie.

Derrida est aussi celui qui aura pris au sérieux le défi des nouvelles sciences sociales pour enrichir le type de questionnement
de la philosophie. Cette stratégie annonce la fin d'une certaine
philosophie en récupérant les acquis des sciences humaines, tout

---

1. ID., 1972 (b), p. 18.
2. DESCOMBES, 1979, p. 163.

en rejoignant ce que Derrida appelle déjà, avant la parution du livre de Barthes, un plaisir du texte. « Se produit un certain travail textuel, écrit-il, qui donne un grand plaisir[1]. » Les divers couples binaires — signifiant/signifié, nature/culture, voix/écriture, sensible/intelligible — qui ont constitué l'instrument même d'analyse du structuralisme sont tour à tour remis en question dans un jeu indéfini qui dissèque et traque tout maître mot, toute transcendance. Derrida prélève ses concepts ambivalents dans la tradition pour la lui retourner en boomerang, à la manière du coup de pied de l'âne. À Platon, il emprunte le terme de *Pharmacon*, qui n'est ni le remède ni le poison, ni le bien ni le mal. À Rousseau, celui de *supplément* : ni un plus ni un moins. À Mallarmé : l'*hymen*, qui n'est ni la confusion ni la distinction. Ces notions, qui sont autant d'instruments de la déconstruction, ont un point commun. Comme l'explique Sarah Kofman, « toutes raturent l'opposition du dedans et du dehors[2] ». L'écriture part donc à l'assaut du concept pour lui substituer un jet séminal ouvrant sur l'infini. Cette déconstruction s'en prend, dans le champ philosophique, non seulement à la phénoménologie, en décentrant le sujet, mais aussi à la dialectique hégélienne, dont elle dissout les notions d'unité et d'identité. La coupure saussurienne avait déjà mis à l'écart le référent de l'horizon linguistique, et Lacan avait fait glisser le signifié sous le signifiant ; avec Derrida, c'est le signifié qui est évacué au profit d'une chaîne signifiante indéfinie sans point de capiton.

L'entreprise de Derrida vise à déconstruire tout et tout le monde, à commencer par ceux qui se trouvent au plus près de lui, les structuralistes, qu'il estime être restés, quoi qu'ils en aient, prisonniers du logocentrisme. La première cible de ses critiques relève du meurtre du père puisque celui qui en sera la victime expiatoire n'est autre que son ancien professeur de la rue d'Ulm, Michel Foucault. Devenu assistant de Jean Wahl à la Sorbonne, Derrida se voit confier une conférence au Collège de philosophie et choisit de commenter *Folie et déraison* de Foucault. La conférence a lieu le 4 mars 1963, et Foucault assiste à la prestation de son ancien élève pour y subir, surpris, une descente en flammes. La conférence

1. Derrida, 1972 (b), p. 15.
2. Kofman, 1984, p. 39.

de Derrida sera publiée peu après dans la *Revue de métaphysique et de morale*[1], puis reprise dans le recueil *L'Écriture et la Différence* en 1967. Derrida procède à son travail déconstructeur en limitant son approche à l'économie interne du texte qu'il étudie. Il en prélève une infime partie qu'il juge révélatrice de l'ensemble et sur laquelle il manie son scalpel. La somme de Foucault, sa thèse d'État, n'est appréhendée qu'à partir de la lecture que Derrida livre de la prise de position de Descartes à l'égard de la folie, soit trois pages sur six cent soixante-treize[2] ! Si l'on songe que la contestation de la validité des enseignements que tire Foucault de la première *Méditation* de Descartes engage l'ensemble de l'œuvre, on mesure la radicalité de cette critique. En premier lieu, Derrida, en structuraliste radical, critique Foucault pour avoir conservé l'idée de sujet, même si le sujet en question constitue la face cachée de l'histoire, son envers, la folie : « C'est ce qu'il y a de plus fou dans son projet[3]. » Foucault sera sensible à cette critique, et son projet archéologique futur gommera tout point de vue partant d'un sujet quelconque, fût-il refoulé.

Derrida renvoie ensuite à l'ordre de l'illusoire l'idée de se situer hors de la raison, à partir d'un ailleurs qui serait la folie, d'un lieu de l'exil. Là où Foucault croit avoir réalisé une révolution, il n'aurait réussi qu'une modeste agitation de surface. La démonstration de Foucault relèverait d'un coup de force initial présenté comme la condition même qui a conduit à exclure la folie du monde de la raison avant de l'enfermer. Cet acte fondateur de l'âge classique est attribué au Descartes de la première des *Méditations*, par laquelle il aurait institué la ligne de partage entre deux soliloques à jamais étrangers l'un à l'autre. C'est là le grand point de litige entre Foucault et Derrida, qui ne voit dans le texte de Descartes aucun ostracisme à l'encontre de la folie. Si l'hypothèse du malin génie convoque la folie totale, l'acte du cogito n'en est pas pour autant le lieu du partage entre raison et folie. Ce que Derrida remet en cause, c'est la validité même du couple binaire raison/folie (partage qui permet à Foucault d'exhumer la part maudite de l'histoire

---

1. Derrida [1963 (a)], 1967 (c).
2. *Ibid.*, p. 52.
3. *Ibid.*, p. 55.

occidentale), en montrant que le fait de fonder le cogito n'est pas chez Descartes soumis au préalable de l'élimination de la folie.

Derrida reproche à Foucault d'avoir commis un contresens majeur dans sa lecture de Descartes, mais sa critique vise plus loin et met en cause toute la méthode foucaldienne : « Le totalitarisme structuraliste opérerait ici un acte de renfermement du cogito qui serait du même type que celui des violences de l'âge classique[1]. » Voilà donc Foucault accusé d'avoir perpétré une violence similaire à celle qu'il prétend dénoncer. On conçoit qu'il n'ait pas particulièrement apprécié la « flèche du Parthe ». Pourtant il ne répond pas à la diatribe, ni sur le moment, puisqu'il reste attentif, mais silencieux, dans la salle, ni en 1967, lorsque le texte paraît dans *L'Écriture et la Différence*. Il faudra attendre 1971 pour que Foucault réagisse dans un article d'abord publié dans la revue *Paideia*[2], puis repris dans la nouvelle édition, parue chez Gallimard, d'*Histoire de la folie*, en 1972. Si Foucault qualifie l'argumentation de Derrida de « remarquable », il maintient son interprétation du texte de Descartes et considère que l'hypothèse de Derrida ne vaut qu'au prix d'omissions par lesquelles il parvient à extirper toutes les différences du texte afin de « renverser l'exclusion cartésienne en inclusion[3] ». Foucault dénonce dans la lecture que fait Derrida de Descartes non une quelconque naïveté, mais l'application d'un système traditionnel d'interprétation qui a pour caractéristique de gommer ce qui le gêne, et dont Derrida serait l'ultime représentant. Cette fois, Foucault ne se limite pas à une réponse défensive, mais apprécie en maître le travail de son élève en le réduisant à un brillant exercice d'ordre didactique[4].

La construction d'un au-delà du structuralisme par Derrida passe par la critique de ses pères fondateurs Saussure et Lévi-Strauss. C'est ce à quoi il s'applique dans *De la grammatologie*, lorsqu'il repère les limites phonologiques et logocentriques du premier structuralisme. Il décèle chez Saussure une démarche qui reste fondamentalement prisonnière du sujet. Pourtant, il reconnaît en

---

1. *Ibid.*, p. 88.
2. Foucault [1971], 1972.
3. *Ibid.*, « Appendice II », p. 599.
4. *Ibid.*, p. 602.

Saussure celui qui a eu le mérite de rompre avec la tradition métaphysique. Il estime cependant qu'il n'a pas été jusqu'au bout du renversement en réintroduisant la notion de signe comme notion fondatrice de la linguistique. Si la réflexion saussurienne centrée sur le mot comme unité de sens et de son aurait pu ouvrir à une analyse de l'écriture, Saussure aurait, selon Derrida, fermé cette perspective en la plaçant en situation d'extériorité quasi maléfique. Rien ne justifie pour lui la discrimination que fait Saussure entre signe linguistique et signe graphique. Il y aurait même une contradiction interne au propos saussurien lorsqu'il avance la thèse de l'arbitraire du signe. Il convient donc, pour Derrida, de déconstruire la notion de signe saussurien placée au cœur de la réflexion structuraliste et de lui substituer la problématisation de l'écriture que préconise la grammatologie. Dans le contexte de l'effondrement des frontières entre les disciplines qui ont l'homme pour objet, la grammatologie se propose d'être la réalisation assumée d'une ambition structuraliste ouverte à la déconstruction de l'un et à la disparition de l'homme : « La grammatologie […] ne doit pas être une des sciences de l'homme, parce qu'elle pose d'abord, comme sa question propre, la question du nom de l'homme[1]. » Cette visée hégémonique de Derrida reproduit en fait la position dominante de la philosophie dans le champ de la réflexion sur l'homme, et s'il préconise une science plutôt qu'une philosophie, celle-ci ne doit pas s'additionner aux autres sciences existantes ; elle se prétend affranchie de toute limitation ou délimitation.

L'autre grand maître du structuralisme soumis à la déconstruction derridéenne est Claude Lévi-Strauss, que Derrida prend naturellement pour cible, selon la méthode déjà éprouvée à propos de Foucault : en prélevant une particule de l'immense *corpus* lévi-straussien, la « Leçon d'écriture » de *Tristes tropiques*. Lévi-Strauss y décrit l'arrivée de l'écriture chez les Nambikwara, qui porte en elle l'introduction de l'exploitation, de la perfidie et des diverses formes d'asservissement. Ces considérations sont pour Derrida la preuve que l'ethnologue n'a pas mieux réussi que Saussure à accomplir pleinement son acte de déconstruction de l'ethnocentrisme occidental. Aux yeux de Derrida, Lévi-Strauss bat sa coulpe

---

1. Derrida, 1967 (a), p. 124.

d'Européen en opposant la nature innocente à la culture du Vieux Monde qui fait effraction par rapport à une réalité idéale présentée à partir du miroir tout aussi déformant du contre-ethnocentrisme. « Cette archéologie, écrit Derrida, est aussi une téléologie et une eschatologie ; rêve d'une présence pleine et immédiate fermant l'histoire[1]. » Selon lui, le regard que Lévi-Strauss croit libéré de l'ethnocentrisme est en fait un ethnocentrisme à l'envers, soutenu par des prises de position éthico-politiques qui accusent l'Occident d'être à l'origine, par l'écriture, du meurtre de la parole innocente. Il rejoindrait ainsi son maître Rousseau qui avait mis en garde contre l'écriture. Lorsque Lévi-Strauss prend connaissance de cette critique, d'abord parue dans les *Cahiers pour l'analyse*, il est à ce point ulcéré qu'il écrit une lettre à la rédaction rappelant le statut hybride de *Tristes tropiques* qui relève davantage des songeries d'un ethnographe que de la prétention à dire le vrai :

> Aussi ne puis-je me défendre de l'impression qu'en disséquant ces nuées, M. Derrida manie le tiers exclu avec la délicatesse d'un ours [...]. Pour tout dire, je m'étonne que des esprits aussi déliés que les vôtres, à supposer qu'ils aient voulu se pencher sur mes livres, ne se soient pas demandé pourquoi je fais de la philosophie un usage si désinvolte, au lieu de me le reprocher[2].

En 1966, Derrida se rend aux États-Unis pour participer au fameux colloque de consécration du structuralisme à l'université Johns-Hopkins de Baltimore, aux côtés de Roland Barthes, Jacques Lacan, Gérard Genette, Jean-Pierre Vernant, Lucien Goldmann, Tzvetan Todorov, Nicolas Ruwet, Georges Poulet, Jean Hyppolite, etc. La pensée critique française regroupée sous la bannière du structuralisme est alors au zénith et fascine les Américains, qui se demandent ce qui peut bien se passer sur cette vieille terre gauloise. Le colloque est organisé par Richard Macksey et Eugenio Donato, qui ont souhaité faire connaître aux Américains les évolutions les plus récentes de la pensée française. C'est l'occasion de la première

---

1. *Ibid.*, p. 168.
2. Lettre de Claude Lévi-Strauss, publiée par les *Cahiers pour l'analyse*, nᵒ 8, 1967, citée dans Peeters, 2010, p. 225.

rencontre entre Jacques Lacan et Derrida : « Il fallait donc attendre d'arriver ici, et à l'étranger, pour se rencontrer », lui dit Lacan, comme s'en souviendra Derrida dans « Pour l'amour de Lacan »[1]. La suite n'est que déconvenue. Au dîner du lendemain, Lacan reproche à Derrida, comme il l'a fait à bien d'autres, de lui avoir volé ses idées. Convaincu d'être la vedette du colloque, Lacan, qui ne maîtrise que partiellement l'anglais, fait une intervention tellement incompréhensible que le traducteur jette l'éponge devant un public désemparé, alors que la communication de Derrida apparaît « comme la plus importante du colloque[2] ». Cette intervention est significative de la position double de Derrida : à la fois structuraliste, mais qui recherche les voies d'un dépassement du paradigme ; à la fois défenseur de la pensée critique, mais critique de la critique. Sa communication, intitulée « La structure, le signe et le jeu dans le discours des sciences humaines », se situe à l'intérieur de l'œuvre de Lévi-Strauss, mais pour en réaliser la déconstruction. S'il reconnaît dans le structuralisme un événement de rupture majeur, il nie toute référence à un quelconque centre : « Une structure privée de tout centre représente l'impensable lui-même[3]. » Il s'attaque donc au noyau de la pensée structurale et est pour cette raison perçu comme poststructuraliste par les Américains.

En cette seconde moitié des années 1960, la critique derridéenne rejoint le besoin de dynamiser et historiciser l'ordre des structures. C'est le sens du concept de *différance* (avec un *a*), que Derrida introduit lors d'une conférence à la Société française de philosophie le 27 janvier 1968. Celui-ci devient l'instrument même de la déconstruction par son double sens de différence et de temporisation : « Cette temporisation, pense-t-il, est aussi temporalisation et espacement, devenir-temps de l'espace et devenir-espace du temps[4] », et de l'autre sens de différer, plus commun, qui renvoie au non-identique. La notion de différance, par sa double valeur, permet à Derrida de jouer idéalement le rôle d'indécidable qui entend dévoiler systématiquement toute illusion de la pensée de

---

1. DERRIDA, 1996, p. 69.
2. PEETERS, 2010, p. 210.
3. DERRIDA, « La structure, le signe et le jeu dans le discours des sciences humaines », *in* ID., 1967 (c), p. 409.
4. ID. [1968], 1980, p. 48.

l'être en lui opposant ce qui dans la présence du présent ne se présente jamais. La notion réintroduit en outre le mouvement qui manquait à la structure en la dynamisant de l'intérieur dans une relance indéfinie. La différance offre de plus l'exemple d'une notion dont la nouveauté est perceptible non à l'oreille, mais dans sa seule originalité graphique, minorant de la sorte les postulats phonologiques du structuralisme.

Dans le même temps où Derrida affirme que « le thème de la différance est incompatible avec le motif statique, synchronique, taxinomique, anhistorique, etc., du concept de structure[1] », il le situe en continuité avec l'orientation structuraliste : « Le concept de différance développe même les exigences principielles les plus légitimes du structuralisme[2]. » S'il offre ainsi une possible réintroduction de l'historicité, il n'en adhère pas pour autant à la notion traditionnelle d'histoire. Il s'appuie au contraire sur l'antihistoricisme et la critique de l'hégélianisme d'Althusser. L'histoire est aussi à déconstruire, et si l'histoire totale est renvoyée au rôle illusoire de mythe, elle reste appréhendable au pluriel : « Il n'y a pas une seule histoire, une histoire générale, mais des histoires différentes dans leur type, leur rythme, leur mode d'inscription, histoires décalées, différenciées, etc.[3]. » Multidimensionnelle, déconstruite, une telle histoire conduit vers un devenir forclos et n'est que le déroulement du simulacre d'un présent à la fois insaisissable et étale. Dans ce carnaval du temps, il n'est point de station d'arrêt, moins encore de voies de passage d'un point à un autre. Derrida se situe donc bien du côté du structuralisme, mais en durcissant l'évacuation du sujet et du référent et en leur ajoutant la mobilité qui leur manquait, ce qui se situe toujours dans une logique structuraliste en ces années de gloire de la *French Theory*.

---

1. ID., 1972 (b), p. 39.
2. *Ibid.*, p. 39.
3. *Ibid.*, p. 79.

14

Le tournant critique de Vatican II

Au milieu des années 1960, l'Église catholique connaît une mutation historique avec la longue période conciliaire de Vatican II[1]. De ce côté aussi l'heure est à la critique et à la prise de distance à l'égard de l'autorité constituée de l'Église. On a parlé à son propos de « sortie de la glaciation », filant l'analogie avec le bloc communiste brisant les chaînes qui l'attachaient au stalinisme. Le 25 janvier 1959, l'annonce par le pape Jean XXIII de la convocation d'un concile n'est pas d'emblée perçue comme avant-coureur de changements radicaux[2]. L'Église va pourtant vivre cinq années d'intenses réflexions collectives qui donneront lieu à seize textes majeurs, quatre constitutions, neuf décrets et trois déclarations, dont la pièce maîtresse est la constitution *Lumen gentium*, qui, revisitant la tradition patristique, renouvelle la problématique ecclésiologique[3]. C'est une rupture considérable qui s'opère avec l'approche étroitement juridique en usage jusqu'alors : « C'est la première fois dans l'histoire, confessent les universitaires Roger Aubert et Claude Soetens, qu'un concile a consacré un chapitre particulier aux laïcs[4]. »

---

1. Voir ALBERIGO (dir.), 1997-2000.
2. SCHLEGEL, 2012, p. 259.
3. AUBERT et SOETENS, 2000, p. 90.
4. *Ibid.*, p. 92.

SORTIE DE L'ÈRE GLACIAIRE

Vatican II devient, au début des années 1960, l'événement du siècle pour les catholiques, au point que le pape lui-même parle d'*aggiornamento*, d'« ouverture des fenêtres » sur le monde et de « fleur du printemps[1] ». Le concile va prendre des mesures pour rapprocher clercs et laïcs au nom de l'unité du peuple, d'autres pour remettre en cause certains dogmes usés : abandon de l'accusation de « déicide » contre les Juifs ; acceptation de la liberté religieuse ; réévaluation de l'importance de l'Écriture par rapport à la tradition ; remise en question du dogme de l'infaillibilité pontificale ; poursuite des recherches sur la véracité historique des Évangiles ; usage de la langue vernaculaire pour dire la messe et la dire non plus « dos au peuple », mais face à lui ; abandon de mobiliers devenus inutiles.

Les fidèles suivent avec passion les travaux du concile, lesquels sont relayés non plus dans les seuls bulletins paroissiaux, mais dans la grande presse[2] : Henri Fesquet dans *Le Monde*, Antoine Wenger dans *La Croix*, René Laurentin dans *Le Figaro*. À lire ces informations, on a l'impression erronée que le concile est d'abord une affaire française tant on met en avant le rôle des évêques et des théologiens hexagonaux. Il est vrai que nombre de nos théologiens, dominicains ou jésuites, qui avaient eu maille à partir avec Rome dans l'après-guerre, jouent alors un rôle actif au cœur de l'institution à l'occasion de cet *aggiornamento*. Des réformateurs victimes des sanctions de la curie romaine sont sollicités pour préparer le concile. C'est ainsi que le père dominicain Yves Congar et le père jésuite Henri de Lubac sont appelés à participer à la commission théologique préparatoire à titre de consulteurs du Saint-Office. En 1962, Jean Daniélou est nommé expert auprès de Jean XXIII et le dominicain Marie-Dominique Chenu expert pour la conférence des évêques malgaches. La forte présence française révèle de fait le choix d'une radicalité certaine dans le tournant que compte réaliser le Vatican.

---

1. SCHLEGEL, 2012, p. 262.
2. PELLETIER, 2002, p. 19.

L'événement est une source d'espérance pour toute une jeune génération de chrétiens, qui y voient la possibilité d'un nouveau commencement et d'une prise en compte de la modernité par l'institution. René Rémond confie l'avoir vécu avec une intensité « d'autant plus grande que tous les aspects de [s]on activité s'y trouvaient intéressés[1] ». En 1965, il est engagé, à la direction de la Jec, dans une partie de bras de fer avec la hiérarchie qui entend rétablir sa suprématie et dont le porte-parole est l'évêque Mgr Pierre Veuillot, qui remporte temporairement la partie. Mais, à la fin de 1965, son contradicteur René Rémond est nommé président du CCIF. En cette période conciliaire, l'organisme, qui a déjà joué un grand rôle depuis sa création en 1946 dans la confrontation des thèses entre chrétiens et marxistes, poursuit ses activités de mise en débat de questions plus que jamais controversées. Sa mission est de se saisir du mouvement des idées et de constituer une cellule de réflexion libre de toute contrainte. « [Ce centre], déclarera-t-il bien plus tard, a été un des artisans de la préparation conciliaire. Il a grandement contribué à diffuser la pensée élaborée par les théologiens, les exégètes, les philosophes, les catéchètes français. Aussi s'est-il trouvé très naturellement à l'aise dans la problématique de Vatican II[2] ». Le bilan que dresse Rémond du concile est largement positif dans la mesure où le programme qui lui était assigné a été plus que réalisé et que les projets initiaux ont été substantiellement améliorés :

> Je crois que l'apport le plus important du concile est une nouvelle ecclésiologie qui a mis fin à des distinctions qu'on avait exaspérées et à une stratification hiérarchique excessive : l'espèce de révolution copernicienne qu'a constituée la définition de l'Église comme peuple de Dieu[3].

Le 11 octobre 1962, l'ouverture du concile réunit à Saint-Pierre de Rome deux mille cinq cent six évêques ou supérieurs d'ordres religieux provenant de cent quarante-cinq pays. L'événement est

---

1. RÉMOND, 1976, p. 123.
2. *Ibid.*, p. 161.
3. *Ibid.*, p. 125.

suivi par des millions de téléspectateurs et par une presse qui le fait vivre en direct. La réforme spectaculaire à laquelle va procéder Vatican II s'étend de l'automne 1962, sous le pontificat de Paul VI, au 8 décembre 1965. Les sessions qui scandent ces trois années apportent de multiples changements. « L'œuvre capitale, écrit l'historien Jacques Prévotat, est contenue dans les deux constitutions dogmatiques *Lumen gentium* (21 novembre 1964), sur l'Église, et *Dei verbum* (18 novembre 1965), sur la Révélation divine[1]. » Ces constitutions reprennent en fait les orientations novatrices d'Henri de Lubac, avec son retour à la patristique pour répondre aux défis de la modernité. Sur la question de la Révélation divine, la place du Christ comme médiateur est placée au cœur du discours ecclésial, ce qui ne peut que réjouir là encore ceux qui, comme Lubac, ont fait porter leur attention sur la centralité du mystère du Christ. Quant à la constitution pastorale *Gaudium et spes*, promulguée en décembre 1965, à la fin du concile, elle a été rédigée pour l'essentiel par Mgr Pierre Haubtmann, avec lequel a travaillé le père jésuite Jean-Yves Calvez. Cette constitution définit la place de l'« Église dans le monde de ce temps » et invite les chrétiens à une ouverture généreuse et à l'engagement.

À cet événement — que le général de Gaulle salue comme le plus important depuis la guerre : « Seul le concile a engagé l'avenir d'une manière irréversible », dit-il[2] —, s'ajoute un nouveau séisme avec l'élection du général de la Compagnie de Jésus, Pedro Arrupe, le 22 mai 1965[3]. Comme l'écrit Jean Lacouture dans son histoire des jésuites, « ce jésuite basque, qui avait consacré la moitié de sa vie au peuple foudroyé sous ses yeux à Hiroshima et vivait de ce fait en particulière intimité avec le malheur des hommes, amorça la réanimation de l'ordre ignacien[4] ». Cette élection conforte l'impulsion engagée par le concile et institue une symbiose momentanée

---

1. Prévotat, 1998, p. 159.
2. Charles de Gaulle, cité dans *ibid.*, p. 169.
3. Né à Bilbao en 1907, Pedro Arrupe s'engage dans des études de médecine, mais les abandonne pour entrer dans la Compagnie. En 1932, la dissolution de l'Ordre par le gouvernement l'oblige à poursuivre sa formation en Belgique, en Hollande et aux États-Unis, avant de partir, en 1938, en mission au Japon, où il devient provincial de la Compagnie.
4. Lacouture, 1992, p. 438.

entre les orientations de la curie romaine et celles de la Compagnie[1]. La mission ouvrière se sent confortée par les invitations à s'engager dans le monde moderne. Cinquante prêtres de France sont autorisés à prendre un emploi à plein-temps, dont cinq jésuites. Le père jésuite Maurice Giuliani, maître d'œuvre de *Christus*, et appelé à Rome pour assister le nouveau général, évoque ce dernier en ces termes :

> Il portait toujours un regard positif sur toutes les grandes requêtes de la conscience moderne [...]. Son rêve était d'aller s'installer avec les pauvres de Rome dans les taudis de la via Appia. Rêve irréalisable, il en convenait, mais pas tout à fait [...]. En tout cas, son action comme général fut d'ouvrir sans cesse la Compagnie à toutes les formes de présence au monde moderne[2].

En France, c'est le père jésuite Robert Rouquette[3] qui suit le concile pour la revue *Études* dans une rubrique intitulée « Chronique d'actualité religieuse » qui sera recueillie dans un ouvrage en deux volumes[4]. En 1965, au moment de la prise de fonction d'Arrupe, l'ordre compte trente-six mille jésuites et est à l'apogée de son rayonnement. Cette force fait même un peu d'ombre au pape Paul VI, qui convoque Arrupe pour rappeler la Compagnie à une obéissance absolue. Le caractère libéral des décisions du concile se double donc d'une reprise en main institutionnelle. Le soupçon règne désormais dans les cercles du Vatican sur l'activisme d'un général jésuite qui, de son côté, défend fermement son autonomie.

Cette tension, qui grandit au rythme des radicalités naissantes, s'inscrit dans une période marquée par une crise profonde des vocations. Après le concile, ce déclin déjà manifeste s'accentuera encore. Le nombre d'ordinations annuelles de mille prêtres par an tombe à cinq cent soixante-sept en 1966 et à deux cent quatre-vingt-trois en 1971, pour passer sous la barre des cent en 1977[5].

---

1. DHÔTEL, 1987, p. 94.
2. Maurice Giuliani, cité dans LACOUTURE, 1992, p. 445.
3. Rouquette (1905-1969) entre dans la Compagnie en 1929. Rédacteur à *Construire* en 1943, il devient rédacteur régulier des *Études* à partir de 1945.
4. ROUQUETTE, 1968.
5. Chiffres repris à PELLETIER, 1997, p. 98.

La Compagnie est inexorablement entraînée dans cette chute, le nombre de ses membres passant de trente-six mille en 1965 à vingt-cinq mille cinq cents en 1985. L'effondrement est particulièrement sensible en France, qui ne compte plus autour de 1967 qu'une dizaine d'entrées par an. Le vieillissement qui en résulte accentue le fossé entre les générations et entraîne des difficultés dans la transmission de la culture jésuite chez de nombreux jeunes, qui quittent alors la Compagnie. Arrupe, omniprésent dans les grands combats du moment, écrit en 1967 aux pères jésuites des États-Unis pour leur rappeler que la cause des Noirs américains ne doit pas être délaissée et se fait par ailleurs le porte-parole des pauvres du continent latino-américain, proche de la théologie de la libération.

MICHEL DE CERTEAU
ET LA CRISE DE L'ÉGLISE

Si le concile Vatican II a réaffirmé avec force l'ouverture au monde, la rupture essentielle qui est en train de s'opérer dans un univers de plus en plus sécularisé est la mise en crise des rapports entre l'Église et le monde. La période se caractérise par la pénurie des vocations religieuses et l'effondrement de la fréquentation de la messe dominicale, qui passe entre 1961 et 1966 de 34 à 24 % des fidèles pour se stabiliser à 13 % autour de 1975. Conscient de la disparition progressive d'un certain type de relation au religieux et de la distorsion croissante entre le dire et le faire, Michel de Certeau, qui partage avec François Roustang la responsabilité de la revue *Christus*, accompagne le mouvement de rénovation en le radicalisant pour ouvrir à davantage de liberté et au pluralisme de la foi. « Comment ne pas nous interroger sur le langage qui est censé nous expliquer notre foi ? », se demande-t-il[1].

Certeau souligne le fossé progressif qui s'est instauré entre

---

1. Michel de Certeau, « Expérience chrétienne et langage de la foi », *Christus*, t. 12, 1965, n° 46, p. 147.

l'expérience chrétienne de ses contemporains et le mode d'expression à leur disposition pour la communiquer. Le langage de la foi semble relégué à une simple extériorité reflétant un passé désaffecté. Tout un système culturel semble s'effondrer et provoquer une crise de l'Église semblable à celle qu'elle a connue au début de l'époque moderne. La manière dont Certeau entrevoit une réponse à la crise générale de la croyance consiste non à adopter un programme nouveau, mais à trouver une parole qui puisse dire le mystère de la foi. On retrouve là son horizon mystique, qu'il définit comme un art de la parole, seul à même d'articuler le dire et le faire : « Chaque parole du croyant porte [...] en soi la blessure dont souffre aujourd'hui notre langage de chrétiens[1]. » Au sein d'une culture désacralisée ne pouvant laisser indemne l'expérience religieuse qui en dépend, Certeau insiste sur le caractère pluriel du langage de la foi : « Il n'y a qu'une foi, qu'un Seigneur et qu'un baptême, mais il y a plusieurs langages de la foi[2] », et de rappeler l'expression originellement plurielle de l'expérience chrétienne selon Marc, Luc, Jean, etc.

En juillet 1966, la question de la crise du langage religieux est reprise par Certeau à l'occasion d'une session organisée par le Centre catholique universitaire de Grenoble devant une centaine d'étudiants. Il fait porter l'attention de son auditoire sur le paradoxe d'une religion du Livre fondée sur la tradition écrite au point d'en oublier parfois que son message se situe dans une parole qui fait irruption et naît d'un « en-dedans », attestant une expérience existentielle. Or cette parole, qui était interlocution, est devenue au fil de la mutation culturelle contemporaine source de malaise et d'obstacle à la communication. Seule une prise de conscience véritable de la profondeur de cette crise peut inspirer un renouveau, à condition d'en tirer une leçon d'humilité et de dépouillement par rapport au pouvoir et au savoir, car le désenchantement affecte même les clercs, les prêtres. « C'est, pour Certeau, un désenchantement du savoir religieux[3]. »

Au début de l'année 1966, Certeau intervient directement sur

1. *Ibid.*, p. 158.
2. *Ibid.*, p. 163.
3. CERTEAU, 1966 (b).

l'actualité conciliaire dans *Christus*[1]. Il s'attache à commenter le décret promulgué à Rome le 28 octobre 1965 qui définit les principes mêmes de l'*aggiornamento* annoncé par l'Église. Il considère que la conversion engagée par Rome est le point de départ d'un processus à venir bien davantage qu'un point d'aboutissement. Selon lui, les directions du concile « appellent un avenir qui, par définition, ne peut pas être déterminé[2] ». La mise en œuvre des règles du discernement ignatien conduit Certeau à privilégier la part d'expérience proposée plutôt qu'un corpus de vérités à appliquer en toutes circonstances. Le texte du concile révèle une tension entre deux pôles également affirmés, quoique antinomiques, représentés, à une extrémité, par « les exigences du monde actuel » et, à l'autre, par la fidélité requise à « l'esprit des fondateurs ». Mais comment penser et surtout vivre cette tension ?

La voie que définit Certeau ne se satisfait pas de quelques accommodements extérieurs à la modernité. La mutation à réaliser consiste à passer d'un changement imposé du dehors à une nouveauté vécue du dedans, telle une nécessité intérieure. Ce renouveau prend la forme d'une insistance sur l'apostolat, Certeau soulignant à quel point l'esprit apostolique est également une des lignes directrices du décret. Quant à la vie communautaire, elle doit non seulement laisser davantage de place à la circulation de la parole, aux consultations et autres délibérations, mais aussi amoindrir la place de la hiérarchie et conférer aux supérieurs des responsabilités plus contrôlées. Dans le rapport institué à la tradition, il veut éviter tout argument d'autorité au nom du passé, car, pour lui, la vie religieuse ne peut être déduite d'un passé. Il entend au contraire affirmer la prévalence du présent, qui seul peut devenir source de création : « La liberté spirituelle se manifeste [...] toujours par une rupture vis-à-vis du passé immédiat[3]. » Le retour aux sources, tel que le pratique son maître Henri de Lubac avec la patristique, est à la racine du mouvement qui permet un comparatisme avec le présent : « [I]l désarme l'immobilisme[4] », dit-il. Les

---

1. ID., 1966 (a).
2. *Ibid.*, p. 102.
3. *Ibid.*, p. 117.
4. *Ibid.*

grandes leçons de l'*aggiornamento* sont ainsi d'abord la remise en mouvement de l'Église, ensuite la découverte du pluralisme constitutif de son message, enfin l'intériorisation d'une véritable rénovation spirituelle.

Près d'un an après la fin du concile, en octobre 1966, Certeau définit la tâche chrétienne après Vatican II[1]. Le déplacement majeur opéré par le concile dont il faut prendre la mesure est de ne plus considérer l'Église comme une institution placée en face du monde, mais comme totalement immergée en lui, ce qui détermine un certain style d'action chrétienne conçue comme discernement conditionné par une participation. Le concile marque là une rupture instauratrice dans laquelle Certeau voit une relativisation du lieu singulier d'énonciation du religieux. Il en déduit qu'il faut s'intégrer plus avant dans des logiques propres à l'homme en général, quelles que soient ses convictions : « Ces textes nous recommandent d'ouvrir notre porte pour apprendre dehors ce qui s'y passe, en nous engageant dans les dures batailles de l'homme[2]. » La prise en compte des grandes questions de la modernité, comme la socialisation, l'urbanisation ou les *mass media*, n'a dès lors plus besoin des définitions conciliaires, puisque « c'est l'action, et l'analyse scientifique des faits, qui nous montrent l'importance et la complexité de ces révolutions[3] ». La relation de l'Église au monde définie par le concile annonce la manière dont le général de Gaulle tentera de répondre à la crise de Mai 68 par le thème de la « participation », qui se retrouve au cœur de la réflexion conciliaire.

Si Vatican II tendait déjà vers l'élaboration d'une théologie de la *praxis* débordant l'ecclésiologie classique au profit d'une anthropologie générale, c'est à une véritable conversion pragmatique qu'invite Certeau, afin que les engagements ne soient plus déduits d'une doctrine. Désormais, c'est la *praxis* elle-même qui doit permettre l'élucidation doctrinale, redynamisant ainsi la pensée en l'enrichissant de la traversée de l'expérience. En 1966, année « structurale », Certeau rappelle, à contre-courant, la place centrale du sujet et du dialogue. L'expérience qu'il invoque est celle

1. ID., 1966 (c).
2. *Ibid.*, p. 522.
3. *Ibid.*

d'une altérité qui suscite l'altération, et donc le mouvement. S'il se sent conforté dans sa position critique par Vatican II, qui en a souligné le rôle « purificateur », il n'en met pas moins en garde contre une tendance du concile à instaurer le sujet humain en lieu et place de Dieu comme épicentre et sommet de la création, alors que les sciences humaines en contestent la validité : « Les lois de l'inconscient, des échanges économiques ou du langage social relativisent singulièrement cette liberté et cette autonomie créatrices que le concile nous accorde à tous si généreusement[1]. »

LE TROISIÈME HOMME

À l'image de Michel de Certeau et François Roustang, membres de l'École freudienne de Paris, ou de Maurice Bellet, qui, sans être lacanien, a été analysé par Robert Jessan, lequel a travaillé avec Françoise Dolto à l'hôpital Trousseau, l'équipe dirigeante de *Christus* est globalement marquée par la psychanalyse. L'ébullition intellectuelle au sein de la revue conduit à un point de rupture dont l'occasion surgit de façon fortuite. Alors que Roustang, le directeur de la revue, prépare un numéro consacré à « La vie politique des chrétiens », qui doit paraître en octobre 1966, il constate que la contribution attendue d'un responsable jésuite chilien ne lui est pas parvenue. Pour combler son sommaire, il écrit à l'improviste sous le titre « Le troisième homme[2] » des pages qui vont faire l'effet d'une bombe.

Sous cette reprise en apparence anodine d'une expression utilisée par les premiers chrétiens pour se situer par rapport aux Juifs et aux païens, Roustang donne en fait libre cours à une critique radicale. Dénonçant comme un faux-semblant l'opposition entre conservateurs et réformistes qui a marqué Vatican II, il montre que la plus grande partie des chrétiens se trouvent entre ces deux camps et ont acquis une telle liberté personnelle qu'ils incarnent

1. *Ibid.*, p. 533.
2. ROUSTANG, 1966.

ce « troisième homme ». Le directeur de *Christus* distingue la foi
en Dieu et la foi en l'Église et juge que la distance entre les deux
pôles ne cesse de croître. Ceux qui incarnent l'intensité de la foi se
sentent de plus en plus coupés des institutions ecclésiales et de plus
en plus proches des laïcs qu'ils croisent sur leur chemin. « Un jeune
ménage, écrit-il, me disait ne plus bien voir ce qui distinguait les
valeurs chrétiennes des valeurs simplement humaines[1]. » À l'instar de Certeau, Roustang présente Vatican II non comme le point
d'aboutissement d'un esprit réformateur, mais comme un point
de départ pour briser les formalismes et définir un nouveau type
de relation entre la foi et les lois. Il juge par ailleurs sévèrement
le clergé, incapable selon lui d'entendre les mutations en cours et
donc condamné à passer à côté du « troisième homme ». Il se fait
en définitive prophétique en annonçant :

> Si l'on n'y prend garde et si l'on se refuse à voir l'évidence, le
> détachement à l'égard de l'Église, qui est largement commencé, ira
> en s'accentuant. Il ne revêtira pas alors, comme dans le passé, la
> forme d'une opposition ou celle d'un abandon, mais d'un désinté-
> rêt tranquille à l'égard, disent-ils, de cette montagne d'efforts qui
> accouche inlassablement d'une souris[2].

L'affaire remonte jusqu'au pape Paul VI, qui lit le français.
Furieux, celui-ci exige de Pedro Arrupe la démission du responsable de *Christus*. Roustang ne se montre pas le moins du monde
étonné par la réaction qu'il suscite. Évincé de la revue, il est immédiatement remplacé par le père Jean-Marie Le Blond, ancien directeur de la revue *Études*, arrivé de Rome. La crise couvait en fait
depuis un certain temps. À partir de 1964, la nouvelle orientation
de la revue la situe davantage au cœur de la culture contemporaine.
L'idée de la direction est que l'on ne peut réduire les sommaires
à une stricte ligne ignatienne et qu'il convient de plonger au cœur
des problématiques nouvelles et des recherches fondamentales
conduites dans les diverses disciplines des sciences humaines :
histoire, linguistique, psychanalyse, ethnologie. En 1966, une note

---

1. *Ibid.*, p. 565.
2. *Ibid.*, p. 567.

interne écrite par Roustang et Certeau à destination des provinciaux exprime parfaitement cette inflexion : « Si l'on ne peut trouver des hommes pour nous remplacer à *Christus*, nous proposons la suppression de la revue, pour consacrer nos forces à la fondation d'un centre de réflexion et d'action dans le secteur des sciences humaines[1]. »

L'éviction de Roustang fait scandale. *Témoignage chrétien* titre : « Jésuites : le troisième homme n'a pas passé » et se demande, sous la plume de Claude-François Jullien, si la liberté d'expression existe encore pour les enfants de Dieu. Devant le tollé suscité à Rome, le provincial Philippe Laurent demande à la direction de *Christus* d'arrêter immédiatement la vente du numéro incriminé. Comme en témoigne une lettre du nonce apostolique au provincial de Paris, les pressions de Rome sont particulièrement fortes : « Je crois de mon devoir d'insister, comme je le fais depuis quelques années, sur la nécessité de mettre un frein à ce genre d'articles, sans nuire, ai-je besoin de le dire, au développement des idées[2]. »

Ce rappel à l'ordre va accélérer le mouvement de sécularisation de nombreux jeunes jésuites, qui quittent la Compagnie afin de poursuivre leur combat spirituel à l'extérieur de l'institution ecclésiale. D'autres, comme Michel de Certeau, font le choix de la fidélité, tout en ne cédant rien sur leurs convictions personnelles et leur liberté d'action.

---

1. CERTEAU et ROUSTANG, 1966.
2. Nonce apostolique, lettre au provincial de Paris, Philippe Laurent, 27 octobre 1966, Archives de France de la Compagnie, Vanves.

15

La course des avant-gardes

Tout s'est déglingué à partir de 1966. Un ami m'avait prêté *Les Mots et les Choses* que j'ai eu l'étourderie d'ouvrir [...]. J'ai abandonné d'un seul coup Stendhal, Mendelstam et Rimbaud, comme on cesse un beau jour de fumer des Gitanes, pour consommer les gens dont Foucault nous entretenait, Freud, Saussure et Ricardo. J'avais la peste. La fièvre ne me lâchait pas et j'aimais cette peste. Je me gardais de me soigner. De ma science j'étais fier comme un pou sur la tête du pape. Je discutais philosophie. Je me nommais structuraliste, mais je ne le criais pas sur les toits, car mon savoir était tendre encore, friable, un doigt de vent l'eut dispersé. J'usais mes nuits à apprendre tout seul, en tapinois, les principes de la linguistique et j'étais bien content [...]. Je me bourrais de syntagmes et de morphèmes [...]. Si je débattais avec un humaniste, je l'écrabouillais d'un coup d'épistémè [...]. Je prononce, d'une voix émue, presque tremblante, et de préférence dans les soirs d'automne, les noms de Derrida ou de Propp, comme un ancien poilu caresse les drapeaux pris à l'ennemi [...]. Jakobson est mon tropique ou mon équateur, Benveniste ma Guadeloupe, et le code proaïrétique mon Club Méditerranée. Je vois Hjelmslev comme une steppe [...]. Il me semble que je ne suis pas le seul à m'être égaré dans ces écarts[1].

C'est en ces termes burlesques que Gilles Lapouge décrit, vingt ans après, ce que fut la véritable fièvre de cette année 1966 pour une pensée qui atteint alors son apogée. Toute l'effervescence des sciences humaines converge à ce moment pour irradier l'horizon

---

1. Lapouge, 1986, p. 30.

des recherches et des publications qui se veulent avant-gardistes. L'an 1966 est le « repère central [...]. On peut dire que, tout au moins au niveau parisien, il y eut cette année-là un grand brassage, et probablement décisif, des thèmes les plus aigus de la recherche[1] ». L'avant-garde lance un défi aux humanités classiques, engageant des joutes intellectuelles sur la place publique entre anciens et modernes.

Largement revendiqué dans tous les domaines de l'expression culturelle, cet avant-gardisme qui se voit en marche et en avance dans la progression de l'humanité doit son nom à une métaphore militaire qui a pris une tout autre acception. Au début du XIXe siècle, elle désigne les prolégomènes porteurs d'avenir de l'expression artistique, avant de revêtir un goût mélancolique avec la figure du génie solitaire, de l'artiste maudit coupé du reste de la société, ce qui fait de lui un éternel incompris. Au début du XXe siècle, la dialectique entre avant-garde et masses prend chez Lénine et les bolcheviks une acception encore différente, cette fois politique. Dans les années 1960, la quête avant-gardiste admet encore un autre sens, plus culturel, et se pare des avantages de l'ambition scientifique.

« FAUT-IL BRÛLER BARTHES ? »

Le combat homérique le plus révélateur des enjeux de la période, qui semble opposer, en tout cas pour le public estudiantin, la nouvelle critique à l'ancienne Sorbonne, est bien la joute que se sont livrée Roland Barthes et Raymond Picard à propos de Racine, le classique des classiques devenu objet de litige et de scandale. Dans cette controverse, on peut discerner un enjeu frontal : la vieille Sorbonne allait-elle se laisser déposséder de son patrimoine par ceux-là mêmes qui n'établissaient aucune distinction de valeur entre les scribouillages du papier journal et les joyaux de la littérature nationale ? La confrontation se situe à un moment privilé-

---

1. BARTHES [1964], 1971, « Avant-propos », p. 7.

gié, au milieu des années 1960, sur un terrain de prédilection, la tragédie, et met en présence deux protagonistes au statut opposé, Picard, de la vénérable Sorbonne, et Barthes, parlant d'une institution moderne et marginale. Tous les ingrédients sont réunis pour que le duel renoue avec la trame des grandes pièces raciniennes. Les camps respectifs creusent leurs tranchées :

> Tout en engageant leurs personnes, les deux adversaires [...] représentent chacun un camp, finalement un peu à leur corps défendant. Ils sont conduits à durcir leur position respective pour la faire correspondre à l'ensemble des deux groupes dont ils sont issus[1].

La réalité factuelle est toutefois plus ambivalente et complexe qu'il n'y paraît. Picard est présenté comme un barbon poussiéreux, alors qu'il n'a que deux ans de plus que son rival. Dès 1960, Barthes publie *L'Homme racinien* au Club français du livre, ainsi qu'un article sur Racine dans les *Annales*[2]. Ces deux études, auxquelles viendra s'en ajouter une troisième, réunies dans le volume *Sur Racine* publié en 1963 aux Éditions du Seuil, connaissent le succès public, mais ne suscitent alors aucune réaction d'hostilité de la part du maître de la Sorbonne. Il faut attendre la parution en 1964 d'un nouveau recueil, les *Essais critiques*[3], pour que Picard sorte de ses gonds. Barthes s'en prend frontalement à la tradition : « Si l'on veut faire de l'histoire littéraire, il faut renoncer à l'individu Racine[4]. » À la recherche de la structure de l'homme racinien, Barthes en dévoile le sens par une minutieuse dialectique de l'espace. Ainsi oppose-t-il l'espace intérieur, celui de la chambre, antre mythique séparé de l'antichambre, lieu scénique de la communication, et l'espace extérieur, lequel contient trois espaces : ceux de la mort, de la fuite et de l'événement. « En somme, conclut-il, la topographie racinienne est convergente : tout concourt vers le lieu tragique, mais tout s'y englue[5]. » Dans ce combat mythique de l'ombre et de la lumière qui anime les héros raciniens, se déploie

---

1. SAMOYAULT, 2015, p. 403.
2. BARTHES, 1960.
3. ID. [1964], 1971.
4. ID. [1963], 1979, p. 157.
5. *Ibid.*, p. 13.

toute une dialectisation de la logique des places en termes de contiguïté et de hiérarchie. Le héros racinien doit se manifester par sa capacité à la rupture ; il naît de son infidélité et advient alors comme créature de Dieu, produit de la lutte inexpiable entre le Père et le Fils.

Ce qui choque surtout Picard, ce sont les deux derniers articles des *Essais critiques*, dans lesquels Barthes s'en prend à l'approche universitaire. Touché en tant que professeur, Picard se sert d'abord de la presse pour répondre : « Attaquer l'université fait partie du conformisme d'avant-garde dont M. Barthes est l'une des figures les plus marquantes[1]. » S'il emprunte volontiers le costume du mandarin, Picard n'est pourtant pas la caricature qu'en feront ses adversaires. Il est tout autant que Barthes partie prenante de la nouvelle critique, et sa thèse, publiée chez Gallimard, signe de modernisme, fait autorité tout en étant très remarquée pour son caractère innovant[2]. Également éditeur du *Racine* de la « Bibliothèque de la Pléiade », il est par ailleurs l'ami de toute une avant-garde littéraire : Jean Paulhan, Nathalie Sarraute, Claude Simon, etc. Il est d'ailleurs sollicité pour répondre à Barthes par une personnalité peu suspecte d'académisme, Jean-François Revel, alors directeur de la collection pamphlétaire « Libertés » chez Jean-Jacques Pauvert. Alléché par le ton de l'article paru dans *Le Monde*, Revel est convaincu qu'il va pouvoir orchestrer une belle polémique. Peu coutumier du genre, Picard se laisse convaincre et, en 1965, publie son ouvrage sous le titre rageur de *Nouvelle critique ou nouvelle imposture*.

L'essentiel de la réplique de Picard porte sur la place excessive du décodage psychanalytique dont use Barthes pour rendre compte du théâtre racinien. Picard s'empresse de recouvrir d'un voile pudique les héros dont Barthes a percé les secrètes passions sexuelles contrariées : « Il faut relire Racine pour se persuader qu'après tout ses personnages sont différents de ceux de D. H. Lawrence [...]. Barthes a décidé de découvrir une sexualité déchaînée[3]. » Non seulement Picard pourfend le systématisme de

---

1. PICARD, Raymond, 1964.
2. ID., 1956.
3. ID., 1965.

la démarche de Barthes, mais il dénonce son aveu par lequel il reconnaît son impuissance à dire le vrai sur Racine et lui dénie le droit de dire quoi que ce soit sur un auteur dont il n'est pas spécialiste. Pour Picard, Barthes est « l'instrument d'une critique à l'estomac[1] » qui se pare d'un jargon pseudo-scientifique pour énoncer des inepties, des absurdités, le tout au nom du savoir biologique, psychanalytique, philosophique, etc. À ce jeu critique qui brouille les pistes, Picard dénonce la tendance à la généralisation, à prendre le cas concret, singulier, pour une catégorie à vocation universelle, bref toute cette gesticulation théoriciste portée par un hermétisme qu'il réprouve : « Son jargon est inutile et il est prétentieux en ce qu'il annonce une rigueur que la pensée dément[2]. »

C'est donc une contre-attaque en règle de la part de Raymond Picard, qui, sans être personnellement visé par l'étude de Barthes sur Racine, se fait le porte-parole d'une Sorbonne excédée par l'agitation structuraliste et qui aimerait que l'idole qu'est devenu Barthes soit enfin livrée au pilori — et ses livres au pilon. Surpris par la violence de la polémique, Barthes l'attribue à l'enjeu que représentent les examens universitaires des facultés de lettres. La nouvelle critique est à cet égard dangereuse, car elle met en cause le caractère intangible des critères retenus pour la sélection d'un savoir canonisé. La défense de ce savoir, mesurable à l'aune d'une vérité à jamais établie, est pour Barthes la raison profonde du mauvais procès qu'on lui fait.

Toute la génération structuraliste se porte avec ferveur de son côté. À ses yeux, la réponse de Picard illustre la clôture du discours académique sur lui-même et démontre son refus de s'ouvrir aux interrogations nouvelles. Sur le moment pourtant, comme le souligne Louis-Jean Calvet, Picard est bien accueilli par la presse. Jacqueline Piatier prend fait et cause pour lui dans *Le Monde* et évoque « les surprenantes interprétations que Roland Barthes a données des tragédies de Racine[3] ». De son côté, *Le Journal de Genève* savoure la contre-attaque : « Roland Barthes. K.-O. en

---

1. *Ibid.*, p. 52.
2. *Ibid.*, p. 57.
3. Jacqueline Piatier, *Le Monde*, 23 octobre 1965, citée dans CALVET, 1990, p. 187.

cent cinquante pages[1]. » Barthes, qui ne supporte pas la polémique, accuse le coup, atteint par le reproche d'imposture. Il confie à son ami Philippe Rebeyrol : « Tu comprends, ce que j'écris est ludique, et si l'on m'attaque il n'y a plus rien[2]. » Barthes est à ce point affecté qu'il ne se sent pas de répondre. Il demande à son ami Gérard Genette de lui envoyer des esquisses de lettres de réponse. Celui-ci s'en souviendra ainsi : « Je lui ai alors torché quelques brouillons qu'il a très sagement considérés comme nuls et non avenus. Mais cela l'a incité à prendre la plume[3]. »

C'est alors que le débat polémique porté sur la place publique par Picard se retourne en boomerang contre la vieille Sorbonne. Lorsque Barthes répond à Picard par la publication de *Critique et vérité*, en 1966, à l'apogée du paradigme structuraliste, une génération d'étudiants enthousiastes y voit l'occasion de contester le savoir académique. Le livre de Barthes sort couvert d'un bandeau au titre fracassant : « Faut-il brûler Barthes ? » La dramatisation est poussée à l'extrême. Barthes réapparaît dans le rôle de la pucelle bravant le bûcher pour dénoncer l'« État littéraire[4] ». Barthes reçoit la critique de Picard comme l'expression de l'histoire littéraire la plus traditionnelle s'accrochant à la vague notion du « vraisemblable critique », qui va de soi et n'a donc pas besoin d'être étayé par la démonstration. Barthes qualifie l'histoire littéraire ainsi constituée d'ancienne critique[5]. À la démarche positiviste, Barthes oppose l'acte critique comme acte d'écriture au sens plein du terme, en tant que travail sur le langage. Faisant se rejoindre la figure de l'écrivain et du critique, il sape les limitations et les interdits qui ont fondé la constitution de genres distincts d'écritures.

La ligne de défense barthésienne face à Picard est double : il revendique les droits du critique comme écrivain, porteur de sens, véritable créateur dans sa propre lecture active de l'œuvre, et se fait par ailleurs le représentant d'un discours plus scientifique, qui ne considère plus l'écriture comme un décorum, mais comme une

---

1. *Le Journal de Genève*, cité dans *ibid.*, p. 188.
2. Philippe Rebeyrol, cité dans *ibid.*, p. 188.
3. Témoignage de Gérard Genette au séminaire d'Antoine Compagnon au Collège de France, « 1966 : *Annus mirabilis* », 1er février 2011.
4. BARTHES, 1966, p. 13.
5. *Ibid.*, p. 35.

source de vérité. Dans cette perspective, il s'appuie sur tout le courant structuraliste et évoque les travaux de Jacques Lacan, Roman Jakobson, Claude Lévi-Strauss, etc. À l'histoire de la littérature traditionnelle, il substitue une « science de la littérature[1] », dont il se fait le porte-parole. Celle-ci se définit comme une science non des contenus, mais des conditions du contenu, en s'appuyant sur le travail de déconstruction des sciences humaines. On ne s'étonnera pas de voir Barthes trouver le modèle de cette science dans la linguistique. Le langage est le véritable sujet qui se substitue à la notion d'auteur. La recherche d'un sens caché et ultime de l'œuvre est vaine : « La littérature n'énonce jamais que l'absence de sujet[2]. » En annonçant la naissance d'une ère historique nouvelle fondée sur l'unité et la vérité de l'écriture, Barthes exprime l'ambition de toute une génération qui voit dans l'explosion du discours critique des sciences humaines un mode d'écriture qui rejoint la création proprement littéraire. Ce faisant, il déstabilise un discours universitaire qui veut rester sourd à une parole de plus en plus exigeante. Au-delà de cette année 1966, les échos lointains de ces combats se feront encore longtemps entendre, et la violence des propos d'un René Pommier dans *Assez décodé* puis *Roland Barthes, ras le bol !*[3] révèle bien l'effraction qu'a réussie Barthes dans le savoir académique, hirondelle annonçant le printemps de 1968.

Contrairement à ce que pourrait laisser penser la destinée de cette joute intellectuelle, Picard remporte la première manche. Son pamphlet est accueilli presque partout comme le triomphe du bon sens et remporte la mise avec plus de cinquante mille exemplaires vendus. Dans *Le Monde*, Jacqueline Piatier écrit qu'il fait rire sur Barthes en ayant recours à la logique de l'esprit. Même dans *Le Nouvel Observateur*, pourtant fervent de la nouvelle critique, Jean Duvignaud réserve un accueil favorable à Picard, considérant qu'il s'agit du dernier débat de l'avant-garde et d'une joute interne entre deux rivaux aussi modernes l'un que l'autre, les situant tous deux dans la filiation de Jean-Paul Sartre et de Lucien Goldmann. Très peu prendront la plume pour éteindre l'incendie qui menace Barthes

---

1. *Ibid.*, p. 56.
2. *Ibid.*, p. 71.
3. POMMIER, 1978 et 1987.

de ses flammes. Parmi ces rares avocats, Philippe Sollers, directeur de la collection dans laquelle est paru *Critique et vérité*, tente de ridiculiser Picard : « Ce serait peu dire de ce discours qu'il est réactionnaire. Il semble incarner l'ordre moral lui-même[1]. » Mais si Picard gagne la bataille qui se joue en 1965-1966, il perdra la guerre qui l'oppose à Barthes, et celui-ci deviendra vite l'étendard de la jeunesse contestataire, de la lutte contre le mandarinat, de l'ouverture aux sciences humaines et de la volonté d'incarner une nouvelle critique avant-gardiste. Barthes reçoit le soutien amical de quelques figures de la nouvelle avant-garde littéraire, qui lui écrivent pour lui signifier, comme c'est le cas de Michel Butor : « Quand on répond à des attaques, il est très difficile de ne pas descendre au niveau de son adversaire ; vous avez parfaitement su faire de Picard un simple prétexte, un animalcule parmi tant d'autres dans la goutte de bouillon parisien[2]. »

Dans *L'Express*, Renaud Matignon va jusqu'à assimiler la place de l'ouvrage de Barthes dans l'histoire de la pensée critique à celle de la Déclaration des droits de l'homme dans celle de la société, ajoutant : « C'est l'affaire Dreyfus du monde des lettres ; elle avait aussi un Picard, à l'orthographe près, elle vient de donner son "J'accuse"[3]. »

LE DÉSIR DE RUPTURE

Les trajectoires des tenants de l'avant-gardisme des années 1960 ont en commun de s'être accomplies pour l'essentiel à l'écart de l'université. C'est le cas de Claude Lévi-Strauss, qui le reconnaît volontiers : « Ce fut donc une carrière universitaire mouvementée dont le trait le plus frappant est sans doute de s'être déroulée toujours en dehors de l'université proprement dite[4]. » Mais c'est

---

1. SOLLERS, 1966, p. 92.
2. Michel Butor, lettre à Barthes, 17 mars 1966, citée dans SAMOYAULT, 2015, p. 407.
3. MATIGNON, 1966.
4. LÉVI-STRAUSS, 1983.

aussi celui de Roland Barthes, Algirdas Greimas, Louis Althusser, Georges Dumézil, Tzvetan Todorov, Jacques Lacan et bien d'autres. Si l'on examine le programme des cours à la Sorbonne en 1967, on constate avec étonnement que les enseignements de linguistique ne sont détenus, à l'exception d'André Martinet, par aucun des chercheurs que l'on connaît aujourd'hui. En 1967, il n'y a pas même de département de linguistique à la Sorbonne, mais un simple institut marginal.

Le poids des traditions, le conservatisme ont couvert d'une chape de plomb l'université française et l'ont enfermée dans un immobilisme qui a alimenté la révolte. Les sciences du signe, pour se faire une place, devaient déborder l'institution et trouver des appuis massifs et efficaces. Les avant-gardes des diverses disciplines se sont retrouvées dans un combat commun, transformant la contestation qui couvait en désir de révolution esthétique et scientifique. C'est dans ce contexte que les références à Nietzsche, Marx, Freud et Saussure vont être opératoires, véritables armes de la critique antiacadémique visant les tenants de l'orthodoxie mandarinale.

Cette conjonction donne lieu aux belles heures du paradigme critique et de ses tenants, qui tentent d'incarner l'avant-garde. Le moment est propice à l'exercice de la critique, et il est significatif que deux des revues qui animent la vie intellectuelle de ces années s'intitulent *Critique* et *La Nouvelle Critique*. Le fait de penser différemment depuis Auschwitz n'est pas pour rien dans ce désir de rupture, comme l'exprimait dès 1947 Georges Bataille, créateur de *Critique*, lorsque, s'adressant à Jean-Paul Sartre et réagissant à la publication de ses *Réflexions sur la question juive*, il écrit :

> Comme vous et moi, les responsables d'Auschwitz avaient des narines, une bouche, une voix, une raison humaine, ils pouvaient s'unir, avoir des enfants : comme les pyramides ou l'Acropole, Auschwitz est le fait, est le signe de l'homme. L'image de l'homme est désormais inséparable d'une chambre à gaz[1].

---

1. Bataille [1947, 1988], 1992, p. 439.

Bataille, qui entend regarder l'horreur en face et invite à faire comme lui, c'est-à-dire « vivre à hauteur de mort », devient avec *Critique* une des icônes de l'avant-gardisme. Il a côtoyé les surréalistes avec la rigueur des nouvelles sciences sociales initiant une démarche de rupture. Il s'est plongé dans l'ethnologie grâce à ses amis Michel Leiris et Roger Caillois, dans la psychanalyse lacanienne, et dans une lecture renouvelée de Hegel grâce à Alexandre Kojève : « Écrivain de la transgression et de la rupture, écrit Rémy Rieffel, son destin oscille entre cette vocation d'explorateur des marges et son statut de bibliothécaire (à Paris, puis à Orléans), entre le scandale et le secret[1]. »

Bataille s'entoure de penseurs à l'écart de l'académisme, comme Maurice Blanchot, Pierre Klossowski, Éric Weil, Alexandre Koyré et Alexandre Kojève, qui donnent chacun de la visibilité au regard décapant qui gagne au fil des années 1950-1960 une légitimité dans les milieux intellectuels, malgré un tirage modeste de trois mille exemplaires en moyenne au départ. Si le primat est donné à la philosophie, la revue compte s'ouvrir à l'interdisciplinarité. Le principe de la revue est de se servir des publications d'ouvrages comme prétextes à des prolongements théoriques préconisés par l'auteur de l'article. Le caractère avant-gardiste est néanmoins masqué par le sous-titre de *Critique* : « Revue générale des publications françaises et étrangères ». Si cet affichage révèle une volonté encyclopédique, elle est bien celle de l'esprit moderne, ne voulant pas s'enfermer dans une appartenance à un clan. L'exigence de lucidité de Bataille, de refus de la croyance en un futur radieux, lui fait préférer l'inutile à l'utile, la dépense à la capitalisation, le présent au futur[2]. Hostile à toute forme d'engagement, Bataille se fait le chantre d'une hypermorale qui inverse l'opposition traditionnelle entre le Bien et le Mal, à la manière de Baudelaire dans son poème *Abel et Caïn*. « Bataille, écrit Michel Surya, lie le Mal radical à la puissance et, autre forme de la puissance parmi les plus efficaces, à l'État[3]. » Le caractère matriciel d'Auschwitz se retrouve non seulement dans la pensée de Bataille, mais aussi

1. RIEFFEL, 1993, pp. 375-376.
2. BATAILLE, 1949.
3. SURYA, 1992, p. 527.

dans l'exigence critique attendue des collaborateurs de la revue :
« Auschwitz est le signe "décisif, indiscuté, irréductible" de cette
loi devenue pour toute une nation celle du Mal, du Mal radical[1]. »
L'absence d'engagement se traduit par le fait que la revue ne prend
position ni sur la Hongrie ni sur l'Algérie, se restreignant à une
forme d'« indifférentisme politique[2] ».

Après la disparition de Bataille, en juillet 1962, Jean Piel lui succède. Rédacteur en chef adjoint de la revue, en compagnie d'Éric
Weil, au moment où celle-ci rejoint les Éditions de Minuit, en
1950, Piel est un médiateur hors pair et un découvreur de nouveaux
talents. Il a mené pendant vingt-cinq ans une carrière de haut fonctionnaire dans l'économie et l'aménagement du territoire. Il a déjà
promu à la revue le nouveau roman et accueilli des textes d'Alain
Robbe-Grillet, Michel Butor et Roland Barthes.

Malgré son austérité, *Critique* exerce un réel magistère au sein
de l'intelligentsia d'avant-garde[3]. En 1963, Piel intègre au comité
de rédaction Barthes, Michel Deguy et Michel Foucault, auxquels
viendront s'ajouter Pierre Charpentrat en 1965, Jacques Derrida en
1967 et Roger Errera en 1968. La revue se double d'une collection
éponyme aux Éditions de Minuit, dont le premier titre publié est
De la grammatologie de Jacques Derrida, en 1967.

Critique défend avec véhémence l'avant-garde littéraire et théorique, et Barthes se fait l'avocat passionné d'*Histoire de la folie* de
Foucault dès sa publication en 1961 :

> Ce livre, on le sent bien, est autre chose qu'un livre d'histoire,
> cette histoire fût-elle conçue audacieusement, ce livre fût-il, comme
> c'est le cas, écrit par un philosophe. Qu'est-il donc ? Quelque chose
> comme une question cathartique posée au savoir, à tout le savoir,
> et non seulement à celui qui parle de folie[4].

Dès le début des années 1960, *Critique* devient le support de la
rupture avec la pensée du cogito et l'existentialisme sartrien. Elle

---

1. *Ibid.*
2. PATRON, 2000, p. 60.
3. RIEFFEL, 1993, p. 375 ; voir aussi PATRON, 2000.
4. BARTHES, 1961, p. 920.

soutient et promeut les maîtres-penseurs de la pensée critique, Foucault, Lacan, Barthes, Derrida, Deleuze, Serres, etc. C'est encore dans ses colonnes que Georges Canguilhem prend la défense, contre Sartre, du livre de Foucault *Les Mots et les Choses*[1]. Quant à Foucault lui-même, il participe aux numéros dédiés à Bataille[2] et à Blanchot[3].

Du côté des revues intellectuelles communistes, *Les Lettres françaises* et *La Nouvelle Critique* s'essaient à un début d'*aggiornamento* après la période stalinienne et s'ouvrent elles aussi aux expressions avant-gardistes. La seconde avait été créée en 1948 telle une machine de guerre pour défendre l'URSS au cœur de la guerre froide et enrôler les intellectuels et les artistes autour de l'esthétique à promouvoir, le réalisme socialiste, et la théorie des deux sciences, prolétarienne et bourgeoise (voir *supra*, chap. 5, pp. 157 sqq). *Les Lettres françaises*, dont le tirage hebdomadaire repart à la hausse au milieu des années 1960, avec plus de quarante et un mille exemplaires, sans toutefois retrouver le niveau de cent quatre-vingt-dix mille atteint à la Libération, deviennent, sous la direction de Louis Aragon et Pierre Daix, une tête chercheuse de la modernité. Daix, en particulier, se fait l'avocat des thèses structuralistes, publiant des textes de Roland Barthes et de Roman Jakobson, pendant qu'Aragon fait l'éloge de Philippe Sollers, de *Tel Quel* et de Jean-Luc Godard. En septembre 1965, dans un grand article intitulé « Qu'est-ce que l'art ? », Aragon, après avoir vu *Pierrot le Fou*, se lance dans un véritable dithyrambe du cinéaste qui incarne la nouvelle vague. Le comparant à ce qu'a représenté Eugène Delacroix pour la naissance de la peinture moderne, il voit en lui l'expression même du monde contemporain : « L'art d'aujourd'hui, c'est Jean-Luc Godard[4]. » Les tenants de la nouvelle critique littéraire deviennent des collaborateurs réguliers des *Lettres françaises*. Ainsi peut-on y lire des articles de Jean-Pierre Faye, Philippe Sollers, Marcelin Pleynet ou Denis Roche. L'équipe de *Tel Quel*, qui incarne alors le *must* de l'avant-gardisme, est, on

---

1. Canguilhem, 1967.
2. Foucault, 1963 (a).
3. Id., 1966 (b).
4. Aragon, 1965, pp. 9-15.

le voit, particulièrement présente dans l'organe culturel du PCF. « L'équipe de *TQ*, écrit Daix, apportait dans les bureaux des *Lettres françaises* l'insolence, l'irrespect [...]. Bref, ce qui m'intéressait, c'était la subversion de *Tel Quel* par rapport à la vulgate communiste[1]. » Aragon, parlant du nouveau roman, salue son expression avant-gardiste, pourtant en rupture totale avec ses positions antérieures sur le réalisme socialiste, comme l'explique Philippe Forest :

> La stratégie nouvelle qu'Aragon entreprend de mettre en œuvre n'a rien de mystérieux puisqu'elle se trouve exposée en toutes lettres dans son *J'abats mon jeu*, paru en 1959, recueil disparate d'articles, de conférences, d'entretiens, mais qui a cependant toute la cohérence démonstrative d'un vrai manifeste[2].

Aragon accompagne désormais le renouveau de la littérature française avec ferveur, se contentant de souligner que sa conception du réalisme socialiste est ouverte et attentive à ce qui naît en son dehors. Dans les colonnes des *Lettres françaises*, il se fait le partisan passionné de Michel Butor comme de Claude Simon, sans désespérer de retrouver son magistère de l'époque surréaliste. Sous le titre « Qu'est-ce que la poésie en 1964 », Aragon publie dans la revue un ensemble de jeunes auteurs, tels Jacques Roubaud, Maurice Regnault, Pierre Lartigue et Michel Deguy C'est le moment où Aragon devient le poète français le plus populaire grâce à sa mise en musique dans les chansons de Léo Ferré, Georges Brassens et Jean Ferrat et quantité d'autres. « On estime à deux cents, écrit Forest, le nombre des poèmes d'Aragon qui ont été mis en musique et auxquels une centaine d'artistes auront prêté leur voix[3]. »

De son côté, *La Nouvelle Critique* amorce sa déstalinisation en remettant en cause le culte de la personnalité et en s'ouvrant aux socialistes[4]. Alors que *Les Lettres françaises* restent tributaires des positions officielles du parti défendues par le philosophe Roger

---

1. DAIX, 2001, pp. 427-428.
2. FOREST, 2015, p. 669.
3. *Ibid.*, p. 683.
4. Voir MATONTI, 2005.

Garaudy, membre du Bureau politique, *La Nouvelle Critique* ouvre ses colonnes à Louis Althusser, le défenseur de l'antihumanisme théorique, qui propose, en ce milieu des années 1960, une toute nouvelle lecture de Marx. Dans la joute qui divise le parti, la revue dirigée prend clairement le parti d'Althusser et des étudiants de la rue d'Ulm. Un moment important de cette confrontation a lieu lors de la réunion du comité central à Argenteuil, en mars 1966, où est officiellement abandonnée la ligne lyssenkiste et jdanovienne, au profit d'une nouvelle politique d'alliances et d'ouverture en direction des intellectuels. Ce qui ressort de ce comité central, explique la politiste Frédérique Matonti, reste pourtant très ambivalent : « Si Argenteuil constitue un élargissement des libertés officielles accordées aux intellectuels [...] il est aussi l'occasion d'une reprise en main[1]. » La résolution finale débouche sur un compromis qui reconnaît une liberté totale d'expression pour les sciences de la nature, la littérature, les arts, mais qui limite encore cette liberté pour les sciences sociales et la philosophie, et rappelle le primat de la direction du parti sur les intellectuels en matière politique.

Placé devant l'alternative Garaudy-Althusser, le comité central d'Argenteuil tranche en faveur du premier et défend un « humanisme marxiste ». Mais cette prise de position ne dissuade pas les modernistes, qui retiennent surtout la bouffée de libéralisme qui a soufflé sur le parti dans la définition de ses liens avec les intellectuels. Aragon lui-même, ardent défenseur de Garaudy, ajoute une postface à son ouvrage *Les Communistes*, dans laquelle il promeut un « réalisme expérimental » capable de combiner un avant-gardisme attentif aux découvertes de la science et une liberté totale au plan de la création fictionnelle, laquelle n'a pas épuisé, sous sa forme romanesque, ses potentialités d'innovation. On retrouve ce désir de modernité dans la nouvelle équipe de *La Nouvelle Critique*, qui passe d'une quinzaine à une trentaine de collaborateurs et s'ouvre à des intellectuels réputés bons connaisseurs des avant-gardes[2]. Selon Matonti, c'est le cas « de Chris-

---

1. *Ibid.*, p. 93.
2. Les nouveaux entrants du comité de rédaction sont Gérard Bellouin, Christine Buci-Glucksmann, Gérard Chouchan, Patrice de Gainzbourg, Jacques Leclerc et Pierre Macherey (informations reprises de *ibid.*, p. 110).

tine Buci-Glucksmann, venue de l'ENS de Fontenay, agrégée de philosophie, ou de Pierre Macherey, qui a suivi les séminaires de Louis Althusser[1] ». Cette liberté est certes étroitement surveillée, et la direction du parti contrôle toujours les éventuels dérapages en tenant la revue par le cordon de sa dépendance financière. *La Nouvelle Critique* est en effet structurellement déficitaire, ce qui relève d'une pratique délibérée de la part des dirigeants du parti.

La revue sait cependant jouer de la part d'autonomie qu'elle a conquise pour s'ouvrir, comme *Les Lettres françaises*, à l'équipe de *Tel Quel*. Elle consacre ainsi en 1967 un grand entretien à ceux qui incarnent l'avant-garde en soulignant avec ferveur le rôle de premier plan que joue *Tel Quel* dans la littérature contemporaine, notamment par l'introduction et la diffusion des formalistes russes. Parmi les nouveaux collaborateurs de *La Nouvelle Critique* qui ont favorisé ce rapprochement, citons Jean-Louis Houdebine et Guy Scarpetta, animateurs de la revue *Promesse*, créée en 1961, et spécialistes respectivement de poésie et de théorie littéraire. C'est aussi le cas de Buci-Glucksmann, entrée à la revue par adhésion aux positions d'Althusser. L'alliance avec *Tel Quel* donnera lieu à plusieurs colloques communs aux deux revues, tel celui de Cluny, en avril 1968, consacré à « Littérature et linguistique ».

Si la philosophie reste un domaine encore très corseté, dans lequel *La Nouvelle Critique* ne peut s'aventurer sans risque de s'écarter de la ligne officielle garaudyste, il en va autrement dans bien des domaines où elle profite à plein de la liberté surveillée qui lui est accordée, notamment en histoire. Deux historiens, François Hincker et Antoine Casanova, prennent ainsi tour à tour la rédaction en chef de la revue et l'ouvrent aux travaux novateurs de l'école des *Annales*, à Fernand Braudel et à ses disciples Georges Duby et Jacques Le Goff, ainsi qu'à l'anthropologie historique de Jean-Pierre Vernant. On est loin de l'article de Jacques Chambaz, qui, en 1951, sous le pseudonyme de Jacques Blot, dénonçait en Lucien Febvre et Braudel des historiens stipendiés par l'impérialisme américain[2]. La revue des intellectuels du PCF accueille aussi favorablement les nouvelles disciplines mises au ban du savoir dans

---

1. *Ibid.*, pp. 109-110.
2. BLOT, 1951.

les années 1950, telles la psychanalyse, l'anthropologie, la sémiologie, etc. C'est ainsi que le fameux article de Louis Althusser sur « Freud et Lacan », porte-étendard d'une génération vite étiquetée « althusséro-lacanienne », est repris en 1964 dans *La Nouvelle Critique*[1].

LE « MUST » DE L'AVANT-GARDISME

Au milieu des années 1950, Jean Cayrol lance aux Éditions du Seuil, alors un des havres de l'avant-garde littéraire, la revue *Écrire* et une collection éponyme pour publier de jeunes auteurs inconnus et prometteurs. Un jour de décembre 1956, Cayrol reçoit une lettre d'un certain Philippe Joyaux (futur Sollers) qui, sans médiation, jette sa « bouteille à la mer » :

> Parmi les raisons que j'ai de vous écrire, il me plaît de choisir celle-ci, la plus insignifiante : j'ai vingt ans et je suis bordelais. Bon, direz-vous, mais qu'y a-t-il là qui justifie cette indiscrétion ? Hélas, j'ai ce malheur de ne pas être froissé avec la littérature et d'avoir contre moi un informe (mais court !) manuscrit dont j'aimerais savoir les faiblesses[2].

Cayrol, intrigué, répond avec célérité, et le texte de Joyaux est publié sous le titre *Le Défi* dans la troisième livraison d'*Écrire*, en octobre 1957. Son auteur n'ayant pas vingt et un ans, âge de la majorité, Cayrol doit demander l'autorisation parentale pour le publier. Il se heurte au refus définitif de la mère de l'auteur, lequel contourne cette interdiction en choisissant le pseudonyme de Sollers : combinaison de *sollus* et *ars*, soit « tout entier art ». Un auteur est né qui restera pendant des décennies au cœur des lettres françaises. François Mauriac, bordelais d'origine lui aussi et qu'il

---

1. ALTHUSSER, 1964-1965.
2. Philippe Sollers, lettre à Jean Cayrol, 14 décembre 1956, citée dans FOREST, 1995, p. 18.

connaît déjà, le fait accéder à la célébrité en manifestant dans son
« Bloc-notes » son enthousiasme :

> Voilà donc un garçon d'aujourd'hui, né en 1936. L'auteur du *Défi*
> s'appelle Philippe Sollers. J'aurai été le premier à écrire son nom
> [...]. Cette écorce de pin dont, enfant, je faisais un frêle bateau,
> et que je confiais à la Hune qui coulait au bas de notre prairie, je
> croyais qu'elle atteindrait la mer. Je le crois toujours[1].

Sollers rencontre Francis Ponge, dont il suit les conférences, et
noue avec lui une amitié fondée sur une admiration réciproque.
Ponge présente Sollers comme « un des plus grands écrivains de
sa génération[2] ». Lorsque, en 1958, ce dernier publie son premier
roman, *Une curieuse solitude*, c'est à Louis Aragon d'exprimer,
dans un long article des *Lettres françaises*, son enthousiasme : « Le
destin d'écrire est devant lui, comme une admirable prairie[3]. » En
novembre 1958, Sollers rencontre Jean-Edern Hallier, chroniqueur
à *La Table ronde*, qui a le même âge que lui et nourrit les mêmes
ambitions littéraires. Ils décident de réunir leurs clans respectifs
pour créer une nouvelle revue au Seuil. *Tel Quel* voit le jour au
printemps 1960[4] et devient l'expression d'une ambition syncrétique
révélant d'autant mieux le souci de synthèse de l'époque qu'elle
n'émane d'aucune discipline particulière. Lancée par des écrivains,
elle se donne pour cible le public intellectuel d'avant-garde. De ce
projet, François Wahl aurait déclaré à Jean-Pierre Faye : « Nous
entrons dans le Second Empire, il va y avoir un nouveau Parnasse,
et il faut que ce nouveau Parnasse s'exprime, cela fait partie des
lois de l'histoire : ce nouveau Parnasse va être *Tel Quel*[5]. » En
épigraphe, la revue reprend une formule de Nietzsche : « Je veux

---

1. MAURIAC, François, 1958 (a), pp. 391-394.
2. PAULHAN et PONGE, 1986, p. 207.
3. ARAGON, 1958.
4. *Tel Quel*, secrétaire général et directeur, Jean-Edern Hallier ; comité de rédaction,
Fernand du Boisrouvray, Jacques Coudol, Jean-Edern Hallier, Jean-René Huguenin,
Renaud Matignon, Philippe Sollers. En 1963, le comité de rédaction s'élargit à Julia
Kristeva, Jean Ricardou, Jean Thibaudeau, Michel Deguy, Denis Roche, Marcelin Pleynet, Jean-Pierre Faye, Jacqueline Risset, Michel Maxence et Gislhaine Meffre.
5. FAYE, 1980, p. 68.

le monde et le veux tel quel, et le veux encore, le veux éternelle-ment[1]. »

Comme l'indique la déclaration liminaire de la revue, mettant la poésie « à la plus haute place de l'esprit[2] », le groupe a un objectif essentiellement littéraire, mais vise également à s'approprier toutes les formes d'avant-garde pour promouvoir une écriture nouvelle, d'où le sous-titre très englobant de *Tel Quel* : « Littérature — Philosophie — Science — Politique ». L'intention est d'influencer la création littéraire et de changer le mode d'écriture en étayant la nouvelle stylistique par les apports du structuralisme.

Tel Quel désigne l'histoire littéraire classique du XIXᵉ siècle et du début du XXᵉ siècle comme l'adversaire à abattre. La revue se veut un carrefour, mélange étonnant et détonant de « lacano-althusséro-barthésianisme ». Le privilège accordé à l'inconscient et aux structures formelles sert de bombe à retardement pour faire exploser le psychologisme. *Tel Quel* n'est rattachée à aucune institution ou discipline et s'en tient à une position avant-gardiste. Cherchant à terrasser l'adversaire, notamment le plus proche, et se croyant l'objet d'un perpétuel complot, elle recourt volontiers à un « terrorisme terrorisé » bien résumé par la formule de Marcelin Pleynet selon laquelle « il s'agit à chaque fois d'éviter l'encerclement ».

Bien que née en 1960, la revue reste muette sur l'Algérie, alors qu'elle va vite devenir un noyau prochinois. Son histoire est jonchée de ruptures, ouvertures et changements de ligne qui la gonflent ou la vident chaque fois de précieux collaborateurs. Sa première ouverture, opérée par les positions de Sollers en faveur du nouveau roman, suscite l'arrivée dans le groupe de Jean Thibaudeau et de Jean Ricardou. Une deuxième est l'inclusion du domaine poétique avec l'arrivée de Denis Roche et de Marcelin Pleynet, lequel prend la place de secrétaire laissée vide en 1962 par l'exclusion ubuesque de Jean-Edern Hallier.

Dans ses premières années, de 1960 à 1963, *Tel Quel* ouvre ses colonnes à Michel Butor, Claude Ollier, Robert Pinget, Nathalie Sarraute, Claude Simon et Alain Robbe-Grillet. À partir de 1963, une inflexion se dessine. Comme le souligne Philippe Forest,

1. *Tel Quel*, nº 1, Éd. du Seuil.
2. « Déclaration », *ibid.*, p. 3.

« la revue se transforme alors en mouvement d'avant-garde, doté d'un projet esthétique propre[1] ». Dans la décade qu'elle consacre, à Cerisy-la-Salle du 31 août au 10 septembre 1963, à la « nouvelle littérature », se retrouve la fine fleur de l'avant-garde sous toutes ses formes : « S'exprimèrent tour à tour Gilbert Amy (sur la musique), Claude Ollier (sur le cinéma), Ludwig Harig (sur les mathématiques), Edoardo Sanguineti (sur la poésie italienne) et Jean Thibaudeau (sur l'expression radiophonique)[2]. »

Il ne s'agit pas tant de juxtaposer les expressions les plus modernes que de tourner la page du nouveau roman, considéré comme dépassé par *Tel Quel*, ce qui ne va pas sans nouveaux déchirements et reniements. Si Sollers troque le nouveau roman, c'est pour mieux s'allier à la sémiologie montante en s'appuyant sur Roland Barthes et son ami Gérard Genette. Ce dernier écrit ses premiers articles dans *Les Lettres nouvelles*, *Critique* et *Tel Quel*. À la demande de Sollers, il regroupe ces textes dans *Figures*, qui paraît en 1966 dans la collection « Tel Quel » aux Éditions du Seuil. Dans le même esprit, Tzvetan Todorov publie une anthologie des formalistes russes dans la même collection : préfacée par Roman Jakobson, elle va faire date[3]. Genette, répondant en 1963 à une enquête de *Tel Quel*, définit bien le renversement et le processus de symbiose qui s'opèrent entre littérature et critique littéraire : « La littérature s'intéresse encore plus à la critique que la critique à la littérature, et l'on pourrait, sans grand risque d'erreur, annoncer le moment où la critique n'aura plus la littérature pour objet, parce que la littérature aura pris pour objet la critique[4]. »

Alors que Barthes voit sa conception de la littérature objectale se réaliser dans les romans des Robbe-Grillet et consorts, il affirme en 1964 qu'il n'a jamais été favorable au nouveau roman. Il donne alors dans *Critique* une recension des plus élogieuses de *Drame*, de Sollers. Faisant du langage le véritable sujet de son écriture, ce dernier lui semble aller plus loin dans l'éviction de toute subjectivité. De son côté, Sollers se montre sévère vis-à-vis de l'ouvrage

1. FOREST, 1995, p. 159.
2. *Ibid.*, p. 207.
3. TODOROV, 1965.
4. GENETTE, 1963.

de Robbe-Grillet *Pour un nouveau roman*, paru à la fin de 1963, y percevant une régression du réalisme objectif vers un réalisme subjectif. À ses yeux, Robbe-Grillet ne sort pas d'une conception étroitement psychologiste condamnée à accorder un privilège inacceptable à la manière dont le monde extérieur apparaît à la *psychè*. Celui-ci, non sans quelque amertume, lui répond :

> Je lis par hasard votre petite note sur *Pour un nouveau roman*. Tiens... Tiens... ! On me laisse tomber ! On s'aligne sur le bon Roland Barthes ! On oublie ce qu'on a dit de *Labyrinthe* et de *L'Immortelle* (l'un et l'autre pourtant condamnés par Barthes à l'époque), ce qu'on a dit même des principaux essais contenus dans ce recueil ! Mais tant pis. Nous avons fait un bout de route ensemble. Il ne me reste plus qu'à vous souhaiter bon voyage[1].

De 1962 à 1967, *Tel Quel* se nourrit de la vague structuraliste montante, période qualifiée *a posteriori* d'« époque formaliste »[2]. Barthes, qui se lie d'amitié avec Sollers, se rapproche aussi de la revue, séduit par ce groupe qui incarne à ses yeux la modernité. Cette relation privilégiée est encore renforcée par la rencontre avec Julia Kristeva, une jeune doctorante bulgare fraîchement arrivée à Paris, qui demande, au début de mars 1966, à s'entretenir avec lui de ses recherches. « Lors de ce premier rendez-vous, écrit Tiphaine Samoyault, Barthes est fasciné non seulement par l'intelligence de cette jeune femme de vingt-quatre ans, mais aussi par son énergie à renverser les montagnes (il la traitera régulièrement par la suite de bulldozer)[3]. » Surtout, Kristeva joue le rôle de passeur d'un auteur, Mikhaïl Bakhtine, qui va donner naissance à un second Barthes[4], celui de la pluralisation de sa grille de lecture critique.

Les liens d'amitié sont renforcés par une même appartenance aux Éditions du Seuil, éditrices de l'œuvre de Barthes comme de *Tel Quel*. En 1966, c'est d'ailleurs dans la collection « Tel Quel » que paraît *Critique et vérité* de Barthes. Sollers ouvre alors la revue

---

1. Alain Robbe-Grillet, lettre à Philippe Sollers, 10 janvier 1965, citée dans FOREST, 1995, p. 176.
2. « Positions du Mouvement de juin 1971 : chronologie », *Tel Quel*, n° 47, automne 1971, p. 142.
3. SAMOYAULT, 2015, p. 411.
4. Voir DOSSE, 1992.

à des interrogations philosophiques, se rapprochant des intellectuels les plus innovants en la matière. Ainsi rencontre-t-il Michel
Foucault, dont il a découvert en 1961 avec passion la thèse sur la
folie. Il le publie en 1963[1], et Foucault, en retour, est le premier à
mettre en lumière la cohérence du travail sur l'écriture élaboré par
l'équipe de *Tel Quel*. Dans un long article qui paraît dans *Critique*[2]
sous le titre « Distance, aspect, origine », le même Foucault salue à
la fois la publication de *L'Intermédiaire* de Sollers, *Les Images* de
Jean-Louis Baudry, *Paysages en deux : les lignes de la prose* de
Marcelin Pleynet, ainsi que les quatorze premiers numéros de *Tel
Quel* parus entre 1960 et 1963. La proximité est alors telle entre
Foucault et Sollers, que le second tente en 1964 de convaincre le
premier de rejoindre le Seuil, sans succès.

À la fin de 1963, Derrida, enthousiasmé par le nouveau roman
de Sollers, *Drame*, se rapproche de lui : « J'ai admiré — est-ce permis ? — l'écrivain, la merveilleuse sûreté qu'il garde au moment
même où il se tient sur la première ligne et l'ultime péril de l'écriture[3]. » De son côté, Sollers sollicite son nouvel ami philosophe
pour une étude sur Antonin Artaud, publiée dans la livraison de
l'hiver 1965 de *Tel Quel*. En 1966, la lune de miel se poursuit entre
Derrida et son nouvel ami, auquel il reconnaît de conceptualiser
le tournant de sa revue vers la textualité. Sur le continent psychanalytique, Sollers fait aussi la connaissance de Jacques Lacan. Le
discours lacanien devient dès lors omniprésent dans la revue dans
les années 1965-1966, avec des articles de Sollers lui-même et de
Kristeva, auditeurs fidèles du séminaire de Lacan, ce qui ne va
pas sans quelques malentendus. À l'occasion de la publication de
Drame, Sollers évoque le nom de Lacan auprès de celui de Freud.
Ravi, Lacan invite Sollers à déjeuner. Convaincu de rencontrer un
grand connaisseur de son œuvre, il pressent une caution philosophique utile. « Il n'en est rien, écrit Philippe Forest : Sollers ignore
pratiquement tout d'une œuvre qui, alors que les *Écrits* n'ont pas
encore été publiés, se présente sous la forme d'articles dispersés et

---

1. FOUCAULT, 1963 (b), pp. 44-53.
2. ID., 1963 (c).
3. Jacques Derrida, lettre à Philippe Sollers, 28 février 1965, citée dans PEETERS,
2010, p. 196.

parfois introuvables. Lacan lui propose d'intervenir et de prononcer un exposé dans le cadre de son séminaire. Sollers décline[1]. » Sollers n'en devient pas moins un fidèle séminariste, assistant chaque semaine au fameux numéro chamanique de Lacan en compagnie de Kristeva, Jean-Louis Baudry, Hubert Damisch, Jean-Joseph Goux et d'un nombre toujours croissant de telqueliens.

L'althussérisme est lui aussi influent dans la relecture de Marx qui prévaut dans ce groupe que l'on appelle familièrement TQ, notamment lors du dialogue qui s'engage avec les intellectuels du PCF à partir de 1967. Au moment du tournant maoïste, Jean-Pierre Faye, entré dans la revue en 1963, rompt dramatiquement avec Sollers dans un tombereau d'injures.

LA NOUVELLE VAGUE

Sur le grand écran naît une nouvelle esthétique qui rejoint les positions du critique André Bazin, lequel conçoit le cinéma comme porteur d'une dimension ontologique. À l'opposé des usages manipulatoires du cinéma dont les régimes totalitaires ont abusé, Bazin privilégie la transmission d'une vérité vécue. Comme l'écrit l'universitaire américain Dudley Andrew, « tous les films vers lesquels sa position philosophique l'attirait étaient, d'une façon ou d'une autre, du genre "documentaire créatif"[2] ». Cela sonne un peu comme un oxymoron, mais définit bien la haute ambition que Bazin assigne au cinéma à la fois de s'ancrer dans l'expérience réelle et de la transcender en faisant apparaître une réalité insoupçonnée. C'est au nom d'une telle conception qu'il soutient avec ferveur les films de Jean Renoir, qu'il considère comme « le plus grand réalisateur français[3] », d'Orson Welles et du néoréaliste italien Roberto Rossellini.

Pour Bazin, la guerre et le trauma historique qui en a résulté

1. FOREST, 1995, p. 202.
2. ANDREW, 1983, p. 111.
3. BAZIN, André, 1971, p. 78.

sont à l'origine d'une rupture esthétique majeure. Gilles Deleuze lui reprendra l'idée d'une coupure décisive par laquelle le cinéma est passé dans l'après-guerre de l'image-mouvement à l'image-temps, en double réaction contre le cinéma totalitaire et le cinéma hollywoodien[1]. Avec le triomphe de la barbarie nazie au cœur de l'Europe, le profond séisme de la Shoah a bouleversé le rapport au monde. On ne peut plus en rester à une vision naïve et linéaire d'une histoire qui réaliserait, selon une ligne de progrès continue de l'espèce humaine, le règne de la raison. Après la Seconde Guerre mondiale, une rupture radicale s'effectue avec le cinéma en tant qu'image-mouvement, mettant en cause, comme l'écrit Serge Daney, « les grandes mises en scène politiques, les propagandes d'État devenues tableaux vivants, les premières manutentions humaines de masse[2] ». La politique concentrationnaire et l'œuvre cinématographique qui l'a accompagnée, comme celle de Leni Riefenstahl, auront eu raison des rêves d'émancipation portés par le cinéma. Au lieu d'être le levier d'un renouvellement de la pensée, le cinéma est devenu le lieu même de son étouffement. Alors que l'on pensait pouvoir transformer les masses en acteurs responsables de leur propre histoire, le cinéma aura contribué à leur asservissement, à leur fascisation et à une brutalisation généralisée. Au fur et à mesure de sa modernisation, la guerre s'est adjoint sa propre mise en scène, de plus en plus sophistiquée. Ce qu'elle entreprend consiste moins à cacher qu'à exhiber des leurres. Selon Paul Virilio, Goebbels aura désiré, jusqu'à l'effondrement final du Reich, rivaliser avec Hollywood. Il y aurait donc une relation circulaire entre les deux mondes opposés sur le terrain militaire, mais réunis par une même image de la pensée.

Au lendemain de la guerre se noue une nouvelle alliance entre cinéma et pensée. Tandis que le totalitarisme a cassé l'évolutionnisme progressiste de l'Occident, le rêve américain d'une société fraternelle s'écroule. L'évolution technique, qui a fait proliférer les formes d'images, alimente une crise généralisée de l'image dans son pouvoir d'incarner le monde. Vingt ans plus tard, un nouveau cinéma américain incarné par les Robert Altman, Sidney Lumet ou

---

1. Voir DELEUZE, 1983 et 1985.
2. DANEY, 1983, p. 172.

John Cassavetes fait disparaître le héros au profit d'une pluralité de personnages non hiérarchisés dans un « récit patchwork[1] ». Le monde environnant est devenu impensable, et la barbarie a englouti l'espérance de libération. Alors que l'on ne croit plus au monde, la nouvelle fonction assignée au cinéma est, selon Daney, de « faire croire à un rapport de l'homme avec le monde[2] ». Le cinéma n'a plus pour finalité d'être le reflet d'un réel supposé, mais peut redonner, par l'illusion et le réenchantement du monde, confiance en l'existence d'un socle social de l'existence humaine.

C'est à partir de cette rupture esthétique que naissent, en 1951, *Les Cahiers du Cinéma*. Créée par André Bazin, Jacques Doniol-Valcroze, Joseph-Marie Lo Duca et Léonide Keigel, la revue porte et défend un cinéma d'auteur qui élève le septième art au niveau de la création littéraire. En 1959, Jean-Luc Godard écrira : « Nous avons gagné en faisant admettre le principe qu'un film d'Hitchcock, par exemple, est aussi important qu'un livre d'Aragon ou qu'un roman de Chateaubriand[3]. »

Le réalisme tel que l'entendait Bazin, c'est-à-dire comme moyen de transsubstantiation du réel grâce à la caméra et à l'écran, définit la ligne à promouvoir pour toute une génération de cinéastes que l'on qualifiera bientôt de « nouvelle vague » : François Truffaut, Jean-Luc Godard, Claude Chabrol, Éric Rohmer, Robert Bresson, Jacques Rivette et bien d'autres. Dans la seconde moitié des années 1950, cette génération incarne une nouvelle manière de filmer. « Il ne s'agit pas de privilégier la forme sur le fond, écrit à son sujet Jean-Michel Frodon, mais de dépasser cette vieille et stérile division qui fait que la critique jugeait d'abord s'il s'agissait d'une bonne histoire, puis si le film était bien réalisé. Il s'agit d'affirmer l'unité éthique et esthétique du film[4]. »

En 1956, les spectateurs découvrent *Et Dieu créa la femme*, film de Roger Vadim, un jeune cinéaste de vingt-huit ans, qui va faire de Brigitte Bardot une star pour deux décennies. « B. B. » n'a alors que vingt-deux ans, mais son irruption sur grand écran

---

1. *Ibid.*
2. ID., 1985, p. 222.
3. GODARD, Jean-Luc [1959], 1991, p. 25.
4. FRODON, 1995, p. 26.

incarne un nouveau rapport au monde, en rupture avec les conventions : « Ce qu'elle révèle, enfin, explique Antoine de Baecque, c'est une conduite totalement dégagée des préceptes moraux de la société française d'après guerre touchant la famille, l'amour, la sexualité [...]. Elle n'a plus la notion de péché[1]. » Une certaine presse ne s'y trompe pas et pourfend la force corrosive et contestataire de ce nouveau cinéma. Dans *Le Figaro*, Louis Chauvet épingle un film par lequel « on entend affrioler un certain public au risque de scandaliser l'autre », tandis que, dans *Libération*, Simone Dubreuilh dénonce un film qui « exploite impudemment tout ce que l'indécence est en droit de proposer au public sous couvert de la décence-limite », aboutissant à un « hybride assez malsain »[2]. Le film de Vadim montre à l'écran la civilisation des loisirs des Trente Glorieuses. Ainsi que l'exprime Pascal Ory :

> Ce n'est pas par hasard si la petite bombe sensuelle du film de Vadim explose à Saint-Tropez : la France de la croissance reprend goût à l'hédonisme populaire du « congé payé » [...]. Elle chante avec Charles Trenet les charmes de la *Nationale 7*, tout en se lamentant du retard de son plan autoroutier[3].

En 1959, le jeune François Truffaut, qui n'a que vingt-huit ans, triomphe au festival de Cannes avec *Les Quatre Cents Coups*. Son acteur fétiche, Jean-Pierre Léaud, n'a que quatorze ans. Le film remporte le prix de la mise en scène et fait quatre cent cinquante mille entrées. La presse salue le phénomène, et *Paris-Match* lui accorde quatre pages sous le titre : « Le festival des enfants prodiges ». La même année sortent en salle *Les Cousins*, de Claude Chabrol, *Hiroshima mon amour*, d'Alain Resnais, avec Emmanuelle Riva, d'après un scénario de Marguerite Duras, et *À bout de souffle*, de Jean-Luc Godard. Chacun de ces films porte une esthétique faite d'effacement des transitions, de plans fixes, d'arrêts sur image, d'errances, de répétitions, soit toute une grammaire inédite portée caméra à l'épaule, sans tournage en studio. Le rapport

1. BAECQUE (DE), Antoine, 1998, p. 24.
2. Citations, dans *ibid.*, p. 25.
3. ORY, 1989, p. 159.

entre le son et l'image est aussi revisité : « Les dialogues et les voix, postsynchronisés, parfois désynchronisés, écrit Antoine de Baecque, donnent à la bande-son une autonomie qui en fait à elle seule un second récit[1]. »

Ces films veulent se situer au plus près de la réalité sociale et exprimer les aspirations de la nouvelle génération dans ce qu'elles ont de plus authentique et spontané. Le terme générique de nouvelle vague par lequel se cristallise cette esthétique en rupture avec les canons classiques ne désigne pas au départ un phénomène propre au cinéma, mais qualifie, sous la plume de Françoise Giroud dans *L'Express*, les résultats d'une enquête sur la jeunesse. En mai 1959, cette nouvelle vague donne lieu à un colloque sur l'expression cinématographique, qui réunit les jeunes réalisateurs Christophe Barratier, Claude Chabrol, Jean-Luc Godard, Louis Malle, Édouard Molinaro, Jacques Rozier, François Truffaut et Roger Vadim : « On tient là, commente de Baecque, consacrée par une photographie de groupe prise sur les marches du château de la Napoule, la manifestation publique d'un mouvement collectif et cohérent[2]. » L'effet de vérité recherché rapproche le travail du cinéaste de celui de l'enquêteur et le conduit à délaisser les studios pour privilégier le tournage en extérieur avec de jeunes acteurs inconnus. Jean-Luc Godard demande à son directeur de la photographie, Raoul Coutard, de s'imaginer en reporter. L'écriture du scénario est conçue à la manière de celle d'un roman, l'effet de réel devant provenir de l'usage d'une langue déthéâtralisée. Cette expression cinématographique participe pleinement de la quête de rupture avant-gardiste et de la prévalence accordée au signe par rapport au sens dans les sciences humaines ou la littérature dite objectale, du nouveau roman, ainsi qu'à une forme assumée de désengagement par rapport au politique. Ce rapprochement est d'ailleurs revendiqué par Truffaut, qui qualifie de « cinéma de minuit » les films d'Alain Resnais, Agnès Varda ou Chris Marker.

Au cours de la seule année 1965, le public avide de nourriture culturelle peut aller voir le dernier film de Jean-Luc Godard, *Pierrot le Fou*, avec Jean-Paul Belmondo et Anna Karina, interdit

---

1. Baecque (de), Antoine, 1998, p. 93.
2. *Ibid.*, p. 98.

aux moins de dix-huit ans au motif d'un « anarchisme politique et moral », prendre des places pour *Le Sacre du printemps*, chorégraphié par Maurice Béjart et dirigé par Pierre Boulez, lire *Le Festin nu* de William S. Burroughs, qui vient de paraître chez Gallimard, ou aller écouter Léo Ferré chanter à Bobino ses « chansons interdites ». Dans ces années, le cinéma français est investi comme une contre-culture avec le succès que l'on sait. Que ce soit *À bout de souffle*, de Godard, avec Jean Seberg et Belmondo, ou *Paris nous appartient*, de Rivette, ces films expriment un désir de renouvellement, un idéal autre porté par la jeunesse des réalisateurs et des acteurs, des moyens techniques légers, de petits budgets et une volonté de parler de la société contemporaine en toute liberté. Toute une culture nouvelle vague se donne à voir, faite de décapotables, de vitesse, de désinvolture et de balades sans objectif, soit un cinéma d'antihéros, à peine concernés par ce qui leur arrive : « C'est le lien de l'homme et du monde, écrit Gilles Deleuze, qui se trouve rompu. Dès lors, c'est ce lien qui doit devenir objet de croyance [...]. Il faut que le cinéma filme, non pas le monde, mais la croyance à ce monde, notre seul lien[1]. » Sans être un film à thèse, *Pierrot le Fou* se veut un brûlot contre la société de consommation. Ce que fuit le héros incarné par Belmondo est le conformisme social et politique auquel semble condamné le jeune qui doit finalement, après un temps d'errance, entrer dans le moule de la société des adultes, dont il ne fait pas siennes les valeurs. Les convives du couple de héros ne s'expriment qu'en termes publicitaires, sous forme de réclames. La radicalisation du propos politique s'attaque au régime gaulliste, qui freine l'élan vital de la jeunesse et continue d'occulter l'usage de la torture dans la guerre d'Algérie. Ce cinéma devient un des modes d'expression d'une jeunesse scolarisée de plus en plus critique, contestataire, et en quête d'une rupture non seulement esthétique, mais politique.

La nouvelle génération s'identifie d'autant plus fortement avec la quête d'un *Pierrot le Fou* que ce nouveau cinéma procède par enquête, emprunte au langage de la jeunesse et met en mots et en images ses aspirations, son désarroi et son malaise. Dans *Masculin féminin*, Godard réalise un film fait d'entretiens avec un cer-

---

1. DELEUZE, 1985, p. 223.

tain nombre de jeunes qui fournissent le matériau même de son montage. Jean-Pierre Léaud, jouant un jeune sociologue, mène l'enquête pour savoir à quoi pensent les jeunes femmes à Paris en 1965. Entre autres entretiens, il soumet à l'interview à son insu la lauréate de « Mademoiselle dix-neuf ans », lui disant qu'il s'agit d'un simple entraînement avant l'arrivée de Godard qui, caché, souffle à Léaud les questions à lui poser. Ce procédé accentue encore l'effet de vérité dans la réponse aux questions du genre : « Le socialisme a-t-il encore un avenir ? » ; « Tu aimes mieux vivre à l'américaine ou être socialiste ? » ; « Que penses-tu de la régulation des naissances ? » ; « Où fait-on la guerre en ce moment ? ».

LE NOUVEAU RÉALISME

La rupture d'expression est tout aussi évidente dans le domaine de l'art pictural. En ces années 1960, les artistes d'avant-garde conçoivent leur œuvre comme l'expression d'une aspiration politique révolutionnaire[1]. En ces temps de montée des luttes tiers-mondistes et d'opposition à la guerre du Vietnam, beaucoup utilisent les arts plastiques comme supports de leur protestation, souvent sous forme de happenings. Jean-Jacques Lebel introduit cette pratique originaire des milieux de la culture *underground* des États-Unis. À partir de 1964, il organise un festival de libre expression au Centre culturel américain de Paris, qui laisse manifestement sceptique la journaliste de *France-Soir* : « Des hommes et des femmes à demi nus se vautrent sur un amoncellement de papiers et se barbouillent de peinture rouge, verte et jaune. Puis ils s'envoient à la tête des maquereaux et un poulet sanguinolent. Pendant ce temps, un jet d'eau rotatif arrose les spectateurs[2]. » Les happenings se heurtent vite au pouvoir. Lorsque Jean-Jacques Lebel organise, le 27 avril 1966, au théâtre de la Chimère, là même où avait habité André Breton, le happening protestataire

1. BERTRAND DORLÉAC, 2000, p. 228.
2. TESSIER [1964], 2000, p. 231.

120 minutes dédiées au Divin Marquis, contre l'interdiction du film *La Religieuse* de Jacques Rivette inspiré de Diderot, il est arrêté et inculpé pour « outrage aux bonnes mœurs », suscitant une pétition de protestation d'une centaine d'intellectuels et d'artistes[1].

Le salon des Réalités nouvelles attire chaque année un public soucieux de suivre l'actualité des expressions les plus modernistes. Avec Frank Kupka, Victor Vasarely ou François Morellet, on passe de l'abstrait à l'abstraction géométrique. Yves Klein impose sa marque, celle de la peinture dite picturante, celle du bleu outremer dans ses monochromes baptisés IKB (International Klein Blue). En 1959, la Biennale de Paris officialise ce nouveau mouvement de peintres que l'on regroupe sous le terme de « nouveau réalisme », en rupture avec l'art abstrait : « On y découvrait la *Méta-matic 17* de Tinguely, éloge sarcastique de la mécanisation et de la massification, qui débitait en trois semaines quarante mille dessins abstraits[2]. » En 1960, Klein participe à la création du « nouveau réalisme » avec Pierre Restany : ce dernier signe le 27 octobre une « déclaration constitutive du nouveau réalisme ». Critique de l'art abstrait qui a jusque-là incarné l'avant-garde, Pierre Restany promeut un nouveau rapport à la nature qui quitte la clé des champs pour emprunter celle de la cité urbaine et de l'usine de la modernité en marche au cours des Trente Glorieuses. En rupture avec l'art abstrait, Restany invite à la réhabilitation des productions « vulgaires » au nom d'un « humanisme technologique ». Le mouvement est rejoint notamment par Tinguely, Niki de Saint Phalle, César, Christo et Gérard Deschamps. L'exposition organisée en 1960 entend faire le lien entre création picturale et consumérisme.

En ces années 1960, des initiatives encore plus radicales sont entreprises, telles que les assemblages d'objets du quotidien, d'objets emballés sous plastique ou encore d'objets de rebut. Ces créations se veulent autant de manifestes contre la représentation traditionnelle de l'art et la volonté de donner à voir le choc entre un monde en train de disparaître au profit de la société de consom-

---

1. Signée notamment par Noël Arnaud, Philippe Audouin, Simone de Beauvoir, André Breton, Marcel Duchamp, Jean Duvignaud, Maurice Nadeau, José Pierre, Jacques Rivette, Christiane Rochefort, Éric Rohmer, Dominique de Roux, Jean-Paul Sartre et Barbet Schroeder (informations reprises de Bertrand Dorléac, 2000, p. 231).

2. *Ibid.*, p. 233.

mation. Les artistes font entrer dans leur répertoire comme matériau artistique les déchets industriels et domestiques, voire les déchets humains, qui se substituent aux matériaux nobles. Ces tentatives sont saluées par la critique comme l'expression même de la modernité. « Triomphe l'idée, écrit Krzysztof Pomian, que n'importe quel objet peut être élevé à la dignité d'une œuvre d'art par l'acte d'un artiste qui le détourne de sa fonction première et le donne à voir en y apposant sa signature[1]. » Tout emprunt à la réalité la plus concrète et quotidienne est rendu possible par cette nouvelle esthétique. C'est ainsi qu'en 1962 Christo bloque la circulation de la rue Visconti à Paris en érigeant une barricade haute de près de 4 mètres, constituée par des bidons de pétrole entassés les uns sur les autres. En 1964, une exposition au musée d'Art moderne de la Ville de Paris, dont le titre *Mythologies quotidiennes* n'est pas sans évoquer Roland Barthes et Claude Lévi-Strauss[2], montre ce que l'on commence à appeler la « Nouvelle figuration ». En 1966, c'est au tour du salon de la Jeune Peinture de réunir les nouveaux noms de la peinture figurative, tels Gérard Fromanger, Gérard Schlosser, Gérard Tisserand ou Vladimir Veličković, et ceux des partisans de la nouvelle abstraction[3].

En cette année 1964, l'avant-garde artistique française reçoit un choc en apprenant que le grand prix de la Biennale de Venise est décerné à un Américain, Robert Rauschenberg, pour son *American Art Painting*. Paris n'entend pas se laisser détrôner et reléguer en perdant son statut de bourse des valeurs de la peinture mondiale et cherche son salut du côté de l'expression politisée revendiquée lors du salon de la Jeune Peinture, en 1965[4]. Paradoxalement, l'art abstrait, expression même de l'avant-garde d'après guerre, se voit récupéré par le système, qui en fait un objet de consommation et d'investissement fructueux, sinon de prestige, puisque d'aucuns

---

1. POMIAN, 2000, p. 116.
2. Cette exposition, organisée par Gérald Gassiot-Talabot, réunit des œuvres de Pierre Bettencourt, Leonardo Cremonini, Dado, Öyvind Fahlström, Horst Egon Kalinowski, Jacques Monory, Bernard Rancillac, Martial Raysse, Bernard Réquichot, Niki de Saint Phalle et Hervé Télémaque.
3. Daniel Buren, Michel Parmentier, Niele Toroni, Vincent Bioulès, Jean-Michel Meurice, etc.
4. BRILLANT, 2003, p. 52.

parlent d'un art officiel[1]. Les pourfendeurs de l'art abstrait l'accusent d'essentialiser son rapport à la nature et de verser dans l'académisme.

Au milieu des années 1960, ce sont les « nouveaux réalistes » eux-mêmes qui traversent une période de crise et de remise en question, laquelle débouche sur une nouvelle reconfiguration. Éric de Chassey discerne trois composantes principales à cette évolution. Un premier courant, qui se donne le nom de « figuration narrative », entend à la fois épouser et critiquer la société marchande. Ses artistes s'orientent vers une peinture de plus en plus politisée, s'appuyant sur des figures de proue telles que Franz Fanon, Malcolm X, voire Mao lui-même. Un deuxième courant est représenté par ceux qui, partant de la division du travail imposée par la société capitaliste, refusent l'image. Cela aboutit à un mélange de critique et d'abstraction, de composition avec de nouveaux matériaux. Pierre Buraglio découpe et recompose ainsi ses toiles avec d'autres objets dans l'intention de faire de l'art quelque chose de subversif non par l'édulcoration du réel, mais par sa surcharge. Au salon de la Jeune Peinture de 1967, ces peintres qui entendent souligner la dépersonnalisation du monde moderne s'engagent dans des œuvres collectives. On y trouve notamment le groupe BMPT[2], acronyme de quatre peintres qui exposent ensemble de décembre 1966 à décembre 1967. Le dernier courant entend non récuser, mais affronter la réalité nouvelle en y mêlant subjectivisme et dépersonnalisation. L'un de ses représentants est Simon Hantaï, qui se donne pour ambition de briser les automatismes de l'œil par un travail de pliage et de dépliage de la toile. Tous ces jeunes peintres bénéficient du soutien de Pierre Gaudibert, qui crée en 1967 l'ARC (Animation, recherche, confrontation) au musée d'Art moderne de la Ville de Paris, et de l'effet amplificateur de la revue *Opus International*, créée la même année[3].

Dans l'après-mai 1968, la cristallisation de cette effervescence moderniste trouve sa réalisation architecturale la plus embléma-

---

1. CHASSEY (DE), 2011.
2. Daniel Buren, Olivier Mosset, Michel Parmentier et Niele Toroni.
3. Le comité de rédaction du magazine compte, entre autres, Gérald Gassiot-Talabot, Jean-Clarence Lambert, Jean-Jacques Lévêque, Raoul-Jean Moulin et Jean Jouffroy.

tique dans la construction du centre Georges-Pompidou. Ce projet initié en 1965, quand Gaëtan Picon avait suggéré de transformer le musée d'Art moderne en l'accompagnant d'un centre de création[1], est repris en décembre 1969 par le président Pompidou, qui en annonce le lancement et entend en suivre personnellement la réalisation. Sa disparition en 1974 ne le permettra qu'en partie, et Beaubourg ne sera achevé qu'en 1977. En bâtissant au cœur de Paris, sur le plateau Beaubourg, un lieu consacré à l'art contemporain, mais comportant aussi une grande bibliothèque publique, Pompidou « prend le contre-pied du *Musée imaginaire* de Malraux[2] ». Ce projet recourt à toute une pensée architecturale marquée par l'utopie de la transparence et du verre et célèbre les couleurs vives. Son aspect « raffinerie », tant critiqué, renvoie à la modernité technologique et à « l'avènement de la vie mécanique », dont parlait le peintre Fernand Léger en 1923[3]. À cette filiation esthétique s'ajoutent les effets de l'effervescence sémiologique et de la pensée critique des années 1960.

En adoptant le parti pris de la modernité et de la mise en scène de la pluralité des pratiques culturelles dans la plus grande interdisciplinarité, Beaubourg se veut une réponse globale à la crise culturelle qui a fracturé le pays en 1968. Il est conçu comme un lieu d'échanges de la création dans tous les domaines et c'est bien ainsi que Georges Pompidou le définit en 1972 : « Je voudrais passionnément que Paris possède un centre culturel comme on a cherché à en créer aux États-Unis avec un succès jusqu'ici inégal, qui soit à la fois musée et centre de création, où les arts plastiques voisineraient avec la musique, le cinéma, les livres, la recherche audiovisuelle[4]. »

Pour l'inauguration, Françoise Giroud, alors secrétaire d'État à la Culture, accueille le président Giscard d'Estaing dans un climat de retombée des utopies et de scepticisme généralisé. Dans *L'Effet Beaubourg*, Jean Baudrillard annonce même, en un petit essai critique, l'implosion du centre à peine né[5], et pourfend une machine

---

1. Voir CALLU, 2009, pp. 546-547.
2. MOLLARD, 1999, p. 139.
3. Fernand Léger, cité dans LAUXEROIS, 1996, p. 33.
4. POMPIDOU, 1972.
5. BAUDRILLARD, 1977.

dite culturelle « qui ne sert qu'à fausser la fiction humaniste de la culture », alors que « c'est un véritable travail de mort de la culture qui s'y fait »[1]. Selon lui, ce microcosme concentre à lui seul des processus d'implosion, d'hyperréalité, de simulation, de sémiotisation cybernétique et totalitaire de l'expérience et de l'espace. Il voit même Beaubourg « comme un incinérateur absorbant toute énergie culturelle et la dévorant[2] ». Quant aux foules invitées à honorer cet ange diabolique,

> elles s'y ruent. C'est là l'ironie suprême de Beaubourg : les masses s'y ruent non parce qu'elles salivent devant cette culture dont elles seraient frustrées depuis des siècles, mais parce qu'elles ont pour la première fois l'occasion de participer massivement à cet immense travail de deuil d'une culture qu'elles ont au fond toujours détestée[3].

LA CULTURE POUR TOUS, MAIS LE DOMAINE MUSICAL POUR L'ÉLITE

En cette période gaullienne, l'avant-garde est paradoxalement incarnée au sommet de l'État par un ministre de la Culture d'exception, André Malraux, nommé en juillet 1959 ministre d'État chargé des affaires culturelles. Grand amateur d'art, il entend favoriser sa transmission et diffuser, par-delà les structures de l'institution scolaire et universitaire, le goût de l'art et la sensibilité à la novation. Pour Malraux, la rencontre entre l'art et le public ne peut vraiment se réaliser que par un contact direct et sensible :

> Il appartient à l'Université de faire connaître Racine, mais il appartient seulement à ceux qui jouent ses pièces de les faire aimer. Notre travail, c'est de faire aimer les génies de l'humanité et notamment ceux de la France, ce n'est pas de les faire connaître. La connaissance est à l'Université, l'amour, peut-être, est à nous[4].

1. *Ibid.*, p. 23.
2. BAUDRILLARD [1977], 1981, p. 93.
3. *Ibid.*, p. 100.
4. André Malraux, 8 décembre 1959, cité dans TODD [2001], 2002, p. 621.

Malraux s'adjoint la collaboration de Gaëtan Picon, auquel il propose la « direction générale des Arts et Lettres ». Celui-ci se fait violence, car il déteste les tâches administratives, mais accepte, après une valse-hésitation[1]. Résolu à mettre l'art à la portée du public, Malraux se révèle volontariste malgré la pauvreté des moyens dont il dispose. Il compense cette insuffisance par de grands discours lyriques, sans vraiment réussir à décrocher un budget substantiel. De 1959 à 1969, l'enveloppe de son ministère ne se situe qu'entre 0,34 et 0,43 % du budget de l'État, ce qui est un bien léger progrès par rapport à ce qui était pratiqué sous la IVᵉ République, qui n'accordait que 0,1 % au budget de la Culture et n'avait pas de ministère propre. Mais, comme le déplore Roger Planchon, cela reste très insuffisant : « Les 0,4 % que l'on se propose de reconduire de nombreuses années, si nos renseignements sont exacts, nous n'avons pas à les condamner : on nous a laissé le choix de pleurer — ou de ricaner, ce qui est le rôle des bouffons[2]. » En 1966, Malraux déclare à une Assemblée qui reste pourtant insensible à ses arguments : « Savez-vous ce que représentent quatre-vingts maisons de la culture ? Le coût de vingt-cinq kilomètres d'autoroute. »

Malraux réussit néanmoins le tour de force de mettre en place son réseau de maisons de la culture. Il s'appuie pour cela sur un bâtisseur hors de pair, Émile-Joseph Biasini[3], qui devient directeur du Théâtre et de l'Action culturelle de 1961 à 1966 et définit la fonction des maisons de la culture, qui est « de rendre accessibles les œuvres capitales de l'humanité, et d'abord de la France, au plus grand nombre possible de Français, d'assurer la plus vaste audience au patrimoine culturel et de favoriser la création des œuvres de l'art et de l'esprit qui l'enrichissent[4] ». À cette vocation créatrice, les maisons de la culture doivent ajouter une polyvalence leur permettant de devenir un lieu d'accueil pour le théâtre aussi bien que pour la musique, la littérature, le cinéma, les arts plastiques ou les sciences.

1. Voir CALLU, 2009, p. 435-448.
2. PLANCHON, 1964.
3. Voir BIASINI, 1995.
4. ID. [1962], 1967, pp. 20-21.

Inaugurant la maison de la culture de Bourges en 1964, Malraux se fait particulièrement lyrique. Dans son allocution prononcée sur un ton incantatoire, il assigne une mission quasi métaphysique à ces nouveaux temples de la culture :

> La culture, c'est l'ensemble des formes qui ont été plus fortes que la mort [...]. Il faut qu'à tous les jeunes hommes de cette ville soit apporté un contact avec ce qui compte au moins autant que le sexe et le sang, car il y a peut-être une immortalité de la nuit, mais il y a sûrement une immortalité des hommes [...]. Reprendre le sens de notre pays, c'est vouloir être pour tous ce que nous avons pu porter en nous[1].

Malgré cette dissémination de l'action culturelle, les enquêtes réalisées auprès du public font apparaître l'échec d'une démocratisation de la pratique culturelle, qui ne bénéficie qu'à une petite élite simplement élargie au milieu enseignant, sans vraiment atteindre le grand public populaire. Avant même Mai 68, on dénonce de plus en plus ouvertement ce qui apparaît comme une mystification au cours de laquelle la force du verbe n'est pas venue à bout des résistances. C'est surtout autour du thème gaullien de la grandeur de la France que Malraux concentre ses efforts, accordant la plus grande place aux expositions, voyages, échanges internationaux grâce auxquels il a pu se faire l'ambassadeur de la culture française à l'étranger et concourir au rayonnement d'un pays qui perdait en même temps les lustres de son empire.

Le souci de dépasser les frontières de classe qui subsistent entre l'élite sociale et le grand public est la préoccupation majeure de Jean Vilar, qui cherche au TNP à concilier un répertoire de haute culture et la mission de divertissement à même de gagner au théâtre un nouveau public populaire[2]. Le dessein de Vilar est de réunir ceux qui ont déjà un goût et une pratique du théâtre et ceux qui n'ont pas encore franchi le pas. Pour lui, le théâtre « ne prend sa signification que lorsqu'il parvient à assembler et à unir[3] ».

---

1. André Malraux, discours d'inauguration de la maison de la culture de Bourges, avril 1964, cité dans LACOUTURE [1976], 1996, p. 387.
2. CAUNE, 1999, p. 89.
3. VILAR, 1975, p. 144.

La question qui se pose est de savoir quel est le meilleur répertoire pour atteindre ce public populaire, et une polémique éclate à ce sujet entre Jean-Paul Sartre et Vilar dans les années 1950. Le premier reproche au second d'utiliser un théâtre bourgeois et défend l'idée d'un théâtre à thèse, politiquement engagé dans une stratégie de rupture idéologique. Indirectement, Vilar lui répond : « Pour moi, théâtre populaire, cela veut dire théâtre universel[1]. » La volonté d'élargir le public est recherchée au moyen d'un répertoire déjà canonisé qui recèle une forte dimension de divertissement.

C'est fortuitement que Vilar trouve le lieu idéal pour réaliser son projet en créant le festival d'Avignon, haut lieu de la fête annuelle des manifestations théâtrales les plus diverses, regroupant en une même ville des lieux prestigieux, comme la cour d'honneur du palais des Papes, et d'autres moins cérémonieux pris d'assaut par le « off ». À l'origine de ce festival, il n'est encore question que de programmer trois spectacles pour accompagner une exposition d'arts plastiques qui doit avoir lieu en 1947. « Avignon devient, dans l'imaginaire de l'équipe du TNP, un berceau, un tremplin, un puits de jouvence », écrivent Emmanuelle Loyer et Antoine de Baecque[2]. Le festival devient un lieu privilégié d'expérimentation, d'aventure créative avant de rejoindre le public de Chaillot à Paris, qui accueille les représentations après l'été.

En cette période, on traverse aussi un renouvellement radical de l'expression théâtrale. Dans les années 1950, le théâtre de l'absurde d'Eugène Ionesco et Samuel Beckett avait déjà pris ses distances avec le psychologisme en mettant en scène l'antirécit et la mise en question de la communication langagière. Cette fois, le principe de la distanciation de Bertolt Brecht devient un principe majeur de rupture avec les représentations classiques. Roland Barthes se fait le fervent défenseur de cette distanciation brechtienne rompant avec le procédé classique de l'identification[3]. Pendant ces années 1950, Barthes participe activement à la revue *Théâtre populaire*, où il côtoie Jean Duvignaud, Guy Dumur, Bernard Dort et Morvan Lebesque. Il y défend le TNP de Jean Vilar et contribue à lui

1. Id., 1955.
2. Loyer et Baecque (de), Antoine, 2007, p. 101.
3. Barthes [1955], 1981.

trouver le public le plus large. C'est dans le cadre de cette activité de critique théâtral qu'il assiste, enthousiaste, à une représentation par le Berliner Ensemble du *Mère Courage* de Brecht au Théâtre des Nations en 1955. Il voit en Brecht celui qui réalise au théâtre ce qu'il a l'ambition de faire en littérature. La distanciation brechtienne et son esthétisme emportent sa totale adhésion[1]. Barthes perçoit dans son théâtre l'esquisse d'une nouvelle éthique du rapport entre le dramaturge et son public, une école de la responsabilité, un déplacement du pathos psychologique en intelligence des situations. Cette dramaturgie montre qu'il convient moins d'exprimer le réel que de le signifier. Il voit là la réalisation même de la méthode sémiologique et critique.

Au plan musical, la quête d'une démarche avant-gardiste se manifeste dans ce que l'on appelle la « musique concrète », qui expérimente les moyens les plus modernes des musiques électro-acoustiques. Avec le GRM (Groupe de recherches musicales), cette avant-garde porte le fer au sein même de la Radiodiffusion nationale. Un second courant, incarné par Pierre Boulez, crée en 1954 le Domaine musical pour diffuser les œuvres de la musique dodécaphonique et sérielle de l'école de Vienne : Arnold Schönberg, Alban Berg, Anton Webern, ainsi que des œuvres inspirées par cette rupture musicale, celles de Boulez lui-même, chef d'orchestre et compositeur du *Marteau sans maître*, de *Pli selon pli*, de *Répons*, etc., mais aussi Luciano Berio, Luigi Nono, Karlheinz Stockhausen, permettant à de jeunes compositeurs de faire connaître leurs œuvres, tels Gilbert Amy, Henri Pousseur ou André Boucourechliev.

Boulez se nourrit de toute l'effervescence structuraliste pour renouveler le langage musical :

> Une réflexion sur le langage musical s'imposait. Nous ne pouvions plus nous contenter de simplement transformer ce dont nous avions hérité. D'où un passage par le degré zéro de l'écriture et une mise en question radicale : qu'est-ce que l'écriture musicale ? À quoi sert-elle ? Comment la manœuvrer[2] ?

1. ID. [1964], 1971.
2. BOULEZ, 1988, p. 260.

Alors qu'il entend représenter à lui seul l'avant-garde, ce qui semblait devoir le porter aux plus hautes responsabilités, il est ulcéré lorsque le ministre nomme Marcel Landowski à la direction de la Musique. Boulez écrit une lettre au ministre pour le faire revenir sur sa décision, arguant que le choix fondamental à faire se situe entre le conservatisme et la modernité. Cette lettre n'étant pas suivie d'effet, il publie un article vengeur dans *Le Nouvel Observateur*, fustigeant « le revirement de saint André[1] », et annonce qu'il se met en grève totale contre l'État. Il quitte alors la France pour l'Allemagne dont il ne reviendra qu'en 1975 pour fonder l'Ircam (Institut de recherche et coordination acoustique/musique). Cette controverse entraîne la chute du tandem Biasini-Picon, tous deux partisans de Boulez et ne se reconnaissant pas dans le choix de Malraux[2].

1. ID., 1966.
2. Voir CALLU, 2009, pp. 625-633.

16

Une jeunesse entre révolte et révolution

Entre 1945 et 1965, les enfants de ce que l'on a appelé le *baby-boom* ont grandi et sont devenus adultes, constituant une classe d'âge nombreuse qui ne se reconnaît plus dans la génération qui l'a précédée et aspire à affirmer ses propres valeurs. Cette exigence se fait d'autant plus intensément sentir qu'une part croissante de cette jeunesse poursuit des études universitaires, faisant ainsi durer ce temps ambivalent de sortie de la tutelle parentale sans jouir pour autant de l'indépendance. Dans la période de radicalisation des années 1960, elle ne veut pas se contenter d'occuper les fonctions de ses aînés et entend imprimer sa marque à la société, oscillant entre révolte et révolution.

Nombre d'intellectuels prennent la mesure du phénomène et de la manière dont celui-ci déplace les lignes au sein de la société française. Le besoin d'un nouvel art de vivre se fait sentir, de même que celui d'une expression artistique et littéraire novatrice. Avec cette jeunesse massivement scolarisée, et pour partie engagée dans de longues études, c'est aussi l'apparition d'intellectuels, plus nombreux, plus jeunes, plus exigeants. Dans la seconde moitié des années 1960, un sociologue sensible aux mutations sociales en cours comme Edgar Morin saisit ce souffle de la jeunesse sur la côte californienne et en ramène un *Journal de Californie*, publié en 1970. Réfléchissant à distance à ce qu'il a décrit, il reconnaît avoir été fasciné par la prodigieuse flambée vécue par Berkeley entre 1963 et 1965 : « Je fus enchanté, au sens fort du terme, par cet élan emportant non seulement toute une jeunesse, mais aussi des êtres de tous âges vers plus de fraternité, d'amour, de liberté, d'accomplissement de soi-même[1]. » Morin ressent immédiatement le caractère éphémère de cet enthousiasme, qu'il ne relie plus à une perspective téléologique. Cette onde de choc, qui se déploie sur un fond nihiliste, n'en est pas moins vécue comme une « extase de l'histoire[2] ».

DU « BABY-BOOM » AU « CULTURAL BOOM »

Le phénomène du *baby-boom* prend une tournure d'autant plus exceptionnelle que la France a connu un faible taux de natalité dans l'entre-deux-guerres conjugué à de forts pics de mortalité lors des deux conflits mondiaux. Entre 1945 et 1958, la jeunesse scolarisée dans le secondaire double et s'accroît encore entre 1959 et 1964 de 65 %. Au *baby-boom* succède un *cultural boom*. À partir de 1962, le nombre de bacheliers augmente de 15 à 20 % par an. En 1966, deux tiers d'entre eux optent pour des études universitaires en faculté de lettres et sciences humaines.

Dans *La Montée de la jeunesse*[3], publié en 1959, Alfred Sauvy souligne le décalage entre ces données statistiques et les mentalités d'un pays qui n'a pas pris la mesure de la mutation démographique en cours :

> Après avoir fait l'effort nécessaire pour faire naître les enfants et diminuer un peu le handicap des familles, la France n'a pas encore compris que le temps de l'assoupissement est révolu et qu'il lui faut se mettre en marche. Accrochée au passé, elle regarde encore en arrière. Mais à force de regarder dans cette direction, nous serions changés en statue de sel[4] !

1. MORIN, 2012, p. 774.
2. *Ibid.*
3. SAUVY, 1959.
4. *Ibid.*, p. 249.

Alfred Sauvy prophétise en cette année 1959 que les enfants du *baby-boom* vont faire parler d'eux, non seulement pour exprimer leurs besoins, mais pour diffuser leurs idées et leurs actes. Il interpelle la génération des aînés et reprenant le titre du film de Marcel Carné qui met en scène les jeunes sous le titre *Les Tricheurs*, il en retourne l'argument : « Les tricheurs ne sont pas les adolescents d'aujourd'hui, ce sont les adultes qui leur ferment les portes et s'opposent, dans leur égoïsme aveugle, à un agrandissement du cercle économique et social[1]. » Pour répondre à une demande massive de formation, le gouvernement doit recruter en nombre croissant dans le supérieur, qui passe de deux mille enseignants en 1945 à vingt-cinq mille en 1963.

La jeunesse devient source d'interrogation. On l'érige en un problème de société qui exige une politique dédiée[2]. On la scrute, on la dissèque pour savoir ce qu'elle est. Alors que Georges Hourdin, grand patron de la presse catholique, se demande si elle croit en Dieu[3], Madeleine Chapsal mène l'enquête dans *L'Express* sur un éventuel conflit de générations. Il ressort du sondage effectué auprès des jeunes un souci évident de différenciation par rapport à la génération précédente. Ainsi, 76 % des jeunes filles répondent qu'elles se sentent en conflit ou en désaccord avec leurs parents[4]. Certains films ou publications expriment le sentiment de malaise de cette jeunesse avide de plus de liberté, prête à transgresser des règles présentées comme intangibles, au risque de faire scandale ; ils montrent aussi l'errance et le désarroi ressentis durant ce moment de l'entre-deux-âges. Du côté des étudiants parfois un peu perdus dans des études de lettres sans finalité précise, noyés dans la masse, le malaise peut devenir inquiétant au point que des Bapu (bureaux d'aide psychologique universitaires) se mettent en place à partir de 1956 pour leur venir en aide. L'étudiant devient une catégorie nosographique dont les psychologues et psychiatres vont s'occuper. Une enquête révèle qu'un tiers d'entre eux souffrent de difficultés psychologiques, qu'un tren-

---

1. *Ibid.*, p. 250.
2. MALEVILLE, 1960.
3. HOURDIN, 1959.
4. Informations reprises de BANTIGNY, 2007, p. 41.

tième devrait se faire soigner et qu'un trois centième devrait être hospitalisé[1].

Félix Guattari, qui est alors un des animateurs de la clinique psychiatrique de La Borde avec Jean Oury, présente un rapport à la Mnef (Mutuelle nationale des étudiants de France) intitulé : « Réflexions sur la thérapeutique institutionnelle et les problèmes d'hygiène mentale en milieu étudiant[2] ». Il signale que « le monde étudiant est marqué par des *dimensions spécifiques d'aliénation. Le jeune, sujet ou non à des troubles mentaux, qui arrive à l'université voit sa personnalité remaniée en fonction des traits pathogènes de l'ensemble de ce milieu[3]* ».

Les deux prix Renaudot des années 1963 (J.M.G. Le Clézio) et 1965 (Georges Perec) expriment ce mal-être. Dans le premier roman de Le Clézio, *Procès verbal*, le héros, Adam Polo, a quitté le monde mécanique de l'urbanité pour vivre reclus en symbiose avec la nature. Il note avec minutie dans son carnet personnel l'évolution de ses réflexions métaphysiques et prophétiques. Étudiant à l'université dans le sud de la France, il est pour ses parents un sujet d'inquiétude et se retrouve en définitive interné en asile psychiatrique. Il y reçoit de nombreuses visites de ses congénères, étudiants comme lui, qui ne sont ni plus ni moins fous que lui. Le roman de Perec, *Les Choses*, se présente comme « une histoire des années soixante », mettant en scène le monde étudiant au travers d'un couple, Jérôme et Sylvie, qui, comme presque tous leurs collègues, « étaient devenus psychosociologues par nécessité, non par choix[4] ». Ils entreprennent des études qu'ils abandonnent sitôt commencées, tant la perspective de se retrouver avec une pauvre licence d'enseignement affectés à un poste en périphérie parisienne avec un maigre salaire et un avenir bloqué les anéantit. Ils passent leur temps à le perdre, à écouter de la musique, à aller au cinéma, à lire la presse branchée et à errer sans réelle motivation. Perec décrit par le menu l'état d'âme ambivalent de cette jeunesse désœuvrée : « Leur plus grand plaisir était d'oublier ensemble, c'est-à-dire de

---

1. Résultats d'un sondage donnés au séminaire d'Antoine Compagnon au Collège de France, « 1966 : *Annus mirabilis* », le 11 janvier 2011.
2. Guattari [1964], 2003.
3. *Ibid.*, p. 66.
4. Perec [1965], 2014, p. 29.

se distraire. Ils adoraient boire, d'abord, et ils buvaient beaucoup, souvent ensemble[1]. » Seul le septième art, le cinéma, les fascine au point qu'ils deviennent des cinéphiles avertis. Ils considèrent avec la plus grande sévérité ce qu'ils estiment relever de la trahison, l'insertion d'un nombre toujours plus grand de leurs amis dans le monde marchand et publicitaire : « À travers eux ils croyaient découvrir l'exact envers de leur propre monde : celui qui justifiait, en bloc, l'argent, le travail, la publicité, les compétences, un monde qui valorisait l'expérience, un monde qui les niait, le monde sérieux des cadres, le monde de la puissance[2]. » Non encore diplômés, ils partent enseigner en Tunisie, fuyant leur origine, reviennent déçus, ne se sentant bien nulle part. Ils finiront par s'intégrer après avoir tenté plusieurs chemins sans trouver l'enthousiasme, mais « le repas qu'on leur servira sera franchement insipide[3] » et il ne leur restera plus que les souvenirs enjolivés par une cristallisation de type stendhalienne.

Le succès suscité par la jeunesse s'illustre de manière spectaculaire avec le phénomène Françoise Sagan. Une certaine Françoise Quoirez, étudiante de dix-huit ans, échoue à l'été 1953 à son examen d'entrée à la Sorbonne et décide d'oublier ses déboires et de vaincre son ennui en consacrant son été à l'écriture d'un roman. Elle met en scène l'histoire d'une adolescente de dix-sept ans, Cécile, qui raconte ses premières vacances dans une villa de la Côte d'Azur avec son père Raymond, veuf fortuné et séducteur, accompagné de sa maîtresse Elsa. Orpheline de mère, Cécile sort d'un couvent et découvre la vie et ses premiers émois amoureux pendant ces vacances. Tout semble sourire au soleil de cet été initiatique lorsque son père tombe vraiment amoureux d'une femme, Anne Larsen, une connaissance déjà ancienne, avec laquelle il songe à refaire sa vie. Sa fille en nourrit une jalousie féroce et fait l'impossible pour ne pas perdre de nouveau son père. L'affaire s'achève tragiquement par la mort accidentelle d'Anne Larsen. L'auteur donne pour titre à son manuscrit *Bonjour tristesse*, qui sonne comme un oxymoron et renvoie à un poème d'Eluard.

1. *Ibid.*, p. 54.
2. *Ibid.*, p. 95.
3. *Ibid.*, p. 158.

En janvier 1954, elle fait la tournée des éditeurs, déposant son manuscrit dactylographié de cent soixante pages, sans trop y croire, ne connaissant personne, n'ayant aucune recommandation. Le 6 janvier, elle se présente au 30, rue de l'Université, et le remet à l'accueil des éditions Julliard. Dès le lendemain, le directeur littéraire, Pierre Javet, ouvre le manuscrit de la jeune inconnue qui lui semble léger, mais la première phrase le séduit : « Sur ce sentiment inconnu dont l'ennui, la douceur m'obsèdent, j'hésite à apposer le nom, le beau nom grave de tristesse. » Il demande alors à François Le Grix, pilier de la maison, de lui donner au plus vite son avis. Le 8 janvier arrive son rapport, plus que favorable : « Authenticité. Vérité totale. Talent spontané. Poème autant que roman. Aucune fausse note. » Comme il se doit, l'affaire remonte à René Julliard, qui prend connaissance dans la nuit même du manuscrit, qui le bouleverse et lui brûle les mains :

> J'étais déjà si sûr de le publier qu'un crayon à la main je soulignai quelques détails, quelques bavures. Dès l'aube, je convoquai par télégramme Françoise Quoirez. À 17 heures, elle entrait dans ma bibliothèque, menue, timide, toute interrogation et un peu sceptique [...]. Je la soumis à un interrogatoire de trois heures[1].

Julliard, qui sait être rapide, ne perd pas une minute pour décrocher le contrat, qui est signé dès le 21 janvier. Il n'a fallu que deux semaines entre le dépôt du manuscrit et la signature du contrat, si bien que, lorsque Robert Laffont prend son téléphone pour exprimer son intérêt à publier celle qui sera connue sous le nom de Françoise Sagan, il est trop tard. Le livre sort lui aussi très rapidement, le 15 mars 1954, trois mille exemplaires, et trouve un public enthousiaste qui y voit la chronique d'une jeunesse en proie aux émois de relations amoureuses encore refoulées et contraintes en ces années 1950. Le livre est couronné par le prix des Critiques et chroniqué le 1er juin à la une du *Figaro*, sous la plume de François Mauriac, qui célèbre la nouvelle venue dans la littérature :

1. JULLIARD, 1958.

Le mérite littéraire y éclate dès la première page et n'est pas discutable. Ce livre a toute l'aisance, toute l'audace de la jeunesse sans en avoir la moindre vulgarité. De toute évidence, mademoiselle Sagan n'est en rien responsable du vacarme qu'elle déclenche, et on peut dire qu'un nouvel auteur nous est né.

À la fin de l'année 1954, le conte de fées se transforme en affaire commerciale fructueuse. Dopées encore par la mise à l'index du Vatican, les ventes s'enflamment et atteignent cinq cent mille exemplaires, et des contrats de traduction sont signés dans vingt et une langues. Sagan devenant un phénomène international, Maurice Nadeau écrit dans *Les Lettres nouvelles* :

> Il est certain que son univers traduit un aspect de la jeunesse actuelle [...]. La faillite de tous les idéaux des adultes, leur duperie si évidente, ouvre un vide, un excédent de forces juvéniles sans point d'application possible, d'où cet ennui, ce désintéressement vis-à-vis du monde actuel. Faire l'amour est une tentative pour meubler ce vide[1].

Peu après, le 5 août 1955, Julliard publie à cinq cents exemplaires une plaquette de poèmes et de lettres d'une fillette de huit ans, Minou Drouet. Cette publication à faible tirage, non destinée au commerce est simplement envoyée à quelques critiques et amis. Mais *Paris-Match* fait immédiatement écho à l'événement en proclamant que Françoise Sagan a pris un coup de vieux, doublée par une gamine qui n'a pas encore huit ans, qui excelle déjà dans l'écriture et dont la mère est cartomancienne. Une polémique s'engage alors mettant en cause l'authenticité de ces poèmes. En janvier 1956, Julliard publie un autre recueil de poèmes de Minou Drouet, *Arbre, mon ami*. Le jour même de la parution, *Paris-Match*, qui avait donné l'alerte, publie sur huit pages illustrées une enquête, des extraits de poèmes et un article qui donnent la mesure de l'événement. La publication de ce nouveau recueil est précédée d'une note de Julliard qui demande au lecteur de juger

1. Nadeau [1954], 1998, p. 62.

la polémique en cours[1]. L'affaire en elle-même assure le retentissement du recueil, qui devient un best-seller, et son auteur un phénomène, certes éphémère, mais pris au sérieux au point que le pape reçoit Minou Drouet en audience privée pendant que son éditeur parade à ses côtés dans ses sorties mondaines. En cette même année 1956, Françoise Sagan continue à alimenter les rentrées des éditions Julliard et son éditeur, bon prince, augmente ses droits d'auteur qui passent de 12 % à 16 %.

Du côté du cinéma, *Masculin féminin*, de Jean-Luc Godard, enquête sur les « enfants de Marx et de Coca-Cola », et montre une jeunesse qui entre de plain-pied dans la société de consommation, avec une insatisfaction existentielle qui l'attire vers la pensée contestataire marxiste. Un certain nombre de figures héroïques du grand écran servent de possibles identifications pour cette jeunesse, tel James Dean. Comme l'écrit Ludivine Bantigny, « Dean pouvait incarner la révolte, sans cause apparente, si ce n'est le rejet confus d'une certaine société, le refus d'un monde qui confondait le bonheur avec la consommation[2] ». Avec *Les Tricheurs*, sorti sur les écrans en 1958, Marcel Carné remporte un triomphe immédiat : « J'ai eu l'idée des *Tricheurs* parce que je regrettais qu'il n'y eût pas en France de films sur la jeunesse ; je précise : consacrés exclusivement à la jeunesse[3]. » Carné met en scène, de manière classique contrairement aux réalisations de la nouvelle vague, la saga de jeunes à Saint-Germain-des-Prés, passant de cafés en surprises-parties, à la fois fragiles, cyniques, arrogants, désabusés et volages, niant leurs sentiments au point que cette vie faite de petites tricheries avec l'authenticité les conduira au tragique. C'est aussi le moment du succès phénoménal auprès des jeunes de l'émission « Salut les copains » de la jeune station de radio créée en 1955,

---

1. « Je publie donc les poèmes et les lettres de Minou tels qu'ils m'ont été adressés ou remis par leurs destinataires. Le lecteur se chargera, s'il le veut, de faire lui-même le partage [...]. J'ajoute ceci, qui est important : Mme Drouet a été accusée, entre autres choses, de chercher une affaire d'argent en attribuant ses propres œuvres à sa fille ou en la forçant de manière abusive à écrire. Une telle accusation était jusqu'ici sans fondement puisque la plaquette avait été offerte et non pas vendue » (René Julliard, cité dans LAMY, 1992, p. 229).

2. BANTIGNY, 2007, p. 44. Voir aussi GRALL, 1958.

3. CARNÉ, 1958.

Europe n° 1. Inaugurée en octobre 1959 et animée par Daniel Fili-pacchi et Frank Ténot, elle relaie à la fois l'arrivée en France du *rock and roll*, avec Elvis Presley et bien d'autres, mais aussi ce que l'on appelle la musique yé-yé, qui en incarne la version française assagie, plébiscitée par le jeune public.

Ce succès trouve son prolongement dans l'organisation d'une grande manifestation musicale place de la Nation le 22 juin 1963. Les animateurs attendent trente mille personnes et se trouvent confrontés à l'arrivée de cent cinquante mille jeunes venus assister au concert de Johnny Hallyday. C'est pour la jeunesse le grand moment des idoles, qui ont rendez-vous quotidiennement avec leur public. De Johnny Hallyday à Françoise Hardy, de Richard Antony à Salvatore Adamo, des Chaussettes noires aux Chats sauvages, en passant par Claude François, les styles diffèrent, mais tous forment le phénomène yéyé qui regroupe autour des transistors de jeunes auditeurs et auditrices fidèles et heureux. Quantité de 45 et de 33 tours tournent sur les *pick-up*, et cet engouement fait fonctionner à plein régime l'industrie du disque. En 1961, les premiers disques de Johnny Hallyday se vendent à deux millions d'exemplaires. Les transistors favorisent une sociabilité propre aux jeunes, qui peuvent sortir du domicile parental tout en profitant de leur musique préférée.

L'autre grande mutation en cours lors de ces années est l'introduction de la télévision dans les foyers. Alors qu'en 1958 seuls 9 % des familles possédaient un poste de télévision, 42 % des foyers en sont équipés en 1965, au moment où une bonne part de l'élection présidentielle au suffrage universel va se jouer sur le petit écran. Même si dans ce cas la jeunesse n'est pas encore un enjeu majeur, puisque le droit de vote n'est acquis qu'à vingt et un ans, les thèmes du rajeunissement, qu'ils soient portés par Jean Lecanuet ou par François Mitterrand, vont beaucoup compter dans la mise en ballottage du général de Gaulle.

Cette jeunesse, proie facile des investisseurs qui flattent ses goûts, est aussi un sujet d'inquiétude. Tandis que les étudiants semblent s'enflammer pour la pensée révolutionnaire d'un Marx, certains jeunes des milieux populaires urbains se rassemblent en bandes susceptibles d'exercer la violence et sont qualifiés de « blousons noirs ». « La délinquance juvénile, écrit Bantigny, fut perçue comme une menace qu'il s'agissait de conjurer par un retour à l'ordre[1]. » Devenue un problème à l'échelle nationale, cette jeunesse est prise en charge par une politique au plus haut niveau de l'État. Pierre Mendès France avait posé les premiers jalons d'un projet de ministère de la Jeunesse, qui avait pris d'abord la forme d'un haut comité de la Jeunesse mis en place par son successeur à la présidence du Conseil, Edgar Faure. En 1958 est créé un haut-commissariat à la Jeunesse et aux Sports, dépendant du ministère de l'Éducation nationale. C'est au « héros » de l'alpinisme qui a vaincu l'Annapurna, Maurice Herzog, qu'échoit ce nouveau dossier. Selon Edgar Morin, on peut parler en ces années 1960 de la formation d'une véritable « classe d'âge[2] ». Dans son étude sur la jeunesse[3], Morin défend la thèse de l'émergence d'une nouvelle catégorie sociale porteuse d'une culture « adolescente-juvénile » spécifique et ambivalente, à la fois intégrée à la société de consommation, qui l'a prise pour cible privilégiée, et en rupture avec elle. En 1963, le haut-commissaire à la Jeunesse et aux Sports devient secrétaire d'État, et son successeur François Missoffe bénéficie d'une promotion supplémentaire en devenant ministre à part entière, signe de la montée en température du problème de la jeunesse.

La politique de la jeunesse, après avoir privilégié le sport comme moyen d'apaiser le malaise latent, s'oriente à partir du milieu des années 1960 vers une politique de contrôle et de surveillance accrue pour éviter les excès à répétition qui défraient la chronique et effraient les citoyens. En mai 1966, le ministre annonce qu'il entreprend une grande consultation nationale sur le sujet. Il ressort de cette enquête, dont les résultats ont manifestement été sous-exploités, la publication d'un Livre blanc. Ce dernier fait l'impasse totale sur un des problèmes majeurs, et qui suscite le plus de contestation, notamment sur les campus : la question de la sexualité dans un cadre institutionnel encore très largement fondé sur la séparation physique entre filles et garçons. Un peu plus tard, en janvier 1968, cette lacune vaut sa première heure de gloire à

---

1. BANTIGNY, 2007, p. 123.
2. MORIN, 1963.
3. ID., 1962.

l'étudiant nanterrois Daniel Cohn-Bendit lors de l'inauguration par le ministre François Missoffe de la nouvelle piscine du campus. Les incidents s'étant multipliés à propos du droit de visite entre filles et garçons dans la cité universitaire, pourtant toléré depuis 1965 par le ministre Christian Fouchet dans le sens de la visite des filles chez les garçons, ce droit ne suffit plus. Le 21 mars 1967, le bâtiment des filles est occupé par les garçons ; dans ce contexte troublé, François Missoffe, qui vient le 8 janvier à Nanterre, est interpellé par Cohn-Bendit, alors étudiant en sociologie : « J'ai lu votre Livre blanc. Six cents pages d'inepties. Vous ne parlez même pas des problèmes sexuels des jeunes. » Sans se démonter, le ministre rétorque : « Avec la tête que vous avez, vous connaissez sûrement des problèmes de cet ordre. Je ne saurais trop vous conseiller de plonger dans la piscine. » Et Cohn-Bendit de rétorquer : « Voilà une réponse digne des Jeunesses hitlériennes[1]. »

Le malaise traversé par une bonne partie de la jeunesse frappe aussi ces nombreux enfants et adolescents, fils et filles de Français rapatriés d'Algérie, que l'on appelle alors les « pieds-noirs », revenus précipitamment en métropole en 1962. La blessure de l'exil suscite chez certains un engagement politique contestataire. C'est le cas pour Benjamin Stora qui consacrera plus tard à l'histoire de la guerre d'Algérie son travail de chercheur, après avoir longtemps appartenu à l'une des familles trotskistes, les lambertistes de l'OCI (Organisation communiste internationaliste), dans laquelle il deviendra permanent de 1973 à 1982. Lorsque éclate le mouvement de Mai 68, Stora est un adolescent de dix-sept ans qui nourrissait, depuis son départ d'Alger, le vague sentiment d'avoir été du mauvais côté, celui des colons, et de ne susciter que de la méfiance en tant que pied-noir. « Dans ces années-là, se souviendra-t-il, il y avait aussi la honte non seulement d'avoir souffert de la guerre et de l'exil, mais d'avoir été du côté des Européens d'Algérie[2]. »

---

1. Dialogue repris de HAMON et ROTMAN, 1987, p. 401.
2. STORA, 2003, p. 24.

MALAISE CHEZ
LES « NOUVEAUX INTELLECTUELS »

En 1965, le nombre d'étudiants explose pour atteindre cent vingt mille à Paris et quatre cent quarante mille dans l'ensemble du pays. Cette montée en puissance s'accompagne d'un recrutement accéléré d'enseignants du supérieur, ce qui ne sera pas sans effet sur ce que l'on entend par intellectuel. Dans *Les Nouveaux Intellectuels*, paru en 1966, Frédéric Bon et Michel-Antoine Burnier suggèrent une redéfinition du groupe des intellectuels en fonction des mutations sociales en cours depuis 1945[1]. La nécessité se fait jour de revoir les structures de l'Université, de reformuler des filières pour répondre aux besoins de cette massification et de proposer perspectives et débouchés aux divers titulaires de diplômes universitaires. Des commissions se réunissent pour élaborer des suggestions dans le cadre du plan promu par Christian Fouchet, ministre de l'Éducation nationale. Certains intellectuels de renom, comme les philosophes Jules Vuillemin et Michel Foucault, y participent. À partir de 1966, Fouchet s'appuie sur ces travaux pour mettre en place les IUT (Instituts universitaires de technologie), afin d'offrir des débouchés réalistes à nombre d'étudiants. Dans le même temps, la première année préparatoire à l'université, dite propédeutique, est supprimée et remplacée par un premier cycle de deux ans précédant la licence. Ce toilettage sans profond bouleversement structurel « ne résout pas le problème de la croissance du nombre des étudiants dans l'enseignement supérieur[2] ».

Lors d'un colloque tenu à Caen du 11 au 13 novembre 1966, la sélection se retrouve au cœur des débats. Se réunissent à cette occasion trois cents universitaires, doyens de facultés et syndicalistes pour débattre des perspectives de l'enseignement supérieur et de la recherche. Le discours d'ouverture est prononcé par Pierre Mendès France, alors sans fonction élective ni responsabilité ministérielle.

1. Bon et Burnier, 1966.
2. Damamme *et al.* (dir.), 2008, p. 119.

Les débats suggèrent une partition entre, d'un côté, l'enseignement supérieur de masse et, de l'autre, la formation d'une élite se destinant à la recherche. André Lichnerowicz, mathématicien, professeur au Collège de France et initiateur du colloque en tant que président de l'Association d'études pour l'expansion de la recherche scientifique, propose d'avancer vers davantage d'autonomie des universités, qui se retrouveraient ainsi placées en situation concurrentielle. Quant à Marc Zamansky, mathématicien également et doyen de la faculté des sciences de Paris, il plaide tout à la fois pour une sélection qui permette de désengorger l'institution universitaire et pour un baccalauréat qui ne donnerait plus de droit d'entrée à l'université. Raymond Aron, Jacques Monod et Laurent Schwartz plaident eux aussi pour une sélection plus rigoureuse. Ces préconisations font débat chez les intellectuels, les politiques et les journalistes, et les délibérations sur la réforme Fouchet prendront trois jours à l'Assemblée nationale, en présence du premier ministre Pompidou qui soutient fermement son ministre.

Paul Ricœur, d'autant plus sensible aux dysfonctionnements de la machine universitaire française qu'il peut la comparer avec le système américain, où il part enseigner quelques mois chaque année, prend en charge une grande enquête réalisée par *Esprit* sur l'état de l'université, dont les résultats sont publiés en mai-juin 1964. Ce dossier s'attache à analyser un monde universitaire soumis à une forte pression et qui suscite une situation de crise de plus en plus explosive, ayant à répondre à la demande croissante d'un enseignement de masse, qui doit par ailleurs redéployer en interne les moyens d'une sélection des meilleurs pour rester performant, innovant et préserver un état dynamique de la recherche. Selon Ricœur, « ces réponses se nomment : *différenciation, orientation, sélection*[1] ». Refusant en premier lieu tout barrage sélectif supplémentaire à l'entrée de l'université, il prône une université capable de répondre aux besoins d'une société dont le niveau culturel ne cesse de s'élever. Il convient au contraire de rompre avec les pratiques discriminatoires qui ont tendance à opposer un enseignement noble à des filières techniques dépréciées. Les nouvelles exigences ne permettent plus de conserver le vieux monolithisme

---

1. Ricœur [1964], 1991, p. 368.

du système français : « Que toutes les universités soient organisées sur le même type, qu'elles soient toutes de même niveau et
qu'elles préparent toutes aux mêmes examens deviendra de plus
en plus insoutenable[1]. » L'université nouvelle que Ricœur appelle
à construire se doit donc d'offrir une pluralité de filières selon
des modalités souples qui tiennent compte de l'hétérogénéité des
objectifs et des publics. Cela passe par une décentralisation effective des initiatives. De telles réformes exigent de solides moyens
financiers afin de construire les structures d'accueil nécessaires et
d'affecter les nombreux postes d'enseignants à l'encadrement du
travail des étudiants. Elles nécessitent en outre un dialogue avec
les étudiants et une implication plus active de leur part dans la
conduite des cours.

Ricœur est parfaitement conscient des obstacles à la réalisation
de telles réformes, pourtant indispensables. La rigidité, le centralisme et l'uniformité des structures administratives des universités
ont toute chance d'empêcher la décentralisation et la diversification
attendues. Une telle mutation exige enfin le renoncement à certains
privilèges du corps professoral, tels que la possibilité de ne pas
résider là où l'on enseigne, ou encore l'obtention d'un titre sans
le corollaire de se consacrer à la recherche. C'est donc à un élan
volontaire des représentants politiques de la nation qu'en appelle
le philosophe. Dans un final prophétique, Ricœur alerte les responsables sur la gravité de la situation quatre ans avant l'irruption de
l'événement Mai 68 : « Si ce pays ne règle pas, par un choix rai-
sonné, la croissance de son université, il subira l'explosion scolaire
comme un cataclysme national[2]. » Dans ce débat, Louis Althusser
défend curieusement une université libérale capable d'opposer un
rempart à la mise sous tutelle d'un enseignement supérieur soumis
aux impératifs de la rationalisation économique et de la rentabilité.
Il ne s'agit pas pour lui de critiquer le caractère individualiste du
travail universitaire, car cela reviendrait à « s'aliéner les universitaires », ce qui « serait commettre une faute politique »[3].

De toutes ces contributions au débat sur la crise universitaire, il

---

1. *Ibid.*, p. 371.
2. *Ibid.*, p. 379.
3. ALTHUSSER, 1964, pp. 86-87.

ressort un vague consensus, par-delà les divergences d'appréciation, pour un renforcement des moyens de sélection des étudiants et une meilleure adéquation entre leur nombre et les structures institutionnelles permettant de les accueillir. Une telle perspective ne va pas sans inquiéter un milieu étudiant qui se bat, à l'inverse, par le biais de son syndicat l'Unef, pour une démocratisation toujours plus poussée de l'enseignement supérieur. Pour son aile la plus radicalisée, cette lutte s'inscrit comme une étape dans le rejet du système social existant, qu'il s'agit non de rationaliser, mais de faire exploser.

DE NOUVELLES AVANT-GARDES POLITIQUES

L'éclatement de l'UEC

En 1963, le tournant à gauche de l'Unef ajouté à l'autonomisation de l'UEC à l'égard de la direction du PCF marquent la situation universitaire d'une double empreinte de radicalisation politique. Après la guerre d'Algérie, qui a fortement mobilisé le milieu étudiant, l'Unef est en panne. Si l'organisation syndicale compte encore dans ses rangs un étudiant sur deux, la concurrence de la Fnef (Fédération nationale des étudiants de France), mise en place par le gouvernement gaulliste, conjuguée à la lassitude des vétérans entraîne une relative désaffection de l'organisation et, en son sein, ce qu'il convient d'appeler une crise de langueur. Lorsque le congrès de l'Unef ouvre ses portes à Dijon, au printemps de 1963, un *aggiornamento* s'impose. Les dirigeants de l'organisation font le constat amer que celle-ci ne regroupe plus qu'un étudiant sur quatre. Dans ce contexte quelque peu délétère émerge une nouvelle génération, active et contestataire, qui vient pour l'essentiel des rangs de la FGEL (Fédération générale des étudiants en lettres), présidée à partir de 1963 par Jean-Louis Péninou, et de l'Agemp (Association générale des étudiants en médecine), par Jean-Claude Polack. Les porte-parole de ces courants contestataires de la gauche syndicale prônent une radicalisation des luttes et considèrent que l'Unef ne peut se contenter de porter un catalogue de revendications et doit intégrer celles-ci dans une critique globale de la société. Cette gauche syndicale est animée par des militants de l'UEC, dont l'autonomisation par rapport à l'appareil du PCF suscite une dynamique et une influence grandissantes dans le milieu étudiant, notamment chez les littéraires et les carabins (étudiants en médecine), soit les deux piliers de la gauche syndicale.

Créée par la direction du parti en 1958 dans le but de « casser » la cellule communiste philo de la Sorbonne, devenue trop agitée et trop contestataire, l'UEC est dirigée par ceux que l'on appelle alors les « Italiens » — Alain Forner, Pierre Kahn, Jean Schalit, etc. —, qui ont en commun de regarder du côté du PC italien pour favoriser la déstalinisation du parti. Leur journal *Clarté* exprime ce désir de renouvellement en ouvrant ses colonnes à des auteurs moins directement politiques, qui écrivent sur la création artistique et le monde intellectuel. On peut y lire des textes sur Alain Resnais, Maurice Béjart ou Samuel Beckett, qui valent à l'hebdomadaire de l'UEC une large diffusion de vingt-cinq mille exemplaires[1]. Plus radicaux que ces « Italiens » de la direction, des courants composites d'une gauche qui se veut révolutionnaire se développent en son sein, notamment dans le secteur lettres. Ses références théoriques sont un mélange de Victor Serge, Lénine, Trotski, Rosa Luxemburg et, pour l'analyse de la société française, André Gorz. Ce mélange détonant suscite une espérance révolutionnaire, dans laquelle la contestation étudiante devrait jouer un rôle moteur. « Le conditionnement étroit de l'université, déclare Marc Kravetz, un des dirigeants de la FGEL, donne à l'action universitaire une portée nationale[2]. » Ce courant vise à rompre avec le corporatisme syndical et à mobiliser le mouvement étudiant sur les questions de société et les problèmes concrets des jeunes, qui ne se reconnaissent pas dans la société de consommation.

Un autre signe de radicalisation de l'UEC survient en mars 1964, à l'occasion du VIIe Congrès, qui se tient à Palaiseau. L'appareil du PCF l'a préparé avec le plus grand soin et espère profiter des divi-

---

1. Chiffre cité dans HAMON et ROTMAN, 1987, p. 128.
2. KRAVETZ, 1983, p. 150.

sions de ses contestataires de tous poils, « Italiens », « trotskistes », « maoïstes », « anars », etc., pour reprendre la direction de son organisation étudiante. Ils trouvent en Jean-Michel Catala et Guy Hermier les leaders qui mèneront à la bataille les troupes rassemblées par la direction pour le congrès. Dominé jusqu'alors par les « Italiens », le bureau national se trouve tout d'un coup largement minoritaire et n'a d'autre choix que de s'orienter vers un compromis avec la direction du parti. Le successeur pressenti d'Alain Forner, Pierre Kahn, âgé de vingt-cinq ans, prépare un rapport axé sur la dénonciation des diverses ailes gauchistes. En définitive, les « Italiens », qui ne représentent plus que 20 % des mandats, se retrouvent avec l'opposition de gauche sur une motion finale qui comptabilise cent quatre-vingts voix, exactement comme la tendance orthodoxe du PCF. À l'issue de ce match nul, racontent Hervé Hamon et Patrick Rotman, la tension est extrême :

> La séance reprend le dimanche matin. Mais, dès l'ouverture, Marie-Noëlle Thibault se précipite au micro et, la voix blanche, nouée d'émotion, révèle que pendant la nuit un accord a été conclu clandestinement entre les « pro-parti » et les « Italiens ». Elle raconte qu'elle a surpris fortuitement une conversation, tenue à l'écart. Roland Leroy et Alain Forner se partageaient les postes du comité national ; il reste cinq sièges à chacune des tendances majeures et treize pour la gauche. La stupeur terrasse l'assistance. Un silence plombé, incrédule, s'établit pendant quelques secondes[1].

Pierre Goldman et Yves Janin lancent des imprécations en direction de Roland Leroy, provoquant un tel désordre au plus haut sommet du parti que la direction redoute une remise en cause de l'accord inique passé en sous-main à l'abri des regards, et décide le huis clos. Le rideau se referme pudiquement sur le premier acte de la reprise en main, et les deux leaders méritants de la normalisation, Guy Hermier et Jean-Michel Catala, peuvent accéder au bureau national, s'arrogeant le contrôle de *Clarté*, tout en laissant à Pierre Kahn le soin de jouer les potiches en tant que secrétaire général de l'UEC.

À la Sorbonne, Michel Butel a retrouvé son ami d'enfance Yves

---

1. Hamon et Rotman, 1987, pp. 209-210.

Janin, encore plus baroudeur que lui. Ils forment un trio avec le plus activiste des activistes, Pierre Goldman, responsable du SO (service d'ordre) de l'UEC. Cette fine équipe entend bien rester maîtresse du Quartier latin devant les menaces constantes des organisations d'extrême droite. Né en 1940, Butel, d'une mère d'ascendance juive russo-polonaise, s'engage dans le combat contre la guerre d'Algérie. Insoumis, il s'enfuit en Suisse, où il entre en contact avec les réseaux d'aide au FLN. De retour à Paris, il entame des études de philosophie à la Sorbonne et adhère à l'UEC, où il retrouve son ami Janin, sous le pseudonyme d'Elseneur. Prisca Bachelet, la grande amie du trio que constituent les « anges noirs » Janin-Butel-Goldman, est elle aussi étudiante en philo à la Sorbonne et adhérente à l'Unef et à l'UEC. Mais la Sorbonne et la faculté de médecine ne constituent pas le seul terreau sur lequel pousse la gauche syndicale radicale. Les ramifications s'étendent du côté de la faculté de droit, dans un univers majoritairement hostile, ainsi qu'à l'Institut de sciences politiques de Paris. Au début des années 1960, la faculté de droit est devenue un territoire occupé par les organisations d'extrême droite, dont le président d'honneur de la Corpo n'est autre qu'un certain Jean-Marie Le Pen. C'est dire s'il ne fait pas bon être de gauche et encore moins gauchiste à Assas. Un petit réduit de résistance commence cependant à s'organiser et prend le nom d'Association Cujas, oasis d'accueil pour les étudiants de gauche qui font leurs études de droit. Cette organisation regroupe les tendances les plus diverses d'une gauche et d'une extrême gauche solidarisées par l'antifascisme. On croise là des jeunes aussi bien radicaux que catholiques de gauche ou des socialistes, tel Pierre Guidoni, et des militants de l'UEC.

À la fin de 1963, le virage à gauche opéré par l'Unef se traduit par une radicalisation de ses positions. La hausse des loyers en cité universitaire se heurte à un front du refus et suscite la création de la Féruf (Fédération des étudiants en résidence universitaire de France), scission de la Fruf (Fédération des résidences universitaires de France). En janvier 1964, le gouvernement renonce à ses augmentations de loyer et annonce la construction d'une nouvelle université à Nanterre-la-Folie pour désengorger la Sorbonne. Ces concessions ne désarment pas un mouvement étudiant qui, au contraire, entend bien accentuer sa pression sur les pouvoirs publics. Le 21 février 1964, journée internationale de lutte anti-impérialiste, le hasard du calendrier a programmé la visite officielle du président de la République italienne à la Sorbonne. La police investit les lieux la veille, et, le 21 février, le président italien, « accompagné de Christian Fouchet, visite une fac vide[1] ».

Un nouveau front s'ouvre en 1965 à l'occasion du congrès de l'UEC, qui se tient dans le fief stalinien qu'est Montreuil. C'est le second acte pour la direction « pro-parti », dont l'objectif est de parachever le putsch de 1964 en s'emparant cette fois de la totalité des pouvoirs dans l'organisation étudiante. Les « Italiens », laminés par les staliniens, ne se font plus guère d'illusion sur leur sort. Le score sans appel de trois cent quarante-quatre voix contre cent quarante-cinq recueilli par la motion de Guy Hermier propulse ce dernier à la tête de l'UEC. La direction du parti trouve en outre sur sa route un allié inattendu, dont elle n'a plus vraiment besoin, mais qui offre ses services : il s'agit du courant maoïste né à l'ENS d'Ulm, qui ne cesse pourtant de dénoncer le « révisionnisme », les « sociaux-traîtres » et autres « tigres de papier ». Ce courant puise son discours critique dans le travail théorique du philosophe Louis Althusser sur Karl Marx. Parmi ses leaders, on trouve ceux que Clément Rosset appellera non sans humour les Miney et Minet, qui font leur cour à la tante Louise (Althusser)[2], autrement dit Jacques-Alain Miller et Jean-Claude Milner. Ces ulmiens, forts du prestige de l'École normale supérieure et de l'autorité intellectuelle d'Althusser, tentent de faire « triompher la science » en s'alliant à la direction du PCF. Leur ambition est de pousser à l'exclusion du maillon faible constitué par les forces hétéroclites du gauchisme au sein de l'UEC. En décidant de s'allier à Hermier et Catala, ils espèrent écarter les autres courants de la direction et siéger ainsi dans un bureau national expurgé.

Cette purge met fin aux illusions d'une autonomie possible de l'UEC par rapport à l'appareil communiste. En 1965-1966, la mise au pas provoque la naissance de nouvelles organisations, d'abord trotskistes puis maoïstes. Le soutien à la candidature de François Mitterrand suscite l'opposition du secteur lettres de l'UEC, qui est

1. Monchablon, 1983, p. 156.
2. Rosset (sous le pseudonyme de Roger Crémant), 1969.

dissous après les élections de janvier 1966. Les exclus, regroupés autour d'Alain Krivine et Henri Weber, créent la JCR (Jeunesse communiste révolutionnaire), d'obédience trotskiste, qui se dote d'un journal, *Avant-garde jeunesse*. Un an plus tard, en mars 1967, la JCR tient son premier congrès constitutif. Après l'exclusion des trotskistes, la direction du PCF se tourne vers son autre opposition, les maoïstes, regroupés à l'École normale supérieure de la rue d'Ulm autour de Louis Althusser. Ces derniers délaissent le bureau national de l'UEC, mais ne veulent pas prendre l'initiative d'un départ en masse. Alors que le IXᵉ Congrès les somme de quitter le parti, ils n'en font rien. Les cellules sont dès lors mises au pas par l'appareil, et les exclusions se multiplient. En décembre 1967 se tient le congrès fondateur de l'UJCML (Union des jeunesses communistes marxistes-léninistes), annoncé dans *Garde rouge* sous le titre : « Une catastrophe pour le révisionnisme français ; une grande victoire du marxisme-léninisme[1] ».

Les « ulmards »

À Ulm, Louis Althusser est la figure tutélaire de la nouvelle génération. Depuis l'agrégation de philosophie en 1948, il assumait les responsabilités de caïman et de secrétaire de l'ENS. Expression de l'excellence, l'ENS incarne le double avantage de la légitimité savante et du modernisme. Les seules sciences humaines considérées comme « bonnes » sont alors au nombre de trois : psychanalyse, anthropologie et linguistique.

La première innovation du caïman d'Ulm fut d'intégrer Marx au corpus des auteurs étudiés dans le saint des saints de la reproduction des élites. Après avoir publié, en 1960, les *Manifestes philosophiques* de Ludwig Feuerbach[2], Althusser entame, en 1961-1962, un séminaire sur le « Jeune Marx » à la demande de ses élèves. Au séminaire, on trouve Pierre Macherey, Jean-Claude Milner, Roger Establet, Michel Pêcheux, François Regnault, Étienne Balibar, Christian Baudelot, Régis Debray, Yves Duroux, Jacques

1. *Garde rouge*, nº 2, décembre 1966, cité dans BRILLANT, 2003, p. 82.
2. ALTHUSSER, 1960.

Rancière et Michel Tort. Lire les textes de Marx comme on lit Aristote ou Platon était pour les normaliens un événement étonnant à l'époque, même si la méthode littérale de l'explication de texte restait circonscrite à des canons bien connus. Si cette originalité relative enthousiasmait les disciples d'Althusser, le souci politique de battre la ligne Garaudy était tout autant au cœur des préoccupations des normaliens en rupture avec la direction du PCF. Cette dimension politique était essentielle pour cette génération qui militait aussi contre la guerre d'Algérie. Le sentiment de communion était accentué par le cadre de sociabilité intense qu'offrait l'internat de l'École, où tout un travail théorique en commun s'organisait dans le cadre de la préparation au concours.

L'année 1962-1963 est consacrée par Althusser aux origines de la pensée structuraliste. Jacques-Alain Miller traite de l'archéologie du savoir chez Descartes, et Pierre Macherey des origines du langage[1]. En 1964, Althusser, avec l'aide de ses disciples, oriente le séminaire vers la lecture collective du *Capital* de Marx. Le changement d'orientation politique qu'ils souhaitent de la part de la direction du PCF doit en passer par la science. Le climat scientiste ambiant accentue encore l'enthousiasme d'une génération qui croit pouvoir réaliser la synthèse entre rationalité moderne et problématisation philosophique. Si les linguistes s'en prennent à l'homme et à l'œuvre, si les anthropologues et psychanalystes contournent les modèles conscients, les philosophes althussériens s'attaquent à l'humanisme que l'on enterre avec joie et délectation comme un oripeau datant des temps révolus de la bourgeoisie triomphante. L'homme fait l'objet d'une destitution : il doit rendre les armes et son âme pour laisser la place aux diverses logiques de conditionnement dont il n'est qu'un des plis dérisoires.

En 1963, Jacques Lacan, en guerre contre l'institution psychanalytique où il faisait figure de proscrit, est invité dans l'enceinte de l'ENS par un Louis Althusser qui trouve en lui un allié de poids contre l'humanisme et le psychologisme. Lacan constitue avec Althusser un attelage aussi curieux que fascinant auprès d'une génération qui devient en partie althusséro-lacanienne. Beaucoup

---

1. Informations reprises de ROUDINESCO, 1986, t. II, p. 386.

d'althussériens passent alors de Marx à Freud, d'Althusser à Lacan, les *Cahiers pour l'analyse* constituant l'essentiel de l'expression de ce lacanisme ulmien issu de l'althussérisme. Les althussériens se trouvent ainsi fractionnés entre ceux qui, dans une stricte filiation à leur maître, restent dans le champ de la philosophie, tels Étienne Balibar, Pierre Macherey ou Jacques Rancière, et ceux qui se convertissent à la psychanalyse, choisissant l'exercice d'une pratique sociale concrète. Tout un courant althusséro-lacanien va se reconnaître dans une position dite antirévisionniste, contre la révision du marxisme à la fois par les Soviétiques et la direction du PCF, et contre la révision du freudisme par les héritiers officiels de l'API. La symbiose entre les deux courants est tout à la fois théorique et stratégique. En ce milieu des années 1960, les foules chinoises brandissant le *Petit Livre rouge* sur la place Tian'anmen représentent pour eux l'espérance de la fin du Vieux Monde. La figure du maître va vite revêtir le visage de Mao, le timonier de la Chine nouvelle, saluant la naissance du Nouveau Monde. Le rêve d'une osmose entre les clercs et les travailleurs manuels est porté à son paroxysme, et comme le souligne Christian Delacroix, « jamais sans doute cette fascination et ce désir de fusion n'avaient provoqué un tel degré d'engagement radical ni atteint une telle intensité que dans ces années-là[1] ». Ulm est alors le lieu même de l'avant-garde politique, avec son noyau d'étudiants communistes de l'UEC en rupture avec le PCF pour créer l'UJCML, aile maoïste qui a pour meneurs Robert Linhart, Benny Lévy ou Jacques Broyelle. Ils créent une revue, *Cahiers marxistes-léninistes*, qui regroupe les tenants du maoïsme. De ce courant naît en 1966 une autre revue, *Cahiers pour l'analyse*. Lancée par le gendre de Lacan Jacques-Alain Miller en tant que revue théorique althusséro-lacanienne[2], elle se donne pour objectif d'interroger la scientificité des disciplines dans une perspective épistémologique.

---

1. DELACROIX, Christian, 2008, p. 125.
2. Le comité de rédaction des *Cahiers pour l'analyse* est composé de Jacques-Alain Miller, Jean-Claude Milner, Alain Badiou, Alain Grosrichard et François Regnault.

Les « situs »

Dans le Paris de l'immédiat après-guerre, un mouvement qui prit le nom de « lettrisme » s'était constitué autour d'un immigré juif né en Roumanie qui se faisait appeler Isidore Isou. À la fois poète, peintre, cinéaste, dramaturge et économiste, il donna sa première intervention publique en janvier 1946 et reçut le soutien de Raymond Queneau et de Jean Paulhan. Il s'ensuivit, de la fin des années 1940 au début des années 1950, toute une série de publications qui entendaient favoriser, au nom de la jeunesse, une créativité débridée et le concept d'*externité*.

Ce mouvement se distinguait par l'art du détournement, le collage de diverses formes d'expression culturelle et le sarcasme généralisé, tel ce tract annonçant « Finis les pieds plats » et s'achevant par « Go Home Mister Chaplin ». La revue *Soulèvement de la jeunesse* publiait dans son premier numéro, paru en juin 1952, un « Manifeste » affirmant que « la jeunesse est la seule garantie d'un monde neuf ». On pouvait aussi y lire un faux entretien avec le philosophe Jean Wahl, « La vraie histoire du festival de Cannes », ainsi que ces propos iconoclastes :

> Pourquoi le stupide be-bop, disgracieux, sautillant, hystérique, incompréhensible. Pourquoi ? [...] Non, nous n'aimons plus votre cinéma discret, vos salles sombres et égales [...]. Il nous faut des valeurs neuves, stupides, sonnantes, bariolées, laides, nous saurons les *vêtir* et les *éduquer* [...]. Nous préférerons toujours à votre littérature tranquille l'agitation, le désordre, l'inachevé, l'antibeauté provisoire des arts insolites[1].

Dans une autre revue du mouvement, *Ur*, dirigée par Maurice Lemaître, les numéros 2 (1951) et 3 (1953) portaient en sous-titre « La dictature lettriste », ainsi que, pour ce dernier, « Cahiers du mouvement isouien ». En 1952, à Bruxelles, des lettristes dissidents[2] constituaient une Internationale lettriste qui se rapprochait du marxisme révolutionnaire et du dadaïsme. Ils politisaient le

---

1. O., 1952.
2. Jean-Louis Aran, Guy-Ernest Debord, Serge Berna et Gil Joseph Wolman.

propos et se joignaient à d'autres tenants de l'expérimentation artistique, tel le danois Asger Jorn, peintre autodidacte qui avait résisté au nazisme pendant la guerre et entendait redonner après guerre toute sa place au surréalisme en créant le mouvement Cobra (COpenhague-BRuxelles-Amsterdam) : « Notre expérimentation, écrivit-il dans la revue *Cobra*, cherche à laisser s'exprimer la pensée spontanément, hors de tout contrôle exercé par la raison[1]. » L'autre tête de pont de ce qui allait prendre, en juillet 1957, le nom d'Internationale situationniste fut le peintre marxiste hollandais Constant Nieuwenhuys, qui écrivait dans la revue *Reflex* : « Après avoir glorifié le pouvoir des empereurs et des papes, dont elle s'est employée à flatter l'apparence, la culture occidentale s'est mise au service d'un nouveau pouvoir, la bourgeoisie, devenue un moyen d'exaltation des idéaux de cette dernière[2]. » Le troisième homme du mouvement fut le Français Guy Debord, qui, dans les années 1950, participait à Paris à une sociabilité singulière d'artistes marginaux dans le quartier de Mabillon.

L'IS (Internationale situationniste) se veut d'abord et avant tout une avant-garde artistique ancrée dans une approche marxiste de la culture dite bourgeoise. Un tournant radical s'opère avec le départ de Nieuwenhuys en 1960 et de Jorn en 1961. Sous l'impulsion de Debord, l'IS radicalise sa dimension politique : « Il ne s'agit pas de mettre la poésie au service de la révolution, peut-on lire dans *L'Internationale situationniste*, mais bien de mettre la révolution au service de la poésie. C'est seulement ainsi que la révolution ne trahit pas son projet[3]. » Devenu seul maître à bord, Debord expérimente ce qui deviendra une pratique coutumière de l'organisation, la pratique des exclusions. Comme l'écrit l'historienne du mouvement Anna Trespeuch-Berthelot : « L'usage d'œuvres d'art sera désormais proscrit pour "détruire le spectacle". À la suite de cette décision, une partie des artistes récalcitrants est exclue en février 1962[4]. »

Les thèses développées empruntent pour beaucoup à la critique

---

1. JORN [1948], 1985, p. 69.
2. NIEUWENHUYS [1948], 1985, p. 31.
3. *Internationale situationniste*, n° 8, janvier 1963, p. 31.
4. TRESPEUCH-BERTHELOT [2011], 2015, p. 119.

de la vie quotidienne opérée par le philosophe Henri Lefebvre, mais en se tenant à distance des intellectuels, tous honnis, qu'ils soient de gauche ou de droite. Les Sartre, Ponge, Aragon ou Genet ne sont aux yeux de Debord que l'expression de la pourriture du système. En 1961, celui-ci fait un crochet chez les « sociaux-barbares » (Socialisme ou barbarie) et en sort aussi vite qu'il y est entré, ne supportant pas le magistère de Cornelius Castoriadis, qui bride son désir de pouvoir. À cette date, Debord, alors qu'il pratique une politique de fermeture des adhésions pour préserver le caractère élitaire de son groupe, agrège à l'IS un jeune Belge, Raoul Vaneigem, qui deviendra un des porte-drapeaux du mouvement. Même Lefebvre, qui était pourtant l'exception et dont les thèses ont été pillées par les situationnistes, fait les frais des insultes de l'IS, qui, en février 1963, distribue un tract l'accusant de plagiat et annonçant que sa place est dans les « poubelles de l'histoire ». Debord est surtout soucieux de construire sa légende et sa statue en cumulant le double prestige de la critique de la culture et de la radicalité politique dans le petit cénacle qu'est l'Internationale situationniste.

Dans le contexte historique de la contestation généralisée d'une jeunesse scolarisée, notamment estudiantine, l'IS se fait soudain connaître en 1966, à Strasbourg, en s'emparant du bureau de l'Afges (Association fédérative générale des étudiants de Strasbourg). L'IS décide de faire paraître une brochure provocatrice, et qui restera célèbre, sous le titre *De la misère en milieu étudiant considérée sous ses aspects économique, politique, psychologique, sexuel et notamment intellectuel et de quelques moyens pour y remédier*. Pour donner le plus d'échos à leurs thèses, les situationnistes décident de faire un coup d'éclat lors de la cérémonie d'inauguration de la chaire de psychosociologie d'Abraham Moles en lançant des tomates. « Je pense que les cent crétins qui étaient là, commente Debord, en parleront partout comme d'un événement tout de même extraordinaire[1]. »

Le mouvement perce vraiment en 1967 avec la publication de *La Société du spectacle* de Debord et du *Traité de savoir-vivre à l'usage des jeunes générations* de Vaneigem. La violence verbale

---

1. Guy Debord, lettre à Mustapha Khayati, octobre 1966, citée dans TRESPEUCH-BERTHELOT [2011], 2015, p. 276.

du petit groupe de Debord ne cesse de s'exprimer, y compris contre François Maspero, qui demande à distribuer la brochure *De la misère...*, et qui reçoit pour toute réponse : « Con stalinien, ce n'est pas par hasard que tu n'as pas eu notre brochure. On te méprise[1]. » Cette violence verbale se double parfois de violence physique, comme lors d'une opération coup de poing contre le libraire-éditeur Georges Nataf, accusé par Debord de « mythomanie » pour avoir cru pouvoir rééditer quelques textes de l'Internationale situationniste. « Ils mettent tous à sac sa librairie, commente Trespeuch-Berthelot, et marquent d'un cachet tous les ouvrages en vente pour signifier leur mise à l'index au regard des critères situationnistes[2]. »

UNE NOUVELLE DONNE

Dans la France en pleine mutation sociale des années 1960, la modernisation est favorisée par le Marché commun, créé par le traité de Rome en 1957. Cela oblige à sortir des cadres traditionnels ruraux et agricoles des années 1950, et, en peu de temps, à la faveur des Trente Glorieuses, le pays s'urbanise et voit sa population active se tertiariser et ses paysans disparaître.

Le sociologue Henri Mendras établit l'acte de décès de l'immense paysannerie française en 1967[3] et décrit bien ce retournement : « Les paysans retiennent de plus en plus l'attention des ethnologues, qui ne s'intéressent plus uniquement aux coutumes étranges des peuples sauvages[4]. » Mendras se pose même la question angoissante de savoir ce que pourrait être un monde sans paysans. Plus tard, en 1988, il qualifiera ce phénomène de mutation sociale en parlant de seconde Révolution française, non moins importante que la première[5]. Dès les années 1950, Jean Fourastié

---

1. « Quelques refus aisément prévisibles », *Internationale situationniste*, n° 11, octobre 1967, p. 56.
2. Trespeuch-Berthelot [2011], 2015, p. 312.
3. Mendras, 1967.
4. *Ibid.*, p. 29.
5. Mendras, 1988.

s'était fait l'apôtre optimiste de la croissance[1]. Plus tard, il parlera de « révolution invisible[2] ». Cette révolution, qui accomplit
le rêve des Lumières en assurant la modernisation de la société
française, reste pourtant, selon lui, fondamentalement inaccom-
plie, laissant sur le bord de la route la question de l'harmonie
sociale et de la quête du bonheur. Loin de se réaliser au rythme du
taux de croissance, le bonheur présuppose des conditions réelles
et une conception collective cohérente du monde à construire. Si
le XIXe siècle a confirmé sa croyance dans les capacités promé-
théennes de l'homme, le XXe siècle ne peut plus porter ce rêve, ce
dont témoignent avec acuité les artistes :

> Surtout depuis 1950, nos artistes seraient moins l'annonce d'une
> prochaine révolution de nos conceptions actuelles du monde que
> l'expression du désarroi où a sombré l'homme moyen, depuis
> qu'il est vraiment privé des conceptions du monde traditionnelles,
> aujourd'hui seulement à peu près totalement détruites[3].

La société de consommation apparue au fil de ces années se
tourne de plus en plus vers les activités de loisir, au point que le
sociologue Joffre Dumazedier y voit le signe de l'émergence d'une
nouvelle civilisation[4]. Par rapport aux obligations professionnelles,
le loisir apparaît comme un point de rupture susceptible « de provoquer un changement capital dans la culture elle-même[5] ». Le creuset
de cette civilisation du loisir suit la montée en puissance de la diffusion de la télévision, dont le public, d'après un sondage réalisé en
1969, attend à 80 % un surcroît de détente. Avec l'émission culte
de Guy Lux *Intervilles*, créée dès 1962, il est servi. La télévision est
aussi le support privilégié pour assister aux grandes épreuves spor-
tives, que ce soit la Coupe du monde de football, la route du Tour
de France et les fameux duels entre Jacques Anquetil et Raymond
Poulidor, le tournoi des Cinq-Nations ou les exploits à skis de Jean-
Claude Killy ou de Marielle Goitschel. De plus, le petit écran, qui

---

1. FOURASTIÉ, 1949 et 1951.
2. ID., 1979.
3. *Ibid.*, p. 272.
4. DUMAZEDIER [1962], 1972.
5. *Ibid.*, p. 235.

ne diffuse qu'une seule chaîne en noir et blanc jusqu'en 1963, puis deux jusqu'en 1972, devenues en couleur en 1967, se dote d'une ambition éducative. Un certain nombre de ces réalisations ont un tel impact qu'elles resteront dans les mémoires comme l'âge d'or de la télévision, telles la mise en scène des *Perses* d'Eschyle par Jean Prat en 1961 ou l'émission « La caméra explore le temps ». Le secteur du reportage est lui aussi bien représenté par « Cinq colonnes à la une », de Pierre Desgraupes, Pierre Dumayet et Igor Barrère, qui, à partir de 1965, joue un rôle non négligeable dans la sensibilisation grandissante à la guerre du Vietnam. La culture des loisirs pèse aussi d'un poids grandissant dans les dépenses des ménages, l'équipement des foyers en appareils électroménagers et en véhicules automobiles se mettant à jour avec la modernité[1].

Un certain nombre de penseurs adaptent leurs analyses à ces évolutions, et, tout en préservant leur regard critique et leur posture révolutionnaire, remettent en question les catégories dogmatiques qui ne correspondent plus à l'état social existant. Ils se retrouvent en phase avec les préoccupations du moment d'une jeunesse prise entre révolte et révolution. C'est le cas d'Henri Lefebvre, qui, exclu du PCF, oriente sa réflexion vers une critique de la vie quotidienne dans la société moderne[2]. À l'université de Nanterre, qui va devenir le chaudron de la révolte de Mai 68, Lefebvre enseigne en 1967, dans un grand amphi, la sociologie du monde moderne à deux mille étudiants. Outre cet enseignement théorique, il invite les étudiants à observer avec attention le monde dans lequel ils sont plongés, et notamment le tissu urbain qui défile devant leurs yeux dans le train qui les conduit de la gare Saint-Lazare à la station Nanterre-la-Folie. « Quand Lefebvre enseigne que "l'œuvre de l'homme, c'est lui-même", écrit Rémi Hess, il montre par l'exemple qu'il y a une esthétique plutôt qu'une éthique à élaborer. La vie doit être pensée comme projet, et le projet comme vie[3]. » Lefebvre conduit ses étudiants à réfléchir aux relations entre ce qui est conçu et ce qui est vécu.

---

1. En 1954, 7,5 % des ménages possèdent un réfrigérateur, contre 50 % en 1964 et 91 % en 1975. En 1954 toujours, 21 % des ménages possèdent une automobile, contre 61,1 % en 1975 (RIOUX et SIRINELLI [dir.], 1998, p. 283).
2. LEFEBVRE, Henri, 1947-1962 ; ID., 1962 et 1968.
3. HESS, 1988, p. 230.

En cette année 1967, Lefebvre publie un brûlot contre la techno-cratisation de la société[1]. Il y poursuit une lecture de l'historicité qui se jouerait dans une lutte sans merci entre anthropes et cybernan-thropes. Ces derniers seraient en train de l'emporter en imposant une même société de consommation partout dans le monde, conduisant à l'uniformité, et en sécrétant leur propre poison[2]. En regard de cette logique implacable, l'anthrope ne peut réagir que par la création, l'in-novation et l'invention. Les révolutions techniques en pleine explo-sion affectent non pas le seul monde du travail, mais aussi celui de la quotidienneté : « La haute technicité, explique Lefebvre, pénètre dans le quotidien sous la forme du *gadget*[3]. » Le monde est mis en spectacle pour alimenter une consommation de plus en plus dévorante qui soustrait le consommateur à une participation sociale active[4].

La pensée critique indépendante se transmet aussi en France par l'intermédiaire de l'École de Francfort, et notamment par un de ses représentants devenu américain, Herbert Marcuse, qui a tenté d'ar-ticuler un marxisme ouvert et la théorie psychanalytique de Freud en rompant avec le pessimisme de ce dernier[5]. Daniel Cohn-Bendit répondant en juin 1968 à une question du *Nouvel Observateur*, déclare « Marcuse : qui est-ce ? », mais cette boutade, outre qu'elle fait écho à la déclaration de Georges Séguy, secrétaire de la CGT, « Cohn-Bendit : qui est-ce ? », témoigne de la volonté de ne pas réduire le mouvement de Mai à un père spirituel putatif. Publié en mai 1968 aux Éditions de Minuit, *L'Homme unidimensionnel* se vend au rythme de mille exemplaires par semaine[6]. Marcuse est alors exagérément présenté comme le maître à penser des étudiants contestataires. Si *Éros et civilisation* date de 1955 et *L'Homme uni-dimensionnel* de 1964, ces ouvrages n'étaient toutefois disponibles qu'en anglais. Reste que le philosophe jouit indiscutablement en 1968 d'une réputation mondiale et qu'il fait figure d'inspirateur d'une jeunesse américaine à la pointe de la contestation sur les cam-pus. Il est aussi devenu la référence des contestataires allemands et

1. LEFEBVRE, Henri, 1967.
2. *Ibid.*, p. 228.
3. *Ibid.*, p. 23.
4. *Ibid.*, p. 25.
5. MARCUSE, 1963.
6. Information dans TREBITSCH, 2000, p. 71.

l'ami personnel de Rudi Dutschke, chef de la SDS (Sozialistischer Deutscher Studentenbund — Union socialiste allemande des étudiants). Dans de nombreux pays, les manifestants scandent son nom parmi les trois « M » : « Marx, Mao, Marcuse ». En France, son œuvre n'est connue, comme le souligne Michel Trebitsch, que par le biais de revues qui ont publié certains de ses textes[1].

La proximité entre Lefebvre et Marcuse est frappante. On y trouve une même critique de la rationalité technicienne et de la vie quotidienne, ainsi qu'une même volonté de révolution sexuelle. Les étudiants nanterrois, écrit Trebitsch,

> sont culturellement prêts à s'imprégner de freudo-marxisme et de Marcuse, mais sans doute pas ignorants du cours de Lefebvre en 1966-1967, qui portait sur « Sexualité et société »[2].

Dans les années 1960, au-delà du cas Marcuse, c'est toute la pensée critique hétérodoxe du marxisme qui gagne en visibilité, grâce notamment aux travaux de la revue *Arguments* d'Edgar Morin, poursuivis dans la collection du même nom animée par Kostas Axelos aux Éditions de Minuit[3].

Les mutations sociales sont aussi à l'origine d'un renouvellement des analyses issues d'une gauche moderne qui remet en question la *doxa* marxiste et fait émerger de nouvelles voies, que l'on qualifiera plus tard de « deuxième gauche ». Citons parmi ses principaux représentants Serge Mallet, membre de l'UGS puis du PSU, et Alain Touraine, membre du PSA puis également du PSU, tous deux proches d'*Arguments*, qui consacre un de ses numéros de 1959 à cette question[4], et de *France Observateur*[5]. Ces sociologues prennent acte des modifications et de la diversité du travail

1. MARCUSE, 1956, 1960 (a), 1960 (b), 1962, 1963 (b), 1966 (a) et 1966 (b).
2. TREBITSCH, 2000, p. 86.
3. C'est ainsi que Theodor Adorno, Wilhelm Reich, Karl Mannheim, Leszek Kołakowski, Milovan Djilas, Antonio Gramsci et György Lukács peuvent être découverts par des lecteurs français.
4. COLLECTIF, 1959, où l'on retrouve Alain Touraine, Michel Collinet, Bernard Mottez, Michel Crozier, Jacques Doiny et Serge Mallet, ainsi que trois syndicalistes, Pierre Le Brun (CGT), André Barjonet et Albert Détraz (CFTC), et un ouvrier, membre de Socialisme ou barbarie, Daniel Mothé.
5. TOURAINE, 1977, p. 241.

ouvrier : poids des ouvriers spécialisés dans cet ensemble ; apparition de nouvelles formes de qualification ouvrière ; présence d'une main-d'œuvre étrangère surtout dans les emplois les moins qualifiés. Ils voient poindre en outre de nouvelles figures sociales de l'ouvrier, en particulier celle de l'ouvrier consommateur, qui, aussi bien pour Bernard Mottez que pour Touraine, Mallet ou Collinet, est un facteur sinon d'intégration sociale, du moins de rupture de l'isolement, qui abaisse les frontières de la spécificité ouvrière. Tous constatent que non seulement les techniciens, en nombre croissant, mais aussi les ingénieurs et les cadres jouent le rôle que jouaient dans le passé les ouvriers qualifiés. On est certes loin des analyses du PCF sur la paupérisation de la classe ouvrière, mais, comme le souligne Mottez, « le travailleur n'en prend que plus conscience de la distance qui le sépare des autres groupes sociaux[1] ». L'accroissement du nombre des employés et des cadres dans la société comme dans les grandes entreprises industrielles signifie en premier lieu que la « prolétarisation » ne s'est pas réalisée et que le face-à-face entre ouvriers et patrons tend à se rompre. Pour Touraine, si la bureaucratisation a pour conséquence de dissoudre ou du moins d'éloigner l'affrontement ouvriers-patronat, elle rapproche les ouvriers des employés, membres de la « classe moyenne salariée », dont l'alliance avec la classe ouvrière devrait servir de fondement social à l'unification de la gauche[2].

Le souci de « dialectiser » réforme et révolution en fonction des mutations sociales est partagé par cet autre inspirateur de la deuxième gauche qu'est André Gorz, qui s'exprime régulièrement dans *Le Nouvel Observateur* sous le nom de plume de Michel Bosquet. Juif d'origine autrichienne, né en 1923 à Vienne, il passe les années de guerre en Suisse et s'enthousiasme en 1943 pour *L'Être et le Néant* de Sartre, dont il devient vite un proche. Gorz publie les premiers extraits de son autobiographie dans *Les Temps modernes* en 1961[3], et, après la disparition de Merleau-Ponty, intègre le comité de direction de la revue, avant d'en devenir de fait le directeur politique, ce qui fait de lui un intellectuel des plus influents. Attentif

---

1. Mottez, 1959, p. 6.
2. Touraine, 1959, p. 12.
3. Gorz, 1957 et 1958.

aux transformations de ce qu'il qualifie de néocapitalisme, il s'inspire de marxistes italiens tels que Bruno Trentin ou Vittorio Foa et se rapproche de la CFDT (Confédération française démocratique du travail)[1]. Dans *Le Socialisme difficile*[2], Gorz tente de conjuguer réforme et révolution, mais sans croire à un passage insensible du capitalisme au socialisme. Il défend l'idée d'une phase préparatoire qui enclenche, grâce à des réformes de structure, un processus de transformation permettant de basculer vers une autre logique économique et sociale[3] et compte plus sur la socialisation progressive des fonctions de direction et l'autogestion que sur l'action étatique.

Sous les effets de la modernisation, la société est saisie par de profondes mutations au moment même où la jeunesse aspire à faire entendre sa différence, que ce soit sous la forme de l'expression musicale ou celle de la contestation des institutions. L'ordre traditionnel s'en retrouve, et pour longtemps, doublement fissuré.

---

1. FOUREL (dir.), 2009, p. 23.
2. GORZ, 1967.
3. *Ibid.*, p. 71.

17

L'imaginaire révolutionnaire se déplace

L'année 1962 est marquée par la fin de la guerre d'Algérie et la stabilisation des institutions par le général de Gaulle avec la constitution de la Ve République. La France peut se lancer à corps perdu dans la modernisation de ses structures économiques et sociales. La jeune génération née à la politique dans les combats du conflit algérien reste en alerte. Ce que l'on sait de la réalité politique de l'autre côté de ce qui est devenu, à Berlin, un mur en 1961 ne suscite guère l'enthousiasme. Le rêve de révolution prend la clé des champs, mais l'espérance en un monde meilleur trouve matière à se perpétuer sous la forme d'une force politique nouvelle, et qui tend à se substituer au prolétariat comme moteur de l'histoire, qu'Alfred Sauvy avait baptisée dès 1952 le tiers-monde. Au terme d'un article paru dans *L'Observateur*, celui-ci avait mis en garde les puissants de l'Ouest comme de l'Est en paraphrasant l'abbé Sieyès : « Ce tiers-monde, exploité, méprisé comme le tiers état, veut, lui aussi, être quelque chose[1]. »

1. Sauvy [1952], 1986.

UN NOUVEAU FRONT

Pour beaucoup d'intellectuels déçus par les partis traditionnels et en quête de nouveaux repères, l'immédiat après-guerre d'Algérie est une période de latence et de regroupement dans des clubs de réflexion qui éclosent dans tout le pays. Le plus connu d'entre eux, le club Jean-Moulin, est créé au lendemain de mai 1958. « D'une certaine manière, écrit Pascal Ory, le club Jean-Moulin et plus d'une centaine d'autres clubs apparus à cette époque — parfois en province, comme le cercle Tocqueville à Lyon — furent aussi des structures de repli pour des clercs démobilisés, mais non déconnectés du débat civique[1]. » Le succès spectaculaire du gaullisme a manifestement fait refluer le magistère intellectuel, rendant inaudible la parole des intellectuels, réduits à l'insignifiance. Leur pratique pétitionnaire traditionnelle devient particulièrement atone après 1962, traduisant les progrès du consensus que le général de Gaulle parvient à établir autour de sa personne et de sa politique. Par ses soubresauts, le tiers-monde agrège cependant les consciences révoltées dans la lutte contre l'impérialisme.

Au milieu des années 1950, Georges Balandier avait dirigé la publication d'un ouvrage collectif, préfacé par Alfred Sauvy, qui soulignait les effets désastreux de l'échange inégal et de la distorsion explosive dans les pays du tiers-monde entre croissance démographique et stagnation des ressources[2]. Il mettait en étroite corrélation les risques encourus par les pays industrialisés s'ils laissaient se perpétuer de tels déséquilibres : « On ne peut plus douter que l'avenir prochain des pays sous-développés ne détermine aussi notre propre avenir. Leur inquiétude est devenue notre inquiétude ; dans la mesure même où elle conditionne une révolte qui se dirige contre les nations privilégiées[3]. » Ce début de prise de conscience suivait de peu la fameuse conférence de Bandung (1955), puis celles du Caire (1957) et de Belgrade (1961), qui contribuèrent

---

1. ORY et SIRINELLI, 1986, p. 205.
2. BALANDIER (dir.), 1956.
3. *Ibid.*, p. 369.

fortement à l'expression d'une troisième force internationale à l'écart des chemins balisés des deux superpuissances. Les nouvelles nations libérées du joug colonial et en quête d'une solidarité entre elles donnaient naissance à une stratégie de « non-alignement » qui pouvait prendre diverses formes, telles que panarabisme, panafricanisme, afro-asiatisme, etc. Se dessinaient les contours d'un projet dit « tricontinental » des pays du Sud que l'on allait de plus en plus désigner comme le tiers-monde, même si ce qualificatif recouvrait des réalités nationales très contrastées. En 1959, le géographe Yves Lacoste avait publié un « Que sais-je ? » intitulé *Les Pays sous-développés*, vite devenu un best-seller, puis, en 1965, une *Géographie du sous-développement*. « Entre 1957 et 1965, écrit Laurent Jalabert, on peut relever plus de cent titres en français sur le tiers-monde pour les seules sciences humaines[1]. »

Toute une génération en rupture avec le PCF, marquée par les désillusions de 1956, les combats pour l'indépendance de l'Algérie et la dynamique impulsée par Bandung transfère alors sur le tiers-monde une espérance que l'URSS ne peut plus porter. « C'est ainsi, selon l'historien de la colonisation Claude Liauzu, que le tiers-mondisme a pu devenir pour une partie de ces couches la dernière utopie[2]. » Liauzu voit même dans cette posture l'expression d'un « parti intellectuel » en butte aux blocages de la Ve République qui suscite ce transfert des espoirs révolutionnaires « vers les trois continents, la relève d'un Billancourt désespérant par de nouveaux *Damnés de la terre*[3] ». On va alors se mettre à chercher des héros dans ces territoires éloignés. En 1961, Jean Lacouture, reporter au *Monde* et au *Nouvel Observateur*, fait ses premiers portraits hauts en couleurs de ces héros de la décolonisation et du non-alignement qui contestent la suprématie occidentale : Hô Chi Minh, Habib Bourguiba, Ferhat Abbas, Mohammed V et Sékou Touré[4]. Commençant là sa longue carrière de biographe, il conforte le sentiment admiratif de la métropole coloniale envers ceux qui ont conquis leur indépendance. Avant de s'attaquer aux monstres sacrés de la

1. JALABERT, 1997, p. 76.
2. LIAUZU, 1986, p. 75.
3. *Ibid.*
4. LACOUTURE, 1961.

littérature française, Lacouture publie en 1967 la biographie de Hô Chi Minh puis en 1971 celle de Nasser. De nouvelles icônes entrent ainsi dans le panthéon des intellectuels français et habitent l'imaginaire politique de la jeune génération, qui s'identifie à leur combat. Le média télévisuel a pour effet de précipiter cette identification en donnant au combat de ces leaders tropicaux une universalité qui devient, à partir des années 1960, non plus anticoloniale, mais anti-impérialiste. Dans le contexte postcolonial, les héros de la décolonisation laissent la place à de nouvelles figures d'identification, au premier rang desquelles Fidel Castro, Hô Chi Minh, Mao Zedong et Che Guevara. Portant le sens de l'histoire, elles apparaissent comme les valeureux David défiant la puissance de Goliath. Cette héroïsation s'accompagne de la découverte de littératures transmises par des ethnologues tels que Michel Leiris, qui défend leur cause et contribue à faire connaître son ami Aimé Césaire, qu'il présente comme « l'écrivain noir le plus évident[1] ».

Au sein de la jeune génération engagée à gauche et espérant un monde meilleur sous les tropiques, les chrétiens de gauche ne sont pas en reste. Pour eux aussi, l'âge d'or du tiers-mondisme prolonge l'œuvre des missions et des associations d'aide humanitaire sur les divers continents. Selon l'historienne Sabine Rousseau, « la plupart des mouvements d'Action catholique se dotent d'une branche internationale qui multiplie les contacts avec l'outre-mer[2] ». Le militantisme tiers-mondiste des catholiques est conforté par les prises de position de Rome. L'encyclique *Mater et magistra* de 1961 prône en effet la solidarité entre les peuples. En 1961, le secrétariat général de l'Action catholique annonce la création d'un CCFD (Comité catholique contre la faim et pour le développement), qui entend se mobiliser contre trois formes de famine : matérielle, culturelle et spirituelle. Alors que se prépare et se tient le concile Vatican II, les signes émis par Rome confortent de plus en plus ceux qui sont engagés dans l'aide au tiers-monde. Ainsi que le rappelle Rousseau, l'action peut désormais prendre appui sur « les encycliques *Pacem in terris* (1963), pour la paix entre les peuples, et

1. LEIRIS [1989], 1997, p. 616.
2. ROUSSEAU, 2012, p. 458.

Populorum progressio (1967), pour le développement des peuples, ainsi que sur la constitution pastorale *Gaudium et spes* (1965), encourageant l'apostolat des laïcs[1] ». Pour appuyer ce mouvement, Georges Hourdin, responsable du groupe des Publications de la Vie catholique, crée en 1961 la revue mensuelle *Croissance des jeunes nations*. Au début des années 1960, l'Afrique devient une terre de missions privilégiée, notamment l'Afrique noire, où les problèmes de malnutrition sont les plus criants. Cette aide montre toutefois rapidement ses limites et ne peut que colmater des brèches, sans changer la donne. Ceux qui dénoncent les inégalités entre Nord et Sud et définissent des voies de sortie du sous-développement considèrent que cela ne peut se réaliser sans briser les chaînes de l'exploitation impérialiste et rejoindre les luttes d'émancipation des peuples. Il naît de cette évolution une solidarité en acte avec les combats en cours, que l'on appellera bientôt la « théologie de la libération », soit une politisation de cet engagement et un déplacement géographique vers les pays d'Amérique centrale et latine. Pie XII, puis Jean XXIII invitent d'ailleurs à combattre avec détermination le sous-développement.

Le parcours de Michel de Certeau est significatif de cet état d'esprit. Engagé dans la Compagnie de Jésus pour aller en Chine, il connaît le sort de Christophe Colomb, qui, croyant se rendre en Orient, s'était retrouvé en Amérique. C'est avec passion que Certeau traverse de part en part le continent latino-américain, laissant une trace forte dans tous les lieux où il séjourne. Le terrain latino-américain séduit d'autant plus le jésuite qu'il se trouve à la croisée d'une modernité qui se met en place à une vitesse stupéfiante dans une société très religieuse, non encore sécularisée. Le double engagement politique et religieux peut s'exprimer sans les procédures d'occultation nécessaires en Occident. La foi et la révolution ; l'internationale et les chants liturgiques ; la samba et les processions religieuses peuvent se conjuguer, se décliner ensemble sans exclusive. Ajoutons les mille et un métissages et emprunts aux civilisations précolombiennes que l'on retrouve dans le syncrétisme du christianisme latino-américain.

Du 27 octobre au 6 novembre 1966, Certeau suit pour la revue

---

1. *Ibid.*, pp. 462-463.

Études le congrès de la CLAR (Confédération latino-américaine des religieux), qui réunit les représentants des congrégations et de l'épiscopat brésilien à Rio de Janeiro. Faisant de la situation religieuse des pays d'Amérique latine le sujet d'une réflexion à la fois sociologique et théologique, il souligne la place incomparablement plus forte qu'en Europe des congrégations religieuses, avec davantage de prêtres religieux (dix-neuf mille) que de prêtres diocésains (dix-huit mille). Quant au nombre de religieuses, il a doublé en vingt ans, passant de cinquante-huit mille en 1945 à cent dix mille en 1965. Ce continent en pleine mutation est soumis à des tensions sociales dramatiques et à une paupérisation galopante, visible à Rio même où se tient le congrès et où le tiers des habitants vit dans des *favelas* sur les collines surplombant la baie, « excommuniés de cette ville resplendissante et aussi semble-t-il, de la lumière qui enveloppe, la nuit, le Christ trop lointain de Corcovado[1] ».

C'est à ces disparités croissantes qu'entendent s'attaquer les délégués du congrès. Tous les débats tournent autour de la notion de développement, de la nécessité d'un changement radical d'orientation, d'une mobilisation effective contre la pauvreté. La simple juxtaposition impuissante des analyses socioculturelles et des systèmes théologiques ne suffit pas. À Rio, Certeau observe la mission catholique installée au milieu des taudis. Tout un travail de conscientisation est réalisé dans la *favela dos cabritos* pour aider les femmes de ce « bidonville des chevreaux » à gagner un peu d'argent en leur donnant les rudiments d'un métier : « En ce coin peuplé de *biscateiros* (pour les hommes, pas d'autres travaux que des *biscatos*, des bricoles), elles gagnent l'argent, elles tiennent les maisons, elles élèvent les gosses qu'on leur fait[2]. » Ces efforts de promotion culturelle permettent de petits miracles qui, bien que n'étant que « gouttes d'eau dans la mer[3] », sont parfois relayés et amplifiés par des actions politiques et des tentatives de réformes scolaires et universitaires de plus grande ampleur. Le prolongement politique de l'action sociale est inévitable, avec son lot de tensions à l'égard des pouvoirs en place, car « s'abstraire du politique, c'est

---

1. CERTEAU, 1967 (a), p. 109.
2. ID., 1967 (b), p. 344.
3. *Ibid.*, p. 347.

ici, pratiquement, accepter une politique, celle-là même qui espère des autorités morales un appui au moins tacite[1] ». L'Église est conduite à prendre position sur la misère sociale et l'usage de la torture par les régimes militaires, un arrière-plan social et politique très présent dans la réflexion théologique conduite lors de la semaine internationale de la catéchèse de Medellín, en Colombie, en août 1968. Les tâches à réaliser sont immenses. L'apostolat sacerdotal est souvent confronté à une prolifération d'expériences spirituelles populaires, généralement considérées comme de simples archaïsmes à combattre au nom du dogme, alors que de multiples travaux scientifiques perçoivent dans ces messianismes une inquiétude sociale et l'expression d'une quête du mystère de l'homme dans son langage : « *Terra incognita*, cette immense expérience religieuse, longtemps tenue pour "aberrante", est la voix du dedans d'un continent resté culturellement catholique[2]. »

L'itinéraire d'un Certeau n'est pourtant pas représentatif de la pensée dominante des intellectuels catholiques qui se tiennent le plus souvent à distance du radicalisme. Le père et théologien jésuite Gaston Fessard avait d'ailleurs tenté dès 1960 de régler son compte à ce « progressisme chrétien » : « Pauvreté, justice, sens de l'histoire, autant de mots ambigus à travers lesquels s'est insinué le poison marxiste[3]. »

« *Cuba si !* »

S'il est un héros qui suscite l'enthousiasme des intellectuels de gauche au début des années 1960, c'est bien Fidel Castro. Aux portes mêmes de l'empire américain, la petite île de Cuba défie la plus grande puissance mondiale et semble définir une voie différente de celle empruntée par l'URSS. La menace qui pèse sur elle n'a rien de fantasmatique, comme le montre l'opération manquée de la baie des Cochons en 1961. L'année suivante, la crise des fusées, avec la partie de bras de fer entre Kennedy et Khrouchtchev,

1. *Ibid.*, p. 342.
2. *Ibid.*, p. 601.
3. Fessard, 1960, p. 147.

met la planète au bord de la Troisième Guerre mondiale et accentue encore le rôle héroïque joué par Castro face au géant américain. Comme le relèvera l'historien Robert Frank :

> Fidel Castro est le premier mythe à se constituer. Il incarne le modèle de la révolution romantique, d'abord ratée (1953), puis réussie à Cuba (1959). À l'époque où la décolonisation proprement dite est sur le point de s'achever, le castrisme évoque le combat de l'Amérique latine, voire du tiers-monde tout entier, contre l'impérialisme américain qui remplace la lutte contre le colonialisme européen[1].

Ce moment est aussi celui où les intellectuels se détournent de l'URSS, qui, après avoir cristallisé leurs espérances, ne produit que désenchantement, pour porter le regard vers cette révolution des tropiques qui suscite, « en France en particulier, espoir, enthousiasme, admiration[2] ». Cette épine dans le pied de l'Amérique soulève curiosité et passion, si bien que le voyage à Cuba devient vite à la mode chez les intellectuels de gauche.

Jean-Paul Sartre et Simone de Beauvoir avaient montré la voie dès début 1960. Invités par l'hebdomadaire *Revolucion*, ils rencontrent Fidel et Raúl Castro ainsi que le ministre de l'Économie de l'époque Che Guevara. Le couple reçoit les honneurs de la jeune révolution cubaine. Selon Annie Cohen-Solal, biographe de Sartre, c'était « comme si, leur présentant officiellement l'enfant sur les fonts baptismaux, on proposait au couple de devenir parrain et marraine de l'aventure naissante[3] ». Sartre s'extasie devant la capacité de travail des responsables politiques, qui donnent leurs rendez-vous à 2 ou 3 heures du matin, devant des milices qui lui apparaissent comme le contraire d'une armée. Les images de cette visite qui circuleront à travers le monde vaudront adoubement de la révolution cubaine par celui qui incarne la figure même de l'intellectuel universel. Fasciné par la fête cubaine, Sartre, sidéré d'avoir vu l'éclosion d'une révolution romantique et héroïque, multiplie à son retour les déclarations euphoriques. Simone de

---

1. Frank, Robert, 2000, p. 37.
2. Verdès-Leroux, 1989, p. 208.
3. Cohen-Solal, 1985, p. 509.

Beauvoir déclare pour sa part : « Assister à la lutte de six millions d'hommes contre l'oppression, la faim, les taudis, le chômage, l'analphabétisme, en comprendre les mécanismes, en découvrir les perspectives, ce fut une passionnante expérience[1]. » Sous le titre « Ouragan sur le sucre », Sartre publie dans *France-Soir* un reportage dont la mièvrerie étonne jusqu'à sa biographe[2]. Simone de Beauvoir surenchérit dans *France Observateur* : « Je m'étais fait de la Révolution cubaine une idée extrêmement favorable, mais au bout de huit jours, au bout d'un mois, mon jugement était plus favorable encore[3]. »

Fidel Castro réalise tout de suite l'intérêt que revêt le soutien des intellectuels du monde entier pour sortir Cuba de son isolement. Il va chercher et trouver de nombreux points d'appui, chargeant Carlos Franqui, Cubain d'origine espagnole torturé sous la dictature Batista, d'organiser la venue d'artistes et d'écrivains de renommée en mesure de représenter une caution pour l'opinion internationale. À partir de 1964, de nombreux étudiants de l'UEC font le voyage, renforçant leur conviction révolutionnaire et leur volonté de rupture avec le PCF. On retrouvera beaucoup d'entre eux dans les rangs de la JCR trotskiste, notamment Jean Schalit, Michèle Firk, Jeannette Pienkny, Bernard Kouchner ou Jean-Jacques Porchez. « Paris-La Havane-Alger, écrivent Hervé Hamon et Patrick Rotman. Peu importe l'ordre des escales. Tous les apprentis révolutionnaires qui ont battu le pavé parisien s'inscrivent dans ce triangle ou rêvent de s'y inscrire[4]. » À l'été 1967, plusieurs intellectuels et artistes français sont invités au congrès de l'Olas (Organisation latino-américaine de solidarité) à La Havane, parmi lesquels Marguerite Duras, Pierre Guyotat, Alain Joufroy, Michel Schuster, Gérald Gassiot-Talabot et Michel Ragon[5]. *Les Temps modernes* se portent aux côtés de la révolution cubaine et contribuent à véhiculer le mythe du paradis enfin réalisé. Dès avril 1959, Nicolás Guillén, poète cubain qui a dû fuir la dictature de Batista, d'abord en France puis en Argentine, retourne dans

1. Beauvoir, 1963, p. 289.
2. Sartre [1960], 1985, p. 515.
3. Simone de Beauvoir, citée dans Verdès-Leroux, 1989, p. 214.
4. Hamon et Rotman, 1987, p. 226.
5. Informations reprises de Brillant, 2003, p. 92.

son pays natal et communique son enthousiasme dans la revue de Sartre : « Notre peuple, malgré la double tenaille de la tyrannie et de l'impérialisme nord-américain, possède des réserves d'énergie inépuisables[1]. » Quelques années plus tard, au cœur de la mobilisation tricontinentale tiers-mondiste, Régis Debray définit dans les mêmes colonnes des *Temps modernes* le « castrisme[2] » comme une source d'espérance pour un modèle singulier de socialisme qui doit soulever toute l'Amérique latine. Il y distingue deux stratégies, celle dite du *foco*, qui s'appuie sur un large soutien de travailleurs des campagnes et des villes, et celle du blanquisme, qui ne retient que le coup de force[3].

C'est par le biais du peintre cubain vivant en France Wifredo Lam que Michel Leiris reçoit une invitation à séjourner trois semaines dans l'île. Sa caution est d'autant plus recherchée qu'engagé à gauche il est devenu l'ethnologue spécialiste des racines africaines de la culture des Caraïbes. Lors de ce séjour, il se trouve en compagnie d'un groupe d'intellectuels, écrivains et artistes, parmi lesquels Maurice Nadeau, Georges Limbour, Roland Penrose, Guillaume Corneille, Valerio Adami, Erró, Eduardo Arroyo, César, Gilles Aillaud, Antonio Recalcati, Jean Schuster, Dionys Mascolo, Marguerite Duras, Alejo Carpentier et José Pierre[4].

Michel Leiris rapporte de son voyage cubain des fragments d'une écriture poétique[5]. Après avoir sillonné l'île, il est un matin, avec ses amis, réveillé à 2 heures, car Fidel Castro veut leur parler. Malgré l'heure peu coutumière pour ce type d'échange officiel, l'enchantement prévaut tant il trouve le leader cubain doux et dénué d'arrogance, presque « d'une voix égale avec un espagnol très mélodieux et nettement articulé[6] ». Leiris est chargé par le nouveau pouvoir cubain d'organiser une grande réunion internationale à La Havane et d'y faire venir les personnalités les plus importantes du monde intellectuel. Rentré à Paris, il renonce au voyage qu'il devait faire en Irlande avec Limbour et Sonia Orwell

1. GUILLÉN, 1959, p. 1627.
2. DEBRAY, 1965.
3. *Ibid.*, p. 1237.
4. ARMEL, 1997, p. 635.
5. LEIRIS, 1978.
6. *Ibid.*, p. 152.

et se met au travail. Il tente de convaincre Picasso et d'obtenir d'Aimé Césaire qu'il accepte, malgré ses fortes réticences, de faire partie du comité d'honneur. C'est ainsi qu'en janvier 1968 se réunit à La Havane un grand congrès d'écrivains, d'artistes et d'intellectuels en provenance de soixante-dix pays. La délégation française compte soixante-dix personnalités[1]. Si un certain nombre d'incidents contribuent à ouvrir les yeux de Leiris sur les limites imposées aux libertés par le régime, il n'en poursuit pas moins son engagement procastriste et, de retour à Paris, accepte de présider l'association internationale des amis de la révolution cubaine, appuyée par une forte délégation française[2]. Au terme du congrès, ces intellectuels ont droit à un discours-fleuve de Fidel Castro les exhortant à organiser le boycott des États-Unis et à s'engager toujours plus fermement dans la lutte contre l'impérialisme. De retour dans leur pays, ces intellectuels se feront les meilleurs propagandistes d'un régime présenté comme la terre promise. André Gorz, envoyé spécial à La Havane, écrit dans *Le Nouvel Observateur* :

> Pour la première fois dans l'histoire du socialisme — si l'on excepte la période léniniste de la révolution soviétique —, un pays socialiste, dans la dixième année de sa révolution, se pose et est accepté par les intellectuels du monde entier [...] comme un pays de liberté[3].

L'éditeur François Maspero devient dès la fin de la guerre d'Algérie l'épicentre de la sensibilisation au tiers-monde. En ce début des années 1960, il est fasciné lui aussi par la révolution cubaine. En janvier 1966, il assiste à La Havane à une conférence de l'Ospaaal (Organisation de solidarité des peuples d'Asie, d'Afrique, d'Amérique latine) organisée par Mehdi Ben Barka, qui réunit quatre-vingt-deux délégations. Porteur des idéaux de la Résistance, Maspero en était arrivé, depuis la guerre d'Algérie, à avoir honte d'être français et compense alors ce sentiment en se tournant vers

1. Parmi lesquelles Aimé Césaire, Jean-Pierre Faye, Pierre Jalée, Alain Jouffroy, Michel Leiris, André Pieyre de Mandiargues, Dionys Mascolo, Pierre Naville, Hélène Parmelin, Jean-Pierre Vigier et Georges Waysand.
2. Jean-Pierre Faye, Alain Geismar, Dionys Mascolo, Maurice Nadeau, Hélène Parmelin, Jean Schuster et Jean-Pierre Vigier.
3. Bosquet, 1968.

ce petit pays qui a eu le front de s'insurger contre le monde divisé en deux blocs, aux portes mêmes du géant américain. Sa maison d'édition se fait l'écho des ouvrages qui témoignent des combats latino-américains. On trouve à « La joie de lire » les textes de Guevara comme ceux de Castro, et même le quotidien cubain *Granma*.

Maspero se rend à deux reprises en Bolivie pour défendre Régis Debray, dont il a publié en 1967 *Révolution dans la révolution*. Normalien, agrégé de philosophie, Debray est allé participer à la révolution en Amérique latine. Le 19 avril 1967, alors qu'il vient de rallier la guérilla de Che Guevara, il est arrêté par l'armée bolivienne dans le village de Muyupampa. Le pouvoir bolivien le désigne comme un des responsables de la lutte armée, et certains vont jusqu'à réclamer sa condamnation à mort, ce qui déclenche un vaste mouvement de soutien des intellectuels en France. Dès le 10 mai, un télégramme est envoyé au chef de l'État bolivien, le général René Barrientos Ortuño, lui demandant de respecter les droits de la défense. L'impressionnante liste des pétitionnaires transcende les clivages politiques et regroupe des personnalités intellectuelles de bords très différents[1]. Jean-François Sirinelli, tout en soulignant l'efficacité de cette campagne auprès des autorités boliviennes, qui vont finalement s'incliner, rappelle la campagne de 1924 qui s'était portée au secours d'André Malraux, lui aussi incar-

---

1. Informations reprises de Sirinelli [1990], 1996, pp. 370-371 : « Entre autres, on y retrouve François Mauriac, André François-Poncet, le pasteur Boegner, Jacques Rueff, Pierre-Henri Simon, Jean Guéhenno, Jacques Chastenet, Marcel Achard, Maurice Genevoix, René Clair — dix académiciens français —, René Poirier, Henri de Lubac, Adrien Dansette, Pierre Clarac, Étienne Souriau, Gabriel Marcel, Louis Martin-Chauffier, Gabriel Le Bras, Henri Gouhier, Édouard Bonnefous, Maurice Baumont, Edmond Giscard d'Estaing, Robert Garric, Victor-Lucien Tapié, Marcel Dunan, Jean-Jacques Chevallier, René Cassin, Robert Debré, premier président Rousselet, grand rabbin Kaplan, Raymond Aron — plus de vingt membres des autres académies de l'Institut de France —, les professeurs François Jacob, Jacques Monod, et Alfred Kastler, prix Nobel, les professeurs de droit Georges Vedel, André Hauriou, Georges Lavau, Jean Rivero, Jean-Claude Colliard, ainsi que Bertrand de Jouvenel, Emmanuel d'Astier de La Vigerie, Jean Vilar, Hervé Bazin, Jean-Louis Barrault, Jean-Pierre Faye, Philippe Sollers, Georges Perec, Léo Hamon, Pierre Emmanuel, Daniel Mayer, David Rousset, Edmonde Charles-Roux et Françoise Sagan. » Le 12 mai s'ajoutèrent d'autres personnalités, parmi lesquelles Mgr Feltin, Mgr Charles, Louis Aragon, Georges Friedmann, Jean Cassou, Jean-Marie Domenach, Vladimir Jankélévitch, Jorge Semprún, Alfred Grosser, Pierre Vidal-Naquet, Georges Canguilhem, Laurent Schwartz, Roland Barthes et Jacques Lacan.

céré et en très mauvaise posture. Il souligne avec ironie « la capacité de la cléricature à serrer les rangs quand l'un des siens est en cause. À cet égard, l'affaire Debray, dans son versant français, est d'abord un phénomène *endogène*, interne au milieu intellectuel[1] ». Olivier Todd écrit dans *Le Nouvel Observateur* : « Lorsque le général Barrientos parle rageusement de "fusiller" Régis Debray, il veut fusiller une idée : celle de la révolution en Amérique latine[2]. » François Maspero, son éditeur, annonce la constitution d'une commission d'enquête, composée des avocats Roland Dumas, Georges Pinet et Roger Lallemand. Lui-même est envoyé à La Paz par un comité de défense qui comprend notamment Jean-Paul Sartre et François Mauriac[3]. En octobre 1967, Debray est condamné à purger une peine de trente ans de prison dans la ville de Camiri en Bolivie. Il en sortira au bout de quatre ans, en 1971.

Au moment où tombe le verdict, une photographie sous forme de poster fait le tour du monde, celle de Che Guevara, figure la plus emblématique du combat anti-impérialiste pour toute la jeune génération. Prise en 1960 lors d'un meeting, elle ne devient célèbre qu'en 1967 lorsque l'éditeur italien Giangiacomo Feltrinelli, très engagé à gauche, comme Maspero, en fait une affiche qui va cristalliser la nouvelle ferveur tiers-mondiste. La découverte du corps du héros, mort dans la jungle bolivienne, à demi dévêtu, exécuté après avoir été torturé par l'armée, fait de lui un martyr de dimension christique.

Parmi les chrétiens engagés à gauche, Michel de Certeau est, comme beaucoup, bouleversé par ces événements dramatiques et consacre un hommage à ces deux figures entrecroisées de l'engagement[4]. La mort du Che a pour lui une portée considérable, car sa disparition le transforme en mythe : « Son image apparaît dans le ciel du tiers-monde comme un signe pour les rebelles de chaque pays[5]. » Cette mise à mort est aussi source d'un renversement politique concret, d'un changement radical de cap dans la ligne de défense du prisonnier de Camiri. Debray déclare à ses geôliers

1. Sirinelli [1990], 1996, p. 373.
2. Todd, 1967.
3. Brillant, 2003, p. 91.
4. Certeau, 1967 (c).
5. *Ibid.*, p. 625.

avoir voulu prendre sa place dans le combat des guérilleros et en avoir été dissuadé par Guevara, déniant être un prisonnier exceptionnel, même si, en tant que normalien français, il jouit d'une notoriété internationale.

En cette année 1967, l'espérance révolutionnaire trouve son prolongement en Amérique latine dans la « théologie de la libération ». Certeau termine son hommage par une analogie entre la figure du militant (Guevara) et celle du théoricien (Debray) au travers de la relation entretenue entre la figure de Jésus et le christianisme : « Le lien entre le militant mort au combat et le théoricien qui s'en déclare solidaire nous renvoie à quelque chose d'essentiel (et de *distinct*) dans la révélation chrétienne[1]. » Cette analogie avec le Christ est reprise par le critique d'art John Berger, qui publie en 1968 un ouvrage dans lequel il compare la photographie du cadavre de Guevara au tableau du Christ gisant de Mantegna[2]. Mort les armes à la main, Guevara dispose de tous les atouts pour faire figure de mythe. Il n'a cessé d'œuvrer en faveur d'une solidarité des peuples pour leur émancipation et a sacrifié sa vie à cette cause, lui donnant un accent fortement romantique, qui n'est pas sans analogie avec un lord Byron venu soutenir la cause grecque au début du XIXe siècle et lui sacrifiant sa vie le 19 avril 1824[3]. Il suscite des vocations parmi les jeunes intellectuels politisés, tel Pierre Goldman, selon qui il serait « enfin possible de combattre dans l'amour et pas seulement dans la haine de l'indifférence[4] ». Si la théorie du *foco* se révèle être un cuisant échec, Guevara aura laissé, selon Robert Frank, un message *post mortem* : « Le mot d'ordre qu'il avait adressé quelques mois plus tôt à ses camarades cubains est alors popularisé : "Créer deux, trois Vietnam". Ce slogan permet de compléter la stature internationale du Che[5]. » La disparition du révolutionnaire charismatique soulève une intense émotion collective, comme l'atteste le succès de la soirée funèbre organisée par la JCR le 19 octobre à la Mutualité, à laquelle assiste Maurice Nadeau.

1. *Ibid.*, p. 629.
2. BERGER, John, 1968.
3. Voir MAZUREL, 2013.
4. GOLDMAN, 1978, p. 27.
5. FRANK, Robert, 2000, p. 43.

François Maspero publie de nombreux ouvrages qui deviennent des références dans la lutte contre l'impérialisme, et la revue *Partisans*, qu'il avait créée en 1961 en pleine guerre d'Algérie, constitue l'un des supports de cette lutte tiers-mondiste. En 1967, la revue *Tricontinental* assure le relais de *Partisans*, dont l'existence se poursuit néanmoins jusqu'en 1972[1]. La maison d'édition donne une impulsion nouvelle pour faire connaître, et diffuser une littérature de provenance des pays de ce tiers-monde.

Le culte de Mao

Si 1967 est l'année cubaine pour les uns — notamment ceux qui chemineront un temps avec le trotskisme —, d'autres regardent vers l'Orient cette année-là, un Orient rouge comme la révolution maoïste, qui défie le révisionnisme soviétique et s'engage dans ce qu'elle appelle la Grande Révolution culturelle prolétarienne. On a déjà évoqué les effets de la « pensée Mao-Zedong » sur la rue d'Ulm et les cercles althussériens, d'où naissent les *Cahiers marxistes-léninistes*. Comme on l'a vu au chapitre 16 (voir p. 519), les prochinois quittent l'UEC en 1967 pour constituer l'UJCML. Mao devient alors une véritable icône, qui s'oppose à la fois à la puissance soviétique et à l'impérialisme américain, qualifié de tigre de papier, et prétend détenir un message universel qui doit revivifier un internationalisme élargi à tous les peuples prolétaires du monde.

Entre le milieu des années 1950 et la fin des années 1960, la fascination exercée par la Chine déborde largement des rangs des militants maoïstes français. Dès 1953, *Les Temps modernes* avaient consacré sous la plume de Claude Roy[2] un article à la Chine nouvelle puis avaient récidivé en 1956, par un numéro spécial[3]. Entre-temps, Sartre et Beauvoir avaient été reçus officiellement en République populaire du 6 septembre au 6 octobre 1955. Après un mois de visites pour admirer les « réalisations » du communisme

---

1. HAGE, 2008, p. 90.
2. ROY, Claude, 1953.
3. COLLECTIF, 1956.

chinois, ils étaient revenus enthousiastes, comme l'avait deviné le pouvoir maoïste. Sartre exprima son enthousiasme sur les ondes et dans les colonnes de *France Observateur*, tandis que Beauvoir publia le récit de son voyage chinois[1]. Il n'était alors pas encore question de rupture sino-soviétique, et le couple était toujours — jusqu'en 1956 — très proche du PCF. Le général de Gaulle fut le premier à reconnaître la légitimité du pouvoir de Mao, et Malraux fit le voyage en Chine en 1965. Le gaulliste Alain Peyrefitte ne put, lui non plus, cacher son admiration. Comme l'indique cependant Bernard Brillant[2], nombre d'intellectuels échaudés par l'expérience soviétique se montraient plus prudents. Edgar Morin fit ainsi remarquer, en 1961, que l'on manquait d'informations sur ce qui se passait vraiment dans ce vaste pays et qu'il ne fallait pas conférer aux récits des visites en Chine plus de valeur qu'à ceux des « voyageurs de la Russie de Staline, de la Hongrie de Mátyás Rákosi, qui rapport[ai]ent visions émerveillées et chiffres éloquents[3] ».

Beaucoup de ces préventions furent pourtant balayées lors de la révolution culturelle débutant au milieu des années 1960. Présentée comme une « révolution sans fusil », elle accentua encore la fascination. Mao donnait l'impression de vouloir réaliser la symbiose entre les intellectuels et le peuple en ayant le courage de s'attaquer aux privilèges acquis, au mandarinat, aux perversions bureaucratiques. Il s'agissait, on l'apprendra plus tard, d'un conte de fées. En attendant, le mythe fonctionna à plein, et le film de Jean-Luc Godard *La Chinoise*, qui sort sur les écrans en 1967, y contribue à sa façon, même s'il est vilipendé par les maoïstes français, qui y voient une provocation fasciste. Il est alors de bon goût de porter un col Mao, de réciter des extraits du *Petit Livre rouge* et d'apprécier le potage pékinois, particulièrement piquant pour le goût occidental.

En 1967, dans des circonstances rocambolesques, les Éditions du Seuil publient la traduction française du *Petit Livre rouge des citations du président Mao*. La Chine n'ayant pas signé la convention

---

1. Beauvoir, 1957.
2. Brillant, 2003, p. 96.
3. Morin, 1961, p. 3.

internationale sur le droit d'auteur, le best-seller de Mao est libre de droits. La question de son éventuelle publication est discutée en comité de lecture au Seuil, dont la moitié des membres, emmenée par Luc Estang, s'étrangle de rage, et l'autre moitié considère du devoir de la maison d'édition de mettre à la connaissance du public ce dont tout le monde parle, ce qui n'implique aucune adhésion aux thèses du Grand Timonier. Le ton monte, et, tandis que l'ambiance risque de dégénérer, Jean Bardet s'éclipse et porte le texte à l'imprimeur. Ce coup de force débouche sur la diffusion de cent soixante-dix mille exemplaires du livre, et le consensus se reconstitue rapidement autour de la direction. Au *Nouvel Observateur*, dont la diffusion est alors estimée à cent mille exemplaires, K. S. Karol rend compte avec ferveur des faits et gestes de la révolution culturelle, tandis que Jules Roy, après un voyage en Chine, exprime sa désillusion : « Il est vrai que cette foi que j'avais m'a quitté. Venu en Chine éperdu d'amour et d'admiration, j'en suis reparti amer et terrorisé[1]. »

CONTRE LA GUERRE DU VIETNAM

Cette montée de l'intérêt et de la mobilisation pour les pays du tiers-monde est surtout alimentée par une guerre qui soulève les passions et revêt, là encore, pour la jeunesse une valeur exemplaire : celle qui oppose un petit pays indochinois, le Vietnam du Nord, à la superpuissance américaine. Dans ce cas de figure, il ne s'agit pas de simples menaces, de blocus, mais, à partir de 1965, d'un bombardement systématique et quotidien du pays par les B52 des forces armées américaines. « Dans les années 1965-1968, écrit l'historien Nicolas Pas, le Vietnam joua en France, comme dans d'autres pays occidentaux, un rôle de catalyseur des révoltes qui existaient déjà dans le contexte culturel des années soixante[2]. » La figure de celui qui a réussi à décoloniser son pays, Hô Chi Minh,

---

1. Roy, Jules [1965], 1982, p. 171.
2. Pas, 2000, p. 158.

force le respect, la sympathie et l'admiration. Jean Lacouture, qui écrit la première biographie du leader vietnamien en 1970, évoque une

> personnalité multiple, miroitante, type de communiste romanesque et pittoresque dont Karl Radek et Victor Serge semblaient avoir emporté le secret [...]. Constamment metteur en scène de lui-même [...] mélange de comédie, de séduction, d'urbanité, [il] compose une personnalité peut-être plus chinoise que vietnamienne [...]. Mais pour artiste qu'il soit, un metteur en scène n'exprime-t-il pas toujours son tempérament profond[1].

Sa détermination, son surnom d'« Oncle Hô », son austérité, la simplicité de ses vêtements, avec sa « tunique de coton écru », les « pieds nus dans ses célèbres sandales taillées dans de vieux pneus[2] » font de lui le héros rêvé. De plus, il conjugue le soutien actif de tout le mouvement communiste international, moscovite comme pékinois, avec celui d'une extrême gauche en train de naître à la gauche du PCF. Après la guerre d'Algérie, la jeunesse contestataire qui s'exprimera en Mai 68 fait ses premières armes dans la lutte contre la guerre du Vietnam qui prend, au milieu des années 1960, un tour dramatique. La cause vietnamienne, avant de devenir internationale, fait l'objet d'une âpre bataille interne aux États-Unis. La contestation ne cesse de grandir sur les campus américains à partir du moment où Lyndon Johnson engage son pays en 1965 dans des bombardements systématiques du Vietnam du Nord. On voit alors se développer une nouvelle pratique, le *teach-in*, qui réunit professeurs d'université et étudiants dans des assemblées protestataires. L'enrôlement de plus en plus massif de jeunes Américains dans la guerre alimente cette contestation[3]. La plupart de ces jeunes susceptibles d'être appelés à partir tentent d'échapper à cette mobilisation tout en essayant de ne pas enfreindre le cadre légal. Beaucoup prolongent leur demande de sursis jusqu'à l'âge de vingt-six ans, au-delà duquel le recrutement n'est plus possible.

---

1. LACOUTURE, 1970, pp. 178-180.
2. ROUGE [1969], 2000, p. 38.
3. DREYFUS-ARMAND et PORTES, 2000, p. 51.

D'autres s'engagent dans la garde nationale ou les réserves, sachant que cela leur permet de ne pas être envoyés au Vietnam :

> L'utilisation de ces moyens légaux et sans risque montre avec clarté l'ambivalence de très nombreux Américains envers la question vietnamienne. Ils ne veulent pas risquer leur vie pour ce combat, mais ne favorisent pas plus l'humiliation de leur pays qu'ils ne veulent y contribuer directement[1].

Les plus radicaux, en moins grand nombre, brûlent leur livret militaire en public. À cela s'ajoutent ceux qui, obligés de partir, désertent et dont le nombre est estimé à environ douze mille. À Washington, les manifestations se font de plus en plus nombreuses, et lorsque l'on apprend l'usage du napalm, une plus large partie de l'opinion publique américaine s'indigne.

Sur les quelque cinq cent mille soldats américains stationnés au Vietnam, cinq mille trouvent la mort au cours de la seule année 1966. Cette année-là, le général de Gaulle profite de son voyage à Phnom Penh pour condamner la politique de force des États-Unis. Une marche sur le Pentagone de plus de cent mille personnes est violemment dispersée par la police. Les chansons de Bob Dylan, Joan Baez, Jimi Hendrix et bien d'autres chanteurs accompagnent ce mouvement de rejet de la guerre et mettent en musique des textes protestataires. En février 1968, il paraît évident que la stratégie américaine a échoué lorsque le FNL (Front national de libération) lance l'offensive dite du Têt, qui bouscule l'armée américaine jusque dans les métropoles du Vietnam du Sud et à l'ambassade américaine de Saigon, où des *snipers* du Vietcong sont embusqués dans les jardins. Dans la nuit du 30 au 31 janvier, le Vietcong lance une offensive généralisée : trente-six capitales provinciales sur quarante-quatre sont attaquées et Huê est occupée pendant près d'un mois. Cette offensive se révèle un échec militaire pour le Vietcong, qui s'attendait à un ralliement massif des populations urbaines, alors que celles-ci restent dans l'expectative, mais un succès auprès de l'opinion publique internationale : le Vietnam du Nord et le Vietcong ont fait montre d'une détermination inébran-

---

1. PORTES, 2008, p. 181.

lable, malgré les déclarations de l'état-major américain proclamant chaque mois une victoire imminente.

Le vent de la contestation souffle d'Ouest en Est et parvient en France, où les intellectuels, les étudiants et la jeunesse scolarisée vont se sentir de plus en plus concernés par ce conflit. Sartre, invité en 1965 à l'université Cornell, refuse de se rendre aux États-Unis, ce qui l'obligerait à demander un visa[1]. Toute une série d'initiatives sont prises pour manifester l'opposition grandissante à la guerre conduite par les Américains. Dès février 1965, une première initiative du Mouvement de la paix publiée dans *Le Monde* rassemble des personnalités qui sont loin d'être toutes dans la mouvance du PCF[2]. Comme pour l'Algérie, *Le Nouvel Observateur* se porte en soutien du peuple vietnamien. Son reporter Olivier Todd sillonne le pays pour dénoncer les crimes des Américains. Le numéro du 18 février 1965 consacre un dossier critique à « L'engrenage de la guerre », avec les contributions de Jean Lacouture, Claude Krief et David Halberstam, correspondant du *New York Times* à Saigon. En juillet 1965, le directeur de la publication, Jean Daniel, titre son éditorial « Hiroshima au Vietnam », et, à la fin de l'année, l'hebdomadaire publie un reportage de James Pickerell illustré de photographies attestant l'usage de la torture au Vietnam.

L'Unef, qui tient son congrès en avril 1965, adopte à l'unanimité une motion dans laquelle elle « réaffirme les positions de solidarité totale des étudiants français avec la juste cause des étudiants et du peuple sud-vietnamiens qui luttent héroïquement sous la direction du FNL ». En juin 1965, le syndicat étudiant lance un « Appel pour la tenue d'une journée internationale universitaire contre la guerre du Vietnam », signé par quelques intellectuels, dont Jean Chesneaux, Jean Dresch, Laurent Schwartz, Paul Ricœur, Jean Orcel et André Hauriou[3].

En novembre 1965, ce sont les syndicats enseignants du supérieur et le syndicat des chercheurs qui organisent une « Semaine internationale contre la guerre du Vietnam », qui se termine par une

---

1. SARTRE, 1965.
2. Parmi lesquelles Simone de Beauvoir, Claude Autant-Lara, Henri Caillavet, Pierre Cot, François Perroux et Jean-Paul Sartre (informations reprises de SIRINELLI [1990], 1996, p. 400).
3. Informations reprises de JALABERT, 1997, p. 70.

manifestation soutenue par de nombreux intellectuels[1]. Au même moment, le physicien Alfred Kastler prend position pour exiger le départ des troupes américaines du Vietnam et la reconnaissance du FNL comme seul interlocuteur légitime[2]. Les trotskistes de la JCR, ayant à peine créé leur organisation en avril 1966, se lancent dans ce qui leur apparaît comme le combat prioritaire :

> La lutte contre la guerre au Vietnam sera, dans les mois à venir, un des axes essentiels de notre combat ; dans ce domaine, la JCR doit prendre la tête de toutes les initiatives visant à expliquer et dénoncer l'agression américaine et populariser le caractère de la révolution vietnamienne[3].

Le front du refus progresse et lorsque *Le Monde* publie, le 14 mai 1966, un nouvel appel de personnalités, il rallie à la cause antiguerre soixante-dix représentants d'un large échantillon qui va des communistes aux gaullistes et aux chrétiens de gauche. Ils dénoncent un « véritable génocide » et appellent à la constitution de « comités de soutien »[4]. Certes, la question vietnamienne ne fait pas l'unanimité chez les intellectuels et l'on peut lire dans la même livraison du *Monde* un appel qui s'élève au contraire contre « l'agression communiste » au Sud et en appelle à tout le monde libre pour se porter aux côtés de « la courageuse résistance du Vietnam » ; la liste des signataires fait toutefois pâle figure par rapport à sa rivale et révèle s'il en était besoin qu'en ce milieu des années 1960, la gauche domine dans les milieux intellectuels. Entre ces

---

1. Parmi lesquels Simone de Beauvoir, Arthur Adamov, Jean-Louis Bory, Armand Gatti, Jean Mercure, Alain Resnais, Jean-Paul Sartre et Vercors (*Le Monde*, 26 novembre 1965).

2. Kastler, 2003, p. 103.

3. Éditorial, *Avant-garde jeunesse*, organe des JCR, n° 1, mai-juin 1966, p. 2.

4. Cet appel est signé, entre autres, par Colette Audry, Claude Aveline, Maurice Blanchot, André Blumel, Claude Bourdet, Jean Cassou, François Châtelet, Maurice Chavardès, Bernard Clavel, Georges Conchon, René Dumont, Marguerite Duras, Jean Effel, Jean-Pierre Faye, Robert Gallimard, Vladimir Jankélévitch, Yves Jouffa, Ernest Labrousse, Armand Lanoux, Michel Leiris, Dionys Mascolo, Gustave Monod, Théodore Monod, Maurice Nadeau, Hélène Parmelin, Édouard Pignon, Jean-François Revel, Paul Ricœur, Gérard Rosenthal, David Rousset, Laurent Schwartz, Siné, Pierre Vidal-Naquet, Charles Vildrac, Louis de Villefosse (informations reprises de Sirinelli [1990], 1996, p. 408).

deux pôles, la position de Raymond Aron est sur le moment difficilement audible. Il refuse de choisir entre deux maux, mais affirme que la cause du Vietnam du Sud défendue par les Américains reste « préférable au totalitarisme du Nord »[1]. À partir de 1965, il publie dans *Le Figaro* de nombreux articles sur la guerre du Vietnam et oppose la logique des bombardiers à celle des partisans comme une partition à la fois tragique et absurde. Cette prise de position du « spectateur engagé » ne contribue pas sur le moment à son rayonnement intellectuel, au contraire de Sartre, qui épouse les sentiments de la plus grande partie de la jeunesse. Au contraire, Aron accentue son handicap d'esthète froid : « L'homme et son image sont alors doublement brouillés par le cumul de "l'effet B-52" et de "l'effet Che", cumul qui fait au contraire de Sartre un rebelle[2]. »

Un certain nombre d'intellectuels qui avaient déjà été très actifs contre la guerre d'Algérie mettent leur expérience militante au service de la cause vietnamienne. On trouve, parmi les organisateurs de la mobilisation, le mathématicien Laurent Schwartz, ancien trotskiste, signataire du Manifeste des 121 et membre du PSU[3], et l'historienne Madeleine Rebérioux, alors membre du PCF, qui s'était engagée dans le comité Audin. Ils jugent que le Mouvement de la paix n'organise qu'un soutien à éclipses, sur un mot d'ordre inapproprié de « Paix au Vietnam », alors que, pour eux, il s'agit d'« une guerre d'indépendance très analogue à la guerre d'Algérie, non plus contre l'ancien colonisateur français, mais contre une agression de l'impérialisme américain[4] ». Schwartz se fait le défenseur du mot d'ordre plus radical de « FNL vaincra ». Dans un premier temps, il essaie de préserver une unité des forces politiques, syndicales et intellectuelles susceptibles d'aider la cause vietnamienne et est en étroite relation avec l'animatrice du Collectif universitaire intersyndical de lutte pour la paix au Vietnam. Le 26 mai 1966 est organisé un temps spectaculaire de la mobilisation avec un grand meeting, les « Six heures pour le Vietnam », à la Mutualité. Pour le préparer, Schwartz met en relation le petit groupe qu'il anime avec Pierre Vidal-Naquet et

---

1. ARON, Raymond [2010], p. 621, 1999, p. 353.
2. *Ibid.*, p. 355.
3. SCHWARTZ, 1997.
4. *Ibid.*, p. 432.

Alfred Kastler avec le Collectif intersyndical universitaire d'action pour la paix au Vietnam, le Mouvement de la Paix et le PCF :

> Madeleine Rebérioux, qui animait un « collectif universitaire » contre la guerre du Vietnam, fit des efforts désespérés pour maintenir l'unité du mouvement. Il lui arrivait de se faire injurier par Georges Marchais, et elle imposa la présence des trotskistes, les « Jeunesses communistes révolutionnaires » d'Alain Krivine[1].

Le 10 octobre 1966, l'assemblée générale de ce comité décide d'organiser un soutien international en réunissant des volontaires pour venir en aide au peuple vietnamien en mettant à son service leur compétence de médecin, d'enseignant, de technicien.

La rupture avec le PCF qui ne supporte plus de se faire déborder sur sa gauche a lieu en novembre 1966. Le parti multiplie les exclusions de ses membres engagés dans des initiatives non contrôlées par la direction. Pour continuer la mobilisation sans l'appareil du PC et en préserver le caractère unitaire, un petit groupe de cinq intellectuels, Laurent Schwartz, Pierre Vidal-Naquet, Alfred Kastler, Jean-Paul Sartre et Henri Bartoli, appelle à l'organisation d'un nouveau meeting, qui se tient le 28 novembre à la Mutualité et donne naissance à la constitution d'un Comité Vietnam national. Malgré l'absence du PCF, cinq mille personnes participent à l'événement, qui fait tache d'huile puisque la formule des « Six Heures » est reprise en province, aussi bien à Strasbourg qu'à Marseille ou Rouen. Selon Schwartz, « la coupure entre le parti communiste et les intellectuels, largement consommée pendant la guerre d'Algérie, s'élargit considérablement pendant celle du Vietnam[2] ». À la tribune, Schwartz appelle la jeunesse à mettre partout en place des comités Vietnam ; Kastler, auréolé par son prix Nobel de physique, dénonce l'attaque du Vietnam du Nord par l'armée américaine, mais ne se trouve pas en phase avec le public lorsqu'il dit espérer une solution de compromis ; à l'inverse, Sartre soulève l'adhésion lorsqu'il récuse toute forme de concession : « Nous voulons la paix au Vietnam, mais pas n'importe quelle paix. Cette paix doit se tra-

---

1. VIDAL-NAQUET [1998], 2007, p. 278.
2. SCHWARTZ, 1997, p. 435.

duire par la reconnaissance de l'indépendance et de la souveraineté du Vietnam[1]. » La position radicale qu'il défend à la tribune n'est pas du goût de Schwartz, car il écarte par principe tous ceux qui s'engageraient auprès des Vietnamiens pour des causes strictement morales : « Ceux qui luttent contre la guerre du Vietnam uniquement pour des raisons humanitaires, parce qu'il y a des bombardements d'enfants, n'ont pas leur place parmi nous[2]. »

Schwartz met alors en place un Comité français pour le soutien au peuple vietnamien qui compte de nombreuses personnalités de diverses obédiences[3]. En octobre 1966, les intellectuels sont encore à la manœuvre dans le soutien d'une opération appelée « Un milliard pour le Vietnam », qui se donne pour objectif de réunir cette somme afin de la remettre aux responsables de la Croix-Rouge nord-vietnamienne à l'occasion du Nouvel An vietnamien, le 9 février 1967[4]. À la fin de l'année 1966, Schwartz reçoit un télégramme de Hô Chi Minh le remerciant personnellement et félicitant le CVN (Comité Vietnam national) pour son action de soutien :

> Je n'en vis d'abord pas l'importance et le gardai pour moi ; j'en parlais juste à Alain Krivine à l'occasion d'un coup de téléphone pour autre chose. Il s'écria : « Mais tu es fou, c'est très important, il faut le publier tout de suite dans notre journal du CVN. » C'était en effet la reconnaissance officielle du rôle du CVN dans la lutte contre la guerre[5].

En mai 1967, Robert Antelme prend à son tour l'initiative d'un appel international pour une rupture « En vue de la défaite américaine[6] ».

---

1. Jean-Paul Sartre, cité dans *Le Monde*, 30 novembre 1966.
2. Id., cité dans SCHWARTZ, 1997, p. 438.
3. On y compte, entre autres, Henri Laugier, l'ancien secrétaire général adjoint des Nations unies, Jean-Paul Sartre, Gustave et Théodore Monod, René Dumont, Vladimir Jankélévitch, le révérend père Avril, le pasteur Casalis, le Dr Rousset, Claude Roy, Jean Schapira, Claude Bourdet, Édouard Pignon, Haroun Tazieff, Alain Resnais et Roger Blin (informations reprises de BRILLANT, 2003, p. 105).
4. Opération qui reçoit notamment le soutien de Claude Bourdet, Laurent Schwartz, Emmanuel d'Astier de La Vigerie et André Philip.
5. SCHWARTZ, 1997, p. 438.
6. Les premiers signataires sont Maurice Blanchot, Vincent Bounoure, Marguerite Duras, Dionys Mascolo, Jean Schuster et Geneviève Serreau. Publié dans *Les Lettres*

Outre Schwartz, on trouve à la direction du CVN Jean Schalit, qui s'est fait exclure du PCF pour avoir participé aux « Six
Heures » du 28 novembre, Bernard Kouchner et Alain Krivine, le
leader des JCR qui ont rompu avec l'UEC en 1965. Très vite, les
forces militantes réelles, recrutées dans les universités et les lycées,
sont dominées par les trotskistes, selon un processus de « déborde-
ment » bien décrit par Bernard Brillant[1], qui ne va pas sans effrayer
Schwartz et Pierre Vidal-Naquet[2]. Les initiatives extérieures aux
partis politiques traditionnels se multiplient du côté des intellectuels et des artistes. Expositions, films et pièces de théâtre viennent
soutenir la cause vietnamienne. Armand Gatti monte *V comme Vietnam* et André Benedetto *Napalm*. Chris Marker supervise *Loin du
Vietnam*, un film collectif réalisé par Alain Resnais, William Klein,
Joris Ivens, Agnès Varda, Claude Lelouch et Jean-Luc Godard, qui,
sorti en 1967, remporte la palme d'argent au festival de Leipzig.
Une soirée baptisée « Cent artistes pour le Vietnam » est organisée le 28 juin 1967, avec un texte de présentation écrit par Sartre,
qui récidive peu après pour présenter l'exposition « Photographies
du Vietnam en guerre » organisée par Roger Pic en juillet 1967.
Colette Magny chante à cette occasion *Vietnam 67* aux côtés de
Barbara, Mouloudji, Catherine Sauvage, Léo Campion et bien
d'autres chanteurs[3]. Le CVN organise aussi des soirées free-jazz
en juin 1967 avec la participation de jazzmen prometteurs et politisés, tels Jean-Louis Chautemps, Bernard Vitet, François Tusques,
Bernard Jean Wilen, Eddy Louiss et Jean-François Jenny-Clarke.

Durant l'année universitaire 1966-1967, une nouvelle organisation de soutien aux Vietnamiens est créée par des maoïstes
sous le nom de CVB (Comités Vietnam de base). Le 21 février
1967, ceux-ci font une démonstration de force après un appel de

---

nouvelles en juillet 1967, il recueille bien d'autres signatures, parmi lesquelles Roger
Blin, Jean-Louis Bory, François Châtelet, Maurice Chavardès, Louis-René des Forêts,
Jacques Derrida, Jean Douassot (Fred Deux), Étiemble, Jean-Pierre Faye, Carlos
Fuentes, Jean-Luc Godard, Daniel Guérin, Henri Guillemin, Juan Goytisolo, Alain Jouf-
froy, Jean-Claude Lambert, Jean-Jacques Lebel, André Pieyre de Mandiargues, Marcel
Péju, Jérôme Peignot, Georges Perec, Paule Thévenin et Charles Vildrac (informations
reprises de *Lignes*, n° 33, mars 1998).

1. BRILLANT, 2003, p. 108.
2. SCHWARTZ, 1997, p. 440.
3. Informations reprises de PAS, 2000, p. 170.

Tiennot Grumbach publié dans *Garde rouge* : « Travailleurs français, travailleurs émigrés, étudiants, lycéens, faisons ensemble du 21 février une journée d'action contre l'impérialisme[1]. » La rivalité entre trotskistes et maoïstes, mais aussi socialistes du PSU, a pour effet de démultiplier les initiatives pour s'assurer le leadership dans une partie dont les intellectuels sont devenus les pièces maîtresses.

Cette effervescence se double d'une campagne de réprobation morale conduite par le tribunal Russell, créé par le philosophe et mathématicien Bertrand Russell en novembre 1966, et présidé par Jean-Paul Sartre. Inspiré par le tribunal de Nuremberg pour juger les crimes de guerre des Américains au Vietnam, celui-ci envoie des commissions d'enquête au Vietnam, se fait fournir des documents par la gauche américaine et organise un procès où un certain nombre de « juges » apprécieront les faits et rendront un verdict. Le but est de frapper l'opinion internationale, et en particulier l'opinion américaine[2]. Aux côtés de Russell et de Sartre, on trouve Vladimir Dedijer, président des sessions, et Laurent Schwartz, coprésident[3]. En 1967, un texte collectif énonce publiquement les ambitions du tribunal :

> Bien que nous n'ayons été investis dans nos fonctions par aucune organisation officielle, nous en avons accepté la responsabilité dans l'intérêt de l'humanité et de la sauvegarde de la civilisation. Nous agissons de notre propre chef [...] dans la ferme conviction que nous exprimons l'angoisse profonde et les remords ressentis par un grand

---

1. Appel à la journée d'action anti-impérialiste du 21 février, *Garde rouge*, n° 3, janvier 1967.
2. BEAUVOIR, 1972, pp. 376-377.
3. Puis, dans l'ordre alphabétique, Günther Anders (écrivain allemand), Mehmet Ali Aybar (professeur de droit à l'université d'Istanbul, membre du Parlement turc), Lelio Basso (professeur de sociologie à l'université de Rome, membre socialiste du Parlement italien), Simone de Beauvoir, Lázaro Cárdenas (fils du président du Mexique, qui n'assiste pas aux séances du tribunal), Lawrence Daly (syndicaliste britannique), Dave Dellinger (célèbre pacifiste américain), Isaac Deutscher (historien anglais, auteur d'une intéressante vie de Trotski), Melba Hernandez, Mahmud Ali Kasuri (avocat à la Cour suprême du Pakistan), Kinju Morikawa (juriste japonais), Carl Oglesby (écrivain américain), Soichi Sakata (professeur de physique à l'université de Nagoya), Laurent Schwartz, Peter Weiss (écrivain suédois). L'écrivain allemand Abendroth est remplacé par Sara Lidman, et Stokely Carmichael par Courtland Cox (informations reprises de SCHWARTZ, 1997, p. 444).

nombre de nos prochains dans beaucoup de pays. Nous sommes persuadés que nous aiderons à éveiller la conscience des peuples[1].

Pour ne pas se faire manipuler par les représentants du Vietnam du Nord, le tribunal Russell s'entoure de spécialistes, parmi lesquels les avocats Léo Matarasso, Joë Nordmann, Gisèle Halimi et Yves Jouffa, les médecins Jean-Michel Krivine, Abraham Béhar, Marcel-Francis Kahn et Alexandre Minkowski, et les historiens Jean Chesneaux et Gabriel Kolko. Les cinéastes Roger Pic et Joris Ivens vont sur le terrain prendre des photos et tourner des films. Sartre sollicite le général de Gaulle pour tenir une session du tribunal à Paris. Le président de la République répond par la négative tout en donnant à Sartre du « Mon cher Maître ». Sartre explose de colère dans les colonnes du *Nouvel Observateur* :

> Je ne suis « maître » que pour les garçons de café qui savent que j'écris [...]. [Si le président de la République a jugé utile de m'appeler ainsi] c'est bien pour marquer, je crois, que c'est à l'écrivain qu'il entend s'adresser, non au président d'un tribunal qu'il ne veut pas reconnaître[2].

En mai 1967, c'est donc à Stockholm plutôt qu'à Paris que siège le tribunal Russell, où il auditionne les rapporteurs de sa commission juridique ainsi que les témoins des commissions d'enquête. Il rend le 10 mai son verdict en répondant « oui » à deux des cinq questions posées. Les États-Unis sont bien déclarés coupables d'actes d'« agression selon le droit international » et de bombardements d'objectifs à caractère civil d'une telle ampleur qu'ils relèvent de la catégorie juridique des « crimes contre l'humanité » : « Sartre, selon Bernard Brillant, commentera ce "verdict" quelques jours plus tard, dans *Le Nouvel Observateur*, précisant que l'unanimité sur le verdict suffisait à montrer la légitimité du "tribunal"[3]. » En novembre de la même année, le tribunal siège au Danemark, à Roskilde, pour répondre aux trois autres questions et

---

1. TRIBUNAL RUSSELL, 1967, pp. 16-17.
2. SARTRE [1967], 1985, p. 583.
3. BRILLANT, 2003, p. 117.

répond là aussi positivement dans une condamnation qui va jusqu'à la qualification juridique de « génocide », adoptée à l'unanimité pour qualifier la politique américaine. « Je suis encore aujourd'hui tracassé par cette réponse, confessera Schwartz, et je ne sais plus quoi penser. Pierre Vidal-Naquet m'avait expressément téléphoné de Paris, pour me supplier de répondre non. Avait-il raison ? Nous, membres du tribunal, sommes les seuls à avoir tout vu et tout entendu et nous étions bouleversés[1]. »

Les intellectuels chrétiens ne sont pas restés à l'écart de la mobilisation contre la guerre du Vietnam. Dans la foulée de leur désir de changement manifesté lors de la préparation du concile Vatican II et de leur engagement dans diverses missions dans les pays du tiers-monde, ils jouent leur partition dans le soutien au peuple vietnamien. Beaucoup participent aux protestations des organisations syndicales ou politiques, tels Nicolas Boulte, président de la jeunesse universitaire chrétienne, ou Jules Jézéquel, protestant, responsable de l'Alliance unioniste. À l'initiative de *Témoignage chrétien* et de *Christianisme social*, soit de catholiques et de protestants, des veillées sont organisées à Paris et à Lyon. Il semble que la visite en France de l'aumônier de l'université Yale, William Sloane Coffin, ait eu un impact majeur sur la mobilisation des milieux chrétiens contre la guerre. Venu à l'initiative du CCIF en janvier 1966 pour une conférence intitulée « Les Églises aux États-Unis face à la guerre du Vietnam », il demande aux chrétiens français de faire pression sur le gouvernement américain. Cette invitation est suivie à la fois par *Témoignage chrétien* et *Christianisme social*, qui publient une lettre adressée personnellement au président Lyndon Johnson pour qu'il mette un terme à la guerre du Vietnam. Cette lettre est parrainée par un comité restreint de quarante-cinq personnalités[2]. Au total, ce sont vingt-deux mille

---

1. SCHWARTZ, 1997, p. 451.
2. Dont la grande majorité est constituée par les animateurs de *Témoignage chrétien*, tels Georges Montaron, Jean-Pierre Dubois-Dumée, Jean Baboulène et Bernard Schreiner. Figurent en outre les protestants Roger Mehl, Étienne Trocmé, Georges Casalis, Étienne Mathiot, Pierre Ducros, Théodor Monod, Paul Ricœur et Jacques Lochard, les dominicains Yves Congar, Bruno Carra de Vaux, François Biot et Pierre-André Liégé, ainsi que des journalistes, écrivains, anciens députés, etc. (informations reprises de ROUSSEAU, 2002, p. 160).

lettres personnelles qui sont envoyées au président américain durant l'été 1966. Une autre initiative d'une quarantaine d'organisations chrétiennes convoque pour la fin de l'année 1966 une veillée pour la paix à la Mutualité. Jean Hau, secrétaire national de *Pax Christi*, et Robert de Montvalon, rédacteur en chef de *Terre entière*, sont chargés des contacts avec les divers mouvements chrétiens.

En ce Noël 1966, l'archevêque de New York, le cardinal Spellman, déclare à Saigon : « La guerre du Vietnam est, je crois, une guerre pour la défense de la civilisation. Il est certain que nous n'avons pas cherché cette guerre, elle nous a été imposée et nous ne saurions aider la tyrannie[1]. » Pris à contre-pied de leur engagement, nombre de chrétiens français sont scandalisés. *Pax Christi* publie un communiqué de condamnation de l'archevêque, et deux cardinaux français, Mgrs Joseph-Marie Martin et Jean-Marie Villot, rendent publique leur réprobation. Alors que la guerre s'intensifie en même temps que le mouvement de contestation, une nouvelle initiative est lancée en juin 1967 conjointement par le dominicain Philippe Roqueplo et le théologien protestant Georges Casalis pour un appel œcuménique des clercs français aux clercs américains. L'appel, signé par soixante et un prêtres et vingt-six pasteurs, récuse « la justification américaine de la lutte contre le communisme en reconnaissant une légitimité à la guerre révolutionnaire menée par les Vietnamiens contre un ordre établi injuste que les États-Unis cherchent à préserver à leur profit[2] ». La lettre signée de trois mille clercs français est expédiée au début du mois d'août aux clercs américains. Au début de 1968, cependant, l'unité des chrétiens se fissurera à la suite de deux initiatives qui ne font pas consensus : le « Bateau pour le Vietnam », lancé par le Mouvement de la paix, et donc par les communistes, et l'appel de *Pax Christi* en faveur « de la paix, de la seule paix », et refusant « de quelque côté qu'ils viennent les appels aux armes[3] ».

✧

1. Cardinal Spellman, cité dans *ibid.*, p. 169.
2. *Ibid.*, p. 181.
3. Déclaration du 23 février 1968, archives PX, citées dans *ibid.*, p. 196.

Au fil des années qui séparent la Libération de Mai 68, les chocs successifs des tragédies de l'histoire alimentent un progressif désenchantement. Chaque fois, cependant, la nature ayant horreur du vide, les intellectuels masquent leurs désillusions par des engagements de substitution : le tiers-monde, en lieu et place de la classe ouvrière, qui ne réalise pas la révolution attendue, et les tropiques, d'autant plus fantasmés qu'ils sont lointains, en lieu et place du Vieux Monde. Cette fuite en avant se pare d'une posture intellectuelle de surplomb critique visant à démystifier le sens commun. Cette grille critique fournit à la jeune génération les armes d'une contestation de plus en plus radicale. Sous le faux-semblant des matins calmes, les braises de cette contestation ne demandent qu'un souffle d'air pour se rallumer. Ce sera Mai 68.

L'histoire semblait s'être déplacée sur les terres éloignées d'Asie et d'Amérique latine, lorsque Pierre Viansson-Ponté écrit au début de 1968 que « la France s'ennuie », un diagnostic immédiatement démenti par l'explosion de Mai. Ouvrant une nouvelle page de l'histoire des intellectuels français, cette « prise de parole », comme l'a nommée Michel de Certeau en analogie avec la prise de la Bastille, replace sur les devants de la scène l'espérance eschatologique et la divinisation de l'histoire. Dernier sursaut d'un siècle de déconvenues ou changement d'époque ?

APPENDICES

SOURCES CITÉES

ADLER, Laure, *Marguerite Duras*, Gallimard, 1998.

Affaire Henri Martin (L'). *Commentaire de Jean-Paul Sartre*, textes de Hervé Bazin, Marc Beigbeder, Jean-Marie Domenach, Francis Jeanson, Michel Leiris, Jacques Madaule, Marcel Ner, Jean Painlevé, Roger Pinto, Jacques Prévert, Roland de Pury, Jean-Henri Roy, Vercors et Louis de Villefosse, Gallimard, 1953.

AGERON, Charles-Robert, *La Décolonisation française*, Armand Colin, 1994.

AJCHENBAUM, Yves-Marc, *À la vie, à la mort. Histoire du journal* Combat, *1941-1974*, Le Monde Éditions, 1994.

ALBERIGO, Giuseppe (dir.), *Histoire du concile Vatican II, 1959-1965*, 3 vol. : I. *Le Catholicisme vers une nouvelle époque (janvier 1959-octobre 1962)*, 1997 ; II. *La Formation de la conscience conciliaire (octobre 1962-septembre 1963)*, 1998 ; III. *Le Concile adulte (septembre 1963-septembre 1964)*, 2000, version française sous la direction de É. Fouilloux, Louvain, Peeters, Paris, Éd. du Cerf.

ALLEG, Henri, *La Question*, Éd. de Minuit, 1958.

ALTHUSSER, Louis, trad. des *Manifestes philosophiques*, de Ludwig Feuerbach, PUF, 1960.

—, « Problèmes étudiants », *La Nouvelle Critique*, n° 152, janvier 1964.

—, « Freud et Lacan », *La Nouvelle Critique*, n° 161-162, décembre-janvier 1964-1965.

—, *Pour Marx* [1965], Maspero, 1969.

—, BALIBAR, Étienne, *Lire* Le Capital [1968], 2 vol., Maspero, 1971.

ANDERSSON, Nils, « Le front éditorial », *in* Sidi Mohammed Barkat (dir.), *Des Français contre la terreur d'État (Algérie 1954-1962)*, Éd. Reflex, 2002, pp. 123-142.

ANDREU, Pierre, GROVER, Frédéric, *Drieu la Rochelle*, Hachette, 1979.

ANDREW, Dudley, *André Bazin*, Éd. de l'Étoile, 1983.

ARAGON, Louis, « La confusion sert les traîtres », *Les Étoiles*, n° 13, novembre 1943.

—, *L'Homme communiste*, 2 vol., Gallimard, t. I, 1946.

—, « De la libre discussion des idées », *Europe*, octobre 1948 (a).

—, « Jdanov et nous », *Les Lettres françaises*, 9 septembre 1948 (b).

—, « Un perpétuel printemps », *Les Lettres françaises*, 20 novembre 1958.

—, « Qu'est-ce que l'art ? », *Les Lettres françaises*, n° 1096, septembre 1965.

—, *Fernand Seguin rencontre Louis Aragon*, Montréal, Éd. de l'homme, 1969.

—, « Dessins de Fougeron », *Écrits sur l'art moderne*, Flammarion, 2011.

ARIÈS, Philippe, « Les réprouvés », *Nation française*, 3 mai 1961.

—, « Les nouveaux Versaillais », *Nation française*, 28 mars 1962.

—, *Un historien du dimanche*, Éd. du Seuil, 1980.

ARMEL, Aliette, *Michel Leiris*, Fayard, 1997.

ARON, Raymond, « Maintenir », *Combat*, 22-23 décembre 1946.

—, *Le Grand Schisme*, Gallimard, 1948 (a).

—, « Les alternances de la paix belliqueuse », *Le Figaro*, 26 janvier 1948 (b).

—, *Les Guerres en chaîne*, Gallimard, 1951.

—, « Signification d'une guerre », *Le Figaro*, 16 novembre 1953.

—, *L'Opium des intellectuels*, Calmann-Lévy, 1955 (a).

—, « L'ethnologue entre les primitifs et la civilisation », *Le Figaro littéraire*, 24 décembre 1955 (b).

—, *La Tragédie algérienne*, Plon, 1957.

—, *L'Algérie et la République*, Plon, 1958.

—, « Discours à Harvard (12 juin 1958) », reproduit dans *Commentaire*, n° 28-29, hiver 1985.

—, « Adieu au gaullisme », *Preuves*, n° 93, octobre 1961 ; repris dans ID., 2010.

—, « Théorie du développement et philosophie évolutionniste », in *Le Développement social* [1965] ; repris dans *Études sociologiques*, PUF, 1988.

—, Entretien [1980], *in* COHEN-SOLAL, 1985.

—, *Le Spectateur engagé*, Julliard, 1981.

—, *Mémoires*, Robert Laffont, « Bouquins », 2010.

ARON, Robert, *Histoire de l'épuration*, t. III, vol. II, *Le monde de la presse, des arts, des lettres, 1944-1953*, Fayard, 1975.

ARONSON, Ronald, *Camus et Sartre. Amitié et Combat*, Alvik Éditions, 2005.

ARTIÈRES, Philippe, ZANCARINI-FOURNEL, Michelle (dir.), *68. Une histoire collective (1962-1981)*, La Découverte, 2008.

ASSOULINE, Pierre, *Gaston Gallimard. Un demi-siècle d'édition française* [1984], Gallimard, « Folio », 2006.

—, *L'Épuration des intellectuels*, Bruxelles, Complexe, 1990.

ASTIER DE LA VIGERIE (D'), Emmanuel, « Arrachez la victime au bourreau », *Caliban*, n° 15, avril 1948.

AUBERT, Roger, SOETENS, Claude, « Le temps de l'*aggiornamento* », *in* Jean-

Marie Mayeur *et al.* (dir.), *Histoire du christianisme des origines à nos jours*, XIII. *Crise et renouveau, de 1958 à nos jours*, Desclée de Brouwer, 2000.

AUDRY, Colette, « *Le Deuxième Sexe* et la presse : livre très lu, mal lu et mal compris », *Combat*, 22 décembre 1949.

—, « Colette Audry explique sa collection Femme », *Femmes diplômées*, n° 51, 3ᵉ trimestre 1964, pp. 126-127 ; citée dans LIATARD, 2010.

— (dir.), *Pour et contre l'existentialisme*, Éd. Atlas, 1948.

AXELOS, Kostas, « Le jeu de l'autocritique », *Arguments*, n° 27-28, juillet-décembre 1962.

—, « *Arguments* : trente ans après », entretiens, *La Revue des revues*, n° 4, automne 1987.

BAECQUE (DE), André, *Les Maisons de la culture*, Seghers, 1967.

BAECQUE (DE), Antoine, *La nouvelle vague. Portrait d'une jeunesse*, Flammarion, 1998.

—, « *La Chinoise* de Jean-Luc Godard », *in* ARTIÈRES et ZANCARINI-FOURNEL (dir.), 2008.

BAIR, Deirdre, *Simone de Beauvoir*, Fayard, 1990.

BALANDIER, Georges, *Histoire d'autres*, Stock, 1977.

—, *Conjugaisons*, Fayard, 1997.

— (dir.), *Le « Tiers-Monde ». Sous-développement et développement*, PUF, 1956.

BANTIGNY, Ludivine, *Le Plus Bel Âge ? Jeunes et jeunesse en France de l'aube des « Trente Glorieuses » à la guerre d'Algérie*, Fayard, 2007.

BARD, Christine, MOSSUZ-LAVAU, Janine (dir.), *Le Planning familial : histoire et mémoire 1956-2006*, PUR, 2006.

BARILIER, Étienne, *Les Petits Camarades*, Julliard, 1987.

BARTHES, Roland, *Le Degré zéro de l'écriture*, Éd. du Seuil, 1953 ; rééd. « Points », 1972.

—, « Littérature objective : Alain Robbe-Grillet, *Les Gommes* et *Le Chemin du retour* (inédit) », *Critique*, n° 86-87, juillet-août 1954.

—, Éditorial, *Théâtre populaire*, n° 11, janvier-février 1955 ; repris dans *Essais critiques*, sous le titre « La révolution brechtienne », Éd. du Seuil, « Points », 1981.

—, *Mythologies*, Éd. du Seuil, 1957.

—, « Histoire et littérature : à propos de Racine », *Annales ESC*, vol. XV, n° 3, mai-juin 1960, pp. 524-537.

—, « Savoir et folie », *Critique*, n° 174, novembre 1961.

—, « De part et d'autre », *Critique*, n° 17, 1961, pp. 915-922 ; repris ID. [1964], 1971.

—, « sociologie et socio-logique », *Informations sur les sciences sociales*, n° 4, décembre 1962.

—, « L'activité structuraliste », *Les Lettres nouvelles*, 1963 ; repris dans ID. [1964], 1971.

—, *Sur Racine*, Éd. du Seuil, 1963 ; rééd. « Points », 1979.

—, « Éléments de sémiologie », *Communications*, n° 4, 1964.

—, *Essais critiques*, Éd. du Seuil, 1964 ; rééd. « Points », 1971.

—, *Critique et vérité*, Éd. du Seuil, 1966.

—, « Entretiens avec Georges Charbonnier », France Culture, décembre 1967.

—, « De la science à la littérature », *Times Literary Supplement*, 28 septembre 1967 ; repris dans *Le Bruissement de la langue*, Éd. du Seuil, 1984.

—, « Archives du XXᵉ siècle : Roland Barthes », entretiens avec Jean José Marchand, 23 et 24 novembre 1970 et 14 mai 1971 ; diffusion *Océaniques*, FR3, 27 janvier 1988.

—, « Réponses », *Tel quel*, n° 47, automne 1971 ; repris dans ID., *Œuvres complètes*, t. III. *1968-1971*, Éd. du Seuil, 2002.

—, *L'Aventure sémiologique*, Éd. du Seuil, 1985.

BARTOLI, Henri, « Les chrétiens vers une civilisation du travail », *Esprit*, juillet 1952.

BASTIDE, François-Régis, « Les aventures d'un nouveau Chateaubriand. Adieu sauvages ! Adieu voyages ! », *Demain*, 27 janvier 1956.

BATAILLE, Georges, « Réflexions sur la question juive de Jean-Paul Sartre », *Critique*, n° 12, mai 1947, pp. 471-472 ; repris dans *Œuvres complètes*, t. XI. *Articles 1 (1944-1949)*, Gallimard, 1988, p. 226.

—, *La Part maudite*, Éd. de Minuit, 1949.

—, « L'inceste et le passage de l'animal à l'homme », *Critique*, n° 44, janvier 1951, pp. 43-61 ; repris dans ID., *L'Érotisme*, Éd. de Minuit, 1957.

—, « Un livre humain, un grand livre », *Critique*, n° 115, février 1956.

—, *Œuvres complètes*, t. XI. *Articles 1 (1944-1949)*, Gallimard, 1988.

BAUDRILLARD, Jean, *L'Effet Beaubourg, implosion et dissuasion*, Galilée, 1977 ; repris dans *Simulacres et simulations*, Galilée, 1981.

BAVEREZ, Nicolas, *Raymond Aron*, Perrin, « Tempus », 2006.

BAZIN, André, *Jean Renoir*, Champ libre, 1971.

BEAUVOIR, Simone de, *Le Deuxième Sexe*, 2 vol., t. I, *Les faits et les mythes* ; t. II, *L'expérience vécue*, Gallimard, 1949.

—, « *Les Structures élémentaires de la parenté* », *Les Temps modernes*, n° 49, novembre 1949 (b), pp. 943-949.

—, « Merleau-Ponty et le pseudo-sartrisme », *Les Temps modernes*, n° 114-115, juin-juillet 1955, pp. 2072-2122.

—, *La Longue Marche*, Gallimard, 1957.

—, « Pour Djamila Boupacha », *Le Monde*, 2 juin 1960.

—, *Tout compte fait*, Gallimard, 1972.

—, *La Force des choses*, Gallimard, 1963 ; rééd. « Folio », 1982.

—, *La Cérémonie des adieux*, suivi de *Entretiens avec Jean-Paul Sartre*, Gallimard, 1981.

BECKER, Jean-Jacques, *Un soir de l'été 1942... Souvenirs d'un historien*, Larousse, 2009.

BECQUEMONT, Daniel, « La confrontation avec le structuralisme : signe et sens », *in* DELACROIX, DOSSE et GARCIA (dir.), 2007.

BÉGUIN, Albert, « Les flammes de Budapest », *Esprit*, décembre 1956.

BENOT, Yves, *Massacres coloniaux. 1944-1950 : la IVᵉ République et la mise au pas des colonies françaises*, La Découverte-poche, 2001.

BERGER, John, *Che Guevara mort. Écrivains de Cuba*, Denoël, 1968.

BERQUE, Jacques, *Mémoires des deux rives*, Éd. du Seuil, 1989.

BERRÉBY, Gérard (éd.), *Documents relatifs à la fondation de l'Internationale situationniste*, Allia, 1985.

BERTAUX, Pierre, « Amitiés normaliennes », *Commentaire*, n° 28-29, *Raymond Aron 1905-1983. Histoire et politique*, 1985.

BERTHOLET, Denis, *Claude Lévi-Strauss*, Plon, 2003.

BERTRAND DORLÉAC, Laurence, « Les artistes et la révolution », *in* DREYFUS-ARMAND *et al.* (dir.), 2000.

BEUVE-MÉRY, Hubert, « Une œuvre virile », *Le Monde*, 31 janvier 1951 (a).

—, « Un procès manqué — l'Affaire Gilson », *Le Monde*, 10 mars 1951 (b).

—, « Sommes-nous les "vaincus de Hitler" ? », *Le Monde*, 13 mars 1957.

—, « Éditorial, » *Le Monde*, 25 septembre 1958.

BIASINI, Émile, *L'Action culturelle an I, 1961-1962*, ministère d'État, Affaires culturelles, 1962 ; cité dans BAECQUE (DE), André, 1967.

—, *Grands travaux. De l'Afrique au Louvre*, Odile Jacob, 1995.

BIONDI, Jean-Pierre, *Les Anticolonialistes (1881-1962)*, Robert Laffont, 1992.

BIRCHALL, Ian, *Sartre et l'extrême gauche française. Cinquante ans de relations tumultueuses*, La Fabrique, 2011.

BLANCHOT, Maurice, « L'Oubli, la Déraison », *La Nouvelle Revue française*, n° 106, octobre 1961, pp. 676-686 ; repris dans *L'Entretien infini*, Gallimard, 1969.

—, « Les intellectuels en question : ébauche d'une réflexion », *Le Débat*, n° 29, mars 1984.

BLANDIN, Claire, *Le Figaro littéraire. Vie d'un hebdomadaire politique et culturel (1946-1971)*, Nouveau Monde Éditions, 2010.

BLOT, Jacques, « Le révisionnisme en histoire ou l'école des *Annales* », *La Nouvelle Critique*, n° 30, novembre 1951.

BOCQUET, Jérôme, « Un dreyfusisme chrétien face à la guerre d'Algérie », *in* PELLETIER et SCHLEGEL (dir.), 2012.

BON, Frédéric, BURNIER, Michel-Antoine, *Les Nouveaux Intellectuels*, Éd. Cujas, 1966.

BONDY, François, postface à *Preuves, une revue européenne à Paris*, présentation, choix des textes et notes de Pierre Grémion, Julliard, 1989.

BONNAFÉ, Alphonse, FOLLIN, Sven, KESTEMBERG, Évelyne et Jean, LEBOVICI, Serge, LE GUILLANT, Louis, MONNEROT, Jules, et SHENTOUB, Salem, « La psychanalyse, une idéologie réactionnaire », *La Nouvelle Critique*, n° 7, juin 1949.

BONNAUD, Robert, « La paix des Nementchas », *Esprit*, avril 1957.

BORDES, François, « Désespérer du faux. Histoire d'une critique du communisme soviétique : Michel Collinet, Papaïoannou et les anticommunistes de gauche en France de 1944 à 1972 », thèse de doctorat, sous la direction de Jean-François Sirinelli, IEP, 2008.

—, *Kostas Papaïoannou. Les idées contre le néant*, Éd. La Bibliothèque, 2015.

BOSQUET, Michel, « Castro ouvre un nouveau front », *Le Nouvel Observateur*, 24-30 janvier 1968.

BOUDIC, Goulven, *Esprit, 1944-1982. Les métamorphoses d'une revue*, Éd. de l'IMEC, 2005.

BOULEZ, Pierre, « Pourquoi je dis non à Malraux », *Le Nouvel Observateur*, 25 mai 1966.

—, « Du Domaine musical à l'Ircam », entretien avec Pierre-Michel Menger, *Le Débat*, n° 50, mai-août 1988.

BOURDET, Claude, « Au carrefour du Maghreb », *France Observateur*, 4 novembre 1954.

—, « Votre Gestapo d'Algérie », *France Observateur*, 13 janvier 1955 (a).

—, « Vers la guerre d'Algérie », *France Observateur*, 26 mai 1955 (b).

—, « Disponible, quel sursis ? », *France Observateur*, 29 mars 1956.

—, « Melouza : crimes et fautes », *France Observateur*, 6 juin 1957.

—, « Nous ne capitulerons jamais », *France Observateur*, 29 mai 1958.

BOURDIEU, Pierre, *Choses dites*, Éd. de Minuit, 1987.

BRAUDEL, Fernand, « Histoire et sciences sociales : la longue durée », *Annales ESC*, vol. XIII, n° 4, octobre-décembre 1958, pp. 725-753 ; repris dans *Écrits pour l'histoire*, Flammarion, 1969.

BRILLANT, Bernard, *Les Clercs de 68*, PUF, 2003.

BRISSON, Pierre, « Vu de Paris », *Le Figaro*, 22 novembre 1954.

BRUHAT, Jean, « Élections et démocratie en URSS », *Démocratie nouvelle*, mars 1947.

—, *Il n'est jamais trop tard. Souvenirs*, Albin Michel, 1983.

BRUNE, Jean, *Cette haine qui ressemble à de l'amour*, La Table ronde, 1961.

BURNIER, Michel-Antoine, *Les Existentialistes et la politique*, Gallimard, « Idées », 1966.

CABANEL, Patrick, « Lieux et moments de la contestation protestante », *in* PELLETIER et SCHLEGEL (dir.), 2012.

CACHIN, Marcel, « Pour une presse libre », *L'Humanité*, 29 août 1944.

CAILLOIS, Roger, « Illusions à rebours », *La Nouvelle Revue française*, n° 24, décembre 1954, pp. 1010-1021, et n° 25, janvier 1955, pp. 58-70.

—, « La réponse de R. Caillois », *Le Monde*, 28 juin 1974.

CALLU, Agnès, « Gaëtan Picon (1915-1976) », thèse de doctorat sous la direction de Jean-François Sirinelli, IEP, 2009.

CALVET, Louis-Jean, *Roland Barthes*, Flammarion, 1990.

CAMUS, Albert, « De la Résistance à la Révolution », *Combat*, 24 août 1944 (a).

—, « La nuit de la vérité », *Combat*, 25 août 1944 (b).

—, « Le temps du mépris » *Combat*, 30 août 1944 (c).

—, « Le mouvement national de libération », *Combat*, 19 septembre 1944 (d).

—, « Éditorial », *Combat*, 25 octobre 1944 (e).

—, « De la trahison du gouvernement de Vichy », *Combat*, 2 novembre 1944 (f).

—, « Au sujet de l'épuration post-Libération », *Combat*, 5 janvier 1945 (a).

—, « Justice et charité », *Combat*, 11 janvier 1945 (b).

—, « Ce mot d'épuration était déjà assez pénible en lui-même : la chose est devenue odieuse », *Combat*, 30 août 1945 (c).

—, « Non, je ne suis pas existentialiste », entretien avec Jeanine Delpech, *Les Nouvelles littéraires*, n° 954, 15 novembre 1945 ; repris dans ID., *Œuvres complètes*, II. *1944-1948*, Gallimard, 2006.

—, Entretien à *Servir*, 20 décembre 1945 ; repris dans ID., *Théâtre, récits, nouvelles*, Gallimard, « Bibliothèque de la Pléiade », 1985.

—, *L'Homme révolté* [1951], Gallimard, « Folio », 2013.

—, « Révolte et servitude », *Les Temps modernes*, n° 82, août 1952 ; repris dans ID., *Œuvres complètes*, III. *1949-1956*, Gallimard, 2008.

—, *La Chute* [1956], Gallimard, « Folio », 1997.

—, « Discours de réception du prix Nobel », *Le Monde*, 14 décembre 1957.

—, *Discours de Suède* [1957], Gallimard, « Folio », 1997.

—, *L'Envers et l'Endroit*, Gallimard, 1958.

—, *Essais*, Gallimard, « Bibliothèque de la Pléiade », 1984.

CANGUILHEM, Georges, « Mort de l'homme ou épuisement du cogito ? », *Critique*, n° 242, juillet 1967.

CARNÉ, Marcel, « Le point de vue de Marcel Carné », *Le Monde*, 14 octobre 1958.

CASANOVA, Laurent, *Le Parti communiste, les intellectuels et la nation*, Éditions sociales, 1949 (a).

—, *Responsabilités de l'intellectuel communiste*, Éd. du PCF, 1949 (b).

CASSOU, Jean, *Une vie pour la liberté*, Robert Laffont, 1981.

CASTEL, Robert, *Le Psychanalysme*, Maspero, 1973 ; rééd. 10/18, 1976.

—, « Les aventures de la pratique », *Le Débat*, n° 41, septembre-novembre 1986.

CASTORIADIS, Cornelius, « Marxisme et théorie révolutionnaire », *Socialisme ou barbarie*, n° 36, avril 1964, pp. 1-25 ; n° 37, juillet 1964, pp. 18-53 ; n° 38, octobre 1964, pp. 44-86 ; n° 39, mars 1965, pp. 16-66 ; n° 40, juin 1965, pp. 37-55 ; repris dans ID., *L'Institution imaginaire de la société*, Éd. du Seuil, 1975, pp. 13-229.

—, « La suspension de la publication de *Socialisme ou barbarie* », circulaire adressée aux abonnés et lecteurs, juin 1967 ; reprise dans ID., 1974, t. II.

—, *La Société bureaucratique*, 10/18, 1973 ; rééd. Christian Bourgois, 1990.

—, « Introduction », in *ibid*.

—, *L'Expérience du mouvement ouvrier*, 10/18, 1974.

—, « Les divertisseurs », *Le Nouvel Observateur*, 20 juin 1977 ; repris dans ID., *Quelle démocratie ?*, Éd. du Sandre, t. I, 2013.

—, *La Société française*, 10/18, 1979.

—, *La Question du mouvement ouvrier. Écrits politiques, 1945-1997*, 2 vol., Éd. du Sandre, 2012.

— (sous le pseudonyme de Paul Cardan), « Le mouvement révolutionnaire sous le capitalisme moderne », *Socialisme ou barbarie*, n° 31, décembre 1960-février 1961, pp. 51-81 ; n° 32, avril-juin 1961, pp. 84-111 ; n° 33, décembre 1961-février 1962, pp. 60-85 ; repris dans CASTORIADIS, 2012, t. II.

— (sous le pseudonyme de Pierre Chaulieu), « Socialisme ou Barbarie », *Socialisme ou barbarie*, n° 1, mars 1949 ; repris dans CASTORIADIS, 2012, t. I.

—, « Les rapports de production en Russie », *Socialisme ou barbarie*, n° 2, mai 1949 ; repris dans CASTORIADIS, 2012, t. I.

—, « Sartre, le stalinisme et les ouvriers », *Socialisme ou barbarie*, n° 12, août 1953 ; repris dans CASTORIADIS, 2012, t. I.

—, « La révolution prolétarienne », *Socialisme ou barbarie*, n° 20, décembre 1956.

—, « L'insurrection hongroise : questions aux militants du PCF », *Socialisme ou barbarie*, n° 20, décembre 1956 ; repris dans CASTORIADIS, 1973.

—, « Perspectives de la crise française », *Socialisme ou barbarie*, n° 25, juillet 1958 ; repris dans CASTORIADIS, 1979.

—, « Bilan », *Socialisme ou barbarie*, n° 26, novembre 1958 ; repris dans CASTORIADIS, 2012, t. II.

CAUNE, Jean, *La Culture en action. De Vilar à Lang : le sens perdu*, Presses universitaires de Grenoble, 1999.

CAUTE, David, *Le Communisme et les intellectuels français, 1914-1966*, Gallimard, 1964.

CERTEAU, Michel de, « La rénovation de la vie religieuse », *Christus*, vol. XIII, n° 49, janvier 1966 (a), pp. 101-119.

—, « La crise du langage religieux », in *Langages de l'athéisme et de la foi*, Session de Currière, texte dactylographié, Vanves, Archives de la Compagnie, juillet 1966 (b).

—, « De la participation au discernement », *Christus*, vol. XIII, n° 52, octobre 1966 (c), pp. 518-537.

—, « La vie religieuse en Amérique latine », *Études*, janvier 1967 (a).

—, « Amérique latine : Ancien ou Nouveau Monde ? Notes de voyage », *Christus*, vol. XIV, n° 55, juillet 1967 (b).

—, « "Che" Guevara et Régis Debray, la révolution entre sa légende et sa vérité », *Études*, décembre 1967 (c), pp. 624-629.

—, « Prendre la parole », *Études*, juin 1968 ; repris dans *La Prise de parole*, DDB, 1968.

—, François Roustang, note sur *Christus* aux Pères provinciaux, Vanves, Archives de France de la Compagnie, 10 juin 1966.

—, Julia, Dominique, Revel, Jacques, « La beauté du mort : le concept de "culture populaire" », *Politique aujourd'hui*, décembre 1970, pp. 3-23 ; repris dans Michel de Certeau, *La Culture au pluriel*, Éd. du Seuil, « Points », 1993, pp. 45-72.

Champenoix, Jean, « L'hérédité n'est pas commandée par de mystérieux facteurs : le savant soviétique Lyssenko porte un coup droit aux théories antidarwiniennes », *Les Lettres françaises*, 26 août 1948.

Chaperon, Sylvie, *Les Années Beauvoir, 1945-1970*, Fayard, 2000.

—, « Beauvoir à la croisée de l'histoire des femmes et des intellectuels », *in* Racine et Trebitsch (dir.), 2004.

—, « Le MFPF face au féminisme (1956-1970) », *in* Bard et Mossuz-Lavau (dir.), 2006.

Chapsal, Madeleine, « Le livre de la semaine : *Tristes Tropiques* », *L'Express*, 24 février 1956.

—, « Le jeune roman », *L'Express*, 12 janvier 1961 ; repris dans Id., *Ces voix que j'entends encore*, Fayard, 2011, pp. 119-134.

—, *Envoyez la petite musique...*, Grasset, 1984 ; rééd. Hachette « Biblio-essais », 1987.

Char, René, *Feuillets d'Hypnos* [1946], Gallimard, « Folio », 2007.

—, « L'affaire Kravchenko », *Combat*, 25 février 1949.

—, Lettre à Marcel Bisiaux ; citée dans Laurent Greilsamer, *L'Éclair au front. La vie de René Char*, Fayard, 2004.

Charbonnier, Georges, *Entretiens avec Claude Lévi-Strauss* [1961], 10/18, 1969.

Chardonne, Jacques, *Le Ciel de Nieflheim* [1943], nouvelle éd., Bucarest, 1991.

Chassey (de), Éric « Peinture critique / peinture politique », 15 mars 2011, conférence au séminaire d'Antoine Compagnon au Collège de France, dans le cadre de son cours sur « L'année 1966 ».

Chebel d'Appollonia, Ariane, *L'Extrême droite en France de Maurras à Le Pen*, Bruxelles, Complexe, 1988.

—, *Histoire politique des intellectuels en France, 1944-1954*, 2 vol., Bruxelles, Complexe, 1991 et 1999.

Clément, Catherine, *Vies et légendes de Jacques Lacan*, Grasset, 1981.

Cohen, Francis, « L'ouvrier mort », *L'Humanité*, 5 juillet 1952.

Cohen-Solal, Annie, *Sartre (1905-1980)*, Gallimard, 1985.

Collectif, « Chine d'hier et d'aujourd'hui », *Les Temps modernes*, n° 127-128, septembre-octobre 1956.

—, « Qu'est-ce que la classe ouvrière française ? », *Arguments*, n° 12-13, janvier-février-mars 1959.

—, « Ouverture d'un débat : marxisme et humanisme », *La Nouvelle Critique*, n° 164, mars 1965.

Collinet, Michel, « *J'ai choisi la liberté !* par Victor Kravchenko », *Paru*, n° 34, septembre 1947.

—, *Tragédie du marxisme. Du* manifeste communiste *à la stratégie totalitaire, essai critique*, Calmann-Lévy, 1948.

—, « Les mythes modernes », *Évidences*, n° 50, août-septembre 1955.

—, *Du bolchevisme. Évolution et variations du marxisme-léninisme*, Amiot-Dumont, 1957.

Colombel, Jeannette (*née* Jeannette Prenant), « Les trois "K" de la démocratie occidentale : à propos de Simone de Beauvoir et de quelques autres », *La Nouvelle Critique*, n° 25, avril 1951.

Courtade, Pierre, « L'entreprise Tito », *L'Humanité*, 10 juin 1950.

Cronan, Christine, *Petit catéchisme de l'existentialisme pour les profanes*, Jean Dumoulin, 1948.

Daix, Pierre, « Une discussion au service de la paix », *Les Lettres françaises*, 4 novembre 1948.

—, *J'ai cru au matin*, Robert Laffont, 1976.

—, *Tout mon temps*, Fayard, 2001.

—, *Aragon. Un destin français*, II. *L'Atlantide, 1939-1982*, La Martinière, 2013.

Damamme, Dominique, Gobille, Boris, Matonti, Frédérique, Pudal, Bernard (dir.), *Mai-Juin 68*, Éd. de l'Atelier, 2008.

Daney, Serge, *La Rampe*, Gallimard, 1983.

Daniel, Jean, *Œuvres autobiographiques*, Grasset, 2002.

Debaene, Vincent, préface à Lévi-Strauss, 2008 (a).

—, « Lévi-Strauss, homme de lettres », *in* Émilie Joulia, *Lévi-Strauss. L'homme derrière l'œuvre*, Jean-Claude Lattès, 2008 (b).

—, *L'Adieu au voyage. L'ethnologie française entre science et littérature*, Gallimard, 2010.

Debray, Régis, « Le castrisme : la longue marche de l'Amérique latine », *Les Temps modernes*, n° 224, janvier 1965, pp. 1172-1237.

—, *Critique de la raison politique*, Gallimard, 1981.

Debré, Michel, « Deux hommes politiques parlent de Mauriac », in *François Mauriac*, Les Cahiers de L'Herne, 2000.

Debû-Bridel, Jacques, *La Résistance intellectuelle*, Julliard, 1970.

Delacroix, Christian, Dosse, François, Garcia, Patrick (dir.), *Paul Ricœur et les sciences humaines*, La Découverte, 2007.

—, Trebitsch (dir.), *Michel de Certeau. Les chemins d'histoire*, Complexe, 2002

Delannoi, Gil, « Crise intellectuelle et tentative de fondation d'une politique de l'homme : *Arguments*, Morin, Sartre », thèse de doctorat, IEP, 1982.

—, « *Arguments*, 1956-1962, ou la parenthèse de l'ouverture », *Revue française de science politique*, vol. XXXIV, n° 1, février 1984.

Delavignette, Robert, « L'Union française : à l'échelle du monde, à la mesure de l'homme », *Esprit*, juillet 1945.

DELEUZE, Gilles, Cours à Paris VIII, archives audiovisuelles de la BNF, 4 mai 1982.

—, *Cinéma, I. L'image-mouvement*, Éd. de Minuit, 1983.

—, *Cinéma 2. L'image-temps*, Éd. de Minuit, 1985.

—, GUATTARI, Félix, *Qu'est-ce que la philosophie ?*, Éd. de Minuit, 1991.

DELPHY, Christine, CHAPERON, Sylvie (dir.), *Cinquantenaire du Deuxième Sexe*, Syllepse, 2002.

DERRIDA, Jacques, introduction à Edmund Husserl, *L'Origine de la géométrie* [1936], PUF, 1962.

—, « Cogito et histoire de la folie », *Revue de métaphysique et de morale*, n° 4, octobre-décembre 1963 (a) ; repris dans ID., 1967 (c).

—, « Force et signification », *Critique*, n° 193-194, juin-juillet 1963 (b) ; repris dans ID., 1967 (c).

—, *De la grammatologie*, Éd. de Minuit, 1967 (a).

—, *La Voix et le Phénomène. Introduction au problème du signe dans la phénoménologie de Husserl*, PUF, 1967 (b).

—, *L'Écriture et la Différence*, Éd. du Seuil, « Points », 1967 (c).

—, « La structure, le signe et le jeu dans le discours des sciences humaines », *in* ID., 1967 (c).

—, « La différance », conférence prononcée à l'ENS le 27 janvier 1968 ; reprise dans Michel Foucault, Roland Barthes et Id., *Théorie d'ensemble*, Éd. du Seuil, « Tel Quel », 1968 ; rééd. « Points », 1980.

—, *Marges*, Éd. de Minuit, 1972 (a).

—, *Positions*, Éd. de Minuit, 1972 (b).

—, *Limited Inc.*, Galilée, 1990.

—, « Pour l'amour de Lacan », *in* ID., *Résistances de la psychanalyse*, Galilée, 1996.

DESANTI, Dominique, *Les Staliniens. Une expérience politique, 1944-1956*, Fayard, 1975 ; rééd. Marabout, 1985.

—, *Les Clés d'Elsa*, Ramsay, 1983.

DESANTI, Jean-Toussaint, « La science, idéologie historiquement relative », *in* Francis COHEN *et al.*, *Science bourgeoise et science prolétarienne*, Nouvelle critique, 1950.

DESCOMBES, Vincent, *Le Même et l'Autre*, Éd. de Minuit, 1979.

—, « Vers une crise d'identité en philosophie française », *in Les Enjeux philosophiques des années 50*, 1989.

DESTREMAU, Christian, MONCELON, Jean, *Louis Massignon*, Plon, 1994.

DHÔTEL, Jean-Claude, *Les Jésuites de France*, Desclée de Brouwer, 1987.

DILTHEY, Wilhelm, *L'Édification du monde historique dans les sciences de l'esprit* [1910], Éd. du Cerf, 1988.

DOMENACH, Jean-Marie, « Le procès Angeli », *Esprit*, janvier 1945.

—, « Y a-t-il une justice en France ? », *Esprit*, août 1947.

—, « Culpabilité collective », *Esprit*, octobre 1957.

—, « Pourquoi non », *Esprit*, septembre 1958.

—, « Résistances », *Esprit*, mai 1960.

—, « Notre affaire Tillon », *Esprit*, juin 1971.

—, « Le requiem structuraliste », *in* ID., *Le Sauvage et l'Ordinateur*, Éd. du Seuil, 1976.

—, *Ce que je crois*, Grasset, 1978.

DOR, Joël, *Introduction à la lecture de Lacan*, Denoël, 1985.

DOSSE, François, « Lorsque Julia Kristeva donna naissance au second Barthes », *in* ID., *Histoire du structuralisme*, II. *Le chant du cygne, 1967 à nos jours*, La Découverte, 1992, pp. 75-89.

—, *L'Empire du sens. L'humanisation des sciences humaines*, La Découverte, 1995 ; rééd. La Découverte-poche, 1997.

—, *Pierre Nora. Homo historicus*, Perrin, 2011.

—, *Castoriadis. Une vie*, La Découverte, 2014.

DREYFUS-ARMAND, Geneviève, PORTES, Jacques, « Les interactions internationales de la guerre du Viêt-nam et Mai 1968 », *in* DREYFUS-ARMAND *et al.* (dir.), 2000

DREYFUS-ARMAND, Geneviève, FRANK, Robert, LÉVY, Marie-Françoise, ZANCARINI-FOURNEL, Michelle (dir.), *Les Années 68. Le temps de la contestation*, Bruxelles, Complexe, 2000 ; rééd. 2008.

DROIT, Michel, *La coupe est pleine*, France-Empire, 1975 ; cité dans PAUVERT, 2004.

DUFAY, François, *Le Soufre et le Moisi. La droite littéraire après 1945* [2006], Perrin, « Tempus », 2010.

DUMAZEDIER, Joffre, *Vers une civilisation du loisir ?*, Éd. du Seuil, 1962 ; rééd. « Points », 1972.

DUVERGER, Maurice, « *Le Grand Schisme* ou *Croisade sans croix* ? », *Le Monde*, 8 octobre 1948.

—, « Les deux trahisons », *Le Monde*, 27 avril 1960.

DUVIGNAUD, Jean, « Idéologies de somnambules », *Arguments*, n° 8, juin 1958.

—, *Chebika*, Gallimard, 1968.

—, *Le Langage perdu*, PUF, 1973.

—, *Le ça perché*, Stock, 1976.

—, « Après le fonctionnalisme et le structuralisme, quoi ? », *in Une anthropologie des turbulences. Hommage à G. Balandier*, Berg International, 1985.

EGNEL, Claude, *Le Planning familial*, n° 9, mars 1966.

ELUARD, Paul, « Les vendeurs d'indulgence », *Les Lettres françaises*, 17 mars 1945, première page.

—, *Poèmes politiques*, Éditions sociales, 1948.

EMMANUEL, Pierre, « L'Amérique impériale », *Le Monde*, 25 octobre 1949.

Enjeux philosophiques des années 50 (Les), Éd. du centre Georges-Pompidou, 1989.

ÉRIBON, Didier, *Michel Foucault*, Flammarion, 1989.

ESTIER, Claude, *Journalistes engagés*, Cherche-Midi, 2011.

ÉTIEMBLE, « De l'engagement » [1946], in ID., *Hygiène des lettres*, II. *Littérature dégagée (1942-1953)*, Gallimard, 1955.

—, « Justice pour les collabos » [1952], in ID., *Hygiène des Lettres*, II. *Littérature dégagée (1942-1953)*, Gallimard, 1955.

—, « Des Tarahumaras aux Nambikwara », *Évidences*, n° 56, avril 1956.

FABIANI, Jean-Louis, « Sociologie et histoire des idées », in *Les Enjeux philosophiques des années 50*, 1989.

FABRE, Henri (Dr), *La Maternité consciente*, Denoël, 1960.

FAYE, Jean-Pierre, *Commencement d'une figure en mouvement*, Stock, 1980.

FEJTÖ, François, « L'affaire Rajk est une affaire Dreyfus internationale », *Esprit*, novembre 1949.

—, *La Tragédie hongroise*, Pierre Horay, 1957.

—, *Mémoires. De Budapest à Paris*, Calmann-Lévy, 1986.

—, *Où va le temps qui passe ?*, Balland, 1991.

FELGINE, Odile, *Roger Caillois*, Stock, 1994.

FERRER, Mathilde (dir.), *Groupes, mouvements, tendances de l'art contemporain depuis 1945*, École nationale supérieure des beaux-arts, 2001.

FERRO, Marc, *Mes histoires parallèles. Entretiens avec Isabelle Veyrat-Masson*, Carnets Nord, 2011.

FESSARD, Gaston, *Progressisme chrétien et apostolat ouvrier*, Desclée de Brouwer, 1960.

FIGUÈRES, Léo, « Le Pape n'a pas tout dit devant les sages-femmes », *La Nouvelle Critique*, n° 35, avril 1952.

FISCHER, Didier, *L'Histoire des étudiants en France de 1945 à nos jours*, Flammarion, 2000.

FITCH, Brian T., *Le Sentiment d'étrangeté chez Malraux, Sartre, Camus, S. de Beauvoir*, Minard, 1964.

FONTAINE, André, *Histoire de la guerre froide*, II. *De la guerre de Corée à la crise des alliances, 1950-1963*, Éd. du Seuil, 1983.

FOREST, Philippe, *Histoire de Tel Quel, 1960-1982*, Éd. du Seuil, 1995.

—, *Aragon*, Gallimard, 2015.

FOUCAULT, Michel, *Folie et déraison*, Plon, 1961 (a).

—, « La folie n'existe que dans une société », *Le Monde*, 22 juillet 1961 (b).

—, « Préface à la transgression », *Critique*, n° 195-196, août-septembre 1963 (a), pp. 751-769.

—, « Le langage à l'infini », *Tel Quel*, n° 15, automne 1963 (b), pp. 44-53.

—, « Distance, aspect, origine », *Critique*, n° 198, novembre 1963 (c), pp. 931-945.

—, *Les Mots et les Choses*, Gallimard, 1966 (a).

—, « La pensée du dehors », *Critique*, n° 229, juin 1966 (b), pp. 523-546.

—, « Lectures pour tous », ORTF, 1966 ; rediffusée dans ID. [1977], 1988.

—, « Nietzsche, Marx, Freud », *Cahiers de Royaumont*, t. VI, Éd. de Minuit, 1967 ; repris dans ID., 1994, t. I.

—, « Mon corps, ce papier, ce feu », *Paideia*, septembre 1971 ; repris dans ID., *L'Histoire de la folie*, Gallimard, 1972.

—, « Nietzsche, la généalogie, l'histoire », in *Hommage à Jean Hyppolite*, PUF, 1971, pp. 145-172 ; repris dans ID., 1994, t. II.

—, « L'extension sociale de la norme », entretien avec Pascale Werner, *Politique-Hebdo*, 4 mars 1976.

—, « Vérité et pouvoir : entretien avec M. Fontana », *L'Arc*, n° 70, 1977.

—, Document INA, enregistré à Vézelay, chez Maurice Clavel, en 1977 ; diffusion *Océaniques*, FR3, 13 janvier 1988.

—, « Colloquio con Michel Foucault » [1978], entretien avec Duccio Trombadori, *Il Contributo*, janvier-mars 1980 ; repris dans ID. 1994, t. IV.

—, « Structuralism and post-structuralism » (entretien avec Georges Raulet), *Telos*, vol. XVI, 1983, pp. 195-211.

—, « Le souci de l'autre », *France Culture*, 30 juin 1984.

—, « La vie : l'expérience et la science », *Revue de métaphysique et de morale*, vol. XC, n° 1, janvier-mars 1985, pp. 3-14 ; repris dans ID., 1994, t. IV.

—, *Dits et écrits*, 4 vol. Gallimard, 1994 ; rééd. « Quarto », 2 vol., 2001.

FOUCHÉ, Pascal, « L'édition 1914-1992 », in SIRINELLI (dir.) [1992], 2012, t. II.

— (dir.), *L'Édition française depuis 1945*, Cercle de la librairie, 1998.

FOUILLOUX, Étienne, « Intellectuels catholiques et guerre d'Algérie (1954-1962) », *Les Cahiers de l'IHTP*, n° 10, novembre 1988.

FOURASTIÉ, Jean, *Le Grand Espoir du XXᵉ siècle. Progrès technique, progrès économique, progrès social*, PUF, 1949.

—, *Machinisme et bien-être*, Éd. de Minuit, 1951.

—, *Les Trente Glorieuses, ou La révolution invisible*, Fayard, 1979.

FOUREL, Christophe (dir.), *André Gorz. Un passeur pour le XXIᵉ siècle*, La Découverte, 2009.

FRANK, Bernard, « La dernière victime du Général », *Le Nouvel Observateur*, 19 novembre 1964.

FRANK, Robert, « Imaginaire politique et figures symboliques internationales : Castro, Hô, Mao et le Che », in DREYFUS-ARMAND *et al.* (dir.), 2000.

FRODON, Jean-Michel, *L'Âge moderne du cinéma français. De la nouvelle vague à nos jours*, Flammarion, 1995.

FUKUYAMA, Francis, *La fin de l'histoire et le dernier homme*, Flammarion, 1992.

GALSTER, Ingrid, « Les chemins du féminisme entre la France et les États-Unis (1947-2000) », in RACINE et TREBITSCH (dir.), 2004.

GALTIER-BOISSIÈRE, Jean, *Mon Journal depuis la Libération*, La Jeune Parque, 1945.

GARAUDY, Roger, « Sur une philosophie réactionnaire. Un faux prophète : Jean-Paul Sartre », *Les Lettres françaises*, 28 décembre 1945.

—, « Artistes sans uniformes », *Arts de France*, n° 9, novembre 1946.

—, Transcription dactylographiée des débats de l'« Assemblée des philosophes », Choisy-le-Roi, 22-23 janvier 1966, Archives du parti communiste, Fonds Waldeck-Rochet, 1893-2005, 314 J 38, pp. 125, 128 et 148, citées dans VERDÈS-LEROUX, 1987, p. 296.

GAULLE, Charles de, *Mémoires d'espoir*, I. *Le renouveau, 1958-1962*, Plon, 1970.

GENETTE, Gérard, « Enquête sur la critique », *Tel Quel*, n° 14, été 1963, pp. 68-91.

GEORGE, Natacha et François (dir.), *Staline à Paris*, Ramsay, 1982.

GIL, Marie, *Roland Barthes. Au lieu de la vie*, Flammarion, 2012.

GILSON, Étienne, *L'Être et l'Essence*, Vrin, 1948.

—, « L'alternative », *Le Monde*, 2 mars 1949.

GIRARDET, Raoul, *Singulièrement libre. Entretiens avec Pierre Assouline*, Perrin, 1990.

GIROUD, Françoise, *Si je mens...*, Stock, 1972.

GODARD, Jean-Luc, « Un cinéaste, c'est aussi un visionnaire », *Arts*, 1er avril 1959 ; cité dans Antoine de Baecque, *Les Cahiers du Cinéma. Histoire d'une revue*, I. *À l'assaut du cinéma, 1951-1959*, Éd. Cahiers du cinéma, 1991.

GOLDMAN, Pierre, *Souvenirs obscurs d'un juif polonais né en France*, Éd. du Seuil, 1978.

GORZ, André, « Le traître », *Les Temps modernes*, n° 144, décembre 1957, et n° 145, mars 1958.

—, *Le Socialisme difficile*, Éd. du Seuil, 1967.

GOTTRAUX, Philippe, *« Socialisme ou Barbarie ». Un engagement politique et intellectuel dans la France de l'après-guerre*, Lausanne, Payot, 1997.

GRALL, Xavier, *James Dean et notre jeunesse*, Éd. du Cerf, 1958.

GRANJON, Marie-Christine, « Raymond Aron, Jean-Paul Sartre et le conflit algérien », *Les Cahiers de l'IHTP*, n° 10, novembre 1988.

GRÉGOIRE, Ménie, « *La Force des choses* : le prix d'une révolte », *Esprit*, mars 1964.

—, *Telle que je suis*, Robert Laffont, 1976.

— (éd.), « La femme au travail », *Esprit*, mai 1961.

GREILSAMER, Laurent, *L'Éclair au front. La vie de René Char*, Fayard, 2004.

—, *L'Homme du Monde. La vie d'Hubert Beuve-Méry*, Perrin, « Tempus », 2010.

GREIMAS, Algirdas Julien, « L'actualité du saussurisme », *Le Français moderne*, n° 24, 1956.

GRÉMION, Pierre, *Intelligence de l'anticommunisme. Le Congrès pour la liberté de la culture à Paris (1950-1975)*, Fayard, 1995.

GRENIER, Roger, *Albert Camus. Soleil et ombre* [1987], Gallimard, « Folio », 1991.

GROS, Guillaume, *Philippe Ariès. Un traditionaliste non-conformiste*, Septentrion, 2008.

GUATTARI, Félix, « Réflexions sur la thérapeutique institutionnelle et les problèmes d'hygiène mentale en milieu étudiant », rapport paru dans *Recherches universitaires*, 1964, puis dans *Psychanalyse et transversalité*, Maspero, 1972 ; rééd. La Découverte, 2003.

GUÉHENNO, Jean, « La révolte humaine : mais non, la vie n'est pas absurde », *Le Figaro littéraire*, 24 novembre 1951.

GUÉRIN, Jean-Yves, *Camus. Portrait de l'artiste en citoyen*, François Bourin, 1993.

GUGELOT, Frédéric, « Intellectuels chrétiens entre marxisme et Évangile », in PELLETIER et SCHLEGEL (dir.), 2012.

GUILLEBAUD, Jean-Claude, *Les Années orphelines*, Éd. du Seuil, 1978.

GUILLÉN, Nicolás, « Cuba 1959 », *Les Temps modernes*, n° 158, avril 1959.

GURVITCH, Georges, « Le concept de structure sociale », *Cahiers internationaux de sociologie*, vol. XIX, 1955.

HAGE, Julien, « Sur les chemins du tiers-monde en lutte : partisans, révolution, Tricontinentale (1961-1973) », in ARTIÈRES et ZANCARINI-FOURNEL (dir.), 2008.

—, *Feltrinelli, Maspero, Wagenbach. Une nouvelle génération d'éditeurs politiques d'extrême gauche en Europe occidentale, 1955-1982 : histoire comparée, histoire croisée*, thèse de doctorat, sous la direction de Jean-Yves Mollier, Saint-Quentin-en-Yvelines, 2010.

HALIMI, Gisèle, *Le Lait de l'oranger*, Gallimard, 1988.

—, « Simone de Beauvoir, une femme engagée : de la guerre d'Algérie au procès de Bobigny », in DELPHY et CHAPERON (dir.), 2002.

HAMON, Hervé, ROTMAN, Patrick, *Les Porteurs de valises. La résistance française à la guerre d'Algérie* [1979], Éd. du Seuil, « Points », 1982.

—, *Génération*, 2 vol., I. *Les années de rêve* ; II. *Les années de poudre*, Éd. du Seuil, 1987-1988.

HAMY, Cécile, *Georges Montaron, le roman d'une vie*, Ramsay, 1996.

HARTOG, François, *Régimes d'historicité. Présentisme et expérience du temps*, Éd. du Seuil, 2003.

HAZAREESINGH, Sudhir, *Ce pays qui aime les idées. Histoire d'une passion française*, Flammarion, 2015.

HÉDUY, Philippe, *Au lieutenant des Taglaïts*, La Table ronde, 1961.

HÉMERY, Daniel, « Décoloniser la France : le syndrome indochinois », in Pascal Blanchard et Sandrine Lemaire (dir.), *Culture impériale 1931-1961*, Autrement, 2004.

HERVÉ, Pierre, « La clique de ceux qui ont rejeté en bloc la révolution », *L'Humanité*, 15 décembre 1948.

HESS, Rémi, *Henri Lefebvre et l'aventure du siècle*, A.-M. Métailié, 1988.

HEURGON, Marc, *Histoire du PSU*, La Découverte, 1994.

HINCKER, Monique, « Pour Simone de Beauvoir », *La Nouvelle Critique*, n° 163, février 1965.

HOFFMANN, Stanley, *Le Mouvement Poujade*, Armand Colin, 1956.

HOURDIN, Georges, *La nouvelle vague croit-elle en Dieu ?*, Éd. du Cerf, 1959.

—, *Simone de Beauvoir et la liberté*, Éd. du Cerf, 1962.

HYPPOLITE, Jean, « Commentaire parlé sur la "Verneinung" de Freud » (séminaire de technique freudienne, 10 février 1954), *Psychanalyse. Revue de la Société française de psychanalyse*, vol. I, 1956, pp. 29-39.

JALABERT, Laurent, « Aux origines de la génération 1968 : les étudiants français et la guerre du Vietnam », *Vingtième siècle. Revue d'histoire*, n° 55, juillet-septembre 1997.

JAMET, Michel, *Les Défis de* L'Express, Éd. du Cerf, 1981.

—, « L'Algérie française de Raymond Bourguine », *Les Cahiers de l'IHTP*, n° 10, novembre 1988.

JAMIN, Jean, « L'anthropologie et ses acteurs », in *Les Enjeux philosophiques des années 50*, 1989.

JASPERS, Karl, *Philosophie. 3 Metaphysik*, Berlin, Springer, 1956.

JDANOV, Andreï, *Sur la littérature, la philosophie et la musique*, Éd. de la Nouvelle Critique, 1950.

JEANPIERRE, Laurent, « Une opposition structurante pour l'anthropologie structurale : Lévi-Strauss contre Gurvitch, la guerre des deux exilés français aux États-Unis », *Revue d'histoire des sciences humaines*, n° 11, 2004.

JEANSON, Francis, « Cette Algérie conquise et pacifiée... », *Esprit*, avril 1950 (a).

—, « Une pensée combattante », *Esprit*, décembre 1950 (b).

—, « Albert Camus ou l'âme révoltée », *Les Temps modernes*, n° 79, mai 1952 (a).

—, « Pour tout vous dire », *Les Temps modernes*, n° 82, août 1952 (b), pp. 354-383.

—, *L'Algérie hors-la-loi*, Éd. du Seuil, 1955.

—, *Un quidam nommé Sartre*, Éd. du Seuil, 1966.

—, *Notre guerre*, éd. par Robert Belot, Berg, 2001.

JONAS, Hans, *Le Principe responsabilité*, Éd. du Cerf, 1990.

JORN, Asger, « Discours aux pingouins », *Cobra*, n° 1, 1948 ; cité dans BERRÉBY (éd.), 1985.

JUDT, Tony, *Un passé imparfait. Les intellectuels en France, 1944-1956*, Fayard, 1992.

JULLIARD, René, « René Julliard, ou le rendez-vous avec la jeunesse », *Réalités*, n° 146, mars 1958.

JUQUIN, Pierre, *Aragon. Un destin français, 1939-1982*, La Martinière, 2013.

KANAPA, Jean, *L'existentialisme n'est pas un humanisme*, Éd. Nagel, 1947.

—, « À propos d'une enquête sur l'abjection », *La Nouvelle Critique*, n° 8, juillet-août 1949 (a).

—, « Éditorial », *La Nouvelle Critique*, n° 11, décembre 1949 (b).

KASTLER, Alfred, « Les universitaires devant l'escalade », *Le Monde*, 20 novembre 1965 ; cité dans BRILLANT, 2003.

KECK, Frédéric, « L'aventure de l'ordinaire chez Sartre et Lévi-Strauss : *La Nausée* et *Tristes tropiques*, une lecture croisée », *Les Temps modernes*, n° 632-634, juillet-octobre 2005.

KOESTLER, Arthur, *Le Zéro et l'Infini*, Calmann-Lévy, 1945.

KOFMAN, Sarah, *Lectures de Derrida*, Galilée, 1984.

KRAVETZ, Marc, « Quelle Sorbonne ? La crise de structure », *Cahiers de l'Unef*, PUF, décembre 1963 ; cité dans MONCHABLON, 1983.

KRIEGEL, Annie, *Ce que j'ai cru comprendre*, Robert Laffont, 1991.

— (sous le nom d'Annie Besse), « Sur l'humanité socialiste », *La Nouvelle Critique*, n° 45, avril-mai 1945.

—, « L'action contre la décrépitude de l'enseignement officiel », *L'Humanité*, 10 mars 1949.

KRISTEVA, Julia, « Le sens et la mode », *Critique*, n° 247, décembre 1967.

—, « Mémoire », *L'Infini*, n° 1, hiver 1983.

LACAN, Jacques, « Fonction et champ de la parole et du langage en psychanalyse », 1953 ; repris dans *Écrits I*, Éd. du Seuil, « Points », 1971.

—, « Introduction au commentaire de Jean Hyppolite sur la "Verneinung" » (séminaire de technique freudienne, 10 février 1954), *Psychanalyse. Revue de la Société française de psychanalyse*, vol. I, 1956, pp. 17-28 ; repris dans ID., 1966, pp. 369-380 ~~879-887~~.

—, *Écrits*, Éd. du Seuil, 1966.

—, « L'excommunication », supplément au n° 8 d'*Ornicar ?*, 1977.

LACOUTURE, Jean, *Cinq hommes et la France*, Éd. du Seuil, 1961.

—, *Hô Chi Minh*, Éd. du Seuil, 1970.

—, *Malraux. Une vie dans le siècle* [1976], Éd. du Seuil, « Points », 1996.

—, *François Mauriac*, II. *Un citoyen du siècle, 1933-1970* [1980], Éd. du Seuil, « Points », 1990.

—, *Jésuites*, II. *Les revenants*, Éd. du Seuil, 1992.

—, *Le témoignage est un combat. Biographie de Germaine Tillion*, Éd. du Seuil, 2000.

—, *Paul Flamand, éditeur. La grande aventure des Éditions du Seuil*, Les Arènes, 2010.

—, CHAGNOLLAUD, Dominique, *Le Désempire. Figures et thèmes de l'anticolonialisme*, Denoël, 1993.

LACROIX, Jean, « Charité chrétienne et justice politique », *Esprit*, février 1945 (a).

—, « Socialisme humaniste », *Esprit*, mai 1945 (b).

LAGROUA WEILL-HALLÉ, Marie-Andrée, *La Grand'Peur d'aimer*, Julliard, 1960.

—, « Mise au point », *La Maternité heureuse*, n° 20, mars 1962.

LAMY, Jean-Claude, *René Julliard*, Julliard, 1992.

LAPOUGE, Gilles, « Encore un effort et j'aurai épousé mon temps », *La Quinzaine littéraire*, n° 459, 16-30 mars 1986.

LAUDENBACH, Roland, « Sur un malentendu », *Cahiers Roger Nimier*, n° 1, printemps 1980.

LAURENT, Jacques, *Histoire égoïste*, La Table ronde, 1976.

LAUXEROIS, Jean, *L'Utopie Beaubourg vingt ans après*, Éd. du centre Georges-Pompidou, 1996.

LECLAIRE, Serge, « L'objet a dans la cure », congrès d'Aix-en-Provence, 20-23 mai 1971, lettres de l'École freudienne, n° 9, décembre 1972, pp. 422-430 ; repris dans ID., *Rompre les charmes. Recueil pour des enchantés de la psychanalyse*, InterÉditions, 1981.

LECLERC, Guy, « Les chiens de garde de l'anticommunisme », *L'Humanité*, 4 avril 1947.

LECOURT, Dominique, « L'affaire Lyssenko », *Lyssenko. Histoire réelle d'une « science prolétarienne »*, Maspero, 1976 ; rééd. PUF, « Quadrige », 1995.

LEDUC, Victor, *Les Tribulations d'un idéologue*, Syros, 1985.

LEFEBVRE, Henri, *Critique de la vie quotidienne*, t. I, Grasset, 1947 ; t. II, *Fondements d'une sociologie de la quotidienneté*, L'Arche, 1962.

—, *La Somme et le Reste*, 2 vol., La Nef de Paris éditions, 1959 ; rééd. Bélibaste, 1973.

—, *Introduction à la modernité*, Éd. de Minuit, 1962.

—, *Position : contre les technocrates*, Gonthier, 1967.

—, *La vie quotidienne dans le monde moderne*, Gallimard, « Idées », 1968.

LEFORT, Claude, « L'échange et la lutte des hommes », *Les Temps modernes*, n° 64, février 1951.

—, « Le marxisme de Sartre », *Les Temps modernes*, n° 89, avril 1953, pp. 1541-1570.

LE GENDRE, Bertrand, *De Gaulle et Mauriac. Le dialogue oublié*, Fayard, 2015.

LEIRIS, Michel, *L'Afrique fantôme*, Gallimard, 1934.

—, *L'Âge d'homme*, Gallimard, 1939.

—, *Frêle bruit*, Gallimard, 1978.

—, Michel LEIRIS, entretien avec Gérard-Henri Durand et Véronique Holl, *Le Théâtre d'Aimé Césaire*, « Les mardis du théâtre », INA, Radio France, diffusion 26 septembre 1989 ; cité dans ARMEL, 1997.

LEMAIRE, Anika, *Jacques Lacan*, Bruxelles, Mardaga, 1977.

LE ROY LADURIE, Emmanuel, *Paris-Montpellier PC-PSU. 1945-1963*, Gallimard, 1982.

LESTRINGANT, Frank, *André Gide l'inquiéteur*, II. *Le sel de la terre ou l'inquiétude assumée, 1919-1951*, Flammarion, 2012.

Lévi-Strauss, Claude, *La Vie familiale et sociale des Indiens Nambikwara*, Société des américanistes, 1948.

—, *Les Structures élémentaires de la parenté*, PUF, 1949.

—, « Histoire et ethnologie », *Revue de métaphysique et de morale*, n° 34, 1949, pp. 3-4 ; repris dans Id., 1958 (a).

—, *Race et histoire*, Unesco, 1952 ; repris dans Id., 1973.

—, « Diogène couché », *Les Temps modernes*, n° 195, mars 1955 (a), pp. 1187-1221.

—, « Des Indiens et leur ethnographe », extraits de « *Tristes Tropiques* à paraître », *Les Temps modernes*, n° 116, août 1955 (b).

—, Entretien avec Jean-José Marchand, *Arts*, 28 décembre 1955 (c).

—, « La structure des mythes » [1955] ; repris dans Id., 1958 (a), pp. 227-256.

—, « Le droit au voyage », *L'Express*, 21 septembre 1956.

—, *Anthropologie structurale*, 1958 (a).

—, *Tristes tropiques*, Plon, 1958 (b).

—, « Leçon inaugurale au Collège de France », 5 janvier 1960 ; reprise dans Id., 1973.

—, *La Pensée sauvage*, Plon, 1962.

—, « Jean-Jacques Rousseau, fondateur des sciences de l'homme », Genève, 1962 ; conférence reprise dans Id., 1973.

—, *L'Homme nu*, Plon, 1971.

—, *Anthropologie structurale deux*, 1973.

—, Préface à Roman Jakobson, *Six leçons sur le son et le sens*, Éd. de Minuit, 1976 ; reprise dans *Le Regard éloigné*, sous le titre « Les leçons de la linguistique », Plon, 1983.

—, Entretien dans *Libération*, 2 juin 1983.

—, *Parole donnée*, Plon, 1984.

—, *De près et de loin*, Odile Jacob, 1988.

—, « L'homme de *L'Homme* », *L'Homme*, vol. XXXVII, n° 143, juillet-septembre 1997.

—, *Œuvres*, Gallimard, « Bibliothèque de la Pléiade », 2008.

Liatard, Séverine, *Colette Audry 1906-1990. Engagements et identités d'une intellectuelle*, PUR, 2010.

Liauzu, Claude, « Le tiers-mondisme des intellectuels en accusation », *Vingtième siècle. Revue d'histoire*, n° 12, octobre-décembre 1986.

Lindenberg, Daniel, *Le Marxisme introuvable*, Calmann-Lévy, 1975 ; rééd. 10/18, 1979.

London, Géo, « Georges Suarez devant ses juges », *Carrefour*, 28 octobre 1944, cité dans Assouline, 1990.

Lottman, Herbert R., *La Rive Gauche. Du Front populaire à la guerre froide*, Éd. du Seuil, 1981.

—, *L'Épuration, 1943-1953*, Fayard, 1986.

—, *Camus*, Cherche Midi, 2013.

LOUIS, Patrick, *La Table ronde. Une aventure singulière*, La Table ronde, 1992.

LOYER, Emmanuelle, *Le Théâtre citoyen de Jean Vilar. Une utopie d'après-guerre*, PUF, 1997.

—, « Les maisons de la culture entre sanctuarisation culturelle et messianisme politique », *in* ARTIÈRES et ZANCARINI-FOURNEL (dir.), 2008.

—, *Lévi-Strauss*, Flammarion, 2015.

—, BAECQUE, Antoine de, *Histoire du Festival d'Avignon*, Gallimard, 2007.

LYOTARD, Jean-François, « Le contenu social de la lutte algérienne », *Socialisme ou Barbarie*, n° 29, décembre 1959-février 1960 ; repris dans *Socialisme ou Barbarie, Anthologie*, La Bussière, Éd. Acratie, 2007.

—, « Tombeau de l'intellectuel », *Le Monde*, 8 octobre 1983 ; repris dans *Tombeau de l'intellectuel et autres papiers*, Galilée, 1984.

—, *La Guerre des Algériens*, Galilée, 1989.

MACHEREY, Pierre, « Marxisme et humanisme », *La Nouvelle Critique*, n° 166, mai 1965.

MADAULE, Jacques, « Pour Henri Martin », *La Quinzaine*, 1er février 1952.

—, « Pourquoi faire grâce », in *L'Affaire Henri Martin*, 1953.

MALAURIE, Guillaume, *L'Affaire Kravchenko, Paris 1949. Le Goulag en correctionnelle*, Robert Laffont, 1982.

MALEVILLE, Georges, *Une politique sociale de la jeunesse*, Robert Laffont, 1960.

MALLET-JORIS, Françoise, *Le Rempart des Béguines*, Julliard, 1951.

MALRAUX, André, *Antimémoires*, Gallimard, 1967.

MANDOUZE, André, « Impossibilités algériennes ou le mythe des trois départements », *Esprit*, juillet 1947.

—, « Le dilemme algérien : suicide ou salut public », *Esprit*, octobre 1948.

—, *Mémoires d'outre-siècle*, I. *D'une résistance à l'autre*, Viviane Hamy, 1998.

MANDROU, Robert, « Trois clés pour comprendre la folie à l'époque classique », *Annales ESC*, vol. XVII, n° 4, juill-août 1962, pp. 761-771.

MARCABRU, Pierre, « Nekrassov : farce en huit tableaux de J.-P. Sartre », *Arts*, 15-21 juin 1955.

MARCUSE, Herbert, « La théorie des instincts et la socialisation », *La Table ronde*, n° 106, 1956, pp. 97-110.

—, « De l'ontologie à la technique : les tendances de la société industrielle », *Arguments*, n° 18, 2e trimestre 1960 (a), pp. 54-59.

—, « Actualité de la dialectique », *Diogène*, n° 31, juillet-septembre 1960 (b), pp. 89-98.

—, « Idéologie et société industrielle avancée », *Médiations*, n° 5, été 1962, pp. 57-71.

—, *Éros et civilisation*, Éd. de Minuit, 1963 (a).

—, « Dynamismes de la société industrielle », *Annales ESC*, vol. XVIII, 1963 (b), pp. 906-932.

—, « Sommes-nous déjà des hommes ? », *Partisans*, n° 28, avril 1966 (a), pp. 21-29.

—, « Le vieillissement de la psychanalyse », *Partisans*, n° 32-33, octobre-novembre 1966 (b), pp. 21-29.

MARROU, Henri-Irénée, « Les droits de l'homme au musée Galliera », *Esprit*, novembre 1949.

—, « France ma patrie », *Le Monde*, 5 avril 1956.

MARTIN, Roger, *Georges Arnaud. Vie d'un rebelle*, Calmann-Lévy, 1993.

MARTINET, Gilles, *Cassandre et les tueurs. Cinquante ans d'une histoire française*, Grasset, 1986.

MARTY, André, *L'Affaire Marty*, Éd. des Deux-Rives, 1955.

MASCHINO, Maurice, *Le Refus. Récit*, Maspero, 1960.

MASCOLO, Dionys, « Pour l'abolition du colonialisme » [1956] ; repris dans *Lignes*, n° 33, mars 1998.

MASPERO, François, *Les Abeilles et la Guêpe*, Éd. du Seui, 2002.

MATIGNON, Renaud, « L'affaire Dreyfus du monde des Lettres », *L'Express*, 2 mai 1966.

MATONTI, Frédérique, *Intellectuels communistes. Essai sur l'obéissance politique : la nouvelle critique (1967-1980)*, La Découverte, 2005.

MATTÉI, Georges M., *Disponibles. Roman*, Maspero, 1961.

MAURIAC, Claude, *Le Temps immobile*, V. *Aimer de Gaulle*, 1978 ; rééd. Le Livre de poche, 1988.

—, *Le Temps immobile, pages choisies et commentées par José Cabanis*, Grasset, 1993.

MAURIAC, François, « Ce reste de fierté », *Le Figaro*, 29 juin 1940 (a).

—, « Le dernier coup », *Le Figaro*, 15 juillet 1940 (b)

—, « La nation française a une âme », *Les Lettres françaises*, 9 septembre 1944.

—, « Autour d'un verdict », *Le Figaro*, 4 janvier 1945 (a).

—, « Le mépris de la charité », *Le Figaro*, 7-8 janvier 1945 (b).

—, *Le Cahier noir* [1943], Éd. de Minuit, 1947.

—, « La vocation des chrétiens dans l'Union française », *Le Figaro*, 13 janvier 1953.

—, « La paix en Indochine : un vœu ? Non ! Une exigence », *Témoignage chrétien*, 8 janvier 1954 (a).

—, « Bloc-notes », *L'Express*, 7 juillet 1954 (b).

—, « Le Christ aussi est un homme » [13 novembre 1954] ; repris dans *L'Imitation des bourreaux de Jésus-Christ*, Desclée de Brouwer, 1984.

—, *Bloc-notes, 1952-1957*, Flammarion, 1958 (a).

—, « La bataille des bulletins blancs », *Le Figaro*, 21 juin 1958 (b).

—, « Bloc-notes », *L'Express*, 25 juin 1959.

—, « Bloc-notes », *L'Express*, 30 janvier 1960 (a).

—, « Bloc-notes », *L'Express*, 4 février 1960 (b).

—, « Bloc-notes », *L'Express*, 5 janvier 1961.

—, *De Gaulle*, Grasset, 1964.

—, « Bloc-notes », *Le Figaro littéraire*, 16-22 octobre 1967.

MAZUREL, Hervé, *Vertiges de la guerre. Byron, les philhellènes et le mirage grec*, Les Belles Lettres, 2013.

MENDÈS FRANCE, Pierre, *Pour une République moderne*, Gallimard, 1962.

MENDRAS, Henri, *La Fin des paysans*, Sédéis, 1967.

—, *La Seconde Révolution française, 1965-1984*, Gallimard, 1988.

MERLEAU-PONTY, Maurice, *Structure du comportement*, PUF, 1942.

—, « La guerre a eu lieu », *Les Temps modernes*, n° 1, octobre 1945 (a).

—, *Phénoménologie de la perception*, Gallimard, 1945 (b).

—, *Humanisme et Terreur*, Gallimard, 1947.

—, *Sens et non-sens*, Nagel, 1948.

—, « Éditorial », *Les Temps modernes*, n° 51, janvier 1950.

—, « Le philosophe et la sociologie », *Cahiers internationaux de sociologie*, 10, 1951, pp. 50-69 ; repris dans ID., 1960 (a).

—, « Sur la phénoménologie du langage », communication au premier colloque international de phénoménologie, Bruxelles, 1951 ; repris dans ID., 1960 (b).

—, « De Mauss à Claude Lévi-Strauss » [1958] ; repris dans ID., 1960.

—, *Signes*, Gallimard, 1960.

—, « Sartre et l'ultra-bolchévisme », *in* ID., *Les Aventures de la dialectique* [1955], Gallimard, « Idées », 1977, pp. 142-295.

—, *Parcours deux, 1951-1961*, Verdier, 2000.

MÉTRAUX, Alfred, *L'Île de Pâques*, Gallimard, 1941 ; 2ᵉ éd. 1956.

MILLER, Jacques-Alain, « Encyclopédie », *Ornicar ?*, n° 24, 1981.

MIŁOSZ, Czesław, « L'interlocuteur fraternel », *Preuves*, n° 110, avril 1960.

MINC, Alain, *Une histoire politique des intellectuels*, Grasset, 2010.

MITTERRAND, François, *Le Coup d'État permanent*, Plon, 1964.

MOI, Toril, *Simone de Beauvoir. Conflits d'une intellectuelle*, Diderot Éditeur, 1995.

MOLLARD, Claude, *Le Cinquième Pouvoir. La culture de l'État, de Malraux à Lang*, Armand Colin, 1999.

MONCHABLON, Alain, *Histoire de l'Unef de 1956 à 1968*, PUF, 1983.

MONGIN, Olivier, *Face au scepticisme. Les mutations du paysage intellectuel*, La Découverte, 1994.

MONTAGNE, Robert, *Révolution au Maroc*, France Empire, 1951.

MORGAN, Claude, « Il serait temps d'être sérieux », *Les Lettres françaises*, 7 octobre 1944.

—, « Fascisme pas mort ! », *Les Lettres françaises*, 27 janvier 1945 (a).

—, « Droit d'injustice », *Les Lettres françaises*, 1ᵉʳ septembre 1945 (b).

MORIN, Edgar, « La crise française », *Arguments*, n° 8, juin 1958.

—, « Que faire ? », *Arguments*, n° 16, 4ᵉ trimestre, 1959.

—, « *Salut les copains* — I. Une nouvelle classe d'âge », *Le Monde*, 6 juillet 1963.

—, *Autocritique* [1959], Éd. du Seuil, 1975, puis 2012.

—, « Du mythe chinois », *Arguments*, n° 23, 3ᵉ trimestre 1961.

—, *L'Esprit du temps*, Grasset, 1962.

—, *Autocritique*, Éd. du Seuil, 1975.

—, « Arguments, trente ans après », entretiens, *La Revue des revues*, n° 4, automne 1987.

—, « Réintroduction : quatorze ans après », *in* ID., *Journal de Californie* ; repris dans *Journal, 1962-1987*, Éd. du Seuil, 2012.

MOTTEZ, Bernard, « La condition ouvrière : quelques données », *Arguments*, n° 12-13, janvier-février-mars 1959.

MOUILLIÉ, Jean-Marc, *Sartre. Conscience, ego et psyché*, PUF, 2000.

MOUNIER, Emmanuel, « Suite française aux maladies infantiles des révolutions », *Esprit*, décembre 1944.

—, « Le casse-cou occidental », *Esprit*, novembre 1945.

—, *Introduction aux existentialismes*, Denoël, Paris, 1946.

—, « Communistes chrétiens ? », *Esprit*, juillet 1947.

—, « La paix est déclarée ? », *Esprit*, janvier 1949 (a).

—, « La condition humaine. Simone de Beauvoir : *Le Deuxième Sexe* », *Esprit*, 17 décembre 1949 (b).

—, *Mounier et sa génération. Lettres, carnets et inédits*, Éd. du Seuil, 1957.

MOUTOT, Lionel, *Biographie de la revue* Diogène. *Les « sciences diagonales » selon Roger Caillois*, L'Harmattan, 2006.

MUS, Paul, « Non, pas ça », *Témoignage chrétien*, 12 août 1949.

NADEAU, Maurice, *Histoire du surréalisme*, Éd. du Seuil, 1945 (a).

—, « Trop de monde pour écouter Jean-Paul Sartre », *Combat*, 30 octobre 1945 (b).

—, *Les Lettres nouvelles*, 1954 ; cité dans BAECQUE (DE), Antoine, 1998.

—, *Le Chemin de la vie. Entretiens avec Laure Adler*, Verdier, 2011.

NAGY, Imre, *Un communisme qui n'oublie pas l'homme*, Plon, 1957.

NANTET, Jacques, « Ce qu'est le Cercle ouvert », *Paris-Lettres*, n° 2, 1957.

NAUDIER, Delphine, « La reconnaissance sociale et littéraire des femmes écrivains depuis les années 1950 », *in* RACINE et TREBITSCH (dir.), 2004.

NICOLET, Claude, « Une certaine jeunesse », *Pierre Mendès France, ou Le métier de Cassandre*, Julliard, 1959.

NIEUWENHUYS, Constant, « Manifeste », *Reflex*, n° 1, 1948 ; cité dans BERRÉBY (éd.), 1985.

NIMIER, Roger, « Un déjeuner de Bernanos », *Arts*, 23-29 juin 1954.

NORA, Pierre, « J'étais professeur en Algérie », *France Observateur*, 27 octobre 1960 ; repris dans ID., *Historien public*, Gallimard, 2011.

—, *Les Français d'Algérie* [1961], Christian Bourgois, 2012.

—, « Que peuvent les intellectuels ? », *Le Débat*, mai 1980, n° 1.

—, « Aliénation », *Le Débat*, n° 50, mai-août 1988.

—, préface à Claude Lévi-Strauss, *Tristes tropiques*, rééd. France Loisirs, 1990.

—, « Pour une histoire au second degré », *Le Débat*, n° 122, novembre-décembre 2002 ; repris dans *Présent, nation, mémoire*, Gallimard, 2011.

NOURISSIER, François, « La femme rompue », *Les Nouvelles littéraires*, 27 janvier 1968.

NOVICK, Peter, *L'Épuration française, 1944-1949* [1985], Éd. du Seuil, « Points », 1991.

O., Marc, « L'anti-beauté est la beauté neuve », *Soulèvement de la jeunesse*, n° 1, juin 1952.

OGILVIE, Bertrand, *Lacan, la formation du concept de sujet, 1932-1949*, PUF, 1987.

ORY, Pascal, *L'Aventure culturelle française*, Flammarion, 1989.

—, SIRINELLI, Jean-François, *Les Intellectuels en France, de l'affaire Dreyfus à nos jours*, Armand Colin, 1986 ; rééd. Perrin « Tempus », 2004.

PANOFF, Michel, *Les Frères ennemis. Roger Caillois et Claude Lévi-Strauss*, Payot, 1993.

—, « L'affaire du relativisme culturel », *in* Pierre Guenancia et Jean-Pierre Sylvestre (dir.), *Claude Lévi-Strauss et ses contemporains*, PUF, 2012.

PAPAÏOANNOU, Kostas, *L'Idéologie froide Essai sur le dépérissement du marxisme*, Pauvert, 1967.

PAQUOT, Thierry, *Le Monde des villes*, Bruxelles, Complexe, 1996.

PARMELIN, Hélène (sous le pseudonyme de Léopold Durand), « L'Amérique dégrade aussi l'esprit », *L'Humanité*, 24 octobre 1947.

PAS, Nicolas, « Six heures pour le Vietnam : histoire des comités Vietnam français, 1965-1968 », *Revue historique*, n° 613, janvier-mars 2000.

PATRON, Sylvie, *Critique, 1946-1996. Une encyclopédie de l'esprit moderne*, Éd. IMEC, 2000.

PAULHAN, Jean, *De la paille et du grain*, Gallimard, 1948.

—, *Œuvres complètes*, t. V, Cercle du livre précieux, 1970.

—, PONGE, Francis, *Correspondance, II. 1946-1968*, Gallimard, 1986.

PAUVERT, Jean-Jacques, *Nouveaux (et moins nouveaux) visages de la censure*, Les Belles Lettres, 1994.

—, *La Traversée du livre*, Viviane Hamy, 2004.

PEETERS, Benoît, *Derrida*, Flammarion, 2010.

PELLETIER, Denis, *Les Catholiques en France depuis 1815*, La Découverte, 1997.

—, *La Crise catholique*, Payot, 2002.

—, SCHLEGEL, Jean-Louis (dir.), *À la gauche du Christ. Les chrétiens de gauche en France de 1945 à nos jours*, Éd. du Seuil, 2012.

PENCHENIER, Georges, « La guerre impitoyable », *Le Monde*, 25 août 1955.

PEREC, Georges, *Les Choses*, Julliard, 1965 ; rééd. « Pocket », 2014.

PERETTI, André de, « Prévenons la guerre d'Afrique du Nord : l'indépendance marocaine et la France », *Esprit*, avril 1947.

PHILIP, André, *Le Socialisme trahi*, Plon, 1957.

PICARD, Raymond, *La Carrière de Jean Racine*, Gallimard, 1956.

—, « M. Barthes et la critique universitaire », *Le Monde*, 14 mars 1964.

—, *Nouvelle Critique ou nouvelle imposture*, Jean-Jacques Pauvert, 1965, pp. 30-34.

PIEL, Jean, « La fonction sociale du critique », *Critique*, n° 80, janvier 1954.

—, *La Rencontre et la Différence*, Fayard, 1982.

PIERRAT, Emmanuel, SFEZ, Aurélie, *100 chansons censurées*, Hoëbeke, 2014.

PIGENET, Michel, *Au cœur de l'activisme communiste des années de guerre froide. « La manifestation Ridgway »*, L'Harmattan, 1990.

PINTO, Louis, *La Philosophie entre le lycée et l'avant-garde*, L'Harmattan, 1987.

PLANCHON, Roger, éditorial, *Cité Panorama*, février 1964.

POMIAN, Krzysztof, « La querelle de l'"art moderne" », *Le Débat*, n° 110, mai-août 2000, pp. 113-121.

POMMIER, René, *Assez décodé*, Éd. Roblot, 1978.

—, *R. Barthes, Ras le bol !*, Éd. Roblot, 1987.

POMPIDOU, Georges, « Déclaration de Georges Pompidou, président de la République, sur l'art et l'architecture », *Le Monde*, 17 octobre 1972.

PONCET, Charles, *Camus et l'impossible trêve civile*, Gallimard, 2015.

PORTES, Jacques, *Les États-Unis et la guerre du Vietnam*, Bruxelles, Complexe, 2008.

POUILLON, Jean, éditorial, *Les Temps modernes*, n° 15, décembre 1946.

—, « L'œuvre de Claude Lévi-Strauss », *Les Temps modernes*, n° 126, juillet 1956 ; repris dans *Fétiches sans fétichisme*, Maspero, 1975.

PRENANT, Marcel, *Toute une vie à gauche*, Éd. Encre, 1980.

PRÉVOTAT, Jacques, *Être chrétien en France au XXᵉ siècle*, Éd. du Seuil, 1998.

RACINE, Nicole, TREBITSCH, Michel (dir.), *Intellectuelles. Du genre en histoire des intellectuels*, Bruxelles, Complexe, 2004.

REBATET, Lucien, *Les Décombres*, Denoël, 1942.

RÉMOND, René, *Vivre notre histoire. Aimé Savard interroge R. Rémond*, Le Centurion, 1976.

RENOU, Corinne, « Caliban : une revue de vulgarisation culturelle ? », *Vingtième siècle. Revue d'histoire*, n° 40, octobre-décembre 1993, pp. 75-85.

REVEL, Jean-François, *Pourquoi des philosophes ?*, Julliard, 1957.

—, *La Cabale des dévots*, Julliard, 1962 ; repris dans *Pourquoi des philosophes, suivi de La Cabale des dévots, et précédé d'une étude inédite sur La Philosophie depuis 1960*, Robert Laffont, 1976.

—, « Le rat et la mode », *L'Express*, 22 mai 1967.

REVEL, Judith, *Foucault, une pensée du discontinu*, Mille et une nuits, 2010.

RICHÉ, Pierre, *Henri Irénée Marrou, historien engagé*, préface de René Rémond, Éd. du Cerf, 2003.

RICŒUR, Paul, *Gabriel Marcel et Karl Jaspers*, Éd. du Temps présent, 1947 (a).

—, « La question coloniale », *Réforme*, 20 septembre 1947 (b).

—, « Pour un christianisme prophétique », *in* ID. *et al.*, *Les Chrétiens et la politique*, Éd. du Temps présent, 1948.

—, « Le renouvellement du problème de la philosophie chrétienne par les philosophies de l'existence », *in* Jean BOISSET *et al.*, *Le Problème de la philosophie chrétienne*, PUF, 1949.

—, « Travail et Parole », *Esprit*, janvier 1953 ; repris dans ID., 1964, pp. 210-233.

—, « Le paradoxe politique », *Esprit*, mai 1957 ; repris dans ID., 1964, pp. 260-285.

—, « L'insoumission », *Christianisme social*, n° 7-9, 1960.

—, « Réponses à quelques questions », *Esprit*, novembre 1963.

—, *Histoire et Vérité*, Éd. du Seuil, 1964.

—, « Faire l'université », *Esprit*, mai-juin 1964 ; repris dans *Lectures 1. Autour du politique*, Éd. du Seuil, 1991.

—, *De l'interprétation. Essai sur Freud*, Éd. du Seuil, 1965.

—, « Le philosophe », *in* Alfred Sauvy *et al.*, *Bilan de la France, 1945-1970*, colloque de l'association de la presse étrangère, Plon, 1971.

RIEFFEL, Rémy, *Intellectuels et passions françaises*, Gallimard, « Folio », 1990 ; rééd. « Folio », 1996.

—, *La Tribu des clercs. Les intellectuels sous la Vᵉ République*, Calmann-Lévy, 1993.

—, « L'édition en sciences humaines et sociales », *in* FOUCHÉ (dir.), 1998.

RIOUX, Jean-Pierre, « L'épuration en France », *L'Histoire*, n° 5, octobre 1978 ; repris dans *L'Histoire. Études sur la France de 1939 à nos jours*, Éd. du Seuil, « Points », 1985.

—, « Des clandestins aux activistes (1945-1965) », *in* WINOCK (dir.), 1993.

—, SIRINELLI, Jean-François (dir.), *Histoire culturelle de la France*, IV. *Le Temps des masses. Le xxᵉ siècle*, Éd. du Seuil, 1998.

RIVET, Daniel, « Consciences inquiètes, militants politiques et experts coloniaux : des intellectuels face à la crise franco-marocaine (décembre 1952-fin 1954) », *Cahiers de l'IHTP*, n° 38, décembre 1997.

ROCHE, Anne (dir.), *Boris Souvarine et la critique sociale*, La Découverte, 1990.

ROCHEFORT, Christiane, *Le Repos du guerrier*, Grasset, 1958.

ROCHEFORT, Florence, « Le rôle laïcisateur du Planning familial 1956-1968 », *in* BARD et MOSSUZ-LAVAU (dir.), 2006.

RODINSON, Maxime, « Marxisme et civilisation », *La Nouvelle Critique*, n° 66, 1ᵉʳ juin 1955

—, « Ethnographie et relativisme », *La Nouvelle Critique*, n° 69, 1ᵉʳ novembre 1955.

ROHMER, Éric, « Solitude et liberté d'un cinéaste », entretien avec Serge Toubiana, *Le Débat*, n° 50, mai-août 1988.

ROMAINS, Jules, « Indochine », *L'Aurore*, 29 octobre 1953.

ROSSET, Clément (sous le pseudonyme de Roger Crémant), *Les Matinées structuralistes*, Robert Laffont, 1969.

ROUDINESCO, Élisabeth, *Histoire de la psychanalyse en France*, 2 vol., Éd. du Seuil, 1986.

ROUGE, Michel, « Sur la mort d'un vieux lutteur », *Journal de la paix*, octobre 1969 ; cité dans FRANK, Robert, 2000.

ROUGEMONT, Denis de, « Le sens de nos vies ou l'Europe », *Preuves*, n° 16, juin 1952.

—, « Pour répondre à l'appel de détresse des écrivains hongrois », *Le Figaro littéraire*, 10 novembre 1956.

ROUQUETTE, Robert, *Vatican II, la fin d'une chrétienté*, Éd. du Cerf, 1968.

ROUSSEAU, Sabine, *La Colombe et le Napalm. Des chrétiens français contre la guerre d'Indochine et du Vietnam, 1945-1975*, CNRS Éditions, 2002.

—, « Le tiers-mondisme chrétien », *in* PELLETIER et SCHLEGEL (dir.), 2012.

ROUSSO, Henry, « L'épuration en France : une histoire inachevée », *Vingtième siècle. Revue d'histoire*, n° 33, janvier-mars 1992.

—, *La Dernière Catastrophe. L'histoire, le présent, le contemporain*, Gallimard, 2012.

ROUSTANG, François, « Le troisième homme », *Christus*, vol. XIII, n° 52, octobre 1966, pp. 561-567.

ROVAN, Joseph, « Liberté indivisible : la France devant l'Indochine », *Esprit*, novembre 1945.

ROY, Claude, « Clefs pour la Chine », *Les Temps modernes*, n° 89, avril 1953.

—, « Un grand livre civilisé : *La Pensée sauvage* », *Libération*, 19 juin 1962.

—, *Moi je*, Gallimard, 1969.

—, *Nous. Essai autobiographique*, Gallimard, 1972.

ROY, Jules, « Retour de Chine », *Le Nouvel Observateur*, 6 octobre 1965 ; cité dans Lucien Rioux, *Le Nouvel Observateur des bons et des mauvais jours*, Hachette, 1982.

RUSCIO, Alain, « Le monde politique français et la révolution vietnamienne (août-décembre 1945) », *in Les Chemins de la décolonisation de l'Empire français 1936-1956*, colloque organisé par l'IHTP, 4-5 octobre 1984, CNRS Éditions, 1986.

—, « Les intellectuels français et la guerre d'Indochine : une répétition générale ? », *Les Cahiers de l'IHTP*, n° 34, juin 1996.

SAGAN, Françoise, *Bonjour tristesse*, Julliard, 1954.

SAMOYAULT, Tiphaine, *Roland Barthes*, Éd. du Seuil, 2015.

SAPIRO, Gisèle, *La Guerre des écrivains 1940-1953*, Fayard, 1999.

SARTRE, Jean-Paul, *La Nausée*, Gallimard, 1938.

—, *L'Être et le Néant*, Gallimard, 1943.

—, « Présentation des *Temps modernes* », *Les Temps modernes*, n° 1, octobre 1945 ; repris dans *Situations II*, Gallimard, 1948.

—, *L'existentialisme est un humanisme* [1946], Gallimard, « Folio », 2008.

—, « Explication de *L'Étranger* », *in* ID., *Situations I*, Gallimard, 1947 ; rééd. « Folio », 1993.

—, « J.-P. Sartre répond à ses détracteurs », cité dans AUDRY (dir.), 1948.

—, *Qu'est-ce que la littérature ?*, *in* ID., *Situations II*, Gallimard, 1948, p. 73 ; rééd. 1964 et « Folio », 1986.

—, « Orphée noir » [1948] ; repris dans ID., *Situations III*, Gallimard, 1949.

—, « La fin de la guerre », *in* ID., *Situations III*, Gallimard, 1949.

—, « Les jours de notre vie » (éditorial), *Les Temps modernes*, n° 51, janvier 1950.

—, « Les communistes et la paix », *Les Temps modernes*, n° 81, juillet 1952, 84-85, octobre-novembre 1952, et 101, avril 1954 ; repris dans ID., *Situations VI*, Gallimard, 1964.

—, « Réponse à Albert Camus », *Les Temps modernes*, n° 82, août 1952.

—, « Réponse à Lefort », *Les Temps modernes*, n° 89, avril 1953.

—, « La liberté de critique est totale en URSS », *Libération*, 15 juillet 1954.

—, « Nekrassov n'est pas une pièce à clef, mais... », *Libération*, 7 juin 1955.

—, « Après Budapest, Sartre parle », *L'Express*, 9 novembre 1956.

—, « Ces grenouilles qui demandent un roi », *L'Express*, 25 septembre 1958.

—, Préface à Paul Nizan, *Aden Arabie*, Maspero, 1960.

—, « Ouragan sur le sucre », *France-Soir*, 10-11 juillet 1960 ; cité dans COHEN-SOLAL, 1985.

—, « Merleau-Ponty vivant », *Les Temps modernes*, n° 184-185, octobre 1961 (a).

—, Préface à FANON, 1961 (b).

—, « Manifeste de la Ligue d'action pour le rassemblement antifasciste », *France Observateur*, 1er février 1962.

—, *Situations IV*, Gallimard, 1964.

—, « Il n'y a plus de dialogue possible », *Le Nouvel Observateur*, 1-7 avril 1965.

—, « Jean-Paul Sartre répond », *L'Arc*, n° 30, 1966.

—, « Entretien avec Jean-Paul Sartre », *Le Nouvel Observateur*, 26 avril-3 mai 1967 ; cité dans COHEN-SOLAL, 1985.

—, *Les Mots* [1964], Gallimard, « Folio », 1980.

—, « Merleau-Ponty », *Revue internationale de philosophie*, vol. XXXIX, n° 152-153, 1985.

SAUVY, Alfred, « Tiers mondes, une planète », *L'Observateur*, 14 août 1952 ; repris dans *Vingtième siècle. Revue d'histoire*, vol. XII, 1986, pp. 81-83.

—, *La Montée de la jeunesse*, Calmann-Lévy, 1959.

SCHLEGEL, Jean-Louis, « Changer l'Église en changeant la société », *in* PELLETIER et SCHLEGEL (dir.), 2012.

SCHWARTZ, Laurent, *Un mathématicien aux prises avec le siècle*, Odile Jacob, 1997.

SECRÉTAN, Philibert, *Vérité et Pouvoir*, Lausanne, L'Âge d'homme, 1968.

SEMPRÚN, Jorge, « Radioscopie », France Inter, 16 novembre 1976 ; cité dans Pierre Rosanvallon et Patrick Viveret, *Pour une nouvelle culture politique*, Éd. Du Seuil, 1977.

SENGHOR, Léopold Sédar, « Défense de l'Afrique noire », *Esprit*, juillet 1945.

SÉRIGNY (DE), Alain, *Un procès*, La Table ronde, 1961.

SERRES, Michel, « Géométrie de la folie », *Mercure de France*, n° 1188, août 1962, pp. 683-696, et n° 1189, septembre 1962, pp. 63-81 ; repris dans *Hermès ou la communication*, Éd. de Minuit, 1968.

SERVAN-SCHREIBER, Jean-Jacques, *Lieutenant en Algérie*, Julliard, 1957.

—, « Face aux légionnaires », *L'Express*, 29 mai 1958.

—, « Un homme dans l'espace », *L'Express*, 13 avril 1961 (a).

—, « Adieu à François Mauriac », *L'Express*, 20 avril 1961 (b).

SIEGFRIED, André, « Casse-cou », *Le Figaro*, 3 janvier 1950.

SIMON, Michel, « Marxisme et humanisme », *La Nouvelle Critique*, n° 165, avril 1965.

SIMON, Pierre-Henri, *Contre la torture*, Éd. du Seuil, 1957.

SIRINELLI, Jean-François, « Les intellectuels et Pierre Mendès France : un phénomène de génération ? », *in* François Bédarida et Jean-Pierre Rioux (dir.), *Pierre Mendès France et le mendésisme*, Fayard, 1985, pp. 87-100.

—, *Génération intellectuelle. Khâgneux et normaliens dans l'entre-deux-guerres*, Fayard, 1988.

—, « Les intellectuels dans la mêlée », *in* Jean-Pierre Rioux (dir.), *La Guerre d'Algérie et les Français*, Fayard, 1990.

—, *Intellectuels et passions françaises. manifestes et pétitions au XXᵉ siècle*, Fayard, 1990 ; rééd. Gallimard, « Folio histoire », 1996.

—, *Sartre et Aron, deux intellectuels dans le siècle*, Fayard, 1995 ; rééd. Hachette, coll. « Pluriel », 1999.

—, « Les élites culturelles », *in* Jean-Pierre Rioux et Jean-François Sirinelli (dir.), *Pour une histoire culturelle*, Éd. du Seuil, 1997.

— (dir.), *Histoire des droites en France*, 3 vol., Gallimard, « NRF Essais », 1992 ; rééd. « Tel », 2012.

SLAMA, Alain-Gérard, *Les Chasseurs d'absolu. Genèse de la gauche et de la droite*, Grasset, 1980.

SOLLERS, Philippe, « Picard, cheval de bataille », *Tel Quel*, n° 24, hiver 1966.

SOMMER, René, *La France dans la guerre froide. Paix et Liberté (1950-1956)*, mémoire de DEA, 1979-1980, IEP, p. 94 ; cité dans CHEBEL D'APPOLLONIA, 1999.

STÉPHANE, Roger, *Tout est bien. Chronique*, Quai Voltaire, 1989.

STERNHELL, Zeev, *Ni droite, ni gauche. L'idéologie fasciste en France*, Éd. du Seuil, 1983.

STIL, André, « Le cadeau à Staline », *La Seine a pris la mer (et six autres histoires pour la paix)*, Éd. Français réunis, 1950.

STOCKING, George W., « Qu'est-ce qui est en jeu dans un nom ? », *in* Britta Rupp-Eisenreich, *Histoire de l'anthropologie, XVIᵉ-XIXᵉ siècles*, Klincksieck, 1984, pp. 421-431.

STOCZKOWSKI, Wiktor, *Anthropologie rédemptrice. Le monde selon Lévi-Strauss*, Hermann, 2008.

STORA, Benjamin, *La Dernière Génération d'Octobre*, Stock, 2003.

SULLEROT, Évelyne, *La Presse féminine*, Armand Colin, 1966.

SURYA, Michel, *Georges Bataille, la mort à l'œuvre*, Gallimard, 1992.

TESSIER, Carmen, « Sachez tout sur le *happening*, "art total" qui vient d'être découvert à Paris », *France-soir*, 3 juin 1964 ; cité dans BERTRAND DORLÉAC, 2000.

TÉTART, Philippe, *Histoire politique et culturelle de* France Observateur, *1950-1964*, L'Harmattan, 2000.

THEIS, Laurent, RATTE, Philippe, *La Guerre d'Algérie, ou Le temps des méprises*, Éd. Mame, 1974.

THÉNAULT, Sylvie, *Une drôle de justice. Les magistrats dans la guerre d'Algérie*, La Découverte, 2001.

THÉOLLEYRE, Jean-Marc, « Le procès du réseau Jeanson », *Le Monde*, 22 septembre 1960.

THIBAUD, Paul, « Jean-Paul Sartre : un magistère ? », *Esprit*, juillet-août 1980 ; repris dans *Traversées du XXᵉ siècle*, La Découverte, 1988.

THOREZ, Maurice, « Pourquoi Lyssenko a-t-il révolutionné la biologie ? », *L'Humanité*, 15 novembre 1948.

TILLION, Germaine, *L'Algérie en 1957*, Éd. de Minuit, 1957.

—, *Ravensbrück*, Éd. du Seuil, 1973 ; rééd. « Points », 1997.

TILLON, Charles, *On chantait rouge*, Robert Laffont, 1977.

TINGUELY, Jean, « Für Statik », tract du 4 mars 1959 ; cité dans *1960. Les Nouveaux Réalistes*, MAM, Musée d'Art moderne de la ville de Paris, 1986.

TODA, Michel, *Henri Massis. Un témoin de la droite intellectuelle*, La Table ronde, 1987.

TODD, Olivier, « Fusilleront-ils Régis Debray ? », *Le Nouvel Observateur*, 24-30 mai 1967.

—, *Albert Camus. Une vie* [1996], Gallimard, « Folio », 1999.

—, *André Malraux. Une vie* [2001], Gallimard, « Folio », 2002.

TODOROV, Tzvetan, *Théorie de la littérature. Textes des Formalistes russes*, Éd. du Seuil, 1965.

TOURAINE, Alain, « Situation du mouvement ouvrier », *Arguments*, nᵒ 12-13, janvier-février-mars 1959.

—, *Un désir d'histoire*, Stock, 1977.

TOURNÈS, Ludovic, *New Orleans sur Seine. Histoire du jazz en France*, Fayard, 1999.

TRAN VAN TUNG, *L'Annam, pays du rêve et de la poésie*, Éd. J. Susse, 1945.

TREBITSCH, Michel, « Voyages autour de la révolution : les circulations de la pensée critique de 1956 à 1968 », *in* DREYFUS-ARMAND *et al.* (dir.), 2000.

—, « Henri Lefebvre en regard de Michel de Certeau : critique de la vie quotidienne », *in* DELACROIX, DOSSE, GARCIA et TREBITSCH (dir.), 2002.

TREINER, Sandrine, « La revue *Arguments*, 1956-1962 : un lieu de rencontre d'itinéraires intellectuels et politiques », DEA d'histoire, IEP, 1986-1987.

TRESPEUCH-BERTHELOT, Anna, « Des situationnistes aux situationnismes. Genèse, circulation et réception d'une théorie critique en Occident (1948-2009) », thèse de doctorat d'histoire, Paris I, 2011, p. 58 ; éditée sous le titre *L'Internationale situationniste. De l'histoire au mythe (1948-2013)*, PUF, 2015.

TRIBUNAL RUSSELL, *Le Jugement de Stockholm*, Gallimard, 1967.

TRIOLET, Elsa, *L'Écrivain et le livre, ou La suite dans les idées*, Éditions sociales, 1948.

ULLMANN, André (sous le pseudonyme de Sim Thomas), « Comment fut fabriqué Kravtchenko », *Les Lettres françaises*, 13 novembre 1947.

ULLOA, Marie-Pierre, *Francis Jeanson. Un intellectuel en dissidence, de la Résistance à la guerre d'Algérie*, Berg International, 2001.

VALABRÈGUE, Catherine, *Contrôle des naissances et planning familial*, La Table ronde, 1960.

VERCORS, *Les Nouveaux Jours*, Plon, 1984.

VERDÈS-LEROUX, Jeannine, *Au service du Parti. Le parti communiste, les intellectuels et la culture (1944-1956)*, Fayard / Éd. de Minuit, 1983.

—, *Le Réveil des somnambules. Le parti communiste, les intellectuels et la culture, 1956-1985*, Fayard, 1987.

—, « La guerre d'Algérie dans la trajectoire des intellectuels communistes », *Les Cahiers de l'IHTP*, n° 10, novembre 1988.

—, *La Lune et le Caudillo. Le rêve des intellectuels et le régime cubain, 1959-1971*, Gallimard, 1989.

VERRET, Michel, « Marxisme et humanisme », *La Nouvelle Critique*, n° 168, juillet-août 1965.

VERSTRAETEN, Pierre, *Les Temps modernes*, n° 206, juillet 1963.

VIANSSON-PONTÉ, Pierre, *in* Jacques Paugam, *Génération perdue*, Robert Laffont, 1977.

VICTOR, Éliane, *Les Femmes aussi*, Mercure de France, 1973.

VIDAL-NAQUET, Pierre, *L'Affaire Audin*, Éd. de Minuit, 1958.

—, *Mémoires*, II. *Le trouble et la lumière (1955-1998)*, Éd. du Seuil, 1998 ; rééd. « Points », 2007.

VIET, Jean, *Les Méthodes structuralistes dans les sciences sociales*, Mouton, 1965.

VILAR, Jean, « Jean Vilar s'explique », *Bref*, octobre 1955.

—, *Le Théâtre service public*, Gallimard, 1975.

VIOLEAU, Jean-Louis, « Les architectes et le mythe de Mai 1968 », *in* DREYFUS-ARMAND *et al.* (dir.) [2000], 2008.

WEBER, Max, *Économie et société*, Plon, 1971.

WERNER, Éric, *De la violence au totalitarisme. Essai sur la pensée de Camus et Sartre*, Calmann-Lévy, 1972.

WINOCK, Michel, *Histoire politique de la revue « Esprit », 1930-1950*, Éd. du Seuil, 1975 (a).

—, *Esprit. Des intellectuels dans la cité. 1930-1950*, Éd. du Seuil, 1975 (b) ; rééd. « Points », 1996.

—, *La République se meurt, 1956-1958*, Éd. du Seuil, 1978 ; rééd. Gallimard, « Folio », 1985.

— (dir.), *Histoire de l'extrême droite en France*, Éd. du Seuil, 1993.

—, *Le Siècle des intellectuels*, Éd. du Seuil, 1997 ; rééd. « Points », 1999.

WURMSER, André, « D'un amour lucide... », *La Nouvelle Critique*, n° 11, décembre 1949.

—, « Proust ou les sortilèges éventés », *Les Lettres françaises*, 11-18 et 18-25 juillet 1952.

INDEX DES NOMS

DU MÊME AUTEUR

CASTORIADIS. UNE VIE, *La Découverte*, 2014 ; *rééd.* « *La Découverte-poche* », 2018.

LES HOMMES DE L'OMBRE. PORTRAITS D'ÉDITEURS, *Perrin*, 2014.

PAUL RICŒUR. PENSER LA MÉMOIRE, *codirigé avec Catherine Goldenstein, Éd. du Seuil*, 2013.

PAUL RICŒUR. UN PHILOSOPHE DANS SON SIÈCLE, *Armand Colin*, 2012.

PIERRE NORA. HOMO HISTORICUS, *Perrin*, 2013.

HISTORIOGRAPHIES. CONCEPTS ET DÉBATS, *codirigé avec Christian Delacroix, Patrick Garcia et Nicolas Offenstadt, 2 vol., Gallimard*, « *Folio histoire inédit* », 2010.

RENAISSANCE DE L'ÉVÉNEMENT. UN DÉFI POUR L'HISTORIEN : ENTRE SPHINX ET PHÉNIX, *Presses universitaires de France*, 2010.

HISTORICITÉS, *codirigé avec Christian Delacroix et Patrick Garcia, La Découverte*, 2009.

GILLES DELEUZE ET LES IMAGES, *codirigé avec Jean-Michel Frodon, Éd. des Cahiers du cinéma*, 2008.

GILLES DELEUZE ET FÉLIX GUATTARI. BIOGRAPHIE CROISÉE, *La Découverte*, 2007.

PAUL RICŒUR ET LES SCIENCES HUMAINES, *codirigé avec Christian Delacroix et Patrick Garcia, La Découverte*, 2007.

LA MÉMOIRE, POUR QUOI FAIRE ?, *avec Jean-Claude Guillebaud et Alain Finkielkraut, Éd. de l'Atelier*, 2006.

PAUL RICŒUR ET MICHEL DE CERTEAU. L'HISTOIRE ENTRE LE DIRE ET LE FAIRE, *Éditions de L'Herne*, 2006.

LE PARI BIOGRAPHIQUE. ÉCRIRE UNE VIE, *La Découverte*, 2005 ; *rééd.* « *La Découverte-poche* », 2011.

HISTOIRE ET HISTORIENS EN FRANCE DEPUIS 1945, *avec Christian Delacroix et Patrick Garcia, ADPF*, 2003.

LA MARCHE DES IDÉES. HISTOIRE DES INTELLECTUELS, HISTOIRE INTELLEC-TUELLE, *La Découverte*, 2003.

MICHEL DE CERTEAU. LES CHEMINS D'HISTOIRE, *codirigé avec Christian Delacroix, Patrick Garcia et Michel Trebitsch, Complexe*, 2002.

MICHEL DE CERTEAU. LE MARCHEUR BLESSÉ, *La Découverte*, 2002 ; *rééd.* « *La Découverte-poche* », 2007.

L'HISTOIRE, *Armand Colin*, 2000 ; *rééd. actualisée*, 2010.

L'HISTOIRE, OU LE TEMPS RÉFLÉCHI, *Hatier*, 1999.

LES COURANTS HISTORIQUES EN FRANCE, XIXᵉ-XXᵉ SIÈCLE, *avec Christian Delacroix et Patrick Garcia, Armand Colin*, 1999 ; *rééd., Gallimard*, « *Folio* », 2007.

PAUL RICŒUR. LES SENS D'UNE VIE, *La Découverte*, 1997 ; *rééd. actualisée*, « *La Découverte-poche* », 2008.

L'EMPIRE DU SENS. L'HUMANISATION DES SCIENCES HUMAINES, *La Découverte*, 1995.

L'INSTANT ÉCLATÉ. ENTRETIENS AVEC PIERRE CHAUNU, *Aubier*, 1994.

HISTOIRE DU STRUCTURALISME. I. LE CHAMP DU SIGNE, 1945-1966, *La Découverte*, 1991 ; *rééd*, « *La Découverte-poche* », 2012. II. LE CHANT DU CYGNE, 1967 À NOS JOURS, *La Découverte*, 1992 ; *rééd.* « *La Découverte-poche* », 2012.

L'HISTOIRE EN MIETTES. DES ANNALES À LA NOUVELLE HISTOIRE, *La Découverte*, 1987 ; *rééd.* « *La Découverte-poche* », 2010.

Composition Nord Compo
Achevé d'imprimer par Normandie Roto Impression s.a.s.
En novembre 2018.
Dépôt légal : novembre 2018.
Premier dépôt légal : juillet 2018.
Numéro d'imprimeur : 1804337

ISBN : 978-2-07-017976-3 / Imprimé en France.

347245